AMRA

DAVID ICKE

WAHRNEHMUNGEN EINES ABTRÜNNIGEN DENKERS

Aus dem Englischen von
Michael Görden

AMRA

Besuchen Sie unseren Shop:
www.AmraVerlag.de

Ihre 80-Minuten-Gratis-CD erwartet Sie.
Unser Geschenk an Sie … einfach anfordern!

Englische Originalausgabe:
Perceptions of a Renegade Mind

Deutscher Erstdruck im AMRA Verlag
Auf der Reitbahn 8, D-63452 Hanau
Hotline: + 49 (0) 61 81 – 18 93 92
Service: Info@AmraVerlag.de

Herausgeber & Lektor	Michael Nagula
Einbandgestaltung	Guter Punkt
Layout & Satz	Birgit Letsch
Innenillustrationen	Neil Hague
Coverfoto	Gareth Icke
Druck	CPI books GmbH

ISBN Printausgabe 978-3-95447-591-9
ISBN eBook 978-3-95447-592-6

First published in July 2021 by ickonic publishing, New
Enterprise House, St Helens Street, Derby DE1 3GY, UK

Für die
Freiiiiheit!

Renegade:

(Adjektiv)

›Having rejected tradition: Unconventional.‹

Merriam-Webster Dictionary

Renegat:

(Substantiv)

Abtrünniger, Abweichler, Andersdenkender, Dissident, Häretiker, Irrgläubiger, Ketzer, Sektierer, anders Denkender

Digitales Wörterbuch der deutschen Sprache

Die Duldung der Tyrannei ist der Tod des Geistes

Sie sind vielleicht achtunddreißig Jahre alt, so wie ich. Und eines Tages bietet sich Ihnen eine große Chance und Sie werden aufgefordert, sich für ein großes Prinzip, ein großes Thema oder eine große Sache einzusetzen.

Und Sie weigern sich, es zu tun, weil Sie Angst haben … Sie weigern sich, es zu tun, weil Sie länger leben wollen … Sie haben Angst, Ihren Job zu verlieren, oder Sie haben Angst, kritisiert zu werden oder Ihre Popularität zu verlieren, oder Sie haben Angst, dass jemand auf Sie einstechen oder auf Sie schießen oder eine Bombe in Ihr Haus werfen könnte; also weigern Sie sich, Stellung zu beziehen.

Nun, Sie können weiterleben, bis Sie neunzig sind, aber Sie sind mit achtunddreißig genauso tot wie mit neunzig. Und wenn der Atem in Ihrem Leben erlischt, ist das nur die nachträgliche Bekanntgabe des schon früher erfolgten geistigen Todes.

MARTIN LUTHER KING
(1929-1968)

Wie die wenigen die vielen kontrollieren
und schon immer kontrolliert haben –
die vielen tun, was immer man ihnen sagt

»Forward, the Light Brigade!«
Was there a main dismayed?
Not though the soldier knew
Someone had blundered.
Theirs not to make reply,
Theirs not to reason why,
Theirs but to do and die.
Into the valley of Death
Rode the six hundred.

Cannon to right of them,
Cannon to left of them,
Cannon in front of them,
Volleyed and thundered;
Stormed at with shot and shell,
Boldly they rode and well,
Into the jaws of Death,
Into the mouth of hell
Rode the six hundred.

»Vorwärts, die leichte Brigade!«
War da ein Vorgesetzter bestürzt?
Nein, obwohl der Soldat wusste,
dass jemand großen Mist gebaut hatte.
Es stand ihnen nicht zu, etwas zu entgegnen,
und auch nicht zu fragen warum.
Sie sollten nur handeln und sterben.
Ins Tal des Todes
ritten die Sechshundert.

Kanonen zu ihrer Rechten,
Kanonen zu ihrer Linken,
die Salven abgaben und donnerten;
mit Schrot und Granaten beschossen,
ritten sie kühn und aufrecht
in den offenen Rachen des Todes.
In den Schlund der Hölle
ritten die Sechshundert.

ALFRED LORD TENNYSON
(1809-1892)

The mist is lifting slowly
I can see the way ahead
And I've left behind the empty streets
That once inspired my life
And the strength of the emotion
Is like thunder in the air
'Cos the promise that we made each other
Haunts me to the end.

The secret of your beauty
And the mystery of your soul
I've been searching for
In everyone I meet
And the times I've been mistaken
It's impossible to say
And the grass is growing
Underneath our feet.

The words that I remember
From my childhood still are true
That there's none so blind
As those who will not see
And to those who lack the courage
And say it's dangerous to try
Well they just don't know
That love eternal will not be denied.

I know you're out there somewhere
Somewhere, somewhere
I know you're out there somewhere
Somewhere you can hear my voice
I know I'll find you somehow
Somehow, somehow
I know I'll find you somehow
And somehow I'll return again to you.

THE MOODY BLUES

Langsam lichtet sich der Nebel,
ich kann den Weg vor mir sehen und
die leeren Straßen, die einst mein Leben erfüllten,
habe ich hinter mir gelassen –
und die Stärke der Gefühle
hallt wie ein Donner in der Luft,
weil das Versprechen, das wir einander gaben,
mich bis zuletzt verfolgt.

Das Geheimnis deiner Schönheit
und das Rätsel deiner Seele
habe ich in jeder gesucht,
die mir begegnete,
und die vielen Male, da ich mich irrte,
kann ich gar nicht nennen –
und das Gras wächst
unter unseren Füßen.

Die Worte, an die ich mich aus meiner
Kindheit erinnere, sind immer noch wahr:
dass niemand so blind ist wie der,
der nicht sehen will,
und der, dem der Mut fehlt
und der sagt, es zu versuchen sei gefährlich.
Nun, sie wissen einfach nicht,
dass einem ewige Liebe nicht verwehrt bleibt.

Ich weiß, du bist irgendwo da draußen …
irgendwo, irgendwo …
Ich weiß, du bist irgendwo da draußen.
Hörst irgendwo meine Stimme.
Ich weiß, dass ich dich irgendwie finden werde …
irgendwie, irgendwie …
Ich weiß, irgendwie finde ich dich.
Und irgendwie kehre ich wieder zu dir zurück.

THE MOODY BLUES

Willst

du nur feige staunen –
oder das Denken eines Renegaten haben?

Monuments put from pen to paper,
Turns me into a gutless wonder.
And if you tolerate this,
Then your children will be next.
Gravity keeps my head down,
Or is it maybe shame …

Mahnmale, vom Stift zu Papier gebracht,
lassen mich nur feige staunen –
und wenn du es so hinnimmst,
werden deine Kinder die nächsten sein.
Die Schwerkraft hält meinen Kopf gesenkt,
oder ist es vielleicht Scham …

MANIC STREET PREACHERS

Rise like lions after slumber
In unvanquishable number.
Shake your chains to earth like dew
Which in sleep have fallen on you.
Ye are many – they are few.

Erhebt euch wie Löwen aus dem Schlummer
in unüberwindlicher Zahl.
Schüttelt ab eure Ketten zur Erde wie Tau,
der im Schlaf auf euch fiel.
Ihr seid viele – sie sind wenige.

PERCY SHELLEY
(1792-1822)

Inhalt

Kapitel 1

Ich denke – oh, aber tun *Sie* das auch?

Wagen Sie, selber zu denken, und lassen Sie andere das Privileg genießen, dies ebenfalls zu tun.

VOLTAIRE

Der französische Philosoph, Mathematiker und Wissenschaftler René Descartes wurde im siebzehnten Jahrhundert für seinen lateinischen Ausspruch berühmt, der sich mit den Worten übersetzen lässt: »Ich denke, also bin ich.«

Auf den ersten Blick ist das wahr. Das Denken spiegelt die Wahrnehmung wider, und die Wahrnehmung bestimmt sowohl das Verhalten wie auch die Selbstidentität. In diesem Sinne sind »wir« das, was wir denken. Aber wer oder was denkt, und ist das Denken der einzige Weg zur Wahrnehmung? Wie wir sehen werden, sind »wir« natürlich nicht immer die Quelle »unserer« Wahrnehmung, und in Bezug auf die Menschheit als Ganzes ist dies auch nur selten der Fall; und das Denken ist bei weitem nicht das einzige Mittel der Wahrnehmung. Das Denken ist der Dorftrottel im Vergleich zu anderen Ausdrucksformen des Bewusstseins, zu denen wir alle das Potenzial haben, Zugang zu finden und sie anzuzapfen. Das muss so sein, weil wir auch auf diesen anderen Bewusstseinsebenen existieren, deren natürliche Vielfalt unendlich ist. Wir haben es nur vergessen, oder besser gesagt, wir wurden manipuliert, es zu vergessen.

Es geht hier nicht um die Nabelschau esoterischer Grübeleien. Die gesamte menschliche Kontrolle und Unterdrückung beruht auf der Kontrolle der Wahrnehmung. Ist erst einmal die Wahrnehmung gekapert, ist das auch mit dem Verhalten der Fall, das von der Wahrnehmung diktiert wird. Kollektive Wahrnehmung wird zu kollektivem Verhalten, und kollektives Verhalten ist das, was wir menschliche Gesellschaft nennen. Wahrnehmung ist alles, und diejenigen, die hinter der Kontrolle des Menschen stehen, wissen das. Deshalb ist die Wahrnehmungskontrolle rund um die Uhr das Ziel der psychopathischen Manipulatoren, die ich den Globalen Kult nenne. Sie wissen, dass sie, wenn sie die Wahrnehmung diktieren, auch das Verhalten diktieren und die Natur der menschlichen Gesellschaft kollektiv bestimmen. Sie sind sich außerdem bewusst, dass die Wahrnehmung aus den erhaltenen Informationen entsteht, und wenn sie die Verbreitung von Informationen kontrollieren, werden sie das menschliche Verhalten in hohem Maße steuern.

Die Informations- und Meinungszensur hat in den letzten Jahren weltweit naziähnliche Züge angenommen, und noch nie war sie so eklatant wie seit der Auslösung der illusorischen »Viruspandemie« in China im Jahr 2019 und in der ganzen Welt im Jahr 2020. Warum haben sich Milliarden von Menschen dem Hausarrest unterworfen und faschistische Gesellschaften in einer Weise akzeptiert, die sie nie für möglich gehalten hätten? Diejenigen, die die Informationen aus der Regierung, den Mainstreammedien und dem Silicon Valley (die alle von denselben globalen Kult-Netzwerken gesteuert werden) kontrollieren, sagten ihnen, dass sie von einem »tödlichen Virus« bedroht seien und dass sie und ihre Familien nur geschützt werden könnten, wenn sie sich den Lockdowns unterwerfen und ihre grundlegendsten Freiheiten aufgeben. Diese monumentale und nachweisbare Lüge wurde zur *Wahrnehmung* von Milliarden Menschen und bestimmte so das *Verhalten* von Milliarden Menschen. In diesen wenigen Worten sind die gesamte Struktur und der Modus Operandi der menschlichen Kontrolle enthalten. Angst ist eine Wahrnehmung – ein falsches Gefühl, das real erscheint –, und Angst ist die Währung der Kontrolle. Kurz gesagt ... Wenn man sie bei den Eiern packt (oder ihnen den Eindruck vermittelt, dass man sie bei den Eiern hat), werden ihre Herzen und ihr Verstand folgen. Nichts packt den Menschen so sehr an den Eiern und schickt den Hintern auf Grundeis wie Angst.

Welt Nummer 1

Es gibt zwei »Welten« in einer scheinbar einzigen »Welt«, und der Hauptunterschied zwischen ihnen ist das Wissen. Da ist zum einen die Masse der menschlichen Gesellschaft, in der die Bevölkerung durch die Kontrolle von Informationen und das »Bildungs«-System (Indoktrination) in kühl kalkulierter Unwissenheit gehalten wird. Das ist alles, was man wirklich kontrollieren muss, um Milliarden von Menschen in einem Wahrnehmungswahn zu versklaven, in dem das, was sie als *ihre* Gedanken und Meinungen wahrnehmen, ständig wiederholte Mantren sind, die das System ihnen ihr ganzes Leben lang durch »Bildung«, Medien, Wissenschaft, Medizin, Politik und Akademien heruntergeladen hat, in denen das Personal und die Befürworter selbst in überwältigender Weise die Wahrnehmungsprodukte derselben Wiederholung sind. Lehrer und Akademiker im Allgemeinen werden von der gleichen Programmierungsmaschine bearbeitet wie alle anderen, aber im Gegensatz zur großen Mehrheit verlassen sie das Programm »Bildung« nie. Es hat sie als Studenten gepackt und packt sie weiterhin als Programmierer der nachfolgenden Studentengenerationen. Die Programmierten werden zu den Programmierern – zu programmierten Programmierern. Das Gleiche gilt für Wissenschaftler, Ärzte und Politiker, nicht zuletzt aus dem Grund, den der amerikanische Schriftsteller Upton Sinclair so klug benannte: »Es ist schwierig, einen Mann dazu zu bringen, etwas zu verstehen, wenn sein Gehalt davon abhängt, dass er es nicht versteht.«

Wenn Ihre Karriere und Ihr Einkommen davon abhängen, dass Sie so denken, wie es das System verlangt, dann werden Sie – abgesehen von einigen wenigen freigeistigen Ausnahmen – Ihren Verstand dem Wahrnehmungs-Hauptrahmen unterwerfen, den ich den Briefmarkenkonsens nenne. Dies ist die winzige Menge von wahrgenommenem Wissen und Möglichkeiten, die in den Schulen und Universitäten »gelehrt« (heruntergeladen) werden, die von den Mainstreammedien verbreitet werden und auf denen die gesamte Regierungspolitik beruht. Versuchen Sie einmal, außerhalb der »Box« des Konsenses zu denken und vor allem zu sprechen und zu handeln, und sehen Sie, was das für Ihre Karriere im Mainstream bedeutet, der die Bevölkerung schikaniert, bedroht, einschüchtert und lächerlich macht, damit sie sich fügt. Hier haben wir die einfache Struktur, die den größten Teil der Menschheit ein ganzes Leben lang in einer Wahrnehmungszelle versklavt. Das meiste, was der Menschheit als Tatsache beigebracht wird, ist nichts anderes als programmierter Glaube. Der amerikanische Science-fiction-Autor Frank Herbert hatte Recht, als er sagte: »Glaube kann manipuliert werden. Nur Wissen ist gefährlich.« Im »Covid«-Zeitalter wird der Glaube gefördert und das Wissen zensiert. Das war schon immer so, aber noch nie so extrem wie heute.

Welt Nummer 2

»Mach mal ein großes Geschäft« ist das, was man kleinen Kindern sagt, wenn man sie aufs Klo schickt. Und ein »großes Geschäft« ist auch das, was die Welt Nummer 2 über die Köpfe der Menschheit kippt, jede Minute an jedem einzelnen Tag. Welt Nummer 2 ist ein globales Netzwerk von Geheimgesellschaften und halbgeheimen Gruppen, die über Regierungen, Unternehmen und öffentliche Institutionen jeder Art die

Richtung der Gesellschaft diktieren. Ich habe mehr als dreißig Jahre damit verbracht, dieses Netzwerk, das ich den Globalen Kult nenne, aufzudecken und zu entlarven, und die Kenntnis seiner Agenda hat meine Bücher bei der Vorhersage aktueller und vergangener Ereignisse so genau gemacht. Geheimgesellschaften sind aus einem bestimmten Grund geheim. Sie wollen ihr gehortetes Wissen für sich und ihre auserwählten Eingeweihten behalten und es vor der Bevölkerung verbergen, die sie durch Unwissenheit zu kontrollieren und zu unterwerfen versuchen.

Die ganze Grundlage der Trennung zwischen Welt 1 und Welt 2 ist *Wissen*. Was Nummer 2 weiß, darf Nummer 1 nicht wissen. Zu dem Wissen, das sie so hartnäckig geheim halten wollen, gehören (a) die Absicht, die Menschheit in einer zentral gesteuerten globalen Diktatur zu versklaven, und (b) die Natur der Realität und des Lebens selbst. Letzteres (b) muss unterdrückt werden, damit ersteres (a) die Oberhand gewinnen kann, wie ich noch erläutern werde. Die Art und Weise, wie diese Sekte die Bevölkerung manipuliert und mit ihr interagiert, kann mit einem Spinnennetz verglichen werden. Die »Spinne« sitzt in der Mitte im Schatten und setzt ihren Willen mit Hilfe des Netzes durch, wobei jeder Strang des Netzes in Welt Nummer 2 von einem Geheimbund, einer satanischen oder halbgeheimen Gruppe, und in Welt Nummer 1 – der Welt des Sichtbaren – von Regierungen, Regierungsbehörden, Strafverfolgungsbehörden, Unternehmen, dem Bankensystem, Medienkonzernen und Silicon Valley repräsentiert wird (siehe Abbildung 1). Die Spinne und das Netz verbinden und koordinieren all diese Organisationen, um das gleiche globale Ziel zu verfolgen, während die Bevölkerung sie als individuelle Einheiten wahrnimmt, die willkürlich und unabhängig arbeiten. Die Regierungen, das Bankensystem, die Unternehmen, die Medien, das Silicon Valley und die Weltgesundheitsorganisation, die von ihren inneren Kreisen einheitlich gesteuert werden, sind in Wahrheit nur Fäden in diesem Netzwerk. Scheinbar unverbundene Länder, Unternehmen, Institutionen, Organisationen und Menschen arbeiten im *selben Team* und verfolgen das gleiche globale Ziel. Die Fäden im Netz, die sich unmittelbar um die Spinne herum befinden, sind die geheimsten und exklusivsten Geheimgesellschaften, und ihre Mitgliedschaft ist aus Gründen, auf die ich noch zu sprechen kommen werde, ausdrücklich auf den inneren Kreis des Kults beschränkt, der über Generationen aus bestimmten Blutlinien hervorgegangen ist.

Den Kern des inneren Kreises könnte man in einem einzigen Raum unterbringen. So wenige Menschen diktieren die Richtung der menschlichen Gesellschaft und ihrer Transformation durch den »Covid«-Schwindel und andere Mittel. Wenn wir die Fäden des Netzes von der Spinne aus verfolgen, treffen wir auf die Geheimgesellschaften, die vielen Menschen bekannt sein dürften – die Freimaurer, die Tempelritter, die Malteser-

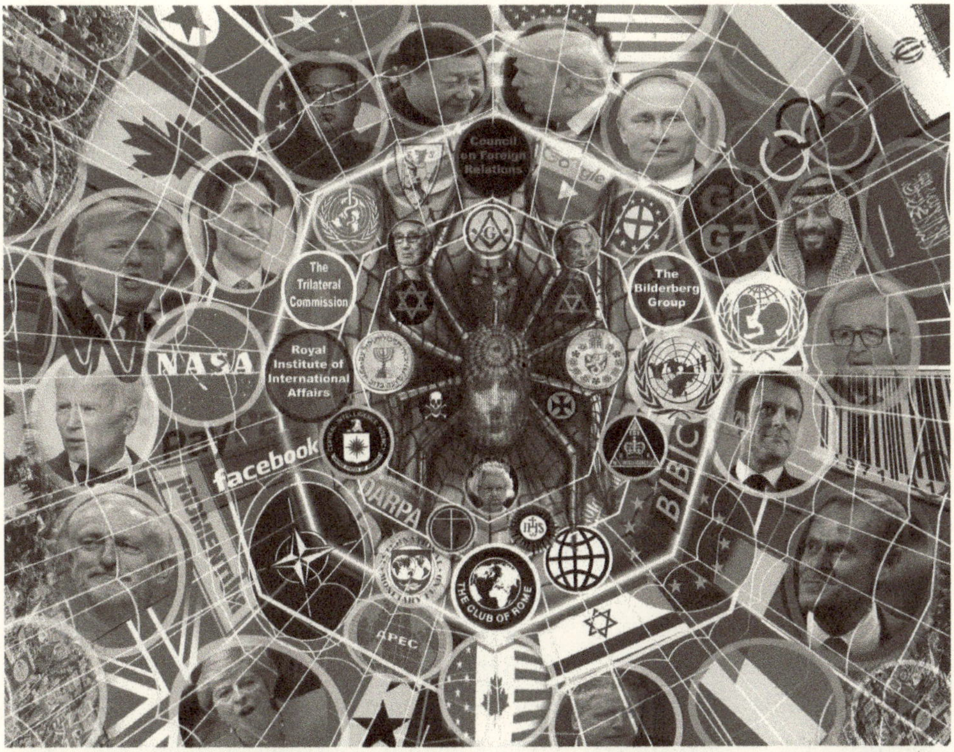

Abb. 1. Das globale Netzwerk, durch das die wenigen die vielen kontrollieren. Bild: Neil Hague

ritter, Opus Dei, das Allerheiligste des Jesuitenordens und dergleichen mehr. Es fällt auf, dass viele von ihnen mit der römischen Kirche verbunden sind, und dafür gibt es einen Grund. Die römische Kirche wurde als Neuauflage, als Rebranding, der umgesiedelten »Kirche« von Babylon gegründet, und der Kult, der heute die globale Tyrannei durchsetzt, lässt sich bis nach Babylon und Sumer im heutigen Irak zurückverfolgen.

Die inneren Bereiche des Netzes operieren im Verborgenen, abseits der Öffentlichkeit, und dann gibt es noch die sogenannten Spitzenorganisationen, die an dem Punkt angesiedelt sind, wo das Verborgene auf das Sichtbare trifft. Dazu gehören eine Reihe von Satellitenorganisationen, die einer im späten neunzehnten Jahrhundert in London gegründeten Geheimgesellschaft namens Round Table unterstehen, darunter das Royal Institute of International Affairs (Vereinigtes Königreich, gegründet 1920), der Council on Foreign Relations (USA, 1921), die Bilderberg-Gruppe (weltweit, 1954), die Trilaterale Kommission (USA/weltweit, 1972) und der Club of Rome (weltweit, 1968), der gegründet wurde, um Umweltbedenken auszunutzen und die Zentralisierung der globalen Macht zur »Rettung des Planeten« zu rechtfertigen. Der Club of Rome hat zusammen mit anderen den vom Menschen verursachten Klimawandel in die Welt gesetzt, der zu all den »Green New Deals« geführt hat, die genau diese Zentralisierung der Kontrolle fordern. Zweigorganisationen, zu denen unzählige »Denkfabriken« auf der ganzen Welt gehören, dienen der Koordinierung einer einzigen globalen Politik zwischen Politikern und Wirtschaftsführern, Geheimdienstmitarbeitern, Medienorganisationen und allen, die die Richtung der Politik in ihrem eigenen Wirkungsbereich beeinflussen können. Wichtige Akteure und regelmäßige Teilnehmer wissen, was passiert – oder zumindest einiges davon –, während andere kommen und gehen und über das große Ganze weitgehend im Dunkeln gelassen werden. Ich bezeichne diese Gruppierungen als halbgeheim, da sie öffentlich identifiziert werden können, aber was im innersten Kreis vor sich geht, wird durch ein striktes System der Abschottung sogar vor den meisten ihrer Mitglieder und Teilnehmer geheim gehalten. Lasse sie nur das wissen, was sie wissen müssen, um den eigenen Interessen zu dienen, nicht mehr.

Die Struktur von Geheimgesellschaften ist ein perfektes Beispiel für dieses Prinzip. Die meisten Freimaurer erreichen nie mehr als die untersten drei Stufen des »Grades« (Grad des Wissens), obwohl der Schottische Ritus offiziell dreiunddreißig Grade hat. Die Eingeweihten qualifizieren sich einzig dann für die nächsthöhere »Abteilung« oder den nächsthöheren Grad, wenn diejenigen, die sich auf dieser Stufe befinden, sie zulassen. Das Wissen kann nur denjenigen sorgfältig zugewiesen werden, die als »sicher« gelten.

Vor ein paar Jahren besuchte ich die örtliche Freimaurerloge, als sie einen Tag der offenen Tür veranstalteten, um zu zeigen, wie kuschelig sie sind, und als ich mich mit einigen von ihnen unterhielt, war ich erstaunt, wie wenig die einfachen Leute selbst über die allgegenwärtigen Symbole wussten, die sie verwenden. Und diese Verschleierungstechnik – sie im Dunkeln zu lassen und mit Schwachsinn zu füttern – gilt für die meisten Menschen im Web ebenso wie für die Bevölkerung insgesamt. Die Unterabteilungen des Netzes spiegeln in Thema und Struktur transnationale Konzerne wider, die irgendwo auf der Welt eine Zentrale haben, die all ihren Tochtergesellschaften in verschiedenen Ländern Vorschriften macht. Die Tochtergesellschaften arbeiten in ihrer Methodik und ihrem Branding nach demselben zentral diktierten Plan und derselben Politik, um bestimmte Ziele zu verfolgen. Das Kult-Web funktioniert auf die gleiche Weise. Jedes Land hat sein eigenes Netz, das ein Ableger des globalen Netzes ist. Sie bestehen aus Netzwerken von Geheimgesellschaften, halbgeheimen Gruppen und Familien, deren Aufgabe es ist, den Willen der Spinne und des globalen Netzes in ihrem jeweiligen Land durchzusetzen. Die untergeordneten Netzwerke kontrollieren und manipulieren das nationale politische System, das Finanzwesen, die Unternehmen, die Medien, die Medizin und so weiter, um sicherzustellen, dass sie der global diktierten Agenda des Kults folgen. Diese Netzwerke waren das Mittel, mit dem der »Covid«-Schwindel durchgeführt werden konnte, so dass fast jedes Land auf die gleiche Weise reagierte.

Die »Ja-Sager«-Pyramide

Die Abschottung ist der Schlüssel zum Verständnis, wie einige wenige das Leben von Milliarden Menschen bestimmen können, wenn sie mit einer von oben nach unten verlaufenden Abfolge von Befehl und Gehorsam arbeiten. Der innerste Kreis des Kults

Abb. 2. Die einfache Abfolge von Vorgaben und Einhaltung, die es einer Handvoll Leuten an der Spitze der Pyramide ermöglicht, das Leben von Milliarden Menschen zu bestimmen.

sitzt an der Spitze der pyramidalen Hierarchie der menschlichen Gesellschaft (siehe Abbildung 2). Er zwingt seinen Willen – seine Agenda für die Welt – der unmittelbar darunter liegenden Ebene auf, die diese Auferlegung duldet. Diese Ebene wiederum zwingt dann den Willen des Kultes der unter ihr liegenden Ebene auf, die sich damit abfindet und ihn der nächsten Ebene aufzwingt. Sehr schnell treffen wir auf Ebenen in der Hierarchie, die keine Ahnung haben, dass es überhaupt einen Kult gibt, aber die Abfolge von Auferlegung und Duldung setzt sich die Pyramide hinunter auf dieselbe Weise fort: Ich weiß nicht, warum wir das tun, aber der Befehl kam von »oben«, und deshalb sollten wir es einfach tun.

Alfred Lord Tennyson schreibt in seinem Gedicht »The Charge of the Light Brigade« (Der Angriff der Leichten Brigade) über die Kanonenfutterebenen: *»Theirs not to reason why; theirs but to do and die.«* (»Es stand ihnen nicht zu, nach dem Grund zu fragen, sie sollten nur handeln und sterben.«) In der nächsten Zeile heißt es: »Ins Tal des Todes ritten die Sechshundert«, und sie starben, weil sie ohne zu fragen gehorchten, als ihre vermeintlichen »Vorgesetzten« es befahlen. Auf dieselbe Weise kapitulierte die Bevölkerung vor »Covid«. Die gesamte hierarchische Pyramide funktioniert auf diese Weise, um es den wenigen zu ermöglichen, die große Zahl zu lenken. Schließlich wird die Masse der Bevölkerung am Fuß der Pyramide durch Aufzwingen, Dulden, Aufzwingen und Dulden erreicht. Wenn sie sich den Ebenen der Hierarchie fügen, die ihnen etwas aufzwingen (Regierungen/Gesetzeshüter/Ärzte/Medien), schließt sich ein Kreislauf zwischen der Bevölkerung und der Handvoll Superpsychopathen im innersten Kreis des Kults an der Spitze der Pyramide.

Ohne eine den Kreislauf durchbrechende Gehorsamsverweigerung ermöglicht die Abfolge von Auferlegung und Duldung es einer verschwindend geringen Anzahl von Menschen, der gesamten Menschheit ihren Willen aufzuzwingen. Wir haben es hier mit genau der Abfolge zu tun, die seit Beginn des Jahres 2020 Milliarden von Menschen unterjocht hat. Unsere Freiheit ist uns nicht genommen worden. Die Menschheit hat sie verschenkt. Faschisten setzen nicht den Faschismus durch, weil es nicht genug von ihnen gibt. Der Faschismus wird von der Bevölkerung eingeführt, die sich dem Faschismus unterwirft. Anders ausgedrückt: Die Bevölkerung lässt zu, dass ihre Wahrnehmungen in einem Maße programmiert werden, das dazu führt, dass sie ihre Freiheit verschenkt, indem sie ihre Wahrnehmungen – ihren Verstand – verschenkt. Wenn dieser Kreislauf nicht unterbrochen wird, indem die Menschheit aufhört, an ihrer eigenen Versklavung mitzuwirken, kann sich nichts ändern. Damit das geschieht, müssen die Menschen selbständig denken und die Lügen und die Augenwischerei durchschauen und dann das Rückgrat aufbringen, nach dem zu handeln, was sie sehen. Der Kult verbringt seine Tage damit, beides zu verhindern, und seine Methodik ist systematisch und sehr detailliert, aber sie kann überwunden werden, und genau darum geht es in diesem Buch.

Das programmierte Leben

Okay, zurück zur Welt Nummer 1 oder der Welt der »Massen«. Betrachten Sie einmal den Prozess dessen, was wir »Leben« nennen: Es ist ein Wahrnehmungs-Download von der Wiege bis zur Bahre. Der Kult hat eine globale Struktur geschaffen, in der die Wahrnehmung programmiert werden kann, und das Programm wird kontinuierlich aktualisiert durch andauernde Bestätigungen, dass das Programm tatsächlich die wahre Realität zu sein scheint. Das wichtige Wort hier ist »scheint«. Dies ist die Struktur, die Fliegenfalle, der Mini-Ausschnitt der erlaubten Wahrnehmung oder der Wahrnehmungs-Mainframe, den ich Briefmarkenkonsens nenne und der das unglaublich schmale Band der wahrgenommenen Möglichkeiten darstellt, das durch das »Bildungssystem«, die Mainstreammedien, die Wissenschaft und die Medizin vermittelt wird.

Der Download beginnt schon im frühesten Alter mit den Eltern, die sich selbst der Programmierung unterworfen haben, welche ihre Kinder durchlaufen sollen. Die meisten Eltern tun dies nicht aus Böswilligkeit, sondern ganz im Gegenteil. Sie tun das, was sie für das Beste für ihre Kinder halten, und das ist das, was das Programm ihnen als das Beste erklärt hat. Innerhalb von drei oder vier Jahren kommt der große Übergang von der elterlichen Programmierung zur staatlichen (Kult-)Programmierung in Schule, Hochschule und Universität, wo die wahrnehmungsprogrammierten Lehrer und Akademiker ihre Programmierung an die nächsten Generationen weitergeben. Lehrer, die sich widersetzen, werden bald an den Rand gedrängt und ihre Karriere ist beendet, während Kinder, die sich widersetzen, als Problemkinder bezeichnet werden, denen man möglicherweise Ritalin verschreiben muss. Schon wenige Jahre nach ihrem Eintritt in die »Welt« stehen Kinder unter der Kontrolle von Autoritätspersonen, die den Staat repräsentieren und ihnen sagen, wann sie da zu sein haben, wann sie gehen können und wann sie sprechen, essen und sogar aufs Klo gehen dürfen. Dies ist eine kalkulierte Vorbereitung auf ein Leben, in dem sie der Autorität in all ihren Formen gehorchen müssen. Die Autorität flößt den Kindern von Anfang an reflexartig Angst vor ihr ein. Kinder lernen schnell, welche Konsequenzen es hat, wenn sie einer Autorität gehorchen oder sich ihr widersetzen, und das wird für den Rest ihres Lebens täglich untermauert.

Glücklicherweise habe ich mich mit Tagträumen diesem Mist entzogen und nie einer Autorität gehorcht, nur weil sie es mir sagte. Diese Haltung gegenüber meinen angeblichen »Vorgesetzten« hält bis heute an. Es kann Konsequenzen haben, wenn man in einer Welt der geschlossenen Konformität nach offener Freiheit strebt. Ich habe viel Zeit auf den Schulfluren verbracht, nachdem ich aus dem Klassenzimmer geworfen wurde, weil mir der nötige Ernst fehlte, alles zu glauben, und jetzt verbringe ich viel Zeit damit, aus Facebook, YouTube und Twitter geworfen zu werden. Aber ich kann Ihnen sagen, dass es viel erfrischender ist, sich selbst treu zu bleiben und seine Selbstachtung nicht aufs Spiel zu setzen, als sich der Autorität um der Autorität willen zu beugen. Sie müssen kein Schaf für den Hirten (Autorität) und den Schäferhund (Angst, der Autorität nicht zu gehorchen) sein.

Der Wahrnehmungs-Download setzt sich während der gesamten prägenden Jahre in Schule, Hochschule und Universität fort, während sich brav ans Drehbuch haltende »Lehrer«, »Akademiker«, »Wissenschaftler«, »Ärzte« und »Journalisten« darauf bestehen, dass die nachfolgenden Generationen genauso programmiert sein müssen wie sie selbst. Akzeptiere das Programm, oder du wirst deine »Prüfungen« nicht bestehen, die deinen »Grad« der Programmierung bestätigen. Das ist tragisch, wenn man bedenkt, dass viele Eltern ihre Sprösslinge dazu drängen, in der Schule hart zu arbeiten, um das Programm herunterzuladen und sich für die nächste Stufe an College und Universität zu qualifizieren. Der verstorbene, großartige amerikanische Komiker George Carlin sagte einmal: »Dies ist ein Autoaufkleber, den ich gerne einmal sehen würde: ›Wir sind stolze Eltern eines Kindes, das sich den Versuchen seiner Lehrer widersetzt hat, seinen Geist zu brechen und ihn dem Willen seiner gesellschaftlichen Auftraggeber zu unterwerfen.‹« Nun, ich wünsche Ihnen viel Glück, dass Sie viele davon finden, George. Dann kommt der Augenblick, in dem man die formalen Programmierungsjahre in der akademischen Welt verlässt und in die Arbeitswelt der »Erwachsenen« eintritt. Dort trifft man auf andere in dem selbstgewählten oder vorgeschriebenen Bereich, die vor einem das gleiche Briefmarkenkonsens-Programm durchlaufen haben. Daher gibt es eine überwältigende Übereinstimmung zwischen fast allen über die grundlegenden Fundamente der Briefmarkenrealität und die Ablehnung, ja sogar Verachtung, der wenigen, die einen eigenen Verstand haben und bereit sind, ihn zu benutzen. Das hat zwei wesentliche Auswirkungen. Erstens bestätigt der Konsens den Programmierten, dass ihr Download wirklich so ist, wie er ist. Ich meine, das weiß doch jeder, oder? Zweitens sorgen die Arroganz und die Ignoranz der Anhänger des freigestempelten Briefmarkenkonsens dafür, dass jeder, der das Programm in Frage stellt, unangenehme Konsequenzen zu befürchten hat, weil er nach seiner eigenen Wahrheit sucht und seine Wahrnehmungen nicht aus dem Regal bezieht, das die Aufschrift trägt: »Dinge, die man unhinterfragt glauben muss, und wenn man es nicht tut, ist man ein gefährlicher verrückter Verschwörungstheoretiker und ein hirnverbrannter Spinner.«

Jede Regierung, jede Behörde und jedes Unternehmen beruht auf der gleichen Briefmarken-Gefängniszelle, und daran sehen Sie, warum so viele Menschen das Gleiche glauben, während sie es ihre eigene »Meinung« nennen. Der Zusammenschluss von Regierungen und Unternehmen zur Verfolgung derselben Agenda war die Definition des Faschismus, die der italienische Diktator Benito Mussolini beschrieb. Der Druck, sich an Wahrnehmungsnormen anzupassen, die ein Leben lang heruntergeladen werden, ist unaufhörlich und unterwandert die Gesellschaft bis hin zu Familiengruppen, die zu Zensoren und Verurteilern ihrer eigenen »Schwarzen Schafe« werden, weil sie ironischerweise keine schlafenden Schafe sind. In der »Covid«-Ära haben wir eine explosionsartige Zunahme dieser Entwicklung erlebt. Die globalen Medien, die sich im Besitz des Kults befinden, entfesseln jeden Tag ihre Propaganda zur Unterstützung der Briefmarke und beschimpfen und verspotten jeden in der Öffentlichkeit, der sich nicht dem Willen der Tyrannei beugt. Jede Reaktion darauf wird verweigert (jedenfalls in meinem Fall). Sie wollen dem, was offiziell als Lügen diffamiert wird, keine Plattform bieten. Die kultisch geprägten Internetgiganten wie Facebook, Google, YouTube und Twitter löschen Sie, wenn Sie eine nicht genehmigte Meinung haben. Facebook rühmt sich, dass seine KI-Zensoren siebenundneunzig Prozent der »Hassreden« löschen, bevor jemand sie überhaupt meldet. Ein Großteil dieser »Hassrede« ist einfach eine Meinung, die Facebook und seine Herrscher nicht sehen wollen. Eine solche Unterdrückung der Wahrnehmung ist allgemein als Faschismus bekannt. Selbst der Facebook-Manager Benny Thomas, ein »CEO Global Planning Lead«, sagte in Kommentaren, die von der investigativen Journalisten-Organisation Project Veritas heimlich aufgezeichnet wurden, dass Facebook »zu mächtig« sei und aufgelöst werden sollte:

> *»Ich meine, kein König in der Geschichte war der Herrscher über zwei Milliarden Menschen, aber Mark Zuckerberg ist es … Und er ist* sechsunddreißig. Das ist zu viel für einen 36-Jährigen … Man sollte nicht die Macht über zwei Milliarden Menschen haben. Ich denke, das ist einfach falsch.«

Thomas meint, dass Facebook-eigene Plattformen wie Instagram, Oculus und WhatsApp separate Unternehmen sein sollten. »Es ist zu viel Macht, wenn sie alle zusammen sind.« Das ist jedoch die Art und Weise, wie der Kult es mag. Mit Benny Thomas haben wir einen Manager einer Kultorganisation, der nicht weiß, dass es einen

Kult gibt, so groß ist die Abschottung. Thomas erklärte, dass Facebook und Google »keine Unternehmen mehr sind, sondern Nationen«. Tatsächlich sind sie mächtiger als Länder, denn wenn man Informationen kontrolliert, kontrolliert man die Wahrnehmung und die menschliche Gesellschaft.

Ich liebe meinen Unterdrücker

Ein weiterer Ausdruck dieser psychologischen Trickserei ist, dass diejenigen, die erkennen, dass sie unter Druck zur Komplizenschaft gezwungen werden, sich schließlich selbst davon überzeugen, den offiziellen Erzählungen zu glauben, um ihre Selbstachtung nicht zu verlieren. Sie müssten ja sonst die Wahrheit akzeptieren, dass sie sich in die sanftmütige und unterwürfige Einhaltung der Vorschriften gefügt haben. Solche Menschen gehören zu den vehementesten Verfechtern des Systems. Überall sieht man sie, wie sie diejenigen beschimpfen, die es vorziehen, selbst zu denken, und dadurch die Konformisten an ihre eigene Kapitulation vor der Konformität erinnern. (»Du redest gefährlichen Blödsinn, du Covidiot!« – Versuchen die, mich oder sich selbst zu überzeugen?) Es handelt sich um eine besondere Form des Stockholm-Syndroms, das definiert ist als »psychologischer Zustand, der auftritt, wenn ein Missbrauchsopfer sich mit seinem Missbraucher identifiziert und eine positive Bindung zu ihm aufbaut«. Ein Beispiel dafür sind Geiseln, die sich an ihre Entführer binden und sich sogar in sie »verlieben«. Das Syndrom wurde bei häuslicher Gewalt, missbrauchten Kindern, KZ-Insassen, Kriegsgefangenen und verschiedenen satanischen Sekten beobachtet. Die folgenden Merkmale des Stockholm-Syndroms sind bei www.goodtherapy.org aufgeführt:

- Positive Wertschätzung gegenüber den Missbrauchstätern oder dem Entführer [siehe »Covid«].
- Keine Zusammenarbeit mit der Polizei und anderen staatlichen Behörden, wenn es darum geht, die Missbrauchstäter oder Entführer zur Rechenschaft zu ziehen [und im Fall von »Covid« sogar die Zusammenarbeit mit der Polizei, um die Forderungen ihrer Entführer durchzusetzen und zu verteidigen].
- Geringe oder keine Anstrengungen zur Flucht [siehe »Covid«].
- Glaube an die Gutmütigkeit der Täter oder Entführer [siehe »Covid«].
- Beschwichtigung der Entführer. Dies ist eine manipulative Strategie zur Aufrechterhaltung der eigenen Sicherheit. Da die Opfer belohnt werden – vielleicht mit

weniger Missbrauch oder sogar dadurch, dass sie am Leben bleiben dürfen –, wird ihr Beschwichtigungsverhalten verstärkt [siehe »Covid«].

- Erlernte Hilflosigkeit. Dies kann dem Motto ähneln: »Wenn du sie nicht besiegen kannst, dann schließe dich ihnen an.« Wenn es den Opfern nicht gelingt, dem Missbrauch oder der Gefangenschaft zu entkommen, geben sie möglicherweise auf und erkennen bald, dass es für alle einfacher ist, wenn sie ihre gesamte Macht an ihre Entführer abgeben [siehe »Covid«].
- Gefühle des Mitleids mit den Tätern, weil sie glauben, dass diese selbst Opfer sind. Aus diesem Grund können die Opfer auf einen Kreuzzug oder eine Mission gehen, um ihren Unterdrücker zu »retten« [zu schützen] [siehe das Gift, das auf diejenigen losgelassen wird, die das offizielle »Covid«-Narrativ in Frage stellen].
- Fehlende Bereitschaft zu lernen, sich von ihren Tätern zu lösen und zu heilen. Im Wesentlichen neigen die Opfer dazu, sich selbst gegenüber weniger loyal zu sein als gegenüber ihrem Unterdrücker [siehe *unbedingt* »Covid«].

Denken Sie über diese Merkmale nach und vergleichen Sie sie mit dem Verhalten großer Teile der Weltbevölkerung, die Regierungen und Behörden verteidigt haben, die seit Anfang 2020 jede Minute damit verbrachten, ihr Leben und ihre Lebensgrundlage und die ihrer Kinder und Enkelkinder mit faschistoiden Lockdowns, Schulschließungen und der Vernichtung von Arbeitsplätzen zu zerstören, um sie vor einem »tödlichen Virus« zu »schützen«, den ihre Peiniger bewusst geschaffen haben, um genau dieses Ergebnis zu erreichen. Wir haben es mit einem massenhaften Stockholm-Syndrom zu tun. All jene, die bereit sind, ihre Freiheit aufzugeben, werden glauben, dass diese Wahrnehmungen ihrem eigenen unabhängigen »Geist« entspringen, während sie in Wahrheit durch die Preisgabe ihrer eigenen Wahrnehmung im Rahmen des Stockholm-Syndroms per Definition jegliche Unabhängigkeit ihres Geistes aufgegeben haben. Hört man sich die »Meinungen« der duldsamen Massen in dieser »Covid«-Ära an, so ist das, was heraussprudelt, die Wiederholung der offiziellen Version, die unverarbeitet, ungefiltert und unhinterfragt nachgebetet wird. Die ganze Programmierungsdynamik funktioniert auf diese Weise. Ich muss frei sein, weil man mir sagt, dass ich es bin, und daher denke ich, dass ich es bin.

Sie sehen also, was ich mit dem Kapitelthema »Ich denke – oh, aber tun *Sie* es auch?« meine. Die große Mehrheit denkt nicht, schon gar nicht für sich selbst. Sie wiederholt, was die Autoritäten ihr zu glauben auferlegt haben, und lässt sich so kontrollieren. Durch diese Mentalität zieht sich die Angst, dass die »Verschwörungstheoretiker« Recht haben, und das wiederum erklärt die oft hysterischen Beschimpfungen, die folgen, wenn man es wagt, die offizielle Darstellung von irgendetwas zu bestreiten. Leugnen ist der Mechanismus, mit dem man vor sich selbst versteckt, was man nicht wahrhaben will. Es ist leicht, den Leuten zu sagen, was sie hören wollen, aber es ist eine erheblich größere Herausforderung, ihnen zu sagen, was sie lieber nicht hören wollen. Das eine ist so, als würde man eine offene Tür einrennen, während das andere auf vehementen Widerstand stößt, egal wie groß die Beweise sind. Ich will nicht, dass es wahr ist, also werde ich mich selbst davon überzeugen, dass es nicht so ist. Die Beispiele reichen von der Leugnung, dass der Partner fremdgeht, obwohl alle Anzeichen dafür sprechen, bis hin zur reflexartigen Ablehnung der Vorstellung, dass das Weltgeschehen, bei dem ein Land nach dem anderen genau gleich handelt, zentral koordiniert wird. Letzteres bedeutet zu akzeptieren, dass eine unaussprechlich böse Macht daran arbeitet, Ihr Leben und das Ihrer Kinder zu zerstören, und dass nichts zu grausam ist, um dieses Ziel zu erreichen. Wer zum Teufel will, dass das wahr ist? Aber wenn wir uns der Realität nicht stellen, wird genau dieses Ergebnis ordnungsgemäß erreicht, und die Folgen sind weitaus schlimmer und anhaltender, als wenn wir heute die Mauern der Leugnung durchbrechen und den Mut haben, uns gegen die Tyrannei zu stellen.

Verbinde die Punkte – aber wie?

Ein entscheidender Aspekt der Wahrnehmungsprogrammierung besteht darin, eine Welt darzustellen, in der alles zufällig ist und fast nichts mit etwas anderem zusammenhängt. Der Zufall kann von Natur aus nicht koordiniert werden, und sobald man Ereignisse als zufällig wahrnimmt, wird der Gedanke, dass sie miteinander verbunden sein könnten, als Geschwätz der Aluhut-Fraktion abgetan. Man kann den Zufall nicht planen und koordinieren, du Idiot! Nein, das kann man nicht, aber man kann das kalt Kalkulierte und von langer Hand Geplante hinter der *Illusion* des Zufalls verstecken.

Der grundlegende Durchblick eines Renegaten-Bewusstseins ergibt sich daraus, die Realität nach Mustern abzusuchen, die das scheinbar Zufällige miteinander verbinden und Pixel und Punkte in Bilder verwandeln. So arbeite ich seit mehr als dreißig Jahren. Man sucht nach Ähnlichkeiten bei Menschen, Vorgehensweisen und gewünschten Ergebnissen, und langsam, dann immer schneller, formt sich das Bild. Ein Beispiel: Es scheint keine Verbindung zwischen der »Covid-Pandemie« und der vom Menschen verursachten globalen Erwärmung zu geben, und doch handelte es sich um Maskierungen (passenderweise) derselben Fratze, und sie verfolgen dasselbe Ziel. Diejenigen, die den Mythos der globalen Erwärmung durch den Club of Rome und andere Sektenorganisationen vorantreiben, sind auch die treibende Kraft hinter den Lügen über »Covid« – Bill Gates ist ein offensichtlicher Fall, aber es gibt unzählige andere. Warum sollten dieselben Leute in beides verwickelt sein, wenn sie eindeutig nicht miteinander verbunden sind? Oh, aber sie sind es. Gemeinsame Themen der Akteure finden sich in gemeinsamen Zielen wieder. Die »Lösungen« für beide »Probleme« sind die Zentralisierung der globalen Macht, um den Willen der wenigen den vielen aufzuzwingen, um die Menschheit vor »Covid« zu »retten« und den Planeten vor einer »existenziellen Bedrohung« zu bewahren (wir brauchen »null Covid« und »null Kohlenstoffemissionen«). Diese wiederum stehen im Zusammenhang mit dem »Punkt« der Globalisierung, der die Zentralisierung der globalen Macht in allen Lebensbereichen durch die unaufhörliche Expansion von Politik und Unternehmen, Handelsblöcken und Superstaaten wie der Europäischen Union beschreibt. Wenn Sie zu den wenigen gehören und die vielen kontrollieren wollen, müssen Sie die Macht und die Entscheidungsfindung zentralisieren. Je mehr man die Macht zentralisiert, desto mehr Macht haben die wenigen im Zentrum über die vielen – und je mehr diese Macht zentralisiert ist, desto mehr Macht haben die im Zentrum, um noch schneller zu zentralisieren. Die Dynamik der Zentralisierung wird immer schneller, und das ist genau der Prozess, den wir beobachten können. Auf diese Weise dienen die vorgetäuschte »Pandemie« und die Vortäuschung der vom Menschen verursachten globalen Erwärmung den Interessen der Globalisierung und der Übernahme der globalen Macht durch den inneren Kreis des Kultes, der hinter »Covid«, »Klimawandel« und Globalisierung steht. An diesem Punkt werden zufällige »Punkte« zu einem klaren und offensichtlichen Bild oder Muster.

Klaus Schwab, der klassische Bond-Bösewicht, der das von Gates finanzierte Weltwirtschaftsforum des Kults gründete, veröffentlichte 2020 ein Buch mit dem Titel *The Great Reset* (dt. *Covid-19: Der Große Umbruch*), in dem er das »Problem« von »Covid« nutzt, um eine totale Transformation der menschlichen Gesellschaft zu rechtfertigen, mit der die Menschheit vor dem »Klimawandel« »gerettet« werden soll. Schwab schreibt: »Die Pandemie stellt ein seltenes, aber enges Zeitfenster dar, in dem wir über unsere Welt nachdenken, sie neu denken und neu gestalten können.« Unerwähnt lässt er, dass der Kult, dem er dient, hinter beiden Schwindeleien steckt, wie ich in meinem Buch *Die Antwort* zeige. Er und der Kult müssen die Welt nicht neu erfinden. Sie wissen genau, was sie wollen, und deshalb haben sie die menschliche Gesellschaft mit »Covid« zerstört, um sie nach ihrem großen Plan »besser wiederaufzubauen« (»build back better«). Ihre Aufgabe ist es nicht, sich etwas vorzustellen, sondern die Menschheit dazu zu bringen, sich etwas vorzustellen und ihren Plänen zuzustimmen, während man sie glauben lässt, dass alles zufällig ist. Es

Abb. 3. Das allsehende Auge des Kult-»Gottes« auf dem von den Freimaurern entworfenen Großen Siegel der Vereinigten Staaten und auch auf dem Dollarschein.

muss reiner Zufall sein, dass »The Great Reset« seit langem der Codename der Kultisten für die globale Einführung des Faschismus ist und frühere Codenamen ersetzt, wie die »Neue Weltordnung«, die Kultisten wie Vater George Bush propagierten, und die »Neuordnung der Welt«, die in der Freimaurerei und viel älteren Geheimgesellschaften bereits auftaucht. Die »Neue Ordnung der Welt« erscheint auf der Rückseite des Großen Siegels der Vereinigten Staaten als *novus ordo seclorum* unter dem seit langem verwendeten Kultsymbol der Pyramide und des allsehenden Auges (siehe Abbildung 3). Die Pyramide ist die Hierarchie der Kontrolle über die Menschen, an deren Spitze das erleuchtete Auge steht, das die Kraft hinter dem Kult symbolisiert, wie ich in späteren Kapiteln aufdecken werde. Die Formulierung *annuit coeptis* bedeutet übersetzt: »Er begünstigt unser Vorhaben.« Es wird uns gesagt, dass »Er« der christliche Gott ist, aber das ist »Er« nicht, wie ich noch erklären werde.

Wie man Sie drankriegt

Zwei wichtige Kulttechniken der Wahrnehmungsmanipulation, die mit all dem zusammenhängen, sind das, was ich seit den 1990er Jahren Problem-Reaktion-Lösung (PRL) und das Totalitäre Schleichen (TS) genannt habe. Sie können von einem neugierigen Geist mit einer einfachen Frage enttarnt werden: »Wer profitiert?« Die Antwort identifiziert in der Regel die Täter einer bestimmten Handlung oder eines bestimmten Ereignisses durch das Konzept »derjenige, der am meisten von einem Verbrechen profitiert, ist derjenige, der es am wahrscheinlichsten begangen hat«. Das lateinische *cue bono?* – wem nützt es? – wird weithin dem römischen Redner und Staatsmann Marcus Tullius Cicero (106-43 vor Christus) zugeschrieben. Kein Wunder, dass es so weit zurückreicht, denn das Konzept ist für das menschliche Verhalten relevant, seit die Geschichte aufgezeichnet wurde.

Problem-Reaktion-Lösung ist die Technik, mit der wir jeden Tag manipuliert werden, indem heimlich ein Problem (oder die Illusion eines Problems) geschaffen und die Lösung für das Problem (oder die Illusion eines Problems) angeboten wird. In der ersten Phase schaffen Sie das Problem selbst und geben jemandem oder etwas anderem die Schuld dafür, dass es entstanden ist. Dabei kann es sich um einen finanziellen Zusammenbruch, einen Terroranschlag, einen Krieg, die globale Erwärmung oder eine Pandemie handeln, also um alles, was es Ihnen ermöglicht, die »Lösung« durchzusetzen, um die Gesellschaft so zu verändern, wie Sie es zu diesem Zeitpunkt wünschen. Das »Problem« muss nicht real sein. PRL ist eine Manipulation der Wahrnehmung, und alles, was man braucht, ist, dass die Bevölkerung glaubt, das Problem sei real. Die vom Menschen verursachte globale Erwärmung und die »Covid-Pandemie« müssen nur als real *wahrgenommen* werden, damit die Bevölkerung die »Lösungen« der Behörden akzeptiert. Ich bezeichne diese Technik als NO-Problem-Reaktion-Lösung oder Lösung für ein nicht vorhandenes Problem. Milliarden von Menschen haben den Lockdown ab Anfang 2020 nicht deshalb dermaßen sanftmütig hingenommen, weil es eine echte tödliche »Covid-Pandemie« gab, sondern weil sie es so wahrnahmen – sie glaubten es. Das Gegenmittel zur Problem-Reaktion-Lösung ist die Frage, wer von der vorgeschlagenen Lösung profitiert. Unweigerlich wird es jeder sein, der mehr Kontrolle durch Abschaffung der Freiheit und Zentralisierung von Macht und Entscheidungsfindung rechtfertigen will.

Die beiden Weltkriege waren Problem-Reaktion-Lösungen, die die globale Gesellschaft veränderten und neu ausrichteten. Beide wurden vom Kult manipuliert, wie ich in meinen Büchern seit Mitte der 1990er Jahre ausführlich dargelegt habe. Sie führten zu einer dramatischen Zentralisierung der globalen Macht, insbesondere der Zweite Weltkrieg, der dank der offenen und verdeckten Manipulationen der Rockefeller-Familie und anderer kultischer Blutlinien wie der Rothschilds die Etablierung der Vereinten Nationen und anderer globaler Organisationen ermöglichte. Die UNO ist dabei der Deckmantel für eine ausgewachsene Weltregierung, auf die ich gleich zu sprechen kommen werde. Das Land, auf dem das UN-Gebäude in New York steht, wurde von den Rockefellers gestiftet, und dieselbe Kultfamilie stand hinter Big Pharma und der Medikamenten-»Medizin« sowie der Schaffung der Weltgesundheitsorganisation als Teil der UN. Die Rockefellers waren Anhänger der Eugenik-Bewegung und finanzierten Hitlers Rassenreinheitsexperten Ernst Rudin (1874-1952). Der vom Menschen verursachte Schwindel mit der globalen Erwärmung wurde vom Club of Rome durch die UNO inszeniert, die sowohl das »Problem« durch ihren Weltklimarat als auch die »Lösung« durch ihre Agenda 21 und Agenda 2030 vorgibt, welche die totale Zentralisierung der globalen Macht fordern, um die Welt vor einem Klimaschwindel zu »retten«, den die Vereinten Nationen selbst inszeniert haben. Wie klein die Welt ist, zeigt sich besonders in den inneren Kreisen des Kultes.

Der Weggefährte der Problem-Reaktion-Lösung ist die totalitäre Schleichfahrt, die im Jahr 2020 zum totalitären Sprint wurde. Die Technik ist so angelegt, dass sich hinter dem Deckmantel scheinbar zufälliger Ereignisse ein sorgfältig abgestimmtes Vorgehen verbirgt. Man beginnt die Sequenz bei »A« und weiß, dass man auf »Z« zusteuert. Man will nicht, dass die Leute das wissen, und jeder Schritt auf der Reise wird als zufälliges Ereignis dargestellt, während alle Schritte aneinandergereiht in dieselbe Richtung führen. Das Tempo mag sich in letzter Zeit dramatisch beschleunigt haben, aber im Fall von »Covid« kann man immer noch die schrittweise Annäherung auf Zehenspitzen erkennen, da jede neue Maßnahme uns tiefer in den Faschismus führt. Man sagt den Menschen, dass sie dies oder jenes tun müssen, um zur »Normalität« zurückzukehren, dann dies und jenes und das. Mit jeder neuen Forderung, die zu den vorherigen hinzukommt, wird die Freiheit der Bevölkerung geringer, bis sie ganz verschwindet. Die Spinne wickelt ihr Netz mit jedem neuen Diktat umfassender um die Fliegen. Ich werde dies noch genauer beleuchten, wenn ich zum »Covid«-Schwindel komme und wie er durchgeführt wurde. Ein weiteres Paradebeispiel für das Totalitäre Schleichen ist die Entwicklung der von der Kultgruppe geschaffenen Europäischen Union von einer »Freihandelszone« zu einer zentralisierten bürokratischen Diktatur durch die schrittweise Zentralisierung der Macht, bis die Nationen zu bloßen Verwaltungseinheiten für die grauen Anzugträger der Kultgruppe in Brüssel wurden.

Das Gegenmittel gegen Unwissenheit ist das Wissen, das der Kult uns vehement zu verweigern versucht, doch trotz der systematischen Zensur kann ein Renegaten-Bewusstsein dieses Wissen erlangen, indem es permanent nach den Fakten sucht, egal welche Hindernisse ihm in den Weg gelegt werden. Es gibt auch eine Methode des Denkens und Wahrnehmens – des *Erlangens* von Wissen –, das nicht einmal Namen, Daten oder ortsbezogene Fakten benötigt, um die Muster zu erkennen, die die Geschichte offenbaren. Darauf werde ich im letzten Kapitel eingehen. Alles, was man über die Manipulation der menschlichen Gesellschaft wissen muss und darüber, zu welchem Zweck sie erfolgt, gibt es – *zum Zeitpunkt der Niederschrift dieses Buches* – bereits in Form von Büchern, Videos und Websites für diejenigen, die wirklich die Mauern der programmierten Wahrnehmung durchbrechen wollen. Um Zugang zu diesem Wissen zu erlangen, muss man die Mainstreammedien als Informationsquelle aufgeben, in dem vollen Bewusstsein, dass sie Eigentum des Kultes sind und von ihm kontrolliert werden und daher eine Massenwahrnehmung fördern, die dem Kult passt. Die Mainstreammedien lügen rund um die Uhr, Tag für Tag. Das ist ihre Funktion und ihre eigentliche Daseinsberechtigung. Wenn sie hier und da einmal die Wahrheit sagen, dann nur, weil die Wahrheit und die Agenda des Kultes gelegentlich übereinstimmen. Wenn Sie bei der BBC, CNN und praktisch allen anderen nach Fakten und Erkenntnissen suchen, wollen Sie betrogen und in Ihrer Wahrnehmung programmiert werden.

»Erkenne das Ziel und du weißt, wo es lang geht«

Ereignisse scheinen nur dann zufällig zu sein, wenn man keine Ahnung hat, wohin die Welt sich bewegt. Sobald man es weiß, wird das Zufällige zum sorgfältig Geplanten. »Erkenne das Ziel und du weißt, wo es lang geht« ist eine Redewendung, die ich seit langem verwende, um alltäglichen Ereignissen, die unzusammenhängend erscheinen, einen Kontext zu geben. Löst ein Problem oder die Illusion eines Problems eine vorgeschlagene »Lösung« aus, die die Gesellschaft weiter in Richtung des Ziels treibt? Die Antwort lautet unweigerlich Ja, und das Zufällige – *Abrakadabra* – wird zum eindeutig Koordinierten. Worin besteht nun dieses Ergebnis, das die Tür zu einem massiv erweiterten Verständnis der täglichen Ereignisse öffnet? Ich werde die Hauptaspekte kurz zusammenfassen – die feineren Details finden sich in meinen anderen Büchern –, und diejenigen, die neu in diese Informationen einsteigen, werden sehen, dass die Welt, in der sie zu leben glaubten, eine ganz andere ist.

Die Grundlage der Kult-Agenda ist die unaufhörliche Zentralisierung der Macht, und jede derartige Zentralisierung dient letztlich dem Ziel, dem Kult die Kontrolle auf globaler Ebene zu ermöglichen. Ich habe die geplante Weltstruktur der Diktatur von oben nach unten oft als »Hungerspiele«-Gesellschaft bezeichnet. Der Begriff stammt natürlich aus der Filmreihe *Die Tribute von Panem*, in der eine Welt dargestellt wird, in der einige wenige, die in militärisch geschütztem HighTech-Luxus leben, die Oberherrschaft über eine Bevölkerung ausüben, die in isolierten »Sektoren«, die nicht miteinander kommunizieren dürfen, zu bitterer Armut verurteilt ist. »Covid«-Lockdowns und Reiseverbote gefällig? Bei der »Hungerspiele«-Pyramide der strukturellen Kontrolle befindet sich der innere Kreis des Kultes an der Spitze und hat so ziemlich die gesamte Bevölkerung am unteren Ende unter seiner Kontrolle, weil ihr Überleben vom Kult abhängig ist. Die gesamte Struktur soll durch einen militarisierten Polizeistaat geschützt und durchgesetzt werden (siehe Abbildung 4).

Hier haben Sie den Grund für die globalen Lockdowns der gefälschten Pandemie. Sie dienen dazu, unabhängige Einkommen und Lebensgrundlagen kalt zu zerstören und jeden vom »Staat« (dem Kult, der die »Staaten« kontrolliert) abhängig zu machen. Ich habe in meinen Büchern seit vielen Jahren vor dem Plan gewarnt, ein »Garantieeinkommen« einzuführen – einen kaum das Überleben ermöglichenden Hungerlohn –, der dazu bestimmt ist, Abhängigkeit zu erzwingen, während die Arbeitsplätze durch die KI-Technologie und jetzt noch umfassender und mit großer Geschwindigkeit durch den »Covid«-Schwindel zerstört werden. Sobald die Pandemie in Gang gesetzt war und die Folgen der Lockdowns das selbstständige Einkommen zerstörten, begannen die Behörden, wie aufs Stichwort, über die Notwendigkeit eines Garantieeinkommens und eines »Great Reset« zu sprechen. Garantieeinkommen werden als wohlmeinende Maßnahmen der Regierungen dargestellt, die einem verzweifelten Volk helfen wollen – verzweifelt als unmittelbare Folge der Handlungen derselben Regierungen. Die Wahrheit ist, dass solche Zahlungen eine Falle sind. Man bekommt sie nur, wenn man genau das tut, was die Behörden verlangen, einschließlich Massenimpfungen (Genmanipulation). Wir haben dieses Phänomen bereits in Australien erlebt, wo diejenigen, die von staatlichen Leistungen abhängig sind, sie gekürzt bekommen, wenn die Eltern nicht zustimmen, ihre Kinder nach einem irrsinnigen, gesundheitszerstörenden, von der Regierung auferlegten Plan impfen zu lassen.

Der kalkulierte wirtschaftliche Zusammenbruch zielt ebenso auf nationale Regierungen wie auf einzelne Menschen. Der Kult will die Nationen durch die Schaffung

Abb. 4. Die Struktur der »Hungerspiele«-Gesellschaft, vor der ich seit langem gewarnt habe, dass sie in Planung ist, wurde nun durch den »Covid«-Schwindel möglich gemacht. Dies ist der wahre Grund für die Lockdowns.

eines Weltstaates loswerden, in dem die Länder in Regionen aufgeteilt sind, die von einer Weltregierung und Superstaaten wie der Europäischen Union regiert werden. Zu diesem Zweck müssen auch die Länder in den Bankrott getrieben werden, was durch Billionen an »Rettungspaketen« und Entlassungsgeldern, Billionen an Steuerausfällen und sinnlosen Ausgaben für »Covid« erreicht wird, einschließlich ständiger medienübergreifender Werbung (Programmierung), die die Medien – da dies einen Großteil ihrer Einnahmen bildet – von der Regierung abhängig gemacht hat. Planmäßig wird schließlich der Tag der Abrechnung kommen, denn da die Staatsausgaben durch Gelddrucken und nicht durch Produktivität/Besteuerung ermöglicht wurden, ist eine Inflation die Folge, die das Potenzial hat, den Wert des Geldes auszulöschen. In diesem Fall wird es für den Kult nicht nötig sein, Ihnen Ihr Geld zu stehlen. Es wird einfach nichts mehr wert sein (wie in der Weimarer Republik, bevor die Nazis die Macht übernahmen). Viele haben sich mit den Lockdowns abgefunden, während sie einen Prozentsatz ihres Einkommens aus sogenannten Beihilfen (etwa für Kurzarbeit) erhalten, ohne arbeiten zu müssen. Diese Zahlungen sind jedoch davon abhängig, dass die Menschen zumindest theoretisch einen Job in einem Unternehmen haben, das aber bald als nicht lebensnotwendig gilt und geschlossen werden soll. Wenn diese Unternehmen Pleite gehen, weil der Wirtschaftskreislauf zusammenbricht, endet die Beihilfe, und zwar für alle. Und was dann? Das »Was dann?« ist genau die Idee.

Willfährige Helfer

Zwischen der »Hungerspiele«-Kult-Elite und der abhängigen Bevölkerung soll ein brutaler Militär-Polizeistaat entstehen (eine Verschmelzung der beiden zu einer einzigen Kraft). Diese Entwicklung ist schon seit langem im Gange, wobei die Polizei dem Militär immer ähnlicher wird und entsprechende Waffen trägt. Durch den Pandemie-Betrug hat sich dieser Prozess beschleunigt, da der Lockdown von sorgfältig rekrutierten faschistischen Denkern und schleimigen Systemdienern bereits brutal durchgesetzt wurde. Es ist geplant, Polizei und Militär zu einer zentral gesteuerten Weltarmee in einer globalen Struktur zu verschmelzen, an deren Spitze eine Weltregierung steht, die nicht einmal durch die bestehenden Wahlmechanismen eingesetzt werden muss. Die Weltarmee soll nicht einmal mehr aus Menschen bestehen. Stattdessen sollen die Kriege, vor allem gegen die Bevölkerung, mit Hilfe von Robotertechnologie geführt werden, die durch Künstliche Intelligenz gesteuert wird. Ich warne schon seit Jahrzehnten davor, und jetzt werden die Militärs auf der ganzen Welt durch eben diese KI-Technologie umgestaltet. Das globale Regime, das ich beschreibe, ist eine besondere Form des Faschismus, bekannt als Technokratie, in der Entscheidungen nicht mehr von ahnungslosen und nachträglich hinzugewählten Politikern getroffen werden, sondern von Technokraten, die überhaupt nicht gewählt werden – Wissenschaftlern, Ingenieuren, Technologen und Bürokraten. Die kultisch geprägten und kontrollierten Silicon-Valley-Giganten sind Beispiele für eine solche Technokratie, und sie haben bereits weit mehr Macht, das Weltgeschehen zu lenken, als Regierungen. Durch ihre Zensur *selektieren* sie Regierungen. Ich weiß, dass einige den »Great Reset« als marxistisch-kommunistische Machtübernahme bezeichnen, aber Faschismus und Marxismus sind nur unterschiedliche Bezeichnungen für dieselbe Tyrannei. Erzählen Sie mal denen, die im faschistischen Deutschland oder im stalinistischen Russland gelebt haben, dass es einen Unterschied in der Art und Weise gab, wie ihre Freiheit abgeschafft und ihr Leben kontrolliert wurde. Ich könnte es auch eine faschistische Technokratie oder eine marxistische Technokratie nennen, und beide Bezeichnungen wären gleichermaßen zutreffend.

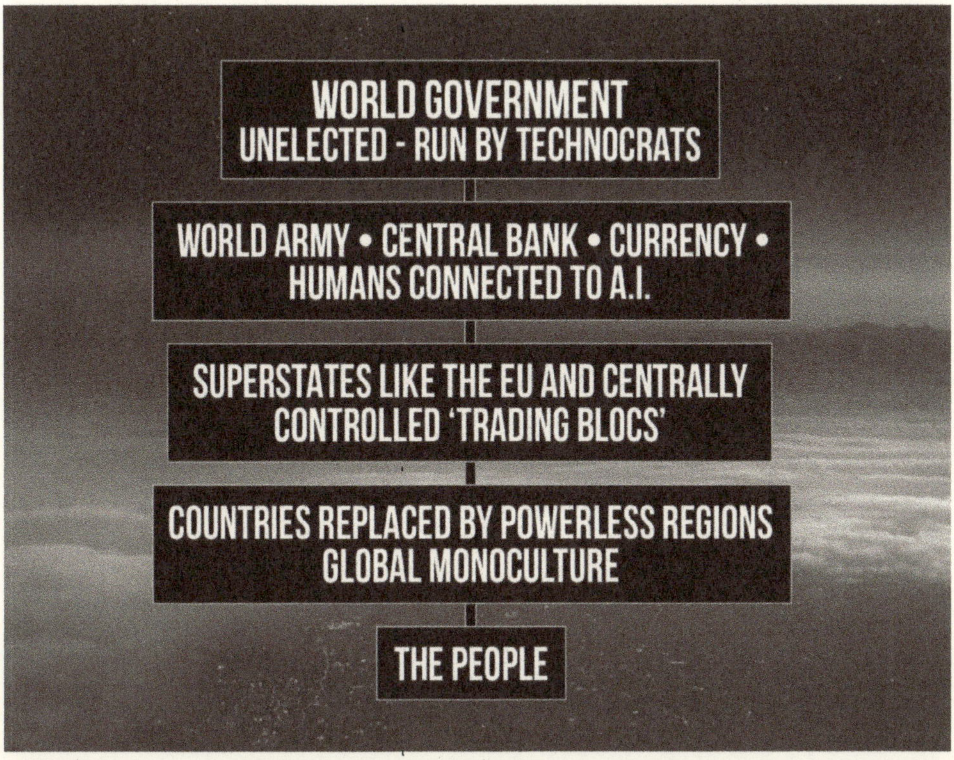

Abb. 5. Die Struktur der globalen Kontrolle, auf die der Kult seit langem hinarbeitet und die durch den »Covid«-Schwindel enorm vorangetrieben wurde.

Der »Hungerspiele«-Staat mit seiner Weltregierungsstruktur würde eine Weltarmee, eine Weltzentralbank und eine einzige bargeldlose Weltwährung besitzen und der Bevölkerung mit Mikrochips seinen Willen aufzwingen (siehe Abbildung 5). Betrachten Sie die verschiedenen Elemente und sehen Sie, wie die vorgetäuschte Pandemie die Gesellschaft mit hoher Geschwindigkeit in genau diese Richtung zwingt. Staats- und Regierungschefs von dreiundzwanzig Ländern und die Weltgesundheitsorganisation (WHO) sprachen sich im März 2021 für ein globales Abkommen zur »internationalen Zusammenarbeit« in »gesundheitlichen Notfällen« aus, und die Nationen sollten »als globale Gemeinschaft für eine friedliche Zusammenarbeit über die Krise hinaus zusammenkommen«. Lassen wir das Orwellsche Neusprech einmal beiseite, bedeutet dies einen weiteren Schritt in Richtung Weltregierung. Der Plan beinhaltet ein bargeldloses digitales Geldsystem, vor dem ich bereits 1993 gewarnt habe. Gleich zu Beginn von »Covid« sagte der zutiefst korrupte Tedros Adhanom Ghebreyesus, der verbrecherische und lediglich als Strohmann fungierende »Chef« der WHO, man könne sich mit dem »Virus« anstecken, wenn man Bargeld berühre, und es sei besser, bargeldlose Mittel zu verwenden. Die Behauptung war lächerlicher Unsinn und hatte, wie der ganze »Covid«-Psychotrick, nichts mit »Gesundheit« und alles mit der Durchsetzung wichtiger Aspekte der Kult-Agenda zu tun. Als Folge der Tedros-Lüge ist die Verwendung von Bargeld stark zurückgegangen. Das Drehbuch des Kults sieht eine einzige digitale Weltwährung vor, die schließlich technologisch in den Körper eingebettet werden soll. China ist ein gewaltiges globales Zentrum für den Kult, und wenn Sie sich anschauen, was dort geschieht, werden Sie wissen, was überall auf der Welt geplant ist. Die chinesische Regierung entwickelt gerade eine digitale Währung, mit der per KI sofort jedem Geldstrafen auferlegt werden können, der bei Verstößen gegen eine gigantische Liste von Gesetzen erwischt wird, und das Geld wird ein einprogrammiertes Verfallsdatum haben, um sicherzustellen, dass niemand außer dem Kult und seinen Vertretern Reichtum anhäufen kann.

Knechtschaft ist so smart

Der Plan des Kultes ist weitaus umfangreicher, extremer und umfassender, als selbst die meisten Verschwörungsforscher abschätzen können, und ich werde in den Kapiteln »Wer kontrolliert den Kult?« und »Dem Wetiko entkommen« zu den wahren Tiefen des Abgrunds aus Täuschung und Kontrolle vordringen. Aber selbst die alltägliche Welt, die wir kennen, ist schon verrückt genug. Wir werden mit immer ausgeklügelteren Kontrolltechnologien überschwemmt, die man uns unter dem Begriff »intelligent« (smart) verkauft. Wir haben smarte Fernseher, smarte Parkometer, smarte Karten, smarte Autos, smartes Fahren, smarte Straßen, smarte Pillen, smarte Pflaster, smarte Uhren, smarte Haut, smarte Grenzen, smarte Bürgersteige, smarte Straßen, smarte Städte, smarte Gemeinden, smarte Umgebungen, smartes Wachstum, einen smarten Planeten … *alles* smart um uns herum. Intelligente Technologien und Betriebsmethoden sind so konzipiert, dass sie ineinandergreifen, um ein globales intelligentes Netzwerk zu schaffen, das die gesamte menschliche Gesellschaft einschließlich des menschlichen Geistes miteinander verbindet, um einen zentral gesteuerten »Schwarm« zu schaffen. »Smarte Städte« ist ein Code für dicht besiedelte Megastädte mit totaler Überwachung und Kontrolle durch KI. Immer schädlichere Funkübertragungssysteme wie 5G wurden ohne offizielle Tests auf gesundheitliche und psychologische Auswirkungen eingeführt (und die sind kolossal). 5G/6G/7G-Netze werden benötigt, um das Smart Grid zu betreiben, und jedes dieser Netze wird für Körper und Geist immer zerstörerischer.

Die Beseitigung des unabhängigen Einkommens ist entscheidend, um die Menschen in diese KI-gesteuerten Gefängnisse zu zwingen, weil damit das Privateigentum abgeschafft wird (außer für die Kult-Elite). Der »Great Reset« des Kults sieht nun ganz offen eine globale Gesellschaft vor, in der niemand mehr etwas besitzt und alles gemietet wird, während der Kult unter dem Deckmantel der Regierung und der Unternehmen buchstäblich alles besitzt. Ziel ist es, mit den Lockdowns die Einkommensquellen massenhaft zu zerstören, und wenn die Menschen mittellos sind und nicht mehr rückzahlbare Schulden haben (Problem), treten die Kult-Assets mit dem Versprechen auf, die Schulden zu erlassen, wenn sie im Gegenzug jegliches Eigentum und jegliche Besitztümer abgeben (Lösung). Alles – buchstäblich alles, einschließlich der Menschen – würde über KI mit dem Internet verbunden. Ich habe schon vor Jahren vor dem kommenden Internet der Dinge (Internet of Things = IoT) gewarnt, in dem alle Geräte und Technologien, vom Auto bis zum Kühlschrank, mit dem Internet verbunden und von einer KI gesteuert werden würden. Jetzt sind wir so weit, und es wird noch viel mehr kommen. Die nächste Stufe ist das Internet von Allem (Internet of Everything = IoE), das die Verbindung von KI mit dem menschlichen Gehirn und Körper beinhalten soll, um den menschlichen Geist durch ein zentral gesteuertes KI-Bewusstsein zu ersetzen. Anstelle von Wahrnehmungen, die durch Informationskontrolle und Zensur manipuliert werden müssen, würden diese Wahrnehmungen durch KI direkt vom Kult programmiert. Was denken Sie dann noch? Sie denken, was immer die KI entscheidet, dass Sie es denken sollen. Aus menschlicher Sicht gäbe es kein individuelles »Denken« mehr. Zu unglaublich? Das Gefasel eines Verrückten? Ganz und gar nicht. Die Kult-Verrückten im Silicon Valley erzählen uns diesen Plan schon seit Jahren, ohne die wahren Beweggründe und kalkulierten Auswirkungen zu erklären. Dazu gehört der Google-Manager und »Futurist« Ray Kurzweil, der das Jahr 2030 als den Zeitpunkt nennt, an dem dies geschehen wird. Er prophezeit:

> »Unser Denken ... wird eine Mischung aus biologischem und nicht biologischem Denken sein ... Menschen werden in der Lage sein, ihr Bewusstsein zu erweitern und ›in der Cloud zu denken‹ ... Wir werden Gateways zur Cloud in unseren Gehirnen einrichten ... Wir werden allmählich miteinander verschmelzen und uns weiterentwickeln ... Meiner Meinung nach liegt das in der Natur des Menschen – wir überwinden unsere Grenzen. In dem Maße, in dem die Technologie dem, was wir sind, weit überlegen ist, wird der kleine Anteil, der dann noch menschlich ist, immer kleiner und kleiner werden, bis er schließlich völlig vernachlässigbar ist.«

Das Verkaufsargument von Kurzweil und dem vom Kult geprägten Silicon Valley lautet, dass wir dadurch *super-human* – »übermenschlich« – würden, während das eigentliche Ziel darin besteht, dass wir *posthuman* werden und nicht mehr »menschlich« sind in dem Sinne, wie wir es heute kennen. Die gesamte Weltbevölkerung wäre an die Künstliche Intelligenz angeschlossen und würde zu einem zentral gesteuerten »Schwarm« für von außen gelieferte Wahrnehmungen werden. Das Smart Grid, das gerade installiert wird, um der Welt den Willen des Kults aufzuzwingen, wird so konstruiert, dass bestimmte Orte – sogar ein einziger Ort – das gesamte globale System kontrollieren können. Von diesen Hauptkontrollzentren aus, zu denen auf jeden Fall China und Israel gehören, könnte alles, was mit dem Internet verbunden ist, nach Belieben ein- oder ausgeschaltet und manipuliert werden. Energieversorgungssysteme könnten gekappt, die Kommunikation über das Internet lahmgelegt, computergesteuerte fahrerlose autonome Fahrzeuge von der Straße gedrängt, medizinische Geräte abgeschaltet werden – das Potenzial ist grenzenlos, wenn man bedenkt, wie sehr KI und Internetverbindungen die menschliche Gesellschaft bereits steuern.

Wir haben noch keine Vorstellung davon, was auf uns zukommt, wenn wir das weiter zulassen. Hersteller von autonomen Fahrzeugen arbeiten schon jetzt mit den Strafverfolgungsbehörden zusammen, um Autos zu entwickeln, die automatisch anhalten, wenn sie ein blinkendes Polizei- oder Rettungsfahrzeug aus bis zu dreißig Metern Entfernung erkennen. Bei einer Polizeikontrolle würde das Auto entriegelt und das Fenster automatisch heruntergefahren. Die Fahrzeuge würden nur dorthin fahren, wo es der Computer (der Staat) erlaubt. Das Ende der Benzinfahrzeuge und die Geschwindigkeitsdrosselung bei allen Neuwagen im Vereinigten Königreich und in der EU ab 2022 sind Schritte auf dem Weg zu einem elektrischen, digital gesteuerten Verkehr, über den man selbst letztlich keine Kontrolle mehr hat. Der Große Plan ist aber noch viel weitreichender als das globale Internet oder das Netzwerk des Kults, was klar werden wird, wenn ich auf die Natur der »Spinne« eingehe. Es gibt einen Zusammenhang zwischen all diesen Ereignissen und der Einführung von durch den »Covid«-Schwindel gerechtfertigten DNA-manipulierenden »Impfstoffen« (die überhaupt keine Impfstoffe sind). Dieser Zusammenhang ist der sich entwickelnde Plan, den menschlichen Körper von einem biologischen in einen synthetischen Zustand zu transformieren, und das ist der Grund, warum die synthetische Biologie eine so schnell aufkommende Disziplin der Mainstream-Wissenschaft wurde. Covid-»Impfstoffe« schleusen selbstreplizierendes synthetisches Genmaterial in die Zellen ein, um uns auf totalitären Schleichwegen vom Menschen 1.0 zum synthetisch-biologischen Menschen 2.0 zu befördern, der physisch und wahrnehmungsmäßig mit dem Smart Grid verbunden sein wird, um jeden Gedanken, jede Wahrnehmung und jede Tat zu hundert Prozent zu kontrollieren. Die Menschheit muss aufwachen, und zwar schnell.

Dies ist die knappste Erklärung dafür, welches »Ziel« letzten Endes vorgesehen ist, und sie reicht, um zu erkennen, auf welche »Reise« wir da mitgenommen werden. Diejenigen, für die diese Informationen neu sind, werden »Covid« jetzt bereits in einem völlig neuen Kontext sehen. Ich werde im Laufe der Zeit noch viel mehr Informationen hinzufügen, aber die Details finden Sie in meinen Mega-Werken *Die Antwort, The Trigger* und *Alles, was Sie wissen sollten, Ihnen aber nie jemand erzählt hat.*

Und nun – wie sieht der abtrünnige Geist eines Renegaten-Bewusstseins die »Welt«?

Kapitel 2

Was ein Renegat sieht

Es ist eine Sache, clever zu sein, und eine andere, weise.

George R. R. Martin

Eine einfache Definition des Unterschieds zwischen einem programmierten Bewusstsein und dem abtrünnigen Bewusstsein eines Renegaten wäre, dass das eine nur Punkte sieht, während der andere sie miteinander verbindet, um das ganze Bild zu sehen. Um die Realität richtig zu lesen, muss der Beobachter (a) das geplante Ergebnis kennen und (b) erkennen, dass alles, aber auch *alles*, miteinander verbunden ist.

Alle Aspekte der unendlichen Wirklichkeit sind miteinander verbunden – das liegt in ihrer Natur –, und für die menschliche Gesellschaft als Ausdruck der unendlichen Wirklichkeit muss das Gleiche gelten. Der Zusammenhang ergibt sich aus Ursache und Wirkung. Die Wirkung wird durch die Ursache ausgelöst, und dann wird die Wirkung zur Ursache einer anderen Wirkung. Nichts geschieht isoliert, weil das *nicht geht*. Leben, in welcher Realität auch immer, besteht immer aus Entscheidungen und ihren Folgen. Wir treffen Entscheidungen und diese führen zu Konsequenzen. Wenn uns die Konsequenzen nicht gefallen, können wir andere Entscheidungen treffen und bekommen andere Konsequenzen, die wiederum zu anderen Entscheidungen und anderen Konsequenzen führen. Die Entscheidung und die Konsequenz sind nicht nur miteinander verbunden, sondern auch nicht voneinander zu trennen. Das eine geht nicht ohne das andere, »You can't have one without the other«, wie es in dem bekannten Song *Love and Marriage* heißt. Einige wenige können die Welt nicht kontrollieren, es sei denn, die Kontrollierten lassen dies zu – Ursache und Wirkung, Entscheidung und Konsequenz. Kontrolle – wer sie hat und wer nicht – ist ein wechselseitiger Prozess, eine symbiotische Beziehung, an der der Kontrollierende und der Kontrollierte beteiligt sind. Sie haben mir meine Freiheit weggenommen! Nun ja, aber du hast sie ihnen auch gegeben.

Die Menschheit ist der Massenkontrolle unterworfen, weil die Menschheit dieser Kontrolle zugestimmt hat. Das alles ist Ursache und Wirkung und buchstäblich ein Fall von Geben und Nehmen. Auf die gleiche Weise sind Weltereignisse jeder Art miteinander verbunden, und der Kult arbeitet unaufhörlich daran, die Illusion des Zufalls und des Zufälligen zu verkaufen, um die (für ihn) so wichtige Beschränkung der Wahrnehmung auf Punkte sicherzustellen, die das ganze Bild ausblenden. Abtrünnige Denker wissen das und suchen die Welt ständig nach Verbindungsmustern ab. Dies ist absolut entscheidend für das Verständnis der Geschehnisse in der Welt, und ohne diese Perspektive ist Klarheit unmöglich. Zuerst kennt man das geplante Ergebnis, und dann identifiziert man die Schritte auf der Reise – die täglichen, scheinbar zufälligen, die, wenn sie mit dem Ergebnis in Verbindung gebracht werden, nicht mehr als Einzelereignisse erscheinen, sondern als die sprichwörtliche *Kette* von Ereignissen, die in dieselbe Richtung führen. Ich werde Ihnen einige Beispiele nennen ....

Politisches Marionettentheater

Man sagt uns, die Politik sei »kontrovers«, da sich verschiedene Parteien mit unterschiedlichen Überzeugungen einen endlosen Kampf um die Macht liefern. Daran mag bis zu einem gewissen Punkt – und nur bis zu einem gewissen Punkt – etwas Wahres sein, aber heute sind die Unterschiede zwischen den »verschiedenen« Parteien rhetorischer und nicht ideologischer Natur. Sogar die Rhetorik verschmilzt zu einem Einheitssprech, da die etablierten Parteien alle verbliebenen Freidenker ausgestoßen haben, während die anderen sich der immer stärker werdenden Einschüchterung gegenüber Personen mit der »falschen« Meinung unterwerfen. Der Kult ist kein neues Phänomen und lässt sich über Tausende von Jahren zurückverfolgen, wie ich in meinen Büchern dokumentiert habe. Die darin Eingeweihten, und sie reichen Generationen weit zurück, haben die Weltereignisse mit immer größerer Wirkung manipuliert, je mehr die globale Macht zentralisiert wurde. In der Antike sicherte sich der Kult die Kontrolle durch das System der Monarchie, in dem »besondere« Blutlinien (dazu später mehr) das Recht einforderten, als Könige und Königinnen zu herrschen, einfach aufgrund des Geburtsrechts und durch den Sieg über andere, die das gleiche Geburtsrecht beanspruchten. Es kam jedoch eine Zeit, in der die Menschen reif genug waren, um die Ungerechtigkeit einer solchen Tyrannei zu erkennen und ein Mitspracherecht bei der Wahl derjenigen, von denen sie regiert wurden, einzufordern. Beachten Sie das Wort *regiert.* Die Regenten dienten ihnen nicht, sondern *regierten* sie. Daher wird Regierung definiert als »die politische Leitung und Kontrolle, die über die Handlungen der Mitglieder, Bürger oder Einwohner von Gemeinschaften, Gesellschaften und Staaten ausgeübt wird; Leitung der Angelegenheiten eines Staates, einer Gemeinschaft und so weiter«. Regierungen üben Kontrolle aus, anstatt zu dienen, genau wie die Monarchien vor ihnen. Kurioserweise gibt es immer noch Länder wie das Vereinigte Königreich, die von einem Monarchen *und* einer Regierung regiert werden, die offiziell dem Monarchen untersteht. Britische Staatsoberhäupter und damit auch die der Commonwealth-Länder wie Kanada, Australien und Neuseeland werden danach »ausgewählt«, wer in einer *einzigen Familie* mit wem in welcher Reihenfolge ungeschützten Sex hatte. Kneifen Sie mich, das kann doch nicht wahr sein. Autsch! Scheiße, es ist wahr. Der Untergang der Monarchien in den meisten Ländern bot ein potenzielles Vakuum, in dem eine Form von freier und fairer Gesellschaft hätte entstehen können, aber der Kult hat das zu verhindern gewusst. Die Monarchien hatten seinen Interessen gedient, sie konnten jedoch angesichts einer so weit verbreiteten Opposition nicht fortbestehen. Außerdem bot die Ablösung einer »königlichen« Diktatur, die die Menschen sehen konnten, durch eine Diktatur »des Volkes«, die sich hinter dem Begriff »Demokratie« verbarg, weitaus größere Manipulationsmöglichkeiten und Wege, die koordinierte Tyrannei hinter der Illusion von »Freiheit« zu verstecken.

Demokratie wird fälschlicherweise als eine Staatsform definiert, bei der die Regierung von der Bevölkerung gewählt wurde. Das ist aber gar nicht der Fall. Es ist eine Regierung, die von einem *Teil* der Bevölkerung gewählt wird (und das auch nur theoretisch). Dieser »Teil« muss nicht einmal die Mehrheit sein, wie wir so oft bei Vorwahlen gesehen haben, bei denen die sogenannte Mehrheitspartei weniger Stimmen erhält als alle »unterlegenen« Parteien zusammen. Die Demokratie kann einer Regierungspartei mit einer Minderheit der abgegebenen Stimmen die totale Macht verleihen. Es ist ein Taschenspielertrick, bei dem Tyrannei als Freiheit verkauft wird. Vierundsiebzig Millionen Amerikaner, die Donald Trump unterstützen, haben bei der eindeutig fragwürdigen Wahl im Jahr 2020 nicht für die »demokratische« Partei von Joe Biden gestimmt, und doch ist die vom Kult geführte Biden-Regierung weit davon entfernt, die Wünsche und Gefühle dieses großen Prozentsatzes der amerikanischen Gesellschaft anzuerkennen, und hat sich vom ersten Tag an vorgenommen, sie und ihr Recht auf eine Stimme und eine Meinung zu zerstören. Die leere Hülle Biden und der Kult, der hier als Marionettenspieler handelt, behaupten, sie täten dies, um »die Demokratie zu schützen«. Das ist das Niveau des Wahnsinns und der Krankheit, auf das die Politik herabgesunken ist. Verbinden Sie die Punkte und bringen Sie sie mit dem gewünschten Ergebnis in Verbindung – eine Weltregierung, die von selbsternannten Technokraten und nicht einmal mehr von gewählten Politikern geführt wird. Während der Kult durch seine politischen Agenten in der Regierung operiert, fördert er gleichzeitig die öffentliche Verachtung für Politiker, indem er Idioten und Inkompetente an die theoretische Macht bringt, um sie dann zu beseitigen. Die Idee ist, eine öffentliche Meinung zu erzeugen, die über Technokraten sagt: »Na, die werden es nicht schlechter machen als die erbärmlichen Politiker.« Es geht nur darum, die Wahrnehmung zu kontrollieren, und abtrünnige Renegaten-Denker können das durchschauen, während programmierte Geister das nicht können, weil sie weder das geplante Ergebnis noch die Manipulationstechniken kennen, mit denen das Ziel erreicht werden soll. Dieses Wissen kann jedoch erlernt werden, und zwar schnell, wenn sich Menschen dafür entscheiden, sich zu informieren.

Politik mag auf den ersten Blick sehr schwer von einem zentralen Punkt aus zu kontrollieren sein. Ich meine, schauen Sie sich die »verschiedenen« Parteien doch an. Wie sollte man die alle und ihre Untergliederungen überwachen können? In Wahrheit ist es aufgrund ihrer Struktur sehr einfach. Wir sind wieder bei der Pyramide des Aufzwingens und der Duldung. Die Organisationen sind genauso strukturiert wie das System als Ganzes. Politische Parteien sind keine offenen Foren der freien Meinungsäußerung. Sie sind Hierarchien. Ich war ein nationaler Sprecher der britischen Grünen, die für sich in Anspruch nahmen, für eine andere Art von Politik zu stehen, in der Einfluss und Macht dezentralisiert sind. Aber ich kann Ihnen aus eigener Erfahrung sagen – und es ist jetzt noch viel schlimmer geworden –, dass die Grünen wie alle anderen als Hierarchien geführt werden, so sehr sie auch versuchen mögen, diese Tatsache zu verbergen oder sich selbst vorzumachen, dass es nicht stimmt. Einige wenige an der Spitze aller politischen Parteien bestimmen die Politik und das Personal. Sie entscheiden, ob Sie in der Partei befördert werden oder der Regierung als Minister dienen, und dafür müssen Sie ein Ja-Sager sein. Sehen Sie sich all die politischen Querdenker an, die nie aufgestiegen sind. Wenn Sie in der Partei weiterkommen oder ein »hohes Amt« bekleiden wollen, müssen Sie sich fügen und anpassen. Ausnahmen davon sind in der Tat selten. Wenn Sie für das Parlament oder den Kongress kandidieren wollen, müssen Sie die lokale oder bundesstaatliche Ebene der Partei davon überzeugen, Sie aufzustellen, und dafür müssen Sie das von der Hierarchie diktierte Spiel mitspielen. Wenn Sie gewählt werden und in der übergeordneten Struktur weiterkommen wollen, müssen Sie sich weiterhin an das halten, was für diejenigen akzeptabel ist, die die Hierarchie von der Spitze der Pyramide aus leiten. Politische Parteien sind Wahrnehmungs-Gulags, und allein die Tatsache, dass es »Fraktionsführer« und »Fraktionsdisziplin« gibt, die die Politiker dazu bringen sollen, so abzustimmen, wie es die Hierarchie verlangt, entlarvt die lächerliche Vorstellung, dass Politiker gewählt werden, um dem Volk zu dienen, das sie eigentlich vertreten sollten.

Agenten des Kults haben mit ihren Manipulationen seit langem die Kontrolle über alle Parteien übernommen, die groß genug sind, dass sie eine Chance haben, an der Regierungsbildung beteiligt zu sein, und genauso über die meisten der Parteien, die dafür noch zu klein sind. Kaum wird eine neue Partei gegründet, macht sich der Kult bereits an die Arbeit, sie zu infiltrieren und zu lenken. Das hat heute ein solches Ausmaß angenommen, dass Sie regelrechte Video-Zusammenstellungen von »Führern« aller Parteien zu sehen bekommen, ob Demokraten, Republikaner, Konservative, Labour oder Grüne, die dieselben Mantren des Kults von »Build Back Better« und dem »Great Reset« nachplappern, sie direkt vom Liederblatt des Kults ablesen, um die Umgestaltung der globalen Gesellschaft als Reaktion auf die vom Kult inszenierten Schwindel der »Covid-Pandemie« und den vom Menschen verursachten »Klimawandel« zu beschönigen. Caroline Lucas, die Abgeordnete der englischen Grünen, die ich persönlich kannte, als ich in den 1980er Jahren selbst dort Mitglied war, dabei zuzusehen, wie sie die Pläne von Klaus Schwab, dem Vertreter der globalen Milliardärselite, unterstützt ... Da kann ich nur den Kopf schütteln.

Viele Parteien – ein Herr

Das Parteiensystem ist ein weiterer Psychotrick und wurde eingeführt, um das Wesen der Diktatur zu überdecken, indem die »Könige« durch graue Anzugträger ersetzt wurden, von denen die Menschen glaubten, dass sie ihre Interessen vertreten – auch wenn das heute immer weniger der Fall ist. Um diesen Trick zu verstehen, müssen Sie erkennen, dass eine einzige Kraft (der Kult) alle Parteien kontrolliert, entweder direkt in Bezug auf die großen Parteien oder durch Manipulation der Wahrnehmung und Ideologie bei anderen. Sie brauchen die grünen Parteien nicht zu manipulieren, damit sie eine Umgestaltung der Gesellschaft im Namen des »Klimawandels« fordern, wenn diese von der Lüge besessen sind, dass dies zur »Rettung des Planeten« unerlässlich ist. Sie geben ihnen einfach eine Plattform, und schon dienen sie ihren Interessen, während sie glauben, dass sie ökologisch tugendhaft sind. Die politische Struktur Amerikas ist eine perfekte Blaupause dafür, dass das Zwei- oder Mehrparteiensystem in Wahrheit ein Einparteienstaat ist. Die Republikanische Partei wird von einer Gruppe von Milliardären und ihren Handlangern, den Neokonservativen oder Neocons, aus dem Verborgenen gesteuert. Ich habe sie in meinen Büchern bis ins kleinste Detail entlarvt. Sie waren die treibende Kraft hinter der Politik der schwachsinnigen Präsidentschaft von Sohnemann George Bush, zu der auch der 11. September 2001 (siehe mein englisches Buch *The Trigger* für eine umfassende Entlarvung des offiziellen Narrativs), der anschließende »Krieg gegen den Terror« (»War on Terror«) und die Invasionen in Afghanistan und im Irak gehörten. Letztere war eine »NO-Problem-Reaktion-Lösung«, die auf Behauptungen von Kult-Agenten, darunter Bush und der britische Premierminister Tony Blair, über Saddam Husseins »Massenvernichtungswaffen« beruhte, die nicht existierten, wie die Kriegsverbrecher Bush und Blair ganz genau wussten.

Die Demokratische Partei hat ihre eigene »Neocon«-Gruppe, die sie aus dem Hintergrund kontrolliert und die ich die »Democons« nenne. Und hier fällt der Groschen – die Neocons und die Democons unterstehen denselben Herren, der »verborgenen Hand« einen Schritt weiter hinten im Schatten (siehe Abbildung 6). Auf dieser Ebene des Kults werden die republikanische und die demokratische Partei von denselben Leuten kontrolliert und egal, wer an der Macht ist, der Kult ist an der Macht. So funktioniert es in fast jedem Land und sicherlich auch in Großbritannien, wo die Parteien der Konservativen, der Labour Party, der Liberaldemokraten und der Grünen jetzt alle auf derselben Seite stehen, egal wie die Rhetorik ihrer schwachen Versuche, sich zu unterscheiden, auch aussehen mag. Die Neocons operierten zur Zeit von Bush über eine Denkfabrik namens Project for the New American Century, die im September 2000 einen neunzig Seiten umfassenden Bericht mit dem Titel »Rebuilding America's Defenses: Strategies, Forces and Resources For a New Century« (Neuaufbau der amerikanischen Verteidigung: Strategien, Streitkräfte und Ressourcen für ein neues Jahrhundert) veröffentlichte. Darin wurde gefordert, dass Amerika »mehrere gleichzeitig stattfindende Kriege auf großen Schauplätzen« als »Kernaufgabe« führt, um einen Regimewechsel in Ländern wie dem Irak, Libyen und Syrien zu erzwingen. Die Neocons sorgten dafür, dass Bush (»Republikaner«) und Blair (»Labour-Partei«) die Invasion des Irak vorantrieben, und als sie abgelöst wurden, orchestrierten die Demokraten über Barack Obama (»Demokrat«) und den britischen Premierminister David Cameron (»Konservative Partei«) die Angriffe auf Libyen und Syrien. Wir haben »verschiedene« Parteien und »verschiedene« Personen, aber das gleiche Drehbuch. Je mehr der Kult die Zügel der Parteien und des Personals an sich gerissen hat, desto deutlicher wurde, dass ihre Politik dieselbe Agenda verfolgt, bis zu dem Punkt, an dem die faschistischen Maßnahmen der konservativen Junta von Jackboot (Kampfstiefel) Johnson in Großbritannien von der Labour Party abgelehnt wurden, weil sie nicht faschistisch genug waren. Die Labour Party wird mit den US-Demokraten verglichen, während die Konservative Partei eine britische Version der Republikaner ist. Auf beiden Seiten des Atlantiks sprechen sie alle die gleiche Sprache und unterstützen die mit »Covid« vorgegebene Richtung, wenn auch einige enthusiastischer als andere. In jedem Land ist es ähnlich, weil alles zentral gesteuert wird. Ach, und was ist mit Trump? Ich werde gleich zu ihm kommen. Die politische »Wahl« im »Parteiensystem« funktioniert so: Sie wählen Partei A, und sie kommt in die Regierung. Ihnen gefällt nicht, was sie tun, also wählen Sie beim nächsten Mal Partei B, die dann an die Regierung kommt. Ihnen gefällt nicht, was diese Partei tut, weil sie so ziemlich dasselbe tut wie Partei A? Wie auch nicht, wenn beide von derselben Macht kontrolliert werden? Da nur zwei, manchmal drei Parteien eine Chance haben, eine Regierung zu bilden, müssen sie, um die Partei B, die Ihnen nicht gefällt, loszuwerden, erneut Partei A wählen ... Gefällt Ihnen dann auch wieder nicht. Das, meine Damen und Herren, nennt man »Demokratie«, von der man uns – zu Unrecht – sagt, sie sei gleichbedeutend mit »Freiheit«.

Abb. 6. Verschiedene Strohmänner, verschiedene Parteien – dasselbe Kontrollsystem. Der Marionettenspieler im Hintergrund, die »Verborgene Hand«, steuert gleichermaßen Neocons und Democons in dem Spiel, das sich »Demokratie« nennt.

Der Kult der Kulte

An dieser Stelle muss ich eine wichtige Ausprägung des globalen Kults vorstellen, die als sabbatianischer Frankismus bekannt ist. Sabbatianisch wird auch als »sabbateanisch« buchstabiert. Ich werde ihn hier kurz zusammengefasst darstellen. In anderen Werken habe ich umfangreichere Erörterungen und detaillierte Hintergrundinformationen dazu veröffentlicht. Der sabbatianische Frankismus vereint die Namen von zwei Betrügern, die sich als »Juden« ausgaben: Sabbatai Zevi (1626-1676), ein Rabbiner, Schwarzmagier und Okkultist, der behauptete, er sei der jüdische Messias, und Jakob Frank (1726-1791), der polnische »Jude«, Schwarzmagier und Okkultist, der behauptete, er sei die Reinkarnation des »Messias« Zevi und des biblischen Patriarchen Jakob. Sie arbeiteten zwei Jahrhunderte lang daran, den sabbatianisch-frankistischen Kult zu etablieren, der eine wichtige, ja zentrale Rolle bei der Manipulation der menschlichen Gesellschaft durch den globalen Kult spielt, dessen Ursprünge in der Geschichte viel weiter zurückliegen als Sabbatai Zevi.

Als Antwort auf die schrillen Stimmen, die sofort »Antisemitismus« schreien werden, sollte ich hier zwei Punkte betonen: (1) Sabbatianische Frankisten sind NICHT jüdisch und geben sich nur als Juden aus, um ihren Kult hinter einer jüdischen Fassade zu verstecken, und (2) meine Informationen über diesen Kult stammen aus jüdischen Quellen, die schon lange erkannt haben, dass ihre Gesellschaft und Gemeinschaft von eingedrungenen sabbatianischen Frankisten infiltriert und übernommen wurde.

Unterwanderung ist die Grundtechnik des sabbatianischen Frankismus seit seinem offiziellen Ursprung im siebzehnten Jahrhundert. Zevis sabbatianische Sekte zog eine riesige Anhängerschaft an, die als die größte messianische Bewegung in der jüdischen Geschichte bezeichnet wird und sich bis nach Afrika und Asien ausbreitete. Zevi versprach eine Rückkehr der Juden in das »Gelobte Land« Israel. Der Sabbatianismus war kein Judentum, sondern eine Umkehrung all dessen, wofür das herkömmliche Judentum stand. Das ging so weit, dass diese Sekte zwar am gleichen Tag einen Festtag hatte wie das Judentum, aber alles, was im Judentum verboten war, den Sabbatianern an diesem Tag nahegelegt und sogar befohlen wurde. Dazu gehörten Inzest und das, was man heute als Satanismus bezeichnen würde. Den Mitgliedern war es verboten, außerhalb der Sekte zu heiraten, und es gab ein System, das dafür sorgte, dass ihre Kinder nicht wussten, woran sie teilnahmen, bis sie alt genug waren, dass man ihnen zutraute, nichts unwissentlich an Außenstehende weiterzugeben. Dasselbe System wird bis heute vom globalen Kult weltweit angewandt, den der sabbatianische Frankismus enorm beeinflusst hat und nun weitestgehend kontrolliert.

Zevi und seine Sabbatianer erlitten einen Rückschlag durch das Einschreiten des Sultans des Osmanischen Reiches im Nahen Osten, der heutigen Republik Türkei, in dessen Herrschaftsgebiet sich Zevi aufhielt. Der Sultan stellte ihn vor die Wahl, seine »Göttlichkeit« zu beweisen, zum Islam zu konvertieren oder sich Folter und Tod zu stellen. Eigenartigerweise entschied sich Zevi dafür, zu konvertieren oder zumindest so zu tun. Einige seiner Anhänger wandten sich desillusioniert von ihm ab, aber viele hielten ihm auch die Treue. Dreihundert Familien konvertierten ebenfalls zum Islam, wenngleich nur vordergründig. Unter diesem islamischen Deckmantel folgten sie weiterhin den Zielen, Regeln und Ritualen des Sabbatianismus und wurden als »Krypto-Juden« oder »Dönme« bekannt, was so viel wie »umkehren« bedeutet. Das ist ziemlich ironisch, denn sie sind nicht »umgekehrt«, sondern haben sich stattdessen hinter einer falschen islamischen Fassade versteckt. Der Prozess, sich als das eine auszugeben und gleichzeitig etwas ganz anderes zu sein, wurde zum Aushängeschild des Sabbatianismus, besonders nach Zevis Tod und der Ankunft des Satanisten Jakob Frank im achtzehnten Jahrhundert, als der Kult zum sabbatianischen Frankismus wurde und immer neue Tiefen der Abartigkeit und Unterwanderung auslotete, zu denen auch Menschenopfer und Sex mit Kindern gehörten und immer noch gehören. Wo immer Sabbatianer hingehen, folgen ihnen Pädophilie und Satanismus. Ist es daher wirklich eine Überraschung, dass Hollywood so sehr von Kindesmissbrauch und Satanismus durchseucht ist, wenn es von sabbatianischen Frankisten gegründet wurde und immer noch von ihnen kontrolliert wird? Hollywood ist eines der Hauptinstrumente für die globale Wahrnehmungsprogrammierung und Manipulation. Wie viele glauben die in den dort entstandenen Filmen dargestellte Version der »Geschichtsschreibung«, obwohl sie eine Travestie und eine Umkehrung der Wahrheit ist – wieder einmal? Rabbi Marvin S. Antelman beschreibt den Frankismus in seinem Buch *To Eliminate the Opiate* (Das Opium zerstören) als »eine Bewegung des vollkommenen Bösen«, während der jüdische Professor Gershom Scholem (1897-1982) in seinem Essay »Zum Verständnis der messianischen Idee im Judentum« über Frank sagte: »In all seinen Handlungen [war er] ein wahrhaft verdorbenes und degeneriertes Individuum … eines der erschreckendsten Phänomene in der gesamten jüdischen Geschichte.«

Frank wurde von den traditionellen Rabbinern exkommuniziert, ebenso wie Zevi, ließ sich aber nicht entmutigen und genoss die Unterstützung des Hauses Rothschild, der berüchtigten Bankendynastie, deren innerster Kreis sabbatianische Frankisten und keine Juden sind. Die Unterwanderung der römischen Kirche und des Vatikans wurde von Frank eingeleitet, und viele Dönme vollzogen eine »Umkehr« zum römischen Katholizismus, damit sie dort die Macht übernehmen konnten. Das war der sich ständig wiederholende Modus Operandi, und er ist es nach wie vor. Geben Sie sich als Verfechter der Religion, der Kultur oder des Landes aus, das Sie kontrollieren wollen, und schleusen Sie dann Ihre Leute in Positionen der Macht und des Einflusses ein, hauptsächlich als Berater, Verwalter und Svengali – Strippenzieher – für diejenigen, die an der Macht zu sein scheinen. So hat man es mit dem Judentum, dem Christentum (der christliche Zionismus ist ein Teil davon), dem Islam und anderen Religionen und Nationen gemacht, bis der sabbatianische Frankismus zu der weltumspannenden Bewegung wurde, die er heute ist.

Die sabbatianischen Saudis und das Terrornetzwerk

Ein Beispiel für die sabbatianisch-frankistischen Dönme innerhalb des Islams ist die Herrscherfamilie von Saudi-Arabien, das Haus Saud, dem das abscheuliche Zerrbild des Islams, der Wahhabismus, zu verdanken ist. Dies ist das Gewalt-Credo, dem Terroristengruppen wie Al-Qaida und ISIS oder der Islamische Staat folgen. Der Wahhabismus ist die hand- und kopfabhackende »Religion« Saudi-Arabiens, die dazu dient, das Volk kontinuierlich in Angst zu halten, damit das landfremde Haus Saud weiter regieren kann. Al-Qaida und der Islamische Staat wurden vom Haus Saud großzügig finanziert, während sie vom sabbatianisch-frankistischen Netzwerk in den Vereinigten Staaten geschaffen und geleitet wurden, das über das Pentagon, die CIA und die Regierung der jeweiligen »Partei« operiert. Der Frontmann für die Gründung des Wahhabismus in der Mitte des achtzehnten Jahrhunderts war ein sabbatianisch-frankistischer »Krypto-Jude« namens Muhammad ibn Abd al-Wahhab (1703-1792), der sich als Islamist ausgab. Seine Tochter heiratete den Sohn von Muhammad bin Saud (1710-1765), der noch vor seinem Tod mit Unterstützung des britischen Empire den ersten saudischen Staat gründete. Bin Sauds Nachfolger gründeten 1932 das moderne Saudi-Arabien im Bunde mit den Briten und Amerikanern, was ihnen die Kontrolle über die wichtigsten Heiligtümer des Islams in Mekka und Medina ermöglichte. Seitdem diktieren sie die Richtung des sunnitischen Islams, während der Iran das Hauptzentrum der schiitischen Version ist, und hier haben wir den Ursprung zumindest des öffentlichen Konflikts zwischen ihnen. Das sabbatianische Netzwerk hat seine wahhabitischen Extremisten dazu benutzt, im Namen von »Al-Qaida« und »Islamischer Staat« Problem-Reaktion-Lösung-Terroranschläge zu verüben, um einen verheerenden »Krieg gegen den Terror«, eine immer stärkere Überwachung der Bevölkerung und die Einschüchterung der Menschen zu rechtfertigen. Eine weitere Erkenntnis des Renegaten-Geistes ist die Einsicht, dass nur weil ein Land, ein Ort oder ein Volk angegriffen wird, dies nicht bedeutet, dass diejenigen, die dieses Land, diesen Ort oder dieses Volk scheinbar repräsentieren, nicht hinter den Angriffen stecken können. Oft werden die Angriffe von ihnen zum Zweck der gesellschaftlichen Veränderungen *inszeniert*, die dann als unvermeidlich für die »Rettung der Bevölkerung vor Terroristen« gerechtfertigt werden.

In *The Trigger* zeige ich sehr detailliert, dass die sabbatianisch-frankistischen Terroristen die wahren Täter von 9/11 waren und nicht die »neunzehn arabischen Entführer«, denen die Schuld an den Ereignissen gegeben wurde. Sehen Sie sich an, was allein im Namen von 9/11 an Invasionen im Nahen Osten, Massenüberwachung und Kontrolle gerechtfertigt wurde, um die Forderungen des von den sabbatianischen Neocons veröffentlichten Project for the New American Century zu erfüllen. Die scheinbaren Feinde sind verdeckte Spieler, die zum gleichen Team gehören wie die Sabbatianer. Israel und die arabischen »königlichen« Diktaturen werden alle von Sabbatianern regiert, und die jüngsten Friedensabkommen zwischen Israel und Saudi-Arabien, den Vereinigten Arabischen Emiraten (VAE) und anderen machen nur offiziell, was hinter den Kulissen schon immer der Fall war. Die Palästinenser, die seit der Bombardierung und Terrorisierung Israels im Jahr 1948 einer grotesken Tyrannei unterworfen sind, hatten nie eine Chance. Die sabbatianisch-frankistischen Kräfte haben Israel kontrolliert (daher das ständige Thema Gewalt und Krieg, das die Sabbatianer so sehr lieben), und sie haben die arabischen Länder kontrolliert, von denen die Palästinenser sich echte Unterstützung erhoffen, die nie kommt. Die »königlichen Familien« der arabischen Welt in Saudi-Arabien, Bahrain, den Vereinigten Arabischen Emiraten und so weiter sind allesamt Sabbatianer, die sich den Zielen der Sekte verschrieben haben und nicht dem, was für ihre arabische Bevölkerung am besten ist. Sie haben ihren Völkern das Öl und die finanziellen Ressourcen gestohlen, indem sie fälschlicherweise behaupteten, »königliche Dynastien« mit einem Erbrecht auf Herrschaft zu sein, und das Militär benutzten, um ihren Willen brutal durchzusetzen.

Satanische »Illumination«

Der Satanist Jakob Frank verbündete sich 1773 mit zwei anderen Sabbatianern, Mayer Amschel Rothschild (1744-1812), dem Gründer der Rothschild-Bankendynastie, und dem jesuitisch erzogenen, betrügerischen Juden Adam Weishaupt (1748-1830). Dies führte 1776 zur Gründung der Bayerischen Illuminaten, zunächst unter einem ande-

Abb. 7. Die als Freiheitsstatue verkleidete Kultgöttin von Babylon hält die Flamme von Luzifer, dem »Lichtbringer«.

ren Namen. Die Illuminaten waren die manipulierende Kraft hinter der Französischen Revolution (1789-1799), und sie waren auch an der Amerikanischen Revolution (1775-1783) beteiligt, schon vor und nach der offiziellen Gründung der Illuminaten. Weishaupt verwandelte sich später (für die Öffentlichkeit) im archetypischen sabbatianischen Stil in einen protestantischen Christen. Ich habe gelesen, dass sein Name als Adam-Weis-Haupt oder »der erste Mann, der den Weisen vorsteht« entschlüsselt werden kann. Er war kein Oberhaupt im eigentlichen Sinne, sondern ein vorgeschobener Subalterner, aber er führte die unter ihm Stehenden in einem Kreuzzug der Umgestaltung der menschlichen Gesellschaft, der bis heute andauert. Das Konzept wurde bereits 1785 bekannt, als berichtet wurde, dass ein Kurierreiter namens Lanz von einem Blitz getroffen wurde und man in seinen Satteltaschen umfangreiche Dokumente der Illuminaten sicherstellte. Sie stellten eine Verbindung zu Weishaupt her und beschrieben den Plan zur Übernahme der Welt. Die aktuellen Ereignisse im Zusammenhang mit dem »Covid«-Faschismus haben sich schon seit langem angebahnt. Jakob Frank wurde nach seiner Verhaftung im Jahr 1760 von der katholischen In-

Abb. 8. Das Gegenstück der Freiheitsstatue in Paris, wo die New Yorker Version ihren Ursprung hat.

quisition für dreizehn Jahre ins Gefängnis gesteckt. Nach seiner Entlassung begab er sich nach Frankfurt, Deutschland, der Heimatstadt und dem Hauptsitz des Hauses Rothschild, wo die Allianz zwischen Mayer Amschel Rothschild und Weishaupt geschmiedet wurde. Rothschild sorgte dafür, dass Frank den Titel eines Barons erhielt. Er wurde ein reicher Adliger mit einer großen Anhängerschaft von Juden in Deutschland, Österreich-Ungarn und anderen europäischen Ländern. Die meisten von ihnen glaubten wohl, dass er auf ihrer Seite stand.

Der Name »Illuminati« stammt aus dem Zohar, einer Sammlung von Werken, die zur Kabbala gehören, der mystischen jüdischen »Bibel«. Der Zohar ist die Grundlage des sabbatianisch-frankistischen Glaubens und das Wort bedeutet auf Hebräisch »Glanz«, »Strahlen«, »erleuchtet«, und daraus ergibt sich »Illuminati«. Sie behaupten, die »Erleuchteten« zu sein, weil sie ihr Wissen systematisch vor der Bevölkerung verbergen und es über Generationen von sorgfältig ausgewählten Eingeweihten im globalen Netzwerk der Geheimgesellschaften oder des Kults weitergeben. Zu dem verborgenen Wissen gehört auch das Wissen um die Agenda des Kults für die Welt und die Natur unserer kollektiven Realität, die ich später noch untersuchen werde. Die »Erleuchtung« des Kults wird durch die Fackel der Freiheitsstatue symbolisiert, die von französischen Freimaurern aus Paris, die genau wussten, wofür sie steht, der Stadt New York geschenkt wurde. Diese »Freiheits«-Statue symbolisiert eine Göttin, die in Babylon als Königin Semiramis oder Ischtar verehrt wurde. Die Bedeutung dieses Symbols wird im Folgenden noch deutlicher werden. Beachten Sie auch das allgegenwärtige Thema der Umkehrung – Inversion –, wobei die Freiheitsstatue in Wahrheit die Massenkontrolle symbolisiert (siehe Abbildung 7). Ein Gegenstück zur Freiheitsstatue steht auf einer Insel in der Seine in Paris, von wo die New Yorker »Freiheit« stammt (siehe Abbildung 8). Eine große Nachbildung der Freiheitsflamme erhebt sich auf der Brücke Pont de l'Alma in Paris, der Zufahrt zu dem Tunnel, der Prinzessin Diana in einem in *Das Größte Geheimnis* beschriebenen Kultritual den Tod brachte. Luzifer, der »Lichtbringer«, hat damit zu tun (sehr viel sogar, wie wir noch sehen werden), und »Luzifer« ist eine zentrale Figur im sabbatianischen Frankismus und dem damit verbundenen Satanismus. Sabbatianer lehnen die jüdische Thora oder den Pentateuch ab, die »fünf Bücher Mose« im Alten Testament, die als Genesis, Exodus, Levitikus, Numeri und Deuteronomium bekannt sind und von denen das Judentum und das Christentum behaupten, sie seien Moses von »Gott« auf dem Berg Sinai diktiert worden. Die Sabbatianer sagen, dass diese nicht auf sie zutreffen, und sie versuchen, sie durch den Zohar zu ersetzen, um das Judentum und seine Anhänger in ihre Umkehrung zu integrieren, die Ausdruck einer viel größeren globalen Umkehrung – dem Reset – ist. Sie wollen alle Religionen auslöschen und die Menschheit zwingen, eine Eine-Welt-Religion anzubeten – den sabbatianischen Satanismus, der auch die Anbetung der Erdgöttin beinhaltet. Satanische Themen werden mehr und mehr in die Mainstream-Gesellschaft eingeführt, und wenn auch das Christentum derzeit das Hauptziel für die Zerstörung ist, sollen die anderen Religionen doch folgen.

Marx Brothers

Rabbi Marvin Antelman stellt in *To Eliminate the Opiate* (Das Opium zerstören) eine Verbindung zwischen den Illuminaten und den Jakobinern her. Die Jakobiner waren die treibende Kraft hinter der Französischen Revolution. Er verbindet beides mit dem Bund der Gerechten, dem Netzwerk, das den Kommunismus/Marxismus in die Welt gesetzt hat. Antelman schreibt:

»Der ursprüngliche innere Kreis des Bund der Gerechten bestand aus geborenen Katholiken, Protestanten und Juden [sabbatianisch-frankistische Infiltratoren], und diese Vertreter der jeweiligen Unterabteilungen formulierten Pläne für die endgültige Zerstörung ihrer Glaubensrichtungen. Die häretischen Katholiken schmiedeten Pläne, die ihrer Meinung nach ein Jahrhundert oder länger für die endgültige Zerstörung der Kirche benötigen würden, die abtrünnigen Juden für die endgültige Zerstörung der jüdischen Religion.«

Der von den Sabbatianern geschaffene Kommunismus fügt sich in diese religionsfeindliche Agenda ein, da der Kommunismus keine freie Religionsausübung zulässt. Der sabbatianische »Bund« wurde zur Internationalen Kommunistischen Partei und zur Kommunistischen Liga, und 1848 wurde mit dem Kommunistischen Manifest der sabbatianischen Aktivisten Karl Marx und Friedrich Engels der »Marxismus« geboren. Es ist absolut kein Zufall, dass der Marxismus, der nur ein anderer Name für faschistische und sonstige zentral gesteuerte Tyranneien ist, als Ergebnis des »Covid«-Schwindels weltweit durchgesetzt wird, und auch nicht, dass das marxistische/faschistische China der Ort war, an dem der Schwindel entstand. Der Grund dafür wird in dem Kapitel »›Covid‹: Die kalkulierte Katastrophe« noch sehr deutlich werden. Die sogenannte »Woke«-Mentalität hat die traditionellen Überzeugungen der politischen Linken gekapert und sie durch eine rechtsextreme schein-»soziale Gerechtigkeit«, besser bekannt als Marxismus, ersetzt. Woke wird jedoch von seiner eigenen vermeintlichen »Revolution« geschluckt werden, die in Wahrheit das Werk von Milliardären und Milliardärskonzernen ist, die vorgeben, »Woke« zu sein. Der Marxismus wird von den Woken als Ersatz für den »Kapitalismus« angepriesen, obwohl wir keinen »Kapitalismus« haben. Wir haben einen Kartellismus, in dem der Markt von genau den Kult-Milliardären und Konzernen, die Woke finanzieren, manipuliert wird. Milliardäre lieben den Marxismus, der die Menschen in Knechtschaft hält, während sie von oben herab kontrollieren. Völlig naive Woke glauben, sie würden »die Welt verändern«, dabei ist es der Kult, der die Welt verändert. Und wenn sie ihre wichtige Rolle gespielt haben und überflüssig geworden sind, werden auch sie zur Zielscheibe werden.

Die Illuminaten-Jakobiner steckten hinter der als »Terror« bekannten Periode der Französischen Revolution in den Jahren 1793 und 1794, als der Jakobiner Maximillian de Robespierre (1758-1794) und sein Orwellsches Komitee für öffentliche Sicherheit siebzehntausend »Feinde der Revolution« töteten, die einst »Freunde der Revolution« gewesen waren. Karl Marx (1818-1883), dessen sabbatianisches Glaubensbekenntnis des Marxismus mindestens einhundert Millionen Menschen das Leben gekostet hat, ist wieder einmal ein Held für die Woken, die durch ihre »Bildungs«-Programmierung systematisch in Unkenntnis der wahren Geschichte gehalten wurden. Infolgedessen fördern sie nun eine sabbatianische »marxistische« Abscheulichkeit, die sie irgendwann verschlingen wird.

Rabbi Antelman, der jahrzehntelang über das sabbatianische Komplott geforscht hat, schreibt über die Liga der Gerechten und Karl Marx:

> »Entgegen der landläufigen Meinung hat Karl Marx das Kommunistische Manifest nicht selbst verfasst. Er wurde für seine Dienste von der Liga der Gerechten bezahlt, die in ihrem Ursprungsland, Deutschland, als Bund der Geächteten bekannt war.«

Antelman sagt, der Text, der Marx zugeschrieben wird, sei das Werk anderer Leute und Marx »wiederholte nur, was andere bereits gesagt hatten«. Er war »ein angeheuerter Schreiberling – ein Lakai der reichen Illuminaten«. Marx sagte bekanntlich, dass die Religion das »Opium des Volkes« sei (Teil des sabbatianischen Plans, die Religion zu dämonisieren), und darauf bezog sich Antelman, als er sein Buch *To Eliminate the Opiate*, also »Das Opium zerstören«, nannte. Marx wurde als Jude geboren, aber seine Familie konvertierte zum Christentum (sabbatianischer Modus Operandi) und er griff die Juden an, nicht zuletzt in seiner Abhandlung »Zur Judenfrage«. Damit unterstützte er den sabbatianischen Plan, das traditionelle Judentum und den Judaismus zu zerstören, was wir heute an der rachsüchtigen Verfolgung orthodoxer Juden durch die sabbatianische Regierung Israels mit den »Covid«-Gesetzen deutlich sehen. Ich folge keiner Religion. Religion hat der Welt über Jahrhunderte hinweg viel Schaden zugefügt und als Zwangsjacke für die Wahrnehmung gedient. Renegaten-Denker fragen jedoch immer, warum etwas getan wird. Es spielt keine Rolle, ob sie mit dem, was geschieht, einverstanden sind oder nicht – die Frage ist, *warum* es geschieht. Die Frage nach dem Warum? lässt sich in Bezug auf Religion leicht beantworten. Religionen schaffen interagierende Gemeinschaften von Gläubigen, während der Kult jeden Diskurs, jede Einheit und jede Interaktion zerstören will (siehe die »Covid«-Lockdowns) und das ultimative Ziel darin besteht, alle Religionen auszulöschen, um eine Eine-Welt-Religion des Kult-Satanismus zu schaffen, in der nur ihr »Gott« angebetet wird. Dazu später mehr.

Das gleiche »Warum?« sehen wir bei der Waffenkontrolle in Amerika. Ich besitze keine Waffen und will auch keine haben, aber warum versucht der Kult, die Bevölkerung zu entwaffnen, während die Strafverfolgungsbehörden bis an die Zähne bewaffnet sind, und warum hat jeder Tyrann in der Geschichte versucht, die Menschen zu entwaffnen, bevor er die endgültige Machtübernahme einleitete? Dazu gehören Hitler, Stalin, Pol Pot und Mao, die der Waffen-Konfiszierung eine gewaltsame Machtergreifung folgen ließen. Dass es sich um eine Kult-Agenda handelt, erkennen Sie daran, dass Leute sofort zu den Mikrofonen rennen, um die Toten bei Mehrfacherschießungen für ihre Zwecke zu nutzen. Der ultrazionistische Sekten-Lakai Senator Chuck Schumer war augenblicklich zur Stelle, als im März 2121 in Boulder, Colorado, zehn Menschen getötet wurden. Eine einfache Schlussfolgerung ... Wenn Schumer es will, will es der Kult, und dasselbe gilt für seinen ultrazionistischen Kumpel, den wildgewordenen Senator Adam Schiff. Zur gleichen Zeit, als sie die Entwaffnung der Amerikaner forderten, von denen viele weit entfernt von polizeilichem Schutz leben, saßen Schumer, Schiff und der Rest dieser verwöhnten Clowns auf dem Capitol Hill hinter einem stacheldrahtbewehrten Sicherheitszaun, der von Tausenden von bewaffneten Truppen zusätzlich zu ihren eigenen bewaffneten Leibwächtern geschützt wurde. Mami und Papi in einem abgelegenen Haus? Das sind einfach nur potenzielle Amokschützen.

Zion Mainframe

Sabbatianisch-frankistische Kreise und vor allem die Rothschilds standen hinter der Gründung des »Zionismus«, einer politischen Bewegung, die ein jüdisches Heimatland in Israel forderte, wie von Sabbatai Zevi versprochen. Das Symbol für Israel stammt sogar von der deutschen Bedeutung des Namens Rothschild. Der Gründer der Dynastie, Mayer Amschel Rothschild, änderte den Familiennamen von Bauer in Rothschild, was auf Deutsch »Roter Schild« bedeutet, in Anlehnung an den sechszackigen »Davidstern«, der am Haus der Familie in Frankfurt angebracht ist. Das Symbol erschien später auf der Flagge Israels, nachdem die Rothschilds maßgeblich an seiner Entstehung beteiligt waren. Hexagramme sind kein ausschließlich jüdisches Symbol und werden in okkulten (»verborgenen«) Netzwerken häufig als Symbol für Saturn verwendet (warum, erfahren Sie in meinen anderen Büchern). Auch sind Zionismus und Judentum nicht austauschbar. Der Zionismus ist eine politische Bewegung und Philosophie und repräsentiert keine »Rasse« oder ein Volk. Viele Juden lehnen den Zionismus ab und viele Nicht-Juden, darunter US-Präsident Joe Biden, bezeichnen sich selbst als Zionisten, ebenso wie der Israel-zentrierte Donald Trump. Amerikas Unterstützung für die israelische Regierung ist so gut wie sicher, denn die ultrazionistischen Milliardäre und Konzerne finanzieren beide politischen Parteien auf eindrucksvolle und dominante Weise. Die ehemalige Kongressabgeordnete Cynthia McKinney hat erzählt, wie sie unmittelbar nach ihrer

Kandidatur aufgefordert wurde, ein »Versprechen« gegenüber Israel zu unterschreiben und zu bestätigen, dass sie immer im Interesse des Landes abstimmen würde. Alle amerikanischen Politiker werden auf diese Weise angesprochen. Wer sich weigert, erhält keine Unterstützung oder Finanzierung von der allmächtigen zionistischen Lobby, zu der Organisationen wie die Mega-Lobbygruppe AIPAC, das American Israel Public Affairs Committee, gehören. Trumps größter Geldgeber war der ultrazionistische Kasino- und Medienmilliardär Sheldon Adelson, während zu den wichtigsten Geldgebern der Demokratischen Partei der Ultrazionist George Soros und der ultrazionistische Finanz- und Medienmogul Haim Saban gehören. Manche mögen zurückschrecken bei der Behauptung, Soros sei ein Israel-Firster (ein von Sabbatianern kontrollierter Vertreter der Politik »Israel First«), aber ein Renegaten-Bewusstsein achtet auf die Taten, nicht auf die Worte, und überall, wo Soros seine Milliarden spendet, profitiert die sabbatianische Agenda. Im Geiste der sabbatianischen Umkehrung hat Soros eine Milliarde Dollar für ein neues Universitätsnetzwerk zugesagt, um »liberale Werte zu fördern und Intoleranz zu bekämpfen«. Er machte diese Ankündigung während seiner jährlichen Rede auf dem vom Kult beherrschten Weltwirtschaftsforum in Davos, Schweiz, im Januar 2020, nachdem er »scharfe Kritik« an »autoritären Herrschern« auf der ganzen Welt geübt hatte. Über solch dreiste Verlogenheit kann man nur lachen. Wie *er* nicht selbst darüber lachen kann, ist ein Rätsel. Aus dem Orwellschen Neusprech übersetzt bedeutet »liberale Werte und Bekämpfung von Intoleranz«, dass man Nicht-Weißen beibringt, Weiße zu hassen und dass Weiße sich selbst dafür verabscheuen sollen, als Weiße geboren zu sein. Der Grund dafür wird noch klar werden.

Der »Antisemitismus«-Schwindel

Zionisten unterstützen das jüdische Heimatland in Palästina, das so lange schon das Anliegen der Sabbatianer-Rothschilds war, allerdings nicht zum Wohle der Juden. Die Sabbatianer und ihre globale Antisemitismus-Industrie haben die öffentliche und politische Meinung dahingehend manipuliert, dass sie die Ablehnung der gewalttätigen Extreme des Zionismus mit einem pauschalen Angriff und einer Verurteilung aller jüdischen Menschen gleichsetzen. Dies ist nichts weiter als eine Schutzgelderpressung der Sabbatianer, um legitime Untersuchungen und die Aufdeckung ihrer Agenden und Aktivitäten zu verhindern. Die offizielle Definition von »Antisemitismus« wurde in jüngster Zeit um Kritik am Zionismus – *einer politischen Bewegung* – erweitert. Dies geschah, um die Aufdeckung der sabbatianischen Infiltratoren zu verhindern, die den

Zionismus, wie wir ihn heute kennen, im neunzehnten Jahrhundert erschaffen haben. Wenn Renegaten-Denker sich mit diesem Thema befassen, müssen sie mit einem Shitstorm rechnen. Man muss entscheiden, ob man die Wahrheit wissen will oder sich aus Angst vor dem, was andere sagen werden, in die Ecke verkriecht.

Die Sabbatianer haben seit den 1990er Jahren versucht, mich als »antisemitisch« abzustempeln, als ich mehr und mehr über ihren Ursprung und ihre Absichten aufgedeckt habe. Unfähige, feige und verlogene »Journalisten« wiederholen die Verleumdungen dann einfach, ohne sie zu hinterfragen. An dem Tag, an dem ich den obenstehenden Abschnitt schrieb, nannten mich zwei unkritische Nachplapperer namens Ben Quinn und Archie Bland in einem Propagandablatt des Establishments, dem Londoner *Guardian*, ganz offen einen »Antisemiten«, ohne jegliche Beweise. Die sabbatianische Antisemitismus-Industrie hat mich sogenannt, und wie könnten sie das dann in Frage zu stellen? Das wagen sie natürlich nicht. Ironischerweise bezieht sich »semitisch« auf eine Gruppe von Sprachen im Nahen Osten, die fast ausschließlich arabisch sind. »Antisemitismus« wird damit »antiarabisch«, und wenn die Folgen dieses Missverständnisses nicht so gravierend wären, wäre das urkomisch. Machen Sie sich nicht die Mühe, das Quinn und Bland zu sagen. Ich möchte sie nicht verwirren, Gott segne sie. Ein Grund, warum ich als »antisemitisch« bezeichnet werde, ist, dass ich in den 1990er Jahren geschrieben habe, dass jüdische Agenten (Sabbatianer) maßgeblich an der Russischen Revolution beteiligt waren, weil Sabbatianer die Romanow-Dynastie stürzten. Das hat mich anscheinend zu einem »Antisemiten« gemacht.

Ach, wirklich? Hier ist ein Abschnitt aus *The Trigger*:

> »*Der britische Journalist Robert Wilton bestätigte diese Thesen in seinem 1920 erschienenen Buch The Last Days of the Romanovs* (Die letzten Tage der Romanows). Er wertete offizielle Dokumente der russischen Regierung aus, um die Mitglieder der bolschewistischen Führungselite zwischen 1917 und 1919 zu identifizieren. Von den zweiundsechzig Mitgliedern des Zentralkomitees waren einundvierzig Juden, im Rat der Volkskommissare waren siebzehn von zweiundzwanzig Mitgliedern Juden, und 458 der 556 wichtigsten bolschewistischen Positionen zwischen 1918 und 1919 wurden von Juden besetzt. Nur siebzehn waren Russen. Dann waren da noch die dreiundzwanzig Juden unter den sechsunddreißig Mitgliedern der 1917 gegründeten, brutalen sowjetischen Geheimpolizei Tscheka, die bald überall im Land auftauchen sollte.
>
> Professor Robert Service von der Universität Oxford, ein Experte für die russische Geschichte des zwanzigsten Jahrhunderts, fand Beweise dafür, dass [der ›jüdische‹]

Leo Trotzki dafür gesorgt hatte, dass Juden in die Rote Armee aufgenommen wurden und in der sowjetischen Zivilbürokratie unverhältnismäßig stark vertreten waren, zu der auch die Tscheka gehörte, die Massenverhaftungen, Internierungen und Hinrichtungen von ›Volksfeinden‹ durchführte. In einer Geheimakte des US-Außenministeriums (861.00/5339) vom 13. November 1918 werden Jakob Schiff [Rothschild-Bankagent in Amerika] und eine Liste von Ultrazionisten als Geldgeber der Russischen Revolution genannt, was zu der Behauptung eines ›jüdischen Komplotts‹ *führt. Aber der entscheidende Punkt, der von allen übersehen wird, ist, dass sie überhaupt keine* ›Juden‹ waren – sie waren sabbatianische Frankisten.«

Englands Winston Churchill (1874-1965) beging den gleichen Fehler, vielleicht aus Versehen oder er hatte seine Gründe. In einer Ausgabe des *Illustrated Sunday Herald* von 1920 schrieb er, dass diejenigen, die hinter der Russischen Revolution standen, Teil einer »weltweiten Verschwörung zum Sturz der Zivilisation und zur Neuordnung der Gesellschaft auf der Basis eines Wachstumsstopps, neidischer Missgunst und einer unmöglichen Gleichheit« waren (siehe heute »Woke«, denn das wurde vom selben Netzwerk geschaffen). Churchill schrieb, man könne die Rolle gar nicht übertreiben, die »diese internationalen und größtenteils atheistischen Juden« [»atheistische Juden« = Sabbatianer] bei der Entstehung des Bolschewismus und dem Zustandebringen der Russischen Revolution gespielt haben. Er meinte, es sei ein sehr großer Anteil, wahrscheinlich größer als alle anderen Beiträge: »Mit der bemerkenswerten Ausnahme von Lenin sind die meisten der führenden Persönlichkeiten Juden.« Im Weiteren beschrieb er, wissentlich oder unwissentlich, den sabbatianischen Modus Operandi, der darin besteht, Marionettenführer nominell an die Macht zu bringen, während sie selbst aus dem Hintergrund weiter die Kontrolle ausüben:

»Außerdem geht die Hauptinspiration und treibende Kraft von den jüdischen Führern aus. So wird Tschitscherin, ein reiner Russe, von seinem nominellen Untergebenen Litwinoff in den Schatten gestellt, und der Einfluss von Russen wie Bucharin oder Lunatscharski ist nicht zu vergleichen mit der Macht von Trotzki oder von Sinowjew, dem Diktator der Roten Zitadelle (Petrograd), oder von Krassin oder Radek – alles Juden. In den sowjetischen Institutionen ist die Vorherrschaft der Juden sogar noch erstaunlicher. Und die herausragende, wenn nicht sogar die wichtigste Rolle im System des Terrors, das von den Außerordentlichen Kommissionen zur Bekämpfung der Konterrevolution praktiziert wird, spielen Juden und in einigen bemerkenswerten Fällen auch Jüdinnen.«

Was ich über die völlig unverhältnismäßige Beteiligung jüdischer »Revolutionäre« (Sabbatianer) an der Russischen Revolution gesagt habe, ist eine beweisbare Tatsache, aber die Wahrheit ist keine Verteidigung gegen die sabbatianische Antisemitismus-Industrie, ihre Nachplapper-Papageien wie Quinn und Bland und das inzwischen atemberaubende Netzwerk sogenannter »Woke«-»Anti-Hass«-Gruppen mit ineinandergreifenden Führungsgremien und Finanzierungen, die die Aufgabe haben, jeden zu diskreditieren und zum Schweigen zu bringen, der der Entlarvung der Sabbatianer zu nahe kommt. Dass »Wahrheit keine Verteidigung ist« zeigen uns Gerichtsurteile wie das von der Menschenrechtskommission von Saskatchewan in Kanada initierte: »Wahrheitsgemäße Aussagen können in einer Weise dargestellt werden, die der Definition von Hassreden entspricht, und nicht alle wahrheitsgemäßen Aussagen müssen frei von Einschränkungen sein.« Die meisten »Anti-Hass«-Aktivisten sind selbst von Hass zerfressen und zu dumm und ignorant gegenüber der Welt, um zu erkennen, wie sie benutzt werden. Sie sind viel zu sehr mit ihren eigenen Tugenden beschäftigt und zu umnachtet, um im Dunkeln noch etwas zu erkennen.

Das »Revolutions«-Spiel

Die Vorgeschichte und Methoden der »russischen« Revolution stammen direkt aus dem sabbatianischen Lehrbuch, dessen Anwendung in der Französischen Revolution und unzähligen anderen Revolutionen auf der ganzen Welt zu beobachten war. Sie begannen scheinbar als Revolution des Volkes gegen eine tyrannische Herrschaft und endeten mit einem Regimewechsel zu einer noch tyrannischeren Herrschaft, offen oder verdeckt. Kriege, Terroranschläge und Regimewechsel ziehen sich wie ein roter Faden durch die Geschichte des sabbatianischen Kults und werden von seinen Agenten als Problem-Reaktion-Lösungen geschaffen, um die Opposition auf dem Weg zur Weltherrschaft zu beseitigen. Im sabbatianischen Netzwerk erkennt man die Verbindung der Rothschilds mit den Illuminaten, den Jakobinern der Französischen Revolution, dem Bund der Gerechten, der Internationalen Kommunistischen Partei, der Kommunistischen Liga und dem Kommunistischen Manifest von Karl Marx und Friedrich Engels, das zur von den Rothschilds finanzierten Russischen Revolution führen sollte. Diese Vorgehensweise fällt unter die Rubrik »kreative Zerstörung«, mit der sie ihrem globalen Ziel näherkommen, indem sie kontinuierlich den Status quo zerstören, um einen neuen Status quo zu installieren, den sie dann ebenfalls zerstören. Ich denke dabei an die beiden Weltkriege. Mit jedem neuen Status quo kommen sie ihrem geplanten Ziel näher. Kriege und Massenmord sind für die Sabbatianer ein kollektives Blutopferritual. Sie sind aus vielen Gründen vom Tod besessen und einer davon ist, dass der Tod eine Umkehrung des Lebens ist. Satanisten und Sabbatianer sind vom Tod so fasziniert, dass sie sich oft Kirchen und Friedhöfe für ihre Rituale aussuchen. Die Begeisterung der Sabbatianer für jegliche Arten von Inversion (der »Umkehrung« des Natürlichen) erklärt auch die Verwendung invertierter Symbolik, einschließlich des *umgedrehten* Pentagramms und des *auf dem Kopf stehenden* Kreuzes. Die Inversion des Kreuzes wurde als Angriff auf das Christentum verstanden, aber das Kreuz war schon lange vor dem Christentum ein religiöses Symbol und seine Inversion sagt mehr über die Mentalität und die Ziele der Sabbatianer aus als jede einzelne Religion.

Sabbatianer, die in Deutschland agierten, steckten hinter dem Aufstieg der vom Okkultismus besessenen Nazis und dem mit dem Ende des Zweiten Weltkriegs einsetzenden Exodus der Juden aus Deutschland und Europa nach Palästina und in die Vereinigten Staaten. Die Rothschild-Dynastie stand dabei an vorderster Front, sowohl als politische Drahtzieher als auch durch die Finanzierung der Operation. Aber warum sollten Sabbatianer dabei helfen, die Gräueltaten zu inszenieren, die an den Juden von den Nazis und von Stalin verübt wurden, wenn sie die Russische Revolution organisiert haben? Sabbatianer hassen Juden und ihre Religion, deshalb. Sie geben sich als Juden aus und sichern sich Schlüsselpositionen in der jüdischen Gesellschaft. Sie spielen die »Antisemitismus«-Karte aus und schützen sich so durch ein internationales Netzwerk von Organisationen, die dem von den Sabbatianern geschaffenen und kontrollierten weltumspannenden Geheimdienstverbund unterstehen, der für ein winziges Land mit nur neun Millionen Einwohnern ein atemberaubendes Netz von militärischen Geheimdienstagenten und Geheimoperationen betreibt. Unter ihnen befinden sich jüdische Aktivisten, die keine Sabbatianer sind, aber von ihnen davon überzeugt wurden, dass das, was sie tun, dem Wohl Israels und der jüdischen Gemeinschaft dient, um sie vor dem zu schützen, was ihnen seit ihrer Kindheit als eine judenhassende, feindliche Welt eingetrichtert wurde. Die jüdische Gemeinschaft ist nur eine äußerst bequeme Tarnung, um die wahre Natur der Sabbatianer zu verbergen. Jeder, der ihr Spiel auch nur annähernd entlarvt, wird von sabbatianischen Platzwarten und Handlangern des »Antisemitismus« beschuldigt und ihm wird die Behauptung unterstellt, alle Juden seien Teil eines Komplotts zur Übernahme der Welt. Das sage ich nicht. Ich sage, dass die Sabbatianer – die *wahren* Judenhasser – die jüdische Gemeinschaft infiltriert haben, um sie als Deckmantel wie auch als »antisemitische« Verteidigung gegen eine Enttarnung zu benutzen. Auf diese Weise hat die Antisemitismus-Industrie die Kult-Rechercheure ins Visier genommen und die meisten Juden halten dies für gerechtfertigt und echt. Sie wissen nicht, dass ihre »jüdischen« Führer und Institutionen des Staates, der Geheimdienste und des Militärs gar nicht von Juden kontrolliert werden, sondern von Sektierern und Handlangern des sabbatianischen Frankismus.

Ich habe meinen Namen mal unter eine projüdische Online-Petition gesetzt. Als ich das nächste Mal nachschaute, war mein Name verschwunden und der Petitionstext ergänzt, um mich als »Antisemit« zu brandmarken – so groß ist das Ausmaß der Wahrnehmungsprogrammierung.

Einzug in Amerika

Im Kapitel »Atlantic Crossing« von *The Trigger* erzähle ich, wie die Sabbatianer insbesondere nach der Gründung Israels in die Vereinigten Staaten vorstießen und schließlich die Kontrolle über die Regierungsverwaltung, das politische System aus Demokraten und Republikanern, die Geheimdienste wie die CIA und die National Security Agency (NSA), das Pentagon und die Massenmedien erlangten. Mit Hilfe dieses streng abgeschotteten Netzwerks haben die Sabbatianer und ihre Agenten im Mossad, in den israelischen Verteidigungsstreitkräften (IDF) und in den US-Behörden den 11. September 2001 inszeniert und neunzehn »Al-Qaida-Entführer« dafür verantwortlich gemacht, die von Männern aus dem von den Sabbatianern beherrschten Saudi-Arabien angeleitet wurden oder mit ihnen in Verbindung standen. Die »19« befanden sich nicht einmal in den Flugzeugen, geschweige denn, dass sie diese großen Passagierflugzeuge in Gebäude hätten fliegen können, nachdem sie schon als Piloten von einmotorigen Leichtflugzeugen weitgehend überfordert waren. Der »Entführer« Hani Hanjour, der den American Airlines Flug 77 in das Pentagon geflogen haben soll, und zwar mit einer Drehung und einem Manöver, das die meisten Berufspiloten nach eigenen Angaben nur mit Mühe hinbekommen hätten, wurde gerade einmal sechs Wochen zuvor von den Ausbildern am Freeway Airport in Bowie, Maryland, mit der Begründung, er sei ein inkompetenter Pilot, vom Mieten eines Kleinflugzeugs abgehalten. Die jüdische Bevölkerung der Welt macht nur 0,2 Prozent aus, wobei sich selbst dieser Anteil fast ausschließlich auf Israel (75 Prozent Juden) und die Vereinigten Staaten (etwa zwei Prozent) konzentriert. Diese zwei Prozent und weltweit 0,2 Prozent beziehen sich auf jüdische Menschen und nicht auf sabbatianische Eindringlinge, die nur einen Bruchteil dieses Anteils ausmachen. Was für ein ernüchternder Gedanke, wenn man an den gewaltigen Einfluss des winzigen Israels auf das Weltgeschehen denkt und daran, dass das Project for the New

America Century (PNAC), das im September 2000 den Plan für Amerikas Krieg gegen den Terror und die Regimewechsel-Kriege im Irak, in Libyen und in Syrien entworfen hat, von Sabbatianern, den sogenannten »Neocons«, gegründet und dominiert wurde. Das Dokument räumte ein, dass dieser Plan ohne einen größeren Angriff auf amerikanischem Boden und einen Vorwand für die Problemlösung, nämlich Truppen in den Krieg im Nahen Osten zu schicken, weder politisch noch öffentlich unterstützt werden würde. Die sabbatianischen Neocons erklärten:

> »[Der] Prozess der Transformation ... [Krieg und Regimewechsel] ... wird wahrscheinlich langwierig sein, wenn nicht ein katastrophales und auslösendes Ereignis eintritt – wie ein neues Pearl Harbor.«

Vier Monate später kamen viele derjenigen, die dieses Dokument verfasst hatten, mit ihrer albernen Marionette George Bush aus der schon lange sabbatianischen Bush-Familie an die Macht. Zu ihnen gehörte auch der Sabbatianer Dick Cheney, der offiziell Vizepräsident war, in Wahrheit aber *de facto* Präsident der gesamten »Bush«-Regierung. Neun Monate nach dem Amtsantritt von »Bush« ereignete sich das, was Bush damals als »das Pearl Harbor des einundzwanzigsten Jahrhunderts« bezeichnete, und mit typisch sabbatianischem Timing und Symbolismus geschah dies 2001 am sechzigsten Jahrestag des Angriffs der japanischen Luftwaffe auf Pearl Harbor, Hawaii, im Jahr 1941, was es damals Präsident Franklin Delano Roosevelt (1882-1945) ermöglichte, die Vereinigten Staaten in einen von den Sabbatianern angezettelten Zweiten Weltkrieg zu führen, von dem er in seiner Wahlkampagne noch gesagt hatte, dass er ihn nie führen würde. Die Beweise sind erdrückend, dass Roosevelt und seine Militärs und Geheimdienste von dem Angriff wussten und nichts unternahmen, um ihn zu verhindern, sondern vielmehr nur dafür sorgten, dass Amerikas wichtigste Marineschiffe zu diesem Zeitpunkt nicht in Hawaii waren. Dreitausend Amerikaner starben bei den Angriffen auf Pearl Harbor und die gleiche Anzahl am 11. September. Bis zum 11. September 2001 hatten die Sabbatianer die US-Regierung, das Militär und die Geheimdienste weitgehend infiltriert und nutzten ihre verdeckten Ressourcen, um die »Al-Qaida«-Anschläge zu verüben. Wenn Sie *The Trigger* lesen, wird es Sie umhauen, wie unglaublich viele »jüdische« Agenten (sabbatianische Infiltratoren) sich vor, während und nach den Anschlägen in wichtigen politischen, sicherheitspolitischen, juristischen, strafrechtlichen, finanziellen und geschäftlichen Positionen befanden, um die Anschläge vorzubereiten, durchzuführen und ihre Spuren zu verwischen – und ich meine wirklich unglaublich, wenn Sie an die 0,2 Prozent der Weltbevölkerung und zwei Prozent der US-Amerikaner denken, die jüdisch sind, während die sabbatianischen Infiltratoren wieder nur einen Bruchteil davon bilden. Eine zentrale Grundlage der 9/11-Verschwörung war die Übernahme von Computersystemen der Regierung, des Militärs, der Air Force und der Systeme des Geheimdienstes in Echtzeit durch »Hintertüren«, die durch israelische (sabbatianische) »Cybersicherheits«-Software ermöglicht wurde.

Das von den Sabbatianern kontrollierte Israel ist auf dem besten Weg, dem Silicon Valley die Vorherrschaft im Cyberspace streitig zu machen, und wird zunehmend zur dominierenden Kraft im Bereich der Cybersicherheit, was ihnen Zugang zu Computersystemen und deren Passwörtern in der ganzen Welt verschafft. Hinzu kommt, dass Zionisten (offiziell) an der Spitze von Silicon-Valley-Giganten wie Google (Larry Page und Sergey Brin), dem zu Google gehörenden YouTube (Susan Wojcicki), Facebook (Mark Zuckerberg und Sheryl Sandberg) und Apple (Chairman Arthur D. Levinson) stehen oder standen und dass der ultrazionistische Hedgefonds-Milliardär Paul Singer eine Eine-Milliarde-Dollar-Beteiligung an Twitter hält, das nur nominell von dem bekifften »CEO« Jack Dorsey geleitet wird. Tucker Carlson, ein amerikanischer TV-Moderator und politischer Kommentator, sagte über Dorsey: »Früher gab es unter Ärzten eine Debatte darüber, ob das Einwerfen einer Tonne LSD dauerhafte Auswirkungen hat, und ich denke, diese Debatte ist jetzt beendet.« Carlson machte diese Bemerkung, nachdem Dorsey bei einer Anhörung auf dem Capitol Hill gesagt hatte, dass er an die Meinungsfreiheit glaube, solange er entscheiden könne, was man hören und sehen dürfe. Diese »großen Namen« des Silicon Valley sind nur Strohmänner für den globalen Kult, nicht zuletzt für die Sabbatianer, die die wahren Beherrscher dieser Unternehmen sind. Fragt sich noch immer jemand, warum dieselben Leute und Unternehmen Leute (wie mich), die irgendeinen Aspekt der Kult-Agenda und insbesondere die Wahrheit über den von den Sabbatianern inszenierten »Covid«-Schwindel aufgedeckt haben, gnadenlos zensieren und verbieten?

Auch der Pädophilenring von Jeffrey Epstein war eine sabbatianische Operation. Epstein war offiziell »jüdisch«, aber er war ein Sabbatianer, und Frauen, die von diesem Ring missbraucht wurden, haben mir von der hohen Zahl der beteiligten »jüdischen« Personen erzählt. Der Epstein-Horror steht ganz im Zeichen der Sabbatianer und passt perfekt zu ihrem Modus Operandi und ihrer Besessenheit von Sex und Ritualen. Epstein betrieb einen sabbatianischen Erpresserring, in dem berühmten Persönlichkeiten mit politischem und anderweitigem Einfluss junge Mädchen für Sex zur Verfügung gestellt wurden, während alles mit versteckten Kameras und Mikrofonen in Epsteins New Yorker Haus, auf seiner Karibikinsel und anderen Anwesen gefilmt und aufgezeichnet wurde. Epstein-Opfer haben mir dieses Überwachungssystem beschrieben, und einige sind damit an die Öffentlichkeit gegangen. Sobald die prominenten Politiker oder andere berühmte Persönlichkeiten wussten, dass sie auf Video aufgenommen worden waren, mussten sie tun, was man ihnen sagte. Da haben wir es wieder … Wenn man sie an den Eiern packt, werden Herz und Verstand folgen. Die Sabbatianer setzen diese Erpressungstechnik weltweit ein, um sich Politiker und andere Personen, die sie zur Erfüllung ihrer Ziele brauchen, gefügig zu machen. Epsteins Privatflugzeug, der berüchtigte »Lolita Express«, hatte viele bekannte Passagiere, darunter Bill Clinton. Bill Gates ist mit einem Flugzeug von Epstein geflogen und hat sich vier Jahre, nachdem Epstein schon einmal wegen Pädophilie im Gefängnis gesessen hatte, noch immer mit ihm getroffen. Einem Zeugen zufolge, der dabei gewesen ist, traf man sich mehrmals in Epsteins Haus in New York. Epsteins berüchtigte Komplizin war Ghislaine Maxwell, die Tochter des Mossad-Agenten und ultrazionistischen, megakriminellen britischen Geschäftsmannes Bob Maxwell, dem einst die Zeitung *Daily Mirror* gehörte. Maxwell wurde 1991 auf seiner Yacht vom sabbatianisch kontrollierten Mossad auf See ermordet, als er durch den Zusammenbruch seines Geschäftsimperiums zu einer Belastung wurde, wie ein ehemaliger Mossad-Agent bestätigt hat (siehe *The Trigger*).

Geld, Geld, Geld – und was für ein *komisches* Geld …

Bevor ich auf die sabbatianische Verbindung zu den letzten drei US-Präsidenten zu sprechen komme, möchte ich die entscheidende Bedeutung der Kontrolle des Bank- und Finanzwesens für die Sabbatianer darlegen. Der Sabbatianer Mayer Amschel Rothschild hatte es sich zur Aufgabe gemacht, diesen Bereich im Rahmen des Strebens seiner Familie nach totaler globaler Kontrolle zu beherrschen. Was ist Freiheit? Sie ist in der Tat eine Wahlmöglichkeit. Je mehr Wahlmöglichkeiten Sie haben, desto freier sind Sie, und je weniger Wahlmöglichkeiten Sie haben, desto mehr sind Sie versklavt. In der globalen Struktur, die über Jahrhunderte von den Sabbatianern geschaffen wurde, ist der größte Faktor, der die Wahlmöglichkeiten einschränkt … Geld. Wenn Sie Menschen auf der ganzen Welt fragen, was sie gerne mit ihrem Leben anfangen würden und warum sie es nicht tun, werden sie antworten: »Ich habe kein Geld.« Das ist die Idee. Eine globale Elite von Multimilliardären wird als »gierig« bezeichnet, und das ist auf einer bestimmten Ebene auch wahr. Aber bei der Kontrolle über Geld – wer es hat und wer nicht – geht es nicht in erster Linie um Gier. Es geht um Kontrolle. Die Sabbatianer haben immer mehr Kontrolle über die Finanzen erlangt und den Reichtum der Welt der Bevölkerung aus den Händen gesaugt. Wir sprechen jetzt schon von dem »einen Prozent«, und dabei gibt es von den Reichsten noch viel weniger. Ermöglicht wurde dies durch einen Geldbetrug, der so ungeheuerlich und umfangreich ist, dass man ihn zu Recht als den Schwindel aller Schwindeleien bezeichnen könnte, und er beruht darauf, »Geld« aus dem Nichts zu erschaffen und es mit Zinsen an die Bevölkerung zu »verleihen«. Geld aus dem Nichts wird »Kredit« genannt. Die Sabbatianer haben im Laufe der Jahrhunderte immer mehr Kontrolle über die Regierungen und das Bankenwesen erlangt und Finanzgesetze durchgesetzt, die es den Banken erlauben, weit mehr zu verleihen, als sie an Einlagen haben – ein Betrug, den man einfach *Giralgeldschöpfung* nennt. Stellen Sie sich vor, Sie könnten Geld verleihen, das es gar nicht gibt, und dem Empfänger dafür Zinsen in Rechnung stellen. Sie würden im Gefängnis landen. Banker hingegen finanzieren damit ihre Villen, Privatjets, Malibu und Monaco.

Die Banken müssen nur einen minimalen Bruchteil ihrer Einlagen und ihres Vermögens in ihren Tresoren tatsächlich aufbewahren, und sie dürfen »Geld« verleihen, das sie nicht haben, genannt »Kredit«. Wenn Sie bei einer Bank einen Kredit beantragen, wird der Bankangestellte keinen echten Teil des Bankvermögens auf Ihr Konto überweisen. Er wird Ihnen den Betrag des vereinbarten »Kredits« – sagen wir 100.000 Euro – auf Ihr Konto buchen. Dabei handelt es sich nicht um real existierendes Geld, sondern um einen nicht existierenden, aus dem Nichts geschaffenen »Kredit«, der aus einem Geld besteht, das nie existiert hat, nicht existiert und auch nie existieren wird, außer in der Theorie der Geldschöpfung. Hinter Krediten steht nichts als heiße Luft, und sie haben nur deshalb Kaufkraft, weil die Menschen glauben, dass sie Kaufkraft haben, und sie im Gegenzug für Eigentum, Waren und Dienstleistungen akzeptieren. Man kann das Phänomen vielleicht recht gut durch diese Zeichentrickfiguren veranschaulichen, die sich gegenseitig jagen und über den Rand einer Klippe rennen. Sie laufen dann in der leeren Luft weiter, bis einer von ihnen nach unten schaut, erkennt, was passiert ist, und sie alle in die Schlucht stürzen. Das ganze Fundament des sabbatianischen Finanzsystems besteht darin, die Menschen davon abzuhalten, nach unten zu schauen, außer in den gelegentlichen Momenten, in denen sie das System zum Einsturz bringen wollen (wie 2008 und 2020), um die Früchte aus all den Immobilien, Unternehmen und Vermögenswerten zu ernten, die ihre Kreditnehmer als »Sicherheiten« im Gegenzug für ein »Darlehen« aus heißer Luft überschrieben haben.

Die meisten Menschen denken, dass Geld irgendwie von Regierungen gedruckt wird, obwohl es von Anfang an als Schulden durch Banken entstanden ist, die illusorisches Geld, genannt Kredit, »verleihen«. Ja, die eigentliche Tauschwährung ist vom ersten Tag an eine *Schuld*, die als zinstragendes Darlehen verbucht wird. Warum erschaffen Regierungen nicht zinslos Geld und verleihen es zinslos an ihr Volk? Die Regierungen werden von Sabbatianern kontrolliert und das Finanzsystem wird von Sabbatianern kontrolliert, für die zinsloses Geld ein wahrgewordener Albtraum wäre. Die Sabbatianer untermauern ihre finanzielle Vorherrschaft durch ihr globales Netzwerk von Zentralbanken, darunter die in Privatbesitz befindliche US-Notenbank Federal Reserve und die britische Bank of England, und dies wird von einer in Privatbesitz befindlichen Zentralbank-Koordinierungsstelle namens Bank für Internationalen Zahlungsausgleich in Basel, Schweiz, orchestriert, die von den üblichen Verdächtigen wie den Rockefellers und Rothschilds gegründet wurde. Die Chefs der Zentralbanken sind weder den Regierungen noch dem Volk Rechenschaft schuldig. Sie unterstehen der Bank für Internationalen Zahlungsausgleich oder, mit anderen Worten, dem globalen Kult, der heute von den Sabbatianern beherrscht wird.

Eingebaute Katastrophe

Der Betrug im Bankensektor ist auf jeder Menge kleinen Betrügereien aufgebaut. Wenn Sie einen Kredit aus heißer Luft aufnehmen, wird theoretisch nur der Betrag dieses Kredits in Umlauf gebracht, um den Geldumlauf zu erhöhen. Aber Sie zahlen das Kapital plus Zinsen zurück. Die zusätzlichen Zinsen sind nicht nur theoretisch, und das bedeutet, dass bei jedem »Kredit« eine Lücke zwischen dem geliehenen Geld und dem zurückzuzahlenden Geld entsteht. Es ist nie auch nur annähernd genug Geld im Umlauf, um alle ausstehenden öffentlichen und privaten Schulden einschließlich Zinsen zurückzuzahlen. Die Gewissheit, dass einige Menschen ihre Häuser, Unternehmen und Besitztümer an den »Kreditgeber« verlieren werden, ist in die Struktur des Systems eingebaut.

Das ist in Zeiten des »Booms« weniger offensichtlich, wenn die im Umlauf befindliche Geldmenge (und die Schulden) durch mehr Menschen, die Kredite wollen und bekommen, zunimmt. Wenn es zu einem Abschwung kommt und die Geldmenge schrumpft, wird schmerzlich sichtbar – wie im Jahr 2008 und derzeit –, dass nicht genug Geld vorhanden ist, um alle Schulden und Zinsen zu bedienen. Die sabbatianischen Bankster haben die menschliche Bevölkerung durch eine kalkulierte Serie von Booms (mehr Schulden) und Busts (wenn die Schulden nicht zurückgezahlt werden können und die Banken den materiellen Reichtum des Schuldners im Austausch für nicht existierende »Kredite« pfänden) geführt. Mit jeder »Pleite«

haben die sabbatianischen Banker mehr vom materiellen Reichtum der Welt an sich gerissen, und so enden wir bei dem einen Prozent. Die Regierungen sind durch dasselbe Verfahren bis zum Bankrott verschuldet und gehören somit einem System, das sie nicht kontrollieren können.

Die Federal Reserve, »Amerikas Zentralbank«, befindet sich in Privatbesitz und die amerikanischen Präsidenten ernennen nur nominell ihren Vorsitzenden oder ihre Vorsitzende, um die Illusion aufrechtzuerhalten, dass sie ein Arm der Regierung ist. Das ist sie aber nicht. Die »Fed« ist ein Kartell privater Banken, das nach dem Crash von 2008 Milliarden an seine Partner und Freunde ausgeschüttet hat. Sie wird von den Sabbatianern kontrolliert, seit sie 1913 durch die verdeckten Machenschaften der Rothschild-Bankagenten Jakob Schiff (1847-1920) und Paul Warburg (1868-1932) sowie der sabbatianischen Rockefeller-Familie ins Leben gerufen wurde. Bei einer jüdischen Bevölkerung von zwei Prozent in den USA und weltweit 0,2 Prozent (darunter sind weitaus weniger sabbatianische Usurpatoren) standen zwischen 1987 und 2018 einunddreißig Jahre lang Ultrazionisten an der Spitze der Federal Reserve in Form von Alan Greenspan, Bernard Bernanke und Janet Yellen (jetzt Bidens Finanzministerin), einschließlich Yellens stellvertretendem Vorsitzenden, dem israelisch-amerikanischen Doppelbürger und Ultrazionisten Stanley Fischer, einem ehemaligen Gouverneur der Bank von Israel. Ultrazionistische Fed-Chefs gab es während der Präsidentschaften von Ronald Reagan (»Republikaner«), Papa George Bush (»Republikaner«), Bill Clinton (»Demokrat«), Sohnemann George Bush (»Republikaner«) und Barack Obama (»Demokrat«). Wir sollten noch den von Jimmy Carter (»Demokrat«) »ernannten« Vorsitzenden Paul Adolph Volcker hinzufügen, der die Fed zwischen 1979 und 1987 während der Carter- und Reagan-Administration leitete, bevor Greenspan das Amt übernahm. Volcker war ein langjähriger Mitarbeiter und Geschäftspartner der Rothschilds. Unabhängig davon, welche »Partei« offiziell an der Macht war, wurde die Wirtschaft der Vereinigten Staaten stets von der gleichen Kraft gelenkt.

Nachfolgend können Sie sich die Mitglieder der Regierungen Obama, Trump und Biden einmal genauer ansehen und herausfinden, ob Sie nicht ein System erkennen.

Barack Obama (»Demokrat«)

Die Ultrazionisten Robert Rubin, Larry Summers und Timothy Geithner leiteten das US-Finanzministerium in der Clinton-Regierung, und zwei von ihnen tauchten unter Obama wieder auf. Der ultrazionistische Fed-Vorsitzende Alan Greenspan hatte den Crash von 2008 durch Deregulierung manipuliert und war kurz vor der Katastrophe von Bord gegangen, um den Weg für den Ultrazionisten Bernard Bernanke freizumachen, der Billionen an sabbatianische Banken und Unternehmen verteilte, die »to big to fail« (zu groß zum Scheitern) waren, darunter auch die omnipräsente ultrazionistische Goldman Sachs, bei der sich das Personal ständig zwischen ihr und wichtigen Finanzpositionen in den Regierungen weltweit dreht. Obama erbte die Folgen des Crashs, als er im Januar 2009 sein Amt antrat. Zu seinem Glück hatte er die Unterstützung seines ultrazionistischen Stabschefs im Weißen Haus, Rahm Emmanuel, Sohn eines Terroristen, der 1948 half, Israel ins Leben zu bomben, und seines ultrazionistischen Chefberaters David Axelrod, Chefstratege in Obamas zwei erfolgreichen Präsidentschaftskampagnen. Emmanuel, späterer Bürgermeister von Chicago und ehemaliger hochrangiger Geldbeschaffer und Stratege von Bill Clinton, ist ein Beispiel für die sabbatianische Politik nach der Gründung Israels, Insider-Familien nach Amerika einwandern zu lassen, damit ihre Kinder als amerikanische Staatsbürger geboren werden. »Obama« behielt dieses Finanzteam während seiner gesamten Amtszeit bei, um auf die von Sabbatianern ausgelöste Krise zu reagieren:

Timothy Geithner (Ultrazionist), Finanzminister; Jacob J. Lew, Finanzminister; Larry Summers (Ultrazionist), Direktor des Nationalen Wirtschaftsrats des Weißen Hauses; Paul Adolph Volcker (Rothschild-Geschäftspartner), Vorsitzender des Economic Recovery Advisory Board; Peter Orszag (Ultrazionist), Direktor des Office of Management and Budget, das alle Staatsausgaben überwacht; Penny Pritzker (Ultrazionistin), Handelsministerin; Jared Bernstein (Ultrazionist), Chefökonom und wirtschaftspolitischer Berater von Vizepräsident Joe Biden; Mary Schapiro (Ultrazionistin), Vorsitzende der Securities and Exchange Commission (SEC); Gary Gensler (Ultrazionist), Vorsitzender der Commodity Futures Trading Commission (CFTC); Sheila Bair (Ultrazionistin), Vorsitzende der Federal Deposit Insurance Corporation (FDIC); Karen Mills (Ultrazionistin), Leiterin der Small Business Administration (SBA); Kenneth Feinberg (Ultrazionist), Special Master for Executive Compensation [Bail-outs/Notverkäufe]. Feinberg sollte die Entschädigungszahlungen (mit Auflagen) an die Opfer des 11. Septembers und ihre Familien überwachen, um zu verhindern, dass sie vor Gericht die offizielle Geschichte in Frage stellen können. Zur gleichen Zeit war der Ultrazionist Bernard Bernanke Vorsitzender der US-Notenbank … und das sind nur einige der Ultrazionisten in der Obama-Regierung, die dem sabbatianisch kontrollierten Israel treu ergeben sind. Obamas größter Firmenspender war die ultrazionistische Goldman Sachs, bei der viele Mitarbeiter in seiner Regierung vorher gearbeitet hatten.

Donald Trump (»Republikaner«)

Trump behauptete, ein Außenseiter zu sein (was nicht stimmte), der gekommen war, um »den Sumpf trocken zu legen«. Das »Trockenlegen« begann damit, dass er sofort den Ultrazionisten Steve Mnuchin, der siebzehn Jahre lang bei Goldman Sachs gearbeitet hatte, zu seinem Finanzminister ernannte. Zu den anderen Regierungsmitarbeitern gehörte Gary Cohn (Ultrazionist), Chief Operating Officer von Goldman Sachs, sein erster Direktor des Nationalen Wirtschaftsrats und Chef-Wirtschaftsberater, der später durch Larry Kudlow (Ultrazionist) ersetzt wurde. Trumps wichtigster Berater während seiner vier Jahre im Weißen Haus war sein zwielichtiger Schwiegersohn Jared Kushner, ein lebenslanger Freund des israelischen Premierministers Benjamin Netanyahu. Kushner ist der Sohn eines verurteilten Kriminellen, der von Trump in seinen letzten Tagen im Amt begnadigt wurde. Andere Ultrazionisten in der Trump-Administration waren: Stephen Miller, Senior Policy Adviser; Avrahm Berkowitz, stellvertretender Berater von Trump und seinem Senior Adviser Jared Kushner; Ivanka Trump, Beraterin des Präsidenten, die zum Judentum konvertierte, als sie Jared Kushner heiratete; David Friedman, Trump-Anwalt und Botschafter in Israel; Jason Greenblatt, Executive Vice President und Chief Legal Officer der Trump Organization, der zum Sonderbeauftragten für internationale Verhandlungen und den israelisch-palästinensischen Konflikt ernannt wurde; Rod Rosenstein, stellvertretender Justizminister; Elliot Abrams, Sonderbeauftragter für Venezuela, dann für den Iran; John Eisenberg, Rechtsberater des Nationalen Sicherheitsrats und stellvertretender Berater des Präsidenten für Angelegenheiten der nationalen Sicherheit; Anne Neuberger, stellvertretende Leiterin der Nationalen Sicherheitsbehörde; Ezra Cohen-Watnick, amtierender Unterstaatssekretär für Geheimdienstangelegenheiten; Elan Carr, Sonderbeauftragter für die Überwachung und Bekämpfung des Antisemitismus; Len Khodorkovsky, stellvertretender Sonderbeauftragter für die Überwachung und Bekämpfung des Antisemitismus; Reed Cordish, Assistent des Präsidenten für zwischenstaatliche und technologische Initiativen. Trumps Vizepräsident Mike Pence und Außenminister Mike Pompeo, beide christliche Zionisten, waren ebenfalls vehemente Befürworter Israels und seiner Ziele und Ambitionen.

Donald Trump, der »Advokat der Freien Rede«, hat eine Reihe von Finanz- und Gewaltverbrechern begnadigt, während er die Forderungen nach einer Begnadigung von Julian Assange und Edward Snowden ignorierte, deren Verbrechen höchst relevante Informationen über die Manipulation und Korruption der Regierung und die weit verbreitete illegale Überwachung des amerikanischen Volkes durch die US-

Sicherheitsbehörden enthüllten. Es ist so gut zu wissen, dass Trump auf der Seite der Freiheit und der Gerechtigkeit steht und nicht auf der Seite der Megakriminellen, die dem von Sabbatianern kontrollierten Israel treu ergeben sind. Dazu gehört auch die Begnadigung des israelischen Spions Jonathan Pollard, der 1987 unter dem Espionage Act zu lebenslanger Haft verurteilt wurde. Aviem Sella, der Mossad-Agent, der Pollard rekrutiert hatte, wurde ebenfalls von Trump begnadigt, während Assange im Gefängnis saß und Snowden im russischen Exil blieb. Sella war 1987 nach Israel »geflohen« (ihm wurde zur Flucht verholfen) und wurde nie ausgeliefert, obwohl er unter dem Espionage Act angeklagt war. In einer Erklärung des Weißen Hauses von Trump hieß es, dass Sellas Begnadigung »von Benjamin Netanjahu, Ron Dermer, dem US-Botschafter Israels, David Friedman, dem US-Botschafter in Israel, und Miriam Adelson, der Frau des kurz zuvor verstorbenen führenden Trump-Spenders Sheldon Adelson, unterstützt« worden sei. Andere Freunde von Jared Kushner wurden ebenso begnadigt wie Sholom Weiss, von dem man glaubte, dass er im Jahr 2000 die längste jemals verhängte Haftstrafe für Wirtschaftskriminelle von mehr als achthundert Jahren antrat. Die Strafe des Ponzi-Betrügers Eliyahu Weinstein, der Juden und andere um zweihundert Millionen Dollar betrogen hatte, wurde gemildert. Ich habe doch erwähnt, dass Assange und Snowden ignoriert wurden, oder? Trump gab den Sabbatianern fast alles, was sie an militärischer und politischer Unterstützung verlangten, die Verlegung der US-Botschaft von Tel Aviv nach Jerusalem mit ihren kritischen symbolischen und buchstäblichen Auswirkungen auf die palästinensische Eigenstaatlichkeit und den von Jared Kushner und David Friedman entworfenen »Deal des Jahrhunderts«, der der sabbatianischen israelischen Regierung grünes Licht gab, ihr bereits weit entwickeltes Programm zum Bau illegaler jüdischer Siedlungen im besetzten Westjordanland erheblich auszuweiten. Dies machte eine Zwei-Staaten-Lösung unmöglich, da das gesamte Land einer potenziell palästinensischen Heimat beschlagnahmt wurde. Das war der Plan seit 1948 und dann wieder ab 1967, als der arabisch kontrollierte Gazastreifen, das Westjordanland, die Sinai-Halbinsel und die syrischen Golanhöhen von Israel besetzt wurden. All die Gespräche, die sogenannte Roadmap und die diversen »Friedenskonferenzen« dienten dazu, Zeit zu gewinnen, bis das Westjordanland physisch von israelischen Immobilien besetzt war. Trump müsste schon ein äußerst schlecht informierter Idiot sein, um nicht zu erkennen, dass dies der Plan war, zu dessen Vollendung er beitrug. Die Trump-Administration war in vielerlei Hinsicht die Kushner-Administration, das heißt die Netanjahu-Administration, das heißt die sabbatianische Administration. Ich verstehe, warum sich viele, die den Kult-Faschismus in all seinen Formen ablehnen, zu

Trump hingezogen fühlen, aber er war ein entscheidender Teil des sabbatianischen Plans, und darauf werde ich im nächsten Kapitel eingehen.

Joe Biden (»Demokrat«)

Der kaum noch wahrnehmbare Joe Biden übernahm im Januar 2021 die Präsidentschaft, zusammen mit einer anderen leeren Hülle, Vizepräsidentin Kamala Harris, als jüngste der sabbatianischen Handlanger, die ins Weiße Haus einzogen. Die Namen an der Tür mögen sich geändert haben, aber die »Partei« – die Kraft dahinter – ist die gleiche geblieben, denn Zionisten wurden in eine ganze Reihe von Schlüsselpositionen für sabbatianische Pläne und Politik berufen. Dazu gehören: Janet Yellen, Finanzministerin, ehemalige Chefin der Federal Reserve, und eine weitere Ultrazionistin, die nach Mnuchin (Trump), Lew und Geithner (Obama) und Summers und Rubin (Clinton) nun das US-Finanzministerium leitet; Anthony Blinken, Außenminister; Wendy Sherman, stellvertretende Außenministerin (damit ist Bidens sabbatianische Außenpolitik geregelt); Jeff Zients, Coronavirus-Koordinator im Weißen Haus; Rochelle Walensky, Leiterin des Centers for Disease Control; die Transgender-Person Rachel Levine, stellvertretende Gesundheitsministerin (damit ist die Covid-Schwindelpolitik unter Kontrolle); Merrick Garland, Generalstaatsanwalt; Alejandro Mayorkas, Minister für Innere Sicherheit; Cass Sunstein, Heimatschutzminister mit Verantwortung für die neuen Einwanderungsgesetze; Avril Haines, Direktorin des Nationalen Nachrichtendienstes; Anne Neuberger, Direktorin der Nationalen Sicherheitsbehörde für Cybersicherheit (man beachte: Cybersicherheit); David Cohen, stellvertretender Direktor der CIA; Ronald Klain, Bidens Stabschef (siehe Rahm Emanuel); Eric Lander, ein »führender Genetiker«, Direktor des Office of Science and Technology Policy (siehe Smart Grid: Agenda für synthetische Biologie); Jessica Rosenworcel, amtierende Leiterin der Federal Communications Commission (FCC), die die Politik für Smart-Grid-Technologie und elektromagnetische Kommunikationssysteme einschließlich 5G kontrolliert.

Wie kann es sein, dass so viele Schlüsselpositionen von zwei Prozent der amerikanischen Bevölkerung und 0,2 Prozent der Weltbevölkerung besetzt sind, und zwar Ministerium für Ministerium, egal wer der Präsident ist und welche Partei er vertritt? Ist das ein Zufall? Natürlich nicht, und deshalb haben die Sabbatianer ihr kolossales globales Netz ineinandergreifender »Anti-Hass«-Gruppen aufgebaut, um jeden, der diese eklatanten Fragen stellt, als »Antisemiten« zu brandmarken. Die Art und Weise, wie jüdische Menschen, an denen im von den Sabbatianern unterstützten Nazi-

Deutschland grausame Verbrechen begangen wurden, für diesen Zweck missbraucht werden, ist unsagbar ekelerregend.

Politische Fusion

Die sabbatianische Manipulation hat die Rollen von Republikanern und Demokraten vertauscht, und dasselbe ist in Großbritannien mit den Konservativen und der Labour-Partei geschehen. Die Republikaner und die Konservativen wurden immer als »rechts« und die Demokraten und die Labour-Partei als »links« bezeichnet, aber wenn man sich jetzt die politischen Positionen ansieht, ist unter dem Banner des »Woke«, der vom Kult geschaffenen rechtsextremen Tyrannei, die »Linke« der Demokraten und der Labour-Partei weiter nach »rechts« gerückt als die Republikaner und die Konservativen. Während die Demokraten/Labour-»Linken« einst die Redefreiheit und die Menschenrechte verteidigten, versuchen sie nun, sie zu beseitigen, und wie ich bereits sagte, hat die Labour-Partei von Parteichef Keir Starmer trotz des »Covid«-Faschismus der konservativen Regierung von Jackboot Johnson in Großbritannien noch extremere Maßnahmen gefordert. Die Labour-Partei wurde nach einem politischen und medialen Ansturm auf den vorherigen Vorsitzenden, den schwachen und unfähigen Jeremy Corbyn, wegen erfundener Anschuldigungen des »Antisemitismus« gegen ihn und auch seine Partei ganz offensichtlich von den Sabbatianern vereinnahmt. Der Plan hinter dieser »Antisemitismus«-Propaganda war klar und die einzige Antwort hätte ein entschiedenes »Verpisst euch!« von Corbyn sein dürfen und ein Statement, das den Versuch der Antisemitismus-Industrie (Sabbatianer) entlarvt hätte, die Kritik der Labour-Partei an der israelischen Regierung zum Schweigen zu bringen (Sabbatianer) und die Partei von jeglichem Dissens mit den Extremen des Ultra-Zionismus (Sabbatianer) zu säubern. Stattdessen sind Corbyn und seine Partei in die Knie gegangen und haben die Täter besänftigt, was per Definition unmöglich ist. Die Beschwichtigung einer Forderung führt nur zu einer neuen Forderung, die beschwichtigt werden muss, bis die Übernahme abgeschlossen ist.

Wie ich schon sagte – »Verpisst euch!« wäre eine viel effektivere Politik gewesen, die ich selbst im Laufe der Jahre mit großem Erfolg angewandt habe, wenn mir Sabbatianer auf die Pelle gerückt sind, was oft genug der Fall war. Ich betrachte diese Tatsache übrigens als großes Kompliment. Das Ergebnis der Kapitulation der Labour-Partei ist, dass wir jetzt eine von den Sabbatianern kontrollierte Konservative Partei haben, die von einer von den Sabbatianern kontrollierten Labour-Partei in einem sabbatianischen

Einparteienstaat »bekämpft« wird, der auf neue Höhen der Tyrannei zusteuert (die sabbatianische Kult-Agenda). In Amerika ist die Situation genau gleich. Keir Starmer von der Labour-Partei verbringt seine Tage auf den Knien und zeigt mit herausgestreckter Zunge auf Tel Aviv, oder jetzt wohl Jerusalem, während Boris Johnson einen »Antisemitismus-Zar« in Form des ehemaligen Labour-Abgeordneten John Mann hat, der Starmer auf seinem Gebetsteppich Gesellschaft leistet.

Der Einfluss der Sabbatianer zeigt sich an den jüdischen Mitgliedern der Labour-Partei, die wegen ihrer Kritik an Israel ausgeschlossen wurden, darunter auch solche aus Familien, die im Nazi-Deutschland gelitten haben. Sabbatianer verachten echte jüdische Menschen und nehmen sie noch härter ins Visier, weil es so viel schwieriger ist, sie als »antisemitisch« zu bezeichnen, obwohl sie es immer wieder verzweifelt versuchen.

Kapitel 3

Das Austricksen des Widerstands

Solange Sie nicht erkennen, wie leicht Ihr Geist manipuliert werden kann, bleiben Sie die Marionette im Spiel der anderen.

Evita Ochel

Ich werde nun anhand der Präsidentschaften von Trump und Biden zeigen, wie sich die Manipulation des Einparteienstaats auf der ganzen Welt abspielt – hinter der Illusion der politischen Wahl. Keine zwei Präsidentschaften könnten – auf den ersten Blick – unterschiedlicher und scheinbar gegensätzlicher sein, was die Richtung und die Politik angeht.

Ein abtrünniger Denker sieht eben über das Offensichtliche hinaus und konzentriert sich auf die Ergebnisse und Konsequenzen und nicht auf Bilder, Worte und Geschwafel. Der Globale Kult hat eine Kampagne gestartet, um Amerika in diejenigen zu spalten, die seine Agenda blindlings unterstützen (die Mentalität, die als »Woke« bekannt ist), und in diejenigen, die sich gegen das wehren, worauf der Kult und seine Sabbatianer abzielen. Diese bietet unendlich viele Möglichkeiten, die Bevölkerung zu spalten und zu beherrschen, indem man sie gegeneinander aufhetzt und es ermöglicht, die Agenda-Verweigerer in einer modernen Version des Little Big Horn von 1876 zu umzingeln. Damals wurde die amerikanische Kavallerie unter der Führung von General George Custer (1839-1876) von indianischen Stämmen, die das ihnen seit Jahrtausenden gehörende Land gegen die Regierung verteidigten, in eine Falle gelockt, umzingelt und getötet. In dieser modernen Version sind die Rollen vertauscht, und diejenigen, die sich gegen die sabbatianische Regierung verteidigen, werden umzingelt, und die Regierung versucht, sie zu vernichten. Diese Falle wurde schon vor Jahren gestellt. Um zu erklären, wie es dazu kam, müssen wir ins Jahr 2016 und zum Auftauchen von Donald Trump als Kandidat für das Amt des Präsidenten der Vereinigten Staaten zurückkehren. Er musste sich vor und während der Vorwahlen gegen zwanzig andere Kandidaten der Republikanischen Partei durchsetzen und wurde in dieser frühen Phase von vielen nicht als Kandidat für das Weiße Haus gesehen. Es hieß, die Republikanische Partei habe große Vorbehalte gegen Trump, und doch hat er irgendwie die Nominierung gewonnen. Wenn Sie wissen, wie die amerikanische Politik funktioniert – die Politik im Allgemeinen –, wird Ihnen klar sein, dass es keine Möglichkeit für Trump gab, zum Kandidaten der Partei zu werden, es sei denn, die von den Sabbatianern kontrollierten »Neocons«, die die Republikanische Partei leiten, wollten das. Wir haben in den von WikiLeaks veröffentlichten eMails und Dokumenten den Beweis dafür gesehen, dass die Hierarchie der Demokratischen Partei – die Democons – die Kampagne von Bernie Sanders systematisch untergraben hat, um sicherzustellen, dass die sabbatianische Handlangerin Hillary Clinton die Nominierung zur Präsidentschaftskandidatin gewinnt. Wenn die Demokraten dazu in der Lage waren, dann hätten die Neocons in der Republikanischen Partei Trump auf die gleiche Weise aus dem Weg räumen können. Aber das taten sie nicht, und zu diesem Zeitpunkt begann ich zu schlussfolgern, dass Trump durchaus derjenige sein könnte, der zum Präsidenten gewählt wird. Wenn diese Absicht zutraf, war das »Warum« – das eigentliche Ziel dahinter – ziemlich deutlich zu erkennen. Es bestand darin, Amerika in Kult-Agenda-unterstützende Woke und Agenda-Verweigerer zu spalten, die sich zu Trump hingezogen fühlten, weil er ihnen sagte, was sie hören wollten. Die Wählerschaft, die ihn unterstützte, war jahrzehntelang zunehmend ignoriert worden und hatte während der acht Jahre der sabbatianischen Marionette Barack Obama keine Stimme mehr gehabt. Jetzt war da jemand, der ihre Sprache sprach und sich gegen die unaufhörliche Globalisierung der politischen und wirtschaftlichen Macht, den Export amerikanischer Arbeitsplätze nach China und anderswohin durch »amerikanische« (sabbatianische) Unternehmen, die Abschaffung der Meinungsfreiheit und die Masseneinwanderungspolitik zur Wehr setzte. Das alles hatte die Beschäftigungsmöglichkeiten für die städtische Arbeiterklasse aller Rassen und die einstigen amerikanischen Kerngebiete des Mittleren Westens immer mehr zerstört.

Achten Sie auf die gespaltene Zunge

Diese abgehängten Menschen seufzten kollektiv vor Erleichterung, dass endlich ein politischer Führer auf ihrer Seite zu sein schien. Aber ein weiteres Merkmal von Renegaten-Denkern ist, dass sie Menschen, die ihnen das sagen, was sie hören wollen, noch mehr misstrauen als denen, die ihnen das Gegenteil erzählen. Wie ich bereits sagte, wünschen sich die Menschen natürlich, dass das, was sie hören wollen, wahr und echt ist, und es ist viel wahrscheinlicher, dass sie das glauben als jemandem, der etwas sagt, was sie nicht hören und nicht wahr haben wollen. Verkäufern wird beigebracht, wie sie durch gezieltes Hinterfragen herausfinden können, was ihre Kunden hören wollen, und wie sie dies als ihre eigene Meinung wiedergeben, damit ihre Kunden sie mögen und ihnen vertrauen. Die Anhänger des Kults sind auch Verkäufer im Sinne des Verkaufs von Wahrnehmungen. Um die Manipulationen des Kults zu erkennen, müssen Sie sein langfristiges und komplexes Programm durchschauen und dürfen nicht auf die Varieté-Show der Parteipolitik hereinfallen. Beide amerikanischen Parteien sind Vehikel für den Kult und man nutzt sie auf unterschiedliche Weise aus, je nachdem, was die Agenda in diesem Moment erfordert. Trump und die Republikaner wurden dazu benutzt, Amerika zu spalten und den Agenda-Widerstand zu isolieren, um den Weg für eine Präsidentschaft Bidens zu ebnen, die zur extremsten in der amerikanischen Geschichte werden soll, indem sie die Agenda der Woken (Kult) in vollem Umfang vorantreibt, mit dem Ziel, jeden Widerstand endgültig zu zerstören und alle zum Schweigen zu bringen, die man jetzt als Nazis, Trump-Anhänger und weiße Rassisten abstempelt.

Die Sabbatianer wollten Trump aus den Gründen im Amt haben, die der Ultrazionist Saul Alinsky (1909-1972) beschrieb, als er die Woke-Philosophie durch »Community Organizing« (Bürgerbewegungen) propagierte, lange bevor irgendjemand davon gehört hatte. Damals trug sie noch ihren traditionellen Namen: Marxismus. Der Grund für das manipulierte Trump-Phänomen wurde in Alinskys Buch *Rules for Radicals* (Regeln für Radikale) aus dem Jahr 1971 dargelegt, das eine Blaupause für den Sturz demokratischer und anderer Regime und deren Ersetzung durch den sabbatianischen Marxismus war. Es überrascht nicht, dass seine To-Do-Liste bei den sabbatianischen »Revolutionen« in Frankreich und Russland sowie in China umgesetzt worden ist, was im folgenden Kapitel über den »Covid«-Schwindel von großer Bedeutung sein wird. Zu Alinskys Anhängern gehören der zutiefst korrupte Barack Obama, die Sprecherin des Repräsentantenhauses Nancy Pelosi und Hillary Clinton, die ihn als ihren »Helden« bezeichnete. Alle drei sind Handlanger der Sabbatianer, wobei Pelosi die arrogante, korrupte Idiotie verkörpert, die den innersten Kreis des Kults so sehr prägt. Als sabbatianischer Verfechter des »Lichtbringers« stellt Alinsky auf der Widmungsseite seines Buches Luzifer als den ursprünglichen Radikalen vor, der sein eigenes Reich (unsere »Erde«, wie wir sehen werden) erkämpft hat. Eine von Alinskys goldenen Regeln für Radikale besteht darin, sich eine Einzelperson auszusuchen und die ganze Aufmerksamkeit, den Hass und die Schuld auf sie zu richten und nicht auf gesichtslose Bürokratien und Konzerne. *Rules for Radicals* ist in Wahrheit ein Handbuch der Sabbatianer, dessen Inhalt seit Jahrhunderten auf der ganzen Welt immer wieder angewandt wird. Und warum sollten die Sabbatianer nicht ihren Designer-Bösewicht an die Macht bringen, um ihn als die Person zu benutzen, auf die alle Aufmerksamkeit, aller Hass und alle Schuld gelenkt werden? Genau das haben sie getan, und die einzige Frage für mich ist, inwieweit Trump das bewusst war und wie sehr er manipuliert wurde. Ein bisschen von beidem, vermute ich. Das war die auch bei Trump eingesetzte Methode von Alinsky, einem Mann, der 1972 starb. Die Methode hat die Geschichte überdauert:

> »Wählen Sie das Ziel, stellen Sie es heraus, personalisieren Sie es, polarisieren Sie es. Versuchen Sie nicht, abstrakte Konzerne oder Bürokratien anzugreifen. Identifizieren Sie eine verantwortliche Person. Ignorieren Sie Versuche, die Schuld zu verschieben oder zu verteilen.«

Von dem Moment an, als Trump an die Illusion der Macht kam, drehte sich alles um ihn. Es ging nicht mehr um die Politik oder die Meinung der Republikaner, sondern nur noch um Trump. Alles, was er tat, wurde von den sabbatianisch dominierten Medien unter der Führung von Kult-Organisationen wie CNN, MSNBC, der *New York Times* und der *Washington Post* (im Besitz von Jeff Bezos) in negativer, abwertender und beleidigender Weise dargestellt: *Wähle das Ziel, stelle es heraus, personalisiere es, polarisiere es.* Trump wurde in einen Dämon verwandelt, der von denen verteufelt wurde, die ihn hassten, und in einen Halbgott, der von denen geliebt wurde, die ihn verehrten. Das wiederum führte dazu, dass auch seine Unterstützer als ebenso dämonisch dargestellt werden konnten, um die Pointe vorzubereiten, die sich später bei Bidens Amtsantritt ergab. Hier ist ein Trump, dort ist ein Trump, überall Trump, Trump, Trump. Praktisch jede Nachricht und jedes Ereignis wurde durch die Linse von »The Donald« gefiltert. Man liebte oder man hasste ihn, und je nachdem, wofür man sich entschied, galt man als Ausgeburt des Teufels oder als Ausbund an Tugend. Schon der Beifall für einige politische Maßnahmen oder Aussagen von Trump reichte aus für einen persönlichen Angriff auf den Charakter des »Trump-Unterstützers«. Es waren und sind keine Grautöne mehr erlaubt. Alles ist schwarz und weiß (buchstäblich und im übertragenen Sinne). Eine mir bekannte Kalifornierin geriet durch ihren Hass auf Trump völlig durcheinander. Eigentlich sagte sie den Menschen immer, sie sollten einander lieben. Aber sie war so sehr vom Trump-Umnachtungs-Syndrom zerfressen, dass ihr dieser eklatante Widerspruch in ihren Aussagen zu Trump nie aufgefallen wäre. Definitionsgemäß war jeder, der Trump kritisierte oder seine Gegner lobte, ein Held, und diese Dame bezeichnete Joe Biden als »einen freundlichen, ehrlichen Gentleman«, obwohl er nachweislich ein Lügner, ein Megaschurke und obendrein ein bösartiges

Miststück ist. Die Sabbatianer haben Amerika in der Tat gespalten und Trump als Sündenbock benutzt, und die ganze Zeit über tickte die Uhr der Zeitbombe hinsichtlich der Konsequenzen, die auf seine Anhänger zukamen.

Seinen Herren hörig

Trump hat den Sabbatianern via Israel fast alles gegeben, was sie in seinen vier Jahren wollten. Die Dynamik zwischen ihm und Benjamin Netanjahu wurde von Trumps ultrazionistischem Schwiegersohn Jared Kushner, seinem ultrazionistischen Botschafter in Israel, David Friedman, und seinem ultrazionistischen »Israel-Berater«, Jason Greenblatt, orchestriert. Die beiden Letztgenannten spielten eine zentrale Rolle bei der Leitung und dem Erhalt seines Geschäftsimperiums, der Trump Organisation, deren kolossale geschäftliche Misserfolge dazu geführt hatten, dass er für immer auf sabbatianische Netzwerke angewiesen war, die ihm aus der Patsche halfen. Zu Beginn der 1990er Jahre schuldete Trump den Banken vier Milliarden Dollar, die er nicht bezahlen konnte, und fast eine Milliarde Dollar davon entfielen auf ihn persönlich und nicht auf seine Unternehmen. Dieses Mega-Desaster war das Ergebnis des Baus zweier neuer Casinos in Atlantic City und des Kaufs des riesigen Taj-Mahal-Projekts, was zu erdrückenden Schulden führte. Er hatte sich bei zweiundsiebzig Banken mit wichtigen sabbatianischen Verbindungen fantastische Summen geliehen, und obwohl er angesichts des Ausmaßes der Schulden eigentlich in einem Zelt am Straßenrand hätte leben müssen, kam es zu keiner Zwangsvollstreckung. Die BT Securities Corporation und Rothschild Inc. entwickelte einen Plan, um Trump aus dem Sumpf zu ziehen. Der Vorgang wurde von Wilber Ross betreut, der siebenundzwanzig Jahre lang für die Rothschilds gearbeitet hatte. Ross wurde nach Trumps Wahl zum US-Handelsminister ernannt.

Eine weitere entscheidende Figur bei der Rettung von Trump war der ultrazionistische »Investor« Carl Icahn, der das Taj Mahal Casino gekauft hatte. Icahn wurde zum Sonderwirtschaftsberater für Finanzregulierung in der Trump-Regierung ernannt. Er blieb nicht lange, schaffte es aber dennoch, die Zeit zu finden, eine ordentliche Summe von angeblich 31,3 Millionen Dollar zu verdienen, als er seine vom Stahlpreis betroffenen Beteiligungen drei Tage vor Trumps Einführung eines 235-prozentigen Zolls auf Stahlimporte verkaufte. Was für ein unglaubliches Glück diese Leute doch haben. Trump und sabbatianische Agenten sind seit langem eng miteinander verbunden. Sein Mentor und Rechtsberater von Anfang der 1970er Jahre bis 1986 war der zwielichtige und zutiefst korrupte Ultrazionist Roy Cohn, der in den 1950er Jahren als Chefberater bei Senator Joseph McCarthys »Kommunisten«-Hexenjagd fungierte. Die Zeitschrift *Esquire* veröffentlichte einen Artikel über Cohn mit der Überschrift »Don't mess with Roy Cohn« (»Legen Sie sich nicht mit Roy Cohn an«). Er wurde als der gefürchtetste Anwalt New Yorks beschrieben und als »skrupelloser Meister der schmutzigen Tricks … [mit] … mehr als einem Mafia-Don auf Kurzwahl«. Cohns Einfluss, Kontakte, Unterstützung und Schutz machten Trump zu einem Strohmann für die Sabbatianer in New York und ihren Verbindungen zu einem von Cohns vielen kriminellen Arbeitgebern, der »russischen« Sabbatianer-Mafia. Der israelisch geprägte Medienmogul Rupert Murdoch wurde Trump von Cohn vorgestellt, und sie begannen eine lange Freundschaft. Cohn starb 1986, wenige Wochen nachdem ihm von der Berufungsabteilung des Obersten Gerichtshofs des Staates New York wegen unethischen Verhaltens die Anwaltslizenz entzogen worden war. Die Räder der Justiz mahlen in der Tat langsam, wenn man die Länge von Cohns betrügerischer Karriere bedenkt.

QAnon verstehen

Wir sollten glauben, dass Donald Trump mit seinen grundlegenden Verbindungen zu sabbatianischen Netzwerken und Agenten den Kampf anführt, um die sabbatianische Agenda für die faschistische Kontrolle Amerikas und der Welt zu stoppen. Natürlich tat er das, oder? Ein Mann, der während seiner Jahre im Weißen Haus von sabbatianischen Agenten umringt und dessen größter Geldgeber der Casino-Milliardär Sheldon Adelson war, eine bis in seine DNA hinein sabbatianischer Charakter …? Ach, kommen Sie schon. Trump wurde benutzt, um Amerika zu spalten und die Gegner der Kult-Agenda als »Trump-Unterstützer«, »Aufständische« und »weiße Rassisten« zu isolieren. Die Psyop oder *psy*chologische *Op*eration des US-Geheimdienstes/Mossad, die als QAnon bekannt ist, tauchte während der Trump-Jahre als zentraler Pfeiler der sabbatianischen Kampagne auf, um die Agenda-Verweigerer in die Falle zu locken und endgültig zu eliminieren. Ich wusste von Anfang an, dass es sich bei QAnon um einen Betrug handelte, denn ich hatte das gleiche Szenario in den letzten dreißig Jahren unter verschiedenen Namen schon oft gesehen und bin in meinen Büchern im Detail darauf eingegangen. »Nicht schon wieder!« war meine Reaktion, als QAnon auftauchte. Alle paar Jahre wird dasselbe Drehbuch hervorgeholt und der Briefkopf erhält einen neuen Namen. Die Geschichte nimmt immer die gleiche Form an: »Insider« oder »die Guten« im Regierungs-, Geheimdienst- und Militärapparat des »Deep State« oder Tiefen Staates würden Massenverhaftungen der »Bösen« veranlassen, zu denen die Rockefellers,

Rothschilds, Barack Obama, Hillary Clinton, George Soros und so weiter und so fort gehören würden. Es werden Termine genannt, wann die »Guten« losschlagen werden, aber die Termine vergehen ohne besondere Vorkommnisse und es werden neue Termine genannt, die ebenfalls ohne Zwischenfälle verstreichen. Die zentrale Botschaft an den Widerstand lautet in jedem Fall, dass man nichts zu tun brauche, weil es einen »Plan« gibt und alles von den »Guten« im Staatsapparat geregelt wird.

»Vertrauen Sie dem Plan« war das Mantra von QAnon, als der einzige Plan darin bestand, den Widerstand in die Irre zu führen, damit er sein Vertrauen in ein Psyop-Projekt setzt, das er für echt hielt. Hüten Sie sich vor denen, die Ihnen sagen, was Sie hören wollen, und überprüfen Sie es stets. Bis zu Bidens Amtseinführung behauptete QAnon immer noch, dass »der Sturm« kommen und Trump Präsident bleiben und Biden und seine Kumpane verhaftet würden. Das sollte nie passieren und ist natürlich auch nicht passiert, aber das, was daraufhin passiert ist, war die Pointe der sabbatianischen Trump/QAnon-Operation.

Am 6. Januar 2021 versammelte sich eine große Menge von Trump-Anhängern auf der National Mall in Washington/DC unterhalb des Kapitols, um gegen die ihrer Meinung nach weit verbreitete Korruption und den Wahlbetrug zu protestieren, die Trumps Wiederwahl für eine zweite Amtszeit als Präsident im November 2020 verhindert hatten. Als jemand, der weder Trump noch Biden unterstützt, sage ich, dass es eindeutige Beweise dafür gibt, dass die Wahl zugunsten von Biden manipuliert wurde, einem Mann mit so weit fortgeschrittenen kognitiven Störungen, dass er oft kaum einen sinnvollen Satz zusammenbringt, wenn er die Worte nicht von dem Teleprompter vor ihm ablesen kann. Die eklatanten Diskrepanzen bei der Stimmabgabe warfen ernsthafte Fragen zu den elektronischen Wahlmaschinen auf, die Wahlmanipulationen vergleichsweise leicht machen, genau wie die Hunderttausende von Stimmzetteln, die bei der bereits fortgeschrittenen Stimmenauszählung plötzlich auftauchten und praktisch alle für Biden abgegeben wurden. Die frühen Vorsprünge von Trump in den entscheidenden Swing States begannen auf einmal zu schrumpfen und zu verschwinden. Der Pandemie-Schwindel wurde als Vorwand benutzt, um eine fast unbegrenzte Anzahl von Briefwahlunterlagen auszugeben, ohne dass überprüft wurde, ob die Empfänger noch lebten oder überhaupt unter der genannten Adresse wohnten. Sie wurden massenweise an Menschen verschickt, die sie nicht einmal angefordert hatten. Private Organisationen wurden beauftragt, diese Stimmzettel einzusammeln, und wer weiß, was sie mit ihnen gemacht haben, bevor sie bei der Auszählung auftauchten. Das amerikanische Wahlsystem wurde über Jahrzehnte hinweg manipuliert und zu einem kranken Witz mit mehr Löchern als ein Schweizer Käse gemacht, mit dem ausdrücklichen Ziel, die Ergebnisse zu diktieren. Dann war da noch die kriminelle Manipulation von Informationen durch sabbatianische Tech-Giganten wie Facebook, Twitter und das Google-eigene YouTube, die Pro-Trump- und Anti-Biden-Accounts und -Beiträge löschten, während alles, was für Biden sprach, in Ruhe gelassen wurde. Die Sabbatianer wollten, dass Biden gewinnt, denn nach der Spaltung Amerikas war es nun an der Zeit, den Woke-Modus voll auszuschöpfen und alle Aspekte der Kult-Agenda zu entfesseln.

Jäger und Einsammler

Die extreme Parteinahme des Silicon Valley führte dazu, dass in den letzten Wochen des Wahlkampfs Informationen der *New York Post* unterdrückt und blockiert wurden, die einen Skandal um Joe Biden aufgedeckt hatten, der seine Kandidatur hätte beenden sollen. Hunter Biden, sein zutiefst korrupter Sohn, sollte einen Laptop zur Reparatur in einem Laden abgegeben haben und nicht zurückgekommen sein. Die Zeit verging, bis der Laptop wegen Nichtbezahlung der Rechnung in den Besitz des Ladens überging. Als der Besitzer sah, was sich auf der Festplatte befand, übergab er eine Kopie an das FBI, das nichts unternahm, obwohl es die umfangreiche Korruption bestätigte, mit der die Familie von Joe Biden seine politische Position ausnutzte, insbesondere während seiner Zeit als Vizepräsident von Obama, um mehrere Millionen in Ländern auf der ganzen Welt und vor allem in der Ukraine und China zu scheffeln. Hunter Bidens ehemaliger Geschäftspartner Tony Bobulinski ging an die Öffentlichkeit, als die Geschichte in der *New York Post* erschien, und bestätigte die korrupten Geschäfte und dass Joe Biden nicht nur wusste, was vor sich ging, sondern auch von der Bestechungsaktion profitierte. Millionenbeträge wurden von einem chinesischen Unternehmen übergeben, das – wie alle großen Unternehmen in China – enge Verbindungen zur Kommunistischen Partei von Präsident Xi Jinping hat. Joe Biden prahlte bei einem Treffen des Weltwirtschaftsforums des Kults sogar damit, dass er als Vizepräsident die Regierung der Ukraine angewiesen habe, einen Staatsanwalt zu entlassen. Was er nicht erwähnte, war, dass derselbe Mann zufällig gegen ein Energieunternehmen ermittelte, das Teil von Hunter Bidens korruptem Portfolio war. Das Unternehmen zahlte Hunter Biden viel Geld, und zwar aus keinem anderen Grund als wegen des Einflusses, den sein Vater hatte. Über Nacht hätte Joe Bidens Präsidentschaftswahlkampf vorbei sein müssen, da er öffentlich darüber gelogen hatte, nicht zu wissen, was sein Sohn tat. Stattdessen unterdrückten fast die gesamten von den Sabbatianern kontrollierten Mainstreammedien und das von den Sabbatianern kontrollierte Silicon

Valley die Verbreitung der Geschichte. Dies allein trug schon erheblich dazu bei, die Wahl 2020 zu manipulieren. Außerdem gaben Kult-Assets wie Mark Zuckerberg von Facebook Hunderte von Millionen aus, um Biden zu unterstützen und die sogenannte »korrekte Durchführung der Wahl« sicherzustellen.

Der Kult hatte Trump benutzt, um Amerika zu spalten, und wollte nun unbedingt den schwachsinnigen, gefügigen und korrupten Biden ins Spiel bringen, um das Doppelspiel zu vollenden. Auf keinen Fall würden sie zulassen, dass Kleinigkeiten wie der Wille des Volkes ihren Plan durchkreuzten. Im Silicon Valley wurden Behauptungen, die Wahl sei manipuliert worden, weitgehend zensiert, denn sie war ja tatsächlich getürkt. Aus demselben Grund wurde jeder, der behauptete, die Wahl sei manipuliert worden, als »weißer Rassist« denunziert, einschließlich der erbärmlich wenigen republikanischen Politiker, die dies zu sagen bereit waren. Überall in den Medien, wo die Wahlmanipulation erwähnt wurde, bezeichnete man es als »falsche Behauptung«, obwohl die »Journalisten« keinerlei Nachforschungen zu diesem Thema angestellt hatten. Trump hatte sieben Millionen Stimmen mehr erhalten als jeder amtierende Präsident vor ihm, und nun brachte ein kognitiv beeinträchtigter bald 78-Jähriger, der die meiste Zeit des Wahlkampfes vor der Öffentlichkeit versteckt wurde, es irgendwie auf mehr Stimmen als jeder andere Präsidentschaftskandidat in der Geschichte. Das ergibt keinen Sinn. Sie müssen sich nur die Wahlveranstaltungen beider Kandidaten ansehen, um die Begeisterung für Trump und die Apathie für Biden zu sehen. Zehntausende nahmen an Trumps Veranstaltungen teil, während Biden auf leeren Parkplätzen sprach. Oft waren nur Fernsehteams anwesend, die ihre Kameras so ausrichteten, dass sie die Tatsache verbargen, dass kein Publikum anwesend war. Es war erbärmlich zu sehen, wie Biden an einem Podium stand und Reden nur vor Fernsehteams und Parteifunktionären hielt, während er die für ihn geschriebenen Worte von riesigen Teleprompter-Bildschirmen ablas. Ja, die Demonstranten vom 6. Januar hatten Recht, wenn es um Wahlmanipulationen ging. Aber einige von ihnen waren im Begriff, in eine Falle zu laufen, die ihnen in Washington von dem vom Kult kontrollierten Deep State und seiner QAnon-Psyop gestellt wurde. Diese Falle waren die Capitol-Hill-Unruhen, die lächerlicherweise als »Aufstand« bezeichnet wurden.

Die Spinne und die Fliege

Ein Renegaten-Bewusstsein weiß, dass es in der Politik nicht zwei »Seiten« gibt, sondern nur eine Seite, den Kult, der durch alle »Seiten« arbeitet. Es ist ein Bühnenspektakel, ein Marionettentheater, um die Wahrnehmung der Bevölkerung so zu lenken, dass sie sich auf Ablenkungen wie Parteien und Kandidaten konzentriert und dabei die Puppenspieler übersieht, die alle Fäden in der Hand halten. Der »Aufstand« auf dem Capitol Hill bringt uns zurück zum Little Big Horn. Nachdem man zwei deutlich gegensätzliche Gruppierungen geschaffen hatte – Woke und Widerstand –, sollte die Falle zuschnappen. Der Agenda-Widerstand sollte eingekreist und isoliert werden, indem man alle daran Beteiligte in der Öffentlichkeit mit Trump in Verbindung brachte und Trump dann als eine Art Bürgerkriegsführer bezeichnete. Ich wusste sofort, dass der Aufstand vom Kapitol ein abgekartetes Spiel war, und zwar aus zwei Gründen. Zum einen konnten die Randalierer praktisch ohne glaubwürdigen Widerstand in das Gebäude eindringen und zum anderen konnte ich erkennen – wie beim »Covid«-Schwindel im Westen Anfang 2020 –, dass der Kult die Situation ausnutzte, um seine Agenda mit Volldampf voranzutreiben. Meine mehr als dreißigjährige Erfahrung mit den Techniken und Aktivitäten des Kults hat mir gezeigt, dass sie zwar Situationen ausnutzen, die sie nicht selbst geschaffen haben, aber bei Ereignissen von grundlegender Bedeutung für ihre Agenda immer selbst die Drahtzieher sind. Jedes Mal, wenn Großereignisse den Kultisten einen Vorwand bieten, ihren Plan schnell voranzutreiben, stellen Sie fest, dass diese Ereignisse aus eben dem Grund manipuliert wurden: Problem-Reaktion-Lösung. Nur eine kleine Minderheit der riesigen Menge an Demonstranten in Washington versuchte, durch das Einschlagen von Fenstern und das Aufbrechen von Türen in das Kapitol einzudringen. Das spielte aber keine Rolle. Die gesamte Menschenmenge und alle Anhänger des Widerstands, selbst wenn sie Trump nicht unterstützten, wurden als gefährliche Aufrührer und Verschwörungstheoretiker in einen Topf geworfen. Der letztgenannte Begriff wurde übrigens durch ein Memo der CIA in den 1960er Jahren weit verbreitet, das darauf abzielte, diejenigen zu diskreditieren, die die unsinnige offizielle Geschichte des Kennedy-Attentats in Frage stellten, und er wurde in der Folge von den Medien weithin verwendet. Er wird immer noch von unfähigen »Journalisten« verwendet, die keine Ahnung von seinem Ursprung haben, um jeden zu diskreditieren, der irgendetwas in Frage stellt, das die Autoritäten für wahr ausgeben. Wenn Sie zu einer Verschwörung gehören, müssen Sie am besten gleich den Begriff der Verschwörung als solchen diskreditieren, obwohl die Wörterbuchdefinition von Verschwörung lediglich bedeutet, »die Tätigkeit, mit anderen Menschen heimlich zu planen, etwas Verbrecherisches oder Illegales zu tun« und »eine allgemeine Vereinbarung, über ein Thema zu schweigen, um es geheim zu halten«. Auf dieser Grundlage gibt es Verschwörungen fast überall, wo man hinschaut. Aus offensichtlichen Gründen müssen der Kult und seine Schoßhündchen also behaupten, es gäbe überhaupt keine Verschwörungen, obwohl das

Wort in staatlichen Gesetzen auftaucht, wie bei der Verschwörung zum Betrug, zum Mord und zur Korruption der öffentlichen Moral.

Agent Provocateure werden vom Kult-Deep-State häufig eingesetzt, um echte Menschen so zu manipulieren, dass sie auf eine Weise handeln, die zu dem gewünschten Ergebnis führt. Mit »echt« meine ich in diesem Fall die Demonstranten, die Trump und die Behauptung, dass die Wahl gestohlen wurde, wirklich unterstützen. Unter ihnen waren jedoch auch Agenten des Staates, die sich als Trump-Anhänger und QAnon-Gläubige tarnten, um den Aufruhr in der Hauptstadt anzuheizen, und viele echte Trump-Anhänger fielen naiv darauf herein. Ich beschreibe so eine Situation als »Komm in meine Stube, sagte die Spinne zur Fliege«. Über den paramilitärischen Arm der Antifa, der antifaschistischen Faschisten, wurden Flugblätter verteilt, auf denen die eigenen Aktivisten aufgefordert wurden, in Washington zu erscheinen und sich als Anhänger Trumps auszugeben, obwohl sie ihn hassten. Einige derjenigen, die wegen des Eindringens in das Kapitol verhaftet wurden, waren der Antifa und ihrem Stallgefährten Black Lives Matter zuzuordnen. Beide Organisationen werden von den Kult-Milliardären und Kult-Konzernen finanziert. Ein Mann, der wegen des Aufstands angeklagt wurde, war nach Angaben seines Anwalts ein ehemaliger FBI-Agent, der vierzig Jahre lang eine Sicherheitsfreigabe für die Ebene »Top Secret« – »streng geheim« – besaß. Rechtsanwalt Thomas Plofchan sagte über seinen Mandanten, den 66-jährigen Thomas Edward Caldwell:

> »Er ist seit 1979 im Besitz einer Top-Secret-Sicherheitsfreigabe und hat sich zur Aufrechterhaltung seiner Freigabe mehreren speziellen Hintergrunduntersuchungen unterzogen. Nachdem er aus der Navy ausgeschieden war, arbeitete er von 2009 bis 2010 als Abteilungsleiter für das Federal Bureau of Investigation [FBI] als GS-12 [Angestellter der mittleren Ebene].
>
> Er gründete und leitete außerdem eine Beratungsfirma, die häufig als geheim eingestufte Arbeiten für Kunden der US-Regierung durchführte, darunter die US Drug Enforcement Agency [Drogenbehörde], das Department of Housing and Urban Development [Wohnungsbauministerium], die US Coast Guard [Küstenwache] und das US Army Personnel Command [Personalamt der US-Armee].«

Ein Richter ließ Caldwell später bis zur Verhandlung frei, da es keine Beweise für eine Verschwörung gab oder dafür, dass er versucht hatte, sich gewaltsam Zutritt zum Kapitol zu verschaffen. Die *New York Post* berichtete, von einer »Quelle in den Strafverfolgungsbehörden« habe man erfahren, dass auf Videoaufzeichnungen »mindestens zwei bekannte Antifa-Mitglieder« während des Aufruhrs unter den Trump-Anhängern zu sehen sind. Einer der verhafteten Randalierer war John Earle Sullivan, ein extremer Trump-Hasser und Anhänger von Black Lives Matter aus Utah, der bereits im Juli 2020 wegen eines von BLM/Antifa inszenierten Krawalls, bei dem man einen Autofahrer bedroht und erschossen hatte, verhaftet und angeklagt wurde. Sullivan ist der Gründer der in Utah ansässigen Insurgence USA, die der vom Kult geschaffenen und finanzierten Black-Lives-Matter-Bewegung (BLM) angehört. Auf Twitter tauchten Aufnahmen von Trump-Anhängern auf und wurden dann wieder von Twitter gelöscht, die Infiltratoren der Antifa zeigten, und eine Gruppe wurde dabei gefilmt, wie sie sich vor dem Sturm auf das Kapitol Pro-Trump-Kleidung anzog. Die Sicherheitsvorkehrungen in dem Gebäude *waren* erbärmlich – wie geplant. Colonel Leroy Fletcher Prouty, ein Mann mit langjähriger Erfahrung in verdeckten Operationen für den US-Sicherheitsapparat, beschrieb einmal das verräterische Zeichen, an dem man erkennen kann, wer an einem Attentat beteiligt ist. Er sagte:

> »Niemand muss ein Attentat anordnen – es geschieht einfach. Die aktive Rolle wird im Geheimen gespielt, indem man zulässt, dass es geschieht. Das ist der wichtigste einzelne Hinweis: Wer hat die Macht, die üblichen Sicherheitsvorkehrungen einzustellen oder zu reduzieren?«

Dieses Prinzip gilt auch für viele andere Situationen und sicherlich ebenso für die Unruhen im Kapitol am 6. Januar 2021.

Der Clou

Bei einer so großen und potenziell wütenden Menschenmenge, die sich in der Nähe des Kapitols versammelte, hätte der Sicherheitsapparat ein großes Polizeiaufgebot zur Verfügung gestellt, um das Gebäude zu verteidigen, und die Truppen der Nationalgarde hätten in Bereitschaft gestanden, denn die aufgeheizte Stimmung unter den aus ganz Amerika angereisten Menschen, ermutigt durch die QAnon-Psyop und die Reden von Donald Trump, war unübersehbar. Stattdessen war die »Bewachung« der Capitol Police dürftig, lasch und leicht zu durchbrechen. Es wurde die gleiche Anzahl von Beamten eingesetzt wie an einem normalen Tag und das ist ein eklatantes Warnsignal. Sie waren weder personell noch materiell für einen möglichen Aufstand gerüstet, der unter den gegebenen Umständen eine offensichtliche Möglichkeit gewesen wäre.

Es wurden keine wirksamen Schutzzäune errichtet, die diesen Namen verdienen, und es gab keine Notfallpläne. Die ganze Sache beschränkte sich praktisch darauf, zur Seite zu treten und die Leute hereinzuwinken. Sobald sie drinnen waren, hielt sich die Polizei größtenteils zurück, abgesehen von einem Polizisten des Kapitols, der unnötigerweise die unbewaffnete Air-Force-Veteranin Ashli Babbitt ohne Vorwarnung erschoss, als sie durch ein zerbrochenes Fenster kletterte. Die »Ermittler« weigerten sich später, den Namen des Beamten zu nennen oder ihn anzuklagen, obwohl das unter den gegebenen Umständen sicherlich als Mord betrachtet werden kann. Sie haben lieber alles unter den Teppich gekehrt. Die Geschichte, dass fünf Menschen bei dem »bewaffneten Aufstand« ums Leben gekommen sind, wurde endlos wiederholt, obwohl es keinen Bericht über den Einsatz von Waffen durch die Randalierer gab. Außer Babbitt starben vier weitere an einem Herzinfarkt, an Schlaganfällen und offenbar an einer Überdosis Drogen. Der Polizeibeamte Brian Sicknick war Berichten zufolge mit einem Feuerlöscher geschlagen worden, was er überlebte, und dann nach dem Ende der Unruhen an einem Schlaganfall gestorben, wie das Washington Medical Examiner's Office mitteilte. Sicknick hatte keine äußeren Verletzungen. Die Lügen verbreiteten sich wie ein Lauffeuer. Mit der unaufhörlichen Wiederholung der Lüge sollte eine Geschichte aufgebaut werden, bis die Lüge zur akzeptierten Wahrheit wurde, die jeder kennt. Die »Big Lie«-Technik des Nazi-Propagandaministers Joseph Goebbels wird vom Kult, der schon hinter den Nazis stand, auch wieder beim »Covid«- und Klimawandel-Schwindel benutzt. Goebbels sagte:

> »Wenn man eine große Lüge erzählt und sie oft genug wiederholt, werden die Leute sie am Ende glauben. Man kann die Lüge nur so lange aufrechterhalten, wie es dem Staat gelingt, die Menschen von den politischen, wirtschaftlichen und militärischen Folgen der Lüge abzuschirmen. Deshalb ist es von lebenswichtiger Bedeutung für den Staat, seine gesamte Macht für die Unterdrückung abweichender Meinungen einzusetzen. Die Wahrheit ist der Todfeind der Lüge, und daher ist die Wahrheit der größte Feind des Staates.«

Die meisten Demonstranten hatten freien Zugang zum Kapitolgebäude. Dies ermöglichte es, Fotos von Randalierern in wichtigen Teilen des Gebäudes, einschließlich des Senatssitzungssaals, zu machen, die als Propagandabilder gegen alle im Widerstand verwendet werden konnten. Eine Kongressabgeordnete beschrieb die Szene als »die schlimmste Art nicht vorhandener Security, die man sich überhaupt vorstellen kann«. Nun, der erste Teil war wahr, aber jemand hat sich das offenbar vorher ausgemalt und dafür gesorgt, dass es so geschah. Auf einigen der am weitesten verbreiteten Fotos waren Menschen zu sehen, die QAnon-Symbole trugen, und nun wird die Psyop benutzt, um alle QAnon-Anhänger mit den pauschalen Etiketten »weiße Vorherrschaft« und »Aufrührer« zu überziehen. Als ein muslimischer Extremist namens Noah Green im April 2021 mit seinem Auto zwei Polizisten vor dem Kapitol anfuhr und einen von ihnen tötete, gab es keine solche politische und mediale Hysterie. Sie waren nur enttäuscht, dass er nicht weiß war.

Die Hexenjagd

Der Staatsanwalt Michael Sherwin, ein aggressiver, glutäugiger, professioneller Rottweiler, leitet die »Ermittlungen«, und sie als übertrieben zu bezeichnen, wäre eine tausendfache Untertreibung der Realität. Hunderte wurden aufgespürt und für das Verbrechen verhaftet, die falschen politischen Ansichten zu haben, und Menschen wurden ins Gefängnis gesteckt, die nichts weiter getan hatten, als das Gebäude zu betreten, keine Gewalt zu verüben oder Eigentum zu beschädigen, ein paar Fotos zu machen und wieder zu gehen. Sie wurden als »Bedrohung für die Republik« bezeichnet, während Biden im Weißen Haus saß und für ihn geschriebene Durchführungsverordnungen unterzeichnete, die »die Republik« tatsächlich demontierten. Selbst als Richter entschieden, dass eine Mutter und ihr Sohn aus dem Gefängnis entlassen werden sollten, hielt die Regierung sie dort noch fest. Einige der Verhafteten wurden von Gefängniswärtern in Washington schwer verprügelt. Die Anwälte eines Mannes sagten, er habe einen Schädelbruch erlitten und sei jetzt auf einem Auge blind. Gleichzeitig wurde eine Frau grundlos von einem Beamten der Capitol Police erschossen, und wir dürfen nicht erfahren, wer er ist, geschweige denn, was mit ihm geschehen soll – wohl weiter nichts. Die QAnon/Trump-Masche des Kults, die Köpfe des Widerstands zu identifizieren und zu isolieren, um sie dann beim Aufmarsch gezielt zu zerschlagen und zu erledigen, war ein durchschlagender Erfolg.

Man könnte meinen, die Russen seien mit vorgehaltener Waffe in das Gebäude eingedrungen und hätten die Senatoren vor ein Erschießungskommando gestellt, wenn man sich die Reaktion der Politik und der Medien ansah. Die Kongressabgeordnete Alexandria Ocasio-Cortez ist ein Kind im Körper einer Frau, eine fürchterliche Schreckschraube und *IchIchIch*-Woke-Narzisstin von solchen Ausmaßen, dass man es gar nicht beschreiben kann. Sie dachte, sie würde sterben, als »Aufständische« an ihre Bürotür klopften, erklärte sie. Es stellte sich heraus, dass sie zum Zeitpunkt der Unruhen gar nicht im Kapitol war und es sich bei dem »Anklopfer« um einen Beamten der Kapitolspolizei handelte. Sie bezeichnete sich selbst als »Überlebende«, was eine Beleidigung für all die wahren Überlebenden von gewalttätigem und sexuellem Missbrauch ist, während sie ihr verwöhntes und privilegiertes Leben lebt und für ihren Lebensunterhalt Unsinn erzählt. Ihre Woke-Kollegin und Mega-Narzisstin Rashida Tlaib brach sogar zusammen, als sie die verheerenden Auswirkungen beschrieb, die es für sie hatte, *nicht* in dem Gebäude gewesen zu sein, als die Randalierer sich dort befanden. Ocasio-Cortez und Tlaib sind Mitglieder einer Gruppe von Kongressabgeordneten, die zusammen mit Ilhan Omar und Ayanna Pressley als »The Squad« (Die Truppe) bekannt sind. Soweit ich sehen kann, erkennt man die Gruppe an ihrem vehementen Anti-Weiße-Rassismus, ihrer Anti-Weiße-Männer-Agenda und, wie immer in diesen Fällen, an der Abwesenheit von Gehirnzellen im aktiven Dienst.

Die üblichen Verdächtigen waren sofort zur Stelle, als die ultrazionistischen Senatoren und Funktionäre der Demokraten, Chuck Schumer und Adam Schiff, forderten, dass Trump wegen »seiner Beteiligung an dem Aufstand« angeklagt wird. Dieselben beiden Trottel hatten das gescheiterte Amtsenthebungsverfahren gegen Trump wegen des erfundenen Unsinns der »Russland-Absprache« angeführt, bei dem behauptet wurde, Russland habe Trump geholfen, die Wahl 2016 zu gewinnen. Ich wusste gar nicht, dass Tel Aviv direkt vor Moskau liegt. Ich muss eine aktuelle Karte finden. Der Schwindel mit Russland war eine sabbatianische Operation, um Trump zu beschäftigen und handlungsunfähig zu machen und jede Beziehung zu Russland zu unterbinden, das der Kult als Feindbild beibehalten will, um es nach Belieben hochhalten zu können. Die Marionette Biden hat bereits bei ihrem Amtsantritt damit begonnen, Russland anzugreifen, da der Kult mehr Unruhe, Spaltung und Krieg in der Welt anstrebt. Eine zweijährige »Russland-Untersuchung« unter der Leitung des nicht sehr klugen ehemaligen 9/11-FBI-Chefs Robert Mueller, der von neunzehn Anwälten, vierzig FBI-Agenten sowie Geheimdienstanalysten, Wirtschaftsprüfern und anderen Mitarbeitern unterstützt wurde, verschlang Dutzende von Millionen Dollar und fand keine Beweise für geheime Absprachen mit Russland, wie ein Zehnjähriger es am ersten Tag hätte voraussehen können. Jetzt wollten dieselben Schwachköpfe Schumer und Schiff ein zweites Amtsenthebungsverfahren gegen Trump wegen des »Aufstands« im Kapitol, den der dümmliche Schumer als ein weiteres »Pearl Harbor« bezeichnete, während andere es mit dem 11. September 2001 verglichen, bei dem dreitausend Menschen starben, und, im Falle von CNN, mit dem Völkermord in Ruanda in den 1990er Jahren, bei dem schätzungsweise 500.000 bis 600.000 Menschen ermordet, zwischen 250.000 und 500.000 Frauen vergewaltigt und die Bevölkerung ganzer Städte mit Macheten zu Tode gehackt wurden. Diese Vergleiche aus rein politischen Gründen dem Kult zuliebe anzustellen, ist mehr als beleidigend für diejenigen, die wirklich gelitten und ihr Leben verloren haben, und bestätigt einmal mehr die gefühllose Unmenschlichkeit, mit der wir es hier zu tun haben. Schumer ist ein gewaltiger Idiot und Schiff auch, aber sie dienen der Agenda des Kults und tun, was man ihnen sagt, damit weiter für sie gesorgt ist.

Apropos Idioten – ein weiterer armer Irrer, der Russland- und Kapitol-Amtsenthebungsversuche promotet hat, ist Senator Eric Swalwell, der die Frechheit besaß, Trump der geheimen Absprachen mit den Russen zu beschuldigen, während er mit einer chinesischen Spionin namens Christine Fang oder »Fang Fang« schlief, die direkt aus einem Bond-Film stammen könnte, zweifellos mit Klaus Schwab in der Hauptrolle als der Typ, der auf einer geheimen Insel lebt und Laserwaffen kontrolliert, die im Weltraum positioniert und auf die Hauptstädte der Welt gerichtet sind. Fang Fang sollte besser die Rolle von Bonds infiltrierender Freundin spielen, was ihr sicher mehr Spaß gemacht hätte, als mit dem hirnlosen Swalwell das Bett zu teilen, sich hinzulegen und an China zu denken. Das FBI hat Swalwell schließlich vor Fang Fang gewarnt, was ihr die Zeit ließ, zurück in die chinesische Diktatur zu fliehen. Wie rücksichtsvoll vom FBI. Das zweite Amtsenthebungsverfahren gegen Trump ist ebenfalls gescheitert. Das ist kaum überraschend, denn ein Amtsenthebungsverfahren soll einen amtierenden Präsidenten absetzen und als es eingeleitet wurde, war Trump schon nicht mehr Präsident. Solche Leute regieren das Land Amerika, nun ja, offiziell jedenfalls. Ist das nicht erschreckend?

Das Ergebnis verrät, worum es bei einer Geschichte geht – IMMER

Das Resultat von all dem war – und es sind die *Ergebnisse*, auf die sich ein abtrünniger Denker konzentriert, nicht die Worte –, dass ein böswilliger, hysterischer und offensichtlich im Voraus geplanter Angriff auf die Agenda-Verweigerer gestartet wurde, um sie zu zensieren, zum Schweigen zu bringen und zu diskreditieren und sogar ihr Recht, ihren Lebensunterhalt zu verdienen, ins Visier zu nehmen. Seitdem werden sie als »inländische Terroristen« angeprangert, die wie Al-Qaida und der Islamische Staat behandelt werden müssen. Der Kult versucht seit dem Bombenattentat von Oklahoma 1995, für das »rechtsextreme Terroristen« verantwortlich gemacht wurden, die Bezeichnung »inländische Terroristen« durchzusetzen. Wenn Sie *The Trigger* lesen, werden Sie sehen, dass der Bombenanschlag eindeutig eine Problem-Reaktion-Lösung war. Er wurde vom Deep State während der Bill-Clinton-Regierung durchgeführt, die so korrupt war, dass keine Definition dieses Begriffs in irgendeinem Wörterbuch auch nur annähernd zur Beschreibung ausreichen würde. Nach dem »Sturm auf das Kapitol« wurden zu Bidens Amtseinführung fast dreißigtausend Soldaten aus ganz Amerika in die leeren Straßen von Washington geschickt. Zehntausend von ihnen blieben unter dem Vorwand, die Hauptstadt vor Aufständischen zu schützen, obwohl es sich eher um eine psychologische Programmierung handelte, um den Einsatz des Militärs bei der Strafverfolgung im Inland zu normalisieren und den Plan des Kults für einen militarisierten Polizeistaat zu unterstützen. Bidens faschistische Regierung begann mit der Säuberung des Militärs von Andersdenkenden, das heißt von allen, die nicht auf der Seite von Woke sind. Das Kapitol wurde mit einem Zaun aus Stacheldraht umgeben und das Land der Freien weiter symbolisch und buchstäblich demontiert. Der Kreis schloss sich mit der Installation von Biden und der Ausnutzung der QAnon-Psyop.

Amerika war seit dem Bürgerkrieg im neunzehnten Jahrhundert noch nie so gespalten, Kritiker wurden isoliert und als Terroristen bezeichnet, und nun begann der Kult damit, das Wenige, was von der Freiheit noch übrig war, auszulöschen und die amerikanische Gesellschaft umzugestalten, indem der am stärksten kontrollierte »Präsident« in der amerikanischen Geschichte, der das extremste Regime führte (zumindest offiziell), seit das Land am 4. Juli 1776 zu einem unabhängigen Staat erklärt worden war. In den ersten Tagen seiner Amtszeit erließ Biden fast stündlich unangefochtene, diktatorische Durchführungsverordnungen, die das gesamte Spektrum der Wunschliste des Kults abdeckten. Dazu gehörte auch die Aufweichung der Kontrollen an der Grenze zu Mexiko, die es Tausenden von Migranten ermöglichte, illegal in die Vereinigten Staaten einzureisen, um die demografische Struktur Amerikas zu verändern und eine wahlentscheidende Anzahl von vermeintlichen Wählern der Demokraten zu importieren. Dann gab es noch Bidens Abschiebungsamnestien für die bereits illegal in den USA lebenden Menschen (Schätzungen zufolge bis zu zwanzig oder sogar dreißig Millionen). Ein Gesetzentwurf, der dem Kongress vorgelegt wurde, verlieh jedem die amerikanische Staatsbürgerschaft, der nachweisen konnte, dass er in den vorangegangenen zwei Jahren wenigstens einhundertachtzig Tage in der Landwirtschaft gearbeitet hatte, womit die Agrarindustrie ihre Sklavenarbeit langfristig sichern wollte. Es gibt auch Pläne, der Union neue Staaten wie Puerto Rico hinzuzufügen und Washington/DC zu einem Bundesstaat zu machen. Sie alle sind Teil eines weitaus größeren Plans, der sicherstellen soll, dass die vom Kult beherrschten Woke-Demokraten dauerhaft an der Macht bleiben.

Grenze – welche Grenze?

In anderen Büchern habe ich detailliert entlarvt, dass die Masseneinwanderung in die Vereinigten Staaten und Europa das Werk von Kult-Netzwerken ist, die durch die zig Milliarden angeheizt werden, die George Soros und seine globalen Open-Society-Stiftungen (eher Offene-Grenzen-Stiftungen) für diesen und andere Zwecke ausgeben. Die Auswirkungen sind überall in den USA zu sehen, wo die Bevölkerung in etwas mehr als dreißig Jahren um *hundert Millionen* Menschen gewachsen ist, hauptsächlich durch Einwanderung. Ich habe in *Die Antwort* geschrieben, dass der Plan darin besteht, so viele Menschen über die südliche Grenze zu bringen, dass ihre Zahl unaufhaltsam ansteigt, und das wird jetzt unter der Kult-Marionette Biden umgesetzt. El Salvador in Mittelamerika verdeutlicht das Ausmaß dessen, was hier geschieht. Ein Drittel der Bevölkerung lebt bereits in den Vereinigten Staaten, ein großer Teil davon illegal, und viele weitere sind auf dem Weg dorthin.

Die Methode besteht darin, mittel- und südamerikanische Länder wirtschaftlich zu zerschlagen und durch Macheten schwingende psychopathische Banden Gewalt zu verbreiten – wie durch die vielen tausend Mitglieder von Mara Salvatrucha oder MS-13, die in El Salvador ihren Sitz haben und jetzt in vielen amerikanischen Städten operieren. Die von Biden durchgesetzte laxe Sicherheit an der südlichen Grenze bedeutet, dass sie so gut wie offen ist. Er sagte vor seiner »Wahl«, er wolle einen Ansturm auf die Grenze sehen, wenn er Präsident würde, und das gab diesen Leuten grünes Licht, um genau das nach dem Wahltag zu tun und die humanitäre Katastrophe herbeizuführen, die sowohl für die USA als auch für die Migranten folgte. Als diese Welle einsetzte, sagte die dämliche Alexandria Ocasio-Cortez, es sei keine »Welle«, weil es »Kinder, keine Aufständischen« seien und es sich bei dem Begriff »Welle« (von Biden verwendet) um eine Behauptung der »weißen Suprematisten« handele. Darauf, dass diese arglose Lady eines Tages elementarste Intelligenz entwickelt, werden wir wohl noch länger warten müssen.

Die Sabbatianer und der Kult sind dabei, Amerika zu zerstören, indem sie gewalttätige Menschen und Banden importieren, welche die amerikanischen Städte terrorisieren, und indem sie die öffentlichen Dienste überfordern, die mit der schieren Menge der Neuankömmlinge nicht fertig werden. Etwas Ähnliches geschieht in Europa, wo die westliche Gesellschaft im Ganzen einer demografischen und kulturellen Transformation und Umwälzung unterworfen wird. Der Plan verlangt Gewalt und Kriminalität, um ein Umfeld der Einschüchterung, Angst und Spaltung zu schaffen. Soros finanziert die Wahl von Bezirksstaatsanwälten in ganz Amerika, die dann die Verfolgung vieler Verbrechen einstellen, die Strafen für Gewaltverbrechen reduzieren und so viele Gewaltverbrecher wie möglich freilassen. Die Sabbatianer schaffen das Chaos, auf das die Ordnung – ihre Ordnung – mit einer klassischen Problem-Reaktion-Lösung reagieren kann. Ein Motto der Freimaurer lautet *ordo ab chao* (Ordnung aus dem Chaos) und das ist der Grund, warum der Kult ständig Chaos schafft: um eine neue »Ordnung« durchzusetzen. Der »Covid«-Schwindel zeigt sich auch darin, dass diejenigen, die mit dem Flugzeug in die Vereinigten Staaten einreisen, gezwungen werden, einen »Covid«-Test zu machen, während Migranten, die durch die Abfertigungsanlagen an der Südgrenze strömen, dies nicht tun müssen. Der Masseneinwanderung darf nichts im Wege stehen, und wenn das bedeutet, dass die eigenen »Covid«-Vorschriften der Regierung ignoriert werden, dann soll es so sein. Die wissen ja ohnehin, dass das alles Blödsinn ist. Jegliche Gegenwehr wird von den Woken und sabbatianischen Fronten wie der ultrazionistischen Anti-Defamation League (Anti-Diffamierungs-Liga) unter der Leitung des entsetzlichen Jonathan Greenblatt als »rassistisch« angeprangert, die gleichzeitig argumentiert, dass Israel keinen weiteren palästinensischen Arabern mehr die Staatsbürgerschaft und das Wahlrecht geben sollte, da die »jüdische Bevölkerung« (in Wahrheit das sabbatianische Netzwerk) sonst die Kontrolle über das Land verlieren würde.

Zahlen, die die Gesellschaft verändern

Bidens Meister haben erklärt, dass Länder wie El Salvador so gefährlich sind, dass ihre Menschen aus humanitären Gründen in die Vereinigten Staaten gelassen werden müssen, obwohl es in weiten Teilen vieler zentralamerikanischer Länder weniger Morde gibt als in US-Städten wie Baltimore. Das soll nicht heißen, dass Mittelamerika nicht gefährlich sein kann. Die vom Kult kontrollierten amerikanischen Regierungen haben es seit langem zu einer Krisenregion gemacht und dabei auch gleich die Volkswirtschaften demontiert, in dem langfristigen Plan, die Menschen nach Norden in die Vereinigten Staaten zu treiben. Teile Zentralamerikas sind sehr gefährlich, aber in anderen Gebieten wird die Geschichte stark übertrieben, um eine Lockerung der Einwanderungskriterien zu rechtfertigen. Den Migranten wird kostenlose Gesundheitsversorgung und Bildung in den Vereinigten Staaten angeboten, um einen weiteren Anreiz zu schaffen, sich auf den Weg zur Grenze zu machen, und es ist nicht erforderlich, finanziell unabhängig zu sein, um zu verhindern, dass die Ressourcen Amerikas erschöpft werden, bevor man einreisen kann. Man kann es den Migranten nicht verübeln, dass sie ein besseres Leben suchen, aber sie werden vom Kult für finstere und heimtückische Zwecke missbraucht. Die Zahlen seit Bidens Amtsantritt sind enorm. Im Februar 2021 versuchten nachweislich mehr als 100.000 Menschen, illegal über die südliche Grenze in die USA einzureisen (2020 waren es im selben Monat 34.000), und im März 2021 waren es sogar 170.000 – ein Anstieg um 418 Prozent gegenüber dem März des Vorjahrs. Diese Zahlen beziehen sich nur auf aufgegriffene Personen, nicht auf diejenigen, die heimlich die Grenze überqueren. Die tatsächliche Zahl der Migranten, die in einem einzigen Monat illegal die Grenze passieren, wurde von einem Kongressabgeordneten auf 250.000 geschätzt, und diese Zahl wird unter Bidens aktueller Politik nur noch steigen. Mörderische Drogenbanden, die die mexikanische Seite der Grenze kontrollieren, verlangen Geld – Tausende von Dollar –, um Migranten über den Rio Grande nach Amerika zu lassen. Gleichzeitig kommt es an der Grenze mehrmals pro Woche zu Schießereien zwischen rivalisierenden mexikanischen Drogenbanden, die inzwischen weltweit operieren und mit hoch entwickelten militärischen Waffen, Granaten und gepanzerten Fahrzeugen ausgerüstet sind. Während das Kapitol von Tausenden von Truppen vor einer nicht existierenden »Bedrohung« »geschützt« wurde und andere zu dieser Zeit noch im Krieg der Kult-Neokons in Afghanistan eingesetzt waren, wurde die Südgrenze Amerikas ihrem Schicksal überlassen. Das ist keine Inkompetenz, das ist nacktes Kalkül.

Im März 2021 waren 17.000 unbegleitete Kinder in Grenzeinrichtungen untergebracht. Viele von ihnen werden von Menschenhändlern für Pädophilenringe angeworben und auf ihrer Reise in den Norden nach Amerika vergewaltigt. Das ist keine Vermutung – es ist eine Tatsache. Viele, die als Kinder bezeichnet werden, sind in Wahrheit Teenager oder älter. In der Zwischenzeit ermutigen die Woken in ihrer Selbstgefälligkeit arme und bedauernswerte Menschen dazu, nach Amerika zu kommen und sich diesem Albtraum sowohl auf der Reise als auch an der Grenze auszusetzen, wobei die niederträchtige Sprecherin des Repräsentantenhauses, Nancy Pelosi, verlogene Reden über die Fürsorge für Migranten hält. Diese Frau ist einfach bösartig. Die Woken haben Trump dafür verurteilt, dass er die Kinder an der Grenze in Käfige gesperrt hat (so wie Obama, unglaublich, *puh!*), aber jetzt schlafen sie auf dem Boden, ohne Zugang zu einer Dusche, und mindestens eine Grenzeinrichtung ist um 729 Prozent überlastet. Aus dem Biden-Wahnsinn entstand sogar der Vorschlag, Migranten von der südlichen Grenze zur nördlichen Grenze mit Kanada zu fliegen, um sie dort zu registrieren. Der ganze Scherbenhaufen wird vom ultrazionistischen Minister für Heimatschutz, dem schwachsinnigen Lügner Alejandro Mayorkas, beaufsichtigt, der Fernsehkameras an den Grenzanlagen verboten hat, um zu verhindern, dass die Amerikaner sehen, was vor sich geht. Mayorkas behauptete, es gäbe kein Verbot für

Nachrichtenteams, sie dürften nur nicht filmen. Neben ihm dient ein weiterer Ultrazionist bei Homeland Security, Cass Sunstein, der von Biden ernannt wurde, um die neuen Einwanderungsgesetze zu beaufsichtigen. Sunstein verachtet Verschwörungstheoretiker bis zu dem Punkt, dass er vorschlägt, sie zu verbieten oder mit einer *Sondersteuer* zu belegen. Der Mann ist nicht durchgeknallt oder so. Er ist vollkommen angepasst, aber angepasst an was, ist die Frage.

Kritisieren Sie, was geschieht, und Sie sind ein »weißer Suprematist«, selbst wenn nicht-weiße Einwanderer sich ebenfalls gegen die Einwanderungszahlen wehren, die ihr Leben und ihre Chancen beeinträchtigen. Schwarze Menschen in armen Gegenden leiden besonders unter der unkontrollierten Einwanderung und dem zunehmenden Wettbewerb um Arbeitsmöglichkeiten mit denen, die für weniger Geld arbeiten. Sie verlieren auch an Wählerstimmen, da Hispanics in ehemals schwarzen Gebieten immer dominanter werden. Es ist eine Abwärtsspirale für sie, während die Milliardäre, die hinter dieser Politik stehen, davon schwadronieren, wie sehr sie sich um die Schwarzen und den »Rassismus« sorgen. Bei all dem geht es nicht um Mitgefühl für Migranten oder Schwarze – das ist nur heiße Luft. Stattdessen werden die Migranten gnadenlos ausgebeutet, um Amerika zu verändern, während die Länder, die sie verlassen, ihre Zukunft verlieren, und dasselbe gilt für Europa. Die Masseneinwanderung mag jetzt das Werk der Woke-Demokraten sein, aber sie lässt sich bis zum Immigration Reform and Control Act von 1986 zurückverfolgen, dem Gesetz zur Reform und Kontrolle der Einwanderung, das vom republikanischen Helden Präsident Ronald Reagan (1911-2004) unterzeichnet wurde und Millionen von illegal in den Vereinigten Staaten lebenden Menschen Amnestie gewährte und neue Anreize für die Menschen bot, sich auf den Weg zur Südgrenze zu machen. Hier ist wieder der Einparteienstaat am Werk.

Das »Rettet mich«-Syndrom

Fast jeder Aspekt dessen, was ich als Agenda des Kults entlarvt habe, war schon in den ersten Tagen von »Biden« zu sehen, wobei die Unterdrückung von Dissidenten an erster Stelle stand. Ein Renegaten-Bewusstsein wird die Trump-Jahre und QAnon in einem ganz anderen Licht sehen als ihre Unterstützer und Befürworter, wenn man die Punkte zum Gesamtbild verbunden hat. Die QAnon/Trump-Psyop hat dem Kult alles gegeben, wonach er gestrebt hat. Wir wissen vielleicht nicht, wie sehr Trump gemerkt hat, dass er benutzt wurde, aber das ist ein anderes Thema. Diese Zangenbewegung hat zu dem gewünschten Ergebnis geführt, Amerika zu spalten und den Widerstand zu isolieren.

Um das zu ändern, müssen wir neue Wege zur Ermächtigung suchen, die verhindern, dass wir unsere Macht an andere Menschen und Gruppen abgeben. Wir verlieren unsere Macht durch das, was ich das »Rettet mich«-Syndrom nenne: »Ich will, dass jemand anderes es tut, damit ich es nicht selbst tun muss.« Wir haben dies in der gesamten Menschheitsgeschichte beobachten können, und die QAnon/Trump-Psyop ist nur die jüngste Inkarnation. Ein offensichtlicher Ausdruck davon ist die Religion, wenn die Menschen einen »Gott« oder Priester suchen, der sie rettet oder ihnen sagt, wie sie gerettet werden können, und dann gibt es noch »Rette mich«-Politiker wie Trump. Die Politik ist ein Ablenkungsmanöver und kein »Retter«. Sie ist ein Mittel, um positiven Wandel zu verhindern, nicht um ihn zu ermöglichen.

Das »Rettet mich«-Syndrom hat immer das gleiche, sich wiederholende Thema: Sie geben Ihre Macht an denjenigen oder dasjenige ab, von dem Sie glauben, dass es Sie retten wird, während Ihr wahrer »Retter« Sie jeden Morgen aus dem Spiegel anstarrt. Ein abtrünniger Denker ist in dieser Hinsicht ständig wachsam und stellt immer die Frage »Was kann ich selbst tun?« und nicht »Was kann jemand anderes für mich tun?«. Gandhi hatte Recht, als er sagte: »Sie müssen selbst die Veränderung sein, die Sie in der Welt sehen wollen.« Wir sind in der Tat die Menschen, auf die wir gewartet haben. Wir werden ständig mit einer Reihe von Gründen konfrontiert, die Macht anderen zu überlassen und zu vergessen, wo die wahre Macht liegt. Die Macht der Menschen besteht in ihrer großen Anzahl, die der Kult nicht aufweist. Er muss Ablenkung und Spaltung nutzen, um die unaufhaltsame Macht zu unterdrücken, die von der Einheit der vielen ausgehen kann. Religionen, Regierungen, Politiker, Unternehmen, Medien, QAnon – sie alle sind verschiedene Manifestationen dieser Ablenkung und Verwässerung der Mehrheitsmacht. Wenn Sie sich weigern, Ihre Macht an Regierungen abzugeben und sie stattdessen Trump und QAnon überlassen, bedeutet das nicht, dass Sie eine neue Richtung einschlagen, sondern lediglich, dass Sie die alte mit neuen Namen auf den Plakaten recyceln. Ich werde mich im weiteren Verlauf noch mit diesem Phänomen befassen und mit der Frage, wie wir die Zyklen und Kreisläufe durchbrechen können, die uns durch die Nebel der sich wiederholenden Wahrnehmungsprogrammierung und damit der Wiederholung der Geschichte hierher gebracht haben.

Wenden wir uns nun dem schlagkräftigsten Beispiel in der gesamten Menschheitsgeschichte zu, das zeigt, welche Folgen es hat, wenn man seine Macht verschenkt. Ich spreche natürlich vom »Covid«-Schwindel.

Kapitel 4

»Covid« – die kalkulierte Katastrophe

Fakten sind für diejenigen bedrohlich,
die auf Betrug setzen.

DaShanne Stokes

Wir können den wahren Grund für den »Covid-Pandemie«-Schwindel leicht enträtseln, indem wir die Methodik des Renegaten-Bewusstseins anwenden, wie ich es bislang skizziert habe. Vergleichen wir die seit langem geplanten Ziele des Kults mit dem Ergebnis der »Covid-Pandemie«. Kenne das Ziel und du weißt, wo es lang geht.

Ich habe den Plan für eine Hungerspiele-Gesellschaft schon angerissen, den ich seit vielen Jahren in meinen Büchern beschreibe und in der die wenigen die vielen durch ständige Abhängigkeit kontrollieren. Um diese Abhängigkeit herbeizuführen, ist es unabdingbar, unabhängige Existenzen, Unternehmen und Arbeitsplätze zu zerstören, damit die Bevölkerung vom Staat (dem Kult) abhängig wird, der ihnen für die Grundlagen des Lebens einen bloßen Hungerlohn garantiert. Wenn die Unabhängigkeit des Einkommens erhalten bliebe, würden diese Ambitionen des Kults vereitelt werden. Mit diesem Wissen war es leicht zu erkennen, wohin der »Pandemie«-Schwindel führen würde, als das Gerede von »Lockdowns« und der Schließung aller Geschäfte begann, die nicht als »lebensnotwendig« angesehen wurden, um uns vor einem angeblich »tödlichen Virus« zu »retten«. Kult-Konzerne wie Amazon und Walmart wurden natürlich als »unverzichtbar« angesehen, während kleine Läden und Geschäfte per faschistischem Dekret geschlossen wurden. Das Ergebnis war, dass mit jeder neuen Schließung und jeder neuen Vorschrift mehr kleine und mittlere, ja sogar große Unternehmen, die nicht dem Kult gehörten, an die Wand gefahren wurden, während die Kult-Giganten und ihre Frontmänner und -frauen von Stunde zu Stunde finanziell fetter wurden.

Den kleinen Leuten wurde das Einkommen genommen und das Recht, ihren Lebensunterhalt zu verdienen, und der Reichtum von Leuten wie Jeff Bezos (Amazon), Mark Zuckerberg (Facebook) sowie Sergey Brin und Larry Page (Google/Alphabet) erreichte Rekordhöhen. Der Kult hat seine eigene Macht durch eine weitere dramatische Konzentration des Reichtums vergrößert, während die Konkurrenz vernichtet oder in einen Zustand der Abhängigkeit getrieben wurde. Die Schließungen wurden veranlasst, um genau dieses Ziel zu erreichen, und hatten nie etwas mit Gesundheit zu tun. Mein Bruder Paul hat fünfundvierzig Jahre damit verbracht, ein Busreparatur-Unternehmen aufzubauen, aber die Lockdowns führten dazu, dass die Busse monatelang nur mit einem Bruchteil der normalen Auslastung fuhren, wenn überhaupt. Ähnliche Geschichten lassen sich weltweit zu Hunderten von Millionen erzählen. Die Anstrengungen eines ganzen Lebens wurden von Kult-Multimilliardären und ihren Lakaien in der Regierung und den Strafverfolgungsbehörden kaltblütig zunichte gemacht, die ihren Lebensunterhalt weiter mit der Besteuerung der Menschen verdienten, während sie denselben Menschen das Recht verweigerten, ihren eigenen Lebensunterhalt zu verdienen. Wie anders wäre es gewesen, wenn diejenigen, die diese Entscheidungen treffen und durchsetzen, mit den gleichen finanziellen Nöten konfrontiert wären wie die, die sie auszubaden haben, aber das ist nie der Fall.

Die Pforten der Hölle

Hinter all dem steht die psychopathische Figur des Kult-Mitarbeiters Bill Gates, der genau weiß, was er tut und warum. Seine Marionette Tedros bei der Weltgesundheitsorganisation erklärte »Covid« im März 2020 zu einer Pandemie. Die WHO hatte 2009 die Definition einer »Pandemie« nur einen Monat vor der Ausrufung der »Schweinegrippe-Pandemie« geändert, die nach der vorherigen Definition nicht als solche eingestuft worden wäre. Das Gleiche gilt für »Covid«. Die alte Definition beinhaltete … »eine Infektion mit einem infektiösen Erreger, die gleichzeitig in verschiedenen Ländern auftritt und eine signifikant hohe Sterblichkeitsrate im Verhältnis zum Anteil der infizierten Bevölkerung aufweist«. In der neuen Definition wurde das Kriterium der »hohen Sterblichkeit« gestrichen. Die »Pandemie« war bis hin zur Definition ein Betrug, aber Gates verlangte wirtschaftszerstörende Lockdowns, Schulschließungen, soziale Distanzierung, obligatorische Masken, eine »Impfung« für jeden Mann, jede Frau und jedes Kind auf dem Planeten und strenge Konsequenzen sowie Einschränkungen für diejenigen, die sich weigerten. Wer hat ihm diese Macht gegeben?

Der Kult – dem er dient wie ein kleiner Junge in kurzen Hosen, der tut, was sein Vater ihm sagt. Er und seine psychopathische Gattin lächelten sogar, als sie sagten, dass noch viel Schlimmeres auf uns zukommen würde (sie wussten ja, was geplant war). Gates antwortete in der nüchternen Art aller Psychopathen auf eine Frage nach den Auswirkungen seines Tuns auf die Weltwirtschaft:

> »Nun, sie wird nicht auf null sinken, aber sie wird schrumpfen. Das globale Bruttosozialprodukt wird wahrscheinlich den größten Einbruch aller Zeiten erleiden [Gates lächelte, als er das sagte] ... Zu meinen Lebzeiten wird dies der größte wirtschaftliche Einbruch sein. Aber Sie haben keine Wahl. Die Menschen tun so, als ob sie eine Wahl hätten. Aber die Menschen haben keine Lust, ins Stadion zu gehen, wenn sie sich anstecken könnten ... Die Menschen sind zutiefst betroffen, wenn sie diese Statistiken sehen, wenn sie wissen, dass sie Teil der Übertragungskette sein könnten, dass alte Menschen, ihre Eltern und Großeltern, davon betroffen sein könnten, und deshalb können sie nicht ignorieren, was hier vor sich geht.
>
> Es wird die Möglichkeit geben, wieder aufzumachen, insbesondere in den reichen Ländern, wenn die Dinge in den nächsten Monaten gut gehandhabt werden, aber für die Welt als Ganzes kehrt die Normalität erst dann zurück, wenn wir die gesamte Bevölkerung weitgehend geimpft haben.«

Der Mann hat weder Mitgefühl noch Empathie. Wie kann er auch, wenn er ein Psychopath ist, wie alle Akteure des Kults? Meiner Meinung nach ist er sogar in einem Maße ernsthaft geisteskrank, das weit darüber hinausgeht. Schauen Sie ihm in die Augen und auf sein verrücktes Armgefuchtel. Man tut nicht, was er der Weltbevölkerung seit Anfang 2020 angetan hat, es sei denn, man ist psychisch krank und lebt seine Psychopathie aus. Man tut es vor allem dann nicht, wenn man weiß, wie wir noch sehen werden, dass die Krankheits- und Todesfälle durch »Covid« nur vorgetäuscht und ein Produkt monumentaler Zahlenakrobatik sind. Die von Gates erwähnten Statistiken beruhen auf einem »Test«, der gar nicht auf das »Virus« testet, was er die ganze Zeit gewusst hat. Er hat sein Vermögen mit gehöriger Unterstützung des Kults als berüchtigter, skrupelloser Software-Verkäufer gemacht und kauft sich nun die globale Kontrolle über die »Gesundheits«-(Krankheits-)Politik, ohne dass die davon betroffene Bevölkerung ein Mitspracherecht hat. Das ist eine Unverschämtheit, die einem den Atem verschlägt. Gates spricht davon, dass die Menschen von der Angst vor »Covid« zutiefst erschüttert seien, während er und sein globales Netzwerk sie Minute für Minute belügen, unterstützt von den Lügenmedien, die er mit Hunderten von Millionen massiv beeinflusst und finanziert. Er hat große Summen bezahlt an Medienunternehmen wie BBC, NBC, Al Jazeera, Univision, *PBS NewsHour*, *ProPublica*, *National Journal*, *The Guardian*, *The Financial Times*, *The Atlantic*, *Texas Tribune*, den *USA-Today*-Verleger Gannett, *Washington Monthly*, *Le Monde*, das Center for Investigative Reporting, das Pulitzer Center on Crisis Reporting, die National Press Foundation, das International Center for Journalists, das Solutions Journalism Network, das Poynter Institute for Media Studies und viele andere. Gates ist beim »Covid«-Schwindel allgegenwärtig. Der Mann muss für den Rest seines Lebens hinter Gitter – oder in eine psychiatrische Anstalt –, und sein Vermögen muss an diejenigen verteilt werden, deren Leben er mit so großer psychopathischer Freude zerstört hat.

Die Schläger vom Dienst

Die globale Struktur der Hungerspiele erfordert einen militarisierten Polizeistaat – eine Verschmelzung von Militär und Polizei zu einer Einheit –, der der Bevölkerung den Willen des Kults auf brutale Weise aufzwingt und den Kult vor öffentlicher Rebellion schützt. Auch in dieser Hinsicht hat sich der »Covid«-Schwindel ausgezahlt. Die oft ungesetzlichen, lächerlichen und widersprüchlichen Regeln und Vorschriften bei »Covid« werden auf der ganzen Welt von schwachsinnigen Automaten und Psychopathen überwacht, die durch OP-Masken gesichtslos gemacht werden und sich wie die Nazi-SS und die faschistischen Braun- und Schwarzhemden von Hitler und Mussolini verhalten. Die kleinste Abweichung von den Regeln, die von den Psychopathen in der Regierung und ihren ahnungslosen Handlangern erlassen wurden, wird von diesen Gesichtswindel-Faschisten begeistert verfolgt. Die Brutalität gegen öffentliche Demonstranten wurde bald alltäglich, sogar gegen Mädchen, Frauen und alte Menschen, als die tapferen Männer mit Polizeiknüppeln – die Gesichtswindelträger, wie ich sie nenne – friedliche Proteste auflösten und Bußgelder wie Konfetti an Menschen verteilten, die ihren Lebensunterhalt nicht verdienen konnten, geschweige denn Hunderte von Pfund Strafe für etwas zahlen, das einst ein anerkanntes Menschenrecht war. Die Gesichtswindel-Roboter der Polizei von Nottingham in den englischen East Midlands verhängten gegen eine Gruppe eine Geldstrafe von 11.000 Pfund für die Teilnahme an einer Kindergeburtstagsfeier. Jahrzehntelang habe ich den Wandel der Strafverfolgungsbehörden verfolgt, als echte, anständige Beamte durch Psychopathen und Hirntote ersetzt wurden, die freudig und brutal alles taten, was ihre Herren ihnen sagten. Jetzt wurden sie auf die Öffentlichkeit losgelassen. Und ich möchte betonen, dass dies alles nicht einfach so passiert ist. Die schrittweise Veränderung der Dynamik zwischen Polizei und Öffentlichkeit wurde von denen, die wussten, wohin das alles führen soll, aus dem Verborgenen heraus orchestriert. Das Gleiche gilt für das »Reframing«, die Umorientierung der Wahrnehmung derjenigen, die auf allen Ebenen der Behördenhierarchien und der öffentlichen Verwaltung tätig sind, durch »Schulungen« von Organisationen wie Common Purpose, die in den späten 1980er Jahren ins Leben gerufen und im Großbritannien der Blair-Ära gewaltige Fördermittel erhielten, bis sie zu einem weltweiten Phänomen wurden. Beamte, »Diener der Öffentlichkeit«, begannen, die Bevölkerung als Feind zu betrachten, und das Gleiche galt für die Polizei. Dies war der Beginn der Explosion von Organisationen und Netzwerken zur Verhaltensmanipulation, die sich auf den totalen Krieg gegen die menschliche Psyche vorbereiten, der zu Beginn des Jahres 2020 entfesselt wurde. Ich werde später in diesem Buch noch ausführlicher darauf eingehen, denn es ist ein zentraler Bestandteil dessen, was gegenwärtig geschieht.

Die Polizei sperrte oder zerstörte sogar beliebte Treffpunkte in der Natur, um Menschen abzuschrecken, sich dort zu versammeln, und verhaftete Frauen, die allein in der Natur spazieren gingen, weil sie sich »zu weit« von ihrer Wohnung entfernt hatten. Wir hatten arrogante, ahnungslose Sergeants bei der Polizei auf der Isle of Wight, wo ich wohne, die auf Facebook posteten, was die Bevölkerung stattdessen zu tun habe. Ein Wachtmeister namens Radford – so jungenhaft aussehend, dass ich mich fragte, warum seine Mutter ihn schon allein auf die Straße gelassen hatte – postete, was er von den Leuten *erwartete*, während ein Wachtmeister Wilkinson damit prahlte, dass er Jungs bestrafte, die sich auf einem McDonald's-Parkplatz trafen, wo sie sich ein Lockdown-Menü holen wollten. Wilkinson verkündete stolz, er habe sogar ihre Bestellung storniert. Solche Idioten sind zunehmend zur Norm geworden unter Jackboot (Kampfstiefel) Johnsons Gelbhemden, die man mal als die britische Polizei kannte. So ging es auf der ganzen Welt zu. Die Grausamkeit der Polizei war bei Lockdown-Protesten in den Vereinigten Staaten, den Niederlanden und im faschistischen australischen Bundesstaat Victoria unter seinem tyrannisch-bescheuerten Premierminister Daniel Andrews genauso an der Tagesordnung. Erstaunlich, wie Tyrannei und Dummheit als Team zusammenarbeiten. Die gleiche Kombination konnte man in ganz Amerika beobachten, wo arrogante, narzisstische Woke-Gouverneure und Bürgermeister wie Gavin Newsom (Kalifornien), Andrew Cuomo (New York), Gretchen Whitmer (Michigan), Lori Lightfoot (Chicago) und Eric Garcetti (Los Angeles) ihre Nazi- und Stalin-Imitationen mit der vollen Unterstützung und willfährigen Brutalität ihrer Vollstrecker in Uniform zum Besten gaben, als sie Kleinunternehmer verhafteten, die sich den faschistischen Schließungsanordnungen widersetzten, und sie in Fußfesseln und Handschellen ins Gefängnis schleppten. So erging es der Bistro-Besitzerin Marlena Pavlos-Hackney in Gretchen Whitmers faschistischem Bundesstaat Michigan, als die Polizei eintraf, um die Anordnung eines staatlichen Richters wegen »Gefährdung der öffentlichen Sicherheit« durchzusetzen. Zu einer Zeit, als andere Staaten wie Texas die Beschränkungen aufhoben und Migranten ohne jeden »Covid«-Test über die Südgrenze strömten. Ich bin sicher, dass es viele Beamte gibt, die über das, was ihnen befohlen wird, entsetzt sind, aber nicht annähernd genug von ihnen. Wenn sie wirklich entsetzt wären, würden sie sich verweigern. Im Laufe der Monate wurde jede Gelegenheit genutzt, das Militär einzubeziehen, um seine Präsenz auf den Straßen immer vertrauter und »normaler« zu machen, damit das langfristige Ziel der Fusion von Polizei und Militär erreicht wird.

Ein weiteres wichtiges Element des Hungerspiele-Durchsetzungsnetzwerks bestand darin, die Öffentlichkeit dazu zu ermutigen, Nachbarn und andere Personen zu melden, die gegen die »Lockdown-Bestimmungen« verstoßen. Die Gruppe auf dem Kindergeburtstag, der 11.000 Pfund Strafe drohen, ist von einem Spatzenhirn aus der Nachbarschaft verpfiffen worden. Diese Technik ist zuletzt vor allem durch die Stasi im kommunistischen Ostdeutschland zu trauriger Berühmtheit gelangt, die überall in der Bevölkerung Informanten (IMs) platziert hatte. Ein Polizeichef in Großbritannien verkündete, dass seine Truppe keine »Covid«-Patrouillen durchführen müsse, weil sie mit so vielen Anrufen aus der Bevölkerung überschwemmt werde, die andere Leute wegen Strandbesuchen anzeigen. Der Polizeichef von Dorset, James Vaughan, erklärte stolz, die Leute seien so begeistert davon, ihre Mitmenschen zu verpfeifen, dass sie nun als Hilfsarme der Polizei agierten: »Wir erhalten immer noch etwa vierhundert Meldungen pro Woche aus der Öffentlichkeit, und allen diese Meldungen gehen wir nach ... Wir müssen keine Hotspot-Patrouillen durchführen, weil die Leute sehr schnell zum Telefon greifen und uns Bescheid geben.« Vaughan vergaß zu erwähnen, dass dies ein Grundpfeiler aller Diktaturen gleich welcher Couleur ist – ein Mittel, um die Reichweite der Strafverfolgung enorm auszudehnen und gleichzeitig Misstrauen in der Bevölkerung zu verbreiten und sie abzuschrecken, etwas zu tun, was dazu führen könnte, dass sie angezeigt werden. Die narzisstischen Wachtmeister Radford und Wilkinson von der Isle of Wight versäumen es nie, ihren Facebook-Posts einen Link beizufügen, den die Öffentlichkeit zur Denunziation ihrer Mitsklaven nutzen kann. Keiner von ihnen ist sich seiner selbst bewusst genug, um zu erkennen, dass sie die Stasi imitieren, von der sie wahrscheinlich sowieso noch nie gehört haben. Regierungs-Psychologen, die ich später enttarnen werde, haben schon lange eine gezielte Politik entwickelt, um die Bürger auf diese Weise gegeneinander aufzuhetzen.

Ein Zufall? Klar, und ich kann Pudding an die Wand nageln

Ich wusste von Anfang an, dass es sich bei der angeblichen Pandemie um eine Operation des Kults handelt. Der Kult findet hier ein grenzenloses Potenzial, seine Agenda voranzutreiben und die künstlich erzeugte Angst auszunutzen, um zu fordern, dass jeder Mann, jede Frau und jedes Kind auf dem Planeten mit einem Stoff »geimpft« wird, der noch nie zuvor bei Menschen angewandt wurde und bei dem selbstreplizierendes synthetisches Material in menschliche Zellen eingebracht wird. Erinnern Sie sich an den Plan, den menschlichen Körper von einem biologischen in einen synthetisch-biologischen Zustand zu verwandeln. Ich werde mich mit dem »Impfstoff« (der eigentlich kein Impfstoff ist) genauer befassen, wenn wir auf die genetische Agenda dahinter zu sprechen kommen. Es genügt hier zu sagen, dass die massenhafte weltweite »Impfung«, die mit dem »neuen Virus« gerechtfertigt wird, bei mir die Alarmglocken läuten lässt, nachdem ich dreißig Jahre lang diese Leute und ihre Methoden verfolgt habe. Der »Covid«-Schwindel, der offiziell in China begann, war aus Gründen, die ich noch erläutern werde, ebenfalls ein unübersehbares Warnsignal. Das Potenzial des »Virus« für die Ziele der Agenda ist so groß, dass ich die Vorstellung, es sei auf natürliche Weise entstanden, von Anfang an verwerfen musste. Bedeutende Ereignisse mit großen Auswirkungen für die Ziele der Kult-Agenda finden nie statt, ohne dass der Kult daran beteiligt ist.

Anfang 2020, als die Medien ihre Kampagne begannen, um weltweit Angst und Hysterie zu schüren, hatte ich zwei Fragen: Wurde dieser angebliche Infektionserreger absichtlich vom Kult freigesetzt? Und existiert er überhaupt? Ich habe dann getan, was ich in solchen Situationen immer tue. Ich saß da, beobachtete und wartete, um zu sehen, wohin mich die Recherchen und Informationen führen würden. Im März und Anfang April deutete die Synchronizität stark darauf hin: *Es gibt kein »Virus«* – und das hat sich seitdem ein ums andere Mal bestätigt. Als ich damit an die Öffentlichkeit ging, wurde ich sogar von Teilen der alternativen Medien verspottet, die das Szenario vertraten, dass die chinesische Regierung das »Virus« in Zusammenarbeit mit Elementen des Deep State in den Vereinigten Staaten aus einem Hochsicherheits-Biolabor in Wuhan freigesetzt hat, in dem das »Virus« angeblich zuerst aufgetaucht ist. Ich habe diese Möglichkeit geprüft, aber ich habe sie aus mehreren Gründen nicht geglaubt. Die Todesfälle durch das »Virus« entsprachen in keiner Weise dem, was bei einer »tödlichen Biowaffe« zu erwarten gewesen wäre. Es ist viel effektiver, die *Illusion* eines infektiösen

Erregers zu verkaufen, als einen echten zu haben, es sei denn, man kann durch Injektionen kontrollieren, wer ihn hat und wer nicht. Andernfalls verlieren sie die Kontrolle über die Ereignisse. Ein erfundenes »Virus« gibt ihnen ein leeres Blatt Papier, auf das sie schreiben können, was immer sie wollen. Man kann sich alle möglichen Symptome oder mutierten »Varianten« ausdenken und nach Bedarf hinzufügen. Dagegen würde ein echter Infektionserreger sie auf das beschränken, was er tatsächlich tut. Eine Phantomkrankheit ermöglicht es ihnen, endlos absurde »Studien« mit »Covid«-Dollars erstellen zu lassen, um die vermeintlichen Risiken zu erhöhen, indem sie immer mehr »Risikogruppen« erfinden, wie zum Beispiel eine Studie, die besagt, dass Menschen, die langsam gehen, ein fast vierfach höheres Risiko haben, am »Virus« zu sterben. Menschen mit solchen Ideen sind früher in der Psychiatrie gelandet.

Eine echte »tödliche Biowaffe« kann Menschen in der Hierarchie ausschalten, die nicht zum Kult gehören, aber für seine Arbeit unerlässlich sind. Das wollen die natürlich nicht. Wenn sie eine echte Krankheit freisetzen, verlieren sie sofort die Kontrolle über sie. Wenn sie eine illusorische Krankheit freisetzen, verlieren sie die nicht. Auch hier muss man bedenken, dass die Menschen besonders aufmerksam sind, wenn man ihnen etwas erzählt, was sie hören wollen. Eine Biowaffe, die von einem chinesischen Labor in Zusammenarbeit mit dem amerikanischen Staat freigesetzt wurde, mag zu einem Verschwörungs-Narrativ passen, aber ist es auch die Wahrheit? Wäre es nicht viel effektiver, die Ausrede eines »Virus« zu benutzen, um die *echte* Biowaffe – den »Impfstoff« – zu rechtfertigen? Auf diese Weise muss der Krankheitserreger nicht übertragen werden und gelangt durch eine Injektion unmittelbar in den Körper. Ich habe gelesen, dass der französische Virologe Luc Montagnier in den alternativen Medien mit der Aussage zitiert wurde, er habe herausgefunden, dass das angeblich »neue« Coronavirus namens SARS (Schweres Akutes Respiratorisches Syndrom) oder SARS-CoV-2 künstlich hergestellt wurde und Elemente des menschlichen Immunschwäche-»Virus« HIV sowie eines Parasiten enthält, der Malaria verursacht. SARS-CoV-2 soll eine angebliche Krankheit namens Covid-19 auslösen. Der Name Montagnier rief mir etwas ins Gedächtnis zurück, denn Jahre zuvor hatte ich mich mit der Behauptung beschäftigt, dass ein HIV-»Retrovirus« AIDS verursacht. Diese Behauptung wurde von dem Virologen Peter Duesberg aus Berkeley widerlegt, der zeigte, dass niemand jemals bewiesen hatte, dass HIV das erworbene Immunschwächesyndrom oder AIDS verursacht.

Immer wieder kommt es zu solchen Behauptungen, die in der Öffentlichkeit und in der Medizin ohne jeglichen Beweis als Tatsache akzeptiert werden. Das ist eine alte Geschichte, die man uns im Wesentlichen auch bei »Covid« wieder aufgetischt hat. Trotz des Mangels an Beweisen hatte das Team von Montagnier am Pasteur-Institut in

Paris einen langen Streit mit dem amerikanischen Forscher Robert Gallo darüber, wer von beiden das HIV-»Virus« entdeckt und isoliert habe und ob es AIDS auslösen kann, *was sich nicht beweisen ließ.* Sie werden später sehen, dass es gar keine Beweise gibt, dass irgendein »Virus« irgendeine Krankheit verursacht oder dass es überhaupt so etwas wie ein »Virus« in der Form gibt, in der es angeblich existieren soll. Die Behauptung, das HIV-»Virus« »isoliert« zu haben, ebenso wie die Behauptung von Montagnier, er habe das vollständige SARS-CoV-2-Genom identifiziert, muss in ihrem eigentlichen Kontext betrachtet werden, wenn wir zu der schockierenden Geschichte von SARS-CoV-2 kommen – und was für eine Geschichte das ist.

Ein Schwindel wird aufgebaut

Wir können in die »Covid«-Geschichte im Jahr 2010 einsteigen, als die Rockefeller Foundation ein Papier mit dem Titel »Scenarios for the Future of Technology and International Development« (Szenarien für die Zukunft der Technologie und der internationalen Entwicklung) veröffentlichte. Der innere Kreis der Rockefeller-Familie dient dem Kult, seit John D. Rockefeller (1839-1937) sein Vermögen mit Standard Oil gemacht hat. Weniger bekannt ist, dass derselbe Rockefeller – der Bill Gates seiner Zeit – für die Gründung dessen verantwortlich war, was heute als »Big Pharma« bezeichnet wird, ein globales Netzwerk von Pharmaunternehmen, die unverschämte Profite mit der Verbreitung von Geräte- und Arzneimittel-»Medizin« machen und davon besessen sind, Impfstoffe in immer größerer Zahl in so viele menschliche Arme und Hintern wie möglich zu pumpen. John D. Rockefeller war die treibende Kraft hinter der Schaffung eines »Bildungssystems« in den Vereinigten Staaten und anderswo, das speziell darauf ausgerichtet ist, die Wahrnehmung der nachfolgenden Generationen zu programmieren. Die Rockefeller-Familie stiftete wertvolles Land in New York für das Gebäude der Vereinten Nationen und war maßgeblich an der Gründung der Weltgesundheitsorganisation (WHO) im Jahr 1948 beteiligt, die von Anfang an als trojanisches Pferd und Vorwand für eine Weltregierung gedacht war. Und jetzt kommt Bill Gates ins Spiel. Seine Familie und die Rockefellers stehen sich seit langem sehr nahe. Ich habe Genealogien gesehen, in denen behauptet wird, dass die beiden Familien, wenn man weit genug zurückgeht, in dieselbe Blutlinie übergehen. Gates hat gesagt, dass die Bill and Melinda Gates Foundation von der Rockefeller Foundation inspiriert wurde. Warum auch nicht, wenn beide demselben Kult dienen? Große steuerbefreite Stiftungen sind überwiegend kriminelle Unternehmen, die unter dem Deckmantel der »Philanthropie« mit dem Vermögen des Kults die Agenda des Kults finanzieren und dabei Steuern vermeiden. Kult-Agenten können in ihrer Rolle als Strohleute für die Psychopathen im innersten Kreis megareich werden und sie müssen Psychopathen sein, um wissentlich dem Bösen zu dienen. Dazu gehört auch, dass ein großer Prozentsatz des Reichtums, der mit Unterstützung des Kults erwirtschaftet wird, für die Förderung der Ziele des Kults ausgegeben werden muss. Daher gibt es die Rockefeller Foundation, die Bill and Melinda Gates Foundation (und viele andere) sowie Leute wie George Soros mit seinen globalen Open Society Foundations, die viele Milliarden für die weltweite Kontrolle durch den Kult ausgeben.

Bill Gates, mit seinen Einmischungen in das Weltgeschehen, ist vielleicht das bekannteste Gesicht aus dem Unterstützerkreis des Kults. Bedenken Sie sein Gewicht bei Big Tech, seine zentrale Rolle beim »Covid«- und »Impfstoff«-Betrug, bei der Förderung des Klimawandel-Betrugs, der Manipulation des Bildungswesens, des Geo-Engineerings des Luftraums und seine Agenda zur Lebensmittelkontrolle als größter Besitzer von Ackerland in Amerika, seine Förderung von gentechnisch veränderten Organismen (GVO) und anderer Bereiche. Wie jemand einmal schrieb: »Gates hat ein Monopol oder einen unverhältnismäßig großen Einfluss auf die Tech-Industrie, die globale Gesundheitswesen und Impfstoffe, die Landwirtschaft und die Lebensmittelpolitik (einschließlich Biopiraterie und gefälschter Lebensmittel), die Wetterveränderung und andere Klimatechnologien, die Überwachungsbehörden, die Bildung und die Medien.« Der nahezu grenzenlose Reichtum, den Microsoft und andere Unternehmen, bei denen man kein Scheitern zulässt (genau wie bei den Impfstoffen), erlangt haben, ist in eine lange, lange Liste von Kult-Projekten geflossen, die der Versklavung der gesamten Menschheit dienen. Gates und die Rockefellers haben als Einheit zusammengearbeitet, wobei die von den Rockefellers gegründete Weltgesundheitsorganisation (WHO) die globale »Covid«-Politik anführt, die von Gates über sein Sprachrohr Tedros kontrolliert wird. Gates wurde zum größten Geldgeber der WHO, als Trump ankündigte, dass die amerikanische Regierung ihre Spenden einstellen würde, aber Biden sagte sofort, dass er die Gelder wieder bewilligen werde, wenn er im Januar 2021 sein Amt antritt. Die Gates-Stiftung (der Kult) ist durch eine unbegrenzte Finanzierung im Besitz des Weltgesundheitssystems und deren wichtigster Akteure auf der ganzen Welt, also aller, die am »Covid«-Schwindel beteiligt sind.

Vor diesem Hintergrund wenden wir uns wieder dem Dokument der Rockefeller Foundation aus dem Jahr 2010 mit dem Titel »Scenarios for the Future of Technology and International Development« und seiner »fiktiven« Epidemie eines virulenten und tödlichen Grippestamms zu, der zwanzig Prozent der Weltbevölkerung infiziert und in sieben Monaten acht Millionen Menschen tötet. Das Rockefeller-Szenario sah vor, dass die Epidemie die Wirtschaft zerstörte, so dass Geschäfte, Büros und andere Unternehmen schließen müssten, was dazu führte, dass die Regierungen strenge Regeln und Beschränkungen einführten, die das Tragen von Gesichtsmasken und die Kontrolle der Körpertemperatur beim Betreten von Gemeinschaftsräumen wie Bahnhöfen und Supermärkten vorschrieben. Das Dokument sagte ebenfalls voraus, dass das autoritäre Regime auch nach dem Höhepunkt dieser von Rockefeller geplanten Epidemie noch mit weiteren Pandemien, internationalem Terrorismus, Umweltkrisen und steigender Armut zu kämpfen haben würde. Nun mögen Sie denken, dass die Rockefellers unsere modernen Seher sind, oder aber, und das ist wahrscheinlicher, dass sie sehr wohl wussten, was für ein paar Jahre später geplant war. Um »die Bürger vor Risiken und Gefahren zu schützen«, musste ein faschistisches Regime eingeführt werden.

In dem Rockefeller-Szenario-Dokument heißt es:

»Während der Pandemie haben die Staatsoberhäupter auf der ganzen Welt ihre Autorität unter Beweis gestellt und strenge Regeln und Beschränkungen erlassen, vom obligatorischen Tragen von Gesichtsmasken bis hin zur Kontrolle der Körpertemperatur an den Eingängen zu Gemeinschaftsräumen wie Bahnhöfen und Supermärkten. Selbst nach dem Abklingen der Pandemie blieb diese autoritärere Kontrolle und Überwachung der Bürger und ihrer Aktivitäten bestehen und wurde sogar noch verstärkt. Um sich vor der Ausbreitung zunehmend globaler Probleme – von Pandemien und transnationalem Terrorismus bis hin zu Umweltkrisen und wachsender Armut – zu schützen, greifen die Staats- und Regierungschefs in aller Welt rigoroser nach der Macht.

Zunächst findet die Idee einer stärker kontrollierten Welt breite Akzeptanz und Zustimmung. Die Bürger geben bereitwillig einen Teil ihrer Souveränität – und ihrer Privatsphäre – auf. Paternalistischere Staaten bieten ihnen im Austausch mehr Sicherheit und Stabilität. Die Bürger tolerieren mehr und sind sogar begierig darauf, von oben gelenkt und beaufsichtigt zu werden, und die Staatsoberhäupter haben mehr Spielraum, um die Ordnung so durchzusetzen, wie sie es für richtig halten.

In den Industrieländern nimmt diese verstärkte Aufsicht viele Formen an: biometrische Ausweise für alle Bürger zum Beispiel und eine strengere Regulierung von Schlüsselindustrien, deren Stabilität als entscheidend für die nationalen Interessen angesehen wird. In vielen Industrieländern wird durch die erzwungene Kooperation aller mit einer Reihe von neuen Vorschriften und Abkommen langsam aber sicher sowohl die Ordnung als auch – und das ist wichtig – das Wirtschaftswachstum wiederhergestellt.«

Da haben wir die prophetischen Rockefellers im Jahr 2010, und drei Jahre später legten sie ein weiteres Papier beim Global Health Summit in Peking, China, vor, auf dem sich Regierungsvertreter, der Privatsektor, internationale Organisationen und Gruppen trafen, um die nächsten hundert Jahre der »globalen Gesundheit« zu diskutieren. Das dazu von der Rockefeller Foundation finanzierte Papier trug den Titel »Dreaming the Future of Health for the Next 100 Years« (Die Zukunft der Gesundheit für die nächsten hundert Jahre ersinnen), und es enthielt eine weitere Prophezeiung, die eine dystopische Zukunft beschrieb: »Die Fülle von Daten, das digitale Nachverfolgen und Verlinken von Menschen kann den Tod der Privatsphäre bedeuten und den körperlichen Austausch durch flüchtige, virtuelle Begegnungen ersetzen, was zur Isolation führt und die Frage aufwirft, wie Werte in virtuellen Netzwerken gebildet werden.« Als Nächstes wurde bei der Abfolge von Vorbereitungen auf den »Covid«-Schwindel 2018 eine »Table Top«-Simulation für eine andere »imaginäre« Pandemie mit einer Krankheit namens Clade X durchgeführt, die neunhundert Millionen Menschen töten sollte. Diese Übung wurde vom Gates-finanzierten Johns Hopkins University's Center for Health Security in den Vereinigten Staaten organisiert. Es handelt sich dabei um dieselbe Universität, die die empörenden und systematisch falschen Zahlen für die weltweiten Infektionen und Todesfälle durch »Covid« zusammengestellt hat. Ähnliche Krisenszenarien entwickelte die Johns Hopkins University in Form der Übungen »Dark Winter« im Jahr 2001 und »Atlantic Storm« im Jahr 2005.

Nostradamus 201

Wenn Sie eine geniale Prophezeiung suchen, brauchen Sie nur auf das von Bill Gates finanzierte Event 201 zu schauen, das gerade einmal sechs Wochen vor dem angeblichen Ausbruch der »Coronavirus-Pandemie« in China stattfand und auf dem Szenario einer weltweiten »Coronavirus-Pandemie« beruht. Melinda Gates, die Gattin des großen Mannes, sagte der BBC, er habe sich »jahrelang« auf eine Coronavirus-Pandemie vorbereitet, was uns jetzt nicht weiter überrascht. Bereits 2015 hatte Nostradamugates in einem TED-Vortrag vorausgesagt, dass eine Pandemie kommen wird, die viele Menschen tötet und die Weltwirtschaft in den Ruin treibt. Mein Gott, der Mann ist eine Maschine – vielleicht sogar buchstäblich. Da steht er also, nur wenige Wochen, bevor es wirklich geschieht, und finanziert genau so ein simuliertes Szenario, an dem seine Freunde und Mitarbeiter von der Johns Hopkins University, das Weltwirtschaftsforum von Klaus Schwab als Kult-Frontorganisation, die Vereinten Nationen, Johnson

& Johnson, große Banken und Beamte aus China und die Centers for Disease Control in den Vereinigten Staaten beteiligt sind. Was für ein Zufall! Johns Hopkins würde die betrügerischen »Covid«-Zahlen zusammenstellen, das Weltwirtschaftsforum und Schwab würden den »Great Reset« als Reaktion auf »Covid« vorantreiben, die Centers for Disease Control würden an vorderster Front der »Covid«-Politik in den Vereinigten Staaten stehen, Johnson & Johnson würde einen »Covid-Impfstoff« produzieren, und alles würde nur wenige Wochen später in China offiziell beginnen. Schon etwas unheimlich, nicht wahr? Sie haben sogar die Simulation einer »Virus«-Pandemie erstellt, weil die »echte Sache« ja auch eine Simulation sein würde. Event 201 war keine Übung zur Vorbereitung auf etwas, das passieren könnte, sondern eine Generalprobe für etwas, von dem die Verantwortlichen wussten, dass es *passieren wird*, und zwar schon sehr bald. Auszüge dieser Simulation wurden ins Internet gestellt und die verschiedenen Themen und Reaktionen spiegelten genau das wider, was kurz darauf zur Umgestaltung der menschlichen Gesellschaft eingeführt wurde. Fiktive Medienberichte wurden hinzugefügt, und was die verkündeten, haben die Medien einige Wochen später tatsächlich verbreitet. Was für eine prophetische Gabe! Viele Diskussionen befassten sich auch mit der Frage, wie man mit »Fehlinformationen« (Fake News) und den »Impfgegnern« präventiv umgehen müsse, und selbst das wurde entsprechend durchgeführt, als das »Virus« im Westen ankam – angeblich ankam.

Die sozialen Medien, die dem Kult gehören, haben jede Kritik und Entlarvung des offiziellen »Virus«-Narrativs unterbunden. Als ich Anfang April 2020 sagte, *dass es kein »Virus« gibt*, wurde ich von einer Plattform nach der anderen gesperrt, einschließlich YouTube, Facebook und später auch Twitter. Den Mainstream-Rundfunkmedien in Großbritannien wurde von der von Tony Blair geschaffenen staatlichen Rundfunkzensur Ofcom unter der Leitung der Berufsregierungsbürokratin Melanie Dawes, die gerade zu dem Zeitpunkt ernannt wurde, als der Schwindel mit dem »Virus« losging, offiziell verboten, mich zu interviewen. Unsere Ickonic-Medienplattform nutzte damals Vimeo, ein weiteres ultrazionistisches Unternehmen, während unser eigener Player noch eingerichtet wurde, und Vimeo löschte im Handumdrehen Hunderte von Videos, Dokumentarfilmen, Serien und Shows, um ihre unglaubliche Rachgier zu demonstrieren. Wir hatten natürlich Kopien und konnten sie nach und nach wiederherstellen, als unser Player bereit war. Diese Leute haben keinen Stil. Das sabbatianische Facebook versprach kostenlose Werbung für das von Gates kontrollierte Narrativ der Weltgesundheitsorganisation und löschte »falsche Behauptungen und Verschwörungstheorien«, um »Fake News« über das angebliche »Coronavirus« zu bekämpfen. All diese Maßnahmen waren bereits kurz zuvor in den Szenarien von Event 201 zu bewundern. Extreme

Zensur war für den Kult unverzichtbar, denn das offizielle Narrativ war so lächerlich und unbeweisbar, dass es eine offene Debatte und den freien Fluss von Informationen und Meinungen niemals überlebt hätte. Wenn Sie eine Debatte nicht gewinnen können, dann führen Sie eben keine – das ist der Ansatz, den der Kult im Laufe der Geschichte immer verfolgt hat. Mark Zuckerberg, der kleine Frontmann von Facebook, setzte »glaubwürdige und korrekte Informationen« mit offiziellen Quellen und die Entlarvung ihrer Lügen mit »Fake News« gleich.

Alle mit Durchblick zum Schweigen bringen

Die Zensurdynamik von Event 201 ist jetzt die Norm mit einem Heer von Organisationen, die das Narrativ unterstützen und deren einzige Daseinsberechtigung darin besteht, der Öffentlichkeit zu sagen, dass die offiziellen Narrative wahr sind und diejenigen, die sie entlarven, lügen. Einer der erschreckendsten dieser »Faktenchecker« heißt NewsGuard und wurde von den ultrazionistischen Amerikanern Gordon Crovitz und Steven Brill gegründet. Crovitz ist ein ehemaliger Herausgeber des *Wall Street Journal*, ehemaliger Vizepräsident von Dow Jones, Mitglied des Council on Foreign Relations (CFR) und im Vorstand der American Association of Rhodes Scholars. Das CFR und die Rhodes-Stipendien, die nach dem Rothschild-Agenten Cecil Rhodes benannt sind, der das Gold und die Diamanten Südafrikas für seine Herren und den Kult geplündert hat, sind in meinen Büchern häufig erwähnt worden. NewsGuard scheint mich aus irgendeinem Grund nicht zu mögen – ich weiß wirklich nicht, warum – und sie haben alles getan, um mich zu zensieren und zu diskreditieren, was, um einen alten britischen Politiker zu zitieren, so ist, als würde man von einem toten Schaf zerfleischt. Sie sind jedoch, wie alle im Zensurnetzwerk, sehr gut vernetzt und werden von Organisationen finanziert, die ihrerseits von Bill Gates finanziert werden oder mit ihm in Verbindung stehen. Wie Sie bei allem, was mit Gates in Zusammenhang steht, erwarten können, hat NewsGuard einen Ableger namens HealthGuard, der »Online-Schwindel im Gesundheitswesen bekämpft«. Wie nett. Irgendwie hat sich die europäische Geschäftsführerin von NewsGuard, Anna-Sophie Harling, eine bemerkenswert jung aussehende Frau ohne Erfahrung im Rundfunk und mit wenig praktischer Arbeit im Journalismus, einen Platz im »Content Board« der britischen Rundfunkzensurbehörde gesichert. Eine Führungskraft einer Organisation, die versucht, Andersdenkende zu diskreditieren, trifft für die staatliche Rundfunk-»Regulierungsbehörde« Entscheidungen über Inhalte? Ein weiterer entsetzlicher »Faktenchecker« ist Full Fact, der von George Soros und den globalen Zensoren Google und Facebook finanziert wird.

Es ist erstaunlich, wie viele Aktivisten im Bereich »Fakten-Check« und »Hassbekämpfung« (Online-Hetze bekämpfen) in regierungsnahen Positionen auftauchen: Leute wie der britische Labour-Partei-Aktivist Imran Ahmed, der das Center for Countering Digital Hate leitet, das von Leuten wie Morgan McSweeney gegründet wurde, der jetzt Stabschef des glück- und planlosen »Vorsitzenden« der Labour-Partei, Keir Starmer, ist. Digital Hate (Digitaler Hass) – und das ist genau das, was es selbst in Wahrheit betreibt – verwendet die amerikanische Schreibweise von Center und verrät so seine Verbindung zu einem transatlantischen Netzwerk ähnlicher Organisationen, die im Jahr 2020 von Angriffen auf Menschen wegen »Hass-Posts« zu Angriffen auf Menschen übergegangen sind, die den »Covid«-Schwindel in Frage stellen und die Gefahren des »Covid-Impfstoffs« publik machen. Das ist natürlich nur ein Zufall, verstehen Sie? Hier ist eine der hysterischen Aussagen von Imran Ahmed: »Ich würde über die Einstufung von Impfgegnern als Verschwörungstheoretiker hinausgehen und sagen, dass sie eine extremistische Gruppe sind, die ein Risiko für die nationale Sicherheit darstellt.« Niemand kann diesem Schwachkopf Untertreibung vorwerfen. Er schließt dabei auch die Eltern mit ein, die jetzt gegen Impfstoffe sind, nachdem ihre Kinder durch sie lebenslang geschädigt oder getötet wurden. Er ist so ein netter Mann. Ahmed macht in den Woke-Medien die Runde und wird von rückgratlosen »Journalisten« mit weichgespülten Fragen gelöchert, die nie wissen wollen, mit welchem Recht er sich dafür einsetzt, die Meinungsfreiheit anderer zu zerstören, während er sie für sich selbst in Anspruch nimmt. Es scheint auch eine Mehrheit von Leuten in der Ofcom zu geben, die mit der BBC verbunden sind, die das Narrativ anbetet. Dieses unglaubliche globale Netzwerk zur Unterstützung von Narrativen war von entscheidender Bedeutung, als der »Covid«-Schwindel mit seinen Mega-Lügen inszeniert wurde, um diesen Schwindel gegen jedes Minimum kritischen Denkens zu verteidigen.

Den Rahmen abstecken

Der Kult plant langfristig und geht Schritt für Schritt vor, um sicherzustellen, dass alles vorbereitet ist, bevor die Trumpfkarten ausgespielt werden, und mit nichts kann man so gut auftrumpfen wie mit dem »Covid«-Schwindel. Diese Psychopathen kommen nicht mit Situationen zurecht, in denen der Ausgang ungewiss ist, und überlassen deshalb so wenig wie möglich dem Zufall – am liebsten gar nichts. Willfährige Politiker, Regierungsbeamte und Mediziner wurden vom Netz des Kults im Voraus an die Illusion der Macht gebracht, sei es auf der nationalen Bühne oder auf anderen Ebenen wie den Gouverneuren und Bürgermeistern der amerikanischen Bundesstaaten. Über Jahrzehnte hinweg wurde die Dynamik zwischen Behörden, Strafverfolgungsbehörden und der Öffentlichkeit von einer dienenden zu einer kontrollierenden und diktatorischen Haltung verändert. Verhaltensmanipulationsnetzwerke innerhalb der Regierung warteten nur darauf, die zukünftigen Maßnahmen und Vorschriften in Bezug auf »Covid« durchzusetzen – speziell dafür entwickelt, die Psyche der Menschen unter dem Deckmantel des Gesundheitsschutzes zu beherrschen und neu zu verdrahten. Hierzu gehören in Großbritannien das Behavioural Insights Team, das dem Kabinettsbüro der britischen Regierung angeschlossen ist, die Scientific Pandemic Insights Group on Behaviours (SPI-B) und ein ganzes Netz von Geheimdienst- und Militärgruppierungen, die versuchen, die Diskussionen in den sozialen Medien zu steuern und die Berichterstattung zu kontrollieren. Außerdem zählt dazu die Cyberkrieg (gegen die Menschen) betreibende 77. Brigade des britischen Militärs, die auf der Grundlage der sogenannten Fusion Doctrine, die es erlaubt, dass die zivile und militärische Führung, wenn es um die nationale Sicherheit geht, zusammenarbeiten, ebenfalls über das Kabinettsbüro koordiniert wird. Die 77. Brigade ist die britische Entsprechung zur berüchtigten israelischen (sabbatianischen) militärischen Cyberkrieg- und Internetmanipulations-Operation Unit 8200, über die ich in *The Trigger* ausführlich geschrieben habe. Auch die medizinischen und wissenschaftlichen Berater der Regierung – viele von ihnen früher oder noch heute auf der Gehaltsliste von Bill Gates – und eine komplette alternative Struktur nicht gewählter Regierungsvertreter standen bereit, um die Kontrolle zu übernehmen, als gewählte Parlamente effektiv ausgeschaltet wurden, sobald die »Covid«-Karte auf den Tisch kam. Die Struktur, die ich hier beschrieben habe, wurde in jedem größeren Land durch die Kult-Netzwerke installiert.

Die Top-Down-Kontrollhierarchie sieht wie folgt aus: Der Kult – der im Besitz des Kults befindliche Gates – die Weltgesundheitsorganisation und Tedros – von Gates finanzierte oder kontrollierte Chefärzte und wissenschaftliche »Berater« (Diktatoren) in jedem Land – politische »Führer« – Strafverfolgungsbehörden – das Volk. Durch diese einfache globale Kommunikations- und Durchsetzungsstruktur konnte die Politik des Kults praktisch der gesamten menschlichen Bevölkerung aufgezwungen werden, solange sie sich diesem Faschismus fügte. Nach dem Abschluss aller Vorbereitungen war es Ende 2019/Anfang 2020 so weit, auf den Knopf zu drücken.

Dies waren die wichtigsten Ziele, die der Kult erreichen musste, um seinen Willen durchzusetzen:

1. Lockdowns der Volkswirtschaften durch die Schließung aller Unternehmen, die nicht als »unverzichtbar« eingestuft wurden (vom Kult kontrollierte Unternehmen waren »unverzichtbar«), sowie der Hausarrest für die Bevölkerung waren unabdingbar, um unabhängiges Einkommen und Beschäftigung zu vernichten und die Abhängigkeit vom durch den Kult kontrollierten Staat für eine Gesellschaft der Hungerspiele sicherzustellen. Lockdowns mussten von Anfang an als globaler Plan für die Reaktion auf das »Virus« festgelegt und möglichst von der ganzen Welt befolgt werden.
2. Die Weltbevölkerung musste in Angst und Schrecken versetzt werden, damit sie an ein tödliches »Virus« glaubte, das es in Wahrheit gar nicht gab, damit sie den Behörden bedingungslos gehorchte, die schließlich am besten wissen mussten, wie man sich und seine Familien schützen konnte. Der Software-Verkäufer Gates würde plötzlich zum Gesundheitsexperten der Welt werden und als solcher von den vom Kult kontrollierten Medien angepriesen.
3. Eine Testmethode, die nicht auf ein »Virus« testete, sondern das nur vortäuschte, musste eingeführt werden, um die Illusion von »Positiven« und anschließenden »Todesfällen« zu erzeugen, die in Wahrheit eine ganz andere Ursache hatten als das »Covid-19«, das auf den Totenschein gekritzelt werden würde.
4. Da es kein »Virus« gab und die große Mehrheit, die mit einem Test getestet wurde, der gar nicht auf das »Virus« testete, keine Symptome hatte, musste die Lüge verkauft werden, dass Menschen ohne Symptome (ohne das »Virus«) die Krankheit dennoch an andere weitergeben konnten. Dies war entscheidend, um zum ersten Mal die Quarantäne – den Hausarrest – von gesunden Menschen zu rechtfertigen. Ohne dies hätte die volkswirtschaftlich verheerende Isolierung aller Menschen nicht glaubwürdig verkauft werden können.
5. Die »Rettung« musste als Impfstoff dargestellt werden, der von den zu Engeln der Barmherzigkeit stilisierten Pharmakonzernen so schnell wie möglich und mit allen Mitteln entwickelt werden sollte, um den Krieg gegen das »Virus« zu gewinnen. Die Öffentlichkeit durfte auf keinen Fall erfahren, dass der »Impfstoff« nichts mit einem »Virus« zu tun hatte und dass sein Inhalt ganz anderen Zielen diente, die bereits feststanden, lange bevor die »Covid«-Karte ausgespielt wurde.

Schon im März 2020 hatte ich gesagt, dass der »Impfstoff« lange vor dem »Covid«-Schwindel, der seine Verwendung rechtfertigt, entwickelt wurde. Im darauffolgenden Dezember hieß es in einem Artikel der New Yorker Zeitschrift *Intelligencer*, der Moderna-»Impfstoff« sei im Januar 2020 »entwickelt« worden. Das war »bevor China überhaupt zugegeben hatte, dass die Krankheit von Mensch zu Mensch übertragen werden kann, mehr als eine Woche vor dem ersten bestätigten Coronavirus-Fall in den Vereinigten Staaten«. Als einen Monat später der erste Todesfall in den USA bekannt gegeben wurde, war der Impfstoff bereits hergestellt und an die National Institutes of Health geliefert worden, um mit der klinischen Studie der Phase I zu beginnen, heißt es in dem Artikel. Der »Impfstoff« wurde also bereits lange vorher »entwickelt«, obwohl man bei diesem Zeitrahmen erwarten würde, dass der Artikel die Frage stellt, wie bei allen Göttern das so schnell gehen konnte. Stattdessen wurde die Frage gestellt, warum der »Impfstoff« nicht schon damals, sondern erst Monate später auf den Markt gebracht wurde. Der Journalismus im Mainstream ist wahrhaftig tot. Im nächsten Kapitel werde ich detailliert erläutern, warum es das »Virus« nie gegeben hat und wie ein Schwindel dieses Ausmaßes überhaupt möglich war, aber zunächst einmal die Grundlagen, auf der die große »Covid«-Lüge aufgebaut wurde.

Der Test, der nicht testet

Betrügerische »Tests« sind der Kern des ganzen »Covid«-Schwindels. Sie waren das Mittel, mit dem ein »Virus«, das nicht existierte, als *scheinbar* existent hingestellt wurde. Man konnte dieses Zauberkunststück nur realisieren, indem man einen Test verwendete, der nicht auf das »Virus« testete. Die Verwendung eines Tests, der auf das »Virus« *testet*, hätte ja bedeutet, dass jeder Test negativ ausfallen würde, da es kein »Virus« gibt. Sie entschieden sich für den sogenannten RT-PCR-Test, der in den 1980er Jahren von dem amerikanischen Biochemiker Kary Mullis erfunden wurde, der öffentlich erklärte, dass sein PCR-Test … *keine Infektionskrankheit nachweisen kann.* Ja, der »Test«, der weltweit zum Nachweis von infektiösem »Covid« verwendet wird, um all die illusorischen »Fälle« und »Todesfälle« zu produzieren, die von Johns Hopkins und anderen zusammengestellt wurden, *kann keine Infektionskrankheit nachweisen.* Diese Information stammt aus dem Mund des Mannes, der PCR erfunden hat und dafür 1993 mit dem Nobelpreis für Chemie ausgezeichnet wurde. Traurigerweise – und für den Kult unglaublich praktisch – starb Mullis im August 2019 im Alter von vierundsiebzig Jahren, kurz bevor sein Test in betrügerischer Absicht dazu benutzt wurde, den Faschismus über die Welt zu bringen. Es hieß, er sei an einer Lungenentzündung gestorben, was an sich schon eine Ironie ist. Ein paar Monate später hätte auf seinem Totenschein »Covid-19« gestanden. Ich sage, dass der Zeitpunkt seines Todes günstig war, denn wenn er noch gelebt hätte, hätte sich Mullis, ein brillanter, ehrlicher und anständiger Mann, lautstark gegen die Verwendung seines Tests zum Nachweis von »Covid« ausgesprochen. Der Test war dazu weder konzipiert noch in der Lage. Ich bin sicher, dass Mullis genau das getan hätte, zumal er sich schon genauso geäußert hatte, als sein Test verwendet wurde, um HIV »nachzuweisen« – beziehungsweise auszuschließen. Er hat die Behauptung von Gallo/Montagnier, das HIV-»Virus« isoliert und als Erreger von AIDS identifiziert zu haben, scharf kritisiert. Laut Mullis gab es dafür keinen Beweis. AIDS ist eigentlich keine Krankheit, sondern eine Gruppe von Krankheiten, an denen immer wieder Menschen sterben. Wenn sie nach einem positiven »Test« auf HIV an *solchen* Krankheiten sterben, wird AIDS auf ihrem Totenschein vermerkt. Das kommt mir irgendwie bekannt vor. Viele Länder haben bei »Covid« eine Regelung eingeführt, die verlangt, dass bei jedem, der durch einen Test (der gar nicht auf das »Virus« testet) positiv getestet wurde und innerhalb von achtundzwanzig Tagen oder noch später an einer anderen Ursache stirbt, »Covid-19« auf dem Totenschein eingetragen werden muss. Die Krankheitsfälle werden durch einen Test nachgewiesen, der nicht auf Infektionskrankheiten testen kann, und die Todesfälle betrifft Menschen, die an irgendeiner anderen Ursache gestorben sind, nachdem sie durch einen Test positiv getestet wurden, der nicht auf das »Virus« testet. Ich werde später noch ausführlicher auf diesen Totenschein-Skandal eingehen.

Mullis äußerte sich sehr abfällig über den jetzigen US-Covid-Star Anthony Fauci, den er als Lügner bezeichnete, der von nichts eine Ahnung habe – »und das würde ich ihm ins Gesicht sagen«. Er sagte über Fauci: »Der Mann denkt, er kann eine Blutprobe nehmen, sie unter ein Elektronenmikroskop legen und schon weiß man, ob ein Virus darin ist – er versteht nichts von Elektronenmikroskopie und er versteht nichts von Medizin und sollte nicht in der Position sein, in der er ist.« In dieser Position ist Fauci erschreckenderweise zum Entscheider im Dienste des Kults über die Politik des »Covid«-Faschismus geworden. Seit 1984 ist er Direktor des National Institute of Allergy and Infectious Diseases (NIAID), und er hatte schon vor »Covid« eine lächerlich hohe Bilanz an Falschaussagen. Aber dafür liebt ihn der Kult, solange er mit dem *Richtigen* falsch liegt. Er wird alles sagen, wovon der Kult will, dass er es sagt. Fauci wurde unmittelbar nach Bidens Amtsantritt zum medizinischen Chefberater des Präsidenten ernannt. Biden wurde durch die Manipulation des Kults im Weißen Haus installiert und eine seiner ersten Entscheidungen war es, Fauci in eine Position mit noch mehr Kontrolle zu befördern. Ist das ein Zufall? Ja, und ich bin eine Flamenco-Tänzerin namens Lola. Wie kann ein so inkompetenter Krimineller wie Fauci *seit den 1980er Jahren* in dieser Schlüsselposition im amerikanischen Gesundheitswesen sitzen? Wenn Sie dem Kult dienen, kümmert er sich um Sie, bis Sie überflüssig sind.

Kary Mullis (1944-2019) sagte prophetisch über Fauci und seinesgleichen: »Diese Typen haben eine Agenda und es ist nicht die Agenda, die wir gerne hätten ... Sie machen sich ihre eigenen Regeln, sie ändern sie, wann sie es wollen, und Tony Fauci macht es nichts aus, im Fernsehen vor die Leute zu treten, die sein Gehalt zahlen, und direkt in die Kamera zu lügen.« Das hat Fauci seit Beginn des »Covid«-Schwindel fast täglich getan. Lügen liegt in Faucis DNA. Um die Situation bezüglich des PCR-Tests noch einmal endgültig zu verdeutlichen, hier ein Zitat des Test-Erfinders Mullis:

> »Er [der PCR-Test] sagt Ihnen nicht, ob Sie krank sind, und er sagt Ihnen auch nicht, ob das, womit Sie sich infiziert haben, Ihnen wirklich schaden wird ...«

Überlegen Sie sich mal, warum Regierungen und das Gesundheitswesen auf der ganzen Welt genau diesen Test verwenden, um zu entscheiden, wer mit dem SARS-CoV-2-»Virus« und der angeblichen Krankheit, die es angeblich verursacht, »Covid-19«, »infiziert« ist. Die Antwort auf diese Frage wird Ihnen zeigen, was hier vor sich geht. Übrigens – hier noch ein kleiner Knüller: Das »neue« SARS-CoV-2-»Virus« wurde von Anfang an als solches identifiziert *mit dem PCR-Test, der nicht auf das »Virus« testet.* Wenn Sie neu auf diesem Gebiet sind und das schockierend finden, dann lesen Sie weiter. Ich habe noch nicht einmal angefangen. Es wird noch wilder. Andere »Tests«, wie der Lateral Flow Device (LFD), sogenannte »Schnelltests«, werden als so nutzlos angesehen, dass sie durch den PCR-Test *bestätigt* werden müssen! Durchgesickerte eMails von Ben Dyson, einem Berater des britischen Gesundheitsministers Matt Hancock, besagen, dass sie »gefährlich unzuverlässig« sind. Dyson, leitender Direktor für Strategie im Gesundheitsministerium, schrieb: »Heute hat jemand, der in (sagen wir) London ein positives LFD-Ergebnis erhält, bestenfalls eine 25-prozentige Chance, dass es sich um ein echtes Positiv handelt, aber wenn es sich um einen selbst gemeldeten Eigentest handelt, möglicherweise nur zehn Prozent (bei einer optimistischen Annahme über die Spezifität) oder nur zwei Prozent (bei einer pessimistischeren Annahme).« Das sind die »Tests«, zu denen Schulkinder und die Öffentlichkeit aufgefordert werden, sie zweimal pro Woche oder öfter durchzuführen und sich zu isolieren, wenn sie ein positives Ergebnis erhalten. Jeder falsche positive Befund geht als »Fall« in die Statistik ein, egal wie lächerlich ungenau der Test ist, und die »Fallzahlen« sorgen für Quarantäne, Masken und den Druck zum »Impfen«. Die Regierung sagte als Reaktion auf das eMail-Leck, dass die »Tests« korrekt seien, was einmal mehr bestätigt, was für verdammte Lügner sie sind. Die tatsächliche Falsch-positiv-Rate liegt bei *einhundert Prozent*, wie wir noch sehen werden. In einem weiteren Fall hat die britische Regierung zugestimmt, 2,8 Milliarden Pfund an die kalifornische Innova Medical Group für die Lieferung der irrelevanten Lateral Flow Tests zu zahlen. Das Hauptproduktionszentrum des Unternehmens befindet sich in China. Die Innova Medical Group, die im März 2020 gegründet wurde, gehört der Pasaca Capital Incorporated, die von dem in Wuhan geborenen chinesisch-amerikanischen Millionär Charles Huang geleitet wird.

Wie es funktioniert – und wie es nicht funktioniert

Der RT-PCR-Test, der unter dem vollständigen Namen Polymerase-Kettenreaktion bekannt ist, wird weltweit eingesetzt, um Millionen, ja sogar Milliarden von Kopien einer DNA/RNA-Probe mit genetischen Informationen herzustellen. Der Prozess wird »Amplifikation« genannt und bedeutet, dass eine winzige Probe des genetischen Materials so oft vervielfältigt wird, bis man die detaillierte Zusammensetzung erkennen kann. Ich betone, dass es sich nicht um einen Test auf eine Infektionskrankheit handelt. Es handelt sich lediglich um die Vervielfältigung einer Probe des genetischen Materials. Um es mit den Worten von Kary Mullis zu sagen: »PCR ist … nur ein Verfahren, das dazu dient, aus sehr wenig eine ganze Menge zu machen.« Um diesen Punkt zu unterstreichen, warnen die Unternehmen, die jene PCR-Tests herstellen, die auf der ganzen Welt zum »Testen« auf »Covid« im Umlauf sind, auf der Verpackung, dass sie nicht zum Nachweis von »Covid« oder Infektionskrankheiten verwendet werden können und nur für Forschungszwecke bestimmt sind. Schon gut, kommen Sie wieder herunter, gleich geht es Ihnen besser. Das ist der Test, der die »Positiv-Fälle« und »Todesfälle« produziert, die dazu benutzt wurden, unsere menschliche Gesellschaft zu zerstören. All die globalen und nationalen medizinischen und wissenschaftlichen »Experten«, die diese Zerstörung fordern, um »uns zu retten«, *WISSEN*, dass der Test nicht auf das »Virus« testet und die Fälle und Todesfälle, die sie als real bezeichnen, ein fast unvorstellbarer Betrug sind. Jeder Einzelne von ihnen und so viele andere, darunter Politiker und Psychopathen wie Gates und Tedros, müssen einen Nürnberger Prozess erleben und für den Rest ihrer Tage ins Gefängnis gesteckt werden. Je mehr die genetische Probe durch die PCR amplifiziert wird, desto mehr Elemente des Materials werden für den Test empfänglich. Damit meine ich nicht empfänglich für ein »Virus«, sondern für Elemente des genetischen Materials, das *von Natur aus* im Körper vorhanden oder aus Überresten von alten Erkrankungen verschiedener Art entstanden ist, die schlummern und keinerlei Krankheit verursachen. Sobald die Amplifikation der PCR ein bestimmtes Niveau erreicht, wird *jeder* positiv getestet. Es ist dann so viel genetisches Material für den Test sensibilisiert worden, dass man bei jedem Menschen eine Spur davon im Körper findet. Selbst verlogene Kriminelle wie Fauci haben gesagt, dass ab einer PCR-Amplifikation von mehr als fünfunddreißig Zyklen alles ein falsches Positiv ergibt, dem man aus den von mir beschriebenen Gründen nicht trauen kann. Ich behaupte, wie viele echte Ärzte und Wissenschaftler, dass *einhundert Prozent* der »Positiven« falsch sind – aber halten wir uns für einen Moment an Fauci.

Fauci sagt, dass jede Amplifikation über fünfunddreißig Zyklen zu falsch-positiven Ergebnissen führt. Dennoch haben die US Centers for Disease Control (CDC) und die Food and Drug Administration (FDA) bis zu *vierzig Zyklen* empfohlen und der National Health Service (NHS) in Großbritannien hat in einem internen Dokument für Mitarbeiter zugegeben, dass er *fünfundvierzig Zyklen* der Amplifikation verwendet. Eine lange Liste anderer Länder hat das Gleiche getan und mindestens ein »Testlabor« hat *fünfzig Zyklen* verwendet. Haben Sie jemals gehört, dass ein Arzt, ein medizinischer »Experte« oder die Medien gefragt haben, welche Vervielfältigungsstufe verwendet wurde, um einen »positiven« Befund zu erhalten? Der »Test« kommt »positiv« zurück und Sie haben das »Virus«, Ende der Geschichte. Jetzt verstehen Sie sicher, wieso die Regierung in Tansania Proben von einer Ziege und einer Papaya-Frucht unter menschlichem Namen verschicken konnte und beide positiv auf »Covid-19« getestet zurückkamen. Tansanias Präsident John Magufuli machte sich über die »Covid«-Hysterie, den PCR-Test und die Masken lustig und weigerte sich, den DNA-manipulierenden »Impfstoff« zu importieren. Der Kult hasste ihn dafür und im Februar 2021 erschien im Londoner *Guardian* ein von der Bill Gates Foundation gesponserter Artikel mit der Überschrift »It's time for Africa to reign in Tanzania's anti-vaxxer president« (Es wird Zeit, dass Afrika Tansanias Impfgegner-Präsident zügelt). Nun, »gezügelt« wurde er schon bald. Magufuli schien bei guter Gesundheit zu sein, aber dann starb er im März 2021 im Alter von einundsechzig Jahren plötzlich an »Herzversagen«. Er wurde durch Samia Hassan Suhulu ersetzt, die mit dem Weltwirtschaftsforum von Klaus Schwab in Verbindung steht, und sie machte Magufulis »Covid«-Politik sofort rückgängig. In Deutschland wurde mit dem PCR-Test unterdessen eine Cola-Probe positiv auf »Covid« getestet, während die amerikanische Schauspielerin und Liedermacherin Erykah Badu in einem Nasenloch positiv und im anderen negativ getestet wurde. Der Fußballspieler Cristiano Ronaldo bezeichnete den PCR-Test als »Schwachsinn«, nachdem er dreimal positiv getestet wurde und gezwungen war, in Quarantäne zu gehen und Spiele zu verpassen, obwohl ihm nichts fehlte.

Tedros von der Weltgesundheitsorganisation und die nationalen Regierungen beten das Mantra: testen, testen, testen. Sie wissen, je mehr Tests sie durchführen können, desto mehr gefälschte »Fälle« gibt es, die sich zu »Todesfällen« entwickeln, worauf ich noch eingehen werde. Die britische Regierung will mit ihrer Operation Moonshot jeden Tag mehrere Millionen Menschen am Arbeitsplatz und in Schulen testen. Dazu kommen kostenlose Tests, die jeder zweimal pro Woche zu Hause durchführen kann – ganz im Sinne des Kult-Plans, Tests zu einem Teil des Lebens zu machen. In einer Stellenausschreibung der Regierung für einen Interim Head of Asymptomatic Testing Communication, also einen zeitlich befristeten Leiter für die Kommunikation über asymptomatische Tests, hieß es, die Stelle umfasse die Verantwortung für die Umsetzung einer »Kommunikationsstrategie (Propaganda) zur Unterstützung der Ausweitung der asymptomatischen Tests, die *das Testen als Teil des täglichen Lebens normalisiert*«. Mehr Tests bedeuten mehr gefälschte »Fälle«, mehr »Todesfälle« durch »Covid« und mehr Faschismus. Ich habe von vielen Menschen gehört, die einen Test gebucht haben, nicht zu ihrem Termin erscheinen konnten und dennoch für einen Test, den sie nie gemacht haben, per Post ein positives Ergebnis erhalten haben. Die ganze Sache ist verrückt, aber für der Kult hat der Wahnsinn Methode. Die Kontrolle und Manipulation des Amplifikationsgrads des Tests bedeutet, dass die Behörden die Zahl der scheinbaren »Fälle« und »Todesfälle« jederzeit kontrollieren können. Wenn sie weitere faschistische Lockdowns und die Zerstörung von Lebensgrundlagen rechtfertigen wollen, wird hoch amplifiziert. Wenn sie die Illusion erwecken wollen, dass die Lockdowns und der »Impfstoff« wirken, dann senken sie die Amplifikation und die »Fallzahlen« und »Todesfälle« scheinen zu sinken. Im Januar 2021 warnte die vom Kult kontrollierte WHO die Labore plötzlich vor einer zu starken Amplifikation des Tests und forderte sie auf, den Schwellenwert zu erhöhen. Plötzlich tauchten Schlagzeilen auf wie »Why ARE ›Covid‹ cases plummeting?« (Warum gehen die ›Covid‹-Fälle so stark zurück?). Das war genau zu dem Zeitpunkt, als die Einführung des Impfstoffs im Gange war, und ich hatte schon Monate vorher vorausgesagt, dass sie die Fälle durch die Manipulationen der Testergebnisse zurückgehen lassen würden, sobald der »Impfstoff« kommt. Diese Leute sind so berechenbar.

Impfung von Kühen?

Es stellt sich die Frage, was auf den Teststäbchen ist, die der Bevölkerung so tief in die Nase geschoben werden, bis zur Gehirnunterseite. Ein Nasenabstrich hat bei einer Frau die Gehirnhaut durchstochen und zu einem Flüssigkeitsaustritt geführt. Die meisten dieser Eingriffe werden von Menschen mit wenig Schulung oder medizinischen Kenntnissen durchgeführt. Dr. Lorraine Day, ehemalige orthopädische Unfallchirurgin und Leiterin der orthopädischen Chirurgie am San Francisco General Hospital, sagt, dass die Tests in Wirklichkeit eine »*Impfung*« sind. Kühe werden schon lange auf diese Weise geimpft. Sie weist darauf hin, dass die Masken die Nase und den Mund bedecken müssen, weil das »Virus« angeblich im Speichel vorhanden ist. Warum wird dann nicht wie bei einem DNA-Test Speichel aus dem Mund entnommen, statt einen langen Tupfer durch die Nase in Richtung Gehirn zu schieben, fragt sie. Das Siebbein trennt die Nasenhöhle vom Gehirn und in diesem Knochen befindet sich die Kribriformplatte. Dr. Day meint, wenn der Tupfer gegen diese Platte geschoben und gedreht wird, könnten »Dinge dort abgelagert« werden. Sie erklärt, dass sich unter diesen »Dingen« auch Nanopartikel befinden könnten, die auf diese Weise ins Gehirn gelangen. Rechercheure haben festgestellt, dass ein Team an der von Gates finanzierten Johns Hopkins University winzige, sternförmige Mikroelemente entwickelt hat, die sich in der Darmmukosa festsetzen und Medikamente in den Körper abgeben können. Die Mukosa ist die dünne Haut, die die innere Oberfläche von Körperteilen wie Nase und Mund überzieht und Schleim produziert, um sie zu schützen. Die Mikrogeräte von Johns Hopkins werden »Theragripper« genannt und wurden von einem parasitären Wurm »inspiriert«, der seine scharfen Zähne in die Eingeweide des Wirts gräbt. Außerdem sind die Nasenabstriche mit dem Sterilisationsmittel Ethylenoxid beschichtet. Das US National Cancer Institute stellte zu diesem Mittel folgenden Hinweis auf seine Website:

> »Bei Raumtemperatur ist Ethylenoxid ein brennbares, farbloses Gas mit einem süßen Geruch. Es wird hauptsächlich zur Herstellung anderer Chemikalien, einschließlich Frostschutzmittel, verwendet. In geringeren Mengen wird Ethylenoxid auch als Pestizid und Sterilisationsmittel verwendet. Die Fähigkeit von Ethylenoxid, die DNA zu schädigen, macht es zu einem wirksamen Sterilisationsmittel, ist aber auch für seine krebserregende Wirkung verantwortlich.«

Das Institut nennt Lymphome und Leukämie als Krebsarten, die am häufigsten mit beruflicher Belastung durch Ethylenoxid in Verbindung gebracht werden, sowie Magen- und Brustkrebs. Was bedeutet das für die ständigen Tests, zu denen Erwachsene und Kinder zu Hause und in der Schule gezwungen werden und bei denen sich alles, was sich auf dem Teststäbchen befindet, im Körper anreichert?

Ärzte wissen es am besten

Es ist wichtig, dass die Menschen erkennen, dass ihre »Helden«-Ärzte nur das »wissen«, was die von Big Pharma beherrschten medizinischen Behörden sie »wissen« lassen, und wenn sie sich weigern, das zu »wissen«, was man ihnen sagt, sind sie raus. Die meisten sind gar keine echten Ärzte oder Heiler, sondern Nachbeter des offiziellen Narrativs. Ich habe gesehen, wie mutmaßlich professionelle Ärzte im britischen Fernsehen schockierende Aussagen gemacht haben, die wir ernst nehmen sollen. Ein gewisser »Doktor« Amir Khan, der seinen Patienten in der Praxis zu sagen hat, wie sie auf Krankheiten reagieren sollen, erklärte, dass Männer die Antibabypille nehmen könnten, um »die Auswirkungen von Covid-19 zu verlangsamen«. Im März 2021 wurde in einer weiteren lächerlichen »Covid-Studie« eines amerikanischen Arztes vorgeschlagen, Männern das weibliche Sexualhormon Progesteron als »Covid«-Behandlung zu verabreichen. Die britische Ärztin Nighat Arif erklärte gegenüber der BBC, dass die Gesichtsverhüllung nun zur Normalität gehöre. Ja, der Impfstoff schützt Sie, sagte sie (Beweis?) … »aber die Art und Weise, wie man mit Viren in der Gemeinschaft umgeht, wird immer darauf hinauslaufen, dass man sich die Hände wäscht, das Gesicht bedeckt und körperlichen Abstand hält«. Das ist nicht das, was uns gesagt wurde, bevor der »Impfstoff« im Umlauf war. Arif sagte, sie könne sich nicht vorstellen, jemals wieder ohne Maske in die U-Bahn oder in einen Aufzug zu steigen. Ich war gerade dabei, dem Schöpfer zu danken, dass sie glücklicherweise nicht meine Ärztin war, als sie – im März 2021 – erklärte, dass wir, wenn »wir uns *benehmen* und alles richtig machen«, ihrer Meinung nach »unsere Liebsten zu Hause um uns haben könnten … um *Weihnachten* und *Neujahr*!« Ihre herablassende Art war die der typischen Oberlehrerin, die zu Sechsjährigen spricht. Sie wiederholte alle Argumente der Regierung und glaubte sie wahrscheinlich selbst.

Wenn wir etwas aus der Erfahrung mit »Covid« gelernt haben, dann sicherlich, dass alles, was uns von Ärzten erzählt wird, gründlichst überdacht werden muss. Sara Kayat, eine für den Nationalen Gesundheitsdienst tätige »Ärztin«, erzählte ihrem Fernsehpublikum, dass der »Covid-Impfstoff« »Krankenhausaufenthalte und Todesfälle zu hundert Prozent verhindern« würde. Nicht einmal Big Pharma hat das je behauptet. Wir müssen aufhören, »Experten« unhinterfragt beim Wort zu nehmen, wenn so viele von ihnen ahnungslos sind und nur die Parteilinie wiederholen, von der ihre Karriere abhängt. Das soll nicht heißen, dass es keine brillanten Ärzte gibt – es gibt sie und ich habe mit vielen von ihnen gesprochen, seit das alles losging –, aber Sie werden sie nicht in den Mainstreammedien sehen oder hören, dass sie von den Psychopathen und Ja-Sagern in der Regierung zitiert werden.

Merken Sie sich den Namen: Christian Drosten

Der deutsche Virologe Christian Drosten, Direktor des Instituts für Virologie der Charité in Berlin, wurde nach Beginn des Schwindels um die Pandemie zum nationalen Star. Er wurde im Fernsehen gefeiert und berät die deutsche Regierung in Sachen »Covid«-Politik. Vor allem aber leitete Drosten eine Gruppe, die das »Covid«-Testprotokoll für den PCR-Test entwickelte. Was für eine bemerkenswerte Leistung, wenn man bedenkt, dass PCR nicht auf Infektionskrankheiten testen kann, und noch mehr, wenn man bedenkt, dass Drosten sagte, seine Testmethode sei eigens für SARS-CoV-2 entwickelt worden, »ohne dass Virusmaterial zur Verfügung stand«. *Er entwickelte einen Test für ein »Virus«, das ihm nicht zur Verfügung stand und dass er nie gesehen hatte.* Lassen Sie das auf sich wirken, während Sie sich die globale Verwüstung vor Augen führen, die durch sein Handeln entstanden ist. Drostens katastrophaler »Test« beruhte angeblich auf einer genetischen Sequenz, die von chinesischen Wissenschaftlern im Internet veröffentlicht worden sei. Wir werden im nächsten Kapitel sehen, dass diese angebliche »Gensequenz« weder von China noch von sonst jemandem produziert wurde und auch nicht produziert werden kann, weil es kein SARS-CoV-2 gibt. Drosten scheint sich jedoch von solchen Kleinigkeiten nicht beirren zu lassen. Er war zusammen mit Victor Corman von der Charité der Hauptautor des Artikels »Detection of 2019 novel coronavirus (2019-nCoV) by real-time PCR« (Nachweis des neuen Coronavirus 2019 [2019-nCoV] mittels Echtzeit-PCR), der in der Zeitschrift *Eurosurveillance* veröffentlicht wurde. Der Artikel wurde als Corman-Drosten-Papier bekannt.

Im November 2020, als die Gesellschaften bereits durch die Auswirkungen des Corman-Drosten-Tests geschädigt waren, wurde das Papier von zweiundzwanzig internationalen Wissenschaftlern und unabhängigen Forschern aus Europa, den Vereinigten Staaten und Japan öffentlich in Frage gestellt. Unter ihnen waren führende Molekulargenetiker, Biochemiker, Immunologen und Mikrobiologen. Sie erstellten ein Dokument mit dem Titel »External peer review of the RT-PCR test to detect SARS-CoV-2 Reveals 10 Major Flaws At The Molecular and Methodological Level: Consequences For False-Positive Results« (Externe Peer Review des RT-CPR-Tests zum Nachweis von SARS-CoV-2 deckt zehn wesentliche Mängel auf molekularer und methodischer Ebene auf: Konsequenzen für falsch-positive Ergebnisse).

Zu den Mängeln des Corman-Drosten-Tests gehörten die folgenden:

- Der Test ist aufgrund eines fehlerhaften Designs unspezifisch.
- Die Ergebnisse sind enorm variabel.
- Der Test ist nicht in der Lage, zwischen dem ganzen »Virus« und viralen Fragmenten zu unterscheiden.
- Es gibt keine positiven oder negativen Kontrollen.
- Dem Test fehlt ein standardisiertes Durchführungsverfahren.
- Er wird nicht durch eine angemessene Peer Review gestützt.

Die Wissenschaftler erklärten, das PCR-Testprotokoll für Covid sei nicht wissenschaftlich fundiert, und sie forderten, dass die Corman-Drosten-Studie von *Eurosurveillance* zurückgezogen wird. Sie befanden außerdem, dass alle gegenwärtigen und früheren Covid-Toten, Fälle und »Infektionsraten« rückwirkend einer gründlichen Untersuchung unterzogen werden müssten. Reisebeschränkungen sollten überprüft und gelockert werden und diejenigen, bei denen mittels PCR »Covid-19« diagnostiziert wurde, sollten nicht länger gezwungen werden, sich zu isolieren. Dr. Kevin Corbett, ein Gesundheitsforscher und Ausbilder von Krankenpflegern mit einer langen akademischen Laufbahn und zahlreichen Peer-Review-Veröffentlichungen an vielen britischen Universitäten, äußerte sich ebenfalls zu dem PCR-Test-Debakel. Er kommentierte die Schlussfolgerungen der Wissenschaftler wie folgt: »Jede wissenschaftliche Begründung für die Einführung dieses Tests ist durch dieses Papier völlig hinfällig geworden. Das ist wie Hiroshima/Nagasaki für den Covid-Test.« Er sagte, China habe kein isoliertes »Virus« zur Verfügung gestellt, aus dem Drosten den Test hätte entwickeln können. Stattdessen hätte er den Test anhand »einer Sequenz aus einer Genbank entwickelt«. Mit anderen Worten … *Sie haben alles erfunden!*

Die Wissenschaftler wurden in dieser Einschätzung von einem portugiesischen Berufungsgericht unterstützt, das im November 2020 entschied, dass PCR-Tests unzuverlässig sind und es rechtswidrig ist, Menschen allein auf der Grundlage eines PCR-Tests unter Quarantäne zu stellen. Die Behauptung, dass China kein isoliertes Virus zur Verfügung gestellt hat, kann nur stimmen, denn das »Virus« ist bis heute nicht isoliert worden. Was das bedeutet, wird von Tag zu Tag deutlicher. Drosten & Co. haben dieses nutzlose »Test-Protokoll« pünktlich im Januar 2020 erstellt, als sich das »Virus« angeblich nach Westen ausbreitete, und ihr »wissenschaftlicher« Artikel hat es irgendwie geschafft, innerhalb von vierundzwanzig Stunden eine Peer Review zu bestehen. Mit anderen Worten: Es gab keine Peer Review für einen Test, mit dem entschieden werden sollte, wer auf der ganzen Welt »Covid« hat und wer nicht. Die vom Kult geschaffene und von Gates kontrollierte Weltgesundheitsorganisation empfahl sofort allen ihren fast zweihundert Mitgliedsländern, das Drosten-PCR-Protokoll zu verwenden, um »Krankheits«- und »Todesfälle« zu erkennen. Der Betrug nahm seinen Lauf und dauert bis heute an.

Wer ist also dieser Christian Drosten, der die Mittel entwickelt hat, mit denen Tod, Vernichtung und wirtschaftliche Desaster gerechtfertigt werden sollen? Sein akademischer Hintergrund, einschließlich seiner Doktorarbeit, scheint etwas geheimnisumwittert zu sein, und seine Erfolgsbilanz ist ebenso miserabel wie die eines anderen wichtigen Akteurs des »Covid«-Schwindels, nämlich des von Gates finanzierten Professors Neil Ferguson am von Gates finanzierten Imperial College in London, über den wir gleich mehr erfahren werden. Drosten sagte 2003 voraus, dass das angeblich ursprüngliche SARS-»Virus« (SARS-1) eine Epidemie verursachen werde, die schwerwiegende Auswirkungen auf die Volkswirtschaften haben könnte, und dass es mindestens zwei Jahre dauern würde, einen wirksamen Impfstoff herzustellen. Drostens Antwort auf jeden angeblichen »Ausbruch« ist ein Impfstoff, was Sie sicher nicht überrascht. Was folgte, waren nur 774 offizielle Todesfälle weltweit und keiner in Deutschland, wo es lediglich neun Fälle gab. Das gilt selbst dann, wenn Sie glauben, dass es ein SARS-»Virus« gegeben hat, obwohl die Beweise dafür gleich Null sind, worauf ich im nächsten Kapitel näher eingehen werde. Drosten behauptet, er sei der Mitentdecker von »SARS-1« und habe im Jahr 2003 einen Test dafür entwickelt. Im Jahr 2009 warnte er lautstark vor der »Schweinegrippe« und erklärte, dass diese weit verbreitete Infektion weitaus schwerwiegender sei als alle Gefahren, die von einem Impfstoff ausgehen könnten, und dass sich die Menschen impfen lassen sollten. Es wäre hilfreich für Drostens Stimmbänder, wenn er einfach die Worte »das Virus ist tödlich und Sie müssen sich impfen lassen« aufnehmen und Kopien davon verteilen würde, wann immer die neueste erfundene Bedrohung auftaucht. Drostens Schweinegrippe-Epidemie hat nie stattgefunden, aber Big Pharma hatte nichts dagegen, dass die Regierungen Hunderte von Millionen für Impfstoffe ausgaben, die kaum jemand in Anspruch nahm, und viele, die es dann doch taten, wünschten, sie hätten es nicht getan. Eine Studie aus dem Jahr 2010 ergab, dass das Risiko, an der Schweinegrippe oder H1N1 zu sterben, nicht höher war, als an der jährlichen saisonalen Grippe zu sterben, und nichts anderes war diese »Schweinegrippe«, genau wie im Fall von »Covid-19«. Eine Medienrecherche über Drosten warf die berechtigte Frage auf, warum jemand mit einer solchen Bilanz von Fehlprognosen Regierungsberater in »Covid«-Fragen ist. Die Antwort darauf ist bei Drosten, Ferguson und Fauci gleich: Sie geben den Behörden weiterhin die »Analysen« und »Ratschläge«, die sie hören wollen. Drosten lieferte ihnen im Januar 2020 mit seinem PCR-Protokollmüll die Grundlage für das, was der deutsche Internist Dr. Claus Köhnlein, Mitautor von *Virus-Wahn*, als »Testpandemie« bezeichnete. Die zweiundzwanzig Wissenschaftler, die sich bei *Eurosurveillance* beschwert hatten, wiesen auf Interessenkonflikte innerhalb der Drosten-»Protokoll«-Gruppe hin, und das aus gutem Grund. Olfert Landt, ein regelmäßiger Mitautor der Drosten-»Studien«, ist Eigentümer des Biotech-Unternehmens TIB Molbiol Syntheselabor GmbH in Berlin, das die Tests, die Drosten und seine Kumpels entwickeln, herstellt und vertreibt. Sie haben dies mit SARS, Enterotoxigenic E. coli (ETEC), MERS, dem Zika-»Virus«, Gelbfieber und jetzt »Covid« getan.

Landt äußerte gegenüber der *Berliner Zeitung*:

> »Der Test, das Design, die Entwicklung, stammt aus der Charité [Drosten und Corman]. Wir haben das nur sofort umgesetzt in ein Kit-Format. Und wenn man dieses Virus nicht hat, das gab es ja anfangs nur in Wuhan, können wir ein synthetisches Gen herstellen, um das Virusgenom zu simulieren. Das haben wir ganz schnell gemacht.«

Dies ist eine weitere Bestätigung dafür, dass der Drosten-Test ohne Zugang zum »Virus« entwickelt wurde und nur eine synthetische Simulation ist, und genau das ist SARS-CoV-2 in Wahrheit auch – eine computergenerierte synthetische Fiktion. Das ist ein ziemliches Geschäft, das sie hier am Laufen haben. Ein Drosten-Team entscheidet, wie der Test für etwas aussehen soll, und Landts Biotech-Firma verscherbelt ihn an Regierungen und medizinische Einrichtungen in der ganzen Welt. Sein Unternehmen muss an dem Schwindel mit »Covid« ein Vermögen verdient haben.

Dr. Reiner Fuellmich, ein prominenter deutscher Anwalt für Verbraucherschutz in Deutschland und Kalifornien, hat Drosten und Tedros von der Weltgesundheitsorganisation wegen Verbrechen gegen die Menschenrechte verklagt und bereitet in den Vereinigten Staaten eine Sammelklage sowie weitere rechtliche Schritte in Deutschland vor.

Warum China?

Die Welt mit einem »Virus« zu betrügen, das nicht existiert, scheint auf den ersten Blick unmöglich zu sein, aber nicht, wenn Sie die Kontrolle über die relativ wenigen Menschen, die politische Entscheidungen treffen, und die große Mehrheit der globalen Medien haben. Denken Sie daran, dass es nicht darum geht, die »echte« Realität zu verändern, sondern die *Wahrnehmung* der Realität zu manipulieren. Sie müssen nicht dafür sorgen, dass etwas geschieht, Sie müssen die Menschen nur *glauben* lassen, dass es geschieht. Ein abtrünniger Denker versteht das und ist daher viel schwerer zu betrügen.

»Covid-19« ist kein »echtes Virus«. Es ist ein Gedankenvirus, das das Denken, nicht den Körper, von Milliarden Menschen infiziert hat, wie es ein Computervirus mit Programmen macht. Zumindest in den Medien begann alles in China und das allein ist schon von zentraler Bedeutung. Der Kult stand hinter der Revolution, die von seinem Aktivposten Mao Zedong (1893-1976), dem Vorsitzenden Mao, angeführt wurde und aus der am 1. Oktober 1949 die Volksrepublik China hervorging. Sie hätte eigentlich Kult-Republik China heißen sollen, aber der Name musste die immer wiederkehrende Illusion zum Ausdruck bringen, dass brutale Diktaturen vom Volk und für das Volk geführt werden (siehe all die »Volksrepubliken«, die von Gewaltherrschern kontrolliert werden). Genauso haben wir die »Biden«-Demokratische-Republik Amerika, die offiziell (zumindest vorübergehend) von einem Marionettentyrannen im Namen der Kult-Tyrannen regiert wird. Die Errichtung von Maos gnadenloser kommunistisch/faschistischer Diktatur war Teil der rasanten Aktivitäten des Kults nach dem Zweiten Weltkrieg, den er, wie schon den Ersten Weltkrieg, durch seine Akteure in Deutschland, Großbritannien, Frankreich, den Vereinigten Staaten und anderswo angezettelt hatte. Israel wurde 1948 gegründet; die Sowjetunion baute ihre Kontrolle, ihren Einfluss und ihre militärische Macht mit dem kommunistischen Bündnis des Warschauer Pakts 1955 aus; die Vereinten Nationen wurden 1945 als Vorläufer der Weltregierung des Kults gegründet; und eine lange Liste von Weltorganisationen wurde ins Leben gerufen, darunter die Weltgesundheitsorganisation (1948), die Welthandelsorganisation (1948 bis 1995, noch unter anderem Namen), der Internationale Währungsfonds (1945) und die Weltbank (1944). Die menschliche Gesellschaft wurde neu gestaltet und mit der globalen Problem-Reaktion-Lösung des Zweiten Weltkriegs stark zentralisiert. All diese Veränderungen waren bedeutsam. Israel würde zum Hauptquartier der Sabbatianer werden und die Revolution in China würde den Boden und das Kontrollsystem für die Ereignisse von 2019/2020 vorbereiten.

Ein abtrünniger Denker weiß, dass es keine Grenzen gibt, außer für den öffentlichen Konsum. Der Kult ist ein nahtloses, grenzenloses globales Gebilde, und um das Spiel zu verstehen, müssen wir Begriffe wie Grenzen, Nationen, Länder, Kommunismus, Faschismus und Demokratie beiseitelassen. Sie gaukeln der Bevölkerung vor, dass Länder innerhalb ihrer Grenzen von einer Regierung gleich welcher Couleur regiert werden, obwohl es sich dabei lediglich um Agenturen einer globalen Macht handelt. Amerikas Illusion der Demokratie und Chinas Kommunismus/Faschismus sind Tochtergesellschaften – Vehikel – für dieselbe Agenda. Wir hören vielleicht von Konflikten und Wettbewerb zwischen Amerika und China, und auf den unteren Ebenen wird das auch stimmen, aber auf der Ebene des Kults sind sie Zweigstellen desselben Unternehmens, so wie McDonald's seine unterschiedlichen Menüs für unterschiedliche Esskulturen hat. Ich habe in meinen Büchern über die Jahre hinweg die Unterstützung der US-Regierungen beider Parteien für die Infiltration der amerikanischen Gesellschaft durch die Kommunistische Partei Chinas verfolgt und wie sie den Verkauf von Land, sogar von Militäreinrichtungen, und den Erwerb von Einfluss in der amerikanischen Wirtschaft und an den Universitäten zuließen. All dies wird durch den berüchtigten Diebstahl von geistigem Eigentum und technologischem Know-how untermauert. Die vom Kult kontrollierten Unternehmen des Silicon Valley verzichten auf ihre angebliche »Moral«, um mit dem menschenrechtsfreien China Geschäfte zu machen. Das vom Kult kontrollierte Disney ist zu Chinas PR-Abteilung geworden, und China besitzt faktisch »amerikanische« Sportarten wie Basketball, deren Einnahmen zu einem großen Teil von chinesischen Zuschauern abhängen. Infolgedessen wird jeder Spieler, Trainer oder Funktionär, der sich gegen die katastrophale Menschenrechtslage in China ausspricht, von der China verehrenden National Basketball Association sofort verurteilt oder gefeuert. Eine der ersten Handlungen des von China kontrollierten Biden war eine Durchführungsverordnung, in der Bundesbehörden angewiesen wurden, das »Virus« nicht mehr mit dem »geografischen Ort seines Ursprungs« zu bezeichnen. Der langjährige Kongressabgeordnete Jerry Nadler warnte davor, dass die Kritik an China, Amerikas größtem Rivalen, zu Hassverbrechen gegen Asiaten in den Vereinigten Staaten führt. Also halten Sie den Mund, Sie scheinheiliger Heuchler. China ist drauf und dran, Israel als das eine Land, das nicht kritisiert werden darf, abzulösen. Das ist sehr treffend, wenn man bedenkt, dass beide Länder von Sabbatianern kontrolliert werden. Die beiden Länder haben enge wirtschaftliche, militärische, technologische und strategische Beziehungen entwickelt. Dazu gehört auch die Beteiligung an Chinas Transport- und Wirtschaftsinitiative »Seidenstraße«, die China mit Europa verbinden soll. Israel war das erste Land im Nahen Osten, das Maos Diktatur 1950 anerkannte, schon Monate nachdem sie errichtet worden war.

Projekt Wuhan – die »Covid«-Psyop

Ich betone noch einmal, dass der Kult auf lange Sicht spielt und dass das, was heute mit der Welt geschieht, das Ergebnis jahrhundertelanger kalkulierter Manipulation ist, die einem Drehbuch folgt, um Schritt für Schritt die Kontrolle über jeden Aspekt der menschlichen Gesellschaft zu übernehmen. Ich werde später auf die gemeinsame Kraft hinter all dem eingehen, die sich über die Jahrhunderte ausgebreitet hat, was deutlich zu erkennen ist, wenn man nur genauer hinsieht. Die Mao-Revolution in China im Jahr 1949 mit dem Ziel einer »Pandemie« im Jahr 2020 ist nicht die einzige langfristige Vorgehensweise des Kults – die einundsiebzig Jahre, die dazwischen liegen, sind nach den Maßstäben des Kults für die Vorbereitung von Manipulationen eigentlich recht kurz. Der Grund für die chinesische Revolution war die Schaffung eines streng kontrollierten Umfelds, in dem eine extreme Struktur zur Kontrolle der Menschen ausgebrütet werden konnte, um schließlich auf der ganzen Welt entfesselt zu werden. Wir haben gesehen, wie dies geschah, seit die »Pandemie« von China ausging und die chinesische Kontrollstruktur, die auf KI-Technologie und ihrer diktatorischen Durchsetzung beruht, den Westen überrollt. Bis zu dem Moment, als der Kult im Westen in die Vollen ging und seinen Faschismus öffentlich zur Schau stellte, mussten die westlichen Regierungen ein paar Lippenbekenntnisse zu Freiheit und Demokratie ablegen, um nicht zu viele Menschen vor der sich anbahnenden Tyrannei zu warnen. Die Freiheiten wurden auf subtilere Weise ausgehöhlt und die Macht mit verdeckten Regierungsstrukturen zentralisiert, die auf die Ankunft des Jahres 2020 warteten, wenn der Deckmantel der »Freiheit« abgelegt werden konnte. Der Westen war nicht in der Lage, sich vor 2020 so schnell in Richtung Diktatur zu bewegen wie China, das schon als Diktatur geschaffen wurde und dem keine Grenzen gesetzt waren, den Plan des Kults für die globale Kontrolle rascher umzusetzen. Als es an der Zeit war, diese Struktur der Welt aufzuzwingen, lieferte dieselbe kommunistisch/faschistische chinesische Regierung, die dem Kult gehört, den Vorwand – die »Covid-Pandemie«. Der Kult wollte unbedingt, dass die chinesische Antwort auf die »Pandemie« – drakonische Lockdowns der gesamten Bevölkerung – zur Blaupause wird, der die westlichen Länder folgen würden, um die Lebensgrundlagen und die Freiheit ihrer Bevölkerung zu zerstören. Aus diesem Grund hat WHO-Generaldirektor Tedros, den Gates und der Kult an der Leine führen, schon früh gesagt:

> »Die chinesische Regierung ist für die außergewöhnlichen Maßnahmen zu beglückwünschen, die sie zur Eindämmung der Epidemie ergriffen hat. China setzt damit neue Maßstäbe für die Reaktion auf eine Pandemie, und das ist keine Übertreibung.«

Die Zeitschrift *Forbes* schrieb über China: »… diese Maßnahmen haben ungezählte Millionen Menschen vor der Krankheit bewahrt.« Das Dokument der Rockefeller Foundation zum »Epidemie-Szenario« hatte schon 2010 prophezeit:

»Einige Länder haben jedoch besser abgeschnitten – insbesondere China. Die schnelle Verhängung und Durchsetzung einer obligatorischen Quarantäne für alle Bürger sowie die sofortige und nahezu hermetische Abriegelung aller Grenzen durch die chinesische Regierung rettete Millionen von Menschenleben, stoppte die Ausbreitung des Virus viel früher als in anderen Ländern und ermöglichte eine schnellere Erholung nach der Pandemie.«

Da bekommt man schon wieder eine *Gänsehaut*.

Die erste offizielle Geschichte war die »Fledermaus-Theorie« oder vielmehr das Fledermaus-Ablenkungsmanöver. Als Quelle des »Virusausbruchs« wurde ein »Wildtier-Markt« in Wuhan genannt, auf dem Fledermäuse und andere Tiere unter fürchterlich unhygienischen Bedingungen verkauft und verzehrt werden. Dann tauchte in den alternativen Medien eine weitere Geschichte auf, wonach das »Virus« absichtlich oder versehentlich in einem BSL-4-Labor (Biosicherheitsstufe 4) in Wuhan unweit des Marktes freigesetzt worden sei. Es wurde berichtet, dass dieses Labor tödliche Erreger und Biowaffen herstellt und damit arbeitet. Biosicherheitsstufe 4 ist die höchste Stufe im System der Weltgesundheitsorganisation für Sicherheit und Eindämmung. Ein Renegaten-Geist ist sich dessen bewusst, was ich Designermanipulation nenne. Für den Kult ist es ideal, wenn die Menschen ihm seine Hauptgeschichte abkaufen, die in den ersten Phasen der »Pandemie« die Geschichte vom Wildtier-Markt war. Der Kult weiß jedoch, dass es inzwischen weltweit eine beachtliche Anzahl von alternativen Medien gibt, die allem, was die Regierungen sagen, skeptisch gegenüberstehen und deshalb die Version der Ereignisse in einer Fassung erhalten müssen, die ihnen glaubwürdig erscheint, damit sie von der eigentlichen Wahrheit abgelenkt werden. In diesem Fall sollen sie glauben, dass es sich bei der Verschwörung um ein »Biowaffenvirus« handelt, das aus dem Labor in Wuhan freigesetzt wurde, um sie von der wahren Verschwörung abzulenken: *Es gibt kein »Virus«*. Die derzeitige Position der WHO zur Ursache des Ausbruchs scheint zu sein: »Wir haben keine Ahnung, Leute.« Dies ist eine gute Position, um das Geheimnis und die Verwirrung aufrechtzuerhalten. Der innere Kreis wird wissen, woher das »Virus« kam – nämlich von *nirgendwo*. Entscheidend war, dass die Öffentlichkeit glaubt, es *gibt* ein »Virus«, und dass es keine Rolle spielt, ob sie glaubt, es sei natürlich oder aus einem Labor freigesetzt worden. Der Glaube an ein »tödliches Virus« war alles, was nötig war, um weltweit Panik und Furcht auszulösen. Die Bevölkerung wurde in Angst und Schrecken versetzt, damit sie ihre Macht an die Behörden abgibt und tut, was man ihr sagt. Sie *musste* es tun, sonst würden sie »alle sterben«.

Im März 2020 erhielt ich Informationen von echten Ärzten und Wissenschaftlern, die ich durch meine eigenen weitergehenden Recherchen vertiefte. Und meine Intuition sagte mir sofort: »Ja, das ist es! *Es gibt kein Virus.*« Die »Biowaffe« war nicht das »Virus« – vielmehr würde der »*Impfstoff*«, über den bereits gesprochen wurde, die Biowaffe sein. Meine Schlussfolgerung wurde durch die Geschehnisse in Wuhan noch bestärkt. Es hieß, dass das »Virus« in der Stadt um sich greift, und in den Nachrichten kursierten Bilder von Menschen, die auf der Straße zusammenbrachen (was im Westen bei dem gleichen »Virus« nie der Fall gewesen ist). Die chinesische Regierung baute innerhalb von zehn Tagen »neue Krankenhäuser«, um »den Ansturm zu bewältigen«, so virulent war das »Virus«. Doch innerhalb kürzester Zeit waren die »neuen Krankenhäuser« wieder geschlossen – wenn sie überhaupt eröffnet wurden – und China erklärte sich für »virusfrei«. Es war wieder alles beim Alten. Es war nur darum gegangen, die drakonischen chinesischen Ausgangssperren im Westen als Mittel zur »Bekämpfung des Virus« zu propagieren. Das Problem war, dass wir in der Folge einen Lockdown nach dem anderen erlebten, aber nie zur Tagesordnung übergingen. Während die Menschen im Westen und in den meisten anderen Teilen der Welt in einer sich ständig verschlimmernden Spirale aus Lockdowns, sozialer Distanzierung, Masken, der Isolierung alter Menschen, des auseinandergerissenen Familien und Zerstörung der Lebensgrundlage versanken, war in Wuhan Party angesagt. Es tauchten Bilder von Tausenden von Menschen auf, die Poolpartys und Konzerte genossen. Das ergibt keinen Sinn, solange Sie nicht realisieren, dass es nie ein »Virus« gab und dass der Kult die menschliche Gesellschaft von einer seiner wichtigsten globalen Hochburgen aus umgestalten wollte – China.

Wie ist es möglich, praktisch die gesamte Weltbevölkerung in dem Glauben zu lassen, es gäbe ein tödliches Virus, wenn es nicht einmal ein »Virus« gibt, geschweige denn ein tödliches? Das ist gar nicht so schwer, wie Sie denken, und bestimmt längst unsere Realität, denn es hat tatsächlich funktioniert.

Hinweis: Am Ende des Buches finden Sie einen Nachtrag, in dem Sie mehr über das Narrativ der Freisetzung des Virus im Wuhan-Labor lesen können. Sie wurde von den Behörden und den Medien im Sommer 2021 massiv propagiert, um von der Wahrheit abzulenken, dass das »Covid-Virus« eine reine Erfindung ist.

Kapitel 5

Es gibt kein »Virus«

Man kann einige Leute die ganze Zeit täuschen, und alle Leute einige Zeit, aber man kann nicht alle Leute die ganze Zeit täuschen

Abraham Lincoln

Die beste Form der Gedankenkontrolle ist die Wiederholung. Je öfter Sie das gleiche Mantra angeblicher »Fakten« wiederholen, desto mehr werden diese als wahr akzeptiert. Es wird zu einem »das weiß doch jeder, Leute«. Wenn Sie auch noch jede andere Version oder Alternative zu Ihren angeblichen »Fakten« zensieren können, sind Sie so gut wie am Ziel.

Anfang 2020 gehörten die globalen Mainstreammedien fast vollständig dem Kult. Er konnte seine »Covid«-Propaganda verbreiten und alle anderen Informationen und Ansichten ignorieren oder diskreditieren. Die vom Kult kontrollierten sozialen Medienplattformen im vom Kult kontrollierten Silicon Valley waren bereit, eine heftige Zensurkampagne zu entfesseln, um alles außer der offiziellen Darstellung zu löschen. Um den Kreis zu schließen, wurden die Forderungen nach Zensur im Silicon Valley auch von den Mainstreammedien erhoben, deren »Journalisten« sich zu Handlangern des Kults machten, sowohl als Propagandisten wie auch als Zensoren. Zum Teil lag das am Zustrom junger Menschen, die direkt nach dem Studium als »Journalisten« wichtige Positionen einnehmen. Sie haben keinerlei Erfahrung und den Kopf voller programmierter Wahrnehmungen aus ihrer Schul- und Universitätszeit in einem Umfeld, in der junge Menschen angesichts der perfiden Auswirkungen neuer Kommunikations-Technologien die am stärksten in ihren Vorstellungen manipulierte Generationen in der Geschichte der Menschheit sind. Sie gehen in die Medien und sind darauf vorbereitet, die Narrative des Systems zu wiederholen, das sie genau darauf programmiert hat: seine Narrative zu wiederholen. Die BBC hat eine wirklich erbärmliche »Spezialreporterin für Desinformation« namens Marianna Spring, auf die diese Beschreibung perfekt passt. Sie hat keine Ahnung von der Welt, wie sie funktioniert und was wirklich vor sich geht. Ihre Aufgabe ist es, jeden zu diskreditieren, der die Arbeit macht, die ein richtiger Journalist machen würde und die systemtreue Schreiberlinge wie Spring nicht wagen würden oder auch nur für nötig hielten. Sie sind zu sehr damit beschäftigt, den Autoritäten, die niemals falsch liegen können, in den Hintern zu kriechen. Im Falle der BBC-Propagandasendung *Panorama* haben sie Bezahlsysteme wie PayPal kontaktiert, um eine Spendenseite für eine Filmgesellschaft löschen zu lassen, die Dokumentarfilme über Impfstoffe dreht. Sogar in der BBC Soap *EastEnders* gab es eine beschämend voreingenommene Szene, in der eine unbeholfene weiße Frau aus der Arbeiterklasse als dumm hingestellt wurde, weil sie den »Impfstoff« in Frage stellte, während ein sprachgewandter schwarzer Mann und eine asiatische Frau die Darstellung der Regierung vertraten. Die BBC hat damit alles richtig gemacht, und die Tatsache, dass sich die Communitys der Schwarzen und von Minderheiten gegen den »Impfstoff« wehren, hatte keinerlei Einfluss auf die Art und Weise, wie die Szene geschrieben wurde. Die BBC hat sich zu einer widerlichen, diktatorischen Propaganda- und Zensurorganisation entwickelt, die man abschaffen und auflösen sollte und an deren Stelle freie Medien treten sollten, die den Auftrag haben, die Zensur zu unterbinden, statt sie zu fordern. Ein BBC-»Interview« mit Gates geht in etwa so: »Herr Gates, Sir, wenn ich Sie Sir nennen darf, würden Sie unserem Publikum bitte erklären, warum Sie so ein großartiger Mann sind, ein wunderbarer humanitärer Philanthrop, und warum es Ihnen als Software-Verkäufer unbedingt erlaubt sein sollte, über die Gesundheitspolitik für fast acht Milliarden Menschen zu entscheiden? Danke, Sir, bitte, Sir.« Die Propaganda-Programmierung läuft unablässig und ist gnadenlos, und wenn alles, was Sie hören, die immer gleiche Geschichte aus den Medien ist, die von allen Menschen um Sie herum wiederholt wird, weil sie alle nur die gleiche Geschichte gehört haben, ist es dann ein Wunder, dass die Menschen im großen Stil absolut verlogenen Müll für wahr halten? Sie werden im Folgenden sehen, warum dieses Maß an Informationskontrolle notwendig ist, angesichts dessen, dass die offizielle »Covid«-Erzählung so unsinnig ist und sich nicht durch Beweise stützen lässt.

Der Aufbau des Betrugs

Die Pyramidenstruktur, durch die der »Covid«-Schwindel manifestiert wurde, ist sehr einfach und muss es auch sein, um zu funktionieren. Es müssen so wenige Menschen wie möglich involviert sein, die genau wissen, was sie tun – und warum –, sonst würde die wahre Geschichte ans Licht kommen. An der Spitze der Pyramide steht der innerste Kreis des Kults, der Bill Gates kontrolliert, der wiederum durch seine zentralen Fördermittel die Weltgesundheitsorganisation und deren Sprachrohr kontrolliert, den Marionetten-Generaldirektor Tedros. Vor seiner Ernennung war Tedros Vorsitzender des von Gates gegründeten Globalen Fonds zur Bekämpfung von AIDS, Tuberkulose und Malaria, Vorstandsmitglied der von Gates finanzierten Globalen Impfstoffallianz GAVI und saß im Vorstand einer weiteren von Gates finanzierten Organisation. Gates besitzt ihn und hat ihn aus einem bestimmten Grund ausgewählt – Tedros ist ein Schurke und Schlimmeres. Dr. Tedros (der erste WHO-Chef, der kein Mediziner ist) war jahrzehntelang Mitglied der diktatorischen marxistischen Regierung von Äthiopien, die berüchtigt ist für ihre massiven Menschenrechtsverletzungen. Er sah sich mit Vorwürfen der Korruption und Veruntreuung von Geldern konfrontiert und wurde dreimal wegen der Vertuschung von Cholera-Epidemien bloßgestellt, während er Gesundheitsminister in Äthiopien war. Tedros ernannte den massenmordenden, völkermordenden Diktator von Simbabwe, Robert Mugabe (1924-2019), zum WHO-Botschafter des guten Willens für die öffentliche Gesundheit, was, wie bei Tedros, der Ernennung eines Psychopathen zum Leiter einer Kampagne für Frieden und Liebe gleichkommt. Der Schritt war so lächerlich, dass er Mugabe angesichts der allgemeinen Empörung fallen lassen musste. Der amerikanische Wirtschaftswissenschaftler David Steinman, der für den Friedensnobelpreis nominiert ist, hat beim Internationalen Strafgerichtshof in Den Haag Klage gegen Tedros eingereicht wegen mutmaßlichen Völkermords während seiner Zeit als Außenminister Äthiopiens. Laut Steinman war Tedros ein »maßgeblicher Entscheidungsträger«, der die Aktionen der äthiopischen Sicherheitskräfte von 2013 bis 2015 leitete, und einer der drei verantwortlichen Beamten, als diese Sicherheitskräfte mit dem »Töten« und »Foltern« von Äthiopiern begannen. Man sieht, um wen es sich bei diesem Tedros handelt. Das ist haarsträubend, wenn man bedenkt, dass er Gates und dem Kult als Sprachrohr für die weltweite Reaktion auf »Covid« dient. Denken Sie darüber nach. Ein psychopathischer Kult diktiert dem Psychopathen Gates, der dem Psychopathen Tedros diktiert, wie die Länder der Welt auf ein »Covid-Virus« zu reagieren haben, dessen Existenz nie wissenschaftlich nachgewiesen wurde. Gleichzeitig kündigten die vom psychopathischen Kult kontrollierten Silicon-Valley-Informationsgiganten wie Google, YouTube, Facebook und Twitter schon zu Beginn der Pandemie an, dass sie die Kult/Gates/Tedros/WHO-Version des Narrativs kostenlos bewerben und alle zensieren würden, die ihre intelligenzbeleidigende, verlogene Geschichte in Frage stellen.

Die nächste Ebene in der globalen »medizinischen« Infrastruktur unterhalb vom Kult, Gates und Tedros sind die leitenden medizinischen Beamten und wissenschaftlichen »Berater« in jedem der WHO-Mitgliedsländer, also praktisch in allen. Diese medizinischen Funktionäre und wissenschaftlichen Experten (die sie nicht sind) übernehmen dann die WHO-Politik und die empfohlenen Maßnahmen und zwingen sie der Bevölkerung ihres Landes auf, während die politischen »Führer« behaupten, sie würden die Politik bestimmen (was eindeutig nicht der Fall ist), indem sie auf Anraten der »Experten« – denselben medizinischen Funktionären und wissenschaftlichen »Beratern« (Diktatoren) – »der Wissenschaft folgen«. Auf diese Weise folgt die ganze Welt mit wenigen Ausnahmen der gleichen Politik des Lockdowns, der Isolierung der Menschen, der Masken und der »Impfstoffe«, die von dem psychopathischen Kult, dem psychopathischen Gates und dem psychopathischen Tedros diktiert wird, von denen wir glauben müssen, dass sie sich einen Dreck um die Gesundheit der Weltbevölkerung scheren, die sie unterjochen wollen. Erstaunlicherweise ist das auch schon alles, was es an wichtigen Entscheidungen zu treffen gilt. Das medizinische Personal in jedem Land folgt dann wie Schafe dem Diktat der Hirten an der Spitze der nationalen medizinischen Hierarchien – Ärztefunktionäre und wissenschaftliche »Berater«, die ihrerseits wie Schafe den Hirten der Weltgesundheitsorganisation und des Kults folgen. Die Hirten auf nationaler Ebene haben oft wichtige finanzielle und andere Verbindungen zu Gates und seiner Bill and Melinda Gates Foundation, die sorgfältig Geld verteilt wie Konfetti auf einer Hochzeit, um das gesamte globale medizinische System von der WHO abwärts zu kontrollieren.

Folge dem Geld

Christopher Whitty, leitender medizinischer Berater der britischen Regierung im Zentrum der »Virus«-Politik, leitender Berater der wissenschaftlichen Beratergruppe für Notfälle (SAGE) der britischen Regierung und Vorstandsmitglied der Weltgesundheitsorganisation, erhielt von der Bill and Melinda Gates Foundation einen Zuschuss von vierzig Millionen Dollar für die Malariaforschung in Afrika. Die BBC beschrieb den nicht gewählten Whitty als »den Beamten, der wahrscheinlich den größten Einfluss auf unser tägliches Leben haben wird, den ein einzelner politischer Entscheidungsträger in der heutigen Zeit überhaupt haben kann«, und so kam es dann auch. Was Gates und Tedros verkündet haben, hat Whitty umgesetzt, genau wie seine Pendants auf der ganzen Welt. Patrick Vallance, Co-Vorsitzender von SAGE und wissenschaftlicher Chefberater der Regierung, ist ein ehemaliger leitender Angestellter des Pharmariesen GlaxoSmithKline, der umfassende finanzielle und geschäftliche Verbindungen zu Bill Gates unterhält. Im September 2020 wurde aufgedeckt, dass Vallance einen aufgeschobenen Bonus an Aktien von GlaxoSmithKline im Wert von 600.000 Pfund besaß, während das Unternehmen einen »Covid-Impfstoff« »entwickelte«. Gehen Sie weiter – hier gibt es nichts zu sehen – was kann daran schon falsch sein? Das Imperial College in London, das mit seinem »Covid-19«-Reaktionsteam eine wichtige Rolle in der »Covid«-Politik in Großbritannien und anderswo spielt, wird von Gates finanziert und hat gute Verbindungen nach China, während der inzwischen berüchtigte Professor Neil Ferguson, der nichtsnutzige »Computer-Modellierer« am Imperial College, ebenfalls von Gates finanziert wird. Ferguson lieferte die dramatisch ungenaue Ausrede für die ersten Lockdowns (mehr dazu im nächsten Kapitel). Das Institute for Health Metrics and Evaluation (IHME) in den Vereinigten Staaten, eine weitere Quelle unverschämt falscher »Covid«-Computermodelle zur Rechtfertigung von Lockdowns, wird von Gates finanziert, der ja ein vehementer Befürworter von Lockdowns ist.

Amerikas Version von Whitty und Vallance, der nicht minder berüchtigte Anthony Fauci, hat Verbindungen zum »Covid-Impfstoff«-Hersteller Moderna, der von der Bill and Melinda Gates Foundation finanziell gefördert wird. Fauci ist Direktor des National Institute of Allergy and Infectious Diseases (NIAID), einem der Hauptempfänger von Gates' Geld, und die beiden stehen sich sehr nahe. Deborah Birx, die im Februar 2020 zur Coronavirus-Reaktionskoordinatorin des Weißen Hauses ernannt wurde, ist eine weitere Person mit Verbindungen zu Gates. Überall, wo Sie sich die verschiedenen Elemente auf der Welt ansehen, die hinter der Koordination und Entscheidungsfindung des »Covid«-Schwindels stehen, sind Bill Gates und sein Geld zu finden. Dazu gehören die Weltgesundheitsorganisation, die Centers for Disease Control (CDC) in den Vereinigten Staaten, die National Institutes of Health (NIH) von Anthony Fauci, das Imperial College und Neil Ferguson sowie die London School of Hygiene, an der Chris Whitty arbeitete, Aufsichtsbehörden wie die britische Medicines & Healthcare Products Regulatory Agency (MHRA), die eine Notfallzulassung für »Covid«-Impfstoffe erteilte, der Wellcome Trust, die Impfstoff-Allianz GAVI, die Coalition for Epidemic Preparedness Innovations (CEPI), die Johns Hopkins University, die die falschen »Covid«-Zahlen zusammenstellt, und natürlich das Weltwirtschaftsforum. In einem Artikel auf Nationalfile.com heißt es:

> »Gates hat viel Einfluss in der medizinischen Welt, er unterhält eine millionenschwere Beziehung zu Dr. Fauci, und Fauci vertrat von Anfang an die Gates-Linie, die Impfstoffe propagierte und [das Medikament Hydroxychloroquin] in Zweifel zog. Das Mitglied des Coronavirus-Reaktionsteams Dr. Deborah Birx, die vom ehemaligen Prä-

> sidenten Obama zur globalen AIDS-Koordinatorin der Vereinigten Staaten ernannt wurde, sitzt ebenfalls im Vorstand einer Gruppe, die Milliarden von Gates' Stiftung erhalten hat, und Birx hat Berichten zufolge für die Maßnahmen des Weißen Hauses zur Bekämpfung des Coronavirus ein umstrittenes, von Bill Gates finanziertes Projektionsmodell verwendet. Gates ist ein großer Befürworter des Szenarios von Lockdowns der Bevölkerung bei einem Ausbruch des Coronavirus.«

Ein weiterer Geldgeber von Moderna ist die Defense Advanced Research Projects Agency (DARPA), der Technologie-Entwicklungsarm des Pentagon und eine der übelsten Organisationen der Welt. Die DARPA spielte zusammen mit der verdeckten Technologie-Finanzierungsoperation In-Q-Tel der CIA eine wichtige Rolle bei der Entwicklung von Google und den sozialen Medien, die heute im Zentrum der weltweiten Zensur stehen.

Fauci und Gates stehen sich sehr nahe und geben offen zu, regelmäßig über die »Covid«-Politik zu sprechen. Aber warum sollte Gates auch nicht an jedem nationalen Runden Tisch zu den »Covid«-Fragen sitzen, nachdem seine Stiftung 1,75 Milliarden Dollar für den »Kampf gegen Covid-19« bereitgestellt hat? Wenn Sie unser Orwellsches Übersetzungsprogramm durchlaufen lassen, bedeutet dies, dass er die vom Kult gesteuerte »Covid«-Reaktion weltweit gekauft und bezahlt hat. Recherchieren Sie die wichtigsten »Covid«-Ansprechpartner in Ihrem Land und Sie werden immer wieder dieselben Gates-Finanzierungen und personellen Verbindungen finden. Medizinische und wissenschaftliche Führungskräfte, die der »Politik« der Weltgesundheitsorganisation folgen, sitzen in ihrem jeweiligen Land an der Spitze einer medizinischen Hierarchie aus Verwaltungsangestellten, Ärzten und Pflegepersonal. Den »Untergebenen« wird gesagt, dass sie im Einklang mit der Politik arbeiten sollen und sich so verhalten müssen, wie von der »Spitze« der nationalen »Gesundheitspyramide« vorgegeben wird, die weitgehend der Politik der WHO folgt, die wiederum die Politik von Gates und dem Kult ist. Das ganze »Covid«-Narrativ wurde dem medizinischen Personal durch ein Klima der Angst aufgezwungen, obwohl viele das nicht einmal gebraucht hätten, um sich zu fügen. Sie tun das mit einem atemberaubenden Maß an Ignoranz. Darunter sind auch viele Ärzte, die einfach nur wiederholen, was Big Pharma und ihre Ärztefunktionäre sagen und zu glauben vorgeben. Kein Wunder, dass die Big Pharma-»Medizin« einer der größten Killer auf unserem Planeten ist.

Das gleiche System der Einschüchterung von oben nach unten funktioniert auch beim Kult-Kartell Big Pharma, das die Politik der nationalen und globalen Gesundheitssysteme diktiert. Der Kult und Big Pharma verfolgen dieselben Ziele, weil Ersterer

Letztere kontrolliert und besitzt. Die Gesundheitsverwaltung, Ärzte und Pflegepersonal werden angewiesen, die diktierte Politik zu unterstützen und nachzuplappern, oder sie müssen mit Konsequenzen rechnen, die bis zur Entlassung reichen können. Es ist traurig zu sehen, wie das medizinische Personal die Politik des Kults kleinlaut wiederholt und durchsetzt, ohne sie in Frage zu stellen. Die meisten von denen, die den Betrug durchschauen, sind nur bereit, anonym Stellung zu nehmen. Sie wissen, was ihnen passiert, wenn ihre Identität bekannt wird. So bleiben die wenigen Mutigen übrig, die die Lügen über das »Virus«, die Gesichtsmasken, die überfüllten Krankenhäuser, die es gar nicht gibt, und die Gefahren des »Impfstoffs«, der überhaupt keiner ist, aufdecken. Als diese Mediziner und Wissenschaftler, von denen einige auf ihrem Gebiet sehr renommiert sind, ins Internet gingen, um die Wahrheit aufzudecken, wurden ihre Artikel, Kommentare und Videos von Facebook, Twitter und YouTube gelöscht. Man kann wirklich nur noch den Kopf schütteln, wenn man YouTube-Videos mit weltweit führenden Wissenschaftlern und hochqualifizierten Medizinern sieht und darunter einen Link zu der berüchtigten Propaganda-Website des Kults, Wikipedia, findet, wo man die »Fakten« zum selben Thema nachlesen kann.

HIV – der »Covid«-Probelauf

Ich gebe Ihnen ein Beispiel für die Folgen, die Zensur und der unhinterfragte Glaube an offizielle Narrative für Gesundheit und Wahrheit haben. Die Geschichte wurde vom PCR-Erfinder Kary Mullis in seinem Buch *Dancing Naked in the Mine Field* (Nackt im Minenfeld tanzen) erzählt. Er sagte, er habe 1984 als eine wissenschaftliche Tatsache akzeptiert, dass Luc Montagnier vom französischen Institut Pasteur und Robert Gallo von den amerikanischen National Institutes of Health unabhängig voneinander entdeckten, dass ein »Retrovirus« namens HIV (Humanes Immundefizienz-Virus) AIDS verursacht. Schließlich waren sie, wie Mullis schreibt, Spezialisten für Retroviren. So funktionieren die medizinischen und wissenschaftlichen Pyramiden. Etwas wird verkündet oder angenommen und dann zum Allgemeingut, indem die Annahme wiederholt wird, als sei sie eine Tatsache. Völliger Unsinn wird zur akzeptierten Wahrheit, ohne dass es dafür Beweise gibt, einfach durch die ständige Wiederholung des Unsinns. So wurde ein »Virus«, das gar nicht existiert, zu dem »Virus«, das die Welt verändert hat. Das HIV-AIDS-Märchen wurde zu einer milliardenschweren Industrie und die Medien verbreiteten eine Propaganda, die die Welt in Angst und Schrecken versetzte: Das tödliche HIV-»Virus« verursache das lebensbedrohliche AIDS. Zu dieser Zeit arbeitete Mullis in einem Labor in Santa Monica, Kalifornien, um mit seinem PCR-Test Retroviren in Blutspenden des Roten Kreuzes nachzuweisen. Deshalb fragte er einen Virologen, wo er eine Referenz dafür finden könne, dass HIV die Ursache von AIDS sei. »Sie brauchen keine Referenz«, sagte der Virologe … »*Jeder weiß das.*« Mullis antwortete, er wolle in seinem Bericht eine Referenz zitieren, und er fühlte sich ein wenig komisch, weil er die Quelle einer so wichtigen Entdeckung nicht kannte, während alle anderen sie zu kennen schienen. Der Virologe schlug ihm vor, einen Bericht der Centers for Disease Control and Prevention (CDC) über Morbidität und Mortalität zu zitieren. Mullis las den Bericht, doch darin stand nur, dass ein Erreger identifiziert worden war, aber nicht, wie. Der Bericht enthielt keinen Hinweis auf die ursprüngliche wissenschaftliche Arbeit. Die Ärzte *nahmen an*, dass, wenn die CDC davon überzeugt war, dass HIV AIDS verursachte, es auch Beweise dafür geben musste (ein immer wiederkehrendes Thema). Mullis fährt fort:

> »Ich führte eine Recherche durch. Weder Montagnier, Gallo noch irgendjemand sonst hatte Arbeiten veröffentlicht, in denen Experimente beschrieben wurden, die zu dem Schluss führten, dass HIV wahrscheinlich AIDS verursacht. Ich las ihre Artikel in *Science*, durch die sie als AIDS-Ärzte bekannt geworden waren, aber alles, was sie dort gesagt hatten, war, dass sie bei einigen AIDS-Patienten Beweise für eine frühere Infektion mit etwas gefunden hatten, das wahrscheinlich HIV war.
>
> Sie hatten Antikörper gefunden. Antikörper gegen Viren galten immer als Beweis für eine frühere Krankheit, nicht für eine gegenwärtige Krankheit. Antikörper signalisierten, dass das Virus besiegt worden war. Der Patient hatte sich selbst gerettet. In diesen Arbeiten gab es keinen Hinweis darauf, dass dieses Virus eine Krankheit verursachte. Sie zeigten auch nicht, dass jeder, der die Antikörper aufwies, erkrankt war. Tatsächlich fanden sie sogar einige gesunde Menschen mit Antikörpern.«

Mullis fragte sich, warum ihre Arbeit veröffentlicht worden war, wenn Montagnier und Gallo diesen Beweis nicht wirklich gefunden hatten, und warum sie so hart dafür kämpften, als HIV-Entdecker anerkannt zu werden. Mullis erzählte, er habe gezögert, zu schreiben, »HIV ist die wahrscheinliche Ursache von AIDS«, ohne veröffentlichte Beweise gefunden zu haben, die das belegen. »Zehntausende von Wissenschaftlern und Forschern gaben jedes Jahr Milliarden von Dollar für die Forschung auf der Grundlage dieser Idee aus«, schreibt Mullis. »Irgendwo musste der Grund dafür liegen, sonst hätten diese Leute sich doch nicht auf ein so begrenztes Forschungsfeld festgelegt.« Er sagte, er habe auf zahlreichen Tagungen, auf denen immer wieder von HIV die Rede war, Vorträge über PCR gehalten und die Teilnehmer gefragt, woher sie denn wüssten, dass HIV die Ursache von AIDS sei:

> »Jeder hat etwas gesagt. Jeder hatte die Antwort zu Hause, im Büro, in irgendeiner Schublade. Sie alle wussten es und würden mir die Papiere schicken, sobald sie wieder zu Hause waren. Aber ich habe nie irgendwelche Papiere bekommen. Niemand schickte mir jemals die Nachricht, dass AIDS durch HIV verursacht wurde.«

Schließlich gelang es Mullis, Montagnier selbst nach dem Beweis zu fragen, als dieser in San Diego bei der Eröffnung des AIDS-Forschungszentrums der University of California einen Vortrag hielt. Mullis sagt, dass dies das letzte Mal war, dass er seine Frage stellen konnte, ohne dabei selber wütend zu werden. Montagnier sagte, er solle sich auf den CDC-Bericht beziehen. »Ich habe ihn gelesen«, sagte Mullis, und er hat die Frage nicht beantwortet. »Wenn Montagnier die Antwort nicht kannte, wer zum Teufel dann?« Eines Abends hörte Mullis im Auto auf dem Kanal des Radiosenders National Public ein Interview mit Peter Duesberg, einem prominenten Virologen in Berkeley, der zum kalifornischen Wissenschaftler des Jahres ernannt worden war. Da, sagte Mullis, habe er endlich begriffen, warum er keine Hinweise auf einen Zusammenhang zwischen HIV und AIDS finden konnte – *es gab keine!* Niemand hatte jemals bewiesen, dass HIV AIDS verursacht, obwohl es eine milliardenschwere globale Industrie hervorgebracht hatte und die Medien dies täglich in ihren Artikeln und Sendungen als Tatsache wiederholten, um den Menschen Angst vor AIDS zu machen und den Eindruck zu erwecken, dass ein positiver HIV-Test (siehe »Covid«) ein Todesurteil sei. Duesberg wurde beschimpft und gegeißelt, nachdem er in der Zeitschrift *Proceedings of the National Academy of Sciences* erklärt hatte, es gebe keine stichhaltigen Beweise für das neue »Virus«. Er war dadurch zu einer Bedrohung für das AIDS-Geschwurbel geworden und für die Agenda, die dahinterstand. In der Folge lehnten andere Fachzeitschriften seine Manuskripte ab und seine Forschungsgelder wurden gestrichen. Mullis weist darauf hin, dass die CDC AIDS bei mehr als dreißig Krankheiten als Diagnose definiert hat, *wenn ein positives Ergebnis bei einem Test vorliegt*, der Antikörper gegen HIV nachweist. Aber dieselben Krankheiten werden nicht als AIDS-Fälle definiert, wenn keine Antikörper nachgewiesen werden:

> »Wenn eine HIV-positive Frau zum Beispiel Gebärmutterkrebs entwickelt, gilt sie als AIDS-positiv. Wenn sie nicht HIV-positiv ist, hat sie einfach Gebärmutterkrebs. Ein HIV-positiver Mann mit Tuberkulose hat AIDS; wenn er negativ getestet wird, hat er einfach

nur Tuberkulose. Lebt er in Kenia oder Kolumbien, wo der Test auf HIV-Antikörper zu teuer ist, wird einfach angenommen, dass er die Antikörper und damit AIDS hat und deshalb in der Klinik der Weltgesundheitsorganisation behandelt werden kann. Das ist mancherorts die einzige verfügbare medizinische Hilfe. Und sie ist kostenlos, denn die Länder, die die WHO unterstützen, sind besorgt über AIDS.«

Mullis beschuldigte die CDC, kontinuierlich neue Krankheiten (siehe immer mehr »Covid-Symptome«) zur großen AIDS-Definition hinzuzufügen und die Bücher quasi zu frisieren, um den Anschein zu erwecken, als würde sich die Krankheit weiter ausbreiten. Er zitiert, wie die CDC 1993 ihre AIDS-Definition enorm erweitert hat und die Gesundheitsbehörden der Bezirke hocherfreut waren, weil sie für jeden gemeldeten AIDS-Fall 2.500 Dollar pro Jahr von der US-Bundesregierung erhielten. Meine Damen und Herren, ich habe soeben via Kary Mullis die »Covid-Pandemie« des Jahres 2020 beschrieben. Jedes Element ist gleich und wird auf die gleiche Weise von den gleichen Netzwerken durchgezogen.

Das »Covid-Virus« existiert? Okay – beweisen Sie es. Ähm … Ich warte …

Was Kary Mullis (1944-2019) in Bezug auf »HIV« beschrieben hat, wiederholt sich jetzt bei »Covid«. Es wird behauptet, dass eine neue oder »neuartige« Infektion gefunden wurde, und das gesamte medizinische System der Welt wiederholt dies als Tatsache, genau wie es bei HIV und AIDS der Fall war. Niemand in der breiten Öffentlichkeit stellt Fragen wie »Woher wissen die das?« und »Wo ist Ihr Beweis?«. Das SARS-CoV-2-»Virus« und die »Covid-19-Krankheit« wurden über Nacht zu einem »Jeder-weiß-das«. Über den Ursprung kann man debattieren und grübeln, aber man kann nicht behaupten, dass »SARS-CoV-2« nicht existiert. Das wäre doch lächerlich. Jeder weiß, dass das »Virus« existiert. Nun, ich zum Beispiel nicht, zusammen mit amerikanischen Ärzten wie Andrew Kaufman und Tom Cowan und dem amerikanischen Journalisten Jon Rappaport. Wir haben es gewagt, der naheliegenden und einfachen Frage nachzugehen: »Wo sind die Beweise?« Die überwältigende Mehrheit in der Medizin, im Journalismus und in der breiten Öffentlichkeit dachte nicht einmal daran, diese Frage zu stellen. Schließlich *wusste doch jeder*, dass es ein neues »Virus« gab. »Alle sagen es, und ich hab's im Fernsehen gehört.« Einige sollten schließlich argumentieren, dass das »tödliche Virus« gar nicht so tödlich war, wie immer behauptet wurde, aber nur wenige wagten sich an die Infragestellung seiner Existenz. Hätten sie es getan, hätten sie festgestellt, dass die Beweise für diese Behauptung spurlos verschwunden waren, genau wie bei HIV und AIDS. Ach, nicht einmal das. Damit etwas verschwinden kann, muss es ja erst einmal existieren, aber wissenschaftliche Beweise für ein wie auch immer geartetes »SARS-CoV-2« sind offenbar unter null, nirgends und nichtig abgelegt worden.

Dr. Andrew Kaufman ist ein zugelassener forensischer Psychiater im Bundesstaat New York, Doktor der Medizin und ehemaliger Assistenzprofessor und medizinischer Leiter der Psychiatrie an der SUNY Upstate Medical University sowie medizinischer Ausbilder für Hämatologie und Onkologie an der Medical School of South Carolina. Er studierte außerdem Biologie am Massachusetts Institute of Technology (MIT) und absolvierte eine Ausbildung in Psychiatrie an der Duke University. Kaufman hat sich von der allopathischen Medizin, den Heilmethoden der Schulmedizin, zurückgezogen, ist aber weiter als Berater und Ausbilder für Naturheilkunde tätig. Ich habe schon ganz zu Anfang des »Covid«-Schwindels ein Video von ihm gesehen, in dem er die Behauptungen über das »Virus« in Frage stellte, für dessen Existenz es keine Beweise gibt, und vieles in eine andere Richtung deutete. Seitdem habe ich alles in meiner Macht Stehende getan, um seine Arbeit zu verbreiten, die meiner Meinung nach die entscheidenden Fragen stellt, die beantwortet werden müssen. Ich kann Ihnen ein ausgezeichnetes Interview empfehlen, das er für die Website *The Last Vagabond* unter dem Titel »Dr. Andrew Kaufman: Virus Isolation, Terrain Theory and Covid-19« (Dr. Andrew Kaufman: Virusisolierung, Terrain-Theorie und Covid-19) geführt hat. Seine Website lautet www.andrewkaufmanmd.com. Kaufman ist nicht nur ein forensischer Psychiater, er ist in allem, was er tut, forensisch. Er liest immer wissenschaftliche Originalarbeiten, Experimente und Studien, statt Berichte aus zweiter, dritter und vierter Hand über das »Virus« in den Medien zu lesen, die das immer gleiche Narrativ wiederholen. Als er sich die chinesischen Originaldokumente über das »Virus« ansah, erkannte Kaufman, dass es keinen Beweis für ein »SARS-CoV-2« gab. Sie hatten von Anfang an nicht bewiesen, dass es existiert, und jede Wiederholung der Behauptung seiner Existenz weltweit beruhte auf der Annahme, dass es einen Beweis gibt, der jedoch nirgends zu finden war – siehe Kary Mullis und HIV. Da haben wir es wieder.

Stellen wir folgende These auf

Kaufman entdeckte, dass die chinesischen Behörden sofort zu dem Schluss kamen, die Ursache für eine Krankheit, die bei etwa zweihundert Patienten in Wuhan ausbrach, sei ein »neues Virus«, obwohl es keinen Grund für diese Schlussfolgerung gab. Das angebliche »Virus« wurde nicht von anderem genetischen Material in den Proben isoliert und dann durch ein System, das als Koch'sche Postulate bekannt ist, als Erreger der Krankheit nachgewiesen. Der Welt wurde einfach gesagt, dass das SARS-CoV-2-»Virus« eine Krankheit verursache, die man »Covid-19« nennt. Diese Krankheit weise »grippeähnliche« Symptome auf und könne zu Atemproblemen und Lungenentzündung führen. Wenn es nicht so tragisch wäre, wäre es fast schon witzig. *Grippeähnliche Symptome? Lungenentzündung? Atemwegserkrankung?* Wie bitte? In CHINA und insbesondere in Wuhan, einer der am stärksten umweltbelasteten Städte der Welt, die daraus resultierend bereits eine Epidemie von Atemwegserkrankungen aufwies? In China erkranken jedes Jahr dreihunderttausend Menschen an Lungenentzündung und weltweit gibt es fast eine Milliarde Fälle von »grippeähnlichen Symptomen«. Dafür gibt es eine ganze Reihe von Ursachen – unter anderem die Luftverschmutzung in Wuhan –, aber keine andere Möglichkeit wurde Ende 2019 ernsthaft in Betracht gezogen, als man der Welt mitteilte, dass es ein neues und tödliches »Virus« gibt. Die weltweite Verbreitung von Lungenentzündungen und »grippeähnlichen Symptomen« verschaffte den Netzwerken des Kults unbegrenzte Möglichkeiten, diese anderen Ursachen als das mythische »Covid-19« neu zu diagnostizieren, und das taten sie von Anfang an.

Kaufman enthüllte, dass chinesische medizinische und wissenschaftliche Behörden – die alle der kommunistischen Regierung und damit dem Kult unterstellt waren – genetisches Material aus den Lungen einiger weniger der ersten Patienten entnommen hatten. Das Material enthielt körpereigene Zellen, Bakterien, Pilze und andere im Körper lebende Mikroorganismen. Die einzige Möglichkeit, die Existenz des »Virus« zu beweisen und zu zeigen, dass es für die angeblichen »Covid-19«-Erkrankungen verantwortlich war, bestand darin, das Virus von all dem anderen Material zu isolieren – ein Prozess, der auch als *Reinigung* bekannt ist – und dann die Postulate zu befolgen, die im späten neunzehnten Jahrhundert von dem deutschen Arzt und Bakteriologen Robert Koch (1843-1910) entwickelt wurden und die zum »Goldstandard« für den Nachweis eines mutmaßlichen Erregers einer Krankheit wurden:

1. Der Mikroorganismus (Bakterien, Pilze, Viren usw.) muss bei jedem Krankheitsfall vorhanden sein und alle Patienten müssen die gleichen Symptome aufweisen. Er darf bei gesunden Personen nicht vorhanden sein.
2. Der Mikroorganismus muss von dem erkrankten Wirt isoliert werden. Handelt es sich bei dem Mikroorganismus um ein Bakterium oder einen Pilz, muss er in einer Reinkultur gezüchtet werden. Handelt es sich um ein Virus, muss es aus ei-

ner klinischen Probe isoliert werden (die Probe darf am Ende der Reinigung kein anderes Material als die Viruspartikel enthalten).

3. Die spezifische Krankheit mit all ihren Merkmalen muss reproduziert werden, wenn der Erreger (das gereinigte Virus oder eine Reinkultur von Bakterien oder Pilzen) einem gesunden, anfälligen Wirt eingeimpft wird.
4. Der Mikroorganismus muss aus dem experimentell infizierten Wirt wie in Schritt 2 wiedergewonnen werden können.

Kein einziges dieser Kriterien wurde im Fall von »SARS-CoV-2« und »Covid-19« erfüllt. Nicht EINES. *NIE.* Robert Koch bezieht sich auf Bakterien und nicht auf Viren. Die sogenannten »Viruspartikel« sind dermaßen winzig (weshalb auch Masken nach jeder Definition nutzlos sind), dass sie erst nach der Erfindung des Elektronenmikroskops in den 1930er Jahren gesehen werden konnten und bis heute nur mit diesem Hilfsmittel beobachtet werden können. Der amerikanische Bakteriologe und Virologe Thomas Milton Rivers (1888-1962), der sogenannte »Vater der modernen Virologie«, der in den 1930er Jahren maßgeblich das Rockefeller Institute for Medical Research leitete, entwickelte eine weniger strenge Version der Koch'schen Postulate zur Identifizierung der Krankheitserreger durch »Viren«, die sogenannten »Rivers-Kriterien«. Auch diesen Prozess hat »Covid« nicht bestanden. Manche bezweifeln sogar, dass ein »Virus« mit der Koch-Methode von anderen Partikeln, die genetisches Material enthalten, überhaupt isoliert werden kann. Anfragen im Rahmen der jeweiligen Gesetze zur Informationsfreiheit in vielen Ländern, in denen nach wissenschaftlichen Beweisen für die Reinigung und Isolierung des »Covid-Virus« und dessen Existenz gefragt wurde, wurden alle mit einem »Liegen uns nicht vor« beantwortet. Das britische Gesundheitsministerium antwortete auf eine dieser Anfragen:

> »Unabhängig von der Antwort im Rahmen des Gesetzes zur Informationsfreiheit [Freedom of Information Act] und auf Diskretionsbasis haben wir jedoch die folgenden Informationen, die von Interesse sein könnten. Die meisten Infektionskrankheiten werden durch Viren, Bakterien oder Pilze verursacht. Einige Bakterien oder Pilze sind in der Lage, in Isolation zu wachsen, zum Beispiel in Kolonien auf einer Petrischale. Viren sind insofern anders, als sie sogenannte ›obligate Krankheitserreger‹ sind – das heißt, sie können nicht überleben oder sich vermehren, ohne einen Wirt zu infizieren ...
>
> ... Bei einigen Krankheiten ist es möglich, einen ursächlichen Zusammenhang zwischen einem Mikroorganismus und einer Krankheit herzustellen, indem man den Erreger von einem Patienten isoliert, ihn in einer Reinkultur züchtet und dann einem gesunden Organismus wieder zuführt. Diese als ›Koch'sche Postulate‹ bekannten

Erkenntnisse wurden 1882 entwickelt. Da sich unser Verständnis von Krankheiten und verschiedenen Krankheitserregern jedoch weiterentwickelt hat, entsprechen diese Postulate nicht mehr den heutigen Methoden zur Bestimmung von Krankheitsursachen. [Andrew Kaufman fragt, warum in diesem Fall zwei veröffentlichte Artikel fälschlicherweise behaupten, die Postulate von Koch zu erfüllen.]

Es ist seit langem bekannt, dass virale Krankheiten so nicht identifiziert werden können, da man Viren nicht in ›Reinkultur‹ züchten kann. Wenn ein Patient auf eine Viruserkrankung getestet wird, geschieht dies in der Regel durch die Suche nach Antigenen oder dem genetischen Code des Virus in einem Wirt mit molekularbiologischen Techniken. [Kaufman fragt, wie man den Ursprung dieser Substanzen erkennen kann, ohne eine Reinkultur zum Vergleich zu haben.]«

Für das Protokoll – »Antigene« sind so definiert:

»Eindringende Mikroorganismen haben Antigene auf ihrer Oberfläche, die der menschliche Körper als fremd erkennen kann – was bedeutet, dass sie nicht zu ihm gehören. Wenn der Körper ein fremdes Antigen erkennt, produzieren die Lymphozyten (weiße Blutzellen) Antikörper, die in ihrer Form komplementär zum Antigen sind.«

Ungeachtet dessen, dass dies in Bezug auf »SARS-CoV-2« bezweifelt werden darf, kann das Vorhandensein von »Antikörpern« viele Ursachen haben. Sie werden auch bei Menschen gefunden, die völlig gesund sind. Kary Mullis sagte: »Antikörper … wurden immer als Beweis für eine überstandene Infektion angesehen, nicht für eine akute Krankheit.«

»Covid« ist in Wahrheit ein Computer-»Virus«

Wenn das britische Gesundheitsministerium sagt, dass »Viren« jetzt durch einen »viralen genetischen Code in einem Wirt mit molekularbiologischen Techniken erkannt werden«, meinen sie damit … *den PCR-Test*, von dem sein Erfinder sagte, dass er nicht auf Infektionskrankheiten testen kann. Sie haben keine glaubhafte Methode, um ein »Virus« mit einer Krankheit in Verbindung zu bringen, und wir werden noch sehen, dass es auch keinen wissenschaftlichen Beweis dafür gibt, dass irgendein »Virus« irgendeine Krankheit verursacht oder dass es überhaupt so etwas wie ein »Virus« in der beschriebenen Form gibt. Die hartnäckige kanadische Forscherin Christine Massey und ihr Team haben im Rahmen des Gesetzes zur Informationsfreiheit rund vierzig Anfragen an nationale Gesundheitsbehörden in verschiedenen Ländern gestellt, um den Nachweis zu erhalten, dass SARS-CoV-2 isoliert wurde, und keine einzige dieser Behörden konnte diese Informationen liefern. Massey sagt in Bezug auf ihr eigenes Land: »Die Anfragen im Rahmen der Informationsfreiheit zeigen, dass die kanadische Gesundheitsbehörde keine Aufzeichnungen über eine ›SARS-CoV-2‹-Isolierung hat, die von irgendjemandem, irgendwo, jemals durchgeführt wurde.« Und wenn Sie die Antwort des britischen Gesundheitsministerium akzeptieren können: Es antwortete lapidar, dass es nicht die Möglichkeit hat, ein »Virus« zu isolieren. Trotzdem behaupteten viele »wissenschaftliche« Arbeiten, das »Covid-Virus« isoliert zu haben, bis sie genauer hinterfragt wurden und herauskam, dass sie es gar nicht geschafft hatten. Eine Antwort des Robert-Koch-Instituts in Deutschland war typisch: »Uns ist keine Arbeit bekannt, in der isoliertes SARS-CoV-2 aufbereitet wurde.«

Was, zum Teufel, haben Christian Drosten und seine Clique also benutzt, um das »Covid«-Testprotokoll zu entwerfen, das all die vorgetäuschten Fallzahlen von »Covid« und die »Covid«-Todesfälle produziert hat, wenn der Leiter der chinesischen Version einer Seuchenkontrollbehörde doch zugab, dass es von Anfang an ein Problem gab, weil das »Virus« nie isoliert/gereinigt worden war? Atmen Sie tief durch: Was man als »Covid« bezeichnet, ist in Wahrheit von einem *Computerprogramm* erzeugt worden, das heißt: *Sie haben es erfunden* – so, das war's. Sie nahmen Lungenflüssigkeit mit genetischem Material aus zahlreichen Quellen von einer einzigen Person, die angeblich mit Covid-19 infiziert war, und führten einen PCR-Test durch, von dem sie *behaupteten*, er weise ein »Virus« nach, ohne dass es dafür eindeutige Beweise gab. Sie benutzten mehrere Computerprogramme, um ein Modell einer theoretischen Virusgenomsequenz aus mehr als sechsundfünfzig Millionen kleinen RNA-Sequenzen zu erstellen, von denen jede eine unbekannte Quelle hatte, und setzten sie wie ein Puzzle ohne bekannte Lösung zusammen. Der Computer füllte die Lücken mit Sequenzen aus der Genbank, so dass es wie ein SARS-ähnliches Coronavirus aussah! Einmal den Zauberstab geschwenkt, und *puff!* Schon haben wir ein *in silico* (computergeneriertes) Genom – eine wissenschaftliche Fantasie war geschaffen.

Der britische Gesundheitsexperte Dr. Kevin Corbett vertritt genau denselben Standpunkt, den er durch die folgende Analogie verdeutlicht:

> »Es ist, als würde man Ihnen ein paar Gräten geben und sagen, das ist Ihr Fisch. Es könnte jeder Fisch sein. Nicht einmal ein Skelett. Es sind ein paar Fragmente

von Gräten. Das ist Ihr Fisch... Das stammt alles aus der Genbank und die Teile der Virussequenz, die nicht vorhanden waren, wurden von ihnen erfunden.

Sie haben sie synthetisch erzeugt, um die Lücken zu füllen. Das ist es, was Genetik ist: ein Code. Da steht also ABBBCCDDD und Ihnen fehlt etwas, von dem Sie glauben, es könnte EEE sein, also fügen Sie es ein. Es ist alles synthetisch. Sie stellen die fehlenden Teile einfach selbst her. Das ist das Endergebnis der Genetisierung der Virologie. Im Grunde ist es ein Computervirus.«

Eine weitere Bestätigung ergab sich durch einen eMail-Wechsel zwischen der britischen Journalistin Frances Leader und der staatlichen Aufsichtsbehörde für Arzneimittel und Gesundheitsprodukte (der von Gates finanzierten MHRA), die eine Notfallzulassung für die Verwendung von ungetesteten »Covid-Impfstoffen« erteilt hatte. Die Behörde gab zu, dass der »Impfstoff« nicht auf einem isolierten »Virus« beruht, sondern aus einem *computergenerierten* Modell stammt. Frances Leader wurde natürlich aus dem Kult-zensierten faschistischen Twitter verbannt, weil sie diese Mitteilung öffentlich gemacht hatte. Der Prozess der Erstellung von computergenerierten angeblichen »Viren« wird als »*in silico*« oder »in Silizium« – bezogen auf Computerchips – bezeichnet, und man nimmt an, dass der Begriff »*in silico*« seinen Ursprung in biologischen Experimenten hat, die 1989 nur auf Computern durchgeführt wurden. »Impfstoffe«, die mit »Covid« zu tun haben, werden ebenfalls »*in silico*« oder per Computer und nicht in einem natürlichen Prozess hergestellt.

Wenn das ursprüngliche »Virus« nichts weiter als ein erfundenes Computermodell ist, wie kann es dann »neue Varianten« von etwas geben, das es gar nicht gibt? Es handelt sich nicht um neue »Varianten«, sondern um *neue Computermodelle*, die sich nur geringfügig von dem ursprünglichen Programm unterscheiden und dazu dienen, die Bevölkerung weiter in Angst und Schrecken zu halten, damit sie sich impfen lässt und sich dem Faschismus unterwirft. Sie wollen eine »neue Variante«? Klicken Sie, klicken Sie, geben Sie ein – und los geht's. Sagen Sie der Ärzteschaft, dass Sie eine »südafrikanische Variante«, eine »britische Variante« oder eine »brasilianische Variante« entdeckt haben, und in der üblichen HIV-verursacht-AIDS-Manier wird sie es unhinterfragt wiederholen, ohne auch nur den geringsten Beweis für diese Behauptungen zu verlangen. Sie wird im Fernsehen vor den Gefahren der »neuen Varianten« warnen und dabei nichts weiter tun, als das zu wiederholen, was man ihr gesagt hat, und dabei wissen, dass jede Abweichung davon den Karriereselbstmord darstellen würde. Die großen Insider wissen, dass es sich um einen Schwindel handelt, aber die Ärzteschaft ahnt in der überwiegenden Zahl nicht im Geringsten, wie sie ausgetrickst wird, und spielt einfach mit, ohne sich dessen überhaupt bewusst zu sein. Was für ein interessanter »Zufall«, dass AstraZeneca und die Universität Oxford »Covid-Impfstoffversuche« in den drei Ländern – Großbritannien, Südafrika und Brasilien – durchgeführt haben, in denen die ersten drei »Varianten« angeblich »ausgebrochen« sind.

Das »Virus« ist ein Einhorn

Dr. Andrew Kaufman präsentierte eine brillante Analyse, in der er beschrieb, wie das »Virus« in eine Schein-Existenz hineinfantasiert wurde, als er einen in *Nature* veröffentlichten Artikel von neunzehn Autoren sezierte, in dem die *angebliche* »Sequenzierung eines vollständigen viralen Genoms« des »neuen SARS-CoV-2-Virus« beschrieben wurde. Ein im Computer modelliertes *in-silico*-Genom wurde als Vorlage für alle nachfolgenden Genomsequenzierungsexperimente verwendet, die zu den sogenannten Varianten führten, von denen der Artikel behauptete, dass es inzwischen mehr als *sechstausend* gibt. Das gefälschte Genom wurde aus mehr als sechsundfünfzig Millionen einzelnen kurzen RNA-Strängen konstruiert. Diese kleinen Stücke werden zu längeren Stücken zusammengesetzt, indem man Bereiche mit sich überschneidenden Sequenzen heraussucht. Über zwei Millionen mögliche Kombinationen zeigten die Computerprogramme an, aus denen die Autoren einfach die längste auswählten. Dann verglichen sie diese mit einem »Fledermausvirus« und die Computer-»Modellierung« ordnete die Sequenz neu an und füllte die Lücken! Sie nannten diese vom Computer erzeugte Monstrosität das »vollständige Genom«.

Dr. Thomas Cowan, ein weiterer medizinischer Autor und Mitarbeiter von Kaufman, sagte, dass eine solche Computergenerierung wissenschaftlicher Betrug sei, und er zieht diese großartige Analogie:

> »Hier ist eine Entsprechung: Eine Gruppe von Forschern behauptet, auf ein Einhorn gestoßen zu sein, weil sie ein Stück eines Hufes, ein Haar von einem Schweif und ein Stückchen Horn gefunden haben. Dann geben sie diese Informationen in einen Computer ein und programmieren ihn so, dass er das Einhorn nachbildet, und behaupten anschließend, diese Computer-Nachbildung sei das echte Einhorn. Natürlich hatten sie noch nie ein Einhorn gesehen, so dass sie dessen genetischen Aufbau gar nicht untersuchen und mit ihren Proben vom Haar, Huf und Horn des echten Einhorns vergleichen konnten.
>
> Die Forscher behaupten, sie hätten das wahre Genom von SARS-CoV-2 durch einen ›Konsens‹, eine Art Abstimmung, bestimmt. Verschiedene Computerprogramme

> liefern offenbar unterschiedliche Versionen des imaginären ›Einhorns‹, so dass sie als Gruppe abstimmten und entschieden, welches das echte imaginäre Einhorn ist.«

Auf diese Weise wurde dem »Virus«, das die Welt verändert hat, eine künstliche »Existenz« beschert. Außergewöhnlich, ja, aber wie die Nazis sagten, je größer die Lüge, desto mehr werden sie glauben. Cowan war jedoch noch nicht fertig und fuhr damit fort, das zu identifizieren, was er als den wahren Knüller in dem Papier bezeichnete. Er zitiert den folgenden Abschnitt aus einem von Virologen verfassten und von der CDC veröffentlichten Papier und erklärt dann dessen Bedeutung:

> »Daher untersuchten wir die Fähigkeit von SARS-CoV-2, mehrere gängige Primaten- und menschliche Zelltypen zu infizieren und zu replizieren, darunter menschliche Adenokarzinomzellen (A549), menschliche Leberzellen (HUH 7.0) und menschliche embryonale Nierenzellen (HEK-293T). Zusätzlich noch Vero-E6- und Vero-CCL81-Zellen ... Jede Zellart wurde mit einer hohen Multiplizität der Infektion geimpft und vierundzwanzig Stunden nach der Infektion untersucht. Bei keiner der Zelllinien wurde ein CPE beobachtet, außer bei den Vero-Zellen, die vierundzwanzig Stunden nach der Infektion auf mehr als 10 hoch 7 anwuchsen. Im Gegensatz dazu zeigten HUH 7.0 und 293T nur eine bescheidene virale Replikation, und A549-Zellen waren mit einer SARS-CoV-2-Infektion inkompatibel.«

Cowan erklärt, dass Virologen, wenn sie versuchen, eine Infektion nachzuweisen, drei mögliche »Wirte« oder Methoden haben, mit denen sie testen können. Das erste wäre der Mensch. Die Infizierung von Menschen wurde in der Regel aus ethischen Gründen nicht durchgeführt und ist mit SARS-CoV-2 oder einem anderen Coronavirus auch nie erfolgt. Der zweite mögliche Wirt wären Tiere. Cowan erklärt, dass sie bei einem solchen Vorgehen vergessen würden, dass sie bei Tierversuchen niemals gereinigte Viren verwenden, sondern Lösungen, von denen *behauptet wird*, das Virus zu enthalten. Die Infizierung von Tieren mit dem SARS-CoV-2-Virus wurde in einem Experiment mit Mäusen untersucht, und das Ergebnis war wie folgt: *Keine der wilden (normalen) Mäuse wurde krank.* Bei einer Gruppe von genetisch veränderten Mäusen verlor eine statistisch unbedeutende Anzahl an Gewicht und hatte ein leicht gesträubtes Fell, aber sie litten nicht an einer Krankheit namens »Covid-19«. Cowan schrieb, dass die dritte Methode – die am häufigsten angewandte – darin besteht, Lösungen, die angeblich das Virus enthalten, in verschiedene Gewebekulturen zu injizieren. Bei diesem Verfahren wurde noch nie nachgewiesen, dass Gewebe davon abstirbt, *es sei denn*, das Probenmaterial wurde als *Teil des Prozedere* nährstoffarm gemacht und vergiftet. Ja, es ist unglaublich, dass in Gewebeexperimenten, die zeigen sollen, dass das »Virus« für das Absterben des Gewebes verantwortlich ist, das Gewebe ohne Nährstoffe bleibt und mit toxischen Medikamenten, einschließlich Antibiotika, behandelt wird und dass es keine Kontrollstudien gibt, um festzustellen, ob es das Aushungern und die Vergiftung sind, die das Gewebe abbauen, und nicht das »Virus«, das angeblich irgendwo in ihm steckt. Sie möchten, dass ich Sie kneife? Ja, ich verstehe. Tom Cowan hat sich zu dieser ganzen unsinnigen Farce geäußert und erklärt, was dieses Zitat aus dem CDC-Papier wirklich bedeutet:

> »Das Schockierende an dem obigen Zitat ist, dass die Virologen mit ihren eigenen Methoden herausgefunden haben, dass Lösungen, die SARS-CoV-2 enthalten – selbst in hohen Mengen – NICHT, ich wiederhole NICHT, für eine der drei getesteten menschlichen Gewebekulturen infektiös waren. Im Klartext bedeutet dies, sie haben bewiesen, dass dieses ›neue Coronavirus‹ für den Menschen nicht infektiös ist. Es ist NUR für Nierenzellen von Affen infektiös, und auch nur dann, wenn man zwei starke Medikamente (Gentamizin und Amphoterizin), die bekanntermaßen nierentoxisch sind, zu der Mischung hinzufügt.
>
> Meine Freunde, lesen Sie das noch einmal und noch einmal. Diese Virologen, die von der CDC veröffentlicht wurden, haben unter den selbstgewählten Konditionen einen eindeutigen Beweis dafür erbracht, dass das SARS-CoV-2-Virus für den Menschen harmlos ist. Das ist die einzig mögliche Schlussfolgerung, aber leider wird dieses Ergebnis in ihrer Schlussfolgerung nicht einmal erwähnt. Sie sagen lediglich, dass sie Virusbestände zur Verfügung stellen können, die allein auf Vero-Zellen von Affen gezüchtet wurden – danke für Ihren Besuch.«

Cowan schloss: »Wenn die Menschen endlich verstehen, was da für eine ›Wissenschaft‹ betrieben wird, wünsche ich mir, dass sie die Labortür eintreten und Ehrlichkeit, Transparenz und Wahrheit fordern.« Dr. Michael Yeadon, ehemaliger Vizepräsident und wissenschaftlicher Chefberater des Pharmariesen Pfizer, hat den »Covid-Impfstoff« wegen seines Potenzials für Mehrfachschäden heftig kritisiert. In einem Interview im April 2021 sagte er, dass »kein einziger [Impfstoff] das Virus enthält«. Er wurde gefragt, warum für »Covid« keine »Tot-Impfstoffe« mit abgestorbenen Erregern verwendet werden, um das Immunsystem zu aktivieren, und warum stattdessen beim »mRNA-Covid-Impfstoff« auf synthetische Virenbestandteile zurückgegriffen wird. Yeadon antwortete, dass man dafür »etwas von [dem Virus] haben müsste«, und er fügte hinzu: »Niemand hat etwas – ernsthaft.« Yeadon erklärte, dass man unmöglich der ganzen Welt ein Jahr lang etwas vormachen könne, ohne ein Virus zu haben, »aber seltsamerweise hat es niemand«. Er verstand nicht, warum bei all den »großartigen Laboren« auf der ganzen Welt das Virus nicht isoliert worden war: »Vielleicht waren sie zu sehr damit beschäftigt, schlechte PCR-Tests und Impfstoffe zu entwickeln, die die Menschen nicht brauchen.«

Was heute als »Wissenschaft« bezeichnet wird, ist gar keine »Wissenschaft«. Wissenschaft ist nicht mehr das, was Fakt ist, sondern das, was den Menschen als Fakt *vorgegaukelt* werden kann. Der Kult hat sich die echte Wissenschaft unter den Nagel gerissen, um »wissenschaftliche Experten« und Behauptungen zu produzieren, die der Agenda des Kults entsprechen. So groß ist der Schwindel mit »Covid«, der komplett auf fingierter Wissenschaft beruht, die von betrügerischen »Wissenschaftlern« und falschen »Ärzten« geliefert wurde. Der Schwindel mit dem vom Menschen verursachten Klimawandel beruht ebenfalls auf gefälschter Wissenschaft, die von falschen »Wissenschaftlern« und falschen »Klimaexperten« geliefert wird. In beiden Fällen werden die Ansichten von echten Wissenschaftlern, Klimaexperten und Ärzten durch den Kult-kontrollierten Wissenschaftsbetrieb, die Medien und das Silicon Valley unterdrückt und gelöscht. Dies ist die »Wissenschaft«, der die Politiker angeblich »folgen«, und der gemeinsame Nenner von »Covid« und Klima sind die Kult-Psychopathen Bill Gates und sein Kumpel Klaus Schwab vom Weltwirtschaftsforum, das natürlich von Gates finanziert wird. Aber keine Sorge, das ist alles nur ein Zufall und absolut kein Grund zur Sorge. *Phhhhh!*

Was ist ein »Virus« WIRKLICH?

Dr. Tom Cowan ist nur einer von vielen, die die Existenz von Viren bestreiten, ganz zu schweigen davon, dass sie Krankheiten verursachen. Das ist verständlich, wenn es keine wissenschaftlichen Beweise für ein krankheitsverursachendes »Virus« gibt. Der deutsche Virologe Dr. Stefan Lanka hat 2017 vor dem Bundesgerichtshof einen bahnbrechenden Prozess gewonnen, weil er behauptete, dass es kein Masernvirus gibt. Er hatte einen hohen Preis für denjenigen ausgelobt, der beweisen kann, dass es ein Masernvirus gibt, und Lanka gewann seinen Fall, als jemand das Geld einfordern wollte. Derzeit ist ein Preis von mehr als 225.000 Euro von einem Isolate Truth Fund für jeden ausgelobt, der die Isolierung von SARS-CoV-2 und seiner genetischen Substanz beweisen kann. In einem Artikel mit der Überschrift »The Misconception Called Virus« (Das Missverständnis namens Virus) schrieb Lanka, dass Wissenschaftler glauben, ein »Virus« verursache Erkrankung und den Abbau von Gewebe, während es in Wahrheit die von ihnen angewandten Prozesse sind, die dies bewirken – und nicht ein »Virus«. Er hat wichtige

Arbeit geleistet, um diesen Punkt ebenso deutlich zu machen wie Cowan in seiner Analyse des CDC-Papiers. Lanka sagt, dass alle Behauptungen über Viren als krankheitsverursachende Erreger falsch sind und auf »leicht erkennbaren, nachvollziehbaren und überprüfbaren Fehlinterpretationen« beruhen. Die Wissenschaftler glaubten, dass sie in ihren Labors mit »Viren« arbeiteten, obwohl sie in Wirklichkeit mit »typischen Partikeln bestimmter absterbender Gewebe oder Zellen« arbeiteten … Lanka schreibt, der Prozess des Gewebezerfalls, der angeblich durch einen »Virus« verursacht wird, finde auch dann statt, wenn kein angeblicher »Virus« beteiligt ist. Es ist der *benutzte Prozess*, der den Schaden verursacht und nicht ein »Virus«. Der genetischen Probe werden Nährstoffe entzogen, sie wird ihrer Energieversorgung beraubt, indem sie aus dem Körper entfernt wird, und dann wird sie mit giftigen Antibiotika übergossen, um alle Bakterien zu entfernen. Er bestätigt erneut, dass die sogenannte renommierte Wissenschaft keine Kontrollexperimente durchführt, um genau das zu überprüfen, und wenn man es täte, würde man erkennen, dass die Behauptung, »Viren« verursachen Schaden, Unsinn ist. Er fügt hinzu, dass er während des »Masern-Virus«-Prozesses ein unabhängiges Labor mit der Durchführung eines solchen Kontrollexperiments beauftragt hat. Das Ergebnis war, dass die Gewebe und Zellen auf genau dieselbe Weise abstarben wie bei angeblich »infiziertem« Material.

Dies Auffassung wird von einer wachsenden Zahl von Wissenschaftlern, Ärzten und Forschern unterstützt, die die sogenannte »Keimtheorie« oder den Glauben daran, dass der Körper durch von anderen Menschen ausgehende ansteckende Quellen infiziert wird, ablehnen. Die Forscher Dawn Lester und David Parker vertreten in ihrem sehr detaillierten und fundierten Buch *What Really Makes You Ill? Why Everything You Thought You Knew About Disease Is Wrong* (Was Sie wirklich krank macht: Warum alles, was Sie über Krankheiten zu wissen glaubten, falsch ist), das mir von einer Reihe von Medizinern empfohlen wurde, die ernsthaft nach der Wahrheit suchen, denselben Standpunkt. Lester und Parker sagen, dass es keine auffindbaren wissenschaftlichen Beweise dafür gibt, dass ein »Virus« zwischen Menschen oder Menschen und Tieren oder Tieren und Menschen übertragen werden kann:

> »Die Definition behauptet auch, dass Viren die Ursache vieler Krankheiten sind, als wäre dies endgültig bewiesen. Das ist aber nicht der Fall. Es gibt keinen wissenschaftlichen Originalbeweis, der endgültig belegt, dass ein Virus die Ursache einer Krankheit ist. Die Beweislast für eine Theorie liegt bei denjenigen, die sie aufgestellt haben. Aber keines der vorhandenen Dokumente liefert einen ›Beweis‹, der die Behauptung stützt, dass ›Viren‹ Krankheitserreger sind.«

Dr. Tom Cowan verwendet eine seiner klugen Analogien, um den Prozess zu beschreiben, bei dem ein »Virus« als Auslöser für eine Krankheit genannt wird, obwohl es sich bei dem, was als »Virus« bezeichnet wird, nur um Material handelt, das von Zellen freigesetzt wird, die sich selbst von einer chemischen oder strahlungsbedingten Verunreinigung entgiften. Durch die Flutwelle der technologisch erzeugten Strahlung in der »smarten« modernen Welt sowie all die giftigen Lebensmittel und Getränke geschieht dies mehr denn je. Verblendete »Wissenschaftler« deuten das fälschlicherweise als eine zunehmende Auswirkung dessen, was sie fälschlicherweise als »Viren« bezeichnen.

Papier kann Häuser infizieren

Cowan sagte in einem Artikel auf www.davidicke.com – eine gewisse Ironie muss man ihm dabei wohl zugestehen –, dass er glaubt, eine enorme Entdeckung gemacht zu haben, die die Wissenschaft revolutionieren könnte. Er hat entdeckt, dass kleine Papierschnipsel lebendig sind, »echt lebendig«, Häuser »infizieren« können und sich dann innerhalb des Hauses vermehren. Das Ergebnis ist, dass diese explosionsartige Vermehrung des Papiers im Inneren des Hauses dazu führt, dass das Haus explodiert und in die Luft fliegt. Sein Beweis für diese neue Theorie ist, dass er in den vergangenen Monaten viele der Häuser in seiner Nachbarschaft sorgfältig untersucht hat und fast keine Papierfetzen auf den Rasenflächen und in der Umgebung der Häuser fand. Gelegentlich gab es ein verirrtes Zettelchen, aber mehr nicht. Dann kehrte er etwa eine Woche später zu denselben Häusern zurück und stellte zu seinem Entsetzen und seiner Überraschung fest, dass einige, wenn auch nicht alle, insbesondere die alten und baufälligen Häuser, mit verstreuten Papierschnipseln übersät waren. Da wusste er, dass das Papier diese Häuser infiziert, Kopien von sich selbst macht und Häuser in die Luft jagt. Ein kleiner Junge auf einem Fahrrad erzählte ihm, dass er in der Woche zuvor gesehen hatte, wie ein Sprengkommando ein Haus mit Dynamit in die Luft gejagt hat, aber Cowan tat dies als das dumme Gerede eines Halbwüchsigen ab, denn »ich war einer großen Sache auf der Spur«. Er war der Frage auf der Spur, wie »Wissenschaftler« genetisches Material im Entgiftungsprozess mit etwas verwechseln können, das sie »Virus« nennen. Cowan sagte über seine Haus- und Papiergeschichte:

> »Wenn das für Sie verrückt klingt, dann deshalb, weil es das auch sollte. Dieses Szenario ist offensichtlich absurd. Aber sehen Sie sich diese der größeren Wirkung wegen zugegebenermaßen geschönte, aktuelle Virentheorie an, an die derzeit alle Wissenschaftler, Ärzte und Virologen glauben.«

Um seine These zu beweisen, führt er das Beispiel des »neuartigen SARS-CoV-2«-Virus an. Zuerst nimmt man jemanden mit einer undefinierten Krankheit namens »Covid-19« und versucht nicht einmal, ein Virus in seinem Sputum zu finden. Trotzdem beschreiben die Wissenschaftler, wie dieses »Virus«, das sie nicht gefunden haben, sich an einen Zellrezeptor anheftet und sein genetisches Material, im Fall von »Covid« eine RNA, in die Zelle einschleust. Diese RNA nutzt die Zelle, um sich selbst zu reproduzieren, und erstellt »Tausende, ja Millionen von Kopien von sich selbst … Dann taucht sie siegreich auf, um ihr nächstes Opfer zu fordern«:

> »Wenn Sie in der wissenschaftlichen Literatur nach Beweisen suchen würden, nach tatsächlichen wissenschaftlichen Beweisen dafür, dass gleichartige SARS-CoV-2-Viren ordnungsgemäß aus dem Sputum eines Erkrankten isoliert wurden, dass tatsächlich Spike-Proteine aus dem Virus herausragen (was nicht nachgewiesen wurde), würden Sie feststellen, dass es solche Beweise nicht gibt.
>
> Wenn Sie in der veröffentlichten wissenschaftlichen Literatur nach tatsächlichen Mikroskopien und Beweisen dafür suchen, dass diese Spike-Proteine oder andere virale Proteine jemals an einen in einer Zellmembran eingebetteten Rezeptor gebunden sind, werden Sie ebenfalls feststellen, dass es keinen solchen Beweis gibt. Wenn Sie nach einem Video oder einem dokumentierten Beweis dafür suchen würden, dass das intakte Virus sein genetisches Material in den Zellkörper injiziert, sich selbst reproduziert und dann siegreich aus der Zellmembran herauswächst, würden Sie feststellen, dass es keinen solchen Beweis gibt.
>
> Am ehesten finden Sie noch elektronenmikroskopische Aufnahmen von Zellpartikeln, die möglicherweise an Zelltrümmern haften, beide durch Schwermetalle eingefärbt, ein Prozess, der ihre Architektur innerhalb des lebenden Organismus völlig verzerrt. Das ist so, als würde man Papierstücke finden, die an den gesprengten Ziegelsteinen kleben, und damit beweisen, dass das Papier auf seinem Weg nach draußen Stücke der Ziegelsteine mitgenommen hat.«

Der Enders-Unfug

Cowan hält die »Covid«-Geschichte für genauso erfunden wie seine Papiergeschichte und führt diese Art von Fiktion auf einen Nobelpreisträger namens John Enders (1897-1985) zurück, einen amerikanischen Biomediziner, der als »Vater der modernen Impfstoffe« bezeichnet wird. Enders soll das Verfahren der Viruskultivierung »entdeckt« haben, mit dem »bewiesen« wurde, dass ein »Virus« die Masern verursacht. Cowan erläutert, wie Enders das schaffte, »indem er genau das gleiche Verfahren anwandte, das jeder Virologe seit 1954 anwendet, um jedes neue Virus zu finden und zu charakterisieren«. Enders nahm Rachenabstriche von Kindern mit Masern und tauchte sie in zwei Milliliter Milch. Penizillin (100u/ml) und das Antibiotikum Streptomyzin (50g/ml) wurden hinzugefügt, und die ganze Mischung wurde dann zentrifugiert – mit hoher Geschwindigkeit gedreht, um große Zelltrümmer von kleinen Partikeln und Molekülen zu trennen, wie sie zum Beispiel bei Milch und Sahne enthalten sind. Cowan betont, dass, wenn es darum geht, kleine Partikel genetischen Materials (»Viren«) im Rotz von Kindern mit Masern zu finden, man zuallerletzt auf die Idee käme, den Rotz mit anderem Material – Milch – zu mischen, das ebenfalls genetisches Material enthält. Wie will man jemals wissen, ob das, was man gefunden hat, aus dem Rotz oder aus der Milch stammt? Er weist darauf hin, dass Streptomyzin ein »nephrotoxisches« oder für die Niere giftiges Medikament ist. Sie werden gleich sehen, wie wichtig das ist. Cowan sagt, dass es noch schlimmer wird, viel schlimmer, wenn Enders das Kulturmedium beschreibt, auf dem das Virus »wächst«: »Das Kulturmedium bestand aus Rinderamnionflüssigkeit (90%), Rinderembryoextrakt (5%), Pferdeserum (5%), Antibiotika und Phenolrot als Indikator für den Zellstoffwechsel.« Fassungslos fragt sich Cowan: »Hat er gerade gesagt, dass das Kulturmedium auch Flüssigkeiten und Gewebe enthält, die ihrerseits reichhaltige Quellen für genetisches Material sind?« Der Gencocktail oder das »Medium« wird auf Zellen des *Nierengewebes* von Rhesusaffen geimpft. An dieser Stelle kommt die Bedeutung von Streptomyzin ins Spiel und den derzeit verwendeten antimikrobiellen Mitteln und anderen Medikamenten, die für *Nieren giftig sind* und in ALLEN modernen Viruskulturen verwendet werden (wie Gentamizin, Streptomyzin und Amphoterizin). Cowan fragt: »Wie wollen Sie bei diesem Hexengebräu jemals herausfinden, woher das genetische Material stammt, wenn wir jetzt fünf verschiedene Quellen für reichhaltiges genetisches Material in unserem Mix haben?« Denken Sie daran, führt er aus, dass alles genetische Material, ob aus Affennierengewebe, Rinderserum oder Milch, aus genau denselben Bestandteilen besteht. Dieselbe zentrale Frage taucht wieder auf: »Woher will man wissen, dass es das Virus war, das das Nierengewebe getötet hat, und nicht das giftige Antibiotikum und die Hungerkost, mit dem man das Gewebe züchtet?« John Enders hat die Frage selbst beantwortet – *man kann es nicht wissen*:

»Ein zweiter Erreger wurde aus einer nicht geimpften Kultur von Affen-Nierenzellen gewonnen. Die zytopathischen Veränderungen [Zelltod], die er in den ungefärbten

Präparaten auslöste, konnten nicht mit Sicherheit von den aus Masern isolierten Viren unterschieden werden.«

Das Absterben der Zellen (»zytopathische Veränderungen«) geschah auf genau dieselbe Art und Weise, egal ob sie das Nierengewebe mit dem Masern-Auswurf beimpften oder nicht, so Cowan. Dies ist der Beweis dafür, dass die Zerstörung des Gewebes, der eigentliche Beweis für die virale Verursachung der Krankheit, nicht durch irgendetwas im Auswurf verursacht wurde, denn man sieht die gleiche zerstörerische Wirkung, wenn der Auswurf gar nicht verwendet wurde ... Die zytopathischen, das heißt zelltötenden Veränderungen stammen aus dem Prozess der Kultur selbst, nicht von irgendeinem Virus in irgendeinem Auswurf, Punkt.

Enders zitiert in seiner Arbeit von 1957 einen Virologen namens Ruckle, der von ähnlichen Erkenntnissen berichtet »und darüber hinaus einen Erreger aus dem Nierengewebe von Affen isoliert hat, der bisher nicht vom menschlichen Masernvirus zu unterscheiden ist«. Mit anderen Worten, so Cowan, sind diese als »Masernviren« bezeichneten Partikel ganz einfach und eindeutig Abbauprodukte des ausgehungerten und vergifteten Gewebes. Für das Masern-»Virus« können wir hier alle »Viren« einschließlich des sogenannten »Covid-Virus« einsetzen. Enders, der »Vater der modernen Impfstoffe«, sagte selbst:

»Die Verwendung von Zellkulturen von Primaten für die Herstellung von Impfstoffen, die aus abgeschwächten Viren bestehen, birgt ein potenzielles Risiko, da das Vorhandensein anderer Erreger, die möglicherweise in Primatengeweben latent vorhanden sind, mit keiner bekannten Methode definitiv ausgeschlossen werden kann.«

Cowan zitiert außerdem aus einem Artikel, der im Mai 2020 in der Zeitschrift *Viruses* veröffentlicht wurde, als die »Covid-Pandemie« in den Medien, wenn auch nicht in der Realität, bereits in vollem Gange war. Dabei bezieht sich »EVs« auf Partikel genetischer Abfälle aus unserem eigenen Gewebe, wie zum Beispiel Exosomen, zu denen wir gleich noch mehr sagen werden: »Die bemerkenswerte Ähnlichkeit zwischen EVs und Viren verursacht eine ganze Reihe von Problemen in den Studien, die sich auf die Analyse von EVs konzentrieren, die bei Virusinfektionen freigesetzt werden.« Weiter heißt es in dem Artikel, dass es bis heute *keine* zuverlässige Methode gibt, die eine vollständige Trennung (von EVs und Viren) garantieren kann. Dies wurde zu einer Zeit veröffentlicht, als das Ammenmärchen verbreitet wurde, dass mit absoluter Gewissheit ein »Virus« eine »Viruskrankheit« namens »Covid-19« verursacht – ein Ammenmärchen, das bereits auf dem besten Weg war, die menschliche Gesellschaft nach dem Bild umzugestalten, das der Kult schon seit langem herbeiführen wollte. Cowan schließt seine Analyse ab:

> »Zusammenfassend lässt sich sagen, dass es keinen wissenschaftlichen Beweis für die Existenz pathogener Viren gibt. Was wir als ›Viren‹ bezeichnen, sind einfach die normalen Abbauprodukte von totem und absterbendem Gewebe und Zellen. Wenn es uns gut geht, bilden wir weniger dieser Partikel; wenn wir hungern, vergiftet sind, durch das Tragen von Masken ersticken oder Angst haben, bilden wir mehr davon.
>
> Es gibt kein künstlich hergestelltes Virus, das im Umlauf ist und Menschen krank macht. Aber überall auf der Welt stellen Menschen in Laboren genetisch veränderte Produkte her, um Menschen krank zu machen. Diese werden Impfstoffe genannt. Es gibt kein Virom, kein ›Ökosystem‹ von Viren, Viren machen nicht acht Prozent, fünfzig Prozent oder hundert Prozent unseres genetischen Materials aus. Das sind alles nur falsche Vorstellungen, die auf dem Irrglauben beruhen, den man ›Virus‹ nennt.«

Was ist »Covid«? Ein Haufen Blödsinn

Der hier von Cowan und Lanka beschriebene Hintergrund wird auch von Dr. Andrew Kaufman in einer Videopräsentation hervorgehoben, in der er die Frage stellt, ob es sich bei dem »Covid-Virus« in Wahrheit nicht um einen natürlichen Abwehrmechanismus des Körpers namens »Exosomen« handelt. Diese werden von Zellen freigesetzt, wenn sie sich in einem Zustand der Toxizität befinden – man sieht, dass die gleichen Themen immer wiederkehren. Je höher die chemische und Strahlenvergiftung der Zellen ist, desto mehr Exosomen werden freigesetzt. Man denke nur an die potenziellen Auswirkungen von 5G, dessen zerstörerische Frequenzen das energetische Informationsfeld des Menschen mit zunehmender Geschwindigkeit befallen (5G ging 2019 in Wuhan online, als das »Virus« auftauchte). Ich werde später noch mehr dazu sagen. Zum Glück schicken Exosomen eine Warnung an den Rest des Körpers: »Houston, wir haben ein Problem.«

Kaufman zeigte Bilder von Exosomen und verglich sie unter dem Elektronenmikroskop mit »Covid«, und die Ähnlichkeit war bemerkenswert. Sie heften sich beide an dieselben Zellrezeptoren (wie es im Falle von »Covid« *behauptet* wird), enthalten dasselbe genetische Material in Form von RNA oder Ribonukleinsäure und werden beide in »viralen Zellkulturen« mit geschädigten oder sterbenden Zellen gefunden. Dr. James Hildreth, Präsident und Chief Executive Officer des Meharry Medical College an der Johns Hopkins, sagte: »Das Virus ist in jeder Hinsicht ein Exosom.« Kaufman kam zu dem Schluss, dass es kein »Virus« gibt: »Diese ganze Pandemie ist eine komplett inszenierte Krise … Es gibt keine Beweise dafür, dass jemand an [dieser] Krankheit gestorben ist.« Dr. Thomas Cowan und Sally Fallon Morell, die Autoren von *The Contagion Myth* (Der Contagan-Mythos), veröffentlichten im Februar 2021 zusammen mit Dr. Kaufman eine Erklärung, warum das »Virus« nicht existiert. Sie können die vollständige Erklärung im Anhang finden.

Die »Virus«-Theorie geht auf die »Zelltheorie« des deutschen Arztes Rudolf Virchow (1821-1920) aus dem Jahr 1858 zurück, der behauptete, dass Krankheiten von einer einzelnen Zelle ausgehen, die von einem »Erreger« infiltriert wurde. Dr. Stefan Lanka sagte, dass die Erkenntnisse und Einsichten in Bezug auf den Aufbau, die Funktion und die zentrale Bedeutung von Geweben bei der Entstehung des Lebens, die bereits 1858 bekannt waren, die Zelltheorie umfassend widerlegen. Virchow hat sie ignoriert. Wir haben gesehen, welche Rolle John Enders in den 1950er Jahren spielte, und Lanka stellt fest, dass die Infektionstheorien erst durch die Politik und die Eugenik des Dritten Reichs (eine Schöpfung desselben sabbatianischen Kults, der hinter dem »Covid«-Schwindel steht) zu einem globalen Dogma wurden. Lanka sagt: »Vor 1933 haben es Wissenschaftler gewagt, dieser Theorie zu widersprechen, nach 1933 wurden diese kritischen Wissenschaftler zum Schweigen gebracht.« Cowan vertritt die Auffassung, dass Krankheiten durch zu viel oder zu wenig von etwas oder durch Vergiftungen aufgrund von Chemikalien und Strahlung verursacht werden – nicht durch Ansteckung. Wir müssen auch noch jemand anderen als wichtige Quelle der »Virus«-Theologie hervorheben, der nach wie vor als ein »Vater der modernen Virologie« bezeichnet wird: Thomas Milton Rivers (1888-1962). Angesichts der langjährigen Politik des Kults kann es kein Zufall sein, dass dieser »Vater der modernen Virologie« von 1937 bis 1956 Direktor des Rockefeller Institute for Medical Research war und das Institut zu einer der führenden Institutionen in der »Virenforschung« machte. Die dem Kult angehörenden Rockefellers waren die treibende Kraft hinter der Schaffung der »Medizin« von Big Pharma, gründeten 1948 die Weltgesundheitsorganisation (WHO) und sind seit langem eng mit der Familie Gates verbunden, die jetzt die WHO während des Pandemie-Schwindels durch den megareichen Kult-Gehilfen und Psychopathen Bill Gates kontrolliert. Nur ein abtrünniger Denker kann diesen ganzen Schwachsinn durchschauen, indem er die Fragen stellt, die beantwortet werden müssen, kein »Nein« oder Ausflüchte als Antwort akzeptiert und sich schon gar nicht vor der Wahrheit versteckt aus Angst, sie auszusprechen. Ein Renegaten-Geist hat die Welt schon immer zum Besseren verändert und er wird auch diese Welt verändern, egal wie düster sie derzeit auch erscheinen mag.

Kapitel 6

Der Ablauf der Irreführung

Wenn Sie die Wahrheit sagen, müssen Sie sich nie merken, was sie gesagt haben.

Mark Twain

Vor dem Hintergrund, den ich bisher dargelegt habe, kann die Abfolge, die uns von einem erfundenen »Virus« im vom Kult besetzten China Ende 2019 zur faschistischen Umgestaltung der menschlichen Gesellschaft geführt hat, in einem ganz neuen Kontext gesehen und verstanden werden.

Man erzählte uns, dass in Wuhan eine tödliche Krankheit ausgebrochen sei, und die Weltmedien begannen ihre Kampagne (koordiniert von Verhaltenspsychologen, wie wir noch sehen werden), um die Bevölkerung in Angst und Schrecken zu versetzen, damit sie bedingungslos gehorcht. Man zeigte uns Bilder von Chinesen, die auf der Straße zusammenbrachen, was im Westen mit der vermeintlich gleichen Krankheit nie passiert ist. In den ersten Tagen, als es nur wenige angebliche Fälle und Todesfälle gab, wurde in vielen Bereichen der Medien eine hysterische Angstwahrnehmung propagiert, die sich zum allgemeinen Mediennarrativ auf der ganzen Welt ausweiten sollte. Die wahre Geschichte sah ganz anders aus, aber sie wurde uns nie erzählt. Die chinesische Regierung, eines der größten globalen Operationszentren des Kults, erklärte, sie habe eine neue Krankheit mit grippeähnlichen und lungenentzündungsähnlichen Symptomen in einer Stadt entdeckt, deren Luft so giftig ist, dass sie von grippeähnlichen Symptomen, Lungenentzündungen und Atemwegserkrankungen überflutet wird. Chinesische Wissenschaftler sagten, es handele sich um ein neues – »neuartiges« – Coronavirus, das sie SARS-CoV-2 nannten und das eine Krankheit verursache, die sie als »Covid-19« bezeichneten. Dafür gab es keinen Beweis und das »Virus« wurde bis heute nicht isoliert, es wurde nicht gereinigt und auch sein genetischer Code daraus nicht abgeleitet. Es war von Anfang an eine computergenerierte Fiktion.

Geschichten über chinesische Informanten, die behaupteten, die Zahl der Todesfälle werde unterdrückt oder die »neue Krankheit« stehe in Zusammenhang mit dem Biolabor in Wuhan, lenkten die Mainstream- und Alternativmedien in Sackgassen, um die wahre Wahrheit zu verschleiern – es gab kein »Virus«.

Chinesische Wissenschaftler entnahmen genetisches Material aus der Lungenflüssigkeit einiger weniger Menschen und behaupteten, sie hätten eine »neue« Krankheit gefunden, obwohl dieses Material eine große Bandbreite an Inhalten aufwies. Es gab keinen Beweis für ein »Virus«, und zwar aus genau den Gründen, die in den letzten beiden Kapiteln erläutert wurden. Es wurde nie nachgewiesen, dass das »Virus« (a) existiert und (b) eine Krankheit verursacht. Die Menschen wurden aufgrund von Symptomen diagnostiziert, die in Wuhan und im luftverschmutzten China weit verbreitet sind, und das mit einem PCR-Test, der keine Infektionskrankheit nachweisen kann. Mit dieser Farce wurde der ganze globale Betrug an den Rest der Welt verkauft, der ebenfalls Atemwegserkrankungen als »Covid-19« diagnostizieren sollte, allein aufgrund von Symptomen oder mit einem PCR-Test, der gar nicht auf das »Virus« testet. Und wie durch ein Wunder verschwand die Grippe im Jahr 2020 und bis ins Jahr 2021 weltweit, als sie in »Covid-19« umbenannt wurde. Es handelte sich in Wahrheit um die gleiche alte Grippe, deren »grippeähnliche« Symptome dem »grippeähnlichen« »Covid-19« zugeschrieben wurden.

Mit wenigen Ausnahmen war die chinesische Reaktion in Form von drakonischen Abriegelungen und Faschismus das Mittel der Wahl, mit dem der gesamte Westen reagierte, so wie es der Kult-kontrollierte Tedros von der Kult-eigenen Weltgesundheitsorganisation, die vom Kult-Werkzeug Gates kontrolliert wird, empfohlen hatte. Alles lief nach Plan. Chinesische Wissenschaftler – in China wird alles von der Kult-Regierung kontrolliert – verglichen ihr kontaminiertes RNA-Lungenflüssigkeitsmaterial mit anderen RNA-Sequenzen und stellten fest, dass es zu knapp achtzig Prozent mit dem SARS-CoV-1-»Virus« identisch war, das als Ursache für den »Ausbruch« von SARS (Schweres Akutes Respiratorisches Syndrom) im Jahr 2003 verantwortlich gemacht wurde. Sie kamen zu dem Schluss, dass das »neue Virus« damit verwandt sein müsse und nannten es SARS-CoV-2. Es gibt einige ernsthafte Probleme mit dieser Vermutung und mehr als eine Vermutung war es auch nicht. Die meisten »faktischen« wissenschaftlichen Erkenntnisse entpuppen sich als Vermutungen, die nach dem Motto »Jeder weiß es« wiederholt wurden. Eine Übereinstimmung von unter achtzig Prozent ist bedeutungslos. Dr. Kaufman weist darauf hin, dass es eine 96-prozentige genetische Übereinstimmung zwischen Menschen und Schimpansen gibt, aber »niemand würde sagen, dass unser genetisches Material zur Familie der Schimpansen gehört«. Die chinesischen

Behörden behaupteten jedoch, dass ein viel geringerer Prozentsatz, nämlich weniger als achtzig Prozent, die Existenz eines neuen »Coronavirus« beweise. Um Himmels willen, die menschliche DNA gleicht zu sechzig Prozent der einer *Banane*!

Es wird langsam ermüdend

Der gesamte »Covid«-Schwindel ist eine globale Psyop, eine psychologische Operation, um den menschlichen Verstand so zu programmieren, dass er ein reines Märchen glaubt und fürchtet. Ein entscheidender Aspekt dabei war, was in Italien zu geschehen *schien*. Es war schön und gut, täglich Bilder einer angeblichen Katastrophe in Wuhan zu verbreiten, aber für den westlichen Verstand befand man sich immer noch auf der anderen Seite der Welt in einer ganz anderen Kultur und Umgebung. Die Reaktion á la »Das könnte mir und meiner Familie auch passieren« fiel den Psychologen immer noch nicht intensiv genug aus. Der Kult brauchte ein westliches Beispiel, um die Menschen über diese Grenze zu bringen, und er wählte Italien, eine seiner wichtigsten globalen Niederlassungen, die bis auf das Römische Reich zurückgeht. So wurde denn in einer bestimmten Region namens Lombardei, die zufällig für ihre giftige Luft und damit für Atemwegserkrankungen berüchtigt ist, eine italienische »Covid«-Krise fabriziert. Wuhan, China, ein Déjà-vu.

Die Medien berichteten hysterisch von Italienern, die in Scharen an »Covid« starben, und davon, dass die Krankenhäuser in der Lombardei von einer Flutwelle verzweifelt kranker Menschen überrollt wurden, die eine Behandlung brauchten, nachdem sie von dem »tödlichen Virus« befallen waren. Das war der psychologische Wendepunkt, den der Kult geplant hatte. Wow, wenn das in Italien passiert, so schloss der westliche Verstand, dann könnte das auch mir und meiner Familie passieren. Ein weiterer Punkt ist, dass die italienischen Behörden reagierten, indem sie der chinesischen Blaupause folgten, die der Kult so vehement von der Weltgesundheitsorganisation hatte empfehlen lassen. Sie verhängten über das ganze Land faschistoide Lockdowns, die mit Hilfe von Überwachungsdrohnen, die durch die Straßen fegten und nach jedem suchten, der aus dem Massenhausarrest entkommen war, brutal durchgesetzt wurden. Die Lebensgrundlagen der Italiener wurden zerstört und die menschliche Psyche geriet aus den Fugen, wie wir es seither in allen Lockdown-Ländern erlebt haben. Entscheidend für den Plan war, dass Italien auf diese Weise reagierte, um einen Präzedenzfall für die Aufhebung der Freiheit und die Durchsetzung des Faschismus in einer »westlichen liberalen Demokratie« zu schaffen.

In einem animierten Erklärvideo auf www.davidicke.com, das im Sommer 2020 veröffentlicht wurde, habe ich betont, wie wichtig es für den Kult war, das chinesische Lockdown-Modell auf den Westen auszuweiten. Ohne dieses Vorgehen und die unverschämte Lüge, dass nicht-symptomatische Menschen immer noch eine »Krankheit« übertragen könnten, die sie nicht haben, gab es keine Möglichkeit, die gesamte Bevölkerung, ob krank oder nicht krank, einzusperren. Zum richtigen Zeitpunkt und ohne Beweise behaupteten die Kult-Agenten und Handlanger des Kults denn auch prompt, dass Menschen ohne Symptome die »Krankheit« übertragen könnten. Im Namen des Schutzes der »Schwachen«, wie zum Beispiel älterer Menschen, die anschließend durch die Folgen der Lockdowns zu Zehntausenden starben, wurden zum ersten Mal nicht nur die Kranken, sondern ebenso die Gesunden zur Isolierung aufgefordert. Die große Mehrheit der Menschen, die positiv getestet wurden, hatte keine Symptome, weil ihnen nichts fehlte. Es war nur ein Trick, der durch einen Test ermöglicht wurde, der gar nicht auf das »Virus« testete.

Monate nach meinem animierten Video hat der von Gates finanzierte Professor Neil Ferguson am von Gates finanzierten Imperial College bestätigt, dass ich Recht hatte. Er hat es natürlich nicht mit dieser Zielsetzung gesagt, aber er hat es gesagt. Ferguson wird in Kürze in die Geschichte eingehen, weil seine durchgeknallten »Computermodelle« dazu geführt haben, dass Großbritannien, die Vereinigten Staaten und viele andere Länder den chinesischen und ab dann auch den italienischen Maßnahmen gefolgt sind. Mit anderen Worten: Sie folgen dem Drehbuch des Kults. Ferguson sagte, dass SAGE, die wissenschaftliche Beratungsgruppe der britischen Regierung, die die Covid-Politik von Anfang an gesteuert hat, dem chinesischen Lockdown-Modell folgen sollte (während die Berater natürlich alle weiterarbeiteten und bezahlt wurden), aber sie fragten sich, ob sie, in Fergusons Worten, »in Europa damit durchkommen« könnten.

»Damit durchkommen«? Für wen zum Teufel halten sich diese idiotischen, arroganten Leute? Dieser entsetzliche Ferguson sagte, dass Italien, als es in den nationalen Lockdown ging, erkannte, dass man sich nach dem chinesischen Vorbild zu richten habe:

> »Das ist ein kommunistischer Einparteienstaat, sagten wir. In Europa könnten wir damit nicht durchkommen, dachten wir ... und dann hat Italien es vorgemacht. Und uns wurde klar, dass wir es doch können.«

Hinter diesem Müll, den Ferguson da von sich gab, verbirgt sich eine einfache Tatsache: In jedem Land das Gleiche zu tun wie in China war von Anfang an der

Plan, und Fergusons »Modelle« sollten dabei eine zentrale Rolle spielen. Aber das ist natürlich nur ein Zufall und absolut nichts, worüber Sie sich den Kopf zu zerbrechen brauchen.

Ähem ... Tschuldigung, unser Fehler

Nachdem der italienische Teil der Psyop seine Aufgabe erfüllt hatte, zeigte sich eine ganz andere Geschichte. Die italienischen Behörden enthüllten, dass 99 Prozent der Personen, die in Italien »an Covid-19« gestorben waren, eine, zwei, drei oder mehr »Komorbiditäten« aufgewiesen hatten, also andere Krankheiten und Gesundheitsprobleme, die ihr Leben hätten beenden können. Die US-amerikanischen Centers for Disease Control and Prevention (CDC) veröffentlichten, dass 94 Prozent der Amerikaner, die an »Covid« starben, gleichzeitig andere schwerwiegende Erkrankungen aufgewiesen hatten – im Durchschnitt zwei bis drei (bei einigen fünf oder sechs) andere mögliche Todesursachen. In Bezug auf den Tod durch ein unbewiesenes »Virus« sage ich, *hundert Prozent* sind an etwas anderem gestorben. Das restliche ein Prozent in Italien und die sechs Prozent in den USA starben vermutlich an grippeähnlichen Erkrankungen in Verbindung mit »Covid«-Symptomen, als »Covid« diagnostiziert auf der Grundlage eines Tests, der gar nicht auf das »Virus« testet. Fox News berichtete sogar, dass in einem US-Bezirk noch erschreckendere Zahlen aufgetaucht waren, denn dort litten 410 von 422 Todesfällen, die auf »Covid-19« zurückgeführt wurden, an anderen potenziell tödlichen Gesundheitsproblemen. Das italienische Nationale Gesundheitsinstitut teilte später mit, dass das Durchschnittsalter der Menschen, die mit einer »Covid-19«-Diagnose in Italien starben, bei einundachtzig Jahren lag. Neunzig Prozent der Verstorbenen waren über siebzig und zehn Prozent über neunzig Jahre alt. Was die anderen Todesursachen angeht, so hatten etwa 80 Prozent zwei oder mehr chronische Krankheiten, die Hälfte sogar drei oder mehr, darunter Herz-Kreislauf-Probleme, Diabetes, Atemwegserkrankungen und Krebs. Warum wird wohl behauptet, dass das Phantom »Covid-19« vor allem alte Menschen tötet und junge Menschen kaum betrifft? Alte Menschen sterben kontinuierlich an vielen Ursachen und insbesondere an Atemwegserkrankungen, die man jetzt mit »Covid-19« neu diagnostizieren kann, während junge Menschen im Vergleich dazu in geringer Zahl und selten an Atemwegserkrankungen sterben. Alte Menschen »sterben an Covid«, weil sie an anderen Dingen sterben, die man in »Covid« umbenennen kann, so einfach ist das.

Die Grippe ist verschwunden

Der Schlachtplan stand fest: Holen Sie sich Ihre fingierten »Fälle« aus einem Test, der nicht auf das »Virus« testet, und benennen Sie andere Todesursachen in »Covid-19« um. Und schon haben Sie eine »Pandemie«, die nichts weiter ist als eine computergenerierte Fiktion. Bei fast einer Milliarde Menschen, die jedes Jahr an »grippeähnlichen« Symptomen leiden, war das Potenzial damit grenzenlos. Und dadurch verstehen wir jetzt auch, warum die Grippe dermaßen schnell und auf wundersame Weise weltweit verschwand: Sie wurde in »Covid-19« umdiagnostiziert. Das so verdammt Offensichtliche haben die kindhaften Medien mit Schlagzeilen wie dieser im britischen *Independent* natürlich gleich wegerklärt: »Kein einziger Grippefall in diesem Jahr von Public Health England entdeckt, da Covid-Beschränkungen das Virus unterdrücken.« Kein Scherz. Die Maskierung, die soziale Distanzierung und der Lockdown, die das »Covid-Virus« nicht zum Verschwinden bringen konnten, haben es beim »Grippevirus« irgendwie geschafft. Aber es kam noch schlimmer: Der Artikel eines gewissen Samuel Lovett schlug vor, dass die Maskierung, die Desinfizierung und andere »Covid«-Maßnahmen vielleicht weiterhin die Grippe fernhalten sollten. Mit atemberaubender Hirnlosigkeit (es geht ja um »Covid-19«) verkündete Lovett: »Durch die weit verbreiteten Maßnahmen zur sozialen Distanzierung und zum Tragen von Masken im gesamten Vereinigten Königreich sind die üblichen Übertragungswege für die Grippe blockiert worden.« Er hatte keinerlei Beweise, um diese Aussage zu untermauern, aber sehen Sie sich die Konsequenzen an, wenn er das Offensichtliche einräumte. Da die Grippe überhaupt nicht verschwunden ist, sondern nur in »Covid-19« umbenannt wurde, hätte er in Erwägung ziehen müssen, dass »Covid« ein Schwindel von unvorstellbarem Ausmaß war. Dazu braucht man Mut und Wahrheitsliebe, und die hat Samuel Lovett eindeutig nicht im Überfluss. Sonst hätte er es ohnehin nie in dieses Blatt geschafft.

Jeden Winter sterben allein in den Vereinigten Staaten Zehntausende an der Grippe, darunter viele mit Lungenentzündungskomplikationen. Nach Angaben der CDC wurden 2017/2018 fünfundvierzig Millionen Amerikaner mit Grippe diagnostiziert, von denen 61.000 starben, anderen Berichten zufolge 80.000. Wo war da die gleiche Hysterie, die wir bei »Covid-19« gesehen haben? Etwa 250.000 Amerikaner werden jedes Jahr mit einer Lungenentzündung ins Krankenhaus eingeliefert, wobei etwa 50.000 Fälle tödlich enden. Etwa fünfundsechzig Millionen Menschen erkranken jedes Jahr an Atemwegserkrankungen, und mit drei Millionen Todesfällen ist dies die drittgrößte Todesursache weltweit. Sie müssen nur einen Teil all dieser

Menschen in »Covid-19«-Fälle umbenennen und schon haben Sie eine weltweite Pandemie oder den Anschein einer solchen. Warum Ärzte so etwas tun sollten? Man hat es ihnen befohlen, und bis auf wenige wagen sie es nicht, sich denen zu widersetzen, denen man gehorchen muss. Ärzte verlassen sich im Allgemeinen nicht auf ihr eigenes Wissen, sondern übernehmen direkt und unhinterfragt von den Behörden, denen sie ihre Zulassung und Karriere verdanken, was ihnen vorgesetzt wird. Die Behörden sagen, dass sie diese Symptome jetzt als »Covid-19« diagnostizieren müssen und nicht als Grippe oder was auch immer, und sie tun es. Die Anzugträger sagen, sie müssen »Covid-19« auf den Totenscheinen vermerken, egal, was die Todesursache ist, und die Ärzte tun es. Ein abtrünniger Denker gibt sich nicht der Illusion hin, dass Ärzte und medizinisches Personal alle hochintelligent und prinzipientreu sind und nach der medizinischen Wahrheit streben. Einige sind es, aber gewiss nicht die Mehrheit. Sie sind Wiederholer, Handlanger und Ja-Sager, die das tun, was das System von ihnen verlangt.

Der »Covid«-Betrug ist nicht nur auf Lungenkrankheiten beschränkt. Die Anweisung an die Ärzte, bei jedem, der innerhalb von achtundzwanzig Tagen (oder noch länger) nach einem positiven Test, der gar nicht auf das »Virus« testet, an irgendetwas stirbt, »Covid-19« auf den Totenschein zu schreiben, öffnete die Schleusen. Der Begriff »*mit* Covid« sterben und nicht »*an* Covid« wurde geprägt, um die Wahrheit weiter zu verschleiern. Egal, ob es sich um ein »*mit*« oder ein »*an*« handelte, alles wurde den Todeszahlen hinzugefügt und dem »tödlichen Virus« zugeschrieben – von den nationalen Regierungen und bei den weltweit erhobenen Zahlen des von Gates finanzierten Johns-Hopkins-Unternehmens in den Vereinigten Staaten, das sich wie kaum eine andere Institution an diesen »Pandemie«-Simulationen beteiligte. Gefälschte Todesfälle ergänzten die immer länger werdende Liste gefälschter »Fälle«, die durch einen falsch positiven Test verursacht wurden. Kein Wunder, dass Professor Walter Ricciardi, wissenschaftlicher Berater des italienischen Gesundheitsministers, nachdem die Hysterie in der Lombardei ihr Werk getan hatte, sagte, dass die »Covid«-Sterbefälle darauf zurückzuführen seien, dass Italien die zweitälteste Bevölkerung der Welt hat und darauf, wie Krankenhäuser Todesfälle erfassen:

> »Die Art und Weise, wie wir in unserem Land Todesfälle erfassen, ist sehr freizügig in dem Sinne, dass alle Menschen, die in Krankenhäusern mit dem Coronavirus sterben, als an dem Coronavirus sterbend angesehen werden. Nach einer Neubewertung durch das Nationale Gesundheitsinstitut haben nur 12 Prozent der Totenscheine eine direkte Kausalität mit dem Coronavirus ergeben, während 88

Prozent der verstorbenen Patienten mindestens eine Vorerkrankung hatten – viele hatten sogar zwei oder drei.«

Das ist schon außergewöhnlich genug, wenn man die Propagandakampagne bedenkt, mit der Italien die Welt in Angst und Schrecken versetzte. Aber wie kann man auch nur sagen, dass zwölf Prozent der Fälle echt waren, wenn die Existenz des »Virus« überhaupt nicht bewiesen ist, sein »Code« ein Computerprogramm ist und die Diagnose von einem Test stammt, der gar nicht auf das Virus testet? Genau wie in China, und bald in der ganzen Welt, war »Covid-19« in Italien nichts anderes als eine Umbenennung der Diagnose. Lügen und Korruption sollten die eigentliche Pandemie werden, angeheizt durch ein erbärmlich willfähriges medizinisches System, das seine Befehle von den wenigen an der Spitze der nationalen Hierarchie erhält, die der Weltgesundheitsorganisation unterstehen, die wiederum Gates und dem Kult untersteht. Den Ärzten wurde gesagt – befohlen –, bestimmte Symptome als »Covid-19« zu diagnostizieren und dies auf dem Totenschein bei jeder Todesursache zu vermerken, wenn der Patient mit einem Test, der gar nicht auf das Virus testet, positiv getestet wurde oder »Covid«-Symptome wie die Grippe hatte.

In den Vereinigten Staaten wurden darüber hinaus große finanzielle Anreize zur Manipulation der Zahlen geschaffen, indem die Krankenhäuser rund 5.000 Dollar aus dem Medicare-System erhielten, wenn sie bei jemandem eine normale Lungenentzündung diagnostizierten, 13.000 Dollar, wenn sie die Diagnose »Covid-19«-Lungenentzündung stellten, und 39.000 Dollar, wenn sie einen »Covid«-Patienten an ein Beatmungsgerät anschlossen, das ihn mit ziemlicher Sicherheit töten würde. Einige wenige – schmerzhaft und erbärmlich wenige – medizinische Whistleblower enthüllten (bevor das kult-hörige YouTube ihre Videos löschte), dass sie sogar angewiesen worden waren, »den Patienten zusammenbrechen zu lassen« und ihn dann umgehend an ein Beatmungsgerät anzuschließen, statt vorher eine Reihe von weit weniger einschneidenden und gefährlichen Methoden anzuwenden, wie sie es getan hätten, ehe der pandemische Schwindel begann und die finanziellen Anreize einsetzten. Wir sprechen hier von kaltblütigem Mord, denn Beatmungsgeräte sind so schädlich für die Atmungsorgane, dass sie in der Regel der letzte Schritt sind, bevor der Himmel wartet. Ein abtrünniger Denker wird nie auf den Glauben hereinfallen, dass Menschen in weißen Kitteln allesamt Engel der Barmherzigkeit sind und keine echten Psychopathen sein können. Ich habe in *Die Antwort* ausführlich erklärt, wie sich das, was ich hier beschreibe, auf der ganzen Welt abspielen kann, koordiniert von der Weltgesundheitsorganisation durch die medizinischen Hierarchien in fast allen Ländern.

Ein medizinischer Wissenschaftler spricht es aus

Die Informationen über die Nichtexistenz des »Virus« tauchten bei mir Ende März 2020 auf und schossen danach wie Pilze aus dem Boden. Sir Julian Rose, ein Schriftsteller, Forscher und Förderer der ökologischen Landwirtschaft, leitete eine eMail an mich weiter, die er von einem befreundeten medizinischen Wissenschaftler aus den Vereinigten Staaten erhalten hatte. Schon zu diesem frühen Zeitpunkt im März war der Wissenschaftler in der Lage zu erklären, wie der »Covid«-Schwindel manipuliert wurde. Er sagte, es gäbe keine zuverlässigen Tests für ein spezifisches »Covid-19-Virus« und auch keine zuverlässigen Institutionen oder Medien, die über die Zahl der tatsächlichen »Covid-19«-Fälle berichteten. In der langen Zeit, die seitdem vergangen ist, haben wir gesehen, dass er absolut Recht hatte. »Jede Aktion und Reaktion auf ›Covid-19‹ beruht auf völlig unzureichenden Daten, und wir können einfach keine genauen Einschätzungen vornehmen«, sagte er. Die meisten Menschen, bei denen ›Covid-19‹ diagnostiziert wurde, zeigten nichts weiter als erkältungs- und grippeähnliche Symptome, »weil die meisten Coronavirus-Stämme nichts weiter als erkältungs-/grippeähnliche Symptome verursachen«. Es gab eine so absurde Situation wie die eines 84-jährigen deutschen Mannes, der positiv auf »Covid-19« getestet wurde und dessen Pflegeheim eine Quarantäne anordnete, nur um dann festzustellen, dass er eine Erkältung hatte. Der Wissenschaftler beschrieb damals, warum PCR-Tests und die, wie er sie nannte, »Micky-Maus-Testkits« für das, was sie angeblich identifizieren sollten, nutzlos sind. »Die Vorstellung, dass diese Kits ein spezifisches Virus wie Covid-19 isolieren können, ist Unsinn«, sagte er. Bezeichnenderweise erklärte er in diesem Zusammenhang: »Wenn Sie eine völlig falsche Panik über eine völlig falsche Pandemie erzeugen wollen – wählen Sie ein Coronavirus.« Genau das haben der Kult, Gates, das Weltwirtschaftsforum und die Johns Hopkins University mit ihrer »Simulation« bei Event 201 bereits vorexerziert, um dann ihre reale Simulation namens »Pandemie« folgen zu lassen. Der Wissenschaftler sagte, man müsse nur die kränksten Menschen mit Atemwegserkrankungen an einem einzigen Ort – »sagen wir Wuhan« – auswählen und ihnen PCR-Tests verabreichen. Man kann dann behaupten, dass jeder, der »virale Sequenzen« aufweist, die einem Coronavirus ähneln, »was unweigerlich ziemlich viele sein werden«, an einer »neuen« Krankheit leidet:

> »Da Sie bereits die kränksten Grippefälle ausgewählt haben, wird ein ziemlich hoher Anteil Ihrer Stichprobe an der Grippe sterben. Sie können dann sagen, dass dieses ›neue‹ Virus eine höhere CFR [Todesfallrate] als die Grippe hat, und dies nutzen, um mehr Besorgnis zu schüren und mehr Tests durchzuführen, was natürlich mehr ›Fäl-

le‹ produziert, was folglich die Tests ausweitet, was wiederum mehr ›Fälle‹ produziert und so weiter und so fort. Schon bald haben Sie Ihre ›Pandemie‹, und alles, was Sie getan haben, ist einen einfachen Trick mit Testkits anzuwenden, um die schlimmsten Grippe- und Lungenentzündungsfälle in etwas Neues umzuwandeln, das es nicht WIRKLICH GIBT [Hervorhebung von mir].«

Er sagte, dass Sie dann »einfach den gleichen Betrug in anderen Ländern durchführen« und dafür sorgen, dass die Angstbotschaft hochgehalten wird, »damit die Menschen in Panik geraten und weniger in der Lage sind, kritisch zu denken«. Das einzige Problem, das es zu überwinden galt, war die Tatsache, dass es keinen neuen tödlichen Erreger gibt, sondern nur normal kranke Menschen. Das bedeutete, dass die Zahl der Todesfälle durch den »neuen tödlichen Erreger für eine echte Pandemie mit einem neuen tödlichen Virus viel zu gering sein würde«, aber er sagte auch, dass dies auf folgende Weise überwunden werden könne – was dann tatsächlich geschah:

1. Sie können behaupten, dies sei erst der Anfang und weitere Todesfälle stünden unmittelbar bevor [untermauert wird es mit fantasievollen »Computerprognosen«]. Sie nutzen dies als Vorwand, um alle unter Quarantäne zu stellen, und behaupten dann, die Quarantäne habe die erwarteten Millionen von Toten verhindert.
2. Sie können [sagen, dass Menschen], die die Gefahren »verharmlosen«, unverantwortlich sind und sie einschüchtern, nicht über Zahlen zu sprechen.
3. Sie können Unfug mit erfundenen Zahlen erzählen, in der Hoffnung, die Menschen mit Pseudowissenschaft zu blenden.
4. Sie können anfangen, gesunde Menschen zu testen (die natürlich auch Fetzen des Coronavirus [RNA] in sich tragen), und so Ihre »Fallzahlen« mit »asymptomatischen Trägern« aufblähen (das müssen Sie natürlich so drehen, dass es tödlich klingt, obwohl jeder Virologe weiß, dass der Erreger umso weniger tödlich ist, je mehr symptomlose Fälle Sie haben).

Der Wissenschaftler sagte, wenn Sie diese einfachen Schritte befolgen, »können Sie Ihre eigene, künstlich hergestellte Pandemie innerhalb von Wochen in Gang bringen«. Seine Analyse zu einem so frühen Zeitpunkt des Schwindels war eine brillante Prophezeiung dessen, was sich tatsächlich entfalten würde. Wenn wir alle Informationen aus den letzten Kapiteln zusammenzählen, haben wir ein simples Strickmuster dafür, wie man praktisch die gesamte menschliche Bevölkerung dazu bringen kann, an ein »Virus« zu glauben, das es nicht gibt:

- Ein »Covid-Fall« ist jemand, der mit einem Test, der gar nicht auf das »Virus« testet, positiv getestet wird.
- Ein »Covid-Todesfall« ist jemand, der innerhalb von achtundzwanzig Tagen (oder viel länger) nach einem positiven Test mit einem Test, der nicht auf das »Virus« testet, an irgendeiner Ursache stirbt.
- Asymptomatisch bedeutet, dass mit Ihnen alles in Ordnung ist, aber man behauptet, dass Sie das, was Sie nicht haben, weitergeben können, um zu rechtfertigen, dass gesunde Menschen komplett eingesperrt (unter Quarantäne gestellt) werden.

Die Grundlagen des Schwindels sind so einfach. Eine Studie mit zehn Millionen Menschen in Wuhan, die im November 2020 veröffentlicht wurde, widerlegt die ganze Lüge, dass Menschen ohne Symptome das »Virus« weitergeben. Man fand »dreihundert asymptomatische Fälle« und verfolgte deren Kontakte, um dann festzustellen, dass bei keiner der Kontaktpersonen das »Virus« nachgewiesen wurde. Die »asymptomatischen« Patienten und ihre Kontaktpersonen wurden nicht weniger als zwei Wochen lang isoliert, und nichts änderte sich. Ich weiß, dass das alles Quatsch ist, aber wenn man behauptet, dass Menschen ohne Symptome »das Virus« übertragen können, dann müsste man zumindest den Beweis dafür erbringen, aber den hat bisher noch niemand erbracht. Selbst Dr. Maria van Kerkhove von der Weltgesundheitsorganisation, Leiterin der Abteilung für neu auftretende Krankheiten und Zoonosen, sagte bereits im Juni 2020, dass sie die Validität der asymptomatischen Übertragung anzweifelt. Sie erklärte: »Nach den uns vorliegenden Daten scheint es immer noch selten zu sein, dass eine asymptomatische Person tatsächlich ein zweites Individuum ansteckt«, und mit »selten« meinte sie, dass sie keinen einzigen Fall einer asymptomatischen Übertragung nennen könne.

Der Ferguson-Faktor

Das Problem für den Kult auf dem Weg in den März 2020, als der Lockdown laut Drehbuch beginnen sollte, war, dass trotz aller Manipulationen der Fall- und Todeszahlen immer noch nicht genug Menschen angeblich an »Covid« gestorben waren, um einen Massenhausarrest zu rechtfertigen. Aber das wurde auf die von dem Wissenschaftler beschriebene Art und Weise überwunden: »Sie können behaupten, dies sei erst der Anfang und weitere Todesfälle stünden bevor … Sie nutzen dies als

Vorwand, um alle unter Quarantäne zu stellen, und behaupten dann, die Quarantäne habe die erwarteten Millionen von Toten verhindert.« Hier kommt ein gewisser Professor Neil Ferguson ins Spiel, der von Gates finanzierte »Epidemiologe« am von Gates finanzierten Imperial College in London. Ferguson könnte man den Drosten Großbritanniens nennen, denn er hat eine katastrophale Bilanz bei der Vorhersage von Gesundheitsereignissen, wird aber immer noch gerufen, um die Regierung zu beraten, wenn eine neue »Krise« auftritt. Das mag seltsam und lächerlich erscheinen. Warum sollte man sich für politische Beratung an Leute wenden, die in der Vergangenheit monumental falsch lagen? Doch aus Sicht des Kults macht das durchaus Sinn. Diese »Experten« geben immer wieder Vorhersagen ab, die der Agenda des Kults für die Umgestaltung der Gesellschaft entsprechen. So war es auch bei Neil Ferguson, als er seine horrenden (und eindeutig wahnwitzigen) Computermodellvorhersagen enthüllte, die die Verhängung von Lockdowns in Großbritannien, den Vereinigten Staaten und vielen anderen Ländern ermöglichten. Laut Derek Winton, einem Master of Science in Computational Intelligence, hat Ferguson nicht einmal ein Abitur in Biologie und anscheinend auch keine formale Ausbildung in Computermodellierung, Medizin oder Epidemiologie. Er schrieb einen Artikel, in dem er sich über die Arbeit von Ferguson empörte, die unter anderem die »Saisonalität« von Atemwegserkrankungen nicht berücksichtigte, dass sie also in den Wintermonaten viel schlimmer sind. Wer hätte gedacht, dass Atemwegserkrankungen im Winter schlimmer sein könnten? Ferguson sicher nicht.

Das extrem mit China verflochtene Imperial College und sein bizarrer Professor lieferten den Vorwand für die blitzschnelle Ausbreitung des seit langem erprobten chinesischen Modells der menschlichen Kontrolle nach Westen. Das Imperial College bestätigt auf seiner Website, dass es mit dem chinesischen Forschungsinstitut zusammenarbeitet, jedes Jahr mehr als 600 Forschungsarbeiten mit chinesischen Forschungseinrichtungen veröffentlicht, 225 chinesische Mitarbeiter hat, 2.600 chinesische Studenten – die international größte Gruppe –, 7.000 ehemalige Studenten, die mittlerweile in China leben – die größte Gruppe außerhalb Großbritanniens – und von Chinas Präsident Xi Jinping während seines Staatsbesuchs in Großbritannien 2015 für eine Besichtigung ausgewählt wurde. Das College nimmt große Spenden aus China entgegen und bezeichnet sich selbst als Großbritanniens Nummer eins unter den Universitäten, die mit chinesischen Forschungseinrichtungen zusammenarbeiten. Die kommunistisch-faschistische Regierung Chinas schien von den düsteren Prognosen von Ferguson und Imperial nicht beunruhigt zu sein, als die Hochschule während des von Ferguson veranlassten Lockdowns einen fünfjährigen Kooperationsvertrag mit dem chinesischen

Tech-Giganten Huawei unterzeichnete, der auf dem West-Londoner Tech-Campus der Hochschule die Installation von Huaweis 5G-Indoor-Netzwerkausrüstung vorsieht – zusammen mit einer »KI-Cloud-Plattform«. Die Vereinbarung umfasst auch das chinesische Sponsoring des Unternehmerwettbewerbs Venture Catalyst von Imperial. Das Imperial ist ein Beispiel für den enormen Einfluss, den die chinesische Regierung auf britische und nordamerikanische Universitäten und Forschungszentren – und darüber hinaus – ausübt. Gegen bis zu zweihundert Akademiker von mehr als einem Dutzend britischer Universitäten wird wegen des Verdachts ermittelt, die chinesische Regierung »unabsichtlich« beim Bau von Massenvernichtungswaffen unterstützt zu haben, indem sie »weltweit führende Forschungsergebnisse im Bereich fortschrittlicher Militärtechnologie wie Flugzeuge, Raketendesigns und Cyberwaffen weitergegeben« haben. Ähnliche Skandale wurden in den Vereinigten Staaten aufgedeckt, aber das ist alles nur Zufall. Das Imperial College dient der Agenda auf viele andere Arten, einschließlich der Förderung jedes Aspekts der Agenda 21/2030 der Vereinten Nationen (der »Great Reset«) und der Erstellung von Computermodellen, die zeigen sollen, dass der vom Menschen verursachte »Klimawandel« stattfindet, obwohl er in der realen Welt nicht existiert. Das Imperial College treibt die Klima-Agenda ebenso voran wie die »Covid«-Agenda (beides Schwindel des Kults), während Patrick Vallance, der leitende wissenschaftliche Berater der britischen Regierung für »Covid«, zum leitenden wissenschaftlichen Berater der UN-»Klimawandel«-Konferenz COP26 ernannt wurde. »Covid« und »Klima« sind grundlegend miteinander verbunden.

Der besorgte Professor

Aus dem Schoß des Imperial College entsprang Neil Ferguson, der trotz seiner früheren Pleiten immer noch die Regierung berät. Schon früh wurde bekannt, dass er und andere wichtige Leute wie der medizinische Chefberater des Vereinigten Königreichs, Chris Whitty, sich mit dem »Virus« infiziert hatten, was als Propagandastory verkauft wurde. Irgendwie schafften sie es zu überleben, und auch Premierminister Boris Johnson wurde in dieser Zeit mit einer angeblich schweren Version von »Covid« ins Krankenhaus eingeliefert. Seine gesamte Politik und sein Auftreten änderten sich, als er in die Downing Street zurückkehrte. Die Welt dieser Regierungsberater ist klein – vor allem, was ihre gemeinsamen Verbindungen zu Gates betrifft. Ferguson hatte sich mit Whitty zusammengetan, um ein Papier zu schreiben mit dem Titel »Infectious Disease: Tough choices to reduce Ebola transmission« (Infektionskrankheit: Schwierige Entscheidungen zur Reduzierung der Ebola-Übertragung), das eine weitere Panikmache enthielt, die nicht eingetreten ist. Fergusons »Modelle« sagten voraus, dass bis zu 150.000 Menschen an Rinderwahnsinn (BSE) und seiner Variante bei Schafen sterben könnten, wenn er auf den Menschen übertragen würde. BSE war nicht übertragbar und wurde durch ein Organophosphat-Pestizid ausgelöst, das man zur Behandlung eines Schädlings bei Kühen eingesetzt hatte. Weniger als zweihundert Todesfälle waren auf die menschliche Form zurückzuführen. Die Modelle von Ferguson und seinen inkompetenten Kollegen führten zur unnötigen Keulung von Millionen von Schweinen, Rindern und Schafen während des Ausbruchs der Maul- und Klauenseuche im Jahr 2001, welche das Leben und die Lebensgrundlage von Landwirten und ihren Familien zerstörte, die oft jahrzehntelang ihre Herden aufgebaut hatten. Eine große Anzahl dieser Tiere war nicht an der Maul- und Klauenseuche erkrankt und hatte keinen Kontakt mit der Infektion. Ein weiterer »Experte«, der hinter der Keulung stand, war Professor Roy Anderson, ein Computermodellierer am Imperial College, der sich auf die Epidemiologie von Krankheiten bei *Menschen*, nicht bei Tieren, spezialisiert hat. Anderson war Mitglied des Beirats der Bill and Melinda Gates Grand Challenges in Global Health und ist Vorsitzender einer anderen von Gates finanzierten Organisation. Gates ist überall.

Bei einem Vorläufer des »Covid«-Drehbuchs sprach sich Ferguson dafür aus, wegen der Schweinegrippe-»Pandemie« im Jahr 2009 Schulen »für längere Zeit« zu schließen, und sagte voraus, dass ein Drittel der Weltbevölkerung daran erkranken wird, wenn sie sich weiterhin so schnell ausbreiten würde, wie er behauptete. Seine Kollegen vom Imperial College sahen das ähnlich und in einer Nachrichtenmeldung hieß es: »Einer der Autoren, der Epidemiologe und Krankheitsmodellierer Neil Ferguson, der im Notfallkomitee der Weltgesundheitsorganisation für den Ausbruch der Grippe sitzt, sagte, das Virus habe volles Pandemiepotenzial.« Professor Liam Donaldson, der Chris Whitty seiner Zeit als Chief Medical Officer, sagte, im schlimmsten Fall könnten sich dreißig Prozent der britischen Bevölkerung mit der Schweinegrippe infizieren und 65.000 Menschen sterben. Ferguson und Donaldson behielten ja so Recht, als am Ende des Jahres die Zahl der Todesfälle, die der Schweinegrippe zugeschrieben wurden, 392 betrug. Der Begriff »Experte« wird leider recht großzügig verwendet, nicht zuletzt für Vollidioten. Die »Prognosen« zur Schweinegrippe waren für GlaxoSmithKline (GSK) großartig, denn es flossen Millionen für den Grippeimpfstoff Pandemrix, der vor allem bei Kindern zu Hirnschäden führte. Die britische Regierung (Steuerzahler) zahlte mehr als 60 Millionen Pfund an Entschädigung, nachdem GSK Straffreiheit gewährt wurde. Ein weiteres »Covid«-Déjà-vu. Die Schweinegrippe sollte in Mexiko ausgebrochen sein, aber Dr. Wolfgang Wodarg, ein deutscher Arzt, ehemaliger Bundestagsabgeordneter und Kritiker des »Covid«-Schwindels, beobachtete damals »die Ausbreitung der Schweinegrippe« in Mexiko-Stadt. Er sagte: »Was wir in Mexiko-Stadt erlebten, war eine sehr milde Grippe, an der nicht mehr Menschen starben als sonst – sogar weniger.« Die Panikmache entgegen allen Fakten ist kein Einzelfall bei »Covid« und schon oft vorgekommen. Ferguson soll die voraussichtliche Zahl der Todesopfer der Vogelgrippe (H5N1) um das Dreimillionenfache überschätzt haben, aber die Hersteller von Impfstoffen gegen die Vogelgrippe haben mit der Angst mal wieder ein Vermögen verdient.

Dies ist ein Teil des Hintergrunds von Neil Ferguson, der Anfang 2020 perfekt getimt die Computermodelle erstellte, die vorhersagten, dass ohne drakonischen Lockdown eine halbe Million Menschen in Großbritannien und 2,2 Millionen in den Vereinigten Staaten sterben würden. Die Politiker gerieten in Panik, die Menschen gerieten in Panik und es wurden Lockdowns von angeblich kurzer Dauer veranlasst, um die Kurve der Fälle abzuflachen, die sich aus einem Test ergaben, bei dem nicht auf das »Virus« getestet wurde. Ich habe damals bereits gesagt, dass die Öffentlichkeit den Teil mit der »kurzen Dauer« vergessen kann. Es handelte sich um eine Agenda, die darauf abzielte, die Lebensgrundlagen der Bevölkerung zu zerstören und sie durch Abhängigkeit in die Massenkontrolle zu zwingen, und daran war nichts »Kurzes«. Der amerikanische Forscher Daniel Horowitz beschrieb die Folgen der »Modelle«, die vom Gates-finanzierten Ferguson und dem Imperial College verbreitet wurden:

> »Was unsere Regierung und die Regierungen vieler anderer Länder in Panik versetzte, war eine einzige Studie des Imperial College in Großbritannien, die von Aktivisten der globalen Erwärmung finanziert wurde und die 2,2 Millionen Todesfälle vorhersagte, wenn wir das Land nicht abriegeln würden. Außerdem hat uns die gemeldete Todesrate von 8 bis 9% in Italien aufgeschreckt, weil wir dachten, es gäbe noch eine andere Mutation des Virus, die zu uns übertragen worden sein könnte.
>
> Zusammen mit der Tatsache, dass wir endlich testen und neue Fälle melden konnten, dachten wir, dass wir auf eine Todesspirale zusteuern würden. Aber noch einmal ... Wir können eine Kurve nicht abflachen, wenn wir nicht wissen, wann die Kurve begonnen hat.«

Wie wäre es, wenn sie nie begonnen hat?

Geliefert wie bestellt

Eine Untersuchung der *Welt am Sonntag* enthüllte, wie die deutsche Regierung im März 2020 »führende Wissenschaftler aus mehreren Forschungsinstituten und Universitäten« versammelte, die »gemeinsam ein [Modellierungs-]Papier erstellen sollten, das als Legitimation für weitere harte politische Maßnahmen dienen konnte«. Der Kult rechtfertigte seine Agenda mit Computermodellen, die weder auf Beweisen noch auf der Realität beruhten. Sie wurden eigens konstruiert, um die Forderung des Kults nach Lockdowns auf der ganzen Welt zu rechtfertigen und die unabhängige Lebensgrundlage der Weltbevölkerung zu zerstören. All diese Modellierer und alle, die für den »Covid«-Schwindel verantwortlich sind, haben einen Prozess wie in Nürnberg nach dem Zweiten Weltkrieg verdient, als die Nazis die Konsequenzen für ihre Kriegsverbrechen tragen mussten. Diese korrupten und unglaubwürdigen »Modellierer« schrieben das Papier im Auftrag der Regierung. Darin hieß es, dass bis zu einer Million Deutsche an »Covid-19« sterben würden, wenn die Lockdown-Maßnahmen aufgehoben würden, einige von ihnen »qualvoll zu Hause nach Luft ringend«, weil sie nicht in Krankenhäusern behandelt werden könnten, die das nicht verkraften würden. Lauter Lügen. Macht nichts – der Kult hatte damit alles, was er wollte. Was hat der langjährige »Modellierer« der Regierung, Neil Ferguson, doch gleich gesagt? Wenn das Vereinigte Königreich und die Vereinigten Staaten den Lockdown nicht durchführen würden, würden eine halbe Million Briten und 2,2 Millionen Amerikaner sterben. Sieht hier jemand ein Thema? Die »Modellierer« sind ein so wichtiger Teil der Lockdown-Strategie, dass wir ihren Hintergrund untersuchen und dem Geld folgen sollten. Die Forscherin Rosemary Frei hat einen hervorragenden Artikel mit der Überschrift »The Modelling-paper Mafiosi« (Die Modellierungs-Papier-Mafiosi) verfasst. Sie hebt darin einen Mann namens John Edmunds hervor, einen britischen Epidemiologen und Professor an der Fakultät für Epidemiologie und Volksgesundheit der London School of Hygiene & Tropical Medicine. Er hat am Imperial College studiert. Edmunds ist Mitglied der »Covid«-Beratungsgremien der Regierung, die diese Politik diktiert haben, der New and Emerging Respiratory Virus Threats Advisory Group (NERVTAG) und der Scientific Advisory Group for Emergencies (SAGE).

Ferguson, ein weiteres Mitglied von NERVTAG und SAGE, war beim ursprünglichen »Virus« der Vorreiter und Edmunds folgte in der Phase der »Varianten« und insbesondere der sogenannten britischen oder Kent-Variante, die als »Variant of Concern« (VOC) B.1.1.7 bekannt ist. In einem gemeinsam verfassten Bericht für das Centre for Mathematical modelling of Infectious Diseases an der London School of

Hygiene & Tropical Medicine, an dem auch die Arbeitsgruppe »Covid-19« des Zentrums beteiligt war, erklärte er, »es besteht eine realistische Möglichkeit, dass VOC B.1.1.7 mit einem erhöhten Todesrisiko im Vergleich zu Nicht-VOC-Viren verbunden ist«. Angst, Angst, Angst, sich impfen lassen, Angst, Angst, Angst, sich impfen lassen. Rosemary Frei enthüllt, dass fast alle Autoren der Studie und die Mitglieder der Arbeitsgruppe »Covid-19« des Modellierungszentrums von der Bill and Melinda Gates Foundation und/oder dem von Gates finanzierten Wellcome Trust finanziert werden. Das Panik-Papier wurde von der elektronischen Zeitschrift *Medrχiv* verbreitet, die als einzige auch Artikel ohne Peer Review veröffentlicht. Die Zeitschrift wurde von einer Organisation gegründet, die von Mark Zuckerberg von Facebook und seiner Frau geleitet wird. Wie klein die Welt doch ist. Frei fand heraus, dass Edmunds im wissenschaftlichen Beirat der Coalition for Epidemic Preparedness Innovations (CEPI) sitzt, die von der Bill and Melinda Gates Foundation, dem Davoser Weltwirtschaftsforum von Klaus Schwab und dem Pharmariesen Wellcome gegründet wurde. »CEPI wurde [2017] in Davos ins Leben gerufen, um Impfstoffe zu entwickeln, die künftige Epidemien verhindern sollen«, heißt es auf der Website. »Unsere Aufgabe ist es, die Entwicklung von Impfstoffen gegen neu auftretende Infektionskrankheiten zu beschleunigen und den Menschen bei Ausbrüchen einen gleichberechtigten Zugang zu diesen Impfstoffen zu ermöglichen.« Was für nette Leute das doch sind. Rosemary Frei enthüllt, dass die Direktorin von Public Health England (PHE), Susan Hopkins, eine Autorin der ohne Peer-Review veröffentlichten Berichte ihrer Organisation über »neue Varianten« ist. Hopkins ist Professorin für Infektionskrankheiten am Londoner Imperial College, das von der Bill and Melinda Gates Foundation jährlich mit zig Millionen Dollar unterstützt wird. Der von der Gates-Stiftung finanzierte Modellierer Neil Ferguson ist ebenfalls Koautor der Berichte von Public Health England und sprach im Dezember 2020 über die potenzielle Gefahr der »UK-Variante« B.1.1.7., die vom Gates finanzierten Modellierer John Edmunds propagiert wird. Wenn ich zu den »Covid-Impfstoffen« komme, werden die »neuen Varianten« als das dargestellt, was sie sind – Schwachsinn.

Verbindungen über Verbindungen

All diese Leute und Modellierer sind von Lockdowns besessen, oder anders ausgedrückt, sie fordern, was der Kult fordert. Edmunds sagte im Januar 2021, dass eine zu frühe Lockerung der Lockdowns eine Katastrophe wäre und dass sie »viel, viel,

viel mehr Menschen impfen müssten als nur die Alten«. Rosemary Frei hebt hervor, dass Edmunds mit Jeanne Pimenta verheiratet ist, die in ihrem LinkedIn-Profil als Direktorin für Epidemiologie bei GlaxoSmithKline (GSK) ausgewiesen ist und Anteile an dem Unternehmen hält. Patrick Vallance, Co-Vorsitzender von SAGE und wissenschaftlicher Chefberater der Regierung, ist ein ehemaliger leitender Angestellter von GSK und hält einen aufgeschobenen Bonus in Form von Aktien des Unternehmens im Wert von 600.000 Pfund. GSK hat gute Geschäftsbeziehungen zu Bill Gates und arbeitet mit dem mRNA-»Impfstoff«-Unternehmen CureVac zusammen, um »Impfstoffe« für die neuen Varianten herzustellen, von denen Edmunds spricht. GSK plant einen »Covid-Impfstoff« mit dem Pharmariesen Sanofi. Der Marionetten-Premierminister Boris Johnson kündigte im Frühjahr 2021 an, dass bis zu schzig Millionen Impfstoffdosen in der GSK-Anlage in Barnard Castle im englischen Nordosten hergestellt werden sollen. Barnard Castle mit seinen gerade einmal sechstausend Einwohnern wurde im April 2020 von Johnsons Berater Dominic Cummings unter Missachtung der Lockdown-Regeln besucht, der sagte, er sei dorthin gefahren, »um sein Sehvermögen testen zu lassen«, bevor er nach London zurückfuhr. Cummings wäre besser beraten, seine Integrität zu testen – nicht dass das lange dauern würde. Die GSK-Einrichtung hatte damals nichts mit seinem Besuch zu tun, obwohl ich sicher bin, dass Patrick Vallance gerne eine Führung und Tee mit Biskuits arrangiert hätte. Der skrupellose Psychopath Gates hat in Zusammenarbeit mit Big Pharma ein weiteres Vermögen mit Impfstoffen gemacht und schwärmt von den phänomenalen Gewinnen, die mit Impfstoffen zu erzielen sind – mehr als eine Rendite von 20 zu 1, wie er einem Interviewer sagte. Auch twitterte Gates im Dezember 2019 in Voraussicht dessen, was folgen würde: »Was erwartet unsere Stiftung als Nächstes? Ich bin besonders gespannt darauf, was das kommende Jahr für eine der besten Investitionen in die globale Gesundheit bedeuten könnte: Impfstoffe.«

Der Modellierer John Edmunds ist ein großer Befürworter von Impfstoffen, wie all diese Leute. Er ist Dekan der Fakultät für Epidemiologie und Volksgesundheit an der London School of Hygiene & Tropical Medicine, die in erster Linie von der Bill and Melinda Gates Foundation und der von Gates gegründeten und finanzierten Globalen Impfstoffallianz (GAVI) finanziert wird, dem Vehikel von Gates, um die Welt zu impfen. Die Organisation Ärzte ohne Grenzen hat GAVI als eine Organisation bezeichnet, die »eher darauf ausgerichtet [ist], die Wünsche der Pharmaindustrie zur Förderung neuer Produkte zu unterstützen, als die effizientesten und nachhaltigsten Mittel zur Bekämpfung von Krankheiten in armen Ländern zu finden«. Aber dazu hat der Psychopath Gates sie ja auch nicht gegründet. John Edmunds sagte in einem Video, dass die London School of Hygiene & Tropical Medicine an jedem Aspekt der Impfstoffentwicklung beteiligt ist, einschließlich groß angelegter klinischer Studien. Er behauptet, mathematische Modellierungen könnten zeigen, dass Impfstoffe den Einzelnen und die Gesellschaft schützen. Ich nehme an, das beruht auf der Grundlage von »shit in and shit out« – schlechte Daten, mieses Ergebnis. Edmunds ist Mitglied des UK Vaccine Network, ebenso wie Ferguson und der wichtigste »Covid«-Berater der Regierung, der grimmig dreinblickende Chris Whitty. Das Vaccine Network arbeitet nach eigenen Angaben daran, »die Regierung dabei zu unterstützen, gezielte Investitionsmöglichkeiten für die vielversprechendsten Impfstoffe und Impfstofftechnologien, die zur Bekämpfung von Infektionskrankheiten mit epidemischem Potenzial beitragen können, zu identifizieren und in die engere Auswahl zu nehmen, und strukturelle Probleme im Zusammenhang mit der breiteren Impfstoffinfrastruktur des Vereinigten Königreichs anzugehen«. Ferguson ist amtierender Direktor des Imperial College Vaccine Impact Modelling Consortium, das von der Bill and Melina Gates Foundation und der von Gates gegründeten Globalen Impfstoffallianz (GAVI) finanziert wird. Überrascht es da noch jemanden, dass diese Typen in Impfstoffen die Antwort auf alle Probleme sehen? Ferguson unterstützt die Kampagne von GAVI, Kinder in armen Ländern massenhaft zu impfen, mit großer Begeisterung. Man muss sich wundern, dass jemand wie Gates, der ständig davon spricht, dass die Bevölkerung reduziert werden muss, Impfstoffe finanzieren möchte, um mehr Menschen am Leben zu erhalten. Klar, genau deshalb macht er das. Die John Edmunds London School of Hygiene & Tropical Medicine (LSHTM) verfügt über ein Vaccines Manufacturing Innovation Centre, das Impfstoffe entwickelt, testet und vermarktet. Rosemary Frei schreibt:

> »Das Impfstoffzentrum führt auch angegliederte Aktivitäten wie die Bekämpfung der ›Impfverweigerung‹ durch. Zu Letzterem gehört das Vaccine Confidence Project. Erklärtes Ziel des Projekts ist es unter anderem, ›Analysen und Anleitungen für eine frühzeitige Reaktion und den Umgang mit der Öffentlichkeit zu liefern, um ein nachhaltiges Vertrauen in Impfstoffe und Impfungen zu gewährleisten‹. Die Leiterin des Vaccine Confidence Project ist LSHTM-Professorin Heidi Larson. Seit mehr als einem Jahrzehnt erforscht sie, wie man das Zögern bei Impfungen bekämpfen kann.«

Wie zum Teufel können Typen wie John Edmunds und Neil Ferguson mit diesen Beziehungen und finanziellen Verflechtungen »Virus«-Fall- und Todesfallprognosen für die Regierung modellieren, und zwar in einer Weise, die ihren Zahlmeistern wie Gates genau das gibt, was sie wollen? Es ist verrückt, aber das findet man überall auf der Welt.

»Covid« ist nicht gefährlich … ach, Moment, doch, ist es

Nur wenige Tage bevor Fergusons Albtraum-Szenario Jackboot Johnson dazu veranlasste, Großbritannien in einen Lockdown nach chinesischem Vorbild zu versetzen, um uns vor einem tödlichen »Virus« zu retten, berichtete die britische Regierungswebsite www.gov.uk auf einer Seite mit offiziellen Regierungsleitlinien für »hochansteckende Krankheiten (HCID)« noch etwas ganz anderes als Ferguson. Dort hieß es über »Covid-19«:

> »Ab dem 19. März 2020 wird COVID-19 *in Großbritannien nicht mehr als Infektionskrankheit mit hohem Risiko (HCID) betrachtet* [Hervorhebung von mir]. Die 4-Nations-HCID-Gruppe für öffentliche Gesundheit hat im Januar 2020 eine vorläufige Empfehlung abgegeben, COVID-19 als HCID einzustufen. Diese Empfehlung beruhte auf der Berücksichtigung der britischen HCID-Kriterien für das Virus und die Krankheit sowie auf den Informationen, die in den frühen Stadien des Ausbruchs verfügbar waren.
>
> Jetzt, da mehr über COVID-19 bekannt ist, haben die öffentlichen Gesundheitsbehörden in Großbritannien die aktuellsten Informationen über COVID-19 anhand der britischen HCID-Kriterien überprüft. Sie haben festgestellt, dass sich mehrere Merkmale geändert haben; vor allem liegen mehr Informationen über die Sterblichkeitsraten vor (insgesamt niedrig), und es gibt jetzt ein größeres klinisches Bewusstsein und einen spezifischen und empfindlichen Labortest, dessen Verfügbarkeit weiter zunimmt. Der Beratende Ausschuss für gefährliche Krankheitserreger [Advisory Committee on Dangerous Pathogens] (ACDP) ist ebenfalls der Meinung, dass COVID-19 nicht mehr als HCID eingestuft werden sollte.«

Kurz nachdem die Regierung wegen der Herabstufung des Risikos bloßgestellt worden war, stufte sie es wieder herauf und alle sangen erneut aus demselben Gesangbuch des Kults. Ferguson und seine Gates-Kollegen wiesen darauf hin, dass die Lockdowns und Einschränkungen so lange fortgesetzt werden müssten, bis ein von Gates finanzierter Impfstoff entwickelt sei. Gates sagte das Gleiche, weil Ferguson und Konsorten das Gates-Skript wiederholten, das das Skript des Kults ist. Die »Abflachung der Kurve« wurde zu einem fortwährenden Albtraum von ständigen Lockdowns, unterbrochen von Phasen strenger Restriktionen, die darauf abzielten, unabhängige Einkommen zu zerstören, und nichts mit dem Schutz der Gesundheit zu tun hatten, um die sich der Kult einen

Dreck schert. Warum sollte Ferguson auch nicht auf eine Impfstoff-»Lösung« drängen, wo er doch dem impfbesessenen Gates gehört, der damit ein Vermögen verdient, und wenn Ferguson das Vaccine Impact Modelling Consortium am Imperial College leitet, das von der Gates Foundation und GAVI, der »Globalen Impfstoffallianz«, finanziert wird, die von Gates als seine persönliche Impfstoff-Förderungsaktion gegründet wurde? Wie um das menschliche Versagen noch zu verdeutlichen, das hinter Ferguson und seinen »Prognosemodellen« steht, wurde er später erwischt, als er gegen seine eigenen Lockdown-Regeln verstieß. Er hatte mit seiner verheirateten Freundin Antonia Staats in seinem Haus eine sexuelle Liaison, obwohl sie mit ihrem Mann und ihren Kindern an einem anderen Ort lebte – während des strengen britischen Lockdowns, als niemand das Haus verlassen durfte. Staats war eine »Klima«-Aktivistin und leitende Kampagnenleiterin bei der von George Soros finanzierten Avaaz, der ich nicht mal trauen würde, wenn sie mir sagt, dass das Gras grün ist. Ferguson musste wegen dieser Heuchelei im Mai 2020 als Regierungsberater zurücktreten, aber nach kurzer Auszeit wurde er von den Lügenmedien wieder mit der Forderung nach weiteren Lockdowns und der Einführung von Impfstoffen zitiert.

Andere regierungsberatende »Wissenschaftler« vom Imperial College hielten in seiner Abwesenheit die Stellung und sagten, der Lockdown solle auf unbestimmte Zeit gelten, bis ein Impfstoff gefunden sei. Der bezahlte Chor sang brav weiter das Lied des Kults. Ich habe schon gesagt, dass man nicht die Absicht hat, zur »Normalität« zurückzukehren, wenn der »Impfstoff« kommt, denn der »Impfstoff« ist Teil einer ganz anderen Agenda, die ich in dem Kapitel »Mensch 2.0« diskutieren werde. Warum sollte der Kult die Welt zur Normalität zurückkehren lassen, wenn die nachhaltige Zerstörung dieser Normalität der eigentliche Sinn der Aktion ist? Hausarrest, die Schließung von Geschäften und Schulen durch Lockdown, (un)soziale Distanzierung und Masken – all das folgte den Ferguson-Fantasiemodellen. Wie ich es vorausgesagt hatte (diese Leute sind so berechenbar), wurde uns, als der »Impfstoff« dann eintraf, gesagt, dass Hausarrest, Lockdown, (un-)soziale Distanzierung und Masken weitergeführt werden müssten. Ich werde mich im nächsten Kapitel noch mit den Masken befassen, denn sie sind von grundlegender Bedeutung.

Wo ist die »Pandemie«?

Jede halbwegs gründliche Auswertung der Zahlen zeigt, was wirklich vor sich geht. In den vom Kult finanzierten und kontrollierten Organisationen arbeiten immer noch echte Menschen, zu viele sind daran beteiligt. So ist es auch bei Genevieve Briand, stellvertretende Programmdirektorin des Masterstudiengangs Applied Economics an der Johns Hopkins University. Sie analysierte die Auswirkungen von »Covid-19« auf die Gesamtzahl *aller* Sterbefälle in den Vereinigten Staaten anhand der offiziellen Daten der CDC für den Zeitraum von Anfang Februar bis Anfang September 2020. Dabei fand sie heraus, dass die angeblich durch »Covid« verursachten Todesfälle die durch Herzkrankheiten verursachten Todesfälle übertrafen, was sie seltsam fand, da Herzkrankheiten immer die Hauptursache für Todesfälle waren. Ihre Untersuchung wurde noch aussagekräftiger, als sie den plötzlichen Rückgang *aller* nicht-»Covid«-bedingten Todesfälle im Jahr 2020 feststellte: »Dieser Trend steht völlig im Gegensatz zu dem in sämtlichen vorangegangenen Jahren beobachteten Muster ... Der Gesamtrückgang der Todesfälle durch andere Ursachen entspricht fast genau dem Anstieg der Todesfälle durch Covid-19.« Das war so eindeutig, dass die Johns Hopkins University den Artikel mit der Begründung löschte, er werde »zur Unterstützung falscher und gefährlicher Desinformationen über die Auswirkungen der Pandemie verwendet«. Von wegen – der Artikel deckte ganz einfach den Betrug mit den offiziellen CDC-Zahlen auf, und das wurde bestätigt, als diese Zahlen im Januar 2021 veröffentlicht wurden. Hier können wir sehen, wie es sich auswirkt, wenn Menschen, die an Herzinfarkten, Krebs, Verkehrsunfällen und Schusswunden sterben – *an was auch immer* – auf der Sterbeurkunde »Covid-19« stehen haben, zusammen mit denjenigen, die aufgrund von »Symptomen« diagnostiziert wurden, die nicht einmal mit einem Test, der gar nicht auf das »Virus« testet, positiv getestet worden waren.

Das mit den Schusswunden ist übrigens kein Scherz. Brenda Bock, Gerichtsmedizinerin in Grand County, Colorado, enthüllte, dass zwei Schussopfer innerhalb von dreißig Tagen, die vor ihrem Tod verstrichen waren, positiv auf das »Virus« getestet und daher als »Covid-Todesfälle« eingestuft wurden. Bock sagte: »Diese beiden Menschen wurden positiv auf Covid getestet, aber das war es nicht, woran sie starben. Sie starben an einer Schusswunde.« Sie sagte, sie habe ihre Untersuchung noch nicht einmal abgeschlossen, als der Staat die Schussopfer als Todesfälle durch das »Virus« aufführte. Die Todes- und Fallzahlen für »Covid-19« sind ein absoluter Witz und dennoch werden sie von den Medien, Politikern und angeblichen medizinischen »Experten« wie von Papageien nachgeplappert. Das offizielle Kult-Narrativ ist alles, was im Kino läuft.

Genevieve Briand fand heraus, dass die Gesamtzahl aller Sterbefälle im Jahr 2020 im Vergleich zu den Vorjahren nicht außergewöhnlich hoch war und ein spanisches Magazin veröffentlichte Zahlen, die dasselbe über Spanien aussagten, das einst als »Covid«-Propaganda-Hotspot galt. *Discovery Salud*, ein Magazin für Gesundheit und Medizin, zitierte Zahlen der Regierung, aus denen hervorging, dass in Spanien im Jahr 2020 17.000 Menschen *weniger* starben als 2019 und mehr als 26.000 weniger als im Jahr 2018. Die altersstandardisierte Sterblichkeitsrate für England und Wales, wenn man die Altersverteilung berücksichtigt, war 2020 deutlich niedriger als in den 1970er, 1980er und 1990er Jahren und nur die neunthöchste seit 2000. Wo ist die »Pandemie«?

Obduktionen und Autopsien von »Covid«-Todesfällen wurden praktisch nicht mehr durchgeführt, da behauptet wurde, dass »virusinfizierte« Körperflüssigkeiten ein Risiko für die mit der Autopsie befassten Personen darstellten. Der renommierte deutsche Pathologe und Gerichtsmediziner Klaus Püschel wies diese Behauptung zurück. Er sagte, dass er und seine Mitarbeiter bis dahin einhundertfünfzig Autopsien von »Covid«-Patienten ohne jegliche Probleme durchgeführt hätten. Er sagte, man müsse doch wissen, warum einige »Covid«-Patienten an Blutgerinnseln und nicht an schweren Atemwegsinfektionen litten. Das »Virus« heißt schließlich SARS oder »Schweres Akutes Respiratorisches Syndrom«. Ich habe im Frühjahr 2020 auf dieses Phänomen hingewiesen und den New Yorker Intensivmediziner Cameron Kyle-Sidell zitiert, der in einem bald darauf gelöschten YouTube-Video erklärte, man habe ihnen gesagt, sie sollten sich auf die Behandlung einer Infektionskrankheit namens »Covid-19« vorbereiten, aber das war nicht das, womit sie es zu tun bekamen. Stattdessen verglich er den Lungenzustand der schwerstkranken Patienten mit dem, was man bei einem Kabinendruckabfall in einem Flugzeug in neun Kilometern Höhe oder bei jemandem, der ohne Sauerstoff oder Akklimatisierung auf dem Gipfel des Everest abgesetzt wird, erwarten würde. Ich habe nie behauptet, dass dies bei einer kleinen Minderheit von angeblichen »Covid«-Patienten nicht der Fall ist – ich sage nur, dass dies nicht durch ein imaginäres »ansteckendes Virus« verursacht wird. Kyle-Sidell erklärte, dass »Covid-19« nicht die Krankheit ist, von der ihnen gesagt wurde, dass sie auf sie zukommen würde. »Wir operieren unter einem medizinischen Paradigma, das nicht stimmt«, sagte er, und er glaubt, dass sie die falsche Krankheit behandeln: »Diesen Menschen wird langsam der Sauerstoff entzogen.« Die Patienten nahmen ihre Sauerstoffmasken in einem Zustand der Angst und des Stresses ab, während sie blau im Gesicht waren und kurz vor dem Tod standen. Sie sahen nicht aus wie Patienten, die an einer Lungenentzündung sterben.

Man kann verstehen, warum sie keine Autopsien wollen, wenn ihr Virus nicht existiert und es bei einigen Menschen eine andere Krankheit gibt, die sie nicht aufgedeckt haben wollen. Ich sollte an dieser Stelle hinzufügen, dass das 5G-System der Millimeterwellen im Jahr 2020 weltweit schnell eingeführt wurde und jetzt noch mehr, da 5G von Satelliten aus auf die Erde geschossen wird. Bei 60 Gigahertz innerhalb des 5G-

Bereichs interagiert diese Frequenz mit dem Sauerstoffmolekül und verhindert, dass die Menschen genügend Sauerstoff einatmen, um ihn in den Blutkreislauf aufzunehmen. Sie installieren 5G in Schulen und Krankenhäusern. Nein, die Welt spielt nicht verrückt, ganz sicher nicht. 5G kann schwerwiegende Veränderungen in der Lunge und im Blut verursachen, wie ich in *Die Antwort* ausführlich beschreibe. Diese Folgen werden ebenfalls als »Covid-19« bezeichnet, auch wenn dessen angebliche Symptome durch 5G und andere elektromagnetische Frequenzen verursacht werden können, da die Zellen auf eine Strahlenvergiftung reagieren.

Der Schwindel mit den »Covid«-Toten

Dr. Scott Jensen, ein Senator des Bundesstaates Minnesota und Arzt, deckte »Covid«-Zahlungsanreize von Medicare für Krankenhäuser und die Manipulation von Totenscheinen auf. Er sagte, er habe vom US-Gesundheitsministerium eine siebenseitige Anleitung erhalten, die ihn beim Ausfüllen von Totenscheinen »coachen« sollte, was es noch nie zuvor gegeben hatte. Das Dokument besagte, dass er keinen Labortest für »Covid-19« benötige, um dies auf dem Totenschein zu vermerken, was ihn schockierte, da Totenscheine eigentlich Fakten enthalten sollten. Jensen beschrieb, wie Ärzte »ermutigt, wenn nicht gar unter Druck gesetzt« wurden, die Diagnose »Covid-19« zu stellen, wenn sie es für wahrscheinlich hielten oder »vermuteten«. Ein positiver Test war nicht erforderlich – nicht, dass der etwas gebracht hätte. Er berichtete, dass den Ärzten gesagt wurde, sie sollten »Covid« anhand der Symptome diagnostizieren, obwohl diese die gleichen waren wie bei Erkältungen, Allergien, anderen Atemwegsproblemen und natürlich bei der Grippe, die in der »Covid«-Ära »verschwand«. Ein gewöhnlicher Schnupfen reichte aus, um das gefürchtete Urteil zu erhalten. Die Behörden von Ontario verfügten, dass ein einziger Pflegeheimbewohner, der auch nur ein einziges Symptom aus einer langen Liste aufwies, zur Isolierung des gesamten Heims führen musste. Andere mutige Ärzte wie Jensen wiesen auf die Manipulation der Todeszahlen hin und darauf, dass die Zahl der Todesfälle durch andere Ursachen zurückging, während die Zahl der »Covid-19-Todesfälle« aufgrund von Umdiagnosen im gleichen Maße anstieg. Solche Videos überleben selten lange auf YouTube mit seinen kult-unterstützenden Algorithmen, die von CEO Susan Wojcicki und ihren Bossen bei Google eingerichtet wurden. Die Manipulation von Zahlen war so eklatant und allgegenwärtig, dass selbst Beamte sie durchgehen ließen oder ganz offen aussprachen. Der wissenschaftliche Chefberater des Vereinigten Königreichs, Patrick Vallance, sagte bei einer Gelegenheit, dass »Covid« auf dem Totenschein nicht bedeutet, dass »Covid« die Todesursache war (warum zum Teufel steht es dann dort?), und wir hatten den seltenen Anblick, dass eine BBC-Reporterin die Wahrheit sagte: »Jemand könnte erfolgreich gegen Covid behandelt werden, sagen wir im April, dann wird er entlassen und im Juni von einem Bus überfahren und stirbt … Diese Person würde in England immer noch als Covid-Toter gezählt werden.« Dennoch wiederholten die BBC und die übrigen Medien weltweit die Fall- und Todeszahlen, als entsprächen sie der Realität. Die Gesundheitsdirektorin von Illinois, Dr. Ngozi Ezike, enthüllte die Täuschung, wobei ihren Bossen der Hintern auf Grundeis gegangen sein muss:

> »Wenn Sie in einem Hospiz sind und nur noch ein paar Wochen zu leben haben und dann festgestellt wurde, dass Sie Covid haben, würde das als Covid-Tod gezählt werden. [Es könnte] eine eindeutige andere Ursache geben, aber es wird trotzdem als Covid-Todesfall aufgeführt. Wenn jemand als Covid-Todesfall aufgeführt wird, bedeutet das also nicht, dass dies die Todesursache war, sondern dass die Person zum Zeitpunkt des Todes Covid hatte.«

Ja, ein »Covid-Virus«, dessen Existenz nie bewiesen wurde und das mit einem Test nachgewiesen wurde, der nicht auf das »Virus« testet. In der ersten Phase des pandemischen Schwindels bis zum Frühjahr 2020 begann der Mechanismus, fast alles als »Covid«-Tod zu bezeichnen, und das hat sich seither fortgesetzt. Eines Abends saß ich in einem Restaurant und hörte ein lautes Gespräch am Nebentisch, in dem eine Familie fassungslos darüber diskutierte, wie ein Verwandter, der keine Symptome von »Covid« hatte und an einer chronischen Krankheit gestorben war, als durch das »Virus« gestorben diagnostiziert wurde. Ich konnte ihre Verwirrung verstehen. Wenn sie dieses Buch lesen, werden sie wissen, warum dieser medizinische Betrug auf der ganzen Welt verübt wird.

Ein Wahrheitsschock für die Medien

Die Medien ignorierten die Beweise für die Fälschung von Sterbeurkunden, bis sich schließlich eine Kolumnistin zu Wort meldete, die den Betrug aus erster Hand erlebt hatte. Bel Mooney ist eine langjährige überregionale Zeitungsjournalistin in Großbritannien, die derzeit für die *Daily Mail* arbeitet. Ihr Artikel vom 19. Februar 2021 begann mit der folgenden Schlagzeile: »Mein Vater Ted hatte drei negative Covid-Tests und ist an einer chronischen Krankheit gestorben, doch er ist offiziell eines der 120.000 britischen Opfer des Virus und bei weitem nicht das einzige falsche … Wie viele gibt es also noch?« Sie erzählte, dass ihr 99-jähriger Vater mit einer langjährigen chronisch obstruktiven Lungenerkrankung und vaskulärer Demenz in ein Pflegeheim kam. Demenz hin oder her, er war noch genügend bei Verstand gewesen, um ihr von Anfang an zu sagen, dass es kein »Virus« gibt und er den »Impfstoff« aus diesem Grund ablehnte. Sein Tod kam angesichts seiner chronischen Gesundheitsprobleme nicht unerwartet und Mooney sagte, sie sei schockiert gewesen, als sie feststellte, dass »Covid-19« als Todesursache auf seinem Totenschein angegeben war. Sie sagte, dies sei eine »bizarre und inakzeptable Unwahrheit« für einen Mann mit langjährigen Gesundheitsproblemen, der im Heim zweimal negativ auf das »Virus« getestet worden war. Ich war ebenfalls schockiert von dieser Geschichte, wenn auch nicht von dem, was sie sagte. Seit zehn Monaten wies ich bereits auf die Manipulation der Totenscheine hin. Für mich war dies die Bestätigung dafür, dass eine hauptberufliche Journalistin erst etwas davon bemerkte, wenn sie direkt betroffen war, und keine Ahnung hatte, dass es irrelevant war, ob ihr Vater positiv oder negativ getestet wurde, da der Test gar nicht auf das »Virus« ansprach. Wo war sie die ganze Zeit gewesen? Sie sagte, sie glaube nicht an »Verschwörungstheorien«, ohne zu wissen, dass dieser Begriff und auch der des »Verschwörungstheoretikers« in den 1960er Jahren von der CIA in Umlauf gebracht worden war, um diejenigen zu diskreditieren, die die absurde offizielle Geschichte des Kennedy-Attentats nicht akzeptierten. Eine pauschale Aussage wie »Ich glaube nicht an Verschwörungstheorien« ist immer bizarr. Allein die Wörterbuchdefinition des Begriffs lässt schon darauf schließen, dass die Welt in Verschwörungen ertrinkt. Was sie schrieb, war sogar noch hirnrissiger, weil ihr Vater ja gerade von der »Covid«-Verschwörung betroffen gewesen war. Woran, glaubt sie, liegt es wohl, dass »Covid-19« auf den Totenscheinen von Menschen auftaucht, die an etwas anderem gestorben sind?

Um fair zu sein, nahm sie kein Blatt mehr vor den Mund, als sie aus eigener Erfahrung gemerkt hatte, was passierte. Mooney wurde am Morgen des 9. Februar von dem Pflegeheim angerufen, um mitgeteilt zu bekommen, dass ihr Vater im Schlaf gestorben war. Als sie nach der offiziellen Todesursache fragte, erhielt sie die Antwort »Covid-19«. Mooney stellte dies in Frage und erfuhr, dass es auf der Demenz-Etage bereits Todesfälle durch Covid gegeben hatte (was durch einen Test bestätigt wurde, der nicht auf das »Virus« testete), so dass man es für plausibel hielt, dies anzunehmen. »Aber Herr Doktor«, protestierte Mooney zu Recht, »eine Vermutung ist doch keine Diagnose.« Sie sagte, sie mache dem absolut anständigen und sympathischen Arzt keine Vorwürfe – »er hat nur seinen Job gemacht«. Tut mir leid, aber das ist *Blödsinn.*

Er hat seinen Job eben ganz und gar nicht gemacht. Er hat eine falsche Todesursache auf dem Totenschein angegeben und das ist eine Straftat, für die er zur Rechenschaft gezogen werden sollte, ebenso wie die Millionen von Ärzten weltweit, die dasselbe getan haben. Sie haben *nicht* ihren Job gemacht, sie haben Befehle befolgt, und das darf bei künftigen neuen Nürnberger Prozessen genauso wenig gelten wie bei den ersten. Mooneys Arzt hat »angenommen« (vermutet), was ihm aufgetragen wurde, aber »nur Anordnungen zu befolgen« ändert nichts an seinem Handeln. Die Aufgabe eines Arztes besteht darin, dem Patienten und der Wahrheit zu dienen, nicht, Befehle zu befolgen. Aber genau das haben sie überall auf der Welt getan und eine zentrale Rolle dabei gespielt, den »Covid«-Schwindel mit all seinen katastrophalen Folgen für die Menschheit überhaupt erst möglich zu machen. Diese Ärzte sollten sich schämen und müssen für ihre Taten geradestehen.

Mooney sagte, dass sich ihre Beunruhigung noch vergrößerte, als sie den Tod ihres Vaters telefonisch meldete und ihr der Standesbeamte sagte, dass es sehr viele andere Fälle wie den ihren gegeben habe, in denen »der Verstorbene« nicht positiv auf »Covid« getestet worden sei, es jedoch als Todesursache angegeben wurde. Der Test mag unwichtig sein, aber die Beteiligten auf ihrer Ebene *denken*, dass er wichtig ist, und das zeigt die kaltschnäuzige Missachtung einer genauen Diagnostik. Der Druck, sich so zu verhalten, kommt von der Spitze der nationalen »Gesundheits«-Pyramiden, die wiederum der Weltgesundheitsorganisation gehorchen, die wiederum Gates und dem Kult gehorcht. Mooney sagte, der Standesbeamte stimmte zu, dass dies die nationalen Zahlen verzerren müsse, und fügte hinzu: »Das Seltsamste ist, dass wir jeden Winter unzählige Grippetote verzeichnen, und in diesem Winter gab es keinen einzigen. Nicht einen!« Sie fragte, ob der Standesbeamte glaube, dass Grippetote falsch diagnostiziert und mit »Covid«-Todesfällen in einen Topf geworfen würden. Die Antwort war ein »nachdenkliches Ja«. Mooney sagte, dass der Bestattungsunternehmer dann auch das Gleiche über »Covid«-Todesfälle sagte, die nichts mit »Covid« zu tun hatten. Man habe die Familien, die sich darüber aufgeregt hätten, nicht mehr zählen können, und andere Bestattungsunternehmen in verschiedenen Ländern hätten diese Erfahrung ebenfalls gemacht. Mooney schrieb:

> »Das abendliche Leichentuch-Gewedel und schockierende Nahaufnahmen von weinenden Angehörigen, die uns von den Fernsehnachrichten aufgezwungen wurden, verwirrten und verängstigten die Bevölkerung, so dass sie den Lockdowns bereitwillig folgte. Wir wurden aufgefordert, ›das Gesundheitssystem zu retten‹ und um Fremde zu trauern – die realen Angehörigen hinter diesen schockierenden Todeszahlen.

> Woher sollte die Öffentlichkeit auch ahnen, was ich jetzt befürchte, nämlich dass die Art und Weise, wie die Covid-19-Todesstatistiken erstellt werden, die Zahlen größer erscheinen lassen könnten, als sie sind?«

Oh, nur ein kleines bisschen – etwa hundert Prozent.

Rechnen Sie nach

Mooney fragte, warum ein Land seine Sterbeziffern verfälschen wolle, indem es Todesfälle falsch bescheinigt. Was war da los? Nun, wenn Sie nicht an Verschwörungen glauben, werden Sie die Antwort nie finden, denn es handelt sich um eine *Verschwörung*. Mooney bezeichnete das, was sie entdeckt hatte, jedoch als einen »nationalen Skandal«. In Wahrheit war es ein weltweiter Skandal, der sich überall abspielt. Die Pfeiler dieser Verschwörung waren alle bereits eingezogen, bevor der Knopf mit dem Drosten-PCR-Protokoll und den hohen Amplifikationen gedrückt wurde, um riesige Fallzahlen und die Änderungen in den Sterbeurkunden zu produzieren, die genug vorgetäuschte »Covid«-Tote garantierten. Mooney erklärte, dass normalerweise zwei Ärzte erforderlich waren, um einen Todesfall zu attestieren, wobei einer von ihnen den Patienten kennen musste, und dass die Regeln im Frühjahr 2020 geändert wurden, um einem einzelnen Arzt diese Aufgabe zu übertragen. Ab dann wurden als »Covid-Todesfälle« alle Fälle deklariert, in denen Covid-19 auf dem Totenschein vermerkt wurde, auch ohne positiven Test oder irgendwelche Symptome. Mooney fragte: »Wie viele der 30.851 (Stand: 15. Januar 2021) Todesfälle von Pflegeheimbewohnern mit Covid-19 auf dem Totenschein (32,4 Prozent aller Todesfälle bisher) beruhten denn auf reiner Vermutung wie bei meinem Vater? Und was hat das mit unserer nationalen Psyche gemacht?« Die Antwort auf die erste Frage lautet: alle. Und es hat die nationale Psyche, eigentlich die weltweite Psyche, in einem kolossalen Ausmaß zerrüttet und verwüstet. In Großbritannien werden Fall- und Todesdaten von Organisationen wie Public Health England (PHE) und dem Office for National Statistics (ONS) zusammengestellt. Mooney hebt die aberwitzige Politik hervor, einen Todesfall aus beliebiger Ursache als »Covid-19« zu zählen, wenn der Tod innerhalb von achtundzwanzig Tagen nach einem positiven Test eintritt (wobei ein Test nicht auf das »Virus« testet), und sie weist darauf hin, dass die ONS-Statistiken Todesfälle ausweisen, »bei denen Covid involviert ist« oder »die auf Covid zurückzuführen sind«, was in der Praxis jeden Todesfall bedeutete, bei dem »Covid-19« auf dem Totenschein erwähnt wurde. Sie beschrieb die Folgen dieses Betrugs:

»Die meisten Menschen akzeptieren das Narrativ, mit dem sie gefüttert werden, wonach die Regierungen hier und in Europa in Panik gerieten, als sie die harten Maßnahmen im totalitären China sahen und selbst einen Lockdown einleiteten. Die Schlagzeilen über die Todesfälle bei Covid klangen wie die Totenglocken für uns alle. Die Angst pirschte durch die leeren Straßen. Die Politiker sprachen das offen gesagt lächerliche Ziel ›null Covid‹ aus und legten die Wirtschaft lahm, während die meisten Briten dem Lockdown zustimmten und (für mich als patriotischen Briten erstaunlich) sogar noch mehr Einschränkungen wünschten.

Für was? Lügen auf Totenscheinen? Ganz zu schweigen von den vielen zerstörten Leben, den Selbstmorden, den geschlossenen Schulen, der zunehmenden sozialen Ungleichheit, den Depressionen, den abgebrochenen Krankenhausbehandlungen, den Krebspatienten, die verzweifelt auf ihre Therapie warten, der Armut, der wirtschaftlichen Verwüstung, der Einsamkeit, den getrennten Familien und so weiter. Wie viele Menschenleben sind als direkte Folge des Lockdowns verloren gegangen?«

Sie schrieb, man könne ja in den landesweiten Chor der Trauer und des Entsetzens über die 120.000 Todesopfer einstimmen, deren Zahl nur mit Sicherheit die ganze Zeit völlig unzuverlässig gewesen war, aber was ist mit den menschlichen Kosten des Lockdowns, die durch diese »Todeszahlen« gerechtfertigt werden?

Das *British Medical Journal* hatte über einen 1.493-prozentigen Anstieg der Fälle von Kindern berichtet, die allein wegen Kopfverletzungen durch häusliche Gewalt ins Great Ormond Street Hospital gebracht wurden, und dann waren da noch andere Auswirkungen auf die Familien:

»Das vielleicht Schockierendste an der ganzen Sache ist, dass Familien getrennt wurden – und die irrationalsten, sich nach Lust und Laune der Regierung ändernden Regeln befolgten –, weil sie an die Statistiken glaubten. Sie sind einer Angst erlegen, gegen die seine Generation einen Krieg für die Freiheit gekämpft hat. Papa (Gott hab ihn selig) wäre wütend gewesen. Und ich bin es auch.«

Ein weiteres Thema, das man beobachten kann, ist, dass in den Wintermonaten, in denen es aus verschiedenen Gründen mehr Todesfälle gibt, die »Covid«-Todesfälle im Mittelpunkt stehen, und im Sommer, wenn die British Lung Foundation einen Rückgang der Atemwegserkrankungen um achtzig Prozent meldet, jammert man dann wieder über die »Fallzahlen«. So oder so besteht die Lösung immer darin, der Bevölkerung noch mehr Faschismus aufzuzwingen.

Nazi-Eugenik im 21. Jahrhundert

Ältere Menschen in Pflegeheimen wurden Monat für Monat von ihren Familien isoliert, ohne Kontakt zu Verwandten und Enkelkindern, die sie nicht sehen durften. Man sagte uns, der Lockdown-Faschismus diene dem »Schutz der Schwachen«, also der älteren Menschen. Gleichzeitig wurden Wiederbelebungsverbote in ihren Krankenakten vermerkt, so dass Wiederbelebungsmaßnahmen unterlassen wurden und »Covid-19« auf ihren Totenscheinen stand. Alte Menschen wurden nicht »geschützt«, sie wurden ausgemerzt – in Wahrheit ermordet. Für behinderte und junge Menschen mit Lernschwierigkeiten oder psychischen Problemen wurden Patientenverfügungen erlassen. Die britische Kommission für die Qualität der Pflege (Care Quality Commission), ein unabhängiges Gremium des Ministeriums für Gesundheit und Soziales, stellte fest, dass vierunddreißig Prozent der Mitarbeiter im Gesundheits- und Sozialwesen unter Druck gesetzt wurden, bei »Covid«-Patienten, die unter Behinderungen und kognitiven Einschränkungen litten, keine Herz-Lungen-Wiederbelebung zu versuchen, ohne den Patienten oder seine Familie in die Entscheidung einzubeziehen. Britische Richter entschieden, dass eine ältere Frau mit Demenz den DNA-manipulierenden »Covid-Impfstoff« gegen den Willen ihres Sohnes erhalten sollte und dass ein Mann mit schweren kognitiven Behinderungen die Impfung trotz der Einwände seiner Familie erhalten sollte. Ungeachtet dessen, dass viele bereits gestorben waren. In faschistischen Diktaturen unterstützt die Justiz immer die Ärzte und die Regierung. Sie würden es nicht wagen, etwas anderes zu tun. Es wurde auch ein entsetzliches Video veröffentlicht, auf dem zu sehen ist, wie faschistische Beamte der Polizei von Los Angeles Frauen mit geistigen Behinderungen, die schrien, dass sie das nicht wollen, die »Covid«-Spritze geben. Dieselben Faschisten sind dabei zu sehen, wie sie einer schlafenden älteren Frau in einem Pflegeheim die Spritze verabreichen.

Das ist direkt aus dem Handbuch der Nazis. Hitlers Nazi-Schergen verübten in ganz Deutschland und den besetzten Gebieten Massenmorde an psychisch Kranken und körperlich Behinderten im Rahmen eines Programms, das als Aktion T4 oder einfach nur T4 bekannt wurde. Der von den Sabbatianern kontrollierte Hitler und seine verrückten Weltverbesserer machten sich daran, diejenigen zu töten, die sie für nutzlos und überflüssig hielten. Der Reichsausschuss zur wissenschaftlichen Erfassung von Erb- und Geburtskrankheiten führte ein Register der Babys, bei denen Ärzte »Defekte« festgestellt hatten. Allein im Jahr 1941 wurden mehr als fünftausend Kinder vom Staat ermordet, und man schätzt, dass insgesamt zwischen 275.000 und 300.000 unschuldige Menschen in der Aktion T4 getötet wurden. Den Eltern wurde gesagt, dass ihre Kinder zur »Sonderbehandlung« weggeschickt worden seien, und sie kehrten niemals zurück. Es ist ziemlich erbärmlich, wenn heute Behauptungen über Pläne für neue Vernichtungslager abgetan werden, obwohl dieselbe Kraft, die hinter den aktuellen Ereignissen steht, genau das vor achtzig Jahren getan hat. Margaret Higgins Sanger (1878-1966) war damals eine Aktivistin des Kults und nutzte die »Geburtenkontrolle«, um ihr Programm der Eugenik zu sanieren. Die von ihr gegründeten Organisationen wurden zu dem, was heute *Planned Parenthood* heißt. Sanger schlug vor, dass »die gesamte dysgene Bevölkerung die Wahl zwischen Segregation oder Sterilisation« haben sollte. Dazu gehörten Epileptiker, »Schwachsinnige« und Prostituierte. Sanger lehnte die Wohlfahrtspflege ab, weil sie den »menschlichen Abfall« aufrechterhält. Sie offenbart die Mentalität des Kults, und sollte jemand glauben, dass Vernichtungslager eine »Verschwörungstheorie« sind, dann ist seine Naivität rührend, wenn auch atemberaubend dumm.

Wenn Sie nicht glauben, dass Ärzte in gefühlloser Missachtung ihrer Patienten handeln, rufen Sie sich in Erinnerung, dass Ärzte und medizinisches Personal im Vereinigten Königreich sich bereit erklärt haben, staatlich verordnete Wiederbelebungsverbote in die Krankenakten aufzunehmen und nichts zu tun, wenn eine Wiederbelebung erforderlich ist. Ich weiß nicht, wie Sie solche Leute bei sich zu Hause nennen. Bei mir sind es Nazis aus der medizinischen Schule eines Josef Mengele (1911-1979). Weltweit sind phänomenal viele alte Menschen an den Folgen von Lockdown, Depression, fehlender Behandlung, dem »Impfstoff« (dazu später mehr) und dem Verlust des Lebenswillens gestorben. Eine gängige Maßnahme zu Beginn der fabrizierten Pandemie war es, alte Menschen aus den Krankenhausbetten zu holen und sie in Pflegeheime zu verlegen. Diese Entscheidung sollte zu einem Massensterben älterer Menschen in diesen Heimen führen, *nicht* durch »Covid«, sondern weil sie dort nicht behandelt wurden. Whistleblower aus Pflegeheimen haben berichtet, dass nach Beginn der »Covid«-Ära die Ärzte nicht mehr in die Heime kamen, um die Patienten zu behandeln, und wie sie um Medikamente wie Antibiotika bettelten, die oft nicht kamen. Das berüchtigtste Beispiel ist die Anordnung des ehemaligen New Yorker Gouverneurs Andrew Cuomo, der unglaublicherweise für seinen Umgang mit der »Covid-Krise« einen Emmy Award erhalten hat – von den erbärmlichen Woken, die diesen Preis vergeben. Wie lächerlich das war, zeigte sich im Februar 2021, als das Justizministerium und das FBI ihre Ermittlungen darüber aufnahmen, warum Tausende von alten Menschen in New York in Pflegeheimen starben, nachdem sie auf Cuomos Geheiß aus dem Krankenhaus entlassen worden waren, um Platz für »Covid«-Patienten zu machen – und warum er und seine Mitarbeiter diese Fakten vertuschten. Das hätte keinem netteren Psychopathen passieren können. Schon damals gab es diesen »Covid«-Effekt. In den Berichten hieß es, dass Tausende von alten Menschen, die im Krankenhaus positiv auf »Covid« getestet worden waren, in Pflegeheime verlegt wurden, wo sie an »Covid« starben und es auf andere übertrugen. Nein – sie waren im Krankenhaus, weil sie krank waren, und die Tatsache, dass sie mit einem Test positiv getestet wurden, der nicht auf das »Virus« testet, ist irrelevant. Sie waren krank, oft mit Atemwegserkrankungen, die bei alten Menschen gegen Ende ihres Lebens allgegenwärtig sind. Ihre Verlegung aus dem Krankenhaus bedeutete, dass ihre Behandlung eingestellt wurde und viele von ihnen starben.

Sie sind alt. Wen jucken die schon?

Ich habe in meinen Büchern schon vor Jahren den Plan des Kults aufgedeckt, die alten Menschen auf der Welt auszurotten und sogar irgendwann eine sogenannte »Sterbepille« einzuführen, die ab einem bestimmten Alter von allen eingenommen werden muss, die dann per Gesetz von der Erde zu verschwinden haben. Im März 2021 legalisierte Spanien Euthanasie und Sterbehilfe und folgte damit den Niederlanden, Belgien, Luxemburg und Kanada auf dem Weg zur Sterbepille. Zahlreiche »Pflege«-Heime behandeln alte Menschen auf eine Weise, die in der »Covid«-Ära eine Schande ist. Es gibt viele, viele, fürsorgliche Mitarbeiter – ich kenne einige. Aber es gibt auch Legionen von Berichten über den rücksichtslosen Umgang mit alten Menschen und ihren Familien. Die Polizei wurde gerufen, wenn Familien ihre Angehörigen nach Hause holen wollten, weil die Isolation sie umbrachte. Sie wurden zu Gefangenen des Staates. Bewohner von Pflegeheimen etwa im faschistischen Ontario, Kanada, durften ihr Zimmer nicht mehr verlassen, als der »Covid«-Schwindel begann. In Großbritannien hat das Personal ältere Menschen sogar von den Fenstern weggerollt, wo Familienmitglieder mit ihnen sprachen. Oriana Criscuolo aus Stockport im englischen Nordwesten brachte ihrem achtzigjährigen Vater, der an Parkinson und Demenz leidet, ein paar Sachen vorbei und wollte ihm durch ein Fenster im Erdgeschoss zuwinken. Man sagte ihr, das sei »illegal«. Als sie trotzdem hinging, wurden die Vorhänge mitten am Tag zugezogen. Oriana sagte:

> »Es ist einfach unfassbar. Ich kann nicht verstehen, wie das Personal von Pflegeheimen – Menschen, die für die Pflege bezahlt werden – so gefühllos werden konnte. Ihr Verhalten ist unmenschlich und grausam. Es ist unfassbar.«

Sie hatte Recht und das war kein Einzelfall. Was für eine Art, sein Leben beenden zu müssen – unter solch lieblosen Umständen. Die britische Krankenschwester Nicky Millen, seit vierzig Jahren eine Pflegekraft der alten Schule, sagte, als sie ihre Karriere begann, beruhte die Pflege noch auf Würde, Entscheidungsfreiheit, Mitgefühl und Empathie. Jetzt hat man »die Dinge, die mir wichtig sind, aus dem Fenster geworden«, erklärte sie. Sie ist entsetzt darüber, dass Menschen ohne ihre Angehörigen sterben und sich über iPads verabschieden müssen. Nicky beschrieb, wie eine verzweifelte 89-jährige Dame ihr Gesicht streichelte und sie fragte: »Wie viele Paracetamol bräuchten Sie, um mich zu erledigen?« Das Leben war für sie nicht lebenswert, wenn sie ihre Familie nicht mehr sehen konnte. Nicky sagte, sie sei vor dem Stationspersonal und den Patienten beschimpft worden, weil sie zuließ, dass die Dame ihr Gesicht streichelte und sie knuddelte. Das ist die Entmenschlichung, die der »Covid«-Schwindel an die Oberfläche gebracht hat. Nicky hat in Pflegeheimen gearbeitet, in denen Patienten ihr sagten, dass sie gefangen gehalten werden. »Ich möchte leben, bis ich sterbe«, hatte ein alter Mann ihr gesagt. Eine Dame weinte, weil sie ihren Urenkel nicht mehr sehen durfte. Nicky war von der mitfühlenden alten Schule, die sich nicht mit der psychopathischen neuen Normalität vertrug. Sie erzählte auch, sie habe auf einer »Covid«-Station gearbeitet, auf der es keine »Covid«-Patienten gab. Der jüdische Schriftsteller Shai Held schrieb im März 2020 einen Artikel mit der Überschrift »The Staggering, Heartless Cruelty Towards the Elderly« (Die erstaunliche, herzlose Grausamkeit gegenüber älteren Menschen). Was er beschrieb, geschah schon in den ersten Tagen des Lockdowns. Er meint, dass »die Alten« nur noch als Gruppe wahrgenommen werden und nicht mehr als einzelne Individuen (wie bei den Woken). Shai Held schreibt:

> »Schauen Sie sich an, wie diese allzu bekannte Rhetorik der Entmenschlichung funktioniert: ›Die Alten‹ werden zu einer gesichtslosen Masse zusammengefasst, die alle als Schuldige betrachtet werden und somit das Leid, das die Pandemie über sie bringen wird, tatsächlich verdienen. Dabei geht völlig unter, dass die älteren Menschen genauso individuelle Menschen sind, jeder mit einem eigenen Gesicht und einer eigenen Stimme, jeder mit Hoffnungen und Träumen, Erinnerungen und Bedauern, Freundschaften und Ehen, verlorenen und noch bestehenden Lieben.«

»Ältere Menschen« sind zu einer weiteren entmenschlichten Gruppe geworden, mit der man alles machen kann, und für viele hat dies zu einer kalten Missachtung ihrer Rechte und ihres Lebens geführt. Das unverwechselbare Gesicht, von dem Held spricht, soll durch Masken ausgelöscht werden, bis jeder Teil einer gesichtslosen Masse ist.

Der Mythos von den überfüllten Krankenhäusern

Immer wieder haben mir Mediziner erzählt, was wirklich los war und dass die Krankenhäuser, die laut den Medien »wie in Kriegsgebieten überfüllt« wären, praktisch leer standen. Das Mantra der medizinischen Whistleblower lautete: »Bitte nennen Sie nicht meinen Namen, sonst ist meine Karriere hin.« Bürgerjournalisten auf der ganzen Welt schlichen sich in Krankenhäuser, um Beweise zu filmen, die die Lüge von Überbelegungen entlarven. Die Krankenhäuser *waren* größtenteils leer, mit geschlossenen Stationen und Operationssälen. Während des ersten Lockdowns im Jahr 2020 traf ich in meiner Stadt auf der Isle of Wight einen Krankenhausmitarbeiter, der sagte, im einzigen Krankenhaus der Insel sei es noch nie so ruhig gewesen. Der Lockdown wurde von den Psychopathen damit gerechtfertigt, dass sonst die Krankenhäuser überrannt würden. Zur gleichen Zeit, als das Inselkrankenhaus fast leer war, kam das Militär hierher, um zusätzliche Betten aufzustellen. Das war alles Propaganda, um die Angst zu schüren und die Einhaltung der faschistischen Regularien zu gewährleisten, ebenso wie die nie genutzten provisorischen Krankenhäuser mit Tausenden von Betten und die nie genutzten provisorischen Leichenhallen, die von der kriminellen britischen Regierung aus dem Boden gestampft wurden. Ein Mann, der dabei half, die von der Armee gelieferten zusätzlichen Betten bei uns auf der Insel aufzubauen, sagte, sie seien nie benutzt worden und das Krankenhaus sei leer gewesen. Ärzte und Krankenschwestern »standen herum und unterhielten sich oder telefonierten und schauten zu uns herüber, um zu sehen, was wir da machten«. Es gab keine Masken und kein Abstandhalten. Er beschuldigte die nichtsnutzige Lokalzeitung der Insel, die *County Press*, »die Angst zu schüren, als wäre unser Krankenhaus überrannt worden, aber da wir nur ein einziges haben, hätte man das ja sehen müssen«. Er beschrieb Krankenwagen, die geparkt waren und deren Besatzung auf Liegestühlen saß. Als sein Bruder einen Krankenwagen rief, sagte man ihm, es gäbe einen zweistündigen Rückstau, was er als »Blödsinn« bezeichnete. Eine alte Dame auf der Insel war gestürzt und »es ging ihr schlecht«, doch einem Anrufer, der einen Krankenwagen rief, wurde gesagt, die Situation sei nicht dringend genug. Die Krankenstationen waren nicht ausgelastet, während die Menschen die Krankenwagen mit heulenden Sirenen durch die Straßen fahren hörten. Anwohner, die wissen wollten, was vor sich ging, folgten den Krankenwagen, die mit heulenden Sirenen durch das Stadtgebiet fuhren und dann ohne anzuhalten zurückkamen. All dies diente nur dazu, die Angst zu schüren. Das Gleiche gilt für die »Beatmungsgeräte-Krise«, bei der zig Millionen ausgegeben wurden für eilig produzierte Beatmungsgeräte, die nie zum Einsatz kamen. Krankenwagenbesatzungen, die sich aus Angst vor den Propagandalügen so instrumentalisieren lassen, sollten sich selbst mal im Spiegel anschauen. Ich wünsche ihnen viel Spaß dabei. Leere Krankenhäuser waren die offensichtliche Folge davon, dass Behandlungen und Diagnosen von Krankheiten, die nicht zu den »Covid«-Krankheiten gehören, gestrichen und die Betroffenen oft zum Tode verurteilt wurden. Die Menschen starben zu Hause an nicht diagnostiziertem und unbehandeltem Krebs, Herzkrankheiten und anderen lebensbedrohlichen Krankheiten, damit die leeren Krankenhäuser mit einer »Pandemie« fertig werden konnten, die es gar nicht gab.

Tod der Unschuldigen

In den Covid-Fallzahl-»Notstandsgebieten« wurde Pflegepersonal entlassen, sogar Ärzte, jeden, den man loswerden konnte. Es gab keine Arbeit für sie. Der Lockdown wurde mit der Rettung von Leben und dem Schutz der Schwachen gerechtfertigt, die man in Wahrheit durch die Verweigerung medizinischer Hilfe tötete. Lockdowns sollten verhindern, dass leere Krankenhäuser »überlastet« wurden. In Großbritannien kursierte überall das Mantra, zu Hause zu bleiben, um »das Gesundheitssystem zu retten«, und auf der ganzen Welt wurde die gleiche Geschichte verkauft, obwohl sie nur eine Lüge war. Zwei kalifornische Ärzte, Dan Erickson und Artin Massihi von der Accelerated Urgent Care in Bakersfield, hielten im April 2020 eine Pressekonferenz ab, auf der sie erklärten, dass die Intensivstationen in Kalifornien »im Wesentlichen leer« seien, da die Krankenhäuser ganze Abteilungen schließen, keine Patienten behandeln und Ärzte entlassen würden. Das kalifornische Gesundheitssystem arbeite an der Rentabilitätsgrenze, »und wir verlieren Ärzte, weil wir einfach nicht mehr das Patienten-Volumen haben«. Sie sagten, dass Menschen mit Leiden wie Herzkrankheiten und Krebs aus Angst vor »Covid-19« nicht in die Hospitäler kommen würden. Ihr Video wurde von Susan Wojcickis Kult-kontrolliertem YouTube gelöscht, nachdem es fünf Millionen Views erreicht hatte.

Der Gouverneur von Florida, Ron DeSantis, der die strengen Lockdowns anderer Bundesstaaten abgelehnt hat und dafür heftig angegriffen wird, berichtete, dass im März 2020 jedem US-Gouverneur Hochrechnungen vorgelegt wurden, die besagten, dass ihnen in wenigen Tagen die Krankenhausbetten ausgehen würden. Das würde nie eintreten und die »Modellierer« wussten das. Betrug ist auf jeder Ebene des Systems zu finden. Dringende Operationen bei Kindern wurden gestrichen, darunter die Reparatur von Knochenbrüchen und Biopsien zur Krebserkennung. Eric Nicholls, ein Facharzt für Kinderheilkunde, sagte: »Das ist natürlich besorgniserregend und wir müssen so schnell wie möglich zum normalen Betrieb zurückkehren und die Kapazitäten erhöhen.« Die Psychopathen an der Macht waren weniger besorgt, eben weil sie Psychopathen sind. Wie viele Kinder und andere Menschen sind infolge der Handlungen dieser kalten und herzlosen Irren, die die »Gesundheitspolitik« diktieren, bereits gestorben? Die Zahl muss astronomisch hoch sein. Richard Sullivan, Professor für Krebs und globale Gesundheit am King's College London, sagte, die Menschen hätten mehr Angst vor »Covid« als vor Krebs, so groß sei die Wirkung der Panik-Kampagnen. »Die Zahl der verlorenen Lebensjahre wird ziemlich dramatisch sein«, meinte Sullivan, »mit einer riesigen Quote an vermeidbarer Sterblichkeit.« Sarah Woolnough, Executive Director for Policy bei der Cancer Research UK, sagte, dass es einen 75-prozentigen Rückgang der dringenden Überweisungen von Menschen mit Krebsverdacht durch Hausärzte an Krankenhäuser gegeben habe. Sullivan sagte, dass »viele Dienste ihre Leistungen einschränken mussten – wir haben einen dramatischen Rückgang bei den elektiven Krebsoperationen erlebt«. Die weltweite Zahl der Lockdown-Todesfälle war absolut gigantisch, wie aus einem Bericht der *New York Post* hervorging, der sich auf Daten stützte, die bestätigten, dass »Lockdowns mehr Leben kosten als retten«:

> »Es gab einen starken Rückgang der Notaufnahmen und einen Anstieg tödlicher Herzinfarkte, weil die Patienten nicht sofort behandelt wurden. Viel weniger Menschen ließen sich auf Krebs untersuchen. Die soziale Isolation trug zu mehr Todesfällen durch Demenz und Alzheimer bei.
>
> Forscher sagen voraus, dass die sozialen und wirtschaftlichen Umwälzungen zu Zehntausenden von ›Todesfällen aus Verzweiflung‹ durch Drogenüberdosierung, Alkoholismus und Selbstmord führen werden. Mit dem Anstieg der Arbeitslosigkeit und der Unterbrechung von Behandlungsprogrammen für psychische Erkrankungen und Drogenmissbrauch stiegen die gemeldeten Angstzustände, Depressionen und Selbstmordgedanken dramatisch an, ebenso wie der Alkoholverkauf und tödliche Medikamentenüberdosierungen.«

Das geschah, während Krankenschwestern und anderes Personal in den »Krisengebieten« so viel Zeit hatten, dass im Internet TikTok-Tanzvideos auftauchten, in denen medizinisches Personal in leeren Krankenstationen und Fluren herumtanzte, während Menschen zu Hause an Ursachen starben, die normalerweise im Krankenhaus behandelt worden wären.

Eine mutige und der Wahrheit verpflichtete Whistleblowerin war Louise Hampton, eine Sachbearbeiterin beim britischen Gesundheitsdienst NHS, dem National Health Service, die ein viral gehendes Internetvideo drehte, in dem sie sagte, sie habe während der »Pandemie«, die »ein Haufen Schwachsinn« sei, nur »Mist erlebt«. Sie erklärte, dass »Covid-19« eine umetikettierte Grippe sei, und natürlich verlor sie ihren Job. Das ist es, was in der Medizin und unzähligen anderen Berufen passiert, wenn man die Wahrheit sagt. Louise filmte in den Unfall- und Notaufnahmen von überlasteten »Krisenkrankenhäusern«, um zu zeigen, dass diese leer waren, und ich meine *leer*, weil niemand dort war. Die Mainstreammedien hätten das Gleiche tun und die ganze Verschwörung auffliegen lassen können. Zu ihrer ewigen Schande haben sie es nicht getan. Nicht, dass die meisten »Journalisten« in der Lage zu sein scheinen, Scham zu zeigen, so wenig wie die Psychopathen, die sich zwanghaft wiederholen – jenseits allen Zweifels. Die wenigen, die mit ernsten Gesundheitsproblemen eingeliefert wurden, mussten allein sterben, ohne dass ihre Angehörigen sie sehen durften, weil es die »Covid«-Regeln vorschrieben, und dazu gehörten auch Kinder, die ohne den Trost von Mama und Papa an ihrem Bett starben, während es den Verantwortlichen scheißegal war. Für sie war das alles nur ein Spaß.

Eine schottische NHS-Krankenschwester kündigte im Frühjahr 2021 öffentlich mit den Worten: »Ich kann die Lügen und die Korruption der Regierung nicht länger mitmachen.« Sie sagte: »Die Krankenhäuser sind nicht voll, die Betten sind nicht voll, die Betten wurden abgebaut, die Stationen wurden geschlossen.« Die Krankenhäuser waren während »Covid« nie ausgelastet. Die Krankenschwester wunderte sich, von Nicola Sturgeon, leider die Regierungschefin von Schottland, im Fernsehen gesagt zu bekommen, dass sie die Krankenhäuser und den NHS retten wolle – »aber die Betten sind leer« und »wir haben keine Grippe gesehen, wir sehen jedes Jahr eine Grippewelle«. Sie schrieb an die Regierung und sprach mit ihrer Gewerkschaft Unison, aber nichts änderte sich. Viele ihrer Kollegen hatten Angst, ihren Arbeitsplatz zu verlieren, wenn sie sich so äußerten. Die Krankenschwester sagte weiter, das Pflegepersonal werde dadurch belastet, den ganzen Tag Masken tragen zu müssen, und »bei jeder Schicht habe ich Kopfschmerzen vom Maskentragen«. Der NHS, der britische Gesundheitsdienst, ist Teil der faschistischen Tyrannei und muss demontiert werden, damit wir mit verantwortungsbewussten Menschen im Gesundheitssystem einen Neuanfang machen können. (Ironischerweise wurde berichtet, dass die Krankenhäuser wieder stärker ausgelastet waren, als die offiziellen »Covid«-Fälle im Frühjahr/Sommer 2021 *zurückgingen* und viele andere Krankheiten behandelt wurden, während die Verteilung des Scheinimpfstoffs lief.)

Auf den Betrug mit dem »Covid-Impfstoff« werde ich später noch im Detail eingehen, er ist ein weiterer Indikator für die erschütternde Missachtung des menschlichen Lebens, die ich hier aufzeige. Die DNA-manipulierenden Präparate erfüllen nicht die Definition eines »Impfstoffs«, wurden nie zuvor Menschen verabreicht und erhielten lediglich eine Notzulassung, weil die Tests nicht abgeschlossen waren und man weiterhin die ahnungslose Öffentlichkeit hinters Licht führt. Das Ergebnis war das, was eine leitende Krankenschwester des NHS, die für die »Impfstoff«-Einführung verantwortlich war, als »Völkermord« bezeichnete. Sie erklärte, die »Impfstoffe« seien gar keine »Impfstoffe«. Ihre Sicherheit sei nicht gewährleistet, und die Behauptungen der Pharmakonzerne über ihre Wirksamkeit seien »poetische Freiheit«. Sie bezeichnete das Geschehen als einen »schrecklichen Akt von Massenvernichtung«. Die Krankenschwester verriet, dass die Klinikleitung die Politik verfolgt, den Patienten vor der »Impfung« keine Patienteninformationsbroschüre auszuhändigen, obwohl das medizinische Fachpersonal dazu gesetzlich verpflichtet ist. Die Patienten hätten auch darüber informiert werden müssen, dass sie an einer laufenden klinischen Studie teilnehmen. Als sie sich gegen die Maßnahmen wehrte, wurde sie von Besprechungen ausgeschlossen und in anderen Sitzungen lächerlich gemacht. Sie sagte, man habe ihr gesagt, »ich solle aufpassen, wo ich hinträte … oder ich würde mich überflüssig machen«. Die Krankenschwester, die aus Angst um ihre Karriere anonym bleiben wollte, berichtete, sie habe ihren NHS-Manager gefragt, warum er/sie damit einverstanden sei, an einem Massenmord an den Impflingen teilzunehmen. Die Antwort lautete, dass jeder seinen Teil dazu beitragen müsse und dass man »die Klappe halten und die Sache erledigen« solle. Die Regierung stütze sich »stark auf das Management des NHS, das sich auf das Personal stützen können muss«. So funktioniert die globale »medizinische« Hierarchie, an deren Spitze der Kult und seine Weltgesundheitsorganisation stehen.

Die Krankenschwester erzählte von einem Arzt, der gerade mit Pfizer geimpft worden war und auf Nachfrage keine Ahnung hatte, was der Impfstoff enthielt. Der Arzt hatte die Fachliteratur nie gelesen. Wir müssen aufhören, Ärzte als intellektuelle Größen zu behandeln, obwohl so viele von ihnen moralische und medizinische Pygmäen sind. Der Arzt wusste nicht einmal, dass die »Impfstoffe« nicht vollständig zugelassen waren oder dass die Studien noch liefen. Die Ärzte fragten jedoch ihre Patienten, ob sie zu Forschungszwecken an Nachuntersuchungen teilnehmen wollten – jaja, die *laufende klinische Studie*. Eine solche Unwissenheit des Arztes sei keine Seltenheit, berichtete sie. Sie habe mit einem Gesundheitsberater gesprochen, der die Impfung ebenfalls erhalten hatte, ohne etwas über die Hintergründe zu wissen oder darüber, dass die »Studien« noch nicht abgeschlossen waren. Krankenschwestern und Apotheker hatten die gleiche Ignoranz an den Tag gelegt. »Meine NHS-Kollegen haben ihre Fürsorgepflicht vernachlässigt, ihren Verhaltenskodex – den Hippokratischen Eid – gebrochen und sind genauso wie die Mehrheit der britischen Öffentlichkeit durch Propaganda einer Gehirnwäsche unterzogen worden ...« Sie berichtete, sie habe keinen einzigen NHS-Kollegen, Arzt, Krankenpfleger oder Apotheker finden können, der sich an ihre Seite stellte und seine Meinung sagte. Ihre Gewerkschaft hatte sich geweigert, ihr zu helfen. Sie sagte, wenn der Völkermord ans Licht käme, würde sie nicht zögern, in einem Prozess nach Nürnberger Art gegen die Verantwortlichen auszusagen, die das Ganze hätten verhindern können, es aber nicht getan haben.

Und wozu das alles?

Um den Unsinn ins rechte Licht zu rücken, nehmen wir einmal an, dass das »Virus« tatsächlich existiert, und gehen wir davon aus, dass die offiziellen manipulierten Zahlen zu Fällen und Todesfällen korrekt sind. *Selbst dann* ergab eine Studie des Epidemiologen Dr. John Ioannidis von der Stanford University, die auf der Website der Weltgesundheitsorganisation veröffentlicht wurde, eine durchschnittliche Infektions- und Sterberate von ... *0,23 Prozent!* Ioannidis sagte: »Wenn man an allen Orten der Welt gleichermaßen Stichproben nehmen könnte, wäre die mittlere Infektionssterblichkeitsrate vielleicht sogar wesentlich niedriger als die in meiner Analyse beobachteten 0,23 Prozent. Bei gesunden Menschen unter siebzig Jahren lag sie bei ... *0,05 Prozent!«* Zum Vergleich: Die Weltgesundheitsorganisation im Besitz des Kults behauptete 3,4 Prozent, als der Schwindel anfing und maximale Panik erzeugt werden musste. Eine aktualisierte Stanford-Studie vom April 2021 bezifferte das Verhältnis von »Infektionsrate« und »Sterberate« auf nur 0,15 Prozent. Ein anderes Team von Wissenschaftlern unter der Leitung von Megan O'Driscoll und Henrik Salje untersuchte Daten aus fünfundvierzig Ländern und veröffentlichte seine Ergebnisse auf der Website von *Nature*. Bei Kindern und Jugendlichen ist die Zahl so gering, dass sie kaum ins Gewicht fällt, obwohl die Behörden die Gefahren für die Kleinen hochspielen, um die DNA-manipulierenden »Impfstoffe« für Kinder durchzusetzen. Die O'Driscoll-Studie ergab eine durchschnittliche Infektionssterblichkeit von 0,003 für Kinder von der Geburt bis zu vier Jahren, 0,001 für 5 bis 14 Jahre, 0,003 für 15 bis 19 Jahre und immer noch nur 0,456 bis 64 Jahre. Die Behauptung, dass Kinder

»geimpft« werden müssen, um sie vor »Covid« zu schützen, ist eine offensichtliche Lüge, also muss es einen anderen Grund für die »Impfung« geben, und den gibt es. Außerdem entspricht das Durchschnittsalter der Covid-Todesfälle dem Durchschnittsalter, in dem Menschen im Allgemeinen sterben. Das durchschnittliche Sterbealter in England liegt bei etwa achtzig Jahren für Männer und dreiundachtzig Jahren für Frauen. Das durchschnittliche Sterbealter bei angeblichem »Covid« liegt zwischen zweiundachtzig und dreiundachtzig Jahren.

Die kalifornischen Ärzte Dan Erickson und Artin Massihi sagten auf ihrer Pressekonferenz im April 2021, dass die Prognosemodelle für Millionen von Todesfällen »beklagenswert ungenau« gewesen seien. Sie legten detaillierte Zahlen vor, aus denen hervorging, dass die Wahrscheinlichkeit, an »Covid« zu sterben, für die Kalifornier bei 0,03 lag, beruhend auf der Anzahl der Personen, die positiv getestet wurden (mit einem Test, der nicht auf das »Virus« testet). Erickson sagte, dass die Wahrscheinlichkeit, an »Covid« zu sterben, im ganzen Bundesstaat New York (nicht nur in der Stadt) bei 0,1 Prozent lag und in Spanien, einem Zentrum der »Covid-19«-Hysterie, bei 0,05 Prozent. Die Stanford-Studien stützten die Angaben der Ärzte mit einer geschätzten Sterblichkeitsrate von 0,23 und 0,15 Prozent. Wie nah sind diese Zahlen an meiner Schätzung von *null*? Die von der Weltgesundheitsorganisation zu Beginn des Schwindels angegebene Todesrate lag etwa fünfzehn Mal höher. Die kalifornischen Ärzte sagten, dass es keine Rechtfertigung für die Lockdowns und die dadurch verursachte wirtschaftliche Verwüstung gäbe. Alles, was sie je über Quarantäne gelernt hatten, lief darauf hinaus, dass man die *Kranken* unter Quarantäne stellt und nicht die Gesunden. Das hatten sie noch nie gesehen und es ergab medizinisch keinen Sinn.

Warum sollten Regierungen und medizinische Einrichtungen weltweit in Anbetracht solcher Sterberisiken sagen, dass Milliarden von Menschen unter Hausarrest gestellt werden müssen, wodurch sie ihren Lebensunterhalt verlieren – in vielen Fällen auch ihren Verstand, ihre Gesundheit und ihr Leben? Warum sollten Menschen dazu gezwungen werden, gesundheitsgefährdende Masken zu tragen, menschliche Interaktionen und sogar familiäre Interaktionen zu einem Straftatbestand gemacht und Reisen verboten werden, Restaurants, Bars, Live-Sport-Events, Konzerte, Theater und jegliche Aktivitäten, die menschliches Miteinander und Diskurs beinhalten, zu schließen haben, genauso wie Schulen, was Kinder von ihren Freunden isoliert und viele dazu bringt, in einem Akt der Hoffnungslosigkeit und Verzweiflung Selbstmord zu begehen? Die kalifornischen Ärzte sagten, die Folgen des Lockdowns seien unter anderem ein Anstieg von Kindesmissbrauch, Partnermissbrauch, Alkoholismus, Depressionen und andere Auswirkungen, die sie jeden Tag beobachten. Wer würde das der gesamten menschlichen Rasse antun, wenn nicht geisteskranke Psychopathen von fast unvorstellbarem Ausmaß wie Bill Gates?

Wir müssen uns der Realität stellen und dürfen sie nicht länger leugnen. Faschismus und Tyrannei werden nur dadurch möglich, dass sich die Zielbevölkerung dem Faschismus und der Tyrannei unterwirft und sie duldet. Die gesamte Geschichte der Menschheit beweist diese Wahrheit. Die meisten Menschen haben naiv und ohne zu hinterfragen geglaubt, was man ihnen über ein »tödliches Virus« erzählt hat, und haben sich kleinlaut und willenlos einem Hausarrest unterworfen. Diejenigen, die es nicht glaubten – zumindest nicht alles –, unterwarfen sich dennoch aus Angst vor den Konsequenzen. Für den Rest, der sich nicht fügen wollte, gab es drakonische Geldstrafen, brutale Polizeieinsätze von Psychopathen für Psychopathen und die Verurteilung durch die Sanftmütigen und Schwachen, die den Widerstand brav im Sinne der Macht verurteilen, von der sie selbst geknechtet werden. Das Wort »erbärmlich« reicht nicht einmal ansatzweise aus.

Großbritanniens hirnloser »Gesundheits«-Minister Matt Hancock warnte, dass jeder, der Grenzbeamte über die Rückkehr aus einer Liste von »Hotspot«-Ländern belügt, mit einer Gefängnisstrafe von bis zu zehn Jahren rechnen muss, was mehr ist als für rassistisch motivierte Körperverletzung, Inzest und den Versuch, Sex mit einem Kind unter dreizehn Jahren zu haben. Hancock ist ein Verrückter, aber er hat den Staatsapparat in einer vom Kult gesteuerten Befehlskette hinter sich. Das Gleiche gilt für den britischen »Impfstoffminister« Nadhim Zahawi, ein prominentes Mitglied des Mega-Kult-Geheimbundes Le Cercle, über den ich in meinen früheren Büchern berichtet habe. Der Kult zwingt den Regierungen und den Gesundheitssystemen seinen Willen auf; die Regierung zwingen der Wirtschaft und der Polizei ihren Willen auf; die Wirtschaft zwingt den Mitarbeitern ihren Willen auf, die ihn wiederum den Kunden aufzwingen; die Polizei zwingt der Bevölkerung den Willen des Kults auf und trägt wesentlich dazu bei, eine Welt der faschistischen Kontrolle zu schaffen, in der ihre eigenen Kinder und Enkelkinder dann leben müssen. Es ist eine hierarchische Pyramide des Aufzwingens und der Duldung und, ja wirklich, des klinischen Wahnsinns.

Muss jemand, der klug genug ist, dieses Buch zu lesen, noch fragen, wie die Antwort darauf lautet? Ich denke nicht, aber ich werde sie trotzdem in wenigen Worten verraten: Sagen Sie den Psychos und ihren schwachsinnigen Lakaien, dass sie sich verpissen sollen, und lassen Sie uns mit unserem Leben weitermachen.

Wir sind viele – die sind wenige.

Kapitel 7

Der Krieg gegen Ihren Verstand

Man glaubt Dinge, weil man darauf konditioniert wurde, sie zu glauben.

Aldous Huxley, »Schöne neue Welt«

Ich habe den »Covid«-Schwindel als »Psyop« bezeichnet, und das stimmt in jeder Hinsicht und auf jeder Ebene, entsprechend der Definition dieses Begriffs – psychologische Kriegsführung. Bricht man die »Covid-Pandemie« auf die Grundthemen herunter, handelt es sich um psychologische Kriegsführung gegen den individuellen und kollektiven Verstand des Menschen.

Das Gleiche gilt für das gesamte menschliche Glaubenssystem bei jedem erdenklichen Thema. Huxley hatte Recht mit seiner Behauptung, dass die Menschen das glauben, worauf sie konditioniert sind, und das kommt daher, dass sie ihr Leben lang immer wieder die gleichen Unwahrheiten hören. Sie werden von der Regierung, den Unternehmen, den Medien und endlosen Strömen von »Experten« verbreitet, die ihnen erzählen, was der Kult sie glauben lassen will, und es dabei oft selbst glauben (wenn auch *bei weitem* nicht immer). Die »Experten« werden mit »prestigeträchtigen« Jobs und Titeln belohnt und haben als Vertreter der Wahrnehmungsprogrammierung regelmäßigen Zugang zu den Medien. Der Kult muss das Narrativ kontrollieren – die *Informationen* kontrollieren – oder er verliert die Kontrolle über die lebenswichtige, entscheidende öffentliche Wahrnehmung der Realität. Die Grundlage für diese Kontrolle ist heute das Internet, das von der Defense Advanced Research Projects Agency (DARPA) entwickelt wurde, dem unheimlichen technologischen Arm des Pentagons. Das Internet ist das Ergebnis von Militärtechnologie. Die DARPA prahlt ganz offen damit, das Internet geschaffen zu haben, das ein langfristiges Projekt ist, um den Verstand der Weltbevölkerung mit dem Lasso einzufangen. Ich sage schon seit Jahrzehnten, dass der Plan darin besteht, die Informationen so extrem zu kontrollieren, dass schließlich niemand mehr etwas sieht oder hört, was der Kult nicht gutheißt. Wir nähern uns diesem Ziel durch die brutale Zensur, die mit dem »Covid«-Schwindel eingesetzt hat. In meinem Fall begann es bereits in den 1990er Jahren mit Büchern und Vorträgen. Ich musste 1995 meinen eigenen Verlag gründen, weil niemand sonst meine Bücher veröffentlichen wollte. Sie sind alle bis heute lieferbar und sehr gefragt.

Das Kult-Internet

Um die totale Kontrolle über Informationen zu erlangen, brauchten sie das Internet, in dem vorprogrammierte Algorithmen »unsaubere« Inhalte zur Entfernung ausfindig machen oder sogar verhindern, dass sie überhaupt erst veröffentlicht werden. Der Kult musste die Printmedien und nicht über das Internet verbreitete Massenmedien demontieren, um die Verschiebung von Information in das zu recht sogenannte »Web« (Netz) zu erreichen – in das Netz des Kults. Wir haben den immer schneller werdenden Niedergang der traditionellen Medien und die Kontrolle über das, was übrig geblieben ist, durch eine winzige Anzahl von weltweit operierenden Konzernen erlebt. Der unabhängige Journalismus im Mainstream ist bereits tot, und nie war das offensichtlicher als seit der Jahrtausendwende 2020. Der Kult will alle Informationen, die über das Internet kommuniziert werden, global zensieren und jederzeit den Stecker ziehen können. Lockdowns und erzwungene Isolation haben dazu geführt, dass die Kommunikation zwischen den Menschen fast nur noch auf elektronischem Wege stattfindet und nicht mehr durch persönliche Gespräche und Diskussionen. Die Psychopathen des Kults haben es aus diesem Grund auf Bars, Restaurants, Sportanlagen, Veranstaltungsorte und Treffpunkte im Allgemeinen abgesehen. Das alles ist kein Zufall, sondern soll verhindern, dass Menschen in irgendeiner Art von Privatsphäre oder in größerer Anzahl zusammenkommen, während man gleichzeitig in der Lage ist, die gesamte Internetkommunikation zu verfolgen, zu überwachen und gegebenenfalls zu blockieren. Sogar private Nachrichten zwischen Einzelpersonen wurden von diesen Faschisten zensiert, die Kult-Front-Unternehmen wie Facebook, Twitter, Google und YouTube kontrollieren – alle offiziell von sabbatianischen Platzhaltern und im Hintergrund von höherrangigen sabbatianischen Platzhaltern geleitet.

Facebook, Google, Amazon & Co. wurden durch direkte oder indirekte Finanzspritzen der DARPA und des CIA-Technologiearms In-Q-Tel finanziert und ihre Entwicklung gefördert. Der Kult spielt ein Langzeitspiel und bereitet sich sehr sorgfältig auf wichtige Züge wie »Covid« vor. Amazon ist eine weitere Front im psychologischen

Krieg und kontrolliert praktisch den weltweiten Markt für Buchverkäufe und zunehmend auch für Veröffentlichungen. Amazons grenzenlose Geldmittel haben bereits eine riesige Anzahl unabhängiger Verlage aus dem Geschäft gedrängt, um die Weltherrschaft an sich zu reißen und darüber zu entscheiden, welche Bücher verkauft und in Umlauf gebracht werden dürfen und welche nicht. Bestrebungen in dieser Richtung laufen unablässig. Amazons führender Kopf Jeff Bezos ist der Enkel von Lawrence Preston Gise (1915-1995), der beim DARPA-Vorgänger ARPA arbeitete. Amazon hat gute Verbindungen zur CIA und dem Pentagon. Der Plan, den ich schon in früheren Büchern beschrieben habe, sieht folgendermaßen aus:

1. Nutzen Sie Militärtechnologie, um das Internet aufzubauen.
2. Verkaufen Sie das Internet als einen Ort, an dem die Menschen frei und ohne Zensur kommunizieren können, und lassen Sie zu, dass dies geschieht, bis das Netz zur zentralen und unverzichtbaren Säule der menschlichen Gesellschaft wird. Wäre das Internet von Anfang an stark zensiert worden, hätten es viele abgelehnt.
3. Finanzieren und manipulieren Sie große Unternehmen, durch die Sie die Verbreitung von Informationen in Ihrem Internet kontrollieren können, während Sie die Entstehung dieser Unternehmen mit Geschichten über Nerds in Garagen erklären. Geben Sie ihnen unbegrenzte Mittel, damit sie schnell expandieren können, ohne erst jahrelang Gewinne machen zu müssen, womit Unternehmen, die nicht dem Kult angehören und ihre Bücher ausgleichen müssen, nicht konkurrieren können. Sie wissen, dass sich Ihre Googles, YouTubes, Facebooks und Amazons unter diesen Umständen Beinahe-Monopole sichern werden, indem sie die Konkurrenz entweder zerschlagen oder aufkaufen.
4. Lassen Sie zu, dass die freie Meinungsäußerung sowohl im Internet als auch auf den Kommunikationsplattformen die Menschen anzieht, bis das Internet die zentrale und unverzichtbare Säule der menschlichen Gesellschaft ist und Ihre Kommunikationskonzerne ein Stadium der Beinahe-Monopolherrschaft erreicht haben.
5. Dann entfesseln Sie die von Anfang an eingeplante Zensurwelle, wenn niemand mehr weiß, wo er außerhalb des Netzes kommunizieren soll, und weiten die Zensur so lange aus, bis nichts mehr übrig bleibt, von dem der Kult nicht will, dass seine menschlichen Opfer es zu sehen bekommen.

Der Prozess wurde zeitlich so abgestimmt, dass man beim »Covid«-Schwindel startbereit war, um die bestmögliche Chance zur Kontrolle des Narrativs um jeden Preis zu haben, denn diese Kontrolle war absolut notwendig. Schließlich wollte man ein »tödliches Virus« freisetzen, das es in Wahrheit gar nicht gab. Wenn man das in einer Umgebung getan hätte, in der Informationen und Meinungen frei zirkulieren können, wäre man erledigt gewesen, bevor man *Huch!* hätte sagen können. Der Kult hat ein Netzwerk geschaffen, über das die von ihm gegründete und kontrollierte Weltgesundheitsorganisation die Darstellung von »Covid« und die Politik der Maßnahmen diktieren konnte, die von den kultischen Internetkommunikationsgiganten und den Mainstreammedien sklavisch unterstützt wurde, während diejenigen, die eine andere Geschichte erzählten, zensiert wurden. Google, YouTube, Facebook und Twitter haben das sogar offen angekündigt. Was würden wir sonst von einem Kult-Unternehmen wie Facebook erwarten, von dem ehemalige Führungskräfte bestätigt haben, dass sein Unternehmensziel darin besteht, seine User süchtiger als auf Zigaretten zu machen, die Emotionen seiner User kaltschnäuzig zu manipulieren, um Spaltung zwischen Menschen und Gruppen zu säen und den Verstand der Jugend zu verwirren? Wenn Zuckerberg nicht den Rest seines Lebens für Verbrechen gegen die Menschheit und vor allem gegen die Jugend im Gefängnis verbringt, wäre das eine Travestie der Gerechtigkeit. Das Gleiche gilt für Sergey Brin und Larry Page von Google und dessen CEO Sundar Pichai, die die Google-Suchergebnisse so manipulieren, dass sie die Narrative des Kults fördern und die Gegenseite ausblenden. Geben Sie die gleichen Schlüsselwörter bei Google und anderen Suchmaschinen wie DuckDuckGo ein und Sie werden sehen, wie unterschiedlich die Ergebnisse sein können. Wikipedia ist eine weitere äußerst voreingenommene »Enzyklopädie«, die ihren Inhalt auf die Agenda des Kults abstimmt. YouTube verlinkt sicherheitshalber zu Wikipedias Version von »Covid« und »Klimawandel« bei Videos, in denen Experten auf ihrem Gebiet eine dem Narrativ widersprechende Meinung vertreten (selbst das ist bei Wojcickis Zensur immer seltener der Fall). Zu diesem »Covid«-Bringt-sie-zum-Schweigen-Netzwerk müssen auch die staatlichen Medienzensoren, äh … »Regulatoren«, hinzugefügt werden, wie zum Beispiel die Ofcom in Großbritannien, die den britischen Sendern diktatorische Beschränkungen auferlegt hat, die zur Folge hatten, dass ich nicht mehr auftreten durfte. Allein mit mir über meine Beweise und Ansichten zu »Covid« zu debattieren, würde bedeuten, die faschistischen Auflagen der Ofcom und ihrer Geschäftsführerin, der Regierungsbürokratin Melanie Dawes, zu brechen. Mutlose britische Rundfunkanstalten zittern schon beim Gedanken an die faschistische Ofcom.

Die Psychos hinter »Covid«

Der Grund für die »Covid«-Katastrophe in all ihren Facetten und Formen lässt sich daran erkennen, wer und was die Politik weltweit so koordiniert antreibt. Die Entscheidungen werden nicht getroffen, um die Gesundheit zu schützen, sondern um die menschliche Psyche ins Visier zu nehmen. Die dominierende Gruppe, die die Regierungspolitik lenkt und »berät«, sind keine Mediziner. Es sind Psychologen und Verhaltenswissenschaftler. Jedes größere Land hat seine eigene Version dieses Phänomens, und ich werde das britische Beispiel verwenden, um zu zeigen, wie es funktioniert. In vielerlei Hinsicht hat sich die britische Version auf die ganze Welt ausgewirkt, und zwar in Form des riesigen Netzwerks zur Verhaltensmanipulation in Großbritannien, das auch in anderen Ländern tätig ist. An diesem Netzwerk sind private Unternehmen, die Regierung, Geheimdienste und das Militär beteiligt. Das Kabinettsbüro steht im Zentrum der Regierungs-»Covid«-Psyop und ist zusammen mit der »Innovationsstiftung« Nesta Miteigentümer des Behavioural Insights Team (BIT), das behauptet, unabhängig von der Regierung zu sein, was es aber offensichtlich nicht ist. Das BIT wurde 2010 gegründet und seine Aufgabe ist es, die Psyche der Bevölkerung zu manipulieren, damit sie den Forderungen der Regierung nachgibt. Sie ist auch als »Nudge Unit« bekannt – ein Name, der auf das 2009 erschienene Buch der beiden Ultrazionisten Cass Sunstein und Richard Thaler zurückgeht mit dem Titel *Nudge – Wie man kluge Entscheidungen anstößt*. Wie das Behavioural Insights Team bietet auch dieses Buch Anleitungen, das Verhalten zu beeinflussen (zu manipulieren), um die Öffentlichkeit dazu zu bringen, Handlungs- und Wahrnehmungsmustern zu folgen, die den Machthabern (dem Kult) gefallen. Sunstein ist darin so geschickt, dass er die Weltgesundheitsorganisation und das britische Behavioural Insights Team berät und in der Obama-Regierung Administrator des White House Office of Information and Regulatory Affairs war. Biden hat ihn in das Ministerium für Innere Sicherheit berufen – ein weiterer Ultrazionist, der die neuen Immigrationsgesetze beaufsichtigen soll, ein weiteres Politikfeld, das der Kult kontrollieren will. Sunstein versucht verzweifelt jeden zum Schweigen bringen, der die Verschwörungen aufdeckt. Er war Mitverfasser eines Berichts aus dem Jahr 2008, in dem vorgeschlagen wurde, »Verschwörungstheorien« zu verbieten oder »eine Art von Steuer, finanziell oder anderweitig, auf diejenigen zu erheben, die solche Theorien verbreiten«. Ich schätze, die Couch beim Psychiater wäre für ihn einen Besuch wert.

Sunsteins Kollege Richard Thaler, ein »akademisches Mitglied« des britischen Behavioural Insights Team, ist ein Verfechter der »Verhaltensökonomie«, die definiert ist als die Untersuchung der »Auswirkungen psychologischer, kognitiver, emotionaler, kultureller und sozialer Faktoren auf die Entscheidungen von Individuen und Institutionen«. Studieren Sie die Auswirkungen, damit Sie sie so manipulieren können, dass sie Ihren Vorstellungen entsprechen! Andere führende Namen in der Entwicklung der Verhaltensökonomie sind die Ultrazionisten Daniel Kahneman und Robert J. Shiller, die zusammen mit Thaler den Nobelpreis für Wirtschaftswissenschaften für ihre Arbeit in diesem Bereich erhielten. Das Behavioural Insights Team arbeitet im Herzen der britischen Regierung und hat durch Partnerschaften mit mehreren Universitäten, darunter Harvard, Oxford, Cambridge, University College London (UCL) und Pennsylvania, weltweit expandiert. Sie behaupten, 20.000 Beamte »geschult« zu haben (Reframing) und führen mehr als 750 Projekte mit vierhundert randomisierten Kontrollstudien in Dutzenden von Ländern durch – als eine andere Version des Framing-Unternehmens Common Purpose. BIT arbeitet von seinem Büro in New York aus mit Städten und deren Behörden sowie anderen Partnern in den Vereinigten Staaten und Kanada zusammen – ein Unternehmen, an dem das britische Cabinet Office beteiligt ist. Durch einen Erlass von Kult-Präsident Obama wurde 2015 ein U.S. Social and Behavioral Sciences Team eingerichtet. Sie alle haben den gleichen Grund für ihre Existenz, nämlich die Gehirnwäsche der Bevölkerung direkt oder durch die Gehirnwäsche derjenigen, die an der Macht sind.

»Covid«-Gedankenspiele

Ein weiterer wichtiger Aspekt des britischen Gedankenkontrollnetzwerks ist die »unabhängige« (kleiner Scherz!) Scientific Pandemic Insights Group on Behaviours (SPI-B). Sie bietet »verhaltenswissenschaftliche Beratung an, die darauf abzielt, die von medizinischen oder epidemiologischen Experten empfohlenen Interventionen zu antizipieren und den Menschen zu helfen, sich daran zu halten«. Das bedeutet, die Wahrnehmung und das Verhalten der Öffentlichkeit werden manipuliert, damit sie tut, was die Regierung ihr sagt. Das ist widerlich und wenn man sich wirklich um die »öffentliche Sicherheit« sorgt, sollte man als Erstes diese Truppe hinter Schloss und Riegel bringen. Laut Website der Regierung besteht die SPI-B aus »Verhaltenswissenschaftlern, Gesundheits- und Sozialpsychologen, Anthropologen und Historikern« und berät die von Whitty-Vallance geleitete Scientific Advisory Group for Emergencies (SAGE), die wiederum die Regierung in Bezug auf »die Wissenschaft« (tun sie natürlich nicht) und die »Covid«-Politik berät. Wenn Politiker sagen, dass sie sich von

»der Wissenschaft« leiten lassen, dann meinen sie in jedem Land genau diese Schurken – eine »Wissenschaft« der Verhaltensmanipulation, um den Regierungsfaschismus durch öffentliche Willfährigkeit zu forcieren. Das Behaviour Insight Team wird von dem Psychologen David Solomon Halpern, einem Gastprofessor am King's College London, geleitet und ist mit einem nationalen und globalen Netz anderer ziviler und militärischer Organisationen verbunden, die der Kult gemäß seiner »Fusionsdoktrin« in jedem Land zu einem faschistischen Ganzen verschmelzen will. Das Netzwerk zur Verhaltensmanipulation umfasst unter anderem das Außenministerium, den Nationalen Sicherheitsrat, das Hauptquartier für Regierungskommunikation (GCHQ), den MI5, den MI6, die im Kabinettsbüro angesiedelte Media Monitoring Unit und die Rapid Response Unit, die »digitale Trends überwacht, um aufkommende Probleme zu erkennen, einschließlich Fehlinformationen und Desinformationen, und die beste Art und Weise ermittelt, darauf zu reagieren«.

Dann ist da noch die 77. Brigade des britischen Militärs, die wie die berüchtigte Einheit 8200 des israelischen Militärs Informationen und Diskussionen im Internet manipuliert, indem sie sich als Mitglieder der Öffentlichkeit ausgibt, um das geltende Narrativ zu fördern und diejenigen zu diskreditieren, die es in Frage stellen. Hier versucht das Militär, die öffentliche Meinung im Inland zu manipulieren, und die Nazis in der Regierung sind damit einverstanden. Der konservative Abgeordnete Tobias Ellwood, ein Befürworter von Lockdown und Kontrolle durch »Impfpässe«, ist Lieutenant Colonel der 77. Brigade, die mit der Militäroperation jHub, dem »Innovationszentrum« des Verteidigungsministeriums und des Strategischen Kommandos, verbunden ist. jHub hat auch mit dem zivilen Nationalen Gesundheitsdienst (NHS) bei der »Symptomverfolgung« der Bevölkerung zusammengearbeitet. Der NHS ist ein wichtiger Teil dieses Bewusstseinskontrollnetzwerks und erstellte im Dezember 2020 ein Dokument, in dem den Mitarbeitern erklärt wird, wie sie psychologische Manipulationen bei verschiedenen Gruppen und Altersgruppen anwenden können, um sie dazu zu bringen, den DNA-manipulierenden »Covid-Impfstoff« zu nehmen, der die menschliche Genetik zunehmend umschreiben soll. Das Dokument mit dem Titel »Optimising Vaccination Roll Out – Do's and Dont's for all messaging, documents and ›communications‹ in the broad sense« (Optimierung der Einführung von Impfungen – Gebote und Verbote für jegliche Nachrichten, Dokumente und »Kommunikation« im weitesten Sinne) wurde vom NHS England und der NHS Improvement Behaviour Change Unit in Zusammenarbeit mit Public Health England und der Warwick Business School veröffentlicht. Ich höre schon das Mantra von der »Rettung des Gesundheitswesens« und dem »Schutz des NHS-Gesundheitsdienstes«, obwohl wir den NHS besser abschaffen und durch etwas Neues ersetzen sollten. Die derzeitige Version ist viel zu korrupt, viel zu menschenfeindlich und völlig kompromittiert durch Kult-Agenten und ihre Gefolgschaft. Die staatliche britische Rundfunkzensurbehörde Ofcom hat sich in dieses Netz eingeklinkt – ebenso wie die BBC mit ihrem enormen Einfluss bei Ofcom –, um zu kontrollieren, was die Öffentlichkeit sieht und hört, und um die Wahrnehmung der Massen zu diktieren. Mitarbeiter all dieser Organisationen sollten ebenfalls vor ein neues Nürnberger Tribunal gestellt werden.

Der Angst-Faktor

Der »Covid«-Schwindel hat zur Gründung des mit dem britischen Kabinettsbüro verbundenen Gemeinsamen Zentrums für Biosicherheit oder Joint Biosecurity Centre (JBC) geführt, das offiziell als »Expertengremium für Pandemien« beschrieben wird und seine unabhängige (solche Operationen des Kults laufen immer unter »unabhängig«) Analysefunktion dazu nutzt, Echtzeitanalysen über Infektionsausbrüche zu liefern, um Ausbrüche von Covid-19 zu identifizieren und darauf zu reagieren. Eine weitere Aufgabe besteht darin, die Regierung bei der Reaktion auf Infektionsspitzen zu beraten – »zum Beispiel durch die Schließung von Schulen oder Arbeitsplätzen in lokalen Gebieten, in denen die Infektionsraten gestiegen sind«. Mit anderen Worten: Förderung der Agenda des Kults. Das Gemeinsame Zentrum für Biosicherheit ist dem Gemeinsamen Zentrum für Terrorismusanalyse oder Joint Terrorism Analysis Centre nachempfunden, das nachrichtendienstliche Erkenntnisse analysiert, um »Terrorismusbedrohungsstufen« festzulegen. Auch hier sehen Sie wieder die Verschmelzung von zivilen mit militärischen Organisationen und Nachrichtendiensten, die dazu geführt hat, dass der militärische Nachrichtendienst Untersuchungen über »Impfgegner« und deren Bekämpfung erstellt hat. Innerstaatliche zivile Angelegenheiten und Meinungen sollten nicht die Angelegenheit des Militärs sein. Das Joint Biosecurity Centre wird von Tom Hurd geleitet, dem Generaldirektor des Büros für Sicherheit und Terrorismusbekämpfung aus der bis zum Anschlag dem Establishment zugehörigen Familie Hurd. Sein Vater ist der ehemalige Außenminister Douglas Hurd. Welch ein Zufall, dass Tom Hurd mit Boris Johnson das elitäre Eton College und die Universität Oxford besucht hat. Das Imperial College mit seinem lächerlichen Computermodellierer Neil Ferguson ist in dieses gigantische Netzwerk eingebunden, das seinerseits mit ähnlichen Einrichtungen in anderen großen und weniger großen Ländern verbunden ist. Verglichen mit diesem Netzwerk des Kults sind die Politiker, ob Boris Johnson, Donald

Trump oder Joe Biden, nur Nebenfiguren, die »der Wissenschaft folgen«. Das Netzwerk von Psychologen war von Anfang an am Fall »Covid« beteiligt, um ein Maximum an Angst vor dem »Virus« zu erzeugen und die Bevölkerung gefügig zu machen. Eine Regierungsgruppe für Verhaltenswissenschaften, die bereits erwähnte SPI-B, erstellte im März 2020 ein Papier zur Diskussion in der wichtigsten wissenschaftlichen Beratergruppe der Regierung, der SAGE. Es trug die Überschrift »Options for increasing adherence to social distancing measures« (Optionen zur Verbesserung der Befolgung von sozialen Distanzierungsmaßnahmen) und enthielt in einem Abschnitt mit der Überschrift »Überzeugungsarbeit« die folgenden Aussagen:

- Eine beträchtliche Anzahl von Menschen fühlt sich immer noch nicht persönlich genug bedroht. Es könnte sein, dass sie durch die niedrige Sterblichkeitsrate in ihrer demografischen Gruppe beruhigt sind, auch wenn die Besorgnis möglicherweise zunimmt. In Hongkong hat sich gezeigt, dass ein gutes Verständnis des Risikos positiv mit der Annahme von Covid-19-Maßnahmen zur sozialen Distanzierung verknüpft ist.
- Das Gefühl der persönlichen Bedrohung muss bei denjenigen, die sorglos sind, erhöht werden, indem möglichst intensive emotionale Botschaften zu erwägen sind, um die soziale Distanzierung zu fördern. Damit sie wirksam sind, müssen solche Botschaften den Menschen auch eindeutig erklären, was sie tun können, um die Bedrohung zu verringern.
- Verantwortung gegenüber anderen: Es scheint kein ausreichendes Verständnis oder Verantwortungsgefühl für die Rolle der Menschen bei der Übertragung der Infektion auf andere zu geben … Die Botschaften über Maßnahmen müssen positiv formuliert werden als Beitrag zum Schutz der eigenen Person und der Gemeinschaft und das Vertrauen in die Wirksamkeit der Maßnahmen stärken.
- Manche Menschen lassen sich eher von Appellen davon überzeugen, sich an die Regeln zu halten, andere von der Pflicht gegenüber der Gemeinschaft und wieder andere vom persönlichen Risiko. All diese unterschiedlichen Ansätze sind notwendig. Die Botschaften müssen auch der Lebenswirklichkeit der Menschen Rechnung tragen. Sie müssen die verschiedenen Motivationshebel und die Lebensumstände der verschiedenen Menschen berücksichtigen.

Die SPI-B-Psychologen erklärten, all dies könne erreicht werden, indem man *die Medien nutzt, um das Gefühl der persönlichen Bedrohung zu verstärken*, was bedeutet, dass man die Bevölkerung, einschließlich der Kinder, in Angst und Schrecken versetzt, damit sie alle tun, was man will. War da was? In unseren Medien? Diese Ausreden für »Journalisten«, die Journalismus nicht einmal erkennen würden, wenn er ihnen in den Hintern beißt (die große Mehrheit), haben einen entscheidenden Beitrag dazu geleistet, dass die Journalisten brav der Kult-Regierungs-Psyop dienen, um ihre eigenen Kinder und Enkel zu versklaven. Ich habe keine Ahnung, wie solche Leute mit sich selbst leben können. Der psychologische Krieg wurde durch die ständige »Covid«-Propaganda der Regierung in fast jeder Werbepause im Fernsehen und Radio sowie im Internet und in den Printmedien unterstützt, welche die Angst mit den Steuergeldern schürten. Das Ergebnis ist, dass die Menschen Angst vor einem »Virus« haben, das nicht existiert oder dessen Sterblichkeitsrate sehr gering ist, selbst wenn man glaubt, dass es existiert. Die Menschen laufen mit Gesichtswindeln durch die Straßen und Geschäfte und schaden ihrer Gesundheit und ihrer Psyche und zeigen diejenigen, die sich weigern, so naiv zu sein, bei der Polizei an, die dann mit eigenen Gesichtswindeln aufmarschiert. Ein Kameramann kam in meine Wohnung und hatte solche Angst vor »Covid«, dass er mit Maske hereinkam und sich weigerte, mir die Hand zu geben, weil er sich etwas einfangen könnte. Er litt unter schwerer Naivitis, und der Gedanke, dass er in den Mainstreammedien arbeitete, war sowohl deprimierend als auch die perfekte Erklärung für sein Verhalten. Die Angst, die so viele Menschen ergriffen hat und sie zum Gehorsam zwingt, wurde von diesen Psychologen, die in Wirklichkeit Psychopathen sind, sorgfältig kultiviert. Wenn Leben zerstört werden und viele junge Menschen Selbstmord begehen, zeigt ihnen das, dass ihr Plan funktioniert. Die SPI-B wandte sich anschließend härteren Maßnahmen zu, um die Öffentlichkeit zum Gehorsam zu zwingen. »Mit einer angemessenen Vorbereitung kann ein schneller Wandel erreicht werden«, hieß es. Einige Länder hatten die obligatorische Selbstisolierung in großem Umfang eingeführt, ohne dass es zu größeren öffentlichen Unruhen gekommen war, und eine große Mehrheit der Bevölkerung Großbritanniens schien weitergehende Zwangsmaßnahmen zu unterstützen. Vierundsechzig Prozent der Erwachsenen gaben an, dass sie es befürworten würden, London unter einen Lockdown zu stellen (achten Sie auf »Umfragen«, die Ihnen weiß machen wollen, dass die öffentliche Meinung für oder gegen das jeweilige Thema ist).

Damit die »aggressiven Schutzmaßnahmen« ihre Wirkung zeigen können, so das SPI-B-Papier, sollte den Bevölkerungsgruppen besondere Aufmerksamkeit gewidmet werden, die stärker gefährdet sind. Übersetzt aus dem Orwellschen bedeutet dies, dass man dem Rest der Bevölkerung ein schlechtes Gewissen einreden muss, weil sie die »Schwachen« – wie alte Menschen – nicht schützt, die der Kult und seine Behörden mit Lockdown, fehlender Behandlung und dem Gates-»Impfstoff«

in industriellem Maßstab umbringen wollen. Psychopathen-Psychologen verkauften diesen Schuldtrip so nachhaltig, dass Hilda Solis, die Supervisorin des Bezirks Los Angeles, berichtete, Kinder hätten sich (aus der Ferne) bei ihren Eltern und Großeltern dafür entschuldigt, dass sie »Covid bei ihnen eingeschleppt und sie krank gemacht hätten ... Diese Entschuldigungen gehören zu den letzten Worten, die geliebte Menschen hören werden, wenn sie alleine sterben«, sagte sie. Auf rührselige Weise nutzte Solis diese Kindertragödie, um den Kleinen zu sagen, dass sie zu Hause bleiben und »ihre Liebsten am Leben erhalten« sollen. Stellen Sie sich vor, einem Kind eine solche potenziell lebenslange Schuld aufzubürden, obwohl es absolut nichts mit ihm zu tun hat. Diese Menschen sind zutiefst krank und die Psychologen, die dahinterstehen, noch viel mehr.

Der Krieg Bürger gegen Bürger: Teile und herrsche

Die professionellen Bewusstseinskontrolleure von der SPI-B wollten, dass die Medien das Verantwortungsgefühl gegenüber anderen stärken (jeder soll tun, was man ihm sagt) und »positive Botschaften« für die Gehorsamen verbreiten. Gleichzeitig sollte die »soziale Missbilligung« gegenüber allen, die einen eigenen Kopf hatten, durch die unkritische, folgsame Öffentlichkeit propagiert werden. Und wieder haben die willfährigen Goebbels-ähnlichen Medien gehorcht. Dies ist ein uralter Trick aller Gewaltherrscher auf der ganzen Welt seit Menschengedenken. Sie bringen die Zivilbevölkerung dazu, die eigenen Mitbürger auf Linie zu halten – auf der Linie der Herrschenden. Die SPI-B erklärte, dass dies »eine wichtige Rolle bei der Verhinderung von asozialem Verhalten oder bei der Abschreckung von der Unterlassung prosozialen Verhaltens spielen könnte«. Als »asozial« gilt im Orwellschen Sprachgebrauch der SPI-B jedes Verhalten, das die Regierung nicht gutheißt. Die Empfehlungen der SPI-B besagen, dass die »soziale Missbilligung« mit einer klaren Botschaft und der Förderung einer starken kollektiven Identität einhergehen sollte – daher das Mantra der Regierung und der Prominenten, »wir sitzen alle im selben Boot«. Natürlich tun wir das. Die Psychologen haben eine solche Geringschätzung für ihre Zielgruppen, dass sie glauben, ein unbedarfter Komiker, Schauspieler oder Sänger, der ihnen sagt, sie sollen tun, was die Regierung will, würde ausreichen, um sie zu überzeugen. So wurden der britische Komiker Lenny Henry, der Schauspieler Michael Caine und der Sänger Elton John auf die Bühne geholt, um der Propaganda zu dienen, indem sie die Menschen dazu drängten, sich mit dem DNA-manipulierenden »Covid«-Nicht-Impfstoff impfen zu lassen. Die Rolle von Henry und anderen schwarzen Prominenten, die versuchten, eine »impfunwillige« schwarze Gemeinschaft dazu zu bringen, den Willen der Regierung zu befolgen, war besonders erschütternd. Das emotionsmanipulierende Skript und das sorgfältig gestylte Video mit diesen schwarzen »Promis« war eine Beleidigung für die Intelligenz der Schwarzen. Wo bleibt da die Selbstachtung der Beteiligten, die ihre Seelen für eine faschistische Regierungsagenda verkaufen? Henry sagte, er verstehe die »berechtigten Sorgen und Bedenken« der farbigen Mitbürger, aber die Menschen müssten »den Fakten vertrauen«, obwohl die Menschen genau das taten, wenn sie den »Impfstoff« ablehnten. Man musste auch noch den obligatorischen Verweis auf Black Lives Matter einbauen mit der Zeile: »Lassen Sie nicht zu, dass das Coronavirus noch mehr schwarze Leben kostet – denn wir sind wichtig.« Mein Gott, war das peinlich. »Ich weiß, dass der Impfstoff sicher ist und was er bewirkt.« Woher? »Ich bin Komiker und das steht so in meinem Skript.«

Die SPI-B sagte, dass die gesellschaftliche Missbilligung sorgfältig gemanagt werden müsse, um Viktimisierung, Sündenböcke und fehlgeleitete Kritik zu vermeiden, aber sie wussten, dass ihre »Empfehlungen« genau dazu führen würden, und die Medien wurden gezielt eingesetzt, um die Feindseligkeit zu schüren. Diejenigen, die sich brav anpassen, lobt man, während diejenigen, die das wogende Meer der Lügen durchschaut haben, als »Covidioten« abgestempelt werden. Die Wachen werden von den Schlafenden beschimpft, weil sie sich nicht dem Faschismus und den Zumutungen beugen, von denen die Wachen wissen, dass sie ihre Gesundheit gefährden, sie entmenschlichen und das Gefüge der menschlichen Gesellschaft zerstören sollen. Wir hatten die Vorhangschwinger und Schwachköpfe, die Nachbarn und andere bei der Gesichtswindel-Polizei anzeigten, weil sie gegen die »Covid-Regeln« verstoßen haben, wobei die faschistische Polizei mit Vergnügen Links und Telefonnummern veröffentlichte, damit man seine Denunziation hinterlassen konnte. Der Kult kann seinen Willen nicht durchsetzen ohne eine willfährige Polizei und ein willfähriges Militär und eine willfährige Bevölkerung, die bereit ist, ihren Teil zur Versklavung von sich und ihren Kindern beizutragen.

Die Worte des Pfarrers Martin Niemöller (1892-1984) im Nazi-Deutschland sind heute noch so passend wie damals:

> »Als die Nazis die Kommunisten holten, habe ich geschwiegen; ich war ja kein Kommunist. Als sie die Gewerkschaftler holten, habe ich geschwiegen, ich war ja kein Gewerkschaftler. Als sie die Juden holten, habe ich geschwiegen, ich war ja kein Jude. Als sie mich holten, gab es keinen mehr, der protestieren konnte.«

Wer nicht aus der Geschichte lernt, ist gezwungen, sie zu wiederholen – und da haben viele nichts gelernt.

»Covid«-Regeln: Den Verstand neu verdrahten

Vor dem Hintergrund dieses gigantischen nationalen und globalen Netzes der psychologischen Manipulation können wir die »Covid«-Regeln in eine klare und unheilvolle Perspektive rücken. Vergessen Sie die Behauptungen über den Schutz der Gesundheit. Bei den »Covid«-Vorschriften geht es darum, den menschlichen Verstand zu demontieren, den menschlichen Geist zu brechen, die Selbstachtung zu zerstören und die Reste als unterwürfigen, gefügigen Sklaven wieder zusammenzusetzen. Soziale Isolation durch Lockdowns und Distanzierung haben verheerende Auswirkungen auf die menschliche Psyche, wie diese Psychopathen-Psychologen nur zu gut wissen, und das ist der wahre Grund für die Regeln. Die Menschen brauchen den Kontakt zueinander, den Diskurs, die Nähe und die Berührung, sonst werden sie irgendwann, und zwar buchstäblich, verrückt. Masken, auf die ich noch ausführlich eingehen werde, tragen wesentlich zu den Auswirkungen der Isolation bei – entsprechend der Agenda des Kults, die Bevölkerung zu entmenschlichen und zu entindividualisieren. Dies zu tun, während man das Ergebnis doch kennt – ja *anstrebt* –, ist der Inbegriff des Bösen, und die damit befassten Psychologen *sind* der Inbegriff des Bösen. Sie werden sich wie alle anderen Dämonen des Kults und ihre Hintermänner wegen Verbrechen gegen die Menschlichkeit in einem Maße vor Gericht verantworten müssen, das jede Vorstellungskraft sprengt. Psychopathen-Psychologen in Uniform haben die Isolationstechnik entwickelt, um gefangene feindliche Soldaten und Agenten zu brechen und sie gefügig und unterwürfig zu machen, damit sie ihnen alles erzählen, was sie wissen. Diese Technik wird zu Recht als eine Form der Folter angesehen und Folter ist mit Sicherheit das, was der menschlichen Bevölkerung aufgezwungen wurde.

Der durchgeknallte amerikanische Psychologe Harry Harlow (1905-1981) wurde in den 1950er Jahren für seine Isolationsexperimente berühmt, bei denen er Affenbabys von ihren Müttern trennte und sie monatelang in einem Metallbehälter, einer »Kiste der Verzweiflung«, einsperrte. Schon bald zeigten sie, wie jeder Idiot hätte voraussagen können, psychische Probleme und Depressionen. Harlow steckte andere Affen für drei, sechs oder zwölf Monate in Stahlkammern und verweigerte ihnen jeglichen Kontakt zu Tieren oder Menschen. Er sagte, dass die Auswirkungen einer sechsmonatigen totalen sozialen Isolation »so verheerend und schwächend waren, dass wir anfangs davon ausgingen, eine zwölfmonatige Isolation würde keine zusätzlichen Beeinträchtigungen mehr hervorrufen« – aber zwölf Monate Isolation »löschten die Tiere sozial fast aus«. Das ist es, was der Kult und seine Psychopathen mit Ihnen und Ihren Kindern anstellen. Selbst Affen in teilweiser Isolation, in der sie keine Beziehungen zu anderen Affen aufbauen durften, wurden »aggressiv und feindselig, nicht nur gegenüber anderen, sondern auch gegenüber ihrem eigenen Körper«. Wir haben dies bei jungen Menschen als Folge des Lockdowns gesehen. Die Psychopathen der britischen Regierung starteten eine PR-Kampagne, in der sie die Menschen aufforderten, sich nicht zu umarmen, selbst nachdem sie den »Covid-19-Impfstoff« erhalten hatten, von dem man uns mit zusätzlichen Lügen weismachen wollte, er würde eine Rückkehr zum »normalen Leben« ermöglichen. Eine Regierungsquelle sagte der Tageszeitung *The Telegraph*: »Es ist zwar toll, dass Sie geimpft wurden, aber wenn Sie Ihre Familie besuchen und Ihre Enkelkinder umarmen, besteht die Gefahr, dass Sie Menschen, die Sie lieben, anstecken.« Die Quelle sprach offensichtlich aus einer gesicherten psychiatrischen Einrichtung heraus. Janet Lord, Direktorin des Institute of Inflammation and Ageing der Universität Birmingham, sagte, dass Eltern und Großeltern es vermeiden sollten, ihre Kinder zu umarmen. Nun, wie soll ich es ausdrücken, Frau Lord? Verpissen Sie sich. Ja, das sollte reichen.

Die Kinder werden zugrunde gerichtet. Wo sind die Eltern?

Schauen Sie sich an, was aus den Menschen geworden ist, die durch Lockdowns versklavt und isoliert wurden. Selbstmord und Selbstverletzungen haben weltweit zugenommen, insbesondere bei jungen Menschen, denen die Freiheit verwehrt wird, mit ihren Freunden zusammen zu sein. Eine Studie mit 49.000 Personen in englischsprachigen Ländern kam zu dem Schluss, dass bei fast der Hälfte der jungen Erwachsenen ein klinisches Risiko für psychische Störungen besteht. Bei einer landesweiten Umfrage in Amerika unter tausend derzeit eingeschriebenen High School- und College-Studenten gaben fünf Prozent der Befragten an, während der Pandemie einen Selbstmordversuch unternommen zu haben. Daten des National Syndromic Surveillance Program der amerikanischen CDC vom 1. Januar bis zum 17. Oktober 2020 zeigten einen Anstieg der psychischen Probleme bei Jugendlichen im Alter von zwölf bis siebzehn Jahren um *einunddreißig Prozent* im Vergleich zu 2019. Die CDC berichtete, dass die

USA den größten Rückgang der durchschnittlichen Lebenserwartung seit dem Zweiten Weltkrieg erlitten hat, da sie in der ersten Hälfte des Jahres 2020 um ein Jahr gesunken ist, und zwar aufgrund von »Tod aus Verzweiflung« – Überdosen und Selbstmorden. Die Zahl der Todesfälle durch Verzweiflung ist während des Lockdowns um mehr als zwanzig Prozent gestiegen und umfasst die höchste Zahl tödlicher Überdosierungen, die jemals in einem einzigen Jahr verzeichnet wurde – 81.000. Die Internetsucht ist eine weitere Folge der häuslichen Isolation, die das Interesse an körperlichen Aktivitäten senkt, da die Kinder in Trägheit verfallen. »Was soll das noch bringen?« Kinder und Jugendliche verlieren die Hoffnung und geben das Leben auf, manchmal buchstäblich. Ein 14-jähriger Junge in Maryland hat sich umgebracht, weil er »aufgegeben« hatte, als sein Schulbezirk nicht wieder öffnete; ein 11-jähriger Junge hat sich während einer Zoom-Klasse erschossen; ein Teenager in Maine ist der Isolation der »Pandemie« erlegen, als er sein Leben beendete, nachdem sein letztes Schuljahr unterbrochen worden war. Kinder im Alter von neun Jahren haben sich das Leben genommen, und all diese Geschichten haben sich auf der ganzen Welt wiederholt. Karrieren werden zerstört, bevor sie begonnen haben, auch im Sport, an dem vielversprechende junge Menschen nicht mehr teilnehmen konnten. Der Plan der Psycho-Psychologen geht voll und ganz auf. Forscher der Universität Cambridge haben nachgewiesen, wie sehr Lockdowns der psychischen Gesundheit von Kindern schaden. Ihre Studie, die in *Archives of Disease in Childhood* veröffentlicht wurde, untersuchte 168 Kinder im Alter zwischen sieben und elf Jahren. Die Forscher kamen zu dem Schluss:

> »Während des Lockdowns in Großbritannien haben die Depressionssymptome bei Kindern im Vergleich zu vor dem Lockdown erheblich zugenommen. Das Ausmaß dieses Effekts hat unmittelbare Bedeutung für die Fortführung verschiedener Elemente der Lockdown-Politik, wie die vollständige oder teilweise Schließung von Schulen ...
>
> ... Wir beobachteten insbesondere einen statistisch signifikanten Anstieg der Bewertungen von Depressionen mit einer mittleren bis großen Effektgröße. Unsere Ergebnisse unterstreichen die Notwendigkeit, die potenziellen Auswirkungen des Lockdowns auf die psychische Gesundheit von Kindern in die Planung der laufenden Reaktion auf die globale Pandemie und die Erholung von ihr einzubeziehen.«

Keine Chance, solange die Psycho-Psychologen des Kults genau das bekommen, was sie wollen. Das britische Royal College of Paediatrics and Child Health hat Eltern dringend aufgefordert, auf Anzeichen von Essstörungen bei Kindern und Jugendlichen zu achten, nachdem die Zahl der Fälle um das Drei- bis Vierfache gestiegen ist. Fachleute sagen, dass die »Pandemie« ein Hauptgrund für den Anstieg ist. Was Sie verschweigen: Das College sagte auch, dass die Isolation von Freunden während der Schulschließungen, die Absage von Prüfungen, der Verlust von außerschulischen Aktivitäten wie Sport und die verstärkte Nutzung sozialer Medien ebenso dazu beigetragen haben wie die Angst vor dem Virus (wieder einmal die Psychologen), die finanziellen Nöte der Familie und die Tatsache, dass viele der Schüler in Quarantäne gehen mussten. Die Ärzte meinten, dass junge Menschen zu dem Zeitpunkt, an dem sie zu einem Arzt kommen, bereits schwer erkrankt sind, da die Covid-Maßnahmen die Zahl der persönlichen Konsultationen stark einschränken. Und es sind nicht nur die jungen Menschen, die von den Psychopathen am Boden zerstört werden. Wie alle Tyrannen und Feiglinge hat es der Kult auf junge, ältere, schwache und gebrechliche Menschen abgesehen. Eine typische Geschichte wurde von einer Britin namens Lynn Parker erzählt, die ihren Mann in den letzten zehneinhalb Monaten seines Lebens zwischen dem 20. März und seinem Tod am 19. Dezember 2020 nicht besuchen durfte, »als er mich am meisten brauchte«. Damit wird das Gebiet kriminellen Versagens verlassen und der Bereich des absolut Bösen betreten. Allein die emotionalen Auswirkungen auf das Immunsystem sind immens und entsprechend hoch die Zahl der Menschen aller Altersgruppen weltweit, die an den Folgen der vom Kult und von Gates verlangten Lockdowns gestorben sind.

Isolation ist Folter

Die Erfahrung mit der Isolationshaft von Millionen von Gefangenen auf der ganzen Welt hat gezeigt, dass ein großer Prozentsatz »aktiv psychotisch wird und/oder die Selbstmordgefahr akut« steigt. Es wurde festgestellt, dass soziale Isolation »ein spezifisches psychiatrisches Syndrom auslöst, das durch Halluzinationen, Panikattacken, offene Paranoia, verminderte Impulskontrolle, Überempfindlichkeit gegenüber äußeren Reizen und Schwierigkeiten beim Denken, der Konzentration und dem Gedächtnis gekennzeichnet ist«. Juan Mendez, ein Berichterstatter (Ermittler) der Vereinten Nationen, erklärte, Isolation sei eine Form der Folter. Untersuchungen haben gezeigt, dass es den Gefangenen auch nach der Isolation sehr viel schwerer fällt, soziale Kontakte zu knüpfen. Ich erinnere mich an ein Gespräch mit einer Verkäuferin nach einem Lockdown, die mir erzählte, dass ihr kleiner Sohn, als er wieder ein anderes Kind traf, nicht wusste, wie er sich verhalten oder was er tun sollte. Hannah Flanagan, Leiterin der Notfalldienste im Journey Mental Health Center in Dane County, Wisconsin, stellte fest: »Die Besonderheit von Covid ist, dass soziale Distanzierung und Isolation zu den

Selbstmorden beigetragen haben, und das ist in diesem Jahr wirklich neu für uns.« Aber es ist nicht neu für diejenigen, die solche Maßnahmen entwickelt haben. Sie erzielen den gewünschten Effekt, indem sie die Bevölkerung psychologisch demontieren, um sie auf eine völlig andere Art und Weise wieder aufzubauen. Kinder und junge Menschen sind besonders betroffen. Sie werden die Erwachsenen sein, wenn die faschistische, KI-gesteuerte Technokratie eingeführt werden soll, und sie werden darauf vorbereitet, sich kleinlaut zu fügen. Gleichzeitig werden ältere Menschen, die noch eine Erinnerung daran haben, wie das Leben früher war – und wie faschistisch die neue Normalität wirklich ist –, ausgelöscht. Man wird versuchen, die Jungen gegen die Alten aufzuhetzen, um diesen geriatrischen Genozid noch zu unterstützen.

Hannah Flanagan sagte, der starke Anstieg der Selbstmorde in ihrem Bezirk beweise, dass soziale Isolation nicht nur schädlich, sondern tödlich ist. Studien haben gezeigt, dass die Isolation von den Mitmenschen einer der Hauptrisikofaktoren für Selbstmord ist, insbesondere bei Frauen. Warnungen, dass ein Lockdown eine Welle von Selbstmorden erzeugen könnte, wurden ignoriert. Schließlich war genau das ja einer der *Gründe* für den Lockdown. Selbstmord ist jedoch nur die extremste Folge der Isolation. Es gibt noch viele andere Folgen. Dr. Dhruv Khullar, Assistenzprofessor für Gesundheitspolitik am Weill Cornell Medical College, schrieb in einem Artikel der *New York Times* im Jahr 2016, lange vor der fingierten »Pandemie«:

»Eine Flut von neuen Forschungsergebnissen legt nahe, dass soziale Trennung schlecht für uns ist. Menschen mit weniger sozialen Kontakten haben ein gestörtes Schlafverhalten, ein verändertes Immunsystem, mehr Entzündungen und einen höheren Spiegel an Stresshormonen. Eine aktuelle Studie ergab, dass Isolation das Risiko für Herzerkrankungen um neunundzwanzig Prozent und für Schlaganfälle um zweiunddreißig Prozent erhöht. Eine andere Analyse, die Daten aus siebzig Studien und 3,4 Millionen Menschen zusammenfasste, ergab, dass sozial isolierte Menschen ein dreißig Prozent höheres Risiko haben, in den nächsten sieben Jahren zu sterben, und dass dieser Effekt im mittleren Alter am größten ist.

Einsamkeit kann den kognitiven Verfall bei älteren Erwachsenen beschleunigen, und isolierte Menschen haben ein doppelt so hohes Risiko, vorzeitig zu sterben, wie Menschen mit stärkeren sozialen Interaktionen. Diese Auswirkungen beginnen schon früh: Sozial isolierte Kinder haben zwanzig Jahre später einen deutlich schlechteren Gesundheitszustand, selbst wenn andere Faktoren berücksichtigt werden. Alles in allem ist Einsamkeit ein ebenso wichtiger Risikofaktor für einen frühen Tod wie Fettleibigkeit und Rauchen.«

Allein dieser eine Artikel vier Jahre vor 2020 beweist, dass diejenigen, die Lockdowns, soziale Distanzierung und Isolation durchgesetzt haben, wussten, welche Auswirkungen das haben würde, und das gilt umso mehr für die professionellen Psychologen, die diese Politik weltweit vorangetrieben haben. Wir können sogar noch weiter zurückgehen, bis in die Jahre 2000 und 2003, als Dr. Janine Gronewold und Professor Dirk M. Hermann vom Universitätsklinikum Essen, Deutschland, eine groß angelegte Studie über die Auswirkungen von Isolation auf die Gesundheit starteten. Sie analysierten die Daten von 4.316 Menschen mit einem Durchschnittsalter von 59 Jahren, die für das Langzeitforschungsprojekt rekrutiert wurden. Sie fanden heraus, dass sozial isolierte Menschen ein um mehr als 40 Prozent höheres Risiko haben, einen Herzinfarkt, einen Schlaganfall oder ein anderes schwerwiegendes kardiovaskuläres Ereignis zu erleiden, und ein um fast 50 Prozent höheres Risiko, an einer anderen Ursache zu sterben. Angesichts des finanziellen Armageddons, das durch die Lockdowns ausgelöst wird, sollten wir beachten, dass die Studie einen Zusammenhang zwischen einem erhöhten kardiovaskulären Risiko und fehlender finanzieller Absicherung festgestellt hat. Nach Ausschluss anderer Faktoren war soziale Isolation immer noch mit einem um 44 Prozent erhöhten Risiko für kardiovaskuläre Probleme und einem um 47 Prozent erhöhten Risiko für Tod aus anderen Ursachen verbunden. Der Mangel an finanzieller Sicherheit war mit einem um 30 Prozent erhöhten Risiko für kardiovaskuläre Ereignisse verbunden. Dr. Gronewold erklärte, es sei schon seit einiger Zeit bekannt, dass das Gefühl der Einsamkeit oder der fehlende Kontakt zu engen Freunden und Familienmitgliedern Auswirkungen auf die körperliche Gesundheit haben kann, und die Studie habe gezeigt, dass starke soziale Beziehungen für ein gesundes Herz von großer Bedeutung sind. Gronewold sagte auch, es sei noch nicht geklärt, warum Menschen, die sozial isoliert sind, so schlechte Gesundheitswerte haben, aber dies ist natürlich ein besorgniserregender Befund, vor allem in diesen Zeiten der anhaltenden sozialen Distanzierung. Nun, das lässt sich auf vielen Ebenen erklären. Sie müssen nur den Punkt im Körper identifizieren, an dem Menschen Einsamkeit empfinden und Menschen, von denen sie getrennt sind, spürbar vermissen: Es ist die Mitte der Brust, wo sie den Schmerz der Einsamkeit und den Schmerz empfinden, wenn sie Menschen vermissen. »Mein Herz schreit nach dir« … »Mein Herz ruft nach etwas Gesellschaft.« Ich werde dies im Kapitel »Dem Wetiko entkommen« näher erläutern, aber wenn Sie erkennen, dass der Körper der Geist ist – sie sind Ausdruck des jeweils anderen –, wird der Grund dafür klar, warum der Zustand des Geistes den Zustand des Körpers bestimmt.

Die amerikanische Psychologin Ranjit Powar hat bereits im April 2020 auf die Auswirkungen der Lockdown-Isolation hingewiesen. Sie sagte, der Mensch habe sich als soziales Wesen entwickelt und sei dazu veranlagt, in interaktiven Gruppen zu leben. Von Familie, Freunden und Kollegen isoliert zu sein, ließe die meisten Menschen aus dem Gleichgewicht geraten und führe zu kurzzeitigen oder sogar langfristigen psychischen und physischen Gesundheitsproblemen. Eine Zunahme von Angstzuständen, Aggression, Depressionen, Vergesslichkeit und Halluzinationen sind mögliche psychologische Auswirkungen der Isolation. »Psychische Erkrankungen können bei Menschen mit einer bereits bestehenden Anfälligkeit verstärkt werden und bei Menschen ohne Prädisposition auftauchen.« Powar erklärte weiterhin, dass persönliche Beziehungen uns bei der Stressbewältigung helfen, und wenn wir dieses Ventil zum Dampfablassen verlieren, kann das Ergebnis eine große emotionale Leere sein, die für einen durchschnittlichen Menschen schwer zu bewältigen ist. »Schon ein paar Tage der Isolation können zu einem erhöhten Maß an Angst und Depression führen« – welche Auswirkungen haben also *achtzehn Monate* dieser Situation auf die Weltbevölkerung gehabt? »Wenn man dann noch die drohende Gefahr einer schrecklichen Krankheit hinzufügt, die immer wieder über die Medien verbreitet wird, hat man ein Rezept für viele Schattierungen von psychischem und physischem Leid«, schrieb Powar. Diejenigen, die ein Haus und einen Garten haben, vergessen leicht, dass Milliarden von Menschen in winzigen, überfüllten Wohnungen und Appartements, in denen es keine Möglichkeit gibt, nach draußen zu gehen, die Lockdown-Isolation ertragen mussten. Die psychischen und physischen Folgen sind unvorstellbar. Bei psychisch vorbelasteten und gewalttätigen Partnern und Eltern haben die Folgen zu einem enormen Anstieg von häuslicher Gewalt, Kindesmissbrauch und Alkoholismus geführt, da die Menschen versuchen, das Grauen zu verdrängen. Ranjit Powar meinte dazu:

> »Mit der Familie auf engem Raum zu leben, ist nicht für jeden ein reines Vergnügen. Für große Familien mit niedrigem Einkommen, die in kleinen Einzimmerwohnungen zusammengepfercht sind, kann es extrem bedrückend und klaustrophobisch sein. Die Kinder hier haben nicht das Glück, viele Brettspiele, Computer oder Bücher zu haben, mit denen sie sich beschäftigen können. Hinzu kommt die tiefe Unsicherheit, dass die Mittel für Essen und das Nötigste nicht ausreichen. Auf der anderen Seite gibt es Menschen mit einer dysfunktionalen Familiendynamik, wie zum Beispiel herrschsüchtige, gewalttätige oder alkoholkranke Partner, Geschwister oder Eltern, die das ›Nicht-vor-die-Tür-dürfen‹ zu einer harten Prüfung werden lassen. Die Zahl der Selbstmorde und körperlichen Misshandlungen von Frauen hat weltweit zugenommen. Außerdem beeinträchtigen erhöhte Ängste und Depressionen das Immunsystem eines Menschen und machen ihn anfälliger für Krankheiten.«

Wenn man bedenkt, dass der Artikel von Powar am 11. April 2020 veröffentlicht wurde.

Die Zwei-Meter-Fantasterei

Die soziale (unsoziale) Distanzierung verlangte, dass Menschen einander nicht näherkommen durften als bis auf ein Meter fünfzig oder zwei Meter fünfzig. Der britische Regierungsberater Robert Dingwall von der New and Emerging Respiratory Virus Threats Advisory Group sagte in einem Radiointerview, die Zwei-Meter-Fünfzig-Regel sei »aus dem Nichts herbeigezaubert« und beruhe nicht auf Wissenschaft. Nein, sie beruhte nicht auf der medizinischen Wissenschaft, aber sie kam auch nicht aus dem Nichts. Der Abstand bezog sich auf die psychologische Wissenschaft. Der Abstand wurde in vielen Ländern eingeführt und uns wurde von Leuten wie dem kriminellen Anthony Fauci und seinesgleichen gesagt, dass dies wissenschaftlich begründet sei. Viele Schulen konnten nicht wiedereröffnen, weil sie nicht den Platz für zwei Meter fünfzig Abstand hatten. Dann, im März 2021, nach einem Jahr der »wissenschaftlich« geforderten zwei Meter fünfzig, wurde im *Journal of Infectious Diseases* eine Studie veröffentlicht, an der mehr als 500.000 Schüler und fast 100.000 Angestellte über sechzehn Wochen teilnahmen, die keinen signifikanten Unterschied zwischen zwei Meter fünfzig und einem Meter fünfzig bei den »Covid«-Fällen ergab. Jetzt war ein Meter fünfzig in Ordnung. Es gibt keinen Unterschied zwischen zwei Metern fünfzig und zwanzig Zentimetern, wenn es keinen »Virus« gibt, aber aus psychologischen Gründen versuchten sie es solange wie möglich mit zwei Metern fünfzig. Ich höre Journalisten und andere von »unbeabsichtigten Folgen« des Lockdowns sprechen. Sie sind keineswegs *unbeabsichtigt*, sondern wurden für ein bestimmtes Ergebnis der menschlichen Kontrolle kalt kalkuliert und deshalb haben Superpsychopathen wie Gates sie so vehement gefordert. Superpsychopathen-Psychologen haben sie gefordert und psychopathische oder ahnungslose, rückgratlose Politiker haben sich ihnen angeschlossen, indem sie »der Wissenschaft folgten«. Aber das ist überhaupt keine Wissenschaft. Bei dieser Art »Wissenschaft« geht es nicht um das, was ist; es geht nur um das, was man den Menschen vorgaukeln kann. Die ganze »Covid«-Katastrophe beruht auf Gedankenkontrolle. Die von der britischen Regierung herausgegebenen Mantras mit drei Kürzeln oder drei Aussagen sind eine bekannte Technik der Gedankenkontrolle. So hatten wir »Bleiben Sie zu Hause/schützen Sie den NHS/retten Sie Leben«, »Bleiben Sie wachsam/kontrollieren Sie das Virus/retten Sie Leben« und »Hände/Gesicht/Raum«. [In Deutschland etwa die »AHA-Regel:

Abstand halten/Hände waschen/Atemmaske« und »3G: Genesen, Geimpft, Getestet« oder »Bleiben Sie zu Hause und bleiben Sie gesund!«]

Eine der lautstärksten Befürworterinnen der extremen »Covid«-Regeln in Großbritannien ist Professor Susan Michie, ein Mitglied der britischen Kommunistischen Partei, die keine Medizinerin ist. Michie ist Direktorin des Centre for Behaviour Change am University College London. Sie ist *Verhaltenspsychologin* und eine weitere stinkreiche »Marxistin«, die Chinas drakonische Lockdowns gelobt hat. Wegen ihres extremen Marxismus wurde sie von ihren Kommilitonen an der Universität Oxford »Stalins Kindermädchen« genannt. Michie ist ein einflussreiches Mitglied der SAGE-Beratergruppe der britischen Regierung und der Gruppen für Verhaltensmanipulation, die die »Covid«-Politik dominieren. Sie ist Beraterin der Weltgesundheitsorganisation zu »Covid-19« und Verhalten. Warum zum Teufel haben Lockdowns etwas mit ihr zu tun, wenn die angeblich der Gesundheit dienen? Warum will eine Verhaltenspsychologin einer Gruppe, die damit beauftragt ist, das Verhalten der Bevölkerung zu ändern, Lockdowns, menschliche Isolation und Maskenpflicht? Braucht diese Frage wirklich eine Antwort? Michie muss sich unbedingt vor einem Nürnberger Gericht erklären, wenn die Menschheit ihre Welt wieder zurückerobert, und noch mehr, wenn man die Folgen der von ihr geforderten Maskenpflicht sieht.

Das ist ein Michie-Klassiker:

> »Der Vorteil, Grundschulkinder zum Tragen von Masken zu bewegen, besteht darin, dass dies unabhängig davon, wie gering der Grad der Übertragung in diesen Altersgruppen ist, zur Normalisierung der Masken-Anwendung beitragen kann. Kleine Kinder, die Masken tragen, können ihre Familien besser dazu bringen, Masken zu akzeptieren.«

Allein diese Worte sollten mit einer Gefängnisstrafe geahndet werden, wenn man über die gefühllose Missachtung der Kinder nachdenkt, die davon betroffen sind. Was für eine reizende Dame, und was sie da sagte, bringt die Mentalität der Psychopathen hinter dem »Covid«-Horror auf den Punkt. Vergleichen wir, was Michie gesagt hat, mit einer bundesweiten Studie in Deutschland, die auf www.researchsquare.com veröffentlicht wurde, an der 25.000 Schulkinder beteiligt waren und die 17.854 von Eltern eingereichte Gesundheitsbeeinträchtigungen ausgewertet hat. Die Forscher fanden heraus, dass Masken den Kindern physisch, psychisch und verhaltensmäßig schaden. Vierundzwanzig gesundheitliche Probleme werden mit dem Tragen von Masken in Verbindung gebracht. Dazu gehören Kurzatmigkeit (29,7%), Schwindel (26,4%), verstärkte Kopfschmerzen (53%), Konzentrationsschwierigkeiten (50%), Schläfrigkeit oder Müdigkeit (37%) und Unwohlsein (42%). Fast ein Drittel der Kinder hatte mehr Schlafprobleme als zuvor und ein Viertel entwickelte neue Ängste. Bei 68 Prozent der maskierten Kinder, die ihr Gesicht durchschnittlich 4,5 Stunden am Tag verdeckten, fanden die Forscher gesundheitliche Probleme und andere Beeinträchtigungen. Hunderte der Teilnehmer erlebten eine beschleunigte Atmung, Engegefühl in der Brust, Schwäche und kurzfristige Beeinträchtigung des Bewusstseins. Noch einmal zur Erinnerung, was Michie gesagt hat:

> »Der Vorteil, Grundschulkinder zum Tragen von Masken zu bewegen, besteht darin, dass dies unabhängig davon, wie gering der Grad der Übertragung in diesen Altersgruppen ist, zur Normalisierung der Masken-Anwendung beitragen kann. Kleine Kinder, die Masken tragen, können ihre Familien besser dazu bringen, Masken zu akzeptieren.«

Psychopathen in der Regierung und in der Psychologie lassen Kinder und Jugendliche – und alle Erwachsenen – stundenlang Masken tragen, während ahnungslose Lehrer den jungen Menschen, die sie eigentlich schützen sollten, den Willen dieser Psychopathen aufzwingen. Was zum Teufel machen die Eltern dagegen?

Versuchskaninchen für den Kult

Es gibt bereits Schulen, die ihren Schülern einen Mikrochip verpassen, der sich aktiviert, wenn sie ihren Kumpels zu nahe kommen, ähnlich wie man das bei Versuchstieren macht. Wie passend. Für den Kult und seine hirntoten Diener sind unsere Kinder Versuchskaninchen, die darauf konditioniert werden, für den Rest ihres Lebens bedingungslose, entmenschlichte Sklaven zu sein. Kinder und Jugendliche werden von den natürlichsten menschlichen Instinkten wie Nähe und Berührung entwöhnt und verängstigt. Ich habe in den letzten Jahren in den Medien verfolgt, wie Schulen den Schülern verboten haben, sich gegenseitig zu umarmen. Die ganze vom Kult ausgelöste MeToo-Bewegung hat Männer und Jungen beim entspannten und natürlichen Umgang mit weiblichen Freunden und Arbeitskollegen so verängstigt, dass viele Männer versuchen, nie mit einer Frau allein in einem Raum zu sein, die nicht ihre Partnerin ist. Schwachköpfige Prominente haben wie immer mit ihrer Übertreibung dazu beigetragen, dass es so weit gekommen ist. Für jedes Monster wie Harvey Weinstein gibt es mindestens Z,ehntausende von Männern, die Frauen nicht so behandeln. Aber alle müssen gleich gebrandmarkt werden und die gleichen Vorschriften müssen für sie gelten wie für das Monster Weinstein. Ich werde das Wort »entmenschlichen« in diesem Kapitel sehr oft verwenden, denn das ist es, was der Kult anstrebt. Er geht sehr weit damit, wie wir sehen werden. Lassen Sie sich nicht weismachen, dass die soziale Distanzierung eines Tages beendet werden soll. Das ist nicht die Idee. Wir beobachten, dass immer mehr Regierungen und Unternehmen tragbare Geräte finanzieren und produzieren, um die Menschen voneinander fernzuhalten, und das würde sich nicht lohnen, wenn es nur um eine vorübergehende Maßnahme ginge.

Ein Start-up-Unternehmen, das vom GCHQ, dem britischen Geheimdienst und militärischen Überwachungszentrum, unterstützt wird, hat einen Sensor zur sozialen Distanzierung am Handgelenk entwickelt, der Menschen warnt, wenn sie anderen zu nahe kommen. Auch die CIA hat Technologieunternehmen bei der Entwicklung ähnlicher Geräte unterstützt. Der tragbare Sensor wurde von Tended entwickelt, einem von mehreren Start-up-Unternehmen, die vom GCHQ unterstützt werden (siehe CIA und DARPA). Das Gerät kann am Handgelenk oder als Anhänger am Hosenbund getragen werden und vibriert, wenn jemand, der das Gerät trägt, die soziale Distanz durchbricht und in die Nähe eines natürlichen menschlichen Kontakts kommt. Das Unternehmen hatte »Glück«, denn es war gerade dabei, einen solchen Distanzsensor zu entwickeln, als der »Covid«-Schwindel hereinbrach, der sofort einen potenziell riesigen Markt eröffnete. Die vom Kult kontrollierte Regierung des kanadischen Bundesstaates Ontario investiert 2,5 Millionen Dollar in eine tragbare Technologie zur Nachverfolgung von Kontakten, die den Benutzer warnt, wenn er am Arbeitsplatz mit »Covid-19« in Berührung gekommen ist, und die piept oder vibriert, wenn er sich weniger als einen Meter einer anderen Person nähert. Facedrive Incorporated, das Technologieunternehmen, das dahinter steht, wurde 2016 mit finanzieller Unterstützung des Ontario Together Fund gegründet und muss natürlich auch einen begnadeten Propheten im Vorstand haben. Die Technologie zur Überwachung und Kontrolle von Menschen nennt sich TraceSCAN und soll von den zukünftigen menschlichen Cyborgs an Orten wie Flughäfen, Arbeitsplätzen, Baustellen, Pflegeheimen und ... *Schulen* getragen werden.

Ich betone Schulen, denn Kinder und Jugendliche sind die Hauptziele. Man kann sich denken, was für die gesamte Gesellschaft geplant ist, wenn man die Schulen im Auge behält. Sie waren schon immer die Orte, an denen der Staat die nächste Generation von Sklaven zu seinen gehorsamen Arbeitsameisen – oder heutzutage Woke-Ameisen – programmiert hat. Aber im Nebel des »Covid«-Wahns wurden die Bildungseinrichtungen in Versuchslabors von nie gekanntem Ausmaß verwandelt. Lehrer und Schulleiter sind genauso programmiert wie die Kinder – oft sogar noch mehr. Die Kinder werden durch markierte Laufwege, Abstandsvorschriften im Klassenzimmer, gestaffelte Pausenzeiten, Masken und die Einführung von Buzzer-Systemen von menschlicher Interaktion ferngehalten. Die Schulen sind heute physisch wie ein Labyrinth für Labor-Mäuse angelegt. Verrückte an einer Schule in Anchorage, Alaska, die wegen Kindesmissbrauchs angeklagt werden sollten, haben den Kindern die Tische weggenommen und sie gezwungen, fünf Stunden am Tag auf einer Matte zu knien, während sie eine Maske tragen und ihre Stühle als Schreibtisch benutzen. Wie sich das auf ein »Virus« auswirken sollte, können Ihnen nur diese klinisch Verrückten sagen, und selbst dann wäre es nur gaga. Die Schule hat die Pausen (Interaktion), den Kunstunterricht (Kreativität) und die körperliche Betätigung (um Körper und Geist aktiv zu halten) verboten. Alle, die hinter diesem empörenden Unfug stehen, gehören ins Gefängnis oder besser noch in eine psychiatrische Anstalt. Und all diese Verhaltensmanipulatoren sind für den dystopischen Ansatz in Schulen. Professor Susan Michie, Psychiaterin und Mitglied der Kommunistischen Partei Großbritanniens, sagte, es sei falsch zu behaupten, dass Schulen sicher seien. Man müsse sie durch »Distanzhalten, Masken und Belüftung (den ganzen Tag in der Kälte sitzen) erst sicher machen.« Ich muss diese Dame mal an einem Abend, von dem ich weiß, dass ich danach verschwinden und wochenlang nicht zurück sein werde, zu mir zum Abendessen einladen. Aber wahrscheinlich hätte sie ohnehin keine Zeit, denn bestimmt hat sie schon alle Termine bei ihrem eigenen Psychiater verplant.

Zerstörung der Identität durch Masken

Ich weiß, wie schockierend es für Sie sein muss, dass ein Verhaltensmanipulator wie Michie möchte, dass alle Menschen Masken tragen, die seit langem ein Merkmal von Gedankenkontrollprogrammen wie dem berüchtigten MKUltra in den Vereinigten Staaten sind, aber so ist es nun einmal. Wir leben und lernen. Von 1996 bis zur Jahrtausendwende habe ich Jahre damit verbracht, das Thema Gedankenkontrolle auf beiden Seiten des Atlantiks und anderswo eingehend zu erforschen. Ich habe Überlebende der Gedankenkontrolle getroffen, und bei vielen von ihnen wurden Körper und Geist durch MKUltra beeinflusst. MK steht für Mind Control (Gedanken- oder Bewusstseinskontrolle). In Anlehnung an das deutsche Wort »Kontrolle« verwendet man aber den deutschen Buchstaben »K« statt »C« auch im Englischen. Damit zollt man den Nazis Respekt, die am Ende des Zweiten Weltkriegs im Rahmen von Operation Paperclip, bei der die US-Behörden mit Hilfe des Vatikans Nazi-Gedankenkontrolleure und -Ingenieure nach Amerika brachten, um ihre Arbeit dort fortzuführen, aus Deutschland ausgeflogen wurden. Viele von ihnen waren an der Gründung der NASA beteiligt, darunter auch der Nazi-Wissenschaftler und SS-Offizier Wernher von Braun (1912-1977), der die Entwicklung der V-2-Raketen zur Bombardierung Londons gegen die Entwicklung der *Saturn*-V-Raketen eintauschte, die die *Apollo*-Raumschiffe des NASA-Mondprogramms transportierten. Ich glaube, ich habe bereits erwähnt, dass der Kult keine Grenzen kennt. Zu den mit Hilfe von Operation Paperclip in die USA geschmuggelten Nazi-Verbrechern gehörte auch Josef Mengele, der Todesengel der Konzentrationslager, in denen er an Kindern psychische und genetische Experimente durchführte und dabei oft Zwillinge als Kontrollgruppe einsetzte, um die Auswirkungen seiner »Arbeit« am anderen Zwilling zu überprüfen. Wenn Sie die Mentalität des Kultes in all ihren Extremen des Bösen studieren wollen, dann schauen Sie sich das Leben von Mengele an. Ich habe viele Menschen getroffen, die unter Mengele in den Vereinigten Staaten gelitten haben, wo er unter dem Namen Dr. Greene operierte und ein fester Bestandteil der MKUltra-Programmierung und -Folter wurde. Zu seinen Wirkungsstätten gehörte die unterirdische Anlage in der Mojave-Wüste in Kalifornien, die China Lake Naval Weapons Station, die fast vollständig unter der Oberfläche liegt. In meinen Büchern *Das Größte Geheimnis, Children of the Matrix* und *Die Wahrnehmungsfalle* finden Sie die detaillierten Hintergründe zu MKUltra.

Die bekannteste MKUltra-Überlebende ist die Amerikanerin Cathy O'Brien. Ich habe sie und ihren verstorbenen Partner Mark Phillips zum ersten Mal 1996 auf einer Konferenz in Colorado getroffen. Mark half ihr bei der Flucht und Deprogrammierung aus der jahrzehntelangen Gefangenschaft in einem Ableger von MKUltra, der als Projekt Monarch bekannt ist und mit dem »Sexsklaven« für die Reichen und Berühmten beschafft wurden, darunter George Bush der Ältere, Dick Cheney und die Clintons. Lesen Sie das Buch *Die TranceFormation Amerikas: Die wahre Lebensgeschichte einer CIA-Sklavin unter Mind-Control* von Cathy und Mark, und wenn Sie noch nichts darüber wissen, werden Sie zutiefst schockiert sein. Ich habe es 1996 gelesen, kurz bevor ich durch die üblichen Synchronizitäten in meinem Leben auf der Konferenz den Büchertisch direkt neben ihrem bekam. MKUltra wurde nie eingestellt, obwohl es in den 1970er Jahren (allerdings nur zu einem kleinen Teil) publik wurde, und wird heute in anderer Form weitergeführt. Ich stehe nach wie vor in Kontakt mit Cathy. Sie kontaktierte mich im Jahr 2020, nachdem Masken in vielen Ländern obligatorisch wurden, um mir zu erzählen, wie Masken als Teil der MKUltra-Programmierung eingesetzt wurden. Ich hatte die »Covid-Vorschriften« und die Beziehung zwischen den Behörden und der Bevölkerung seit Monaten beobachtet. Ich sah, dass sie Techniken, von denen ich wusste, dass sie bei MKUltra an Einzelpersonen angewandt wurden, jetzt auch an der Weltbevölkerung ausprobierten. Ich habe zahlreiche Bücher und Anleitungen zur Bewusstseinskontrolle gelesen, darunter einen Leitfaden mit dem Titel *Silent Weapons for Quiet Wars* (Stille Waffen für stille Kriege), der erstmals in den 1980er Jahren erschien und erklärt, wie man Wahrnehmungsmanipulation im großen Maßstab betreibt. *Silent Weapons* befasst sich mit Gedankenkontrolle. Ein Satz aus diesem Handbuch fiel mir sofort wieder ein, als die Regierungen und Gesundheits- und Sicherheitsbehörden im Rahmen des »Covid«-Schwindels mit der erwachsenen Bevölkerung zu sprechen begannen, als wären sie Kinder. In dem Buch heißt es:

> »Wenn eine Person von einem TV-Werbetreibenden so angesprochen wird, als wäre sie ein Zwölfjähriger, dann wird sie aufgrund ihrer Beeinflussbarkeit mit hoher Wahrscheinlichkeit auf diese Suggestion mit der unkritischen Reaktion eines Zwölfjährigen antworten und die nötigen finanziellen Mittel aufwenden, um das Produkt impulsiv zu kaufen, wenn sie daran im Laden vorbeigeht.«

Das ist der Grund, warum die Autoritäten mit Erwachsenen wie mit Kindern sprechen, seit das alles angefangen hat.

Warum hat Michael Jackson Masken getragen?

Jeder Aspekt des »Covid«-Narrativs hat die Gedankenkontrolle als zentrales Thema. Cathy O'Brien schrieb einen Artikel für www.davidicke.com über die Verbindung zwischen Masken und Gedankenkontrolle. Ihre Tochter Kelly, die ich in den 1990er Jahren kennengelernt habe, kam zur Welt, als Cathy noch unter dem Einfluss von MKUltra stand. Kelly wurde ab ihrem *zweiten* Lebensjahr gezwungen, als Teil ihrer Programmierung eine Maske zu tragen, um sie zu entmenschlichen, ihr Gefühl für Individualität zu unterdrücken und die Sauerstoffzufuhr für ihr Gehirn und ihren Körper zu reduzieren. *Bingo.* Das ist der wahre Grund für die Maskenpflicht, warum sie massenhaft durchgesetzt wurde und warum man versucht, die Undurchlässigkeit der Masken, die Sie tragen müssen, zu erhöhen [FFP-2]. In UK empfahl man erst eine Maske, dann zwei, und ein erbärmlicher angeblicher »Arzt« empfahl sogar vier, was nichts weniger als ein Todesurteil ist. Wo und wie oft sie getragen werden müssen, wird zum Zweck der Gedankenkontrolle und der Schädigung der Atemwege, deren Erkrankung man dann »Covid-19« nennen kann, massiv gesteigert. Die kanadische Regierung, angeführt von dem Kindskopf Justin Trudeau, sagt, dass es für Kinder ab zwei Jahren in Ordnung ist, Masken zu tragen. Eine wahnwitzige »Studie« in Italien, an der nur siebenundvierzig Kinder teilnahmen, kam zu dem Schluss, dass das Tragen von Masken für Babys im Alter von *vier Monaten* kein Problem darstellt. Selbst »Geimpfte« wurden von Kriminellen wie Anthony Fauci aufgefordert, weiterhin Masken zu tragen. Cathy schrieb, dass die Vorschrift, Masken zu tragen, den Behörden buchstäblich erlaubt, die Luft, die wir atmen, zu kontrollieren, so wie es bei MKUltra der Fall war. Sie erinnern sich vielleicht daran, dass der Sänger Michael Jackson Masken trug, und dafür gibt es einen Grund. Er wurde durch das Projekt Monarch der Gedankenkontrolle von MKUltra unterworfen, und diese Verbrecher haben seine Psyche verunstaltet. Cathy schreibt:

> »Während der Gedankenkontrolle bei MKUltra Project Monarch musste Michael Jackson eine Maske tragen. Das sollte seine Stimme zum Verstummen bringen, damit er nicht um Hilfe rufen konnte. Erinnern Sie sich, wie er diese Flüsterstimme entwickelte, wenn er nicht sang? Masken kontrollieren den Verstand von außen nach innen, so wie es die Neudefinition von Worten tut. Indem wir zur Selbstkontrolle gezwungen werden, was wir sagen können und was nicht. Weil wir fürchten, als Querdenker abgestempelt oder verprügelt zu werden, kontrolliert die Maske letztlich die Gedanken, die unsere Worte und Handlungen (oder deren Fehlen) bestimmen.
>
> Ebenso dämpft eine Maske unsere Sprache, so dass wir nicht gehört werden, was die Stimme ... die Worte ... den Geist steuert. Das ist Gedankenkontrolle. Masken sind ein so offensichtliches Mittel zur Bewusstseinskontrolle. Dass so viele Menschen auf der ganzen Welt darauf hereinfallen, finde ich beunruhigend. Masken entpersönlichen und geben einem Menschen das Gefühl, keine Stimme zu haben. Sie sind eine Barriere vor den Mitmenschen. Menschen, die sich niemals freiwillig einer Maske unterwerfen würden, aber gezwungen sind, eine Maske zu tragen, um ihren Job zu behalten und letztlich ihre Familie zu ernähren, sind gefährdet. Sie empfinden oft Scham und sind kleinlaut. Die Menschen haben aufgehört, miteinander zu reden, während die Medien das Narrativ kontrollieren.«

Das Thema »Redeverbot« wurde oft wörtlich genommen. Zugpassagiere wurden angewiesen, nicht miteinander zu sprechen, da sie sonst das »Virus« weitergeben könnten, Singen wurde aus demselben Grund verboten und durchgeknallte kalifornische Beamte schrieben Achterbahnfahrern vor, dass sie nicht schreien und rufen dürften. Cathy berichtet, dass sie jeden Tag von geheilten MKUltra-Überlebenden hört, die keine Maske tragen können, ohne sich daran zu erinnern, wie ihre Atmung kontrolliert wurde – »von Ballknebeln und Penis-Stöpseln bis zum Waterboarding«. Als sie im Laufe der Jahre Bilder von Menschen in China sah, die »wegen der Umweltverschmutzung« Masken trugen, wusste sie, dass es in Wirklichkeit darum ging, ihren Sauerstoffgehalt zu kontrollieren. »Ich wusste, dass es sich dabei genauso um einen Mechanismus zur Menschenkontrolle und Entpersönlichung handelte wie bei Burkas«, bemerkte sie. Masken sind eine weitere chinesische kommunistisch/faschistische Kontrollmethode, die den Westen überrollt hat, während sich der Westen seit 2020 in Nullkommanichts in ein zweites China verwandelt.

Maske-19

Es gibt noch weitere Gründe für die Maskenpflicht. Dazu gehört neben der Schädigung der Gesundheit der Atemwege, die man dann als »Covid-19« deklariert, die Behinderung der Gehirnentwicklung von Kindern und Jugendlichen. Dr. Margarite Griesz-Brisson, MD, PhD, ist beratende Neurologin und Neurophysiologin sowie Gründerin und medizinische Leiterin der London Neurology and Pain Clinic. Ihr beruflicher Werdegang kann jeden vor Neid erblassen lassen. Sie ist eindeutig jemand, dem die Menschen am Herzen liegen und der die Propaganda nicht nachplappert. Griesz-Brisson hat einen Doktortitel in Pharmakologie mit besonderem Interesse an Neurotoxikologie, Umweltmedizin, Neuroregeneration und Neuroplastizität (die Art und Weise, wie sich das Gehirn in Abhängigkeit von den erhaltenen Informationen verändern kann). Im Oktober 2020 ging sie mit einer leidenschaftlichen Warnung vor den Auswirkungen der Gesetze zum Tragen von Masken an die Öffentlichkeit:

> »Das Wiedereinatmen ausgeatmeter Luft führt zweifelsohne zu Sauerstoffmangel und einer Überschwemmung der Lungen mit Kohlendioxid. Wir wissen, dass das menschliche Gehirn sehr empfindlich auf Sauerstoffmangel reagiert. Es gibt zum Beispiel Nervenzellen im Hippocampus, die es nicht länger als drei Minuten ohne Sauerstoff aushalten – sie können dann nicht mehr überleben. Die akuten Warnsymptome sind Kopfschmerzen, Schläfrigkeit, Schwindel, Konzentrationsprobleme, Verlangsamung der Reaktionszeit des kognitiven Systems.«

Ach, und dann sagt man Bus-, LKW- und Taxifahrern, dass sie Masken tragen müssen, und Menschen, die an Maschinen arbeiten. Wie wäre es mit Piloten, Ärzten und Polizisten? Griesz-Brisson weist darauf hin, dass die von ihr erwähnten Symptome zwar abklingen, wenn sich der Körper an den Sauerstoffmangel anpasst, was aber nichts an der Tatsache ändert, dass die Menschen weiterhin in einem Sauerstoffdefizit arbeiten, was eine lange Liste möglicher Folgen nach sich zieht. Sie sagt, es sei allgemein bekannt, dass neurodegenerative Krankheiten Jahre oder Jahrzehnte brauchen, um sich zu entwickeln. »Wenn Sie heute Ihre Telefonnummer vergessen, hat der Abbau in Ihrem Gehirn bereits vor zwanzig oder dreißig Jahren begonnen.« Degenerative Prozesse in Ihrem Gehirn werden verstärkt, wenn der Sauerstoffmangel durch das ständige Tragen einer Maske anhält. Die Nervenzellen im Gehirn können sich unter diesen Umständen nicht mehr normal teilen und die verlorenen Nervenzellen werden nicht mehr regeneriert. »Was weg ist, ist weg.« Bedenken Sie nun, dass Menschen wie Verkäufer und *Schulkinder* täglich stundenlang Masken tragen. Was um Himmels willen wird mit ihnen geschehen? »Ich trage keine Maske, ich brauche mein Gehirn noch zum Denken«, erklärt die Ärztin. »Ich möchte einen klaren Kopf haben, wenn ich mit meinen Patienten arbeite, und nicht in einer durch Kohlendioxid verursachten Halb-Narkose sein.« Wenn Sie irgendwo aufgefordert werden, eine Maske zu tragen, fragen Sie die Institution, die Polizei, das Geschäft oder wer es Ihnen gerade vorschreibt, nach deren Risikobewertung zu den Gefahren und negativen Auswirkungen auf Körper und Geist, die das Tragen einer Maske mit sich bringt. Sie werden keine Antwort haben, weil diese Risikobewertung noch nie gemacht wurde, nicht einmal von der Regierung. Alle Masken-Verordner sollten mit Sammelklagen rechnen, wenn die Folgen ans Licht kommen. Man führt aus einem offensichtlichen Grund keine Risikobewertungen für Masken durch. Man weiß, welche Schlüsse man ziehen müsste. Und unabhängige wissenschaftliche Studien, die durchgeführt *wurden*, erzählen eine Horrorgeschichte über die Folgen.

»Masken sind ein Verbrechen«

Dr. Griesz-Brisson erklärte, dass Masken für Kinder und Jugendliche ein absolutes Tabu sein sollten. Heranwachsende haben ein extrem aktives und anpassungsfähiges Immunsystem und ihr Gehirn ist unglaublich aktiv, weil es noch so viel lernt. »Das Gehirn eines Kindes oder eines Jugendlichen dürstet nach Sauerstoff.« Je stoffwechselaktiver ein Organ ist, desto mehr Sauerstoff benötigte es; und bei Kindern und Jugendlichen ist jedes Organ besonders stoffwechselaktiv. Griesz-Brisson betonte, dass es nicht nur gesundheitsgefährdend, sondern ein Verbrechen sei, dem Gehirn eines Heranwachsenden den Sauerstoff zu entziehen oder die Zufuhr in irgendeiner Weise einzuschränken. »Sauerstoffmangel hemmt die Entwicklung des Gehirns, und die Schäden, die dadurch entstehen, können NICHT mehr rückgängig gemacht werden.« Die »Gehirnwäscher« von MKUltra setzten Zweijährigen, die sie neurologisch neu verdrahten wollten, Masken auf, und jetzt verstehen sie auch die Zielsetzung. Griesz-Brisson führt aus, dass ein Kind sein Gehirn braucht, um zu lernen, und das Gehirn braucht Sauerstoff, um zu funktionieren. »Dafür brauchen wir keine klinische Studie. Das ist einfache, unbestreitbare Physiologie.« Bewusst und absichtlich herbeigeführter Sauerstoffmangel sei eine absolut bewusste Gesundheitsgefährdung und eine absolute medizinische Kontraindikation, was bedeutet, dass »diese Therapie, diese Methode oder Maßnahme nicht verwendet werden sollte und nicht verwendet werden darf«. Um eine ganze Bevölkerung mit Gewalt zur Anwendung einer absoluten medizinischen Kontraindikation zu zwingen, müsse es eindeutige und schwerwiegende Gründe geben, und die Gründe müssten kompetenten interdisziplinären und unabhängigen Gremien zur Überprüfung und Genehmigung vorgelegt werden, betonte sie. Sie warnte vor den Konsequenzen, die sich ergeben werden, wenn das Tragen von Masken fortgesetzt wird:

> »Wenn in zehn Jahren die Demenz exponentiell zunehmen wird und die jüngeren Generationen ihr geistiges Potenzial nicht mehr ausschöpfen können, hilft es nicht, zu sagen, ›wir hätten die Masken nicht gebraucht‹. Ich weiß, wie schädlich Sauerstoffentzug für das Gehirn ist, Kardiologen wissen, wie schädlich er für das Herz ist, Lungenärzte wissen, wie schädlich er für die Lunge ist. Sauerstoffmangel schädigt jedes einzelne Organ. Wo sind unsere Gesundheitsämter, unsere Krankenkassen, unsere Ärzteverbände? Es wäre ihre Pflicht gewesen, sich vehement gegen den Lockdown auszusprechen und ihn von Anfang an zu stoppen und zu unterbinden.
>
> Warum verhängen die Ärztekammern Strafen gegen Ärzte, die Menschen vom Maskentragen befreien? Muss die Person oder der Arzt ernsthaft beweisen, dass Sauerstoffentzug den Menschen schadet? Was für eine Art von Medizin vertreten unsere Ärzte und Ärztekammern? Wer ist für dieses Verbrechen verantwortlich? Diejenigen, die es durchsetzen wollen? Diejenigen, die es geschehen lassen und mitspielen, oder diejenigen, die es nicht verhindern?«

Alle Organisationen und Personen, die Griesz-Brisson hier erwähnt, unterstehen entweder direkt dem Kult oder tun das, was die Hierarchie-Ebenen über ihnen befehlen. Das Ergebnis ist in beiden Fällen das Gleiche. »Es geht nicht um Masken, es geht nicht um Viren und schon gar nicht um Ihre Gesundheit«, sagt Griesz-Brisson. »Es geht um viel, viel mehr. Ich mache da nicht mit. Ich habe keine Angst.« Man hat uns die Luft zum

Atmen genommen, und eine »unbegründete« medizinische Ausnahmegenehmigung für das Maskentragen kann es gar nicht geben. Sauerstoffentzug ist für jedes einzelne Gehirn gefährlich. Es muss die freie Entscheidung jedes Menschen sein, ob er eine Maske tragen will, die absolut unwirksam ist, sich vor einem Virus zu schützen. Zum Schluss stellte Griesz-Brisson zu Recht fest, wo die Verantwortung für all dies liegt:

> »Das Gebot der Stunde ist die persönliche Verantwortung. Wir sind verantwortlich für das, was wir denken, nicht die Medien. Wir sind verantwortlich für das, was wir tun, nicht unsere Vorgesetzten. Wir sind für unsere Gesundheit verantwortlich, nicht die Weltgesundheitsorganisation. Und wir sind dafür verantwortlich, was in unserem Land geschieht, nicht die Regierung.«

Verdammt noch mal, jawohl.

Aber Chirurgen tragen doch auch Masken?

Unabhängige Studien über das Tragen von Masken haben eine lange Liste von Berichten über mentale, emotionale und physische Gefahren geliefert. Was für ein Wahnsinn, wenn Polizeibeamte der Öffentlichkeit das Tragen von Masken vorschreiben, die der Gesundheit schaden, während die Polizisten selbst Masken tragen, die der *eigenen* Gesundheit schaden. Das ist völliger Unfug, und sowohl die Öffentlichkeit als auch die Polizei tun dies, weil »die Regierung es so will« – ja, eine Regierung aus hirnverbrannten Idioten wie dem britischen Gesundheitsminister Matt Hancock, der die Vorgaben psychopathischer, verrückter Psychologen nachbetet – mit dem Mantra »Folgen Sie der Wissenschaft«. Die Reaktion von Menschen, die unter dem Stockholm-Syndrom leiden, besteht genau darin, die Behörden zu verteidigen, die sie und ihre Familien zerstören, und Ihnen zu sagen, dass »Chirurgen ja auch Masken tragen.« Dies gilt als ihre beste »Sicherheitsstrategie«, und schließlich verursacht das ja auch kein Sauerstoffdefizit. Nun, wissenschaftliche Studien haben gezeigt, dass dies *durchaus* der Fall ist, und in den Operationssälen wird deshalb extra der Sauerstoffgehalt überwacht, um den Mangel auszugleichen. Chirurgen tragen Masken, um zu verhindern, dass Spucke und ähnliches in offene Wunden tropft – nicht, um »Viruspartikel« aufzuhalten, die so winzig sind, dass man sie nur mit einem Elektronenmikroskop sehen kann. Das Material der Masken ist viel zu grob, um mikroskopisch kleine »Viruspartikel« aufzuhalten, und wenn Sie niesen oder husten, schleudern sie solche Mikropartikel massenweise durch die Gegend – trotz

Maske. Ich habe ein unglaublich verlogenes »Experiment« gesehen, das angeblich beweisen sollte, dass Masken »Viren« aus Mund und Nase auffangen können. Sie haben das mit einer Zeitlupenkamera gemacht und die Maske hat tatsächlich große Mengen Aerosole aufgefangen, die in der Maske und im Gesicht blieben, um danach wieder eingeatmet zu werden oder Infektionen im Gesicht zu verursachen, wie wir es bei vielen Kindern gesehen haben. »Virale Partikel« wären jedoch niemals von der Kamera aufgenommen worden, da sie durch die Maskenfasern dringen und viel zu klein sind, um gefilmt zu werden. Das »Experiment« war daher irreführend *und* nutzlos.

Studien sind zu dem Schluss gekommen, dass das Tragen von Masken in Operationssälen (und somit auch anderswo) keinen Unterschied bei der Verhinderung von Infektionen macht, während sich im Gegenteil giftiger Dreck in der Maske ansammelt, was zu einer explosionsartigen Zunahme von Karies und Zahnfleischerkrankungen geführt hat, die von Zahnärzten bereits als »Maskenmund« (mask mouth) bezeichnet wird. Vielleicht haben Sie das Internetvideo eines wütenden amerikanischen Arztes gesehen, der die Menschen aufforderte, ihre Masken abzunehmen, nachdem ein vierjähriger Patient in der Nacht zuvor ins Krankenhaus eingeliefert worden war und dort fast an einer Lungeninfektion gestorben wäre, die die Ärzte auf das Tragen von Masken zurückführten.

Eine Studie in der Fachzeitschrift *Cancer Discovery* hat ergeben, dass das Einatmen schädlicher Mikroben zu Lungenkrebs im fortgeschrittenen Stadium bei Erwachsenen beitragen kann und dass die langfristige Verwendung von Masken zur Vermehrung gefährlicher Erreger beiträgt. Mikrobiologen haben erklärt, dass das häufige Tragen von Masken eine feuchte Umgebung schafft, in der Mikroben wachsen und sich vermehren können, die dann in die Lunge gelangen. Die Canadian Agency for Drugs and Technologies in Health (CADTH), eine nationale kanadische Organisation, die Entscheidungsträgern im Gesundheitswesen Forschung und Analysen zur Verfügung stellt, hat dies bereits 2013 festgehalten – in einem Bericht mit dem Titel »Use of Surgical Masks in the Operating Room: A Review of the Clinical Effectiveness and Guidelines« (Nutzung von chirurgischen Masken im Operationssaal: Eine Überprüfung der klinischen Wirksamkeit und Leitlinien). Darin heißt es:

- Es wurden keine Beweise gefunden, die die Verwendung von chirurgischen Gesichtsmasken zur Reduzierung der Häufigkeit von Infektionen an der Operationsstelle unterstützen.
- Es wurden keine Beweise für die Wirksamkeit des Tragens von chirurgischen Gesichtsmasken zum Schutz des Personals vor infektiösem Material im Operationssaal gefunden.

- Die Leitlinien empfehlen die Verwendung von chirurgischen Gesichtsmasken durch das Personal im Operationssaal, um sowohl das OP-Personal als auch die Patienten zu schützen (trotz fehlender Beweise).

Uns wurde gesagt, dass die Welt mit der Ankunft der »Impfstoffe« wieder »normal« werden würde. Als die Impfstoffe dann kamen, so betrügerisch sie auch sind, änderte man das Narrativ, wie ich es vorausgesehen hatte. Sie sind immer noch dabei zu ändern, was als »normal« zu gelten hat, und haben nicht vor, zur wahren Normalität zurückzukehren. Mary Ramsay, Leiterin der Abteilung für Impfungen bei Public Health England, wiederholte die Worte des US-Verbrechers Anthony Fauci, der sagte, dass Masken und andere Vorschriften bestehen bleiben müssen, egal ob die Menschen geimpft sind. Der Idiot Fauci trug weiterhin zwei Masken – verschiedene Farben, damit beide deutlich zu sehen waren – nachdem er behauptet hatte, geimpft worden zu sein. Senator Rand Paul warf Fauci in einer Diskussion vor, dass seine Doppelmasken »Theater« seien, und er hat Recht. Es ist alles nur Theater. Mary Ramsay machte einen Rückzieher in Bezug auf das Thema »Impfung als Rückkehr zur Normalität«, indem sie erklärte, dass die Öffentlichkeit trotz der Impfungen möglicherweise noch jahrelang Masken tragen und soziale Distanz wahren müsse. »Die Menschen haben sich jetzt an diese geringen Einschränkungen gewöhnt und können damit leben«, meinte sie und erklärte uns nur, was schon die ganze Zeit beabsichtigt war. »Der Impfstoff ist kein Freifahrtschein, auch wenn Sie geimpft wurden, müssen Sie weiterhin alle Richtlinien befolgen«, heißt es in einer Erklärung von Public Health England, die das zurücknimmt, was man uns zuvor gesagt hatte, und die den »Impfstoff« selbst nach der offiziellen Darstellung für die »Normalität« irrelevant macht. Spaniens faschistische Regierung hat alle übertrumpft, indem sie ein Gesetz verabschiedete, das das Tragen von Masken am Strand und sogar beim Schwimmen im Meer vorschreibt. Diese Maßnahme hätte die Reste der spanischen Tourismusindustrie vernichtet, die Schwimmer in Atemnot gebracht und nordeuropäische Sonnenanbeter mit brauner Stirn und weißem Gesicht herumlaufen lassen. Die Entscheidung war so verrückt, dass sie auf Druck der Öffentlichkeit und der Tourismusbranche zurückgezogen werden musste, aber sie bestätigte, wohin der Kult mit den Masken will und wie klinisch verrückt die Machthaber geworden sind. Die Entschlossenheit, Masken dauerhaft zu etablieren und die schwerwiegenden Gefahren für Körper und Geist zu verschweigen, zeigt sich auch in der Zensur des Wissenschaftlers Professor Denis Rancourt durch die von Bill Gates finanzierte akademische Publikationswebsite *ResearchGate* wegen seiner Arbeiten, die die Gefahren und die Nutzlosigkeit von Masken aufzeigen. Rancourt berichtete:

»ResearchGate hat heute mein Konto, das ich seit 2015 habe, dauerhaft gesperrt. Ihre Gründe zeigen anschaulich die Art ihres Angriffs auf die Demokratie und ihre Korrumpierung der Wissenschaft ... Nach ihrer obszönen Unlogik hat eine wissenschaftliche Überprüfung wissenschaftlicher Artikel, die über Schäden durch Gesichtsmasken berichten, das ›Potenzial, Schaden zu verursachen‹. Es wird keine Kritik an einem psychologischen Instrument (Gesichtsmasken) geduldet, wenn diese Kritik das Potenzial hat, die öffentliche Politik zu beeinflussen.«

So sieht es in einer faschistischen Welt aus.

Wo sind die »Grünen« (wieder mal)?

Weitere Gefahren, die das regelmäßige Tragen von Masken mit sich bringt, sind das Einatmen von winzigen Plastikfasern in die Lunge und die Flut von weggeworfenen Masken in der Umwelt und den Ozeanen. Schätzungen zufolge landen jedes Jahr mehr als 1,5 Milliarden Wegwerfmasken in den Weltmeeren, die das Wasser mit Tonnen von Plastik verschmutzen und die Meeresfauna gefährden. Studien gehen davon aus, dass die Menschen weltweit jeden Monat 129 Milliarden Gesichtsmasken benutzen – etwa drei Millionen pro Minute. Die meisten sind Einwegartikel und bestehen aus Plastik, biologisch nicht abbaubaren Mikrofasern, welche sich in kleinere Plastikpartikel auflösen, die sich in den Ökosystemen ausbreiten. Sie vermüllen die Städte, verstopfen die Abwasserkanäle und tauchen in den Gewässern auf. Ich habe in anderen Büchern über die immensen Mengen an Mikroplastik aus unzähligen Quellen geschrieben, die heute vom Körper aufgenommen werden. Rolf Halden, Direktor des Biodesign Center for Environmental Health Engineering an der Arizona State University (ASU), war der leitende Forscher einer Studie aus dem Jahr 2020, die siebenundvierzig menschliche Gewebeproben analysierte und in allen Mikroplastik fand. »Wir haben diese Kunststoffchemikalien in jedem einzelnen Organ, das wir untersucht haben, nachgewiesen«, berichtet er. Ich habe in *Die Antwort* darüber geschrieben, dass die Welt mit Mikroplastik überschwemmt wird. Eine Studie des Worldwide Fund for Nature (WWF) hat ergeben, dass die Menschen im Durchschnitt jede Woche etwa zweitausend winzige Plastikteile aufnehmen, vor allem über das Wasser, aber auch über die Meeresfauna und die Luft. Jedes Jahr nehmen die Menschen genug Mikroplastik auf, um einen großen Teller zu füllen, und in einem Leben von neunundsiebzig Jahren ist das genug, um zwei große Mülltonnen zu füllen. Marco Lambertini, Generaldirektor des WWF International, sagte: »Plastik verschmutzt nicht nur unsere Ozeane und Wasserwege und tötet Meereslebewesen – es steckt in uns allen und wir können dem Plastikkonsum nicht entkommen.« Amerikanische Geologen fanden winzige Plastikfasern, -perlen und -splitter in Regenwasserproben, die an den abgelegenen Hängen des Rocky Mountain National Park in der Nähe von Denver, Colorado, gesammelt wurden. Ihr Bericht trug die Überschrift: »It is raining plastic« (Es regnet Plastik). Rachel Adams, Dozentin für Biomedizin an der Cardiff Metropolitan University, sagte, dass zu den gesundheitlichen Folgen auch innere Entzündungen und Immunreaktionen auf einen »Fremdkörper« gehören. Sie wies außerdem darauf hin, dass Mikroplastik zum Träger von Giftstoffen wie Quecksilber, Pestiziden und Dioxinen wird (eine bekannte Ursache für Krebs sowie Fortpflanzungs- und Wachstumssprobleme). Diese Giftstoffe reichern sich im Fettgewebe an, sobald sie durch Mikroplastik in den Körper gelangen. Das wird nun massiv dadurch verstärkt, dass die Menschen sich Plastik vor das Gesicht hängen und dann wegwerfen.

Arbeiter, die Polypropylen-Kunststofffasern ausgesetzt sind, die als »Flock« bekannt sind, haben durch das Einatmen von kleinen Stücken der Flockfasern, die das Lungengewebe schädigen, die Atemkapazität verringern und asthmatische Atemprobleme verschlimmern können, eine »Flockarbeiterlunge« entwickelt. *Nun* … die üblicherweise verwendeten chirurgischen Masken bestehen aus drei Lagen schmelzgeblasener Textilien aus … Polypropylen. Wir haben Milliarden von Menschen, die sich dieses Mikroplastik Tag für Tag stundenlang in Form von Masken vor Mund, Nase und Gesicht halten. Was glauben Sie, was dabei herauskommt? Ich meine – was kann da schon schiefgehen? Wir haben auf www.davidicke.com eine Reihe wissenschaftlicher Studien zu diesem Thema veröffentlicht, aber als ich sie beim Schreiben dieses Buches wieder aufrief, waren die Links zu der wissenschaftlichen Forschungswebsite, auf der sie gehostet wurden, tot. Alles, was das offizielle Narrativ in irgendeiner Weise in Frage stellt, wird entweder zensiert oder verunglimpft. Das offizielle Narrativ ist so wenig beweiskräftig, dass nur das Löschen der Wahrheit es schützen kann. Eine Studie chinesischer Wissenschaftler hat überlebt – mit einem obligatorischen Kniff, weshalb sie wohl noch aktiv war. Ja, sie fanden heraus, dass praktisch alle von ihnen getesteten Masken die tägliche Aufnahme von Mikroplastikfasern erhöhten, aber die Menschen sollten sie trotzdem tragen, weil die Gefahr durch das »Virus« schlimmer sei, erklärte das verwirrte »Wissenschaftler-Team« vom Institut für Hydrobiologie in Wuhan.

Wissenschaftler entdeckten erstmals in den 1990er Jahren Mikroplastik im Lungengewebe einiger Patienten, die an Lungenkrebs gestorben waren. Spätere Studien haben die potenziellen Gesundheitsschäden bestätigt, da sich das Plastik nur langsam abbaut und in der Lunge verbleibt, wo es sich ansammelt. Die Forscher aus Wuhan haben mit einer Maschine, die die menschliche Atmung simuliert, festgestellt, dass die Masken innerhalb eines Monats bis zu viertausend Mikroplastikfasern absondern, wobei wiederverwendete Masken noch mehr produzieren. Die Wissenschaftler erklärten, dass einige Masken mit giftigen Chemikalien und einer Reihe von Verbindungen belastet sind, die sowohl aus gesundheitlichen als auch aus ökologischen Gründen stark reglementiert sind. Dazu gehören Kobalt (das in blauem Farbstoff verwendet wird) und Formaldehyd, die bekanntermaßen tränende Augen, Brennen in Augen, Nase und Rachen sowie Husten, Keuchen und Übelkeit verursachen. Aber, nein – ist wohl »Covid-19«, was Sie da abhusten.

Masken-»Würmer«

Es gibt noch einen anderen und möglicherweise noch unheimlicheren Inhaltsstoff von Masken. In den meisten neuen Masken verschiedener Hersteller, die unter dem Mikroskop gefilmt wurden, fanden sich seltsame schwarze Fasern oder »Würmer«, die sich scheinbar von selbst bewegen oder »kriechen« und auf Wärme und Wasser reagieren. Was diesen Fasern am nächsten kommt, sind die selbstreplizierenden Fasern, die man aus der Haut von Menschen mit der Morgellons-Krankheit gezogen hat – eine Krankheit, die mit dem Phänomen der »Chemtrails« in Verbindung gebracht wird, auf das ich später noch eingehen werde. Die Morgellons-Fasern wachsen kontinuierlich außerhalb des Körpers und besitzen eine Art künstliche Intelligenz. Schwarze »Wurm«-Fasern in Masken sehen ähnlich aus. Es gibt eine nanotechnologische Technik namens »Wurm-Mizellen«, die Medikamente und alles andere, was man dem Körper zuführen will, tragen und dort freisetzen. Der Kult hat sich die Unterdrückung der Menschheit durch bewusstseinsverändernde Drogen auf die Fahnen geschrieben, und je mehr Vorwände er findet, um sich Zugang zum Körper zu verschaffen, desto mehr Möglichkeiten gibt es, dies zu erreichen, sei es durch »Impfstoffe« oder Masken, die stundenlang gegen Mund und Nase gedrückt werden.

Lassen Sie uns also die Vor- und Nachteile von Masken zusammenfassen …

Gegen Masken spricht: Einatmen des eigenen Kohlendioxids; Entzug von ausreichend Sauerstoff für Körper und Gehirn; Anhäufung von Giftstoffen in der Maske, die in die Lunge eingeatmet werden können und Ausschläge im Gesicht sowie den

»Maskenmund« verursachen; Einatmen von Mikroplastikfasern und giftigen Chemikalien in die Lunge; Entmenschlichung und Auslöschung der Individualität, indem Menschen buchstäblich gesichtslos gemacht werden; Zerstörung der menschlichen emotionalen Interaktion durch den Gesichtsausdruck und Auslöschung der elterlichen Verbindung zu Babys, weil ihnen die Orientierung am Gesichtsausdruck fehlt.

Für Masken spricht: Sie schützen Sie nicht vor einem »Virus«, das es nicht gibt, und selbst wenn es ihn gäbe, sind die »viralen« Partikel so winzig, dass sie kleiner sind als die Abstände zwischen den Gewebefasern der Maske.

Regierungen, Polizei, Supermärkte, Unternehmen, Verkehrsbetriebe und alle anderen, die Masken vorschreiben wollen, haben keine Risikobewertung ihrer Folgen für Gesundheit und Psyche vorgenommen und sind nun offen für Sammelklagen, wenn die Auswirkungen in Form einer kumulativen Epidemie von Atemwegs- und anderen Krankheiten deutlich werden. Die Behörden werden versuchen, diese Auswirkungen auszunutzen und die wahre Ursache zu verschleiern, indem sie Folgen des Maskentragens »Covid-19« zuschreiben. Können Sie sich vorstellen, dass man die Bevölkerung dazu zwingen will, gesundheitsschädliche Masken zu tragen, ohne die Risiken zu bewerten? Das ist kriminell und böse, aber wie viele der betroffenen Menschen, die mit ansehen müssen, wie ihre Kinder diese Masken den ganzen Tag in der Schule tragen müssen, haben um eine Risikobewertung gebeten? Milliarden können nicht von einigen wenigen gezwungen werden, es sei denn, die Milliarden erlauben es. Ach ja, mit einem Hauch von Ironie: Fünfundachtzig Prozent aller weltweit hergestellten Masken kommen aus *China*.

Waschen Sie sich die Hände in giftigem Dreck

Zu den »Covid«-Regeln gehört die Verwendung von giftigen Desinfektionsmitteln. Auch hier sind die gesundheitlichen Folgen des ständigen Auftragens von Giftstoffen, die über die Haut aufgenommen werden, für jeden Renegaten-Geist offensichtlich. Die amerikanische Lebensmittelbehörde Food and Drug Administration (FDA) erklärte, dass Desinfektionsmittel Arzneimittel sind und warnte vor fünfundsiebzig gefährlichen Marken, die Methanol enthalten, das in Frostschutzmitteln verwendet wird und zu Tod, Nierenschäden und Blindheit führen kann. Die FDA hat die folgende Warnung sogar für die Marken herausgegeben, die sie für sicher hält:

»Bewahren Sie Handdesinfektionsmittel außerhalb der Reichweite von Haustieren und Kindern auf. Kinder sollten sie nur unter Aufsicht von Erwachsenen verwenden. Trinken Sie keine Handdesinfektionsmittel. Dies ist besonders wichtig für kleine Kinder, vor allem für Kleinkinder, die von dem angenehmen Geruch oder den bunten Flaschen des Handdesinfektionsmittels verführt werden können.

Das Trinken selbst einer kleinen Menge von Handdesinfektionsmitteln kann bei Kindern zu einer Alkoholvergiftung führen. (Es besteht jedoch kein Grund zur Besorgnis, wenn Ihre Kinder nach der Verwendung von Handdesinfektionsmitteln mit den Händen essen oder sie ablecken.) Während dieser Coronavirus-Pandemie haben die Giftnotrufzentralen vermehrt Anrufe wegen der versehentlichen Einnahme von Handdesinfektionsmitteln erhalten. Es ist daher wichtig, dass Erwachsene die Verwendung von Handdesinfektionsmitteln durch kleine Kinder überwachen.

Erlauben Sie Haustieren nicht, Handdesinfektionsmittel zu verschlucken. Wenn Sie glauben, dass Ihr Haustier etwas möglicherweise Gefährliches gefressen hat, rufen Sie sofort Ihren Tierarzt oder eine Giftnotrufzentrale für Haustiere an. Handdesinfektionsmittel sind brennbar und sollten nicht in der Nähe von Hitze und Flammen gelagert werden. Wenn Sie Handdesinfektionsmittel verwenden, reiben Sie Ihre Hände, bis sie sich vollständig trocken anfühlen, bevor Sie Tätigkeiten ausführen, die mit Hitze, Funken, statischer Elektrizität oder offenen Flammen verbunden sein können.«

Na also, vollkommen sicher, und dabei werden nicht mal die Giftstoffe erwähnt, die über die Haut aufgenommen werden. Kommt, Kinder – desinfiziert eure Hände überall, wo ihr auch hingeht. Das wird euch vor dem »Virus« schützen. Wenn Sie all diese Elemente des »Covid«-Normalzustandes zusammen betrachten, werden Sie feststellen, wie sehr Gesundheit und Psyche kumulativ geschädigt, ja sogar zerstört werden, um »Ihre Gesundheit zu schützen«. Ergibt Sinn, oder? Man erzwingt diese Dinge doch nur, weil man sich Sorgen um Sie macht, oder nicht? *Richtig?*

Unterwerfung unter den Irrsinn

Das psychologische Reframing der Bevölkerung geht sehr tief und geschieht noch auf viel weniger offensichtliche Weisen. Ich höre die Leute sagen, wie widersprüchlich und verrückt die »Covid«-Regeln sind und wie sie sich ständig ändern. Das wird dann damit erklärt, dass man die Beteiligten als Idioten abtut. Das ist ein großer Fehler. Der Kult ist erfreut, wenn sein nacktes Kalkül als Inkompetenz und Idiotie wahrgenommen wird, obwohl es alles andere als das ist. Oh ja, es gibt Idioten im System – viele –, aber sie *verwalten* die Agenda des Kults nur, meist unwissentlich. Sie entscheiden und diktieren sie nicht. Das Bollwerk gegen Tyrannei ist die Selbstachtung, das war schon immer so und wird auch immer so bleiben. Es ist die Selbstachtung, die jede Tyrannei in der Geschichte gebrochen hat. Es liegt in ihrer Natur, dass sich die Selbstachtung nicht der Unterdrückung und ihren Verursachern beugt. Doch gibt es so wenig Selbstachtung, dass es immer nur einige wenige sind, die Diktatoren stürzen. Viele mögen diesen Widerstandskämpfern am Ende folgen, aber die wenigen mit eisernem Rückgrat (Selbstachtung) geben den Anstoß und sorgen für den erforderlichen Schwung. Der Kult hat es auf die Selbstachtung abgesehen, weil er weiß, wenn sie einmal weg ist, bleibt nur noch die Unterwerfung. Verrückte, widersprüchliche, sich ständig ändernde »Covid«-Regeln werden von Psychologen systematisch angewandt, um die Selbstachtung auszulöschen. Sie *wollen*, dass man merkt, dass die Regeln keinen Sinn ergeben. Es ist eine Sache, sich für etwas zu entscheiden, wenn Sie diese Entscheidung auf der Grundlage von Beweisen und Logik getroffen haben. Sie behalten trotzdem Ihre Selbstachtung. Eine ganz andere Sache ist es jedoch, wenn Sie sehen, dass das, was man Ihnen sagt, verrückt, lächerlich und sinnlos ist, und Sie es *trotzdem tun*. Ihre Selbstachtung wird ausgelöscht, und das geschieht, seit immer mehr offensichtlich dumme und unsinnige Dinge verlangt werden und die große Mehrheit dem nachkommt, selbst wenn sie sieht, dass sie dumm und unsinnig sind.

Die Menschen laufen mit Gesichtswindeln herum, wohl wissend, dass sie ihrer Gesundheit schaden und für ein »Virus« keinen Unterschied machen. Sie tun es aus Angst davor, es nicht zu tun. Man weiß, dass es idiotisch ist, aber man tut es trotzdem. Wenn das passiert, stirbt etwas in Ihnen, und das Reframing zur Unterwürfigkeit hat begonnen. Als Nächstes haben Sie das Bedürfnis, vor sich selbst zu verbergen, dass Sie Ihre Selbstachtung aufgegeben haben, und Sie überzeugen sich selbst davon, dass Sie nicht wirklich Opfer von Angst und Einschüchterung sind. Sie beginnen zu glauben, dass Sie dem Wahnsinn nachgeben, weil es das Richtige ist. Wenn Sie Ihrer Selbstachtung erlauben, statt 2+2 = 4 jetzt 2+2 = 5 anzuerkennen, dann *wissen* Sie, dass Sie damit Ihre Selbstachtung aufgeben. Um sich dieser Tatsache nicht stellen zu müssen, beginnen Sie allmählich zu *glauben*, dass 2+2 tatsächlich 5 ist. An Ihnen wurde ein erfolgreiches Reframing durchgeführt, und ich habe beobachtet, wie dieser Prozess in der menschlichen Psyche im industriellen Maßstab abläuft.

Der Kult arbeitet daran, Ihren Geist zu brechen, und eines seiner wichtigsten Werkzeuge in diesem Krieg ist die Demütigung. Ich habe gelesen, wie der ehemalige amerikanische Soldat Bradley Manning (später Chelsea Manning nach einer Geschlechtsumwandlung) behandelt wurde, nachdem man ihn inhaftiert hatte, weil er WikiLeaks-Dokumente zur Verfügung gestellt hatte, die die ungeheure Verlogenheit der Regierung und der Eliten aufdeckten. Manning wurde acht Monate lang in Einzelhaft isoliert, vierundzwanzig Stunden lang überwacht, gezwungen, vor dem Schlafengehen seine Kleidung abzugeben und bei jedem Appell nackt zu erscheinen. Das ist systematische Demütigung. Die Einführung von Analabstrichtests (wegen »Covid«) in China erfolgte aus demselben Grund: um die Selbstachtung zu zerstören und eine gefügige Unterwerfung zu erreichen. In Teilen Chinas sind Analabstriche für einreisende Passagiere obligatorisch. Amerikanische Diplomaten sagten, sie seien gezwungen worden, sich dieser Entwürdigung zu unterziehen, die eine kalkulierte Demütigung der Amerikaner durch die vom Kult kontrollierte chinesische Regierung ist.

Regierung – Volk: Eine Missbrauchsbeziehung

Zu den psychologischen Techniken, die den Geist brechen, gehört es, den Menschen Hoffnung und eine scheinbare Atempause von der Tyrannei zu geben, nur um sie ihnen dann wieder zu nehmen. Das geschah in Großbritannien während der Weihnachtszeit 2020, als die Psycho-Psychologen und ihre politischen Lakaien eine Lockerung der Beschränkungen über die Feiertage ankündigten, nur um sie fast sofort auf der Grundlage einer weiteren Lüge wieder einzukassieren. Es gibt einen großen psychologischen Unterschied zwischen der Gewöhnung an Unterdrückung und der Hoffnung auf Erleichterung, die dann enttäuscht wird. Psychologen wissen das, und wir haben gesehen, wie genau diese Technik immer wieder angewendet wird. Dann gibt es noch die Traumatisierung der Menschen, bevor man sie weit extremeren Vorschriften unterwirft. Ein perfektes Beispiel war die Verlautbarung der Finsterlinge Whitty und Vallance in Großbritannien, dass »neue Daten« vorhersagen würden, im Winter 2020/2021 müssten täglich viertausend Menschen sterben, wenn wir nicht wieder einen Lockdown einführen. Ich glaube, sowas nennt man gemeinhin lügen. Nachdem sie die Menschen mit dieser Behauptung traumatisiert hatten, präsentierte Jackboot Johnson am nächsten Tag neue Beschränkungen der menschlichen Freiheit.

Psychologen wissen, dass ein verängstigter und traumatisierter Geist dazu neigt, sich zu unterwerfen und sein Verhalten neu auszurichten. Die Zielsetzung all dessen ist, dass die Menschen sich voreinander fürchten und misstrauisch sind und sich selbst als potenzielle Gefahr für andere sehen. In Verbindung mit dem Verlust der Selbstachtung haben sie damit das perfekte psychologische Rezept für Selbsthass. Das Verhältnis zwischen Regierung und Volk ist jetzt nachweislich dasselbe wie das der Unterwürfigkeit gegenüber einem missbräuchlichen Partner.

Hier folgen die Anzeichen für einen Partner-Missbrauch, wie die Psychologin Leslie Becker-Phelps sie definiert:

Psychologischer und emotionaler Missbrauch

Untergrabung des Selbstwerts des Partners durch verbale Angriffe, Beschimpfungen und Herabsetzungen. Den Partner in der Öffentlichkeit demütigen, ihn zu Unrecht beschuldigen, eine Affäre zu haben, oder ihn über sein gesamtes Verhalten ausfragen. Den Partner verwirren oder aus dem Gleichgewicht bringen, indem Sie sagen, dass Sie nur einen Scherz gemacht haben oder dem Partner die Schuld dafür geben, dass er sich so verhält … In der Öffentlichkeit vorgeben, dass Sie sich kümmern, während Sie sich privat gegen ihn wenden. Dies führt dazu, dass sich die Opfer häufig verwirrt, inkompetent, wert- und hilflos fühlen und chronisch an sich selbst zweifeln. [Wenden Sie diese Definition auf die Art und Weise an, wie die Regierungen die Bevölkerung seit Neujahr 2020 behandelt haben, und die Parallelen sind offensichtlich.]

Körperliche Misshandlung

Der Missbrauchstäter kann seinen Partner auf verschiedene Weise körperlich verletzen, zum Beispiel indem er ihn packt, schlägt, stößt oder schubst. Er kann Gegenstände nach ihm werfen oder ihn mit einer Waffe verletzen. [Beachten Sie die körperlichen Schäden, die durch Masken, Lockdowns und dergleichen verursacht werden.]

Drohungen und Einschüchterung

Eine Möglichkeit, wie Missbrauchstäter ihre Partner bei der Stange halten, besteht darin, ihnen Angst einzujagen. Sie können verbal bedrohlich sein oder durch drohende Blicke oder Gesten. Missbrauchstäter geben oft zu verstehen, dass sie jeden Schritt ihres Partners verfolgen. Sie zerstören vielleicht die Besitztümer ihres Partners, drohen ihm, ihn zu verletzen, oder drohen, seine Familienmitglieder zu verletzen. Es überrascht nicht, dass die Opfer dieses Missbrauchs oft Angst, Furcht und Panik empfinden. [Keine Erklärung nötig.]

Isolation

Missbrauchstäter schränken oft die Aktivitäten ihres Opfers ein und verbieten ihm, mit Freunden oder der Familie zu sprechen oder zu interagieren. Sie können den

Zugang zu einem Auto einschränken oder sogar das Telefon abschalten. All das kann geschehen, indem der Täter das Opfer physisch gegen seinen Willen festhält, wird aber oft auch durch psychologischen Missbrauch und Einschüchterung erreicht. Je mehr sich eine Person isoliert fühlt, desto weniger Ressourcen stehen ihr zur Verfügung, um eine Perspektive für ihre Situation zu gewinnen und ihr zu entkommen. [Keine Erklärung nötig.]

Wirtschaftlicher Missbrauch

Missbrauchstäter machen ihre Partner oft von ihnen abhängig, indem sie den Zugang zu Geldmitteln jeglicher Art kontrollieren. Sie können ihren Partner daran hindern, einen Job zu finden, oder ihm das Geld vorenthalten, das er mit einem Job verdient. Dadurch entsteht eine finanzielle Abhängigkeit, die es sehr schwer macht, die Beziehung zu verlassen. [Siehe Zerstörung der Lebensgrundlagen und das vorgeschlagene magere »garantierte Mindesteinkommen«, solange Sie tun, was man Ihnen sagt.]

Kinder benutzen

Ein Missbrauchstäter könnte die Erziehungsfähigkeiten seines Partners herabsetzen, seinen Kindern Lügen über den Partner erzählen, damit drohen, dem Opfer das Sorgerecht für die Kinder zu entziehen oder den Kindern etwas anzutun. Diese Taktiken flößen Angst ein und sorgen oft für Gehorsam. [Siehe das Reframing durch die Sozialfürsorge-Mafia und wie Kinder vom Staat wegen »Covid« gnadenlos missbraucht werden, während ihre Eltern verängstigt zusehen und nichts unternehmen.]

Ein weiteres wiederkehrendes Merkmal von Missbrauch ist, dass die Misshandelten sich selbst die Schuld für ihren Missbrauch geben und den Täter entschuldigen. Die Menschen geben sich gegenseitig die Schuld am Lockdown-Missbrauch durch die Regierung und viele entschuldigen die Regierung, während sie diejenigen angreifen, die die Regierung hinterfragen. Wie oft haben wir von den Behörden gehört, dass die Regeln nur deshalb auferlegt oder wieder eingeführt werden, weil die Menschen sich geweigert haben, sich zu »benehmen« und die Regeln zu befolgen. Wir wollen es ja nicht tun – *ihr habt uns dazu getrieben.*

Ein abtrünniger Geist ist ein Gegengift für all diese Dinge. Renegaten-Denker werden niemals ihre Selbstachtung aufgeben, egal unter welchen Umständen. Selbst wenn sie scheinbar gedemütigt werden, lachen sie darüber und geben damit die Demütigung an den Täter zurück, wo sie hingehört. Ein Renegaten-Geist wird niemals Masken tragen, von denen er weiß, dass sie ihm nur auferlegt werden, um ihn zu demütigen, zu unterdrücken und physisch und psychisch zu schädigen. In der Konsequenz werden sich solche Maßnahmen selbst erledigen, aber niemals einen abtrünnigen Geist brechen oder ihn dazu bringen, sich der Tyrannei zu beugen. Der britische Zeitungskolumnist Peter Hitchens war einer der wenigen in den Mainstreammedien, die sich gegen Lockdowns und Zwangsimpfungen aussprachen. Dann gab er bekannt, dass er sich hatte impfen lassen. Er wollte Familienangehörige im Ausland besuchen und glaubte, dass Impfpässe unumgänglich seien, obwohl sie noch nicht eingeführt worden waren. Hitchens hat einen skeptischen und kritischen Geist, aber keinen Renegaten-Geist. Wenn er einen hätte, hätte ihn kein noch so großer Druck zum Einlenken gebracht. Hitchens entschuldigte sein Vorgehen mit der Aussage, dass die Schlacht verloren sei. Ein Renegaten-Geist akzeptiert niemals eine Niederlage, wenn die Freiheit auf dem Spiel steht, und selbst wenn er der letzte ist, der noch steht, ist die Selbstachtung, sich nicht der Tyrannei zu unterwerfen, wichtiger als jedes Ergebnis oder jede Konsequenz seines Handelns.

Ein Renegaten-Geist ist daher der einzige Geist, der jemals etwas verändert hat, das es wert war, verändert zu werden.

Kapitel 8

Das »Reframing« des Wahnsinns

Unzurechnungsfähigkeit ist relativ. Sie hängt davon ab, wer wen in welche Zelle gesperrt hat.

Ray Bradbury

»Reframing« des Verstandes bedeutet einfach, die Wahrnehmung und das Verhalten eines Menschen zu verändern. Dies kann unterbewusst in einem solchen Ausmaß geschehen, dass die Betroffenen nicht einmal merken, dass sie einem »Reframing« unterworfen wurden, während die Veränderungen im Verhalten und in der Einstellung für jeden außenstehenden Beobachter offensichtlich sind.

Die menschliche Gesellschaft wird seit Anfang 2020 in einem gigantischen Ausmaß umgestaltet – und da haben wir den Grund, warum Psychologen und nicht Ärzte das Sagen haben. Fragen Sie die Menschen, die dem »Covid«-Reframing erlegen sind, ob sie sich verändert haben, und die meisten werden »nein« sagen; aber sie *haben* sich verändert, und zwar grundlegend. Der Kult hat sich schon seit langem auf diese Zeiten vorbereitet, und das Wichtigste dabei war, sowohl die Bevölkerung als auch die Behörden geistig und emotional entsprechend auszurichten. Um es in der Sprache der Bewusstseinskontrolle auszudrücken: Sie mussten die Bevölkerung auf eine Mentalität einstellen, die sich dem Faschismus unterwirft, und die Verantwortlichen in der Regierung und den Strafverfolgungsbehörden darauf vorbereiten, den Faschismus durchzusetzen oder zumindest mitzumachen. Das Ergebnis ist die von Fakten befreite Gedankenlosigkeit der sogenannten »Wokeness« und des Beamtentums, das entweder enthusiastisch oder unhinterfragt die globale Tyrannei durchsetzt, die von gehirngewaschenen Politikern im Namen psychopathischer und zutiefst böser Sektierer gefordert wird. »Kognitives Reframing« identifiziert und hinterfragt die Art und Weise, wie jemand die Welt in Form von Situationen, Erfahrungen und Emotionen sieht, und strukturiert dann diese Wahrnehmungen um, damit der betreffende Mensch dieselben

Umstände auf gänzlich andere Weise betrachtet. Dies kann von Vorteil sein, wenn die Einstellungen etwa selbstzerstörerisch sind, während es auf der anderen Seite das Potenzial für individuelle und kollektive Gedankenkontrolle birgt, von der der Betroffene nicht einmal weiß, dass sie stattfindet.

Die Kognitive Therapie wurde in den 1960er Jahren von Aaron T. Beck entwickelt, geboren 1921 in Rhode Island als Sohn jüdischer Einwanderer aus der Ukraine. Er entwickelte diese Technik zur Behandlung von Depressionen. Becks Tochter Judith S. Beck ist auf demselben Gebiet führend und die beiden gründeten 1994 das Beck Institute for Cognitive Therapy in Philadelphia. Das kognitive Reframing wurde aber bald weltweit von Leuten eingesetzt, die eine finstere Agenda verfolgen. Der Kult verändert die Einstellungen und Handlungen von Politikern so lange, bis sie völlig im Widerspruch zu dem handeln, wofür sie einst zu stehen schienen. Das Gleiche geschieht mit Regierungsbeamten auf allen Ebenen, mit den Strafverfolgungsbehörden, dem Militär und der menschlichen Bevölkerung. Die Kult-Anhänger lieben Gedankenkontrolle aus zwei Gründen: Sie ermöglicht es ihnen zu kontrollieren, was die Menschen denken, tun und sagen, um ihre Agenda voranzutreiben, und sie beruhigt per Definition ihre legendäre Unsicherheit und Angst vor dem Unvorhersehbaren. Ich habe mich mit Gedankenkontrolle beschäftigt, seit ich 1996 durch Amerika gereist bin. In jenen Jahren habe ich so gut wie nie vor Publikum gesprochen, aber ich habe eine phänomenale Fülle an Informationen und Wissen über viele Dinge gesammelt, darunter auch über die Techniken der Gedankenkontrolle. Ich habe diese Erkenntnisse in anderen Büchern, angefangen 1998 mit *Das Größte Geheimnis*, ausführlich dargestellt. Ich traf sehr viele Menschen, die sich von MKUltra und seinen Ablegern und Nachfolgern zu erholen versuchten, und ich begann zu erkennen, dass dieselben Techniken auf die Bevölkerung im Allgemeinen angewendet wurden. Das war nie offensichtlicher als seit dem Beginn des »Covid«-Schwindels.

Das Reframing der Ordnungskräfte

In den letzten zwei Jahrzehnten habe ich einen deutlichen Wandel in der Dynamik zwischen der Polizei, den Behörden und der Öffentlichkeit beobachtet. Ich verfolgte, wie diese Beziehung von einer Dienstleistung für die Öffentlichkeit zu einer Beziehung mutierte, in der die Öffentlichkeit beinahe als Feind, auf jeden Fall aber als eine niedrigere Kaste angesehen wird. Es gab schon immer ein Klassengefälle, das auf dem Einkommen beruhte, und es gab schon immer einige psychopathische, korrupte und großspurige Polizeibeamte. Diesmal war es anders. In der kollektiven Dynamik vollzog sich ein grundlegender Wandel. Es ging weniger um Geld und viel mehr um die Position und die wahrgenommene Macht. Es entstand ein Wir-und-sie-Gefühl. Die Verwaltung und die Strafverfolgungsbehörden rümpften die Nase und ihre Haltung gegenüber der Öffentlichkeit, der sie eigentlich *dienen* sollten, wandelte sich zu einer Haltung der zunehmenden Verachtung, Überlegenheit und Kontrolle. Der Wandel war so deutlich und weit verbreitet, dass er geplant sein musste. Kollektive Einstellungen und Dynamiken ändern sich nicht so schnell in diesem Ausmaß auf natürliche und organische Weise.

Dann stieß ich auf eine britische Organisation namens Common Purpose, gegründet in den späten 1980er Jahren von Julia Middleton, die während der langen und katastrophalen Regierungszeit des Kriegsverbrechers Tony Blair im Büro des stellvertretenden Premierministers John Prescott arbeitete. Wenn Blair spricht, dann spricht der Kult. Der Mann sollte schon lange im Gefängnis sitzen. Common Purpose bezeichnet sich selbst als eine der größten Organisationen für die Entwicklung von Führungsqualitäten in der Welt und fungiert gleichzeitig als *Wohltätigkeitsorganisation* mit allen finanziellen Vorteilen, die sich daraus ergeben. Die Organisation veranstaltet Kurse und Programme zur Ausbildung von Führungskräften auf der ganzen Welt und behauptet, sie habe »Führungskräfte« aus mehr als einhundert Ländern auf sechs Kontinenten zusammengebracht. Der Modus Operandi von Common Purpose kann mit der Arbeit des Reframing-Netzwerks der britischen Regierung verglichen werden, zu dem auch die »Nudge Unit« des Behavioural Insights Team und die Reframing-Spezialisten für »Covid« bei SPI-B gehören. WikiLeaks beschrieb Common Purpose schon vor langer Zeit als »ein verstecktes Virus in unserer Regierung und unseren Schulen«, das der Öffentlichkeit nicht bewusst ist: »Man rekrutiert und trainiert ›Führungskräfte‹, die den Richtlinien von Common Purpose und der EU gegenüber loyal sind statt gegenüber ihren eigenen Abteilungen, die sie dann untergraben oder unterwandern, wie zum Beispiel den NHS [britischen Gesundheitsdienst].« Dies ist ein entscheidender Punkt, um den »Covid«-Schwindel zu verstehen. Der NHS und seine Äquivalente auf der ganzen Welt wurden in Bezug auf die Verwaltungsangestellten und einen Großteil des medizinischen Personals völlig umgestaltet, wobei die Umgestaltung durch die Einstellungspolitik flankiert wurde. Das Ergebnis war das kriminelle und psychopathische Verhalten des NHS im Zusammenhang mit »Covid«, und wir haben das Gleiche in jedem anderen großen Land gesehen. WikiLeaks sagte, dass die Auszubildenden von Common Purpose »lernen, ohne Rücksicht auf die Demokratie zu regieren« und einen Polizeistaat einzuführen (aktuelle Ereignisse erklären sich so). Dabei funktioniert

Common Purpose wie ein »Klebstoff« und hat Mitglieder im NHS, der BBC, der Polizei, der Anwaltschaft, der Kirche, vielen der siebentausend britischen Quangos, den Gemeinderäten, dem öffentlichen Dienst, den Regierungsministerien und dem Parlament, und es kontrolliert viele regionale Enwicklungsagenturen (Regional Development Agencies). Hier haben wir eine Antwort darauf, wie und warum sich britische Institutionen und ähnliche in anderen Ländern in Bezug auf die Öffentlichkeit so negativ verändert haben. Es erklärt auch, wie und warum die mehr als skandalös umgestaltete BBC zu einem Propaganda-Arm des »Covid«-Faschismus geworden ist. Sie sind alle Teile eines Netzwerks, das das gleiche Ziel verfolgt.

Im Jahr 2019 gab Common Purpose eine Zahl von 85.000 »Führungskräften« an, die an seinen Programmen teilgenommen hatten. Diese »Studenten« aller Altersgruppen werden bei Common Purpose als »Absolventen« bezeichnet und bestehen aus Regierungs-, Staats- und Kommunalbeamten und -verwaltern, Polizeichefs und -beamten und einer ganzen Reihe anderer Personen, die im nationalen, lokalen und globalen Establishment tätig sind. Cressida Dick, Kommissarin der Londoner Metropolitan Police, ist eine Common-Purpose-Absolventin. In ihren Verantwortungsbereich fiel der Mord an dem brasilianischen Elektriker Jean Charles de Menezes im Jahr 2005. Er wurde von psychopathischen Polizisten festgehalten und von einem psychopathischen Verrückten sieben Mal in den Kopf geschossen, nachdem er fälschlicherweise für einen Terroristen gehalten wurde, obwohl er einfach nur auf der Straße unterwegs war. Dick ermächtigte die Beamten, de Menezes zu verfolgen und zu überwachen, und ordnete an, ihn am Betreten der U-Bahn zu hindern. Die Polizeipsychopathen haben sie offensichtlich beim Wort genommen. Dick wurde für diesen Skandal »diszipliniert«, indem sie *befördert* wurde – bis an die Spitze der »Met«-Polizei (Londoner Polizeiapparat), wo sie ein Desaster angerichtet hat. Viele Polizeichefs, die die Polizei in verschiedenen Teilen Großbritanniens kontrollieren, sind und waren Absolventen von Common Purpose. Ich habe gehört, wie das Netzwerk der »Absolventen« als eine Art Mafia oder ein Geheimbund beschrieben wird, der auf allen Ebenen der Regierung operiert und eine kollektive Politik verfolgt, die auf den Schulungsveranstaltungen von Common Purpose vermittelt wird. Die Gründerin Julia Middleton hat selbst gesagt:

> »Auf lokaler und internationaler Ebene werden die Absolventen von Common Purpose ›kleine Feuer‹ entzünden, um in ihren Organisationen und Gemeinschaften einen Wandel zu bewirken ... Der Common-Purpose-Effekt wird am besten durch die vielen Geschichten von kleinen Veränderungen veranschaulicht, die von Führungskräften herbeigeführt wurden, die sich selbst verändert haben.«

Ein Grundsatzpapier von Common Purpose erklärt:

> »Common Purpose zielt darauf ab, die Art und Weise, wie die Gesellschaft funktioniert, zu verbessern, indem die Vision, die Entscheidungsfähigkeit und der Einfluss aller möglichen Arten von Führungskräften erweitert werden. Die Organisation führt eine Vielzahl von Bildungsprogrammen für Führungskräfte aller Altersgruppen, Hintergründe und Sektoren durch, um ihnen die Inspiration, die Informationen und die Möglichkeiten zu geben, die sie brauchen, um die Welt zu verändern.«

Ja, aber in welche Richtung? Seit 2020 ist die Antwort klar geworden.

NLP und die Delphi-Technik

»Common Purpose« (Gemeinwohl) scheint ein perfekter Name zu sein, oder wäre »Gemeinprogrammierung« besser? Eine der grundlegenden Methoden, um einen »Konsens« – ein Gruppendenken – zu erreichen, besteht darin, das Thema der Agenda festzulegen und dann alle zu ermutigen, zu überreden oder unter Druck zu setzen, damit sie einem »Konsens« zustimmen, der dem von Common Purpose geförderten Kernthema entspricht. Die Methodik umfasst auch die »Delphi-Technik« oder eine Abwandlung davon, bei der Meinungen geäußert werden, die in jeder Phase von einem »Vermittler oder Change Agent« (Agenten des Wandels) zusammengefasst werden. Die Teilnehmer werden dazu »ermutigt«, ihre Ansichten im Licht der Äußerungen der anderen zu ändern. Stufe für Stufe werden die früheren Einzelmeinungen zu einem Gruppenkonsens verschmolzen, der zufällig genau das ist, was Common Purpose glauben machen will. Es geht vor allem darum, jeden auszugrenzen, der sich weigert, sich dem Gruppendenken zu beugen, und die Gruppe gegen ihn aufzubringen und Druck auszuüben, bis er sich anpasst. Wir erleben, dass genau diese Technik bei der allgemeinen Bevölkerung angewandt wird, um die »Covid«-Gruppendenker gegen diejenigen aufzuhetzen, die den Schwachsinn durchschaut haben. Dabei können Menschen mit Methoden der Wahrnehmungsmanipulation wie dem Neuro-Linguistischen Programmieren (NLP) umgestimmt werden, bei dem man die Wahrnehmung mit Hilfe einer sorgfältig konstruierten Sprache verändert. Auf einer NLP-Website wird diese Technik folgendermaßen beschrieben:

> »[NLP ist] eine Methode zur Beeinflussung des Denkverhaltens (der ›neuro‹-Teil des Ausdrucks) durch den Einsatz von Sprache (der ›linguistische‹ Teil) und anderen

Arten der Kommunikation, um einen Ausübenden in die Lage zu versetzen, die Art und Weise, wie das Gehirn einer Zielperson auf Reize reagiert, ›umzukodieren‹ (das ist die ›Programmierung‹) und neue und bessere Verhaltensweisen zu manifestieren. Neurolinguistisches Programmieren beinhaltet oft Hypnose und Selbsthypnose, um die gewünschte Veränderung (oder ›Programmierung‹) zu erreichen.«

Das britische alternative Medienunternehmen UKColumn hat Common Purpose über einen langen Zeitraum hinweg sehr detailliert untersucht. Ich habe den Mitbegründer und ehemaligen Marineoffizier Brian Gerrish in meinem Buch *Remember Who You Are*, das 2012 auf Englisch erschien, mit folgenden Worten zitiert, die Jahre vor unserer Post-»Covid«-Zeitrechnung ausgesprochen wurden:

»Es ist interessant, dass viele der Mütter, denen der Staat ihre Kinder weggenommen hat, davon sprechen, die Mitarbeiter des Sozialamtes seien eiskalt und emotionslos und, wie zwei Damen mit leicht unterschiedlichen Worten sag, ›... wie kleine Roboter‹. Wir wissen, dass NLP kumulativ wirkt, so dass Menschen in einem Kurs hier, einem weiteren in ein paar Monaten, im nächsten Jahr und so weiter kleine, unmerkliche Dosen von NLP verabreicht werden können. Auf diese Weise kommt es zu großen Veränderungen in ihrer Persönlichkeit, aber die tägliche Veränderung ist fast unmerklich.«

Auf diese und andere Weise ist die Wahrnehmung der »Absolventen« einheitlich durch »Reframing« umprogrammiert worden und sie kehrten in ihre Rollen in den Institutionen der Regierung, der Strafverfolgung, der Anwaltschaft, des Militärs, des »Bildungswesens«, des nationalen Gesundheitsdienstes des Vereinigten Königreichs und der gesamten Struktur des Establishments zurück, um eine gemeinsame Agenda zu verfolgen, die auf die »postindustrielle«, »postdemokratische« Gesellschaft vorbereitet. Ich sage »vorbereitet«, aber inzwischen sind wir schon da angekommen. »Postindustriell« steht für den Großen Reset und »postdemokratisch« für den Covid-Faschismus. UKColumn hat mit den Lebenspartnern derjenigen gesprochen, die an einer »Schulung« von Common Purpose teilgenommen haben. Sie haben beschrieben, wie sich die Persönlichkeiten und Einstellungen der »Absolventen« nach Abschluss des Kurses deutlich zum Schlechteren verändert haben. Sie wurden »umgedacht« und ihnen wurde gesagt, sie seien die »Führer« – die Besonderen –, die es besser wissen als die Bevölkerung. Außerdem wurden nachweislich Psychopathen und Narzissten für die Regierungsverwaltung auf allen Ebenen und für die Strafverfolgung rekrutiert. Wenn man Psychopathie will, stellt man einfach Psychopathen ein – Ursache und Wirkung. Wenn man will, dass Verwaltungsangestellte, Polizeibeamte und »Führer« die Bürger als minderwertige Wesen wahrnehmen, die nicht zählen, dann stellt man sie ein. Solche Persönlichkeiten werden mit Hilfe der »Psychometrie« identifiziert, die Wissen, Fähigkeiten, Einstellungen und Persönlichkeitsmerkmale ermittelt, meist durch sorgfältig ausgearbeitete Fragebögen und Tests. Im Laufe der Jahrzehnte hat diese Politik dazu geführt, dass in den Bereichen Strafverfolgung, Sicherheit und Regierungsverwaltung machtbesessene Menschen eingesetzt wurden, um sich auf die heutige Zeit vorzubereiten, und dass sich die Dynamik zwischen Öffentlichkeit und Strafverfolgung/Behörde verändert hat. Brian Gerrish von UKColumn sagte über solche narzisstischen Persönlichkeiten:

> »Ihre Liebe zu sich selbst und zur Macht bedeutet automatisch, dass sie andere, die ihnen in die Quere kommen, vernichten werden. Ein wichtiger Teil des Puzzles wurde mir geliefert, als ein Freund mich darauf hinwies, dass im Rahmen von Verwaltungsreformen Beamte sich vor einigen Jahren erneut für ihre eigene Stelle bewerben mussten und dafür einen psychometrischen Test zu absolvieren hatten. Dies war zweifellos der Beginn des Screening-Prozesses, um ›ihre‹ Art von Leuten auf die wichtigen Posten zu bekommen.«

Seit 2020 ist das nur zu offensichtlich, aber es wäre schon Jahre früher zu erkennen gewesen, wenn man auf die sich verändernde Dynamik zwischen Öffentlichkeit und Establishment geachtet hätte.

Agenten des Wandels

Im Mittelpunkt des Geschehens in »Covid«-Großbritannien steht der Nationale Gesundheitsdienst (NHS), der sich skandalös verhalten hat, indem er der Kult-Agenda sklavisch folgte. Die Managementstruktur des NHS ist überschwemmt mit Absolventen des Common Purpose oder »Change Agents« (Agenten des Wandels), die für eine gemeinsame Sache arbeiten. Helen Bevan, Leiterin der Abteilung Service Transformation (Dienst-Umgestaltung) am NHS Institute for Innovation and Improvement, hat ein Dokument mit dem Titel »Towards a million change agents, a review of the social movements literature: implications for large scale change in the NHS« (Auf dem Weg zu einer Million Change Agents: Auswirkungen groß angelegter Veränderungen im NHS) mitverfasst. In dem Dokument wird der Ansatz des Projektmanagements mit dem des Wandels und der sozialen Bewegungen verglichen, bei denen »Menschen sich selbst und gegenseitig verändern – Peer to Peer«. Es wurden zwei Definitionen für eine »soziale Bewegung« gegeben:

> »Eine Gruppe von Menschen, die bewusst versucht, eine radikal neue soziale Ordnung herbeizuführen, die Menschen mit einem breiten Spektrum an sozialem Hintergrund einbezieht und die politisch konfrontative und sozial störende Taktiken einsetzt.« *Cyrus Zirakzadeh, 1997*

> »Kollektive Herausforderungen, die auf gemeinsamen Zielen und sozialer Solidarität beruhen, in anhaltendem Austausch mit Eliten, Gegnern und Behörden.«
> *Sidney Tarrow, 1994*

Helen Bevan hat noch ein weiteres NHS-Dokument verfasst, in dem sie »Framing« definiert als »den Prozess, durch den Führungskräfte ihre Botschaft konstruieren, artikulieren und auf eine kraftvolle und überzeugende Weise vermitteln, um Menschen für ihre Sache zu gewinnen und sie zum Handeln aufzurufen«. Ich glaube, ich könnte eine andere Definition finden, die etwas genauer ist. Der Nationale Gesundheitsdienst und die Institutionen Großbritanniens und der ganzen Welt sind von »reframten« »Change Agents« übernommen worden, und das schließt alles ein, von den Vereinten Nationen bis hin zu nationalen Regierungen, Gemeinderäten und Sozialdiensten, die in einem außergewöhnlichen und zunehmenden Ausmaß Kinder von liebenden Eltern entführen – der Weg zum Ende der Elternschaft insgesamt. Kinder aus fürsorgenden Elternhäusern werden vom Staat gestohlen und in die »Fürsorge« (wieder genau das Gegenteil der Wahrheit) der lokalen Behörden gegeben, die sie an Gemeindeheime, Pflegeeltern und zur Zwangsadoption weiterreichen. Gleichzeitig dürfen Kinder missbraucht werden, ohne dass darauf reagiert wird, während viele von ihnen der »Fürsorge« der Kommunen ausgeliefert sind.

UKColumn hat die Verbindung zwischen der Polizei von South Yorkshire und den Beamten der Stadtverwaltung von Rotherham im Zusammenhang mit dem Skandal der sexuellen Ausbeutung von Kindern in dieser Region aufgezeigt, bei dem die Behörden nicht nur ein Auge zugedrückt haben, sondern beide:

> »Wir waren alarmiert, als wir feststellten, dass der Chief Executive, der Strategic Director of Children and Young People's Services, der Manager für die Local Strategic Partnership, der Community Cohesion Manager, der Cabinet Member

for Cohesion, der Chief Constable und sein Vorgänger alle an Leadership-Trainingskursen teilgenommen hatten, die von der Pseudo-Wohltätigkeitsorganisation Common Purpose angeboten wurden.«

Sobald die »Change Agents« in einer Organisation die Möglichkeit haben, Mitarbeiter einzustellen und zu entlassen, kommen die Dinge sehr schnell ins Rollen. Mitarbeiter werden dann auf der Grundlage der Frage eingestellt und entlassen, ob sie für die Agenda arbeiten, die der »Change Agent« vertritt. Wenn sie dies tun, werden sie schnell befördert, auch wenn sie inkompetent sind. Die qualifizierteren und fähigeren Mitarbeiter der »alten Schule«, die vor der Einführung des Common Purpose tätig waren, erleben, wie ihre Karriere ins Stocken gerät oder abstürzt. Das geschieht seit Jahrzehnten in allen Institutionen des Staates, der Polizei, des »Gesundheitswesens« und der sozialen Dienste, und alle haben sich infolgedessen in ihrer Einstellung zu ihrer Arbeit und der Öffentlichkeit verändert. Medizinische Berufe, einschließlich der Krankenpflege, die einst Berufe für die Fürsorge waren, beschäftigen heute viele kalte, gefühllose Scheiß-egal-Persönlichkeiten.

Die UKColumn-Untersuchung kam zu dem Schluss:

»Indem die Grenzen zwischen Menschen, Berufen, öffentlichen und privaten Sektoren, Verantwortung und Rechenschaftspflicht verwischt werden, ermutigt Common Purpose die ›Absolventen‹ zu der Überzeugung, dass sie als neue, ausgewählte Führungskräfte außerhalb der etablierten politischen und sozialen Strukturen zusammenarbeiten können, um einen Paradigmenwechsel oder eine VERÄNDERUNG herbeizuführen – das sogenannte ›Leading Beyond Authority‹ [Führen jenseits von Autorität]. Auf diese Weise wird die Loyalität des Einzelnen auf CP-Kollegen und ihr NETZWERK ausgerichtet.«

Das Reframing der Gesichtswindeln

Nirgendwo ist dieser Prozess offensichtlicher als bei der Polizei, wo die Rekrutierung von Psychopathen und die Entwicklung von unkritischem, gruppengesteuertem Denken die Strafverfolgung in einen politisch korrekten »Woke«-Witz und eine Travestie des öffentlichen Dienstes verwandelt haben. Heute tragen sie ihre Gesichtswindeln wie brave kleine Laufburschen und setzen »Covid«-Regeln durch, die Faschismus unter einem anderen Namen sind. Neben den eigens dafür rekrutierten Psychopathen finden wir hier Software-Gehirne, die unfähig sind, frei zu denken. Noch einmal Brian Gerrish:

»Ein Beispiel dafür ist der Polizist, der sich für ein Pressefoto nicht auf ein Fahrrad setzen wollte, weil er den Radfahrerkurs nicht absolviert hatte. Normale Menschen sagen, dies sei übertriebene politische Korrektheit. Nichts könnte weiter von der Wahrheit entfernt sein. Der Polizist hatte sein ›Reframing‹ erhalten, und in seiner Realität ist es absolut vernünftig, nicht auf das Fahrrad zu steigen, weil er den Fahrradkurs nicht absolviert hat.

Ein weiteres Beispiel dafür ist, dass die Polizei einen Jungen erst dann aus einem Teich rettet, wenn sie sich am Ufer über die ›Risikobewertung‹ beraten hat. Ein normaler Mensch wäre gekommen, hätte vielleicht eine halbe Sekunde über das Risiko nachgedacht und wäre dann hineingesprungen. Für die Polizei ist das nur Befolgung der ›normalen‹ Prozedur, auf die das ›Reframing‹ sie eingestellt hat.«

Es gibt schockierende Fälle, in denen »umprogrammierte« Krankenwagenbesatzungen das Gleiche tun. Die schiere, gedankenlose Dummheit der Londoner Gesichtswindelträger, angeführt von der Common-Purpose-Absolventin Cressida Dick, zeigt sich zum Beispiel in ihrem Verhalten bei einer Mahnwache im März 2021 für die ermordete Sarah Everard. Ein Polizeibeamter war des Verbrechens angeklagt worden. Jeder, der bei Verstand ist, hätte die Mahnwache besonders unter diesen Umständen in Ruhe gelassen. Stattdessen wurden die Frauen »weggezerrt«, um sie daran zu hindern, gegen die »Covid-Regeln« zu verstoßen. Hier verriet sich das klassische Reframing. Menschen, die unter dem Bann der Wahrnehmungskontrolle stehen, sind nicht in der Lage, eine Situation als solche zu sehen und entsprechend zu handeln. »Vorschrift ist Vorschrift« ist ihre einzige Denkweise. Mein Vater pflegte zu sagen, dass Gesetze und Vorschriften für Intelligente nützliche Hinweise sind und von Idioten wörtlich befolgt werden. Die meisten intelligenten, anständigen Polizisten sind verschwunden, übrig geblieben sind nur die anderen und einige wenige von der alten Schule, für die der Job ein täglicher Albtraum sein muss. Die Kombination aus Psychopathen und Software-Gehirnen, die nach programmierten Regeln vorgehen, wurde in der »Covid«-Ära deutlich sichtbar, als Roboter in Uniform der Bevölkerung faschistoide »Covid«-Vorschriften aufzwangen, ohne persönliche Initiative zu zeigen oder Situationen mit gesundem Menschenverstand zu beurteilen.

Es gibt Tausende von Beispielen auf der ganzen Welt, aber ich möchte mich auf die berüchtigte Polizei von Derbyshire in den englischen East Midlands beschränken – diejenigen, die glauben, dass es »Polizeiarbeit« ist, wenn sie Farbe auf die schönsten Aussichtspunkte schütten und Drohnen einsetzen, um Menschen aufzuspüren, die in der Natur spazieren gehen, ohne dass jemand dabei ist. Für sie gibt es nur die von der Regierung verordneten Regeln, die sie durchsetzen müssen, und in ihrem verwirrten Zustand handelt es sich bei einer Gruppe, die sich in einem geschlossenen Raum versammelt, und jemandem, der allein in der Natur spazieren geht, um ein und dasselbe. Das ist mehr als reine Idiotie und reicht schon in den Bereich des klinischen Wahnsinns.

Polizeibeamte in Derbyshire sagten, sie seien »entsetzt« – *entsetzt* – gewesen, als sie fünfzehn bis zwanzig »verantwortungslose« Kinder vorfanden, die in einem geschlossenen Freizeitzentrum Fußball spielten und damit »gegen die Coronavirus-Beschränkungen verstießen«. Als die Kinder sie sahen, rannten sie weg, ließen ihre Sachen zurück, und die gehirngewaschenen Männer und Frauen der Polizei von Derbyshire versuchten, die Identität der Kinder festzustellen, um ihre Eltern zu bestrafen. Die natürlichste Sache, die Kinder tun können – einen Ball herumkicken –, wird zu einer kriminellen Aktivität gemacht und von den »umprogrammierten« – *reframten* – Robotern, die sich Polizei von Derbyshire nennen, verfolgt. Die gleiche Mentalität finden Sie in jedem Land. Diese kaum bewussten, »entsetzten« Beamten sagten, sie müssten Maßnahmen ergreifen, weil »wir sicherstellen müssen, dass diese Regeln befolgt werden« und »es von äußerster Wichtigkeit ist, dass Sie sicherstellen, dass Ihre Kinder die Regeln und Vorschriften für Covid-19 befolgen«. Hatte irgendjemand von ihnen auch nur zehn Sekunden lang recherchiert, um herauszufinden, ob dieses Nachplappern des Skripts ihrer Herren durch irgendwelche Beweise gestützt werden könnte? Nein. Menschen, die ein Reframing erhalten haben, denken nicht – andere denken für sie, und das ist die ganze Idee des »Reframing«. Ich habe gesehen, wie ein Polizeibeamter nach dem anderen ohne zu fragen Wort für Wort das wiederholt hat, was ihm von offizieller Seite gesagt wurde, und ich habe gesehen, wie große Teile der Öffentlichkeit dasselbe taten. Fragen Sie einen von ihnen nach seiner Meinung, und er spuckt aus, was er nach dem offiziellen Narrativ zu denken hat. Polizei und Öffentlichkeit sind zwar scheinbar unterschiedliche Gruppen, aber ihre Mentalität ist die gleiche. Die meisten Menschen tun, was man ihnen sagt, weil sie Angst haben, was geschieht, wenn sie es nicht tun, oder weil sie glauben, was ihnen von offizieller Seite gesagt wird; fast die gesamte Polizei tut aus demselben Grund, was man ihr sagt. Letztlich ist es der winzige innerste Kreis des globalen Kults, der beiden sagt, was sie zu tun haben.

Die Polizei von Derbyshire war also »entsetzt«. Ach, wirklich? Was meinten sie wohl, warum diese Kinder Fußball spielen würden? Um die psychologischen Folgen des Lockdowns zu lindern und weil ihnen der menschliche Kontakt zu ihren Freunden, die Interaktion, die Berührung und das Gespräch verwehrt wurden, die für die menschliche psychische Gesundheit so überaus wichtig sind. Die monatelange Verweigerung dieses Kontakts hat die Psyche vieler Kinder und Jugendlicher zerstört und Depressionen und Selbstmord begünstigt. War die Polizei von Derbyshire *darüber* entsetzt? Selten so gelacht. »Umprogrammierte« Menschen verfügen nicht mehr über die mentalen und emotionalen Fähigkeiten zu erkennen, dass die Auswirkungen der Vorschriften auf die psychische Gesundheit junger Menschen weitaus gefährlicher sind als jedes »Virus«, selbst wenn man die verlogenen offiziellen Zahlen für wahr hält. Das »Reframing« hat ihnen einprogrammiert, wie sie sich verhalten sollen, und daran halten sie sich auch. In der ersten Zeit des Lockdowns, als der Unsinn mit dem schwarzen Farbstoff und den Drohnen passierte, war Peter Goodman Polizeipräsident von Derbyshire. Er kappte die Verbindung zwischen seiner Truppe und dem *Männer*-Polizeichor von Derbyshire, weil der Chor, wie er fand, nicht *inklusiv* genug war, um Frauen die Teilnahme zu ermöglichen. Die Tatsache, dass es sich um einen Männerchor handelt, der einen bestimmten Klang erzeugt, der von männlichen Stimmen erzeugt wird, schien Goodman entgangen zu sein, der die Polizeiarbeit in Derbyshire auf so gruselige Weise leitete. Er ging in den Ruhestand, nachdem der ehemalige Richter am Obersten Gerichtshof, Jonathan Sumption, das extreme Verhalten der Polizei während der ersten Lockdown-Maßnahmen als skandalös bezeichnet hatte. Goodman wurde durch seine Stellvertreterin Rachel Swann ersetzt, die das Kommando hatte, als ihre Beamten so »entsetzt« waren. In der Erklärung der Polizei über die Jungen, die das Vergehen des Fußballspielens begangen hatten, hieß es, die Jugendlichen seien »verantwortungslos in den Zeiten, die wir alle durchleben«. Dabei wurde übersehen, dass die wirkliche Relevanz der »Zeiten, die wir alle durchleben« die Durchsetzung des Faschismus ist, der von Psychopathen und umprogrammierten Polizeibeamten an den Tag gelegt wird, die eine so wichtige Rolle bei der Errichtung der faschistischen Tyrannei spielen, in der ihre eigenen Kinder und Enkelkinder dann ihr Leben lang leben müssen. Das ist an Wahnsinn kaum zu überbieten, auch wenn es vielleicht noch deutlicher geht – indem man Menschen Masken aufzwingt, die ernsthafte Auswirkungen auf ihre Gesundheit haben können, während man selbst begeistert ebenfalls den ganzen Tag eine Gesichtswindel trägt. Die Öffentlichkeit und die Polizei tun es wieder einmal aus demselben Grund – die Behörden verlangen es von ihnen, und wer hat schon die Selbstachtung, nein zu sagen?

»Woke« in Uniform

Wie geistesgestört muss man sein, um einen *Sechsjährigen* zu verhaften und vor Gericht zu bringen, weil er *eine Blume gepflückt hat*, während er auf den Bus wartete? Die hirntote Polizei und die Beamtenschaft haben genau das in North Carolina getan, wo

Strafverfahren gegen Kinder unter neun Jahren regelmäßig stattfinden. Die Anwältin Julie Boyer gab dem Sechsjährigen bei der »Blumen«-Anhörung Buntstifte und ein Malbuch, während die »Erwachsenen« über sein Schicksal entschieden. Jay Corpening, Richter am Bezirksgericht, fragte: »Sollte ein Kind, das an den Weihnachtsmann, den Osterhasen und die Zahnfee glaubt, lebensverändernde Entscheidungen treffen?« Nun, natürlich nicht, aber gesunder Menschenverstand hat keine Bedeutung, wenn man ein gemeinsames Ziel und einen Reframing-Verstand hat. Die Behandlung von Kindern auf diese Weise und der Polizeieinsatz an amerikanischen Schulen ist Teil der psychologischen Vorbereitung der Kinder darauf, einen Polizeistaat ihr ganzes Erwachsenenleben lang als normal zu akzeptieren. Das Gleiche gilt für all die Kameras und die biometrische Überwachungstechnologie in den Schulen.

Die Polizeiausbildung konzentriert sich darauf, die Auszubildenden zu Schneeflocken-Woken umzuprogrammieren, und das passiert auch beim Militär. Die hohen Tiere im Pentagon sagten, dass »Trainingseinheiten zum Thema Extremismus« für Truppen notwendig seien, die sich fragten, warum man sich so sehr auf die Unruhen im Kapitol konzentrierte, während die Unruhen von Black Lives Matter ignoriert wurden. »Wo ist da der Unterschied?«, fragten einige offenbar und zu Recht. Tatsächlich gibt es einen Unterschied. Bei den Unruhen im Kapitol starben fünf Menschen, nur einer durch Gewalt, und das durch einen Polizisten, der eine unbewaffnete Demonstrantin erschoss. Die BLM-Unruhen haben mindestens fünfundzwanzig Menschen getötet und Milliarden gekostet. Die Frage veranlasste die Psychopathen und Umprogrammierten, die das Pentagon leiten, zu der Antwort, dass mehr »Erziehung« (Programmierung) nötig sei. Die Ausbildung der Truppen basiert auf einer psychologischen Programmierung, um sie zum Futter für den Kult zu machen – »Militärs sind nur dumme, dumme Tiere, die als Schachfiguren in der Außenpolitik benutzt werden«, so die berühmte Einlassung des ehemaligen Außenministers Henry Kissinger, der ebenfalls zum Kult gehört. Die Regierungen sehen die Polizei ähnlich, und es ist an der Zeit, dass diejenigen unter ihnen, die das erkennen können, die Menschen verteidigen und aufhören, die Agenda des Kults gegen ihre Mitbürger durchzusetzen.

Das US-Militär wird, wie das Land selbst, durch eine lange Liste von Woke-Zwängen zerstört. Der Kult-kontrollierte Gaga-»Präsident« Biden hat bei seinem Amtsantritt eine Durchführungsverordnung unterzeichnet, die es erlaubt, Transgender-Operationen für aktive Militärangehörige und Veteranen mit Steuergeldern zu bezahlen. Sind Sie ein männlicher Soldat? Nein, ich bin ein LGBTQIA+ mit einem Hauch von Skoliosexualität und Spektrasexualität. Oh, *Mann.* Halt! – Falsche Wortwahl, Sie Rassist! Das Pentagon hat im März 2021 die Ernennung des ersten »Diversity and Inclusion Officer«

für die US Special Forces bekanntgegeben. Richard Torres-Estrada veröffentlichte denn auch gleich einen »D&I-Strategieplan, der die Einheiten-übergreifenden Bemühungen zur Institutionalisierung und Unterstützung von D&I leiten wird«. Wenn Sie glauben, dass dieser »Strategieplan« der Special Forces etwas mit der Verteidigung Amerikas zu tun haben sollte, haben Sie nicht aufgepasst. Woke zu verteidigen ist jetzt die neue Rolle des Militärs. Torres-Estrada hat Bilder gepostet, in denen er Donald Trump mit Adolf Hitler vergleicht, aber wir können von ihm als Vertreter des angeblich unpolitischen Pentagons natürlich keine Voreingenommenheit erwarten. Der Nachrichtenmoderator Tucker Carlson sagte: »Das Pentagon ist jetzt das Yale-Fakultätszimmer, aber mit Marschflugkörpern.« Verteidigungsminister Lloyd Austin, ein Vorstandsmitglied des Waffenherstellers Raytheon mit Aktien und Einkünften im Wert von 1,4 Millionen Dollar, Stand Oktober 2020, sagte, er säubere das Militär vom »inneren Feind« – von jedem, der nicht »woke« ist und Donald Trump unterstützt. Austin bezeichnet seine Zielpersonen als »rassistische Extremisten«, während er in bester Woke-Manier selbst ein rassistischer Extremist ist. In den Ankündigungen des Pentagons wird versprochen, »alle Formen von Rassismus, Sexismus und Homophobie auszumerzen, zu entfernen und zu besiegen«. Die Definitionen dieser Begriffe werden von »Diversity and Inclusion Committees« festgelegt, deren Mitglieder in jeder Situation und Meinung Rassismus, Sexismus und Homophobie sehen. Woke (der Kult) demontiert das US-Militär und säubert es von Testosteron, während China sein Militär ausbaut und für seine Truppen »Männlichkeitstrainings« veranstaltet. Was meinen Sie wohl, wie das enden wird, wenn das alles vom Kult koordiniert wird? Das US-Militär wird, wie auch das britische Militär, von *woken* und rückgratlosen Spitzenkräften kontrolliert, die aus persönlichen Karriereinteressen einfach mitmachen.

»Woke« bedeutet eingeschlafen

Die Techniken der Gedankenkontrolle und Wahrnehmungsmanipulation, die bei Einzelpersonen eingesetzt werden, um ein Gruppendenken zu erzeugen, wurden auf die gesamte Weltbevölkerung losgelassen. Infolgedessen sind viele nicht in der Lage, die offensichtliche faschistische Agenda zu erkennen, die um sie herum installiert wird, oder zu erkennen, worum es bei »Covid« wirklich geht. Ihre Gehirne sind wie ein Computersystem mit einer Firewall versehen, damit sie bestimmte Konzepte, Gedanken und Erkenntnisse, die für den Kult schlecht sind, nicht verarbeiten können. Die jungen Menschen werden am meisten ins Visier genommen, da sie die zukünftigen Bürger des faschistischen Weltstaats werden solln. Sie müssen darauf vorbereitet werden, sich absolut zu fügen, um jeglichen Widerstand zukünftiger Generationen auszuschalten. Der Kult hat Milliarden in die vollständige Kontrolle der »Bildung« gesteckt, von den Schulen bis zu den Universitäten, und zwar über seine Mitarbeiter und Unternehmen und, wie immer, über Bill Gates. Der Plan besteht darin, die »Bildungseinrichtungen« in Programmierzentren für die Mentalität der »Woken« zu verwandeln. James McConnell, Professor für Psychologie an der Universität von Michigan, schrieb 1970 in *Psychology Today*:

> »Der Tag ist gekommen, an dem wir sensorische Deprivation mit Drogen, Hypnose und geschickter Manipulation von Belohnung und Bestrafung kombinieren können, um eine fast absolute Kontrolle über das Verhalten eines Menschen zu erlangen. Es sollte dann möglich sein, eine sehr schnelle und hocheffektive Art der Gehirnwäsche durchzuführen, die es uns erlaubt, das Verhalten und die Persönlichkeit eines Menschen dramatisch zu verändern ...
>
> ... Wir sollten die Gesellschaft so umgestalten, dass wir alle von Geburt an darauf trainiert werden, das zu tun, was die Gesellschaft von uns verlangt. Wir haben die Techniken dazu ... Niemand hat Anspruch auf eine eigene Persönlichkeit, und es gibt keinen Grund, jemandem das Recht einzuräumen, sich zu weigern, eine neue Persönlichkeit zu erhalten, wenn die alte unsozial ist.«

Dieses Potenzial hatte die Massen-Gehirnwäsche bereits 1970 und die Mentalität, die sich darin offenbart, spiegelt die arrogante Psychopathie wider, die wir heute erleben. Ich betone, dass nicht alle jungen Menschen der Woke-Programmierung erlegen sind. Diejenigen, die ihr entgingen, sind unglaublich beeindruckende Menschen, wenn man bedenkt, dass die heutige Jugend die am stärksten wahrnehmungsprogrammierte Generation in der Geschichte ist, bei all der Technologie, die heute im Spiel ist. Weite Teile der jungen Generationen sind jedoch in den Bann von Woke geraten. Die Woke-Mentalität und das Wahrnehmungsprogramm beruhen auf dem Inversionsprinzip, der Umkehrung, und Sie werden später verstehen, warum das so wichtig ist. Alles, was mit Woke zu tun hat, ist invertiert und das Gegenteil von dem, was es zu sein vorgibt. Woke war ein Begriff, der in der afroamerikanischen Kultur der 1900er Jahre verwendet wurde und sich auf ein Bewusstsein für soziale und rassische Gerechtigkeit bezog. Das ist nicht die Bedeutung der modernen Version oder des »New Woke«, wie ich es in *Die Antwort* nenne. Oh nein, Woke bedeutet heute etwas ganz anderes, egal wie sehr die Woken versuchen, das zu verbergen und darauf bestehen, dass Old Woke und

New Woke dasselbe sind. Schauen Sie mal, ob Sie in der modernen Variante hier ein »Bewusstsein für soziale Gerechtigkeit« finden:

- Woke fordert »Inklusivität« und schließt gleichzeitig jeden aus, der eine andere Meinung hat, und fordert eine Massenzensur, um andere Meinungen zum Schweigen zu bringen.
- Woke behauptet, gegen Unterdrückung zu sein, während Unterdrückung die Grundlage für alles ist, was es tut. Es ist die treibende Kraft hinter der politischen Korrektheit, die nichts anderes als eine Erfindung des Kults ist, um die Bevölkerung zu manipulieren und zum Schweigen zu bringen.
- Woke hält sich selbst für »liberal«, während es eine globale Gesellschaft anstrebt, die man nur als faschistisch bezeichnen kann (siehe die »antifaschistische« faschistische Antifa).
- Woke ruft nach »sozialer Gerechtigkeit« und verbreitet gleichzeitig Ungerechtigkeit, wo immer es geht, gegen den gemeinsamen »Feind«, der einfach als abweichende Meinung identifiziert wird.
- Woke soll eine Metapher für »erwacht« sein, wenn man tief und fest schläft und sich in einem vom Kult verursachten Koma befindet, das die Kriterien für ein »Wolkenkuckucksheim« erfüllt.

Diese Punkte sind offensichtliche Tatsachen, wenn die Leute nur genau hinschauen würden. Es geht mir nicht um eine Verurteilung der »Wokeness«. Wir müssen begreifen, welchem gnadenlosen und kontinuierlichen Druck der Wahrnehmungsprogrammierung die Jugend ausgesetzt ist. Ich kann verstehen, warum so viele umprogrammiert wurden, oder, angesichts ihrer Jugend, von Anfang an darauf getrimmt wurden, die Welt so zu sehen, wie es der Kult verlangt. Der Kult hat durch sein »Erziehungssystem« Tag für Tag Zugang zu ihrem Denken gehabt, und zwar während ihrer gesamten prägenden Jahre. Die Wahrnehmung wird durch die erhaltenen Informationen geformt und das vom Kult geschaffene System ist ein lebenslanger Download von Informationen, die eine bestimmte Wahrnehmung und damit ein bestimmtes Verhalten hervorrufen sollen. Je mehr sich dies in den letzten Jahrzehnten zu immer neuen Extremen ausgeweitet hat und je mehr die Zensur andere Meinungen und Informationen gelöscht hat, desto weiter ist das »Reframing« der Wahrnehmung fortgeschritten. Ich habe bereits die Programmierung von der Wiege bis zur Bahre beschrieben, und in jüngerer Zeit hat die gezielte Beeinflussung junger Menschen von der Geburt bis zum Erwachsenenalter die Stratosphäre erreicht. Es geschieht in der Form, dass man das, was »gelehrt« wird, so verdreht, dass es in die Agenda des Kults passt – und durch die allgegenwärtigen Techniken des Gruppendenkens, um Andersdenkende zu isolieren und auf Linie zu bringen. Es gab schon immer die Tendenz, der Herde zu folgen, aber wir befinden uns jetzt in einer neuen Welt. Wir haben Eltern, die den »Covid«-Schwindel durchschauen und ihre Kinder trotzdem nicht davon abhalten, in der Schule Masken zu tragen, sich einem »Covid«-Test zu unterziehen oder sich »impfen« zu lassen, aus Angst vor den Folgen des Gruppendrucks. Was ist »Gruppenzwang«, wenn nicht der Druck, sich dem Gruppendenken anzupassen? Ein Renegaten-Geist denkt niemals in Gruppen und behält immer eine Reihe von Wahrnehmungen bei, die einzigartig für ihn sind. Das Gruppendenken wird immer durch drohende Konsequenzen untermauert, wenn man nicht der Gruppe gemäß denkt. Die Beschimpfungen, die jetzt auf diejenigen abzielen, die sich weigern, die DNA-manipulierenden »Covid-Impfstoffe« zu nehmen, sind ein gutes Beispiel dafür. Der größte Druck, sich anzupassen, kommt von einer Gruppe, die selbst gerne manipuliert wird. Ich bin darauf programmiert, Teil eines Bienenstocks zu sein, also müssen Sie es auch sein.

Woke-Kontrollstrukturen in der »Bildung« gelten jetzt für jede Mainstream-Organisation. Diejenigen, die an der Spitze der »Bildungs«-Hierarchie stehen (der Kult), bestimmen die Politik. Diese wird den Regierungen über das Netzwerk des Kultes aufgezwungen; die Regierungen zwingen sie den Schulen, Hochschulen und Universitäten auf; ihre Führung zwingt die Politik den Lehrern und Akademikern auf und die zwingen sie den Kindern und Studenten auf. Wo auch immer sich ein Lehrer oder Universitätsdozent wehrt, wird er von den Behörden ins Visier genommen und oft entlassen. Die Studenten selbst fordern regelmäßig die Entlassung von Akademikern (von denen es immer weniger gibt), die dem Narrativ widersprechen, an das zu glauben die Studenten programmiert worden sind. Es ist schon erstaunlich, dass Studenten, die vom Kult ins Visier genommen werden, so sehr von dem programmierten Gruppendenken vereinnahmt werden, dass sie lautstark protestieren und die Entfernung derjenigen fordern, die versuchen, ihnen das freie Denken zu sichern. Das zeigt das Ausmaß der Wahrnehmungsumkehrung. Wir haben es bereits bei den »Covid«-Programmierungen gesehen, bei denen der Kult die Regeln über Psycho-Psychologen und Regierungen den Geschäften, Verkehrsbetrieben und Unternehmen auferlegt, die sie ihren Mitarbeitern auferlegen, die sie wiederum ihren Kunden auferlegen, die die Dissidenten unter Druck setzen, sich nur ja dem Willen des Kults anzupassen, der dabei ist, sie und ihre Familien zu zerstören. Scannen Sie alle Aspekte der Gesellschaft und Sie werden immer wieder die gleiche Abfolge sehen.

Faktenfreies Woke und die Vereinnahmung der »Linken«

Es gibt kein deutlicheres Beispiel für diese Vereinnahmung als »Woke«, eine Mentalität, die nur durch die Ausblendung von Fakten in einem »Bildungssystem« ermöglicht wird, das eine immer einheitlichere Gesellschaft schaffen will. Wenn Sie keine Fakten keinen, warum sollten Sie sich dann dafür interessieren? Die Löschung von glaubwürdiger Geschichte, sowohl was den Umfang als auch die Art betrifft, ist von großer Bedeutung. Orwell sagte: »Wer die Vergangenheit kontrolliert, kontrolliert die Zukunft; wer die Gegenwart kontrolliert, kontrolliert die Vergangenheit.« Wer die Wahrnehmung der Vergangenheit kontrolliert, kontrolliert die Wahrnehmung der Zukunft, und wer die Gegenwart kontrolliert, kontrolliert die Wahrnehmung der Vergangenheit durch das Umschreiben und Ausradieren der Geschichte. Warum sollte man sich der Durchsetzung des Marxismus im Namen von Woke widersetzen, wenn man nirgendwo gehört hat, dass der Marxismus allein im zwanzigsten Jahrhundert mindestens hundert Millionen Menschenleben gekostet hat? Sehen Sie sich Videos an und lesen Sie Berichte, in denen der Woke-Generation grundlegende historische Fragen gestellt werden – es ist verblüffend. Eine Umfrage unter zweitausend Personen ergab, dass sechs Prozent der Millennials (geboren etwa Anfang der 1980er bis Anfang der 2000er Jahre) glaubten, der Zweite Weltkrieg (1939-1945) sei mit der Ermordung von Präsident Kennedy (22. November 1963) ausgebrochen, und einer von zehn glaubte, Margaret Thatcher (1925-2013) sei zu dieser Zeit britische Premierministerin gewesen. Sie war zwischen 1979 und 1990 im Amt. Wir leben in einer postfaktischen Gesellschaft. Beweisbare Fakten bieten keinerlei Schutz gegen den Faschismus der politischen Korrektheit oder die Zensur aus dem Silicon Valley. Fakten spielen keine Rolle mehr, wie der »Covid«-Schwindel gezeigt hat. Dabei ist alles, was Sie tun müssen, um ein Individuum zu bleiben, eigenständiges Denken dem Gruppendenken der neuen Woke-Religion vorzuziehen. Alle Religionen sind ein Ausdruck von Gruppendenken und Zensur und Woke ist nur eine weitere Religion mit einer Orthodoxie, die durch Gruppendenken und Zensur verteidigt wird. Die Verbrennung auf dem Scheiterhaufen wird zu einer Verbrennung auf Twitter, was schließlich wieder zu einer Verbrennung auf dem Scheiterhaufen führt, da die Woke-Menschheit in vergangene Zeiten zurückfallen wird.

Die größte Woke-Inversion findet man bei ihren Schöpfern und Geldgebern. Ich bin in den 1950er und 1960er Jahren in einem traditionell linken politischen Haushalt in einer Sozialsiedlung in Leicester aufgewachsen – Sie wissen schon, die Linke, die die Macht der wohlstandsverwöhnten Eliten und die Bedrohung der Rede- und Meinungsfreiheit bekämpfte. Damals gingen Studenten auf Demos, um die Redefreiheit zu verteidigen, während die Woken von heute für ihre Abschaffung auf die Straße gehen. Was um alles in der Welt kann da nur passiert sein? Genau die Eliten (der Kult), die wir in meiner Jugend bekämpften, haben die Antithese zur alten Linken hervorgebracht und die »Marke« gekapert, während sie alles, wofür sie jemals stand, ins Gegenteil verkehrt haben. Das Ergebnis ist eine Mentalität, die sich selbst als »liberal« und »fortschrittlich« bezeichnet, sich aber wie eine faschistische Partei verhält. Die Kult-Milliardäre und ihre Konzerne haben sich die Kontrolle über das »Bildungswesen« erkauft, um dafür zu sorgen, dass Kinder und Jugendliche in ihren ersten Lebensjahren ununterbrochen von Woke-Programmen geprägt werden und Nicht-Woke *isoliert* (schon wieder dieses Wort), egal ob es sich um Studenten, Lehrer oder Hochschulprofessoren handelt. Der Kult hat das inzwischen kolossale globale Netzwerk von Woke-Organisationen finanziert, die alle »Gründe« auf der Wunschliste des Kults für die globale Transformation propagiert und gefördert und die Woken zu den lautesten Schreiern nach diesen Zielen gemacht haben. Glaubt irgendjemand wirklich, dass es Zufall ist, wenn die Agenda des Kultes für die Menschheit eine Kopie der gesellschaftlichen Veränderungen ist, die sich die Woken wünschen? Dies sind nur einige von ihnen:

Politische Korrektheit

Das Mittel, mit dem der Kult alle öffentlichen Debatten auslöscht, weil er weiß, dass er sie nicht gewinnen kann, wenn wir den freien Fluss von Informationen und Fakten hätten.

Vom Menschen verursachter »Klimawandel«

Das Mittel, mit dem der Kult versucht, die Gesellschaft in eine global kontrollierte Diktatur zu verwandeln, die ihren Willen bis ins kleinste Detail durchsetzt, »um den Planeten zu retten«, der eigentlich gar nicht gerettet werden muss.

Transgender-Besessenheit

Die Vorbereitung der kollektiven Wahrnehmung auf die Akzeptanz des »neuen Menschen«, der kein Geschlecht hat, weil er technologisch und nicht durch Fortpflanzung erschaffen wird. Dazu werde ich in »Mensch 2.0« noch mehr sagen.

Rassenbesessenheit

Das Mittel, mit dem der Kult versucht, die Bevölkerung zu spalten und zu beherrschen, indem er eine Rassentrennung auslöst, durch die er den Eindruck erweckt, die Gesellschaft sei rassistischer denn je, obwohl das Gegenteil der Fall ist. Ist sie in dieser Hinsicht perfekt? Nein. Aber den heutigen Rassismus mit dem Rassismus der Apartheid und der Rassentrennung zu vergleichen, der durch die Bürgerrechtsbewegung in den 1960er Jahren beendet wurde, ist eine Beleidigung der Erinnerung an diese Bewegung und an ihre Inspiratoren wie Martin Luther King (1929-1968). Warum wird die »Anti-Rassismus«-Industrie (die sie ja ist) so sehr von privilegierten weißen Menschen dominiert?

Weiße Vorherrschaft

Dies ist ein Etikett, das von privilegierten Weißen verwendet wird, um arme und benachteiligte Weiße zu dämonisieren, die sich gegen die Tyrannei wehren, durch die sie ausgegrenzt und zugrunde gerichtet werden. Die Weißen werden besonders ins Visier genommen, da sie die zahlenmäßig dominierende Rasse in der westlichen Gesellschaft sind, die der Kult nach seinem Bild umgestalten will. Wenn Sie eine Gesellschaft verändern wollen, müssen Sie ihre größte Gruppe schwächen und unterminieren, und wenn Sie das getan haben, indem Sie die anderen Gruppen benutzen, wenden Sie sich als Nächstes gegen die Minderheit, um das Gleiche zu tun … »Als sie die Juden holten, habe ich geschwiegen, ich war ja kein Jude. Als sie mich holten, gab es keinen mehr, der protestieren konnte.«

Massenmigration

Die Masseneinwanderung von Menschen aus dem Nahen Osten, Afrika und Asien nach Europa, aus dem Süden in die Vereinigten Staaten und aus Asien nach Australien sind ein weiterer Weg, auf dem der Kult versucht, den rassischen, kulturellen und politischen Einfluss der Weißen auf die westliche Gesellschaft zu verwässern. Weiße Menschen fragen sich, warum ihre Regierungen gegen die eingesessene Bevölkerung zu arbeiten scheinen, nur weil diese Bevölkerung politisch und kulturell gegenüber den neuen Kulturen voreingenommen ist. Nun, hier ist Ihre Antwort. Genauso fragen sexuell »heterosexuelle« Menschen, Männer und Frauen, warum die Behörden gegen sie und für andere Sexualitäten voreingenommen sind. Die Antwort ist dieselbe – der Kult will es so, aus sehr finsteren Motiven.

Dies alles sind zentrale Bestandteile der Agenda des Kults und zentrale Bestandteile der Woke-Agenda. Woke wurde von Kult-Milliardären und -Konzernen ins Leben gerufen und wird weiterhin in hohem Maße von ihnen finanziert. Wenn jemand jetzt anfängt, »Zufall« zu sagen, sollte ihm das Wort im Hals stecken bleiben.

Milliardäre als »Vorkämpfer der sozialen Gerechtigkeit«

Joe Biden ist ein hundertprozentiger Aktivposten des Kults im Weißen Haus und der Mann der Woken, solange er sich noch an seinen Namen erinnern kann und mit seinen rapide nachlassenden kognitiven Funktionen durchhält. Selbst die Stufen eines Flugzeugs hinaufzugehen, ohne auf den Hintern zu fallen, scheint eine Herausforderung für ihn zu sein. Er ist nicht einfach eine Marionette in einer leeren Hülle oder so. Nein, seit seinem Amtsantritt (oder dem des Kults), hat er sofort aktiv mit seinen Durchführungsverordnungen begonnen, die Woke-Wunschliste abzuarbeiten. Sie werden sehen, dass die Woke-Agenda immer stärker durchgesetzt wird, denn sie ist in Wahrheit die Agenda des *Kults*. Vom Kult ins Leben gerufene Woke-Organisationen und Aktivistennetzwerke werden mit Unsummen finanziert, solange sie sich für das einsetzen, was der Kult will. Woke wird von Milliardären finanziert, die durch die Zerstörung der sozialen Gerechtigkeit zu Milliardären werden, um »soziale Gerechtigkeit« zu fördern. Dabei ist das Mantra der sozialen Gerechtigkeit nur ein Deckmantel für den Abbau der sozialen Gerechtigkeit, was von Milliardären finanziert wird, die sich einen Dreck um die soziale Gerechtigkeit scheren. Wenn Sie das erkennen, ergibt alles einen Sinn. Einer der wichtigsten Geldgeber von Woke ist der Kult-Milliardär und Finanzier George Soros, der sagte: »Ich bin im Grunde nur dazu da, Geld zu verdienen, ich kann und will mich nicht um die sozialen Folgen meines Handelns kümmern.« Das ist derselbe Soros, der mit mehr als 32 Milliarden Dollar sein globales Woke-Netzwerk Open Society Foundations unterstützt und ebenso die Black-Lives-Matter-Bewegung, die Masseneinwanderung nach Europa und in die Vereinigten Staaten, Transgender-Aktivismus, Klimawandel-Aktivismus, politische Korrektheit und Gruppen, die sich gegen die »weiße Vorherrschaft« mit Antifa-Schlägern wehren, die selber weiß sind. Was für eine Heuchelei das alles ist. Aber wenn Sie es mit der unhinterfragten faktenfreien Zone der Woke zu tun haben, ist es ein Kinderspiel, allen ein X für U vorzumachen. Alles, was Sie brauchen, um es in all diesen Organisationen durchzuziehen, sind ein paar eingeweihte Agenten des Kults und eine Armee von naiven, umprogrammierten, uninformierten, narzisstischen, von ihrer eigenen Selbstgerechtigkeit, Reinheit und Tugendhaftigkeit überzeugten Besserwissern.

Soros, seine Milliardärs-Freunde und ihre Milliardärs-Konzerne haben Hunderte von Millionen in Black Lives Matter (BLM) und damit verbundene Gruppen gesteckt und sie einem weltweiten Publikum vorgestellt. Nichts davon ist motiviert durch die Sorge um die schwarzen Menschen. Es sind die Milliardäre, die ein System kontrollieren und ausbeuten, das Millionen von Schwarzen in bitterer Armut und Entbehrung leben lässt und gegen das sie absolut nichts unternehmen. Dieselben Kult-Netzwerke, die BLM finanzieren, steckten schon hinter dem *Sklavenhandel*! Black Lives Matter hat einen Begriff gekapert, den nur wenige in Frage stellen würden, und sie haben dieses lobenswerte Konzept in eine politische Waffe verwandelt, um die Gesellschaft zu spalten. Man erkennt, was BLM für ein Betrug ist, wenn seine Aktivisten behaupten, dass *All* Lives Matter, die inklusivste Aussage von allen, »rassistisch« ist. Die BLM-Bewegung und ihre Kult-Meister wollen den Rassismus nicht beenden. Für sie ist er ein Mittel zum Zweck, um die gesamte Menschheit zu kontrollieren, unabhängig von Hautfarbe, Glaube, Kultur oder Herkunft. Was hat die Zerstörung der Kernfamilie mit der Beendigung des Rassismus zu tun? Nichts – aber das ist eines der Ziele von BLM und zufällig auch ein Ziel des Kults, wie ich seit Jahrzehnten in meinen Büchern aufzeige. Kinder ihren liebenden Eltern wegzunehmen und den Schulen immer mehr Macht zu geben, sich über die Eltern hinwegzusetzen, ist Teil der gleichen Agenda. BLM ist eine marxistische Organisation. Wie kann es auch anders sein, wo der Kult doch den Marxismus und die BLM-Bewegung geschaffen hat?

Patrisse Cullors, eine Mitbegründerin von BLM, sagte in einem Video aus dem Jahr 2015, dass sie und ihre Mitorganisatoren, darunter auch die Mitbegründerin Alicia Garza, »ausgebildete Marxisten« seien. Die Dame, die seit ihrer Heirat als Patrisse Khan-Cullors bekannt ist, kaufte 2021 ein 1,4 Millionen Dollar teures Haus in einer der weißesten Gegenden Kaliforniens mit einem schwarzen Bevölkerungsanteil von nur 1,6 Prozent und hat bisher vier weitere Upmarket-Häuser für insgesamt 3,2 Millionen Dollar erworben. Wie marxistisch! In den Kassen von BLM muss aber noch etwas übrig geblieben sein von den 100 Millionen Dollar, die Kult-Unternehmen und Milliardäre zur Verfügung gestellt haben. Viele Schwarze erkennen längst, dass Black Lives Matter nicht für sie, sondern gegen sie arbeitet, und das ist nur eine weitere Bestätigung. Der schwarze Journalist Jason Whitlock, dessen Konto von Twitter gesperrt wurde, weil er einfach auf die Geschichte über den Hauskauf der »Marxistin« verlinkt hatte, sagte, dass die BLM-Führer »Millionen von Dollar auf dem Rücken dieser toten schwarzen Männer verdienen, für die ihnen selbst die eigene Spucke zu schade wäre, wenn sie bei lebendigem Leib verbrannt würden«.

Der Kult und die Behörden haben sich zusammengetan, um die BLM-Bewegung nach dem Tod des Berufsverbrechers George Floyd zu fördern, der mehrfach im Gefängnis saß, unter anderem weil er mit anderen in das Haus einer schwarzen Frau eingedrungen war und ihr eine Waffe auf den Bauch gerichtet hatte. Floyd wurde gefilmt, wie er 2020 in einer Straße in Minneapolis mit dem Knie eines Polizisten im Nacken festgehalten wurde und anschließend starb. Das war eine entsetzliche Tat des Beamten, aber die gleiche Technik wurde von der Polizei bei friedlichen Demonstranten gegen den Lockdown eingesetzt, ohne dass es einen Aufschrei der Woke-Brigade gab. Als vorbehaltlose Befürworter der Agenda des Kultes haben die Woken die Lockdowns und das ganze »Covid«-Gequatsche unterstützt und gleichzeitig jeden angegriffen, der sich gegen die unter diesem Narrativ auferlegte Tyrannei wehrte. Die Gerichtsdokumente enthielten später Einzelheiten über eine Autopsie von Floyd durch den Bezirksarzt Dr. Andrew Baker, der zu dem Schluss kam, dass Floyd eine tödliche Menge der Droge Fentanyl eingenommen hatte. Nichts von alledem war für den faktenfreien, unkritischen Woken von Bedeutung. Auf Floyds Tod folgten weltweite Proteste gegen die Brutalität der Polizei und die Forderung nach der Streichung von Mitteln für die Polizei. Das Kind mit dem Bade auszuschütten ist eine Spezialität der Woken. Nach dem Mord an der Britin Sarah Everard forderte ein Mitglied der Grünen Partei im britischen Oberhaus, Baroness Jones of Moulescoomb, eine Ausgangssperre ab 18 Uhr für alle Männer. Dies wäre ein Verstoß gegen die Genfer Konventionen über Kriegsverbrechen, die kollektive Bestrafung verbieten, aber das wäre dem schwarzweißen Woke-Denken der Baronin Dingsbumsia nie in den Sinn gekommen, die viel zu sehr von ihrer eigenen Selbstgerechtigkeit überzeugt war, um solche Details zu berücksichtigen.

Viele amerikanische Städte haben angesichts der Floyd-Unruhen die Mittel für die Polizei gekürzt. Nachdem in Washington/DC unter der nutzlosen Woke-Bürgermeisterin Muriel Bowser fünfzehn Millionen Dollar aus dem Polizeibudget gestrichen wurden, stieg allein die Zahl der Autodiebstähle um 300 Prozent, und innerhalb von sechs Monaten verzeichnete die US-Hauptstadt die höchste Mordrate seit fünfzehn Jahren. Das Gleiche geschah in Chicago und anderen Städten im Einklang mit dem Plan des Kult-gesteuerten Soros, Angst in die Straßen und Stadtviertel zu bringen, indem die Polizei reduziert, Gewalttäter freigelassen und Verbrechen nicht verfolgt werden. Dies ist die Agenda einer Mafia-Herrschaft, vor der ich in meinen Büchern schon lange gewarnt habe. Die Schießereien in der Gegend von Minneapolis, in der

Floyd verhaftet wurde, sind im Vergleich zum Vorjahr um 2.500 Prozent gestiegen. Die Mittelreduzierung bei der Polizei wegen George Floyd hat zu einem starken Anstieg der Mordfälle geführt, bei denen viele Opfer schwarz sind. Der Polizeischutz für die Politiker, die diese Entscheidungen treffen, ist gleich geblieben oder hat zugenommen, wie man es bei professionellen Heuchlern nicht anders erwarten kann. Der Kult will die Polizei nicht wirklich abschaffen. Er will die lokale Kontrolle über die Polizei abschaffen und sie der Bundesregierung überlassen, während die Psychopathen die Gesellschaft der Hungerspiele vorantreiben. Viele Proteste gegen George Floyd haben sich in gewalttätige Ausschreitungen verwandelt, bei denen in ganz Amerika schwarze Läden und Geschäfte durch Feuer und Plünderungen zerstört wurden, angeheizt von Black Lives Matter. Woke kennt keine Ironie. Wenn Sie Bürgerrechte wollen, müssen Sie den Spirituosenladen und den Supermarkt plündern und sich mit einem Smart-TV davonmachen. Das ist der einzige Weg.

Das ist kein Rassenkrieg – es ist ein Klassenkampf!

Schwarze Menschen werden von privilegierten Schwarzen und Weißen gleichermaßen bevormundet und ihnen wird gesagt, sie seien Opfer der weißen Vorherrschaft. Ich finde es erstaunlich, dass privilegierte Schwarze genau das System und die blutsverwandten Netzwerke unterstützen, die hinter dem Sklavenhandel stehen, und denselben manipulativen Mist nachplappern, den ihre privilegierten weißen, oft milliardenschweren Partner verbreiten. Es handelt sich in der Tat nicht um einen Rassenkrieg, sondern um einen Klassenkampf, und die Hautfarbe ist nur ein Ablenkungsmanöver. Der schwarze Senator Cory Booker und die schwarze Kongressabgeordnete Maxine Waters, weitere Bewohner des Wolkenkuckucksheims der Woken, personifizieren dies anschaulich. Sobald man den Menschen sagt, dass sie Opfer von jemand anderem sind, entwertet man sowohl ihre eigene Verantwortung für ihre Notlage als auch die Macht, die sie haben, um ihre Realität und ihre Lebensumstände zu beeinflussen. Stattdessen heißt es: »Du bist nur wegen der Weißen in dieser Situation – wende dich gegen sie und alles wird sich bessern.« Es wird sich nicht verändern. Nichts ändert sich in unserem Leben, wenn *wir* es nicht selbst ändern. Entscheidend dabei ist, dass man sich nicht als Opfer sieht, sondern immer als Schöpfer der eigenen Realität. Das Leben ist eine einfache Abfolge von Entscheidungen und Konsequenzen. Treffen Sie andere Entscheidungen und Sie schaffen andere Konsequenzen. Aber Sie selbst müssen diese Entscheidungen treffen – nicht Black Lives Matter, die Woke-Mafia oder andere, die versuchen, Ihnen Ihr Leben zu diktieren. Wer sind diese Woken, dieser emotionale und psychologische Verkehrsunfall, dass sie Ihnen sagen, was Sie zu tun oder zu lassen haben? Selbstbestimmung ist das Letzte, was die Kult-gesteuerte Black-Lives-Matter-Bewegung den Schwarzen oder anderen Menschen zugestehen wollen. Sie geben vor, den Außenseiter zu verteidigen, während sie selbst den Außenseiter *schaffen* und verewigen.

Der schlimmste Albtraum des Kults ist die Einigkeit der Menschen. Wenn der Kult Schwarze, Weiße und jede andere Rasse unter wirtschaftlicher Knechtschaft und Kontrolle halten will, dann muss er deren Fokus von dem, was sie gemeinsam haben, umlenken auf etwas, wovon man ihnen einreden kann, dass es sie trennt. Den Schwarzen muss gesagt werden, dass ihre Armut und Not die Schuld des weißen Mannes ist, auch wenn er genauso arm und bedürftig ist wie sie selbst. Man will den Schwarzen weismachen, dass ihre Not als Schwarze auf weiße Rassisten mit ihren »weißen Privilegien« zurückzuführen ist, selbst wenn die Weißen ebenfalls obdachlos sind. Schließen Sie sich bloß nicht als menschliche Familie gegen die gemeinsamen Unterdrücker zusammen – bekämpfen Sie lieber den »Rassisten« mit dem weißen Gesicht, spielt doch keine Rolle, dass er genauso ausgebeutet wird wie Sie selbst! Der Kult weiß, dass die Menschen irgendwann reagieren werden, wenn seine »Covid«-Agenda immer neue Dimensionen des Faschismus hervorbringt, und er hat überall die Saat der Zwietracht gestreut, um einen gemeinsamen Widerstand gegen das Böse zu verhindern, das gegen Menschen *aller Hautfarben* verübt wird.

Die rassistischen Angriffe auf das »Weißsein« werden immer ungeheuerlicher, insbesondere durch die Demokratische Partei in den USA, die in Wahrheit eine lange Geschichte des antischwarzen Rassismus hat. Barack Obama, Joe Biden, Hillary Clinton und Nancy Pelosi sprachen 2010 bei der Beerdigung von Senator Robert Byrd, der eine fast sechzigjährige Karriere im Kongress hinter sich hatte, ein Loblied auf ihn. Byrd war ein brutaler Ku-Klux-Klan-Rassist und ein gewalttätiger Vergewaltiger von Cathy O'Brien in MKUltra. Er sagte, er würde niemals mit einem »Neger« an seiner Seite im Militär kämpfen und »lieber würde ich tausendmal sterben und dabei zusehen, wie die alte Ehre in den Schmutz getreten wird, um nie wieder aufzuerstehen, als zuzulassen, wie unser geliebtes Land von Rassenmischlingen entwürdigt wird, diesen schlimmsten Ausgeburten der Verwilderung«. Biden nannte Byrd einen »sehr engen Freund und Mentor«. Diese »Woke«-Heuchler sind keine Antirassisten, sie sind gegen Arme und gegen Menschen, die nicht zu ihrer gefühlten Klasse gehören. Ich gebe Ihnen eine Illustration des Ausmaßes von antiweißem Rassismus, bei dem wir jetzt angelangt sind. Der woke und stumpfsinnige Kommentator der *New York Times*, Damon Young, beschrieb das Weißsein als ein »Virus«, das »wie andere Viren auch erst sterben wird, wenn es keine Körper mehr gibt, die es infizieren kann«. Er fuhr fort: »… der einzige Weg, es zu stoppen, besteht darin, es zu lokalisieren, zu isolieren, zu extrahieren und zu töten.« Young kann das als Schwarzer ohne Konsequenzen sagen, während ein Weißer, der das Gleiche über Schwarze sagen würde, mit einer Gefängnisstrafe rechnen muss. *Das* ist echter Rassismus. Die Super-Woke-Senatorinnen Tammy Duckworth und Mazie Hirono erklärten, sie würden sich gegen künftige Kabinettsernennungen Bidens aussprechen, wenn er nicht mehr asiatische Amerikaner und Pazifik-Insulaner nominiert. Die Fähigkeiten des Kandidaten spielen keine Rolle, Hauptsache, er hat das richtige Aussehen? Duckworth sagte: »Ich werde für rassische Minderheiten stimmen und ich werde für LGBTQ stimmen, aber für alle anderen werde ich nicht stimmen.« Die Nominierung von Menschen aufgrund ihrer Rasse ist illegal, aber das war für dieses alberne Paar kein Problem. Sie waren auf der »richtigen« Seite und das gilt bei allen Fragen als Freifahrtschein.

Kritische Rassentheorie: Rassismus

Weiße Kinder lernen in der Schule, dass sie von Natur aus rassistisch sind, indem ihnen die spalterische »kritische Rassentheorie« beigebracht wird. Diese behauptet, dass das Gesetz und die Rechtsinstitutionen von Natur aus rassistisch sind und dass Rasse ein gesellschaftliches Konstrukt ist, das von Weißen benutzt wird, um ihre wirtschaftlichen und politischen Interessen auf Kosten der Farbigen zu befördern. Weiß ist ein »Virus«, wie wir gesehen haben. Die rassische Ungleichheit ergibt sich aus »sozialen, wirtschaftlichen und rechtlichen Unterschieden, die Weiße bewusst zwischen den Rassen herbeiführen, um weiße Interessen aufrechtzuerhalten, was zu Armut und Kriminalität in Minderheitengemeinschaften führt«. Das muss ich dem weißen Typ sagen, der auf der Straße pennt. Der Direktor der East Side Community School in New York hat weißen Eltern ein Manifest geschickt, in dem er sie auffordert, »weiße Verräter« zu werden und sich für die vollständige »Abschaffung der Weißen« einzusetzen. Solche Leute unterrichten Ihre Kinder statt endlich zu einem Psychiater zu gehen. Die »Handreichung« enthielt eine Tabelle mit »acht weißen Identitäten«, die von »weißer Vorherrschaft« bis zur »Aufgabe weißer Identität« reichen und das Verhalten definieren, das Weiße an den Tag legen müssen, um »das Regime des Weißseins« zu beenden. Woke-Schwarze und ihre privilegierten weißen Partner verhalten sich genauso wie die Sklavenhalter von einst und Ku-Klux-Klan-Rassisten wie Robert Byrd. Sie sind vielleicht zu sehr mit sich selbst beschäftigt, um das zu erkennen, aber es ist wahr. Rassismus hat nichts mit der

Hautfarbe zu tun, sondern ist eine Geisteshaltung, die sich bei jedem Menschen, in jedem Glauben und jeder Kultur manifestieren kann.

Ein weiterer rassistischer Schwindel ist »*Gleichheit*« (equity). Nicht Gleichbehandlung und Chancengleichheit – Gleichheit. Es ist ein Begriff, der nur als Gleichheit ausgegeben wird, obwohl er etwas ganz anderes bedeutet. Gleichheit im eigentlichen Sinne bedeutet eine Verbesserung für alle, während diese »Gleichheit« ein Wettlauf nach unten ist. Jeder, der gleich arm ist, hat auch »Gleichheit«. Alle unten zu halten – das ist Gleichheit. Der Kult will nicht, dass irgendjemand in der menschlichen Familie aufgewertet wird, und die Anführer der BLM, wie alle dieser »antirassistischen« Organisationen, setzen ihr privilegiertes, verwöhntes Dasein fort, während sie die Überzeugung propagieren, dass der Rassismus zunimmt. Wann haben Sie das letzte Mal eine »antirassistische« oder »antisemitische« Organisation sagen hören, dass die rassistischen und diskriminierenden Handlungen *zurückgegangen* sind? Das liegt nicht im Interesse ihrer Geldbeschaffung und ihres Einflusses, und das Gleiche gilt für die professionelle Anti-Rassismus-Operation *Kick It Out* im Fußball.

Zwei Dinge haben bestätigt, dass die Black-Lives-Matter-Krawalle im Sommer 2020 eine Kreation des Kults waren. Das eine war, dass die Behörden Massenversammlungen von Black-Lives-Matter-Anhängern unterstützten, während die Anti-Lockdown-Proteste im gleichen Zeitraum wegen der »Übertragung von ›Covid‹« unterdrückt wurden. Ich habe sogar gesehen, wie Leute, die sich als Ärzte ausgaben, behaupteten, diese beiden Arten von Protest seien nicht dasselbe. Nein – das nicht existierende »Covid« war gefährlich bei Lockdowns und attackierte diejenigen, die dagegen protestierten, während »Covid« Black Lives Matter unterstützte und sich von solchen Protestveranstaltungen fernhielt. Das Ganze war ein Witz, und während die Anti-Lockdown-Demonstranten von rekonditionierten Gesichtswindelträgern oft mit brutaler Gewalt festgenommen wurden, bot sich uns der groteske Anblick von Polizeibeamten, die vor Black-Lives-Matter-Demonstranten knieten, einer vom Kult finanzierten marxistischen Organisation, die gewalttätige Ausschreitungen unterstützt und die Kernfamilie und die weiße Bevölkerung auslöschen will.

Er ist nicht weiß? So ein Mist!

Als im März 2021 in Boulder, Colorado, zehn Menschen erschossen wurden, zeigte sich wieder einmal die Rassenbesessenheit der Woke-Fans. Kult-kontrollierte Woke-TV-Sender wie CNN meldeten, dass es sich bei dem Schützen offenbar um einen Weißen handelte, und auf Twitter verurteilten die Woken mal wieder mit den üblichen Mantren »gewalttätige weiße Männer«. Dann wurde der Name des Schützen bekannt gegeben: Ahmad Al Aliwi Alissa, ein arabisch-amerikanischer Anti-Trump-Mann, und das Seufzen der Enttäuschung war noch zehn Kilometer entfernt zu hören. Es war egal, dass zehn Menschen tot waren und was das für ihre Familien bedeutete. Rassenhetze war das Einzige, was für diese kranken, dem Kult dienenden Menschen wie Barack Obama zählte, der die Todesfälle ausnutzte, um Amerika weiter aus rassistischen Gründen zu spalten, was seine Aufgabe für den Kult ist. Das ist der Mann, den »rassistische« weiße Amerikaner zum ersten schwarzen Präsidenten der Vereinigten Staaten gemacht und dem sie dann eine zweite Amtszeit gegeben haben. Der nicht sehr clevere Obama ist dadurch steinreich geworden und scheint heute einen großen Einfluss auf die Regierung Biden zu haben. Trotzdem ist er immer noch ein unterdrückter Schwarzer und ein Opfer der weißen Vorherrschaft. Dieser unaufrichtige Betrüger offenbart seine Verachtung für Schwarze, wenn er sich einen tiefen Süd-Alabama-Akzent zulegt, sobald er mit ihnen, nein, *zu* ihnen spricht.

Eine weitere Grenzüberschreitung der BLM-Bewegung erfolgte, als die nun völlig »woken« Kult-hörigen und super tugendhaften Fußballverbände ihre Mannschaften anhielten, vor jedem Spiel zur Unterstützung des marxistischen Black-Lives-Matter-Getues auf die Knie zu gehen. Die Fußballverbände und -vereine haben »Black Lives Matter« auf die Trikots der Spieler drucken lassen und den Slogan auf elektronischen Werbetafeln rund um das Spielfeld eingeblendet. Alle Fans, die das freimaurerische Ritual des Kniebeugens ablehnten, wurden auf breiter Front verurteilt, so wie man es von den »woken« Tugendwächtern des Profisports und den inzwischen völlig »woken« Medien erwarten kann. Wir haben inzwischen einen umgekehrten Rassismus, bei dem es uns verboten ist, irgendeine Rasse oder Kultur zu kritisieren, mit Ausnahme der Weißen, gegen die alles erlaubt ist – sagen Sie, was Sie wollen, kein Problem. Was hat das mit Rassenharmonie und Gleichberechtigung zu tun? Schwarze Rassisten von Black Lives Matter haben Weiße aufgefordert, auf der Straße auf die Knie zu fallen und sich für ihre weiße Vorherrschaft zu entschuldigen. Schwarze Vorherrscher, die sich wie die weißen Sklavenhalter der Vergangenheit aufführen, konnten ihr selbstverliebtes, rassenbesessenes Gefühl der Selbstgerechtigkeit nicht mehr ablegen. Joe Biden ernannte die schwarze Rassistin Kristen Clarke zur Leiterin der Abteilung für Bürgerrechte im Justizministerium. Clarke behauptet, dass Schwarze mit »größeren geistigen, körperlichen und spirituellen Fähigkeiten« ausgestattet sind als Weiße. Wenn jemand dieser Aussage zu widersprachen wagte, würde er als »Rassist« verunglimpft werden. Aber Clarke ist auf dem »richtigen« Weg, also kein Problem. Sie hat noch nie eine schwarzweiße Situation gesehen, in der der Schwarze etwas anderes als ein tugendhaftes Opfer war, und sie leitet die Abteilung für Bürgerrechte, die alle gleich behandeln sollte – oder was hat sie sonst mit Bürgerrechten zu tun? Eine weitere Beobachtung eines abtrünnigen Denkers: Wenn etwas oder jemand Teil der Agenda des Kults ist, wird er, sie oder es von den »woken« Regierungen und Medien unterstützt, egal was passiert. Wenn sie es nicht sind, werden sie verurteilt und zensiert. So einfach ist das, und so macht die Rassistin Clarke trotz (oder gerade wegen) ihres Rassismus Karriere.

Die Abschaffung der Kultur

Bidens Regierung ist voller rassistischer, kultureller und wirtschaftlicher Vorurteile, denn der Kult verlangt, dass die menschliche Familie in kriegerische Fraktionen aufgeteilt wird. Wir erleben jetzt rassisch getrennte Schulabschlüsse und alles, aber auch alles, wird durch die Linse des vermeintlichen »Rassismus« umdefiniert. Wir haben »rassistische« Mathematik, »rassistische« Lebensmittel und sogar »rassistische« Pflanzen. Die weltberühmten Kew Gardens in London kündigten an, die Etiketten auf Pflanzen und Blumen zu ändern, um den mehr als zwei Millionen Besuchern pro Jahr mitzuteilen, wie rassistisch sie sind. Der Direktor von Kew, Richard Deverell, sagte, dies sei Teil der Bemühungen, »die Sammlungen schnell zu dekolonisieren«, nachdem ein gewisser Ajay Chhabra an den Garten herangetreten war, »ein Schauspieler, der wusste, dass Zuckerrohr irgendwie mit Sklaverei in Verbindung gebracht wird«. Das sind *Pflanzen*, ihr Idioten! »Dekolonisierung« bedeutet laut Woke-Handbuch in Wahrheit die Kolonisierung einer Gesellschaft mit der Woke-Mentalität und damit auch die Kolonisierung durch den Kult. Wir sind Zeugen einer neuen »Kulturrevolution« nach chinesischem Vorbild, die für den Erfolg aller marxistischen Machtübernahmen unerlässlich ist. Unsere kulturelle Vergangenheit und unsere Traditionen müssen weggefegt werden, damit eine neue Kultur aufgebaut werden kann – und zwar eine bessere. Die Beseitigung langjähriger westlicher Kultursäulen einschließlich historischer Denkmäler und die Ausmerzung historischer Persönlichkeiten ist das, was bei Maos Revolution in China geschah, die »die Überreste kapitalistischer und traditioneller Elemente aus der chinesischen Gesellschaft entfernte« und den Maoismus als vorherrschende Ideologie installierte. Für China, siehe die westliche Welt heute, und für »vorherrschende Ideologie«, siehe Woke. Oder noch besser: Marxismus oder Maoismus. Der »Covid«-Schwindel zielt speziell darauf ab, die Künste und alle Elemente der westlichen Kultur zu zerstören, von der Begegnung in einer Kneipe oder einem Restaurant bis hin zur Schließung von Theatern, Musikveranstaltungen, Sportstadien und Gotteshäusern und sogar dem Verbot von *Singen.*

Die Zerstörung der westlichen Gesellschaft ist auch der Grund, warum Kritik an jeder Religion verboten ist, mit Ausnahme des Christentums, das wiederum die dominierende Religion ist, da die Weißen die zahlenmäßig dominierende Rasse im Westen sind. Das Christentum mag schnell verblassen, aber seine Geschichte und seine Traditionen sind in das Gewebe der westlichen Gesellschaft eingeflochten. Nehmen Sie diese Säule heraus und andere Strukturen werden bröckeln, bis das Ganze zusammenbricht. Ich bin kein Christ, der diese Religion verteidigt, wenn ich das sage. Ich habe keine Religion. Es ist einfach eine Tatsache. Zu diesem Zweck wurde die Christenheit selbst »woke«, um ihren eigenen Untergang einzuläuten, und in ihren christlichen Institutionen wimmelt es von »Change Agents« – wissentlichen und unwissentlichen – auf allen Ebenen, einschließlich Papst Franziskus (*definitiv* wissentlich) und dem ahnungslosen Erzbischof von Canterbury Justin Welby (möglicherweise unwissentlich, aber wer kann da schon sicher sein?). Woke versucht, die Angriffe auf die westliche Kultur, die westlichen Traditionen und Lebensweisen durch »Intersektionalität« zu koordinieren, die definiert wird als »die komplexe, kumulative Art und Weise, in der sich die Auswirkungen mehrerer Formen von Diskriminierung (wie Rassismus, Sexismus und Klassismus) insbesondere bei den Erfahrungen von marginalisierten Individuen oder Gruppen kombinieren, überlagern oder überschneiden«. Hinter diesem Orwellschen Woke-Sprech verbirgt sich die Koordinierung unterschiedlicher Gruppen für eine gemeinsame Sache: den Sturz der Freiheit und die Unterdrückung der liberalen Werten.

Die gesamte Struktur der öffentlichen Institutionen ist von Woke befallen – die Regierung auf allen Ebenen, die politischen Parteien, die Polizei, das Militär, die Schulen, die Universitäten, die Werbung, die Medien und die Gewerkschaften. Diese Perversion wurde durch das Netzwerk des Kultes geschaffen, indem Woke in Machtpositionen berufen und Nicht-Woke durch Einschüchterung, Isolation und Bedrohung ihres Arbeitsplatzes auf Linie gebracht wurden. Viele wurden dank der mitleidlosen, boshaften Feindseligkeit von »Woken« entlassen, die »soziale Gerechtigkeit« promoten, oder aufgrund der Feigheit rückgratloser Arbeitgeber, die meinten, ihre Tugendhaftigkeit unter Beweis stellen zu müssen. Die Unternehmen sind heute voll von Woken, vor allem die im Silicon Valley. Doch die an der Spitze sind ironischerweise gar nicht »woke«. Sie nutzen nur die Mentalität aus, die ihre Meister des Kults geschaffen und finanziert haben, um zu zensieren und zu versklaven, während die Woken ihnen zujubeln, bis sie selbst an der Reihe sind. Die »Woke-liberale Linke« ist also eine Umkehrung der traditionellen liberalen Linken. Die Kampagne für Gerechtigkeit auf der

Grundlage von Machtteilhabe und Wohlstandsverteilung wurde durch eine Kampagne für Identitätspolitik ersetzt. Die echte traditionelle Linke hätte niemals Geld von den heutigen Milliardären angenommen, die Fairness und Gerechtigkeit missbrauchen, und die Milliardäre hätten diese echte Linke auch nicht finanzieren wollen. Es wäre nicht in ihrem Interesse gewesen. Früher gab es eine Meinungsverschiedenheit zwischen den Besitzenden und den Nichtbesitzenden. Das änderte sich mit der vom Kult manipulierten und finanzierten Identitätspolitik. Heute wird die Gesellschaft in Woke und Nicht-Woke unterteilt und nicht mehr in Einkommensschichten. Der Kult und seine Milliardäre mögen das Wohlstandsgefälle auf ein katastrophales Maß an Ungerechtigkeit gesteigert haben, aber solange sie die Sprache der Woken sprechen, das Geld an das Woke-Netzwerk verteilen und den Feind zensieren, sind sie »einer von uns«. Milliardäre, die sich einen Dreck um Ungerechtigkeit scheren, lachen über die »Woken«, bis ihnen der Bauch weh tut. Die Woken sind nicht einmal annähernd selbstkritisch genug, um das zu erkennen. Die veränderte »linke« Dynamik bedeutet, dass die Woken, die von »sozialer Gerechtigkeit« faseln, von Milliardären finanziert werden, die die soziale Gerechtigkeit auf der ganzen Welt mit Füßen treten. Das ist auch der Grund, *warum* sie Milliardäre sind.

Der Klimaschwindel

Nichts fasst das, was ich gesagt habe, umfassender zusammen als der Schwindel von der vom Menschen verursachten globalen Erwärmung. In meinen Büchern habe ich im Laufe der Jahre ausführlich dargelegt, wie der Kult und seine Organisationen den Klimaschwindel von Anfang an angekurbelt haben. Ein eigens dafür geschaffenes Vehikel ist der Club of Rome, der 1968 vom Kult gegründet wurde und an dem die Rockefellers und Rothschilds von Anfang an maßgeblich beteiligt waren. Deren Frontmann Maurice Strong, ein kanadischer Ölmillionär, war 1992 Gastgeber des Earth Summit in Rio de Janeiro, Brasilien, des »Erdgipfels«, der den Startschuss für die weltweite Ausbreitung der »grünen Bewegung« unter Anleitung des Kults gab. Der Earth Summit führte über die vom Kult gegründeten und kontrollierten Vereinten Nationen die Agenda 21 ein, um mit der Illusion eines vom Menschen verursachten Klimawandels die Umgestaltung der globalen Gesellschaft zu rechtfertigen und die Welt vor der Klimakatastrophe zu retten. Es handelt sich um eine »No-Problem-Reaktion-Lösung«, die über Regierungen, Medien, Schulen und Universitäten verkauft wird. Ganze Generationen wurden in Angst und Schrecken versetzt und glauben, dass die Welt zu ihren

Lebzeiten untergehen wird, wenn nicht das, was die Alten ihnen angetan haben, durch eine komplette Umstrukturierung aller Abläufe gestoppt wird. Ganz ruhig, Kinder, das ist alles nur ein Schwindel. Eine solche Umstrukturierung ist genau das, was die Agenda des Kultes fordert (natürlich rein zufällig). Heute hat das den Codenamen »Great Reset« erhalten, der nur eine aktualisierte Bezeichnung für die Agenda 21 und die mit ihr verbundene Agenda 2030 ist. Letztere wird ebenfalls von der UNO organisiert und wurde 2015 von der Generalversammlung verabschiedet. Sowohl die Agenda 21 als auch die Agenda 2030 zielen auf eine zentralisierte Kontrolle aller Ressourcen und Lebensmittel ab, bis hin zu den Regentropfen, die auf Ihr eigenes Land fallen. Dies sind einige der Forderungen der Agenda 21 aus dem Jahr 1992 – schauen Sie mal, ob Sie die Gesellschaft, die sich darin abzeichnet, noch wiedererkennen:

- Beendigung der nationalen Souveränität
- Staatliche Planung und Verwaltung aller Landressourcen, Ökosysteme, Wüsten, Wälder, Berge, Ozeane und des Süßwassers, der Landwirtschaft, ländlichen Entwicklung, Biotechnologie und die Gewährleistung von »Gleichheit« durch gerechte Verteilung
- Der Staat soll die Rolle der Wirtschaft und des Finanzwesens bestimmen
- Abschaffung des Privateigentums
- Umstrukturierung der Familieneinheit (siehe BLM)
- Die Kinder werden vom Staat erzogen
- Den Menschen wird ihre Arbeit vorgeschrieben
- Starke Einschränkung der Bewegungsfreiheit
- Schaffung von abgegrenzten »menschlichen Besiedlungszonen«
- Massenumsiedlungen, da die Menschen gezwungen werden, das Land zu verlassen, auf dem sie leben
- Verflachung der Bildung
- Globale Massenentvölkerung in Verfolgung der oben genannten Ziele

Die Vereinten Nationen wurden als trojanisches Pferd für eine Weltregierung gegründet. Da der Klimaschwindel entscheidende Bedeutung für die Förderung dieses Ziels hat, darf man nicht überrascht sein, dass die UNO daran beteiligt ist. Und wie! Die UNO fördert die Agenda 21 und die Agenda 2030, die mit dem »Klimawandel« begründet werden, und treibt den Klimaschwindel über das Intergovernmental Panel on Climate Change (IPCC) voran, den Zwischenstaatlichen Ausschuss für Klimawandel, eine der korruptesten Organisationen der Welt. Das IPCC lügt seit dem Tag, an dem es seine Pforten öffnete, unerbittlich und ständig, und die globalen Medien hängen unhinterfragt an jedem seiner verlogenen Worte. Die grüne Bewegung ist völlig »woke«-verblödet und hat ihren ursprünglichen Umweltfokus längst verloren, seit sie vom Kult vereinnahmt wurde. Die Besessenheit von der »globalen Erwärmung« hat ihre ursprünglichen Werte ausgelöscht und ihr den Kopf verdreht.

Ein kleines Beispiel für das, was ich meine, erlebte ich bei einem wundervollen Spaziergang auf dem Land, wie ich sie seit vielen Jahren mehrmals pro Woche mache. Der Weg führt durch Felder und Wälder und man fühlt sich eins mit der Natur. Dann übernahm eine »grüne« Organisation, der Hampshire and Isle of Wight Wildlife Trust, einen Teil des Geländes und fällte eine große Anzahl von Bäumen, darunter auch uralte, um einen schrecklichen großen, glänzenden Stahlzaun zu errichten, der die ganze Atmosphäre dieses schönen Ortes zerstörte. Niemand, der ein Gefühl für die Natur hat, würde so etwas tun. Tag für Tag hörte ich das Geräusch von Kettensägen und eine prächtige alte Trauerweide, die ich immer so bewundert hatte, wurde am Fuß des Stammes gefällt. Als ich ein aufgewecktes junges Mädchen in einem grünen Hemd (natürlich) auf diesen Vandalismus ansprach, antwortete sie: »Es ist eine Trauerweide – sie wird nachwachsen.« Das ist es, wofür die Menschen bezahlen, wenn sie heute an den Hampshire and Isle of Wight Wildlife Trust und viele andere »grüne« Organisationen spenden. Es ist nicht mehr die Umweltbewegung, die ich kannte. Stattdessen ist sie – wie die Extinction Rebellion – zu einem Unterstützungssystem für eine sehr finstere Agenda geworden.

Mit Privatjets für Klimagerechtigkeit

Der Kult, das von Gates finanzierte Weltwirtschaftsforum und sein Gründer Klaus Schwab standen hinter dem Auftauchen von Greta Thunberg, um die jungen Leute für die Klima-Agenda zu gewinnen, und deshalb wurde sie auch eingeladen, vor der Welt zu sprechen … bei der UN. Schwab veröffentlichte 2020 ein Buch, *The Great Reset* (dt. *Covid-19: Der Große Umbruch*), in dem er den »Covid«-Schwindel und den Klimaschwindel nutzt, um eine neue Gesellschaft zu entwerfen, die direkt aus der Agenda 21 und der Agenda 2030 stammt. Bill Gates folgte Anfang 2021, als er sich eine Auszeit von der Weltzerstörung nahm, um ein Buch über den Weg zur Rettung der Welt zu schreiben. Gates fliegt in Privatjets durch die Welt und gab zu, dass »ich wahrscheinlich einen der höchsten Treibhausgas-Fußabdrücke aller Menschen auf diesem Planeten habe … Allein mein persönlicher Flugverkehr ist gigantisch«. Er versucht den größten Privatjet-Betreiber der Welt zu übernehmen. Andere Retter des Klimawandels, die in Privatjets fliegen, sind John Kerry, der Sonderbeauftragte des US-Präsidenten für das Klima, und der Schauspieler Leonardo DiCaprio, ein »UN-Friedensbotschafter mit besonderem Schwerpunkt auf dem Klimawandel«. Diese Leute sind so voller Mist, dass sie den Markt für Dünger beherrschen könnten. Wir sollten jedoch nicht skeptisch sein, denn das Buch von Gates, *Wie wir die Klimakatastrophe verhindern: Welche Lösungen es gibt und welche Fortschritte nötig sind*, dient natürlich nur dazu, die Welt zu schützen, und ist kein offensichtlicher Haufen Exkremente, wie man ihn einem Megapsychopathen zuschreiben würde, der die Pläne seiner Herren für die Menschheit verkaufen will. Das Buch von Gates und der andere Misthaufen von Klaus Schwab könnten von derselben Person geschrieben worden sein und sind es vielleicht auch. Beide benutzen »Klimawandel« und »Covid« als Vorwand für ihre neue Gesellschaft und zufälligerweise fördern das Weltwirtschaftsforum des Kults und die Bill and Melinda Gates Foundation den Klimaschwindel und waren auch Gastgeber des Event 201, das mit einer »Simulation« genau den »Coronavirus«-Schwindel vorwegnahm, der wenige Wochen später der Menschheit in Realität vorgegaukelt wurde. Auch die britische »Königs«-Familie fördert den »Great Reset«, wie man es von Prinz Charles, der der Auffassung ist, der Krieg in Syrien habe den Klimawandel verursacht, und seinem unglückseligen Sohn Prinz William nicht anders erwarten würde, der sagte, dass wir »unsere Beziehung zur Natur und unseren Werdegang als Spezies korrigieren müssen«, um eine Klimakatastrophe zu vermeiden.

Erstaunlich, wie viele Befürworter der »Covid«- und »Klimawandel«-Kontrollsysteme mit Gates und dem Weltwirtschaftsforum verbunden sind. Eine »Studie« behauptete Anfang 2021, dass die Kohlendioxid-Emissionen in den nächsten zehn Jahren etwa alle zwei Jahre um das Äquivalent eines globalen Lockdowns sinken müssten, um den Planeten noch zu retten. Die »Studie« erschien zur gleichen Zeit, als die Schwab-Mafia in einem Video behauptete, dass Lockdowns, die das Leben von Milliarden Menschen zerstören, gut sind, weil sie die Erde »ruhiger« machen, den »Umgebungslärm« reduzieren. Sie haben das Video nach einer öffentlichen Reaktion auf diese arrogante, empathielose Dummheit wieder entfernt. Corinne Le Quéré, Professorin am Tyndall Centre for Climate Change Research der University of East Anglia, war die Hauptautorin der Climate-Lockdown-Studie und schreibt für … das *Weltwirtschaftsforum*. Gates fordert in »seinem« Buch, »jeden Aspekt der Wirtschaft« zu verändern (eine langjährige Agenda des Kults), und erklärt, dass die Menschen synthetisches »Fleisch« essen sollen (wie in meinen Büchern vorhergesagt), während Kühe und andere Nutztiere abgeschafft werden. Der australische TV-Moderator und Kommentator

Alan Jones hat beschrieben, was die Kohlenstoff-Emissionsziele allein für die Nutztiere in Australien bedeuten würden, wenn die Emissionen wie gefordert bis 2030 um 35 Prozent und bis 2050 auf null reduziert würden:

> »Nehmen wir die Landwirtschaft. Die Gesamtemissionen der Landwirtschaft belaufen sich auf etwa 75 Millionen Tonnen Kohlendioxid-Äquivalent. Wollen Sie das um 35 Prozent reduzieren, müssen Sie auf fünfzig Millionen Tonnen herunterkommen. Wenn Sie also zum Beispiel 1,5 Millionen Kühe nehmen, müssen Sie die Herde [bis] 2030, also in neun Jahren, um 525.000 Kühe reduzieren, das sind 58.000 Kühe pro Jahr. Die Rinderherde umfasst dreißig Millionen; wenn Sie diese um 35 Prozent reduzieren, sind das 10,5 Millionen. Das bedeutet, dass zwischen heute und 2030 jedes Jahr 1,2 Millionen Rinder verschwinden müssen. Das ist Wahnsinn!
>
> Es gibt 75 Millionen Schafe. Wenn Sie diese Zahl um 35 Prozent reduzieren, sind das sechsundzwanzig Millionen Schafe, also fast drei Millionen pro Jahr. Nach dem Pariser Abkommen würden also über dreißig Millionen Tiere verschwinden: Milchkühe, Rinder, Schweine und Schafe. Mehr als achttausend jede Minute jeder Stunde im nächsten Jahrzehnt. Wissen diese Leute eigentlich, wovon sie reden?«

Auf der Ebene der Wahlkämpfer, Politiker und Verwaltungsangestellten wissen sie das natürlich nicht. Der Kult *weiß* es; genau das strebt er ja an, denn wir haben es nicht nur mit einem Krieg gegen die Menschheit zu tun. Auch Tiere und die Natur werden ins Visier genommen, und ich sage schon seit Beginn des »Covid«-Schwindels, dass der Plan letztlich darin bestand, zu behaupten, dass das »tödliche Virus« von Tieren, einschließlich Nutz- und Haustieren, auf den Menschen überspringen kann.

Kurz bevor die Originalausgabe dieses Buches in Druck ging, kam die folgende Meldung: »Russland registriert den weltweit ersten Covid-19-Impfstoff für Katzen und Hunde, während die Hersteller von Sputnik V [einem in Russland entwickelten ›Impfstoff‹ gegen SARS-CoV-2] davor warnen, dass Haustiere und Nutztiere das Virus übertragen könnten.« In dem Bericht heißt es, dass »führende Wissenschaftler davor gewarnt haben, dass sich der tödliche Erreger schon bald in Haushalten und auf Bauernhöfen ausbreiten könnte« und »die nächste Stufe die Infektion von Nutz- und Haustieren ist«.

Erkenne das Ziel und du weißt, wo es lang geht. Denken Sie daran, was das für die Tiere bedeuten würde, und behalten Sie den Begriff Zoonose oder zoonotische Krankheiten im Auge, die zwischen Tieren und Menschen übertragen werden. Der Kult will die Verbindung zwischen Tieren und Menschen aufbrechen, so wie er es zwischen Menschen und Menschen tut. Nutztier-Eliminierung passt in die Agenda des Kults, der die Nahrung von natürlich auf synthetisch umstellen will.

Das Gas des Lebens bringt uns um

Es gibt wohl kaum ein besseres Beispiel für die Umkehrungs-Strategien (Inversion) des Kults als die Verurteilung von Kohlendioxid als gefährlichen Schadstoff, obwohl es das Gas des Lebens ist. Ohne Kohlendioxid wäre die natürliche Welt tot, und damit wären es wir alle. Wir atmen Sauerstoff ein und atmen Kohlendioxid aus, während Pflanzen Sauerstoff produzieren und Kohlendioxid absorbieren. Es ist eine perfekte symbiotische Beziehung, die der Kult aus Gründen, auf die ich in den letzten beiden Kapiteln eingehen werde, zerstören will. Gates, Schwab, andere Kult-Agenten und hirnlose Wiederholer wollen, dass die Welt bis mindestens 2050 »kohlenstoffneutral« wird, und je früher, desto besser. »Null Kohlenstoff« ist das Echo der Verrückten, die »null Covid« fordern, was wir ja sowieso immer hatten. Diese Kohlenstoff-Emissionsziele werden die Welt nach den Plänen des Kults – der postindustriellen, postdemokratischen Gesellschaft – deindustrialisieren, und da die sogenannten erneuerbaren Energien wie Solar- und Windenergie nicht einmal annähernd den Energiebedarf der Menschheit decken, sind Stromausfälle und Kälte unvermeidlich. Die Texaner bekamen das bereits im Winter 2021 zu spüren, als ein Schneesturm Windturbinen und Solarpanele außer Betrieb setzte und die Lichter ausgingen, ebenso wie die Wasserversorgung, die auf Strom angewiesen ist. Gates will, dass alles mit Strom versorgt wird, damit seine Herren den Finger am Ausschalter haben, um jegliche menschliche Aktivität, Bewegung, Kochen, das Wasser und die Wärme zu stoppen, wann immer sie das wollen. Die Klimalüge ist so verblüffend pervers, dass sie behauptet, wir müssten dringend Kohlendioxid reduzieren, obwohl wir eigentlich mehr davon brauchten.

Der Co_2-Gehalt in der Atmosphäre liegt bei etwas über 400 Teilen pro Million (ppm), während das Optimum für das Pflanzenwachstum bei 2.000 ppm liegt. Wenn der Co_2-Gehalt in die Nähe von 150 ppm sinkt, beginnt die natürliche Welt zu sterben und damit auch wir. Bei einer Messung auf Hawaii im Jahr 1880 war der Wert auf 280 ppm gesunken und stieg mit der Industrialisierung auf 413 ppm im Jahr 2019, weshalb der Planet im Industriezeitalter grüner geworden ist. Wie verrückt ist es da, dass der psychopathische Gates sich nicht nur damit zufrieden gibt, den Anstieg von Co_2 zu blockieren. Er finanziert Technologien, um es aus der Atmosphäre abzusaugen. Der Grund dafür wird noch deutlich werden. Das Industriezeitalter zerstört die Welt nicht durch Co_2 und hat stattdessen einen potenziell katastrophalen kontinuierlichen Rückgang von Co_2 umgekehrt. Der Mitbegründer von Greenpeace und Wissenschaftler Patrick Moore verließ Greenpeace 1986 und hat die grüne Bewegung als Panikmache und Lüge entlarvt. Er sagte, dass sich vor fünfhundert Millionen Jahren siebzehn Mal mehr Co_2 in der Atmosphäre befand als heute und dass die Werte seit Hunderten von Millionen Jahren sinken. In den letzten 150 Millionen Jahren sei der Co_2-Gehalt in der Erdatmosphäre um 90 Prozent gesunken. Moore sagte, dass wir zu dem Zeitpunkt, als die Menschheit begann, Kohlendioxid aus fossilen Brennstoffen freizusetzen, »38 Sekunden vor Mitternacht« waren, und folgert daraus: »Der Mensch ist [die] Rettung der Erde.« Moore wies darauf hin, dass nur die Hälfte des von fossilen Brennstoffen emittierten Co_2 in der Atmosphäre verbleibt, und wir sollten uns daran erinnern, dass jegliche Umweltverschmutzung, die als schwarzer Qualm aus den Schornsteinen strömt und von der man uns sagt, sie sei Kohlendioxid, in Wirklichkeit nichts dergleichen ist. Ja, es ist Umweltverschmutzung. Aber Kohlendioxid ist ein unsichtbares Gas.

William Happer, Professor für Physik an der Princeton University und langjähriger Berater der Regierung in Klimafragen, hat auf die Auswirkungen von Co_2-Mangel auf das Pflanzenwachstum und die Lebensmittelproduktion hingewiesen. Gewächshausbauern pumpen nicht zum Spaß Kohlendioxid in ihre Treibhäuser. Happer sagte, dass der größte Teil der Erwärmung in den letzten einhundert Jahren, nachdem die Erde aus der Kälteperiode der »Kleinen Eiszeit« in einen natürlichen Erwärmungszyklus übergegangen war, um 1940 vorbei war. Happer zufolge lässt sich der Höhepunkt der Erwärmung im Jahr 1988 durch einen »Monster-El-Niño« erklären, eine natürliche und zyklische Erwärmung des Pazifiks, die nichts mit dem »Klimawandel« zu tun hat. Er sagte, die Wirkung von Co_2 sei vergleichbar mit dem Anstrich einer Wand mit roter Farbe. Wenn man erst einmal zwei oder drei Schichten aufgetragen hat, ist es egal, wie viel mehr man aufträgt, denn die Wand wird nicht viel röter. Die Auswirkungen des Co_2-Anstiegs sind bereits fast vollständig eingetreten, sagte er, und das Volumen der Atmosphäre müsste sich nun verdoppeln, um die Temperatur auch nur um ein einziges Grad zu erhöhen.

Die Klimaschwindler wissen das und haben die lächerlichsten und kompliziertesten »Rückkopplungsschleifen« erfunden, um diese einfache Tatsache zu umgehen. Wenn Sie die Marionette Greta hören, wie sie ahnungslos über Rückkopplungsschleifen plappert, dann wissen Sie jetzt, was sie da eigentlich sagt.

Die Sonne beeinflusst die Temperatur? Nein, Sie *Klimaleugner*!

Ein weiterer Unsinn, über den Sie nachdenken sollten: Die Klimadiagramme zeigen, dass der Temperaturanstieg nicht auf den Co_2-Anstieg folgt – *es ist genau umgekehrt*, mit einer Verzögerung von etwa achthundert Jahren. Wenn wir von der heutigen Zeit aus achthundert Jahre zurückgehen, stoßen wir auf die Mittelalterliche Klimaanomalie, in der die Temperaturen höher waren als heute, ohne dass es eine Industrialisierung gab, und auf welche die kleine Eiszeit folgte, in der die Temperaturen stark zurückgingen. Die Welt befand sich noch im Aufbruch aus diesen Jahrhunderten großer Kälte, als viele Klimaaufzeichnungen einsetzten, was die immer wiederkehrende Aussage vom »wärmsten Jahr seit Beginn der Aufzeichnungen« gegenstandslos macht, weil man Äpfel mit Birnen vergleicht. Die kälteste Periode der Kleinen Eiszeit entsprach der niedrigsten Periode der Sonnenfleckenaktivität. Die Sonne war damals am wenigsten aktiv. Seriöse Wissenschaftler wird dies nicht überraschen, denn es bestätigt die offensichtliche Tatsache, dass die Erdtemperatur vom Ausmaß der Sonnenaktivität und der von der Sonne abgestrahlten Energie beeinflusst wird, aber wann haben Sie das letzte Mal einen Klimaschwindler gehört, der von der Sonne als Quelle der Erdtemperatur gesprochen hat? Alles muss sich auf Co_2 konzentrieren, das nur 0,117 Prozent der sogenannten Treibhausgase ausmacht, und selbst davon wird nur ein Bruchteil durch menschliche Aktivitäten erzeugt. Der Rest entsteht auf natürliche Weise. Mehr als *90 Prozent* dieser Treibhausgase sind Wasserdampf und Wolken (siehe Abbildung 9). Verbietet die Feuchtigkeit, sage ich da nur. Ist Ihnen schon aufgefallen, dass die Klimaschwindler den Eisbären nicht mehr als Werbefigur verwenden? Das liegt daran, dass die Populationen der Eisbären weit davon entfernt sind, auszusterben, sondern stabil sind oder sogar wachsen.

Joe Bastardi, amerikanischer Meteorologe und unverblümter Kritiker der Klimalüge, dokumentiert in seinem Buch *The Climate Chronicles* (Die Klima-Chroniken), dass Wetterereignisse und Wettermuster, die als Beweis für den Klimawandel angeführt werden, schon lange vor der Industrialisierung aufgetreten sind: »Was früher auf natürliche Weise geschah, geschieht jetzt wieder, wie es angesichts der zyklischen Natur des Klimas aufgrund des Aufbaus des Planeten zu erwarten ist.« Wenn Sie die detaillierten Hintergründe des Klimaschwindels in meinen anderen Büchern lesen, werden Sie den Kopf schütteln und sich fragen, wie jemand diesen Schwindel glauben kann, der eine Multi-Billionen-Dollar-Industrie hervorgebracht hat, die auf absolutem Unfug beruht

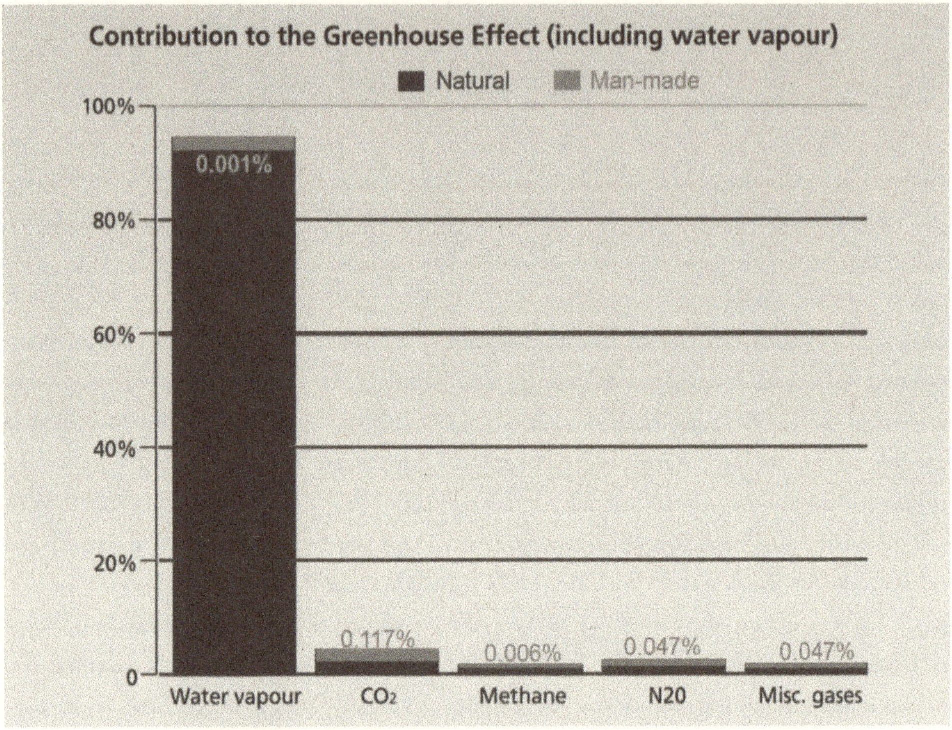

Abb. 9. Die Vorstellung, dass das Gas des Lebens das Klima auf katastrophale Weise verändert, ist eine Beleidigung für die Aktivität der Gehirnzellen.

(siehe HIV verursacht AIDs und SARS-CoV-2 verursacht »Covid-19«). Das Klima und »Covid« haben viel gemeinsam, da sie die gleiche Quelle haben. Sie haben beide den widersprüchlichen *Alles*-Faktor, bei dem alles durch Bezugnahme auf sie erklärt wird. Es ist heiß – »das ist der Klimawandel«. Es ist kalt – »das ist der Klimawandel«. Ich habe einen Schnupfen – »das ist Covid«. Ich habe keinen Schnupfen – »das ist Covid«. Keinen Schnupfen zu haben, muss ein Symptom von »Covid« sein. Und keinen Schnupfen zu haben ist besonders gefährlich, wenn Sie langsam gehen. Als Beweis für die Dreistigkeit biete ich Ihnen eine »Studie« der Universität Cambridge an, die »Covid« mit dem »Klimawandel« in Verbindung bringt. Das musste ja irgendwann passieren. Sie kamen zu dem Schluss, dass der Klimawandel eine Rolle bei der Übertragung von »Covid-19« von Tieren auf Menschen gespielt hat, weil … lassen Sie sich überraschen … Ich scherze nicht … Menschen und Tiere *durch das Wachstum der Populationen näher zusammenrücken*. Äh, das war's. Als einzige Grundlage für die behauptete Verbindung wird genannt, dass »Fledermäuse der wahrscheinliche zoonotische Ursprung von SARS-CoV-1 und SARS-CoV-2 sind«. Nun, sind sie nicht. Sie haben nichts damit zu tun. Abgesehen davon, dass Fledermäuse nicht der Ursprung und die Auswirkungen des Klimawandels auf Fledermäuse daher irrelevant sind, bewundere ich diese akademische Einsicht. Wo würden wir ohne sie stehen? Ganz sicher nicht dort, wo wir jetzt sind.

Ein weiterer Punkt in Bezug auf das Wetter ist, dass die Klimamanipulation inzwischen weit fortgeschritten ist und nicht jedes größere Wetterereignis einen natürlichen Ursprung hat – und auch nicht jedes Erdbeben, wenn wir schon dabei sind. Ich habe dieses Thema in anderen Büchern ausführlich behandelt. China plant ganz offen eine rasche Ausweitung seines Programms zur künstlichen Wetterveränderung, um das Klima in einem Gebiet zu verändern, das mehr als anderthalb Mal so groß ist wie Indien. China hat Wettermanipulationen eingesetzt, um während der Olympischen Spiele 2008 in Peking einen klaren Himmel zu gewährleisten. An anderer Stelle habe ich aus US-Militärdokumenten zitiert, in denen detailliert beschrieben wird, wie Wettermanipulationen als Kriegswaffe eingesetzt werden können. Das tat man in den 1960er und 1970er Jahren während des Vietnamkonflikts mit der Operation Popeye, bei der Monsunregen für militärische Zwecke künstlich erzeugt wurde. Warum sollte es internationale Verträge über Wettermanipulation geben, wenn sie nicht möglich wäre? Natürlich ist sie möglich. Das Wetter ist eine energetische Information und kann verändert werden.

Wie wurde der Klimaschwindel inszeniert? Genau wie bei »Covid«

Wenn Sie Milliarden von Menschen dazu bringen können, an ein »Virus« zu glauben, das es gar nicht gibt, dann können Sie sie auch dazu bringen, an einen vom Menschen verursachten Klimawandel zu glauben, den es nicht gibt. Beides wird vom Kult benutzt, um die globale Gesellschaft so zu verändern, wie er es schon lange geplant hat. Beide Schwindel sind auf ziemlich dieselbe Weise zustande gekommen. Zuerst erklären Sie eine Lüge zu einer Tatsache. Es gibt ein »Virus«, das Sie SARS-CoV-2 nennen, oder: Die Menschen erhitzen durch ihr Verhalten den Planeten. Dann wird dies über die Kult-Netzwerke zur Grundlage der Regierungs-, Hochschul- und Wissenschaftspolitik und des Weltbildes. Diejenigen, die das Mantra nachplappern, erhalten hohe Zuschüsse für Forschungsarbeiten, die das Narrativ bestätigen, und es werden immer mehr »Symptome« hinzugefügt, um das »Virus«/den »Klimawandel« noch beängstigender klingen zu lassen. Wissenschaftlern und Forschern, die das Narrativ in Frage stellen, werden die Zuschüsse entzogen und ihre Karrieren zerstört. Die Medien verbreiten die

Lüge als unumstößliche Wahrheit und zensieren diejenigen, die eine andere Meinung vertreten oder Gegenbeweise vorlegen. Ein großer Prozentsatz der Bevölkerung glaubt, was ihm erzählt wird, denn die Lüge wird zum Allgemeingut – und die gläubige Masse wendet sich gegen diejenigen, die ihren eigenen Kopf haben. Diese Technik wurde in der Geschichte der Menschheit immer wieder eingesetzt. Die Woken sind die größten Verfechter der Klimalüge *und* des »Covid«-Faschismus, weil ihr Verstand dem Kult gehört; ihr Sinn für Selbstgerechtigkeit kennt keine Grenzen; und sie leben in einer Blase der Scheinrealität, in der Fakten irrelevant sind und nur stören, wenn man um sich schaut, ohne etwas wahrzunehmen.

Wie die Adern in einem Blauschimmelkäse zieht sich durch alles die Kontrolle über Informationen, was wiederum die Kontrolle über die Wahrnehmung bedeutet, was wiederum die Kontrolle über das Verhalten bedeutet, was wiederum die Kontrolle über die menschliche Gesellschaft bedeutet. Der Kult kontrolliert die globalen Medien und die Faschisten im Silicon Valley aus dem einfachen Grund, dass er das muss. Ohne die Kontrolle über die Informationen kann er die Wahrnehmung und damit die menschliche Gesellschaft nicht kontrollieren. Untersuchen Sie jede Facette der Agenda des Kultes und Sie werden sehen, dass alles, was die Ziele des Kultes unterstützt, niemals zensiert wird, während alles, was sich dagegen wehrt, immer unterdrückt wird. Ich sage es noch einmal: Die Psychopathen, die wissen, warum sie das tun, müssen vor ein neues Nürnberger Kriegsverbrechergericht und diejenigen, die ihre Befehle befolgen, müssen gleich hinter ihnen auf derselben Anklagebank Platz nehmen. »Ich habe nur Befehle befolgt« hat beim ersten Mal nicht funktioniert und darf auch jetzt nicht funktionieren. Überall auf der Welt müssen Nürnberger Prozesse vor öffentlichen Geschworenengerichten abgehalten werden für Politiker, Regierungsbeamte, Polizisten, willfährige Ärzte, Wissenschaftler und Virologen sowie alle Akteure des Kults wie Gates, Tedros, Fauci, Vallance, Whitty, Ferguson, Zuckerberg, Wojcicki, Brin, Page, Dorsey, der ganze verdammte Laden – einschließlich, nein, *vor allem* der psychopathischen Psychologen. Ohne sie und die hirnlosen, feigen Journalisten, die ihre Lügen wiederholt haben, hätte das alles nicht passieren können und könnte es nicht noch immer passieren. Niemand darf der Gerechtigkeit entgehen, wenn es um das psychologische und wirtschaftliche Armageddon geht, das sie alle über die Menschheit gebracht haben.

Und was die willfährigen, gedankenlosen Teile der Menschheit und die selbstverliebte, allwissende Ignoranz der Woken angeht ... nein, lassen Sie mich ausreden. Gott helfe ihren Kindern. Gott helfe ihren Enkelkindern. Gott *helfe ihnen.*

Kapitel 9

Das müssen wir gespritzt bekommen? Was soll das sein?

Ich werde nicht nachgeben. Nein, ich werde nicht klein beigeben.
Sie können mich vor das Tor zur Hölle stellen.
Aber nachgeben werde ich nicht.

Tom Petty

Ich werde mich jetzt auf die genetisch manipulierten »Covid-Impfstoffe« konzentrieren, die nicht der offiziellen Definition eines Impfstoffs der US Centers for Disease Control (CDC) entsprechen: »Ein Produkt, das das Immunsystem einer Person dazu anregt, eine Immunität gegen eine bestimmte Krankheit zu erzeugen und die Person so vor dieser Krankheit zu schützen.« Nach dieser Definition sind die »Covid-Impfstoffe« kein Impfstoff, da nicht einmal die Hersteller behaupten, dass sie eine Infektion oder Übertragung verhindern.

Sie sind vielmehr Teil einer vielschichtigen Verschwörung, die darauf abzielt, die Natur des menschlichen Körpers und damit die Bedeutung des »Menschseins« zu verändern und einen großen Teil der Erde zu entvölkern. Das, was ich als Mensch 1.0 bezeichnen möchte, steht an der Schwelle zum Menschen 2.0 und das aus sehr unheilvollen Gründen. Bevor ich im Detail auf den »Covid-Impfstoff« eingehe, hier einige Hintergrundinformationen zu Impfstoffen im Allgemeinen: Die staatlichen Aufsichtsbehörden testen keine Impfstoffe – das tun die Hersteller – und die Hersteller kontrollieren, welche Daten veröffentlicht werden und welche nicht. Kinder in Amerika erhalten bis zum Alter von sechs Jahren 50 Impfdosen und bis zum Alter von neunzehn Jahren 69 Impfdosen, und die Wirkung des gesamten kombinierten Programms wurde nie getestet. Autoimmunkrankheiten, bei denen das Immunsystem seinen eigenen Körper angreift, haben in der Ära der Massenimpfungen stark zugenommen, ebenso wie Krankheiten bei Kindern und Jugendlichen im Allgemeinen. Und warum sollte das nicht der Fall sein, wenn Impfstoffe auf das Immunsystem einwirken? Die US-Regierung gewährte den Konzernen von Big Pharma im National Childhood Vaccine Injury Act (NCVIA) von 1986 Immunität vor strafrechtlicher Verfolgung bei Impftod und Impfschäden, und seitdem finanziert die Regierung (der Steuerzahler) Entschädigungen für die Folgen der Impfstoffe von Big Pharma. Die kriminellen diabolischen Pharmariesen tragen keine finanziellen Risiken. Aus diesem Grund hat sich die Zahl der Impfungen seit 1986 drastisch erhöht. Es gibt keinen Anreiz, Impfstoffe sicher zu machen, aber einen großen Anreiz, durch die Einführung von immer mehr Impfstoffen Geld zu verdienen. Trotz der lächerlich hohen Hürden für den Nachweis der Impfstoffhaftung und der Tatsache, dass die Regierung die Anhörung kontrolliert, in der sie auf Entschädigung verklagt wird, hat der Impfstoffgerichtshof bisher mehr als vier Milliarden Dollar ausgezahlt. Das sind die Impfstoffe, von denen uns gesagt wird, sie seien sicher, und Psychopathen wie Zuckerberg zensieren Beiträge, die das Gegenteil behaupten. Das Immunitätsgesetz wurde sogar mit dem Urteil gerechtfertigt, dass Impfstoffe von Natur aus »unvermeidlich unsicher« seien.

Schauen Sie sich die Inhaltsstoffe von Impfstoffen an und Sie werden schockiert sein, wenn Sie neu auf diesem Gebiet sind. *Das kommt in den Körper von Kindern?? Ehrlich?* Nehmen Sie Aluminium, ein Gehirngift, das mit Demenz und dem Absterben von fötalem Gewebe in Verbindung gebracht wird. Oder Formaldehyd, das man zur Einbalsamierung von Leichen verwendet. Der weltbekannte Aluminiumexperte Christopher Exley musste seine Forschungen über die gesundheitlichen Auswirkungen von Aluminium in Impfstoffen an der Keele University in Großbritannien einstellen, als er begann, Gelder von der Bill and Melinda Gates Foundation zu erhalten. Wenn Sie nachforschen, wann Krankheiten, die durch Impfstoffe »ausgerottet« wurden, zurückgingen, werden Sie feststellen, dass der Rückgang lange *vor* der Einführung des Impfstoffs begann. Manchmal stagnierte der Rückgang sogar nach der Einführung des Impfstoffs. Krankheiten wie Scharlach, gegen die es keinen Impfstoff gab, gingen aufgrund von Umwelt- und anderen Faktoren auf dieselbe Weise zurück. Ein perfektes Beispiel dafür ist der Polio-Impfstoff. Die Kinderlähmung begann, als Bleiarsenat erstmals als Insektizid versprüht wurde und Rückstände in Lebensmitteln auftauchten. Das Versprühen begann 1892 und die erste Polio-Epidemie in den USA trat 1894 in Vermont auf. Die einfache Antwort wäre gewesen, mit dem Insektizid-Sprühen aufzuhören, aber die von Rockefeller gegründete Big Pharma hatte eine bessere Idee. Man erklärte, dass Polio durch das *Poliovirus* verursacht wird, das sich von Mensch zu Mensch ausbreitet und das Rückenmark infizieren kann. Bleiarsenat wurde durch das noch tödlichere DDT ersetzt, das durch die Schädigung des Gehirns und des zentralen Nervensystems die gleiche Wirkung hat und Lähmungen verursacht. Die Verbreitung von Kinderlähmung ging zurück, als DDT reduziert und dann verboten wurde, aber der Impfstoff wird immer noch für etwas gelobt, das er nicht geleistet hat. Heute sind die von Bill Gates geförderten Impfstoffe bei weitem die Hauptursache für Polio.

Robert Kennedy junior, der Sohn des (vom Kult) ermordeten US-Generalstaatsanwalts Robert Kennedy, hat sich für Impfstoff-Entschädigung eingesetzt:

> »Im Jahr 2017 hat die Weltgesundheitsorganisation (WHO) nur widerwillig zugegeben, dass die weltweite Explosion der Kinderlähmung überwiegend auf Impfstoffe zurückzuführen ist. Die beängstigenden Epidemien im Kongo, in Afghanistan und auf den Philippinen werden alle mit Impfstoffen in Verbindung gebracht. Tatsächlich waren im Jahr 2018 70 % der weltweiten Poliofälle auf Impfstoffe zurückzuführen.«

Impfstoffe bringen Gates, Big Pharma und damit dem Kult ein Vermögen ein, während sie die Gesundheit und das Immunsystem der Bevölkerung unterminieren. Einen Einblick in die Mentalität des Big-Pharma-Kartells erhielten wir durch einen Bericht auf *World is One News*, einem internationalen englischsprachigen Fernsehsender mit Sitz in Indien, der das außergewöhnliche Verhalten des US-Pharmakonzerns Pfizer im Zusammenhang mit seinem »Covid-Impfstoff« aufdeckte. In dem WION-Bericht wurde berichtet, dass Pfizer im Gegenzug für seinen »Impfstoff« fantastische Forderungen an Argentinien, Brasilien und andere Länder gestellt hatte. Dazu gehörten Immunität vor Strafverfolgung, selbst bei Fahrlässigkeit von Pfizer, eine staatliche Versicherung, die Pfizer vor Klagen schützen sollte, und die Übergabe von Staatsvermögen des Landes als Sicherheit, darunter Argentiniens Bankreserven, Militärbasen und Botschaftsgebäude. Pfizer verlangte dasselbe von Brasilien in Form eines Verzichts des Landes auf die souveräne Verfügung über brasilianische Vermögenswerte im Ausland, der Befreiung Pfizers von brasilianischen Gesetzen und der Gewährung von Immunität für Pfizer hinsichtlich jeglicher zivilrechtlichen Haftung. Und dabei geht es um einen »Impfstoff«, der mit staatlichen Mitteln entwickelt wurde. Big Pharma ist das leibhaftige Böse, eine Schöpfung des Kults, und seine Direktoren und Nutznießer müssen alle vor ein Nürnberger Tribunal.

Ich werde den Betrug mit dem »Covid-Impfstoff« aufdecken und dann auf den weiteren Hintergrund eingehen, warum der Kult es sich zur Aufgabe gemacht hat, jeden Mann, jede Frau und jedes Kind auf dem Planeten gegen eine angebliche »neue Krankheit« zu »impfen«, deren Überlebensrate selbst nach den grotesk manipulierten Zahlen der Weltgesundheitsorganisation und der Johns Hopkins University bei 99,77 Prozent (oder mehr) liegt. Das Verhältnis von »Infektion« zu »Tod« liegt laut dem Stanford-Epidemiologen Dr. John Ioannidis bei 0,23 bis 0,15 Prozent, und obwohl die Schätzungen schwanken, bleibt selbst die hypothetische Gefahr winzig. Ich behaupte, dass das Verhältnis von gefälschten Infektionen zu gefälschten Todesfällen in Wahrheit gleich Null ist. Doch vergessen Sie zunächst einmal all die Beweise, die ich hier und in *Die Antwort* präsentiert habe, dass es kein »Virus« gibt, und konzentrieren Sie sich für einen Moment auf die Zahl von sagen wir 0,23 Prozent Todesfällen. Diese Zahl umfasst alle Menschen weltweit, die mit einem Test, der nicht auf das »Virus« testet, positiv getestet wurden und dann innerhalb von achtundzwanzig Tagen oder noch später an einer anderen Ursache gestorben sind – *an irgendeiner anderen Ursache.* Ziehen Sie nun all diese illusorischen »Covid«-Todesfälle auf den globalen Datenblättern von den 0,23 Prozent ab. Was, glauben Sie, bleibt übrig? *Null.* Gegen ein sogenanntes Coronavirus wurde noch nie erfolgreich eine Impfung entwickelt. Sie sind alle im Tierversuchsstadium gescheitert, als sie eine Überempfindlichkeit gegen das auslösten, wovor sie angeblich schützen sollten, und die Auswirkungen der Krankheit nur verschlimmerten. Die Impfstoffkonzerne haben das Problem dieses Mal umgangen, indem sie Tierversuche gleich ganz ausfallen ließen, direkt zum Menschen übergingen und die Dauer der »Versuche« vor der öffentlichen Einführung so kurz wie möglich gestalteten. Normalerweise dauert es fünf bis zehn Jahre oder länger, um Impfstoffe zu entwickeln, die dennoch nachweislich vielen Menschen schaden, und dabei sind die Langzeitfolgen, die offiziell nie mit der Impfung in Verbindung gebracht werden, noch gar nicht berücksichtigt. Die »Covid«-Nichtimpfstoffe wurden innerhalb weniger Monate aus dem Stand heraus hergestellt und offiziell zugelassen. Das liegt zum Teil daran, dass sie (a) vor dem Beginn des »Covid«-Schwindels entwickelt wurden und (b) auf Computerprogrammen und nicht auf natürlichen Quellen beruhen. Offizielle Nicht-Versuche waren so kurz, dass die Regierungsbehörden eine Notfallzulassung und keine vollständige Genehmigung erteilten. Die »Studien« wurden noch nicht einmal abgeschlossen, und die volle Zulassung kann erst dann erteilt werden, wenn sie abgeschlossen sind. Die »Covid-Massenimpfung« ist eigentlich nur eine Fortsetzung der Studien. Die »Impfstoff-Tests« der Pharmakonzerne sollen nicht vor 2023 enden. Bis dahin werden viele Menschen tot sein.

Die Daten, auf deren Grundlage die Regierungsbehörden die Notfallzulassungen erteilt haben, wurden von Pfizer/BioNTech, AstraZeneca, Moderna, Johnson & Johnson und anderen selbst geliefert, wie das schon vorher bei allen Impfstoffen der Fall war. Es liegt in der Natur der Sache, dass eine *Notfallzulassung* bedeutet, dass die Pharmaunternehmen nicht beweisen müssen, ob der »Impfstoff« »sicher und wirksam« ist. Wie sollten sie das auch, wenn die Studien nicht einmal abgeschlossen sind? Die staatlichen Aufsichtsbehörden müssen nur *glauben*, dass sie sicher und wirksam sein *könnten*. Es ist eine kriminelle Manipulation, Produkte in Umlauf zu bringen, die keinen einzigen Test bestanden haben. Die Behörden, die diese Genehmigungen erteilen, sind mit Leuten besetzt, die mit Big Pharma in Verbindung stehen, und sie handeln im Interesse von Big Pharma (dem Kult) und nicht im Interesse der Öffentlichkeit, um die sie sich einen Dreck scheren.

Noch mehr menschliche Versuchskaninchen

Die von Pfizer/BioNTech und Moderna in Rekordzeit hergestellten »Covid-Impfstoffe« verwenden eine Technik, die *nie zuvor für den Einsatz am Menschen zugelassen wurde*. Sie sind als mRNA-»Impfstoffe« bekannt und injizieren eine synthetische Version der »viralen« mRNA oder »Boten-RNA«. Der Schlüssel liegt in dem Begriff »Botenstoff«. Der Körper funktioniert auf der Grundlage von Informationsübermittlung oder gar nicht. Innerhalb des genetischen Systems eines Menschen und zu seinem Gehirn findet eine ständige Kommunikation statt. Ändern Sie diese Botschaften, so verändern Sie den Zustand des Körpers und seine Natur selbst und dann können Sie durch die Art und Weise, wie das Gehirn Informationen verarbeitet, sogar die Psyche und das Verhalten eines Menschen verändern. Ich vermute, dass sich die Persönlichkeit und die Wahrnehmung vieler Menschen, die den synthetischen »Covid-Impfstoff« erhalten haben, erheblich verändern werden. Insider Aldous Huxley sagte 1961 Folgendes voraus – und mRNA-»Impfstoffe« können sehr gut unter dem Begriff »pharmakologische Methoden« zusammengefasst werden:

> »In der nächsten Generation oder so wird es eine pharmakologische Methode geben, um die Menschen dazu zu bringen, ihre Knechtschaft zu lieben. Die Methode wird sozusagen eine Diktatur ohne Tränen erzeugen, eine Art schmerzloses

Konzentrationslager für ganze Gesellschaften, so dass den Menschen zwar ihre Freiheiten genommen werden, sie es aber durchaus genießen, weil sie durch Propaganda oder Gehirnwäsche oder durch eine pharmakologisch verstärkte Gehirnwäsche von jeglichem Wunsch nach Rebellion abgehalten werden. Und das wird wohl die letzte Revolution sein.«

Apologeten behaupten, dass synthetische mRNA-»Impfstoffe« den genetischen Bauplan der DNA nicht verändern, weil die RNA die DNA nicht beeinflusst, sondern umgekehrt. Das ist so was von unredlich. Ein Prozess namens »reverse Transkription« kann RNA in DNA umwandeln und sie in die DNA im Zellkern integrieren. Das wurde im Dezember 2020 von Wissenschaftlern in Harvard und am Massachusetts Institute of Technology (MIT) deutlich gemacht. Genetiker berichten, dass mehr als 40 Prozent der Genome von Säugetieren auf die reverse Transkription zurückzuführen sind. Wenn sich die Nachrichtenübermittlung ändert, *muss* die neue Sequenz zu Veränderungen in der DNA führen, die diese Mitteilungen empfängt und weiterleitet. Wie sollte das Einbringen von synthetischem Material in Zellen die Zellen, in denen sich die DNA befindet, denn nicht verändern? Der Prozess ist als Transfektion bekannt – »eine Technik zum Einbringen fremder Nukleinsäure (DNA oder RNA) in eine Zelle, in der Regel mit der Absicht, die Eigenschaften der Zelle zu verändern«. Forscher am Sloan Kettering Institute in New York fanden heraus, dass Veränderungen in der Boten-RNA tumorunterdrückende Proteine deaktivieren und dadurch Krebs fördern können. So etwas passiert, wenn man die Nachrichtenübermittlung der menschlichen Zellen durcheinanderbringt. Derrick J. Rossi, ein kanadischer Stammzellenbiologe, machte 2010 seine bahnbrechende Entdeckung auf dem Gebiet der Umwandlung und Reprogrammierung von Stammzellen und gründete daraufhin den »Covid-Impfstoff«-Hersteller Moderna. Bei Stammzellen handelt es sich um neutrale Zellen, die so programmiert werden können, dass sie sich in jede beliebige Zelle verwandeln, auch in Spermazellen. Moderna wurde also auf dem Prinzip der Genmanipulation begründet und hat vor seinem genetisch manipulierten synthetischen »Covid«-Mist noch nie einen Impfstoff oder ein Medikament hergestellt. Sehen Sie sich den Namen einmal genauer an – Mode-RNA oder Modify-RNA (modifizierte RNA). Ein weiterer wichtiger Faktor ist, dass der Oberste Gerichtshof der USA entschieden hat, dass gentechnisch veränderte DNA oder komplementäre DNA (cDNA), die im Labor aus Boten-RNA synthetisiert wurde, *patentiert* werden kann und Eigentum der Hersteller ist. Diese Psychopathen haben das mit dem menschlichen Körper vor.

Die Zellen replizieren synthetische mRNA aus den »Covid-Impfstoffen« und bringen den Körper theoretisch auf diese Weise dazu, Antigene zu bilden, welche Antikörper auslösen, die sich gegen die »Virus-Spike-Proteine« richten, die, wie Dr. Tom Cowan sagt, *noch nie gesehen wurden*. Wenn man den Spike-Proteine-Quatsch weglässt, bleibt, dass diese »Impfstoffe« *selbstreplizierendes* synthetisches Material an die Zellen abgeben, das die menschliche DNA verändert. Je mehr man davon in den Körper gepumpt bekommt, desto mehr wird dieser Prozess verstärkt, während sich das synthetische Material ständig selbst reproduziert. Der Impfstoffhersteller Moderna beschreibt die mRNA als »eine Art Software für die Zelle«, und so bringt man die körpereigene Software durcheinander. Was passiert, wenn Sie die Software in einem Computer ändern? Alles ändert sich. Aus diesem Grund bereitet der Kult die Fließbandproduktion von mRNA-»Covid-Impfstoffen« vor und entwickelt damit einhergehend bereits eine lange Liste von Ausreden, die er verwenden kann, wenn sich bei all den »Varianten« die Existenz eines »Virus« einfach nicht nachweisen lässt. Es ist geplant, die mRNA-Technik auch auf andere Impfstoffe zu übertragen, die vor allem Kindern und Jugendlichen verabreicht werden. Die kumulativen Folgen werden eine Veränderung der menschlichen DNA durch eine ständige Infusion von synthetischem Genmaterial sein, die viele töten und alle anderen langfristig verändern wird. Bedenken Sie nun, dass die Regierungen eine Notfallzulassung für einen Impfstoff erteilt haben, der gar kein Impfstoff ist, der noch nie für den Menschen zugelassen wurde, für den es überhaupt keine nennenswerten Tests gab und dessen Hersteller Immunität vor strafrechtlicher Verfolgung im Falle von Todesfällen oder unerwünschten Nebenwirkungen erhalten haben. Die britische Regierung hat sich selbst und ihren Mitarbeitern eine *dauerhafte Haftungsfreistellung* für Schäden gewährt, die entstehen, wenn ein Patient wegen »Covid-19« oder »Verdacht auf Covid-19« behandelt wird. Das ist schon der Hammer, wenn es sich dabei um mögliche »Nebenwirkungen« des »Impfstoffs« handelt – es sind aber keine »Nebenwirkungen«, sondern die *Wirkungen*, die von der US-Arzneimittelbehörde Food and Drug Administration wie folgt aufgeführt werden:

> »Guillain-Barre-Syndrom; akute disseminierte Enzephalomyelitis; transversale Myelitis; Enzephalitis; Myelitis; Enzephalomyelitis; Meningoenzephalitis; Meningitis; Enzephalopathie; Krämpfe; Krampfanfälle; Schlaganfall; Narkolepsie; Kataplexie; Anaphylaxie; akuter Myokardinfarkt (Herzinfarkt); Myokarditis; Perikarditis; Autoimmunerkrankung; Tod; Auswirkungen auf Schwangerschaft und Geburt; andere akute demyelinisierende Erkrankungen; nicht anaphylaktische Allergiereaktionen; Thrombozytopenie; disseminierte intravaskuläre Gerinnung; venöse Thromboembolie; Arthritis; Arthralgie; Gelenkschmerzen; Kawasaki-Krankheit; multisystemisches Entzündungssyndrom bei Kindern; durch Impfung verstärkte Erkrankungen. Letzteres

bezieht sich auf das Potenzial des »Impfstoffs«, Krankheiten weitaus schlimmer zu machen, als sie es sonst wären.«

Der britische Arzt und Freiheitskämpfer Vernon Coleman beschrieb die in dieser Liste aufgeführten Krankheiten als »alle unangenehm, die meisten davon sehr ernst, und ernster als der Tod kann es kaum werden«. Der Gedanke, dass sich überhaupt jemand unter diesen Umständen hat impfen lassen, ist ein Beweis für das Potenzial der Menschheit zu ahnungsloser, unhinterfragter Dummheit, und für viele hat sich diese programmierte Dummheit bereits als tödlich erwiesen.

Ein Insider packt aus

Dr. Michael Yeadon ist ein ehemaliger Vizepräsident, Forschungsleiter und wissenschaftlicher Chefberater des Impfstoffriesen Pfizer. Yeadon arbeitete innerhalb von Big Pharma, was ihn aber nicht davon abhielt, ein lautstarker Kritiker der »Covid-Impfstoffe« und ihres Potenzials für vielfältige Schäden, einschließlich Unfruchtbarkeit bei Frauen, zu werden. Im Frühjahr 2021 ging er noch viel weiter und benutzte sogar den Begriff »Verschwörung«. Wenn Sie anfangen zu erkennen, was da vor sich geht, ist es schwer möglich, es nicht so zu nennen. Yeadon äußerte sich in einem Interview mit dem Freiheitsaktivisten James Delingpole. Ich erwähnte bereits Yeadons Aussage, dass niemand Proben von »dem Virus« habe. Er erklärte, dass die mRNA-Technik ursprünglich aus dem Bereich der Krebsbekämpfung stamme und Möglichkeiten biete, bestimmte Gene an- und abzuschalten, was von Vorteil sein könne, wenn man verhindern wolle, dass der Krebs außer Kontrolle gerate. »Das ist der Ursprung dieser Technik. Und wir erleben hier wirklich eine sehr ungewöhnliche Anwendung.« Yeadon sagte, dass die Behandlung eines Krebspatienten mit einem aggressiven Verfahren vielleicht verständlich ist, wenn die Alternative der Tod ist, aber es ist etwas ganz anderes, die gleiche Technik als staatliche Gesundheitsmaßnahme einzusetzen. Die meisten Betroffenen würden sich nicht mit dem Erreger anstecken, gegen den sie geimpft werden, und wenn doch, würden sie wahrscheinlich nicht daran sterben:

»Wenn man so etwas wirklich als gesundheitspolitische Maßnahme einsetzt, möchte man so nah wie möglich an die Null-Nebenwirkung herankommen ... Ich finde es seltsam, dass man sich für Techniken entschieden hat, die in der Onkologie erst erprobt werden. Und ich mache mir Sorgen bei der Verwendung von genbasierten

> Impfstoffen, die in den Körper injiziert werden und sich im Körper verteilen, um dann in einige Zellen aufgenommen zu werden. Die Zulassungsbehörden haben uns noch nicht gesagt, in welche Zellen sie aufgenommen werden ... Sie werden ein breites Spektrum an Reaktionen hervorrufen ... in mehreren Schritten, von denen jeder gut oder schlecht verlaufen könnte.«

Wenn es nach dem Kult geht, wohl eher schlecht. Laut Yeadon kann man durch den »Impfstoff« jedes beliebige Gen in den Körper einbringen. Wenn man will, kann man Ihnen auch ein Gen verabreichen, das Ihnen schadet. Ich war fasziniert, als er sagte, dass die Technik, wenn sie im Bereich Krebs eingesetzt wird, Gene an- und ausschalten kann. Ich befasste mich in *Die Antwort* ausführlich mit diesem Prozess. Da verschiedene Gene unterschiedliche Funktionen haben, könnte man ein Chaos anrichten – physisch und psychisch –, wenn man die falschen ein- und die richtigen ausschaltet. Ich habe Berichte über ein Experiment von Forschern der School of Computer Science and Engineering der University of Washington gelesen, bei dem sie DNA-Codes verwendet haben, um Computer zu infizieren. Der Körper ist selbst ein biologischer Computer und wenn die menschliche DNA einem Computer Schaden zufügen kann, warum sollte der Körper dann nicht durch synthetisches Material aus dem Computer geschädigt werden können? Er kann. Das Washingtoner Forschungsteam erklärte, dass es möglich sei, bösartige Malware in »physische DNA-Stränge« einzuschleusen und die Software einer Gensequenzierungsmaschine zu beschädigen, da diese »Genbuchstaben liest und sie als binäre Ziffern 0 und 1 speichert«. Sie kamen zu dem Schluss, dass Hacker eines Tages Blut- oder Speichelproben verwenden könnten, um auf Computersysteme zuzugreifen und sensible Daten aus forensischen Laboren der Polizei zu erhalten oder Genomdateien zu infizieren. Auf dieser Ebene der digitalen Interaktion müssen die synthetischen »Impfstoffe« mitbetrachtet werden, um ein vollständiges Bild zu erhalten, und das wird später noch deutlicher werden. Michael Yeadon erklärte, dass es keinen Sinn mache, den »Impfstoff« an jüngere Menschen zu verabreichen, die nicht durch das »Virus« gefährdet seien. Was wäre der Nutzen? Es gibt nur Nachteile bei den möglichen Auswirkungen:

> »Die Tatsache, dass meine Regierung in einem Land, von dem ich dachte, es sei ein zivilisiertes, vernünftiges Land, Menschen im Alter von dreißig und vierzig Jahren so einen ›Impfstoff‹ aufdrängt, ist erschütternd. Sogar meine eigenen Kinder im Alter über zwanzig erhalten Briefe und Anrufe, sich impfen zu lassen. Ich weiß, dass das nicht richtig ist, und jeder der Ärzte, die impfen, weiß ebenfalls, dass es nicht richtig

ist. Niemand ist gefährdet. Man ist nicht von der Krankheit bedroht, also hofft man jetzt, dass die Impf-Nebenwirkungen so selten sind, dass man damit durchkommt. Man setzt nicht eine neue Technologie … die man nicht einmal versteht … bei einhundert Prozent der Bevölkerung ein.«

Bei jüngeren Menschen sind Probleme mit der Blutgerinnung im Zusammenhang mit dem »Impfstoff« von AstraZeneca aufgetreten – was die Risiken verdeutlicht, die sich aus der völlig nutzlosen Massenimpfung ergeben. Die Version von AstraZeneca, die in Zusammenarbeit mit der Universität Oxford entwickelt wurde, verwendet keine mRNA, bringt ihren Giftcocktail aber dennoch in die Zellen ein, wo er auf die DNA abzielt. Der »Impfstoff« von Johnson & Johnson, der eine ähnliche Technik verwendet, hat ebenfalls so starke Auswirkungen auf die Blutgerinnung, dass die Vereinigten Staaten seine Verwendung vorübergehend ausgesetzt haben. Bei all diesen Verfahren handelt es sich um »Gentherapie« (Zellveränderung) und nicht um »Impfstoffe«. Die Wahrheit ist, dass wir, sobald der Inhalt dieser Injektionen in die Zellen gelangt, keine Ahnung haben, welche Auswirkungen das haben wird. Die Menschen können spekulieren und einige können sehr fundierte Meinungen abgeben und das ist gut so. Letztlich wissen aber nur die Hersteller, was ihre Präparate bewirken sollen, und selbst sie werden nicht alle Folgen kennen.

Michael Yeadon sprach ein vernichtendes Urteil über Ärzte aus, die etwas tun, von dem sie genau wissen, dass es falsch ist. »Alle schweigen«, stellte er fest. »Die Ärzte im NHS müssen wissen, dass es nicht richtig ist, zur Arbeit zu gehen und Menschen zu injizieren. Ich weiß nicht, wie sie nachts schlafen können. Ich könnte es nicht. Wenn ich in dieser Situation wäre, ich müsste kündigen.« Er sagte, er verstehe genug von Toxikologie, um zu wissen, dass es bei diesen Impfseren kein gutes Risiko-Nutzen-Verhältnis gäbe. Yeadon hatte mit sieben oder acht Universitätsprofessoren gesprochen und alle bis auf zwei wollten sich nicht öffentlich äußern. An ihren Universitäten galt die Regel, dass niemand etwas sagen durfte, was der Regierung und ihren medizinischen Beratern widersprach. Sie hatten Angst, ihre staatlichen Zuschüsse zu verlieren. Auf diese Weise wurde die Wahrheit auf allen Ebenen des Systems durch Einschüchterung zum Schweigen gebracht. Ich sage Schweigen, aber diese Menschen könnten immer noch ihre Meinung sagen, wenn sie sich dafür entscheiden würden. Yeadon bezeichnete sie als »moralische Feiglinge«: »Es geht um das Leben ihrer Kinder und Enkelkinder und sie haben sich einfach verpisst und alle im Stich gelassen. «

Der »Varianten«-Unfug

Einige von Yeadons eindringlichsten Kommentaren bezogen sich auf die angeblichen »Varianten«, von denen die Rede ist, um mehr Angst zu schüren, mehr Lockdowns zu rechtfertigen und mehr »Impfstoffe« einzuführen. Er sagte, die Behauptungen der Regierung über »Varianten« seien Unsinn. Er habe die angeblichen »Codes« der Varianten überprüft und sie seien zu 99,7 Prozent mit dem »Original« identisch. Dies sei ein Unterschied, der beim Menschen dem Auf- und Absetzen einer Baseballkappe oder dem Tragen einer umgekehrten Kappe entspräche. Ein Unterschied von 0,3 Prozent würde es für diese »Varianten« unmöglich machen, sich der Immunität gegen das »Original« zu entziehen. Es macht also keinen Sinn, neue »Impfstoffe« für »Varianten« zu haben. Er erklärte, dass es mindestens einen *dreißigprozentigen* Unterschied geben müsse, um dies zu rechtfertigen, und selbst dann würde das Immunsystem noch erkennen, was es vor sich hat. Der von Gates finanzierte »Variantenmodellierer« und »Impfstoff«-Pusher John Edmunds sollte sich dazu mal äußern. Yeadon prophezeite, dass Pharmaunternehmen neue Versionen des »Impfstoffs« als »Auffrischung« [Booster] für die »Varianten« herstellen würden. Schlimmer noch, erklärte er, die »Regulierungsbehörden« auf der ganzen Welt, wie die MHRA in Großbritannien, hätten sich zusammengesetzt und vereinbart, dass sie *keine Sicherheitsstudien durchführen müssten*, weil die »Impfstoffe« für die »Varianten« den ersten »Impfstoffen« so ähnlich seien. Wie durchschaubar das ist! Und an dieser Stelle konnte auch Yeadon es nicht mehr anders sehen: »Hier liegt eine Verschwörung vor.« Es bestehe kein Bedarf an einem weiteren Impfstoff für die »Varianten«, und doch wurde uns gesagt, dass dies der Fall sei und das Land deshalb seine Grenzen geschlossen habe. »Man spritzt das Zeug in hunderte Millionen Arme, ohne dass es ein Genehmigungsverfahren oder irgendeine Aufsichtsbehörde passiert hat. Warum macht man das? Warum haben sie diese Methode zur Herstellung des Impfstoffs gewählt?«

Der Grund musste etwas Größeres sein, als man auf den ersten Blick erkennt. »Es geht nicht um den Schutz vor dem Virus.« Es musste ein viel größeres Projekt sein, wenn Politiker und Berater bereit waren, Dinge zu tun oder zu unterlassen, die absehbar zu vermeidbaren Todesfällen führten – »das ist bereits geschehen, wenn man an den Lockdown und die Unterbrechung der Gesundheitsversorgung für ein Jahr denkt«. Die Menschen, von denen Yeadon sprach, waren bereit, etwas zu tun, das den Tod ihrer Mitmenschen zur Folge hat, ohne dass es ihnen etwas ausmacht. Das ist der Erkenntnisdurchbruch, den ich seit mehr als dreißig Jahren immer wieder zu erzielen versuche – das Ausmaß des reinen Bösen begreifbar zu machen, mit dem wir es zu tun haben. Yeadon berichtete, seine Freunde und Kollegen wollten nicht glauben, dass es ein solches Ausmaß an Verbrechertum geben kann, aber er erinnerte sie an Stalin, Pol Pot und Hitler und daran, was Stalin gesagt hatte: »Ein Tod ist eine Tragödie. Eine Million? Eine Statistik.« Ihm fiel keine harmlose Erklärung dafür ein, warum man Auffrischungsimpfstoffe verabreicht bekommt, »die man sicher nicht braucht«, und die Aufsichtsbehörden »einfach zur Seite treten und sie durchwinken«. Warum sollten die Aufsichtsbehörden das tun, wenn sie immer noch mit den Gefahren des »Vorläufer«-Impfstoffs ringen? Er war eindeutig schockiert von dem, was er seit dem Beginn des »Covid«-Schwindels gesehen hatte, und nun dachte er das bisher Undenkbare:

> »Wenn Sie einen beträchtlichen Teil der Welt entvölkern wollten und das auf eine Art und Weise, die nicht die Zerstörung der Umwelt mit Atomwaffen, die Vergiftung aller Menschen mit Milzbrand oder etwas Ähnlichem beinhaltet, und wenn Sie dies glaubhaft leugnen wollten, während eine mehrjährige Infektionskrankheitskrise grassiert, dann glaube ich nicht, dass Ihnen ein besserer Aktionsplan einfallen könnte als der, den ich gerade vor mir sehe. Ich bin mir nicht sicher, ob man das vorhat, aber ich kann mir keine harmlose Erklärung vorstellen, warum man so etwas tut.«

Er sagte, er hätte nie gedacht, dass sie 99 Prozent der Menschen loswerden wollen, aber jetzt fragte er sich das ernsthaft. »Wenn man das wollte, wäre das eine verdammt gute Möglichkeit – es wäre nicht mehr aufzuhalten, Leute.« Yeadon war zu dem Schluss gekommen, dass diejenigen, die sich der »Impfung« unterzogen, ein einigermaßen normales Leben führen dürften (aber wie lange noch?), während man die Schrauben weiter anzog, um auch die letzten paar Prozent unter »Impfzwang« zu setzen. »Ich glaube, sie werden den letzten Rest in Lager stecken. Ich wünschte, ich läge falsch, aber ich befürchte, Recht zu haben.« Andere Punkte, die er ansprach, waren: Es gab keine Impfstoffe gegen Coronaviren, und dann kommen sie plötzlich alle gleichzeitig; wir haben keine Ahnung von den langfristigen Auswirkungen, da die Studien nur kurzfristig angelegt sind; Menschen zu medizinischen Eingriffen zu zwingen, verstößt gegen den Nürnberger Kodex, der eingeführt wurde, als die Nazis genau das taten; die Menschen sollten die »Impfung« zumindest so lange wie möglich aufschieben; eine schnelle Internetrecherche bestätigt, dass Masken die Übertragung von Atemwegsviren nicht reduzieren und »die Regierung das weiß«; sie haben die Zivilgesellschaft zerschlagen und das wissen sie auch; zwei Dutzend von Experten begutachtete Studien zeigen keinen Zusammenhang zwischen den Lockdowns und der Verringerung der Todesfälle; von persönlichen Freunden wusste er, dass die Elite immer noch herumfliegt und in den Urlaub fährt, während die Allgemeinheit eingesperrt ist; die Elite lässt sich nicht »impfen«. Er wurde auch gefragt, ob die »Impfstoffe« auf unterschiedliche Rassen ausgerichtet werden könnten. Er sagte, das wisse er nicht, aber in dem Dokument des Project for the New American Century vom September 2000 hieß es, dass die Entwicklung »fortschrittlicher Formen der biologischen Kriegsführung, die auf *bestimmte Genotypen* abzielen, die biologische Kriegsführung aus dem Reich des blinden Terrors in ein politisch nützliches Instrument verwandeln könnte«. Oh, die sind wirklich böse. Da können wir uns *absolut* sicher sein.

Die weitere Eliminierung alter Menschen

Aus der CDC-Definition geht hervor, dass der mRNA-»Covid-Impfstoff« gar kein Impfstoff ist, ebenso wenig wie die anderen, von denen *behauptet* wird, dass sie die »Schwere der Symptome« bei *einigen* Menschen lindern, die aber nicht vor einer Infektion oder Übertragung schützen. Was ist mit all den Lügen über die Rückkehr zur »Normalität«, sobald die Menschen »geimpft« wurden? Wenn es heißt, dass »Impfen« nicht einmal die Infektion und Übertragung des angeblichen »Virus« verhindert, wie soll sich dann jemals etwas ändern? Das waren alles Lügen, um die Menschen dazu zu bringen, sich impfen zu lassen, und das sehen wir jetzt auch daran, dass die »Geimpften« die Masken, den Abstand und die Tests immer noch brauchen. Was meinten die wohl, was mit älteren Menschen mit einer schwachen Gesundheit und Immunabwehr passiert, wenn ihren Zellen synthetisches Material und andere toxische Stoffe zugeführt wird? Sie haben *gewusst,* dass dies über kurz oder lang verheerend und tödlich sein würde und die Ausmerzung der alten Menschen, die mit den ersten Lockdowns begann, auf diese Weise mit dem »Impfstoff« fortgesetzt werden konnte. Die Sterblichkeitsraten in den Pflegeheimen stiegen sofort an, als man begann, die Bewohner zu »impfen« – ihnen synthetisches Material zu verabreichen. Mutige und engagierte Pfleger setzten ihren Arbeitsplatz aufs Spiel, indem sie diese Wahrheit ans Licht brachten, während die Restlichen den Kopf einzogen und den Mund hielten, um ihre Karriere über die Menschen zu stellen, für die sie eigentlich sorgen sollten.

Ein langjähriger amerikanischer Pflegeassistent, der seinen Namen als James angab, hat ein Video gepostet, in dem er sehr emotional beschreibt, was in seinem Pflegeheim geschah, als die Impfung begann. Er sagte, dass im Jahr 2020 nur sehr wenige Bewohner an »Covid« erkrankten und niemand während des gesamten Jahres starb; aber kurz nach den mRNA-Injektionen von Pfizer starben vierzehn Menschen innerhalb von zwei Wochen und viele andere waren dem Tod nahe. »Sie fielen um wie die Fliegen«, sagte er. Bewohner, die vor der Injektion noch selbständig gehen konnten, waren nicht mehr in der Lage, ein intelligentes Gespräch zu führen. Die Heimleitung sagte, die plötzlichen Todesfälle seien durch einen »Superspreader« von »Covid-19« verursacht worden. Wie kommt es dann, fragte James, dass die Bewohner, die sich weigerten, die Injektionen zu erhalten, *nicht* krank wurden? Es war ein klarer Fall von »Totspritzen« älterer Menschen durch die Injektion synthetischer mRNA-Präparate. Und die Schuld für ihre Krankheit und den darauffolgenden Tod wurde dem »Virus« zugeschrieben. James bezeichnete das, was in den Pflegeheimen geschah, als »das größte Verbrechen eines Völkermords, das dieses Land je gesehen hat«.

Erinnern Sie sich an die anonyme NHS-Krankenschwester in dem Unterkapitel »Was zwischen den Zeilen auftauchte«, die das gleiche Wort – »Völkermord« – für das verwendete, was durch die »Impfstoffe« angerichtet wurde, und die erklärte, dass es sich um einen »Akt der Massentötung« handelte? Eine Whistleblowerin aus einem britischen Pflegeheim erzählte James eine ganz ähnliche Geschichte über die Auswirkungen des »Impfstoffs« in Form von Todesfällen und »Ausbrüchen« von Krankheiten, die als »Covid« bezeichnet wurden, nachdem die Impfung verabreicht worden war. Sie berichtete, wie die Leitung und das Personal ihres Pflegeheims eifrig staatliche Vorschriften durchsetzten und es niemandem erlaubt gewesen war, das offizielle Narrativ auch nur in Frage zu stellen, geschweige denn sich dagegen auszusprechen. Sie sagte, der NHS sei noch schlimmer. Wir sehen hier überall die Ergebnisse des Reframings. Ein Mitarbeiter eines örtlichen Pflegeheims in der Gegend, in der ich wohne, sagte, dass es dort seit fast einem Jahr keinen einzigen Fall von »Covid« gegeben habe. Nachdem die Bewohner »geimpft« wurden, gab es in zwei Wochen neunzehn positive Fälle, und acht dieser Menschen starben.

Es ist nicht der »Impfstoff« – echt nicht!

Offensichtliche Ursachen und Wirkungen wurden von den Medien und dem Großteil der Öffentlichkeit ignoriert. Der australische Gesundheitsminister Greg Hunt (ein ehemaliger Strategiechef des Weltwirtschaftsforums) wurde ins Krankenhaus eingeliefert, nachdem er den »Impfstoff« erhalten hatte. Berichten zufolge litt er an der Hautinfektion »Zellulitis« und es muss sich um einen schweren Fall gehandelt haben, der einen tagelangen Krankenhausaufenthalt rechtfertigte. Die Behörden sagten sofort, dass dies nichts mit dem »Impfstoff« zu tun habe, obwohl die Wirkung einiger Impfstoffe eine

»zellulitisähnliche Reaktion« ist. Wir hatten Familien mit völlig gesunden alten Menschen, die nach der »Impfung« starben, und die jetzt sagen, dass ihre Angehörigen noch am Leben wären, wenn man ihnen den »Impfstoff« nur früher gegeben hätte. Selbst als Dummschwätzerei ist das kaum noch zu überbieten. Ein Vater von vier Kindern ist im Alter von achtundvierzig Jahren nach der Impfung erkrankt und zwei Tage später an Covid gestorben. Der Mann, ein Verwaltungsangestellter im Gesundheitswesen, hatte sich während der Pandemie »abgeschirmt« und »das Haus nicht wirklich verlassen«, bis er sich »impfen« ließ. Doch die Impfung und die anschließende Erkrankung sowie der Tod des Mannes schienen unter keinen Umständen als Ursache und Wirkung in Frage zu kommen, so dass »Covid-19« auf seinem Totenschein vermerkt wurde. Seine Familie sagte, sie wisse nicht, wie er sich das Virus »eingefangen« haben könnte. Ein Familienmitglied sagte: »Tragischerweise könnte es sein, dass eine Impfung dazu führte, dass er sich mit Covid angesteckt hat ... Die traurige Wahrheit ist, dass man nie erfahren wird, woher es kam.« Die Familie warnte die Menschen, daran zu denken, dass das »Virus« immer noch existiere und »sehr real« sei. Genau wie ihre Dummheit. Krankenschwestern und Ärzte, die die erste Runde des »Impfstoffs« erhalten hatten, brachen zusammen, starben oder landeten in einem Krankenhausbett, während sie oder ihre trauernden Verwandten versicherten, dass sie die »Impfung« trotz des Vorfalls noch einmal machen würden. Nein, ich nehme Sie nicht auf den Arm. Sie meinen, wenn Ihr Mann von den Toten auferstünde, würde er sich denselben »Impfstoff«, der ihn getötet hat, ein weiteres Mal spritzen lassen?

Ärzte des VCU Medical Center in Richmond, Virginia, erklärten, dass der »Impfstoff« von Johnson & Johnson dafür verantwortlich war, dass sich die Haut eines Mannes ablöste. Der Patient Richard Terrell sagte: »Es ging einfach alles so schnell. Meine Haut schälte sich ab. Sie löst sich jetzt immer noch an meinen Händen ab.« Er berichtete, es habe gestochen, gebrannt und gejuckt und es sei sehr schmerzhaft gewesen, wenn er seine Arme und Beine gebeugt habe, weil »die Haut so geschwollen war und gegen sich selbst gerieben hat«. Die Impfstoffe von Pfizer/BioNTech und Moderna verwenden mRNA, um die Zelle zu verändern, während die Version von Johnson & Johnson DNA in einem Prozess verwendet, der der Technik von AstraZeneca ähnelt. Sowohl die »Impfstoffe« von Johnson & Johnson als auch die von AstraZeneca wurden in vielen Ländern gesperrt, nachdem sie schwere Blutkrankheiten verursacht hatten. Terrells Arzt Fnu Nutan sagte, er hätte sterben können, wenn er nicht medizinisch versorgt worden wäre. Das hört sich schrecklich an. Was sagen Nutan und Terrell jetzt zu dem »Impfstoff«? Oh, sie empfehlen den Leuten immer noch, sich impfen zu lassen. Einem Krankenpfleger, der vierzig Minuten nach seiner Impfung in einem Krankenhausbett landete und aufgrund einer Rachenschwellung nicht mehr schlucken konnte, erzählte ein Arzt, dass er selbst nach der Impfung sechsunddreißig Stunden lang einen gelähmten Arm hatte. Was sagte er zu der angeschlagenen Pflegekraft? »Gut für Sie, dass Sie sich haben impfen lassen.«

Wir haben es hier mit einer ernsten Form von kognitivem Dissonanzwahn zu tun, sowohl in der Bevölkerung als auch beim medizinischen Personal. Es besteht ein bemerkenswerter Zusammenhang zwischen denjenigen, die sich »impfen« lassen und diese Tatsache anpreisen, und denjenigen, denen kurz darauf etwas Schlimmes zustößt. Witold Rogiewicz, ein polnischer Arzt, drehte ein Video von seiner »Impfung« und machte sich über diejenigen lustig, die deren Sicherheit und die Absichten von Bill Gates in Frage stellten: »Lassen Sie sich impfen, um sich selbst, Ihre Angehörigen, Freunde und auch Patienten zu schützen. Und um das rasch zu erwähnen, hier habe ich noch eine Info für Impfgegner und Coronaleugner: Wenn Sie Bill Gates kontaktieren wollen, können Sie das über mich tun.« Außerdem machte er sich über die Gefahren von 5G lustig. Wenige Tage später war er tot, aber natürlich wurde die Impfung bei der Diagnose »Herzinfarkt« nicht erwähnt.

Lügen, Lügen und nochmals Lügen

So viele Mitglieder der menschlichen Rasse sind in einen unfassbaren Wahnwitz abgerutscht und leider gehören dazu auch umprogrammierte Ärzte und Pfleger. Eine »Impfung« zu erhalten, nach der man innerhalb von Minuten oder Stunden verstorben ist, wird nicht als mögliche Todesursache angesehen, während der Tod aufgrund einer beliebigen Ursache innerhalb von achtundzwanzig Tagen oder länger nach einem positiven Test mit einem Test, der gar nicht auf das »Virus« testet, bedeutet, dass »Covid-19« auf den Totenschein kommt. Wie könnte man den Zusammenhang zwischen »Impfstoff« und Tod nicht herstellen, außer durch kalkulierte Täuschung? Die US-Zahlen in der ersten Einführungsphase bis zum 12. Februar 2020 zeigen, dass ein Drittel der Todesfälle, die der CDC nach »Covid-Impfungen« gemeldet wurden, innerhalb von achtundvierzig Stunden auftraten. Fünf Männer in Großbritannien litten an einem »extrem selten auftretenden« Problem mit der Blutgerinnung, nachdem sie den »Impfstoff« von AstraZeneca erhalten hatten, aber es wurde kein kausaler Zusammenhang festgestellt, jedenfalls laut der von Gates finanzierten Medicines and Healthcare Products Regulatory Agency (MHRA), die dem »Impfstoff« eine Notfallzulassung erteilt hatte. Der ehemalige Pfizer-Manager Dr. Michael Yeadon erklärte in seinem

Interview, dass die Impf-Behandlungen Blutgerinnungsstörungen und Thrombosen verursachen können. Menschen, die eigentlich kein Thrombose-Risiko hatten, starben an Blutgerinnseln im Gehirn. Und Yeadon berichtet, er habe von befreundeten Ärzten gehört, dass Menschen an Hautblutungen und massiven Kopfschmerzen litten. Die AstraZeneca-»Spritze« wurde von etwa zwanzig Ländern wegen der Blutgerinnungsproblematik gestoppt und dennoch sagen die korrupte MHRA, die Europäische Arzneimittelagentur (EMA) und die Weltgesundheitsorganisation, dass sie weiterhin verabreicht werden sollte, obwohl die EMA zugab, dass sie einen Zusammenhang zwischen Blutgerinnung und dem »Impfstoff« »noch nicht endgültig ausschließen kann«. Später erklärte Marco Cavaleri, Leiter der EMA-Impfstoffstrategie, dass es tatsächlich einen eindeutigen Zusammenhang zwischen dem »Impfstoff« und Thrombose gibt, man den Grund dafür aber nicht kennt. So viel zu den Studien, die zeigen, dass der »Impfstoff« sicher ist. Von den Blutgerinnseln waren jüngere Menschen betroffen, für die »Covid« praktisch keine Gefahr darstellt, selbst wenn es existieren würde, was die Sache noch dümmer und unheimlicher macht.

Die britische Regierung reagierte auf die Alarmmeldungen, indem sie June Raine, die erschreckend unbedarfte Kindergarten-Leiterin, die der britischen Arzneimittelbehörde MHRA vorsteht, aus dem Hut zauberte. Schon die Vorstellung, dass Raine sich gegen Big Pharma und den Druck der Regierung durchsetzen könnte, ist lächerlich. Sie verkündete uns, dass alles in Ordnung sei, so wie sie es auch tat, als sie zuließ, dass ungetestete, noch nie beim Menschen angewandte, genetisch manipulierte »Impfstoffe« überhaupt erst in Umlauf gelangten. Massenhafte Lügen sind die neue Normalität in der »Covid«-Ära. Die MHRA gab später an, dass bis dahin dreißig Fälle von seltenen Blutgerinnseln mit dem »Impfstoff« von AstraZeneca in Verbindung gebracht wurden (in Wahrheit sind es viel mehr), während sie gleichzeitig betonte, dass die Vorteile der Impfung bei der Verhinderung von »Covid-19« alle Risiken überwiegen. Eine lächerlichere und unaufrichtigere Behauptung in gefühlloser Missachtung der menschlichen Gesundheit kann man sich kaum vorstellen. Unmittelbar nach der verlogenen Entwarnung traten bei zwei Krankenhausmitarbeitern in Dänemark nach der Impfung von AstraZeneca Blutgerinnsel und Hirnblutungen auf, einer starb. Der oberste norwegische Gesundheitsbeamte Pål Andre Holme sagte, der »Impfstoff« sei der einzige gemeinsame Faktor: »Es gibt nichts in der Krankengeschichte dieser Personen, was eine so starke Immunreaktion hervorrufen könnte … Ich bin überzeugt, dass die Antikörper, die wir gefunden haben, die Ursache sind, und ich sehe keine andere Erklärung als den Impfstoff.« Schlaganfälle, Thrombosen oder Gehirnblutungen wurden durch persönliche Aussagen und Berichte von Whistleblowern eindeutig mit dem »Impfstoff«

in Verbindung gebracht. Ähnliche Folgen traten bei all diesen »Impfstoffen« auf, von denen uns gesagt wurde, sie seien so sicher. Aber als die Zahl der Impfschäden von Tag zu Tag stieg, war unübersehbar, dass wir Zeugen eines Massakers wurden.

Auf die harte Tour lernen

Eine Frau, die von UKColumn interviewt wurde, erzählte, wie ihr Mann nach der Impfung unter dramatischen gesundheitlichen Folgen litt, obwohl er sein ganzes Leben lang bei guter Gesundheit gewesen war. Er fühlte sich nicht mehr wohl, verlor jegliches Gefühl in seinen Beinen und litt unter »unerträglichen Schmerzen«. Es folgten zwei Fehldiagnosen in der Notaufnahme (einmal »Allergie« und einmal »Ischias«), bevor er in eine neurologische Abteilung eingeliefert wurde, wo die Ärzte sagten, sein Zustand sei durch den »Impfstoff« verursacht worden. Sieben weitere »geimpfte« Personen wurden offenbar auf derselben Station wegen ähnlicher Symptome behandelt. Die Frau berichtete, dass ihr Mann sich habe impfen lassen, weil sie den Behauptungen der Medien über die Sicherheit des Impfstoffs geglaubt haben. »Ich hätte nicht gedacht, dass die Regierung einen Impfstoff verteilt, der jemandem so etwas antut; ich habe geglaubt, sie würden eine Impfung bereitstellen, die sicher ist.« Was für eine tragische Art, diese Lektion zu lernen. Eine andere Frau berichtete, dass ihr Mann als Sanitätsfahrer in fast jeder Schicht Schlaganfallpatienten ins Krankenhaus brachte, und wenn er sie fragte, ob sie gegen »Covid« geimpft worden seien, antworteten sie alle mit »Ja«. Einer hatte am Tag nach seiner zweiten Dosis eine »massive Hirnblutung«. Sie sagte, ihr Mann habe den Ärzten in der Notaufnahme jedes Mal berichtet, dass der eingelieferte Kranke »gerade geimpft« worden sei, doch die Ärzte ignorierten das, machten keine Notizen und schienen verärgert zu sein, dass es überhaupt erwähnt wurde. Dieser Bericht kann nicht verifiziert werden, aber er ist Ausdruck eines allgemeinen Phänomens, weil er die enorme Untererfassung von »Impfstoff«-Folgen bestätigt. Interessanterweise begann der britische Nationale Gesundheitsdienst (NHS) mit einer Werbekampagne, in der er die Öffentlichkeit darüber aufklärte, was im Falle eines Schlaganfalls zu tun ist, als die »Impfstoffe« und ihre Folgen in Form von Blutgerinnseln und Schlaganfällen bekannt wurden. Eine schottische NHS-Krankenschwester, die im März 2021 entnervt kündigte, erklärte:

> »Ich habe schwere Impfschäden gesehen, die nicht über die gelbe Karte [Erfassung von Medikamenten-Nebenwirkungen] gemeldet werden. Es werden nur die Sympto-

me behandelt, ohne zu fragen, warum es geschieht, und wenn man darüber sprechen will, wird man abgetan, als habe man nicht alle Tassen im Schrank. Ich bin nicht verrückt. Ich bin bei klarem Verstand, aber jeder andere Kollege, mit dem ich gesprochen habe, hat Angst, sich zu äußern, obwohl sie die Nase voll haben.«

Im Internet tauchten Videos von Menschen auf, die nach der »Impfung« unkontrolliert zitterten und keine Kontrolle mehr über Muskeln, Gliedmaßen und sogar ihr Gesicht hatten. Eine Mutter in Schottland bekam fast unmittelbar nach der Verabreichung des »Impfstoffs« von AstraZeneca am ganzen Körper einen schweren Ausschlag. Die Bilder waren entsetzlich. Leigh King, eine 41-jährige Friseurin aus Lanarkshire, erzählte: »Nichts im Leben hatte mich auf das vorbereitet, was mir bevorstand ... Meine Haut war wund und ständig heiß ... Ich habe noch nie solche Schmerzen gehabt ...« Aber keine Sorge, der »Impfstoff« ist absolut sicher. Hinzu kommen die Auswirkungen auf das medizinische Personal, das von psychopathischen »Gesundheitsbehörden« und der Regierung unter Druck gesetzt wurde, sich impfen zu lassen. Eine Londoner Krankenhausärztin, die den Namen K. Polyakova angab, schrieb an das *British Medical Journal (BMJ)*:

»Ich quäle mich derzeit mit ... dem Versäumnis, dass die reale Morbidität nicht erfasst wird, die durch unser derzeitiges Impfprogramm im Gesundheitsdienst und seinen Mitarbeitern verursacht wird. Der Krankenstand nach der Impfung ist so hoch wie nie zuvor, und die Mitarbeiter werden sehr krank, einige mit neurologischen Symptomen, was sich massiv auf die Arbeit des Gesundheitsdienstes auswirkt. Selbst junge und gesunde Menschen sind tagelang, manche sogar wochenlang, krank, und einige benötigen medizinische Behandlung. Ganze Teams werden aus dem Verkehr gezogen, weil sie sich gemeinsam haben impfen lassen.

Eine Impfpflicht ist unter diesen Umständen dumm, unethisch und unverantwortlich, wenn es um den Schutz unserer Mitarbeiter und der öffentlichen Gesundheit geht. Wir befinden uns in der freiwilligen Phase der Impfung und ermutigen unsere Mitarbeiter, sich mit einem nicht regulär zugelassenen Produkt zu impfen, das sich unmittelbar auf ihre Gesundheit auswirkt ... Es wurde deutlich gesagt, dass diese Impfstoffe keine Immunität bieten oder die Übertragung verhindern. Warum tun wir es dann?«

Nicht um die Gesundheit zu schützen, das ist sicher. Das medizinische Personal wird von den Regierungen aus Gründen der Agenda gelobt, obwohl sie sich um sie genauso wenig scheren wie um die Bevölkerung im Allgemeinen. Schulen in ganz Amerika sahen sich mit der gleichen Situation konfrontiert, als sie aufgrund der hohen Ausfallquote von Lehrern und anderen Mitarbeitern in Folge der Nebenwirkungen bei den »Covid-Impfstoffen« von Pfizer/BioNTech, Moderna und Johnson & Johnson geschlossen wurden – alles Vakzine, die mit Todesfällen und schwerwiegenden Nebenwirkungen in Verbindung gebracht werden. Das *BMJ* hat die Kommentare der Ärztin ziemlich schnell von seiner Website entfernt – mit der Begründung, dass sie zur Verbreitung von »Desinformation« dienen könnten. Der wahre Grund war, dass sie die Wahrheit über den »Impfstoff« enthüllten. Die allgegenwärtige Vertuschung ist atemberaubend.

Vertuschung der Beweise

Das Ausmaß der weltweiten Vertuschung von Impftodesfällen wird deutlich, wenn man die offiziellen Zahlen mit den persönlichen Erfahrungen der Öffentlichkeit vergleicht. Ich habe von vielen Menschen in meiner Gemeinde gehört, die unmittelbar oder kurz nach der Impfung gestorben sind. Sie werden niemals in den Medien oder gar in den offiziellen Zahlen der »Impfstoff«-Todesfälle und fatalen Nebenwirkungen auftauchen, obwohl schätzungsweise nur etwa zehn Prozent gemeldet werden und ich in einer Harvard-Studie einige Schätzungen gesehen habe, die nur von einem Prozent ausgehen. Allein in Großbritannien wurden bis zum 29. April 2021 offiziell 757.654 Impf-Zwischenfälle mit den »Impfstoffen« von Pfizer/BioNTech, Oxford/AstraZeneca und Moderna gemeldet, darunter mehr als tausend Todesfälle im Zusammenhang mit Impfungen. Das sind sieben Millionen Nebenwirkungen und 10.000 potenzielle Todesfälle, und bei einer Meldequote von einem Prozent wäre die tatsächliche Quote das Zehnfache dieser Zahlen. 1976 zog die US-Regierung den Impfstoff gegen die Schweinegrippe nach 53 Todesfällen zurück. Die Daten aus Großbritannien enthielten insgesamt 10.000 Augenerkrankungen durch die »Covid-Impfstoffe«, von denen mehr als 750 zu Sehbehinderungen oder Blindheit führten, und auch hier multiplizieren Sie mal die geschätzten Meldequoten. Als die »Covid-Fälle« offiziell zurückgingen, füllten sich die während der »Covid-Krise« praktisch leeren Krankenhäuser im Gefolge der »Impfstoff«-Einführung mit einer Reihe anderer Probleme.

Auch die Zahlen in Amerika sind katastrophal. Die Todesfälle im Zusammenhang mit allen Arten von Impfstoffen sind im ersten Quartal 2021 im Vergleich zu 2020 um *6.000 Prozent* gestiegen. Eine 39-jährige Frau aus Ogden, Utah, starb vier Tage nach der Verabreichung einer zweiten Dosis des »Covid-Impfstoffs« von Moderna, als ihre Leber, ihr Herz und ihre Nieren versagten, obwohl sie keine bekannten medizinischen Probleme oder Vorerkrankungen hatte. Ihre Familie beantragte eine Autopsie, aber Dr. Erik Christensen, Utahs leitender Gerichtsmediziner, sagte, dass der Nachweis des Impfstoffs als Todesursache praktisch nie gelingt. Er kann sich nur einen Fall vorstellen, in dem eine Autopsie einen Impfstoff als offizielle Todesursache benennen würde, und das wäre eine Anaphylaxie, bei der jemand einen Impfstoff erhält und fast sofort stirbt. »Außer in einem solchen Fall wäre es für uns schwierig, definitiv zu sagen, dass es sich um den Impfstoff als Todesursache handelt«, erklärte Christensen. Wenn das stimmt, muss man dies zu der geschätzten Melderate von zehn Prozent (oder weit weniger) von Impftodesfällen und schwerwiegenden Reaktionen hinzuaddieren, und die Schlussfolgerung kann dann nur lauten, dass Impftodesfälle und schwerwiegende Reaktionen – einschließlich der durch »Covid«-Seren verursachten – in den offiziellen Zahlen phänomenal untertrieben sind. Die gleiche Geschichte ist überall zu finden. Endlose Berichte über Todesfälle und schwerwiegende Reaktionen in der Öffentlichkeit, bei Ärzten und Pflegepersonal, während die offiziellen Zahlen dies nicht einmal ansatzweise widerspiegeln.

Der professionelle Nachbeter des »Covid«-Narrativs Dr. David Williams, ein »hoher Beamter des öffentlichen Gesundheitswesens« in Ontario, Kanada, beleidigte unsere Intelligenz, indem er behauptete, dass es bei den damals verabreichten mehr als 380.000 Impfdosen nur vier schwerwiegende Fälle mit unerwünschten Nebenwirkungen und überhaupt keine Todesfälle gegeben habe. Dies entsprach in keiner Weise dem, was die Menschen in ihrer persönlichen Umgebung erlebt hatten. Dirk Huyer war dafür verantwortlich, dass in Ontario Millionen von Menschen geimpft wurden, während er gleichzeitig als leitender Gerichtsmediziner der Provinz Todesursachen untersuchte, darunter auch mögliche Todesfälle durch den Impfstoff. Ein Assistent sagte, Huyer habe sich aus der Untersuchung von Todesfällen herausgehalten, aber die Beweise sprachen dagegen. Rosemary Frei, die einen Master of Science in Molekularbiologie an der medizinischen Fakultät der kanadischen Universität Calgary erworben hatte, bevor sie sich dem investigativen Journalismus zuwandte, war eine derjenigen, die erkennen konnte, dass die offiziellen Zahlen zu den Todesfällen und Reaktionen auf den Impfstoff keinen Sinn ergaben. Sie sagte, dass Ärzte nur selten über unerwünschte Nebenwirkungen berichteten, und wenn Menschen nach einer Impfung wirklich krank wurden oder starben, schrieben sie das allem Möglichen zu, nur nicht den Impfstoffen. Das sei schon seit Jahren so und jeder, der laut darüber nachdenke, ob die »Covid-Impfstoffe« oder andere Impfungen schädlich seien, werde sofort als »Impfgegner« und »Wissenschafts-Leugner« diffamiert. Für Angehörige der Gesundheitsberufe war das ein »Karriere-

Killer«. Und dann war da noch der enorme Druck, die Kampagne zu unterstützen, Milliarden von Menschen so schnell wie möglich zu »impfen«. Frei sagte:

> »Das ist also der Stand der Dinge. Mehr als eine halbe Million Impfdosen wurden allein in Ontario an die Menschen ausgegeben. Der Druck ist bereits groß, bis September alle fünfzehn Millionen Menschen in der Provinz zu impfen. Und die Mainstreammedien schreien danach, die Sache noch weiter zu beschleunigen. Die Wahrscheinlichkeit ist daher äußerst gering ist, dass wir von den Behörden die Wahrheit darüber erfahren, wie viele Menschen durch die Impfungen krank werden oder sterben.«

Was für Ontario gilt, gilt für alle Länder.

Sie WUSSTEN es – und taten es trotzdem

Die Behörden wussten, was mit den zahlreichen Todesfällen und unerwünschten Nebenwirkungen auf uns zukam. Die von Gates finanzierte und von Big Pharma dominierte britische Regulierungsbehörde für Arzneimittel und Gesundheitsprodukte (MHRA) beauftragte ein Unternehmen mit dem Einsatz von KI bei der Zusammenstellung der prognostizierten Reaktionen auf den »Impfstoff«, die andernfalls nicht zu beziffern wären. In der Ausschreibung hieß es: »Die MHRA sucht dringend ein Softwaretool mit Künstlicher Intelligenz (KI), um die zu erwartende große Anzahl von unerwünschten Arzneimittelnebenwirkungen des Covid-19-Impfstoffs zu verarbeiten …« Das kam von der Behörde, die von der verlogenen June Raine geleitet wird, die dem »Impfstoff« die Notfallzulassung erteilt hat, und der KI-Auftrag wurde erteilt, bevor die erste Spritze verabreicht war. »Wir werden Sie töten oder verstümmeln – ist das in Ordnung?« »Oh ja, das ist völlig in Ordnung – ich bin Ihnen sehr dankbar dafür, danke, Doktor.« Die Palette der unerwünschten Wirkungen des Covid-Impfstoffs ist in dem sträflich unzureichend dokumentierten »Gelbe Karten«-System der MHRA seitenlang aufgeführt und umfasst Auswirkungen auf Augen, Ohren, Haut, Verdauung, Blut und so weiter. Raines MHRA behauptete erstaunlicherweise, dass die »allgemeine Sicherheitserfahrung … den Erwartungen aufgrund der klinischen Studien entspricht«. Der Tod, die schwerwiegenden unerwünschten Nebenwirkungen, Taubheit und Blindheit waren zu *erwarten* gewesen? Wann haben sie das jemals erwähnt? Wenn diese menschlichen Tragödien zu erwarten waren, dann haben diejenigen, die

die Verwendung dieser »Impfstoffe« genehmigten, sich Verbrechen gegen die Menschlichkeit schuldig gemacht, einschließlich Mord – eine Definition dafür lautet »Tötung einer Person in böswilliger Absicht oder mit einer Rücksichtslosigkeit, die eine extreme Gleichgültigkeit gegenüber dem Wert des menschlichen Lebens offenbart«. Die Verantwortlichen bei der MHRA, der CDC in Amerika und ihrer Äquivalente auf der ganzen Welt müssen sich vor einem neuen Nürnberger Tribunal für ihre gefühllose Unmenschlichkeit verantworten. Und wir sprechen hier nur von den unmittelbaren Auswirkungen des »Impfstoffs«. Die längerfristigen Auswirkungen der synthetischen DNA-Manipulation sind der Hauptgrund, warum sie so hysterisch versuchen, die gesamte Weltbevölkerung in kürzester Zeit zu impfen.

Afrika und die Entwicklungsländer stehen im Mittelpunkt der »Impfstoff«-Entvölkerungsagenda, und dank fürsorglicher Menschen wie den Rockefellers und anderen Aktivposten des Kults wird dort überall eine Massenimpfung angepriesen. Die Rockefeller Foundation, die ja die »Covid-Pandemie« in einem 2010 veröffentlichten Dokument vorweggenommen hat, das »voraussagte«, was ein Jahrzehnt später geschah, kündigte im Februar 2021 einen ersten Zuschuss in Höhe von 34,95 Millionen Dollar an, »um einen gerechteren Zugang zu Covid-19-Tests und Impfstoffen« und anderen Dingen in Afrika zu gewährleisten – in Zusammenarbeit mit »vierundzwanzig Organisationen, Unternehmen und Regierungsbehörden«. Die panafrikanische Initiative soll sich auf zehn Länder konzentrieren: Burkina Faso, Äthiopien, Ghana, Kenia, Nigeria, Ruanda, Südafrika, Tansania, Uganda und Sambia. Rajiv Shah, Präsident der Rockefeller Foundation und ehemaliger Administrator der CIA-kontrollierten United States Agency for International Development (USAID), der internationalen Entwicklungshilfebehörde der USA, sagte, wenn Afrika nicht massenhaft geimpft werde (um die DNA der Menschen zu verändern), sei dies eine »Bedrohung für die gesamte Menschheit« und den Afrikanern gegenüber nicht fair. Wenn jemand von der Rockefeller Foundation sagt, er wolle etwas tun, um armen und benachteiligten Menschen und Ländern zu helfen, dann ist es Zeit für ein schallendes Gelächter. Sie tun dies aus der Güte ihres »Herzens« heraus, denn die gesamte Weltbevölkerung zu »impfen« ist das, was der »Covid«-Schwindel erreichen soll. Die offizielle »Entkolonialisierung« Afrikas durch den Kult war lediglich ein Vorspiel zur finanziellen Kolonialisierung auf dem Weg der Rückkehr zur physischen Kolonialisierung. Der »Impfstoff« ist dabei von entscheidender Bedeutung und der plötzliche und praktische Tod des »Covid«-skeptischen Präsidenten von Tansania erscheint so in einem ganz anderen Licht. Viele Menschen in Afrika sind sich bewusst, dass dies eine weitere Form der Kolonialisierung und Ausbeutung ist, und sie müssen sich wehren.

Der Betrug bei der Impfstoff-Wirkung

Ein potenzielles Problem für den Kult war, dass der »Impfstoff« die menschliche DNA und die Botenstoffe im Körper verändern soll und nicht dazu dient, jemanden vor einem »Virus« zu schützen, dessen Existenz nie nachgewiesen wurde. Der Impfstoff konnte nicht funktionieren, weil er nicht dafür konzipiert war. Wie konnte man also den *Anschein* erwecken, dass er funktioniert, damit mehr Menschen geimpft würden? Das Problem wurde gelöst, indem die Amplifikationsrate des PCR-Tests herabgesetzt wurde, um weniger »Fälle« und damit weniger »Todesfälle« zu erzeugen. Einige von uns hatten seit März 2020 darauf hingewiesen, dass die Amplifikationsrate des Tests, der gar nicht auf das »Virus« testet, künstlich hoch gehalten wurde, um positive Tests zu erzeugen, die man als »Fälle« bezeichnen konnte, um Lockdowns zu rechtfertigen. Die Weltgesundheitsorganisation empfahl den absurd hohen Zyklus von fünfundvierzig Amplifikationen, um die vom Kult geforderte hohe Anzahl positiver Tests zu gewährleisten, und schwieg dann zu diesem Thema bis zum 20. Januar 2021 – dem Tag von Bidens Amtseinführung. Zu diesem Zeitpunkt waren die »Impfungen« längst in vollem Gange und an diesem Tag empfahl die WHO nach Gesprächen mit der amerikanischen CDC, dass die Labore ihre *Amplifikationen bei den Tests herabsetzen* sollten.

Dr. David Samadi, ein zertifizierter Urologe und Gesundheitsjournalist, sagte, die WHO fordere alle Labore auf, ihre Zyklusanzahl für PCR-Tests zu reduzieren. Er schrieb, der derzeitige Zyklus sei viel zu hoch und führe dazu, »dass jede winzige Molekularspur als positiver Fall deklariert wird«. Sogar in einem Mainstream-Nachrichtenbericht, den ich gesehen habe, hieß es, dies bedeute, dass die Zahl der »Covid«-Infektionen möglicherweise »dramatisch aufgebläht« sei. Oh, nur ein ganz kleines Bisschen. Die CDC in Amerika gab im April 2021 eine neue Anleitung für Labore heraus, achtundzwanzig Zyklen zu verwenden, *aber nur bei »geimpften« Personen.* Der Zeitpunkt der CDC/WHO-Interventionen war bewusst und zynisch so gewählt, dass es den Anschein erweckte, die »Impfstoffe« seien für den Rückgang der Fälle und Todesfälle verantwortlich, während der wahre Grund durch die folgenden Beispiele deutlich wird: Das staatliche Labor von New York, das Wadsworth Center, stellte im Juli 2020 872 positive Tests fest, basierend auf einem Schwellenwert von vierzig Zyklen. Als die Zahl auf fünfunddreißig Zyklen gesenkt wurde, waren 43 Prozent der 872 Tests nicht mehr »positiv«. Bei dreißig Zyklen lag die Zahl bereits bei 63 Prozent. Ein Labor in Massachusetts fand heraus, dass sogar zwischen 85 und 90 Prozent der Menschen, die im Juli bei einem Schwellenwert von vierzig Zyklen noch positiv getestet wurden, bei dreißig Zyklen negativ sein würden. Ashish Jha, MD,

Direktor des Harvard Global Health Institute, sagte: »Ich bin wirklich schockiert, dass der Unterschied so groß ausfallen könnte … Junge, das ändert wirklich die Art und Weise, wie wir über Tests denken müssen. Ich bin schockiert, dass ich im Frühjahr 2020 das Offensichtliche erkennen konnte, ohne einen medizinischen Hintergrund zu haben, und die meisten Mediziner haben es immer noch nicht begriffen.« Nein, das ist nicht schockierend – es ist grauenerregend.

Drei Wochen nach der WHO-Anweisung, die PCR-Zyklenanzahl zu senken, titelte die Londoner *Daily Mail*: »Warum sind die Covid-Fälle so stark zurückgegangen? Die Neuinfektionen sind in den letzten drei Wochen in den USA um 45 Prozent und weltweit um 30 Prozent zurückgegangen, aber Experten sagen, dass der Impfstoff NICHT der Hauptgrund dafür ist, denn erst 8 Prozent der Amerikaner und 13 Prozent der Menschen weltweit haben ihre erste Dosis erhalten.« Der Artikel räumte ein, dass der Rückgang nicht auf den »Impfstoff« zurückgeführt werden konnte, aber schon bald wurde dies in den Medien zu der Behauptung umgewandelt, der »Impfstoff« habe den Rückgang der Fälle und Todesfälle verursacht, obwohl es die PCR-Schwelle war. Im Dezember 2020 herrschte Chaos an den Häfen des Ärmelkanals, da die Lkw-Fahrer einen negativen »Covid«-Test brauchten, bevor sie eine Fähre nach Hause nehmen konnten, um Weihnachten zu feiern. Die Regierung wollte den Rückstau so schnell wie möglich beseitigen und setzte Truppen ein, um die »Tests« durchzuführen. Von 1.600 Fahrern wurden nur *sechsunddreißig* positiv getestet, und der Rest konnte den Kanal überqueren. Ich vermute, die Behörden waren der Meinung, dass sechsunddreißig das Mindeste war, womit sie durchkommen konnten, ohne dass die Unbeteiligten davon Wind bekamen. Der Amplifikationstrick, auf den die meisten Menschen in Ermangelung von Informationen in der breiten Öffentlichkeit hereingefallen sind, erhöhte noch den Druck auf diejenigen, die den »Impfstoff« ablehnten, da er doch »offensichtlich funktionierte«. In Wahrheit war das genaue Gegenteil der Fall: Die Zahl der Todesfälle in Pflegeheimen stieg mit dem »Impfstoff« sprunghaft an. In Israel sprach man sogar von »explosionsartig«. Eine erneute Analyse veröffentlichter Daten des israelischen Gesundheitsministeriums unter der Leitung von Dr. Hervé Seligmann von der Abteilung für neu auftretende Infektions- und Tropenkrankheiten der Universität Aix-Marseille ergab, dass der »Covid-Impfstoff« von Pfizer während eines fünfwöchigen Impfzeitraums »etwa vierzig Mal mehr [ältere] Menschen tötete, als an der Krankheit selbst gestorben wären«, und 260 Mal mehr jüngere Menschen, als an dem »Virus« gestorben wären, selbst unter Zugrundelegung der manipulierten »Virus«-Fall-Zahlen. Dr. Seligmann und sein Mitautor der Studie, Haim Yativ, erklärten nach der Überprüfung der israelischen »Impfstoff«-Todesdaten: »Das ist ein neuer Holocaust.«

Dann, Mitte April 2021, nachdem eine große Anzahl von Menschen weltweit »geimpft« worden war, gab es eine gezielte Änderung des Narrativs. Die britische Regierung begann, den Boden für weitere künftige Lockdowns zu bereiten, als der auf die Nürnberger Anklagebank gehörende Boris Johnson die nächste Lüge verbreitete. Er verkündete, die Fälle seien wegen der Lockdowns zurückgegangen, nicht wegen der »Impfstoffe«. Lockdowns sind aber irrelevant, *wenn es kein »Virus« gibt* – und der Test und gefälschte Totenscheine entscheiden über die Zahl der »Fälle« und »Todesfälle«. Eine Studie nach der anderen hat gezeigt, dass Lockdowns nicht funktionieren und stattdessen Menschen psychologisch zerstören und töten. In den Vereinigten Staaten gingen Anthony Fauci und Rochelle Walensky, die ultrazionistische Leiterin der CDC, mit der gleichen Argumentation hausieren. Mehr Lockdowns sei die Antwort und nicht der »Impfstoff«, eine Aussage, die von dem Schwachkopf Justin Trudeau, dem kanadischen Premierminister, wie aufs Stichwort wiederholt wurde. Wozu die ganze Hysterie, alle zu »impfen«, wenn Lockdowns und nicht »Impfstoffe« den Unterschied ausmachen? Auf den ersten Blick ergibt das alles keinen Sinn. Von wegen – tut es doch! Der Kult will Lockdowns *und* den »Impfstoff«, und wenn man zulässt, dass der »Impfstoff« als die umfassende Antwort angesehen wird, wären Lockdowns nicht mehr gerechtfertigt, obwohl es doch noch Existenzen zu zerstören gilt. »Varianten« und eine erneute Aufwärtsmanipulation der PCR-Amplifikation wurden vorbereitet, um einen nicht mehr endenden Lockdown *und* weitere »Impfstoffe« einzuführen.

Sie *müssen* sich spritzen lassen – um jeden Preis!

Israel, wo die jüdische und arabische Bevölkerung vom sabbatianischen Kult beherrscht wird, war der Vorreiter bei der Einführung des DNA-manipulierenden »Impfstoffs« in einem Ausmaß, dass jüdische Impfverweigerer begannen, das Geschehen mit den frühen Jahren von Nazi-Deutschland zu vergleichen. Das scheint zunächst mal eine unglaubliche Behauptung zu sein. Warum sollte eine Regierung aus Juden genauso handeln wie die Nazis? Aber wenn Sie sich klarmachen, dass der sabbatianische Kult hinter den Nazis stand und dass Sabbatianer Juden hassen, fügen sich die Puzzleteile zusammen und Sie haben die Erklärung dafür, warum ausgerechnet eine »jüdische« Regierung Juden mit einer dermaßen gefühllosen Missachtung ihres Lebens und ihrer Freiheit behandelt. Diejenigen, die die Regierung Israels kontrollieren, *sind nicht jüdisch* – sie sind sabbatianisch. Der israelische Anwalt Tamir Turgal war es, der den Nazi-Vergleich im Rahmen seiner Äußerungen gegenüber dem deutschen Anwalt Reiner Fuellmich anstellte, der eine Sammelklage gegen die »Covid«-Psychopathen wegen Verbrechen an der Menschlichkeit betreibt. Turgal beschrieb, wie die israelische Regierung Kinder und schwangere Frauen mit der Begründung impft, es gebe keine Beweise für die Gefährlichkeit des Impfstoffs, obwohl sie *keine Beweise für die Ungefährlichkeit des Impfstoffs* hat. Sie hatten einfach keine Beweise für irgendwas. Es war ein medizinisches Experiment – und Turgal sagte, dies verstoße gegen den Nürnberger Kodex über medizinische Experimente und Verfahren, die eine informierte Zustimmung und Entscheidungsfreiheit des Probanten erfordern. Denken Sie darüber nach. Der Nürnberger Kodex, der aufgrund von Nazi-Experimenten an Juden und anderen Menschen in Konzentrationslagern von Leuten wie dem über alle Maßen bösen Josef Mengele beschlossen wurde, wird von der israelischen Regierung verletzt. Aber wenn Sie wissen, dass es sich um eine sabbatianische Regierung mit ihren Geheimdiensten und militärischen Agenturen wie dem Mossad, dem Shin Bet und den israelischen Verteidigungsstreitkräften handelt und dass Sabbatianer die treibende Kraft hinter den Nazis waren, fallen die Elemente an ihren Platz. Wie weit sind wir gekommen, wenn israelische Juden ihre Regierung verklagen, weil sie gegen den Nürnberger Kodex verstoßen haben, indem sie Israelis wissentlich einem medizinischen Experiment unterzogen haben, bei dem die umstrittenen »Impfstoffe« verwendet wurden? Es ist schockierend, dass dies vor dem Hintergrund der Geschehnisse in Nazi-Deutschland geschehen muss. Die Anshe Ha-Emet oder »Leute der Wahrheit«, die sich aus israelischen Ärzten, Anwälten, Aktivisten und der Öffentlichkeit zusammensetzen, haben eine Klage beim Internationalen Strafgerichtshof eingereicht. Darin heißt es:

> »Als die Leiter des Gesundheitsministeriums sowie der Premierminister den Impfstoff in Israel vorstellten und mit der Impfung der israelischen Bevölkerung begannen, wurden die Geimpften nicht darauf hingewiesen, dass sie in der Praxis an einem medizinischen Experiment teilnehmen und dass dafür nach dem Nürnberger Kodex ihre Zustimmung erforderlich ist.«

Die Ironie ist unglaublich, aber mit einem Wort leicht zu erklären: Sabbatianer. Die Grundlage der israelischen »Covid«-Apartheid ist der »grüne Pass« oder »grüne Reisepass«, der es Juden und Arabern, die den DNA-manipulierenden »Impfstoff« erhalten haben, erlaubt, ihrem Leben nachzugehen – zu arbeiten, zu fliegen, allgemein zu reisen, Einkaufszentren, Bars, Restaurants, Hotels, Konzerte, Fitnessstudios, Schwimmbäder, Theater und Sportstätten zu besuchen, während »nicht Geimpfte« von all diesen Orten und Aktivitäten ausgeschlossen sind. Israelis haben den »grünen Pass« mit den gelben Sternen verglichen, die Juden im Nazi-Deutschland tragen mussten – genauso wie die gelben Aufkleber, die eine Filiale der britischen Supermarktkette Morrisons denjenigen unter ihren Kunden beim Einkaufen vorschrieb, die vom Tragen der Maske befreit sind. Wie überaus sensibel. Das israelische System ist eine eklatante Apartheid nach südafrikanischem Vorbild, bei der es nicht auf die Hautfarbe ankommt, sondern darauf, ob man sich dem Faschismus unterwirft oder nicht. Wie passend, dass die israelische Regierung dem Apartheidregime in Pretoria vor Mandelas Zeit so nahe stand. Der von Sabbatianern veranlasste »Impfpass« in Israel ist für alle Länder geplant [und in der EU inzwischen eingeführt worden]. Die Sabbatianer schlossen einen Deal mit Pfizer ab, der es ihnen ermöglichte, mit dem höchsten Prozentsatz der Bevölkerung eines Landes, die mit synthetischem Material geimpft wurde, den Weg zu bereiten, und das Ergebnis war katastrophal.

Der israelische Freiheitsaktivist Shai Dannon erzählte mir, dass an den Stränden Stühle mit der Aufschrift »nur für Geimpfte« aufgestellt wurden. Gesundheitsminister Yuli Edelstein sagte, dass jeder, der nicht willens oder in der Lage ist, sich impfen zu lassen, damit er »Immunität erlangt«, »zurückgelassen« wird. Der Mann ist ein Lügner. Nicht einmal die Hersteller behaupten, dass die »Impfstoffe« Immunität verleihen. Schauen Sie sich die Zahlen der »Impfstoff«-Todesfälle an, angesichts derer diese Psychopathen einfach weiter verkünden, dass Sie das Risiko eingehen müssen, egal ob der »Impfstoff« Sie krankmacht oder tötet, und obwohl Sie wissen, dass er Ihre DNA verändert. Sie sollen dieses Risiko eingehen, damit Sie nicht den Rest Ihres Lebens im Lockdown verbringen müssen. Das ist offener Faschismus. Das israelische Parlament hat ein Gesetz verabschiedet, das es erlaubt, persönliche Daten von Nichtgeimpften drei Monate lang an lokale und nationale Behörden weiterzugeben. Die Befürworter des Gesetzes behaupten, dies sei eine Möglichkeit, die Menschen zur Impfung zu »ermutigen«. Hadas Ziv von der Vereinigung Physicians for Human Rights (Ärzte für Menschenrechte) bezeichnete dies als ein »drakonisches Gesetz, das die medizinische Ethik und die Patientenrechte untergräbt«. Aber das ist doch die Idee dahinter, würden die Sabbatianer antworten.

Ihre Papiere bitte!

Das sabbatianische Israel hat als erstes Land etwas eingeführt, was von Anfang an als ein globaler »Impfpass« geplant war, den sogenannten »grünen Pass«, ohne den Sie in einem permanenten Lockdown verbleiben und nichts unternehmen können. Der

Kult ist verzweifelt bemüht, alle Menschen »impfen« zu lassen. Der Begriff und die Farbe »grün« sind kein Zufall und stehen im Zusammenhang mit der Psychologie der Verschmelzung der Wahrnehmung des grünen Klimaschwindels mit dem »Covid«-Schwindel und der Tatsache, dass die »Lösung« für beide derselbe »Great Reset« ist. Die verlogenen Politiker, Gesundheitsbeamten und Psychologen haben geleugnet, dass es Pläne für Zwangsimpfungen oder Einschränkungen aufgrund von Impfungen gäbe, obwohl sie wussten, dass genau das vorgesehen war, sobald die Regierungen aller Länder Vereinbarungen zur Durchsetzung eines globalen Systems getroffen hätten. Das »freie« Dänemark und das »freie« Schweden haben eine digitale Impfstoffzertifizierung eingeführt. Zypern, die Tschechische Republik, Estland, Griechenland, Ungarn, Island, Italien, Polen, Portugal, die Slowakei, Spanien und Deutschland haben sich alle zu einem Impfpass-System verpflichtet und der Rest, einschließlich der gesamten EU, folgt. Die verbrecherische britische Regierung wird diesen Weg trotz verlogener Dementis mit Sicherheit einschlagen und versucht derzeit, die Öffentlichkeit dahingehend zu manipulieren, dass sie sich »impfen« lässt, weil sie sonst den Sommerurlaub nicht im Ausland verbringen kann. Wie soll das anders gehen als durch einen Nachweis, dass man sich das synthetische Gift hat spritzen lassen? Aus Dokumenten geht hervor, dass die EU-Kommission bereits vor dem »Covid«-Schwindel in den Jahren 2018 und 2019 auf »Impfstoffzertifikate« hinarbeitete. Sie wussten, was kommen würde. Abrakadabra – und schon kündigt Ursula von der Leyen, die deutsche Kommissionspräsidentin, im März 2021 ein »Digitales Grünes Zertifikat« der EU an – wieder mal grün –, um den »Covid-Status« der Bevölkerung nachverfolgen zu können. Der Passzwang gilt weltweit und der Ferne Osten folgte dem gleichen Muster, als Südkorea beschloss, dass nur diejenigen mit »Impfpässen« – wiederum dem *grünen* Pass – in der Lage sein würden, »in ihr Alltagsleben zurückzukehren«.

Bill Gates hat diesen »Pass« zusammen mit anderen Akteuren des Kultes seit Jahren vorbereitet. Neben der Papierversion gibt es ein von Gates finanziertes »digitales Tattoo«, mit dem festgestellt werden kann, wer geimpft wurde und wer nicht. Die »Tätowierung« soll eine Substanz enthalten, die von außen lesbar ist, um zu bestätigen, wer geimpft wurde. Dabei handelt es sich um einen biologischen Leuchtstoff, ein Licht erzeugendes Enzym (denken Sie an Glühwürmchen) namens … *Luziferase.* Ja, benannt nach dem Kult-»Gott« Luzifer, dem »Lichtbringer«, über den wir noch mehr erfahren werden. Gates sagte, er habe die lesbare Tätowierung finanziert, um sicherzustellen, dass auch die Kinder in den Entwicklungsländern geimpft werden und niemand übersehen wird. Wie wir wissen, liegen ihm die armen Kinder wirklich sehr am Herzen. Aber dies war nur ein Vorwand, um ein System zur Kennzeichnung von »Geimpften« für alle Menschen auf der Welt zu entwickeln. Gates hat die ID2020-»Allianz« finanziert, um genau das zu tun, zusammen mit anderen netten Leuten bei Microsoft, GAVI, der Rockefeller Foundation, Accenture und von www.IDEO.org. In Interviews sagte er im März 2020, noch bevor überhaupt offiziell ein »Impfstoff« existierte, dass die Welt über ein globalisiertes digitales Zertifikat verfügen müsse, um ein »Virus« und die geimpften Personen tracken zu können. Gates wusste von Anfang an, dass und wann die mRNA-Impfstoffe kommen würden und dass der Plan darin bestand, die »Geimpften« zu markieren, um die Vernünftigen auszugrenzen und sie an allem zu hindern, auch am Reisen. Das Verbrechen kennt keine Grenzen. Gates wurde entlarvt, weil er dem nigerianischen Repräsentantenhaus zehn Millionen Dollar Bestechungsgeld angeboten hatte, um die »Covid«-Zwangsimpfung aller Nigerianer durchzusetzen. Sara Cunial, eine Abgeordnete des italienischen Parlaments, nannte Gates einen »Impfstoff-Verbrecher«. Sie forderte den italienischen Präsidenten auf, ihn wegen Verbrechen gegen die Menschlichkeit an den Internationalen Strafgerichtshof auszuliefern, und verurteilte seine Pläne, die menschliche Rasse durch ID2020 zu »chippen«.

Man merkt, dass es sich um eine von langer Hand geplante Agenda handelt, wenn der Kriegsverbrecher und Handlanger des Kults, Tony Blair, mit von der Partie ist. Mit einer Arroganz, wie sie nur ein so mieser Typ wie Blair an den Tag legen kann, sagte er: »Die Impfung wird am Ende Ihr Weg in die Freiheit sein.« Blair ist eine durch und durch abscheuliche Person und das bestätigt er auch immer wieder. Die Medien haben viel über einen Mann namens Charlie Mullins berichtet, den Gründer von Londons größter unabhängiger Klempnerfirma Pimlico Plumbers, der sagte, er würde niemanden einstellen, der nicht geimpft ist, und ihn auch nicht in ein Haus gehen lassen, in dem die Leute nicht geimpft sind. Wenn es nach ihm ginge, dürfte niemand mehr auf die Straße gehen, der nicht geimpft ist. Gates hat damals gejubelt, während ich die Weißkittel angerufen hätte. Laut Plan sollen die Menschen für die ersten beiden Dosen einen »Pass« und dann, um ihn zu behalten, sich alle Folgeimpfungen und neue Impfungen für erfundene »Varianten« geben lassen, bis die menschliche Genetik verändert ist und viele, die sich nicht an die Veränderungen anpassen können, tot sind. Hollywood-Prominente – der übliche Propaganda-Gag – werben für das sogenannte WELL Health-Safety Rating, mit dem nachgewiesen werden soll, dass ein Gebäude oder eine Einrichtung »die notwendigen Schritte unternommen hat, um der Gesundheit und Sicherheit der Mitarbeiter, Besucher und anderer Interessengruppen Priorität einzuräumen«. Zu ihnen gehören Lady Gaga, Jennifer Lopez, Michael B. Jordan, Robert DeNiro, Venus Williams, Wolfgang Puck, Deepak Chopra und der 17. Leiter der US-Gesundheitsbehörden, Richard Carmona. Gähn. WELL Health-Safety hat gute

Verbindungen nach China. Die Muttergesellschaft Delos wird von dem ehemaligen Goldman Sachs-Partner Paul Scialla geleitet. Dies ist ein weiteres Beispiel – und wir werden noch viele weitere sehen –, wie unter dem Vorwand der »Gesundheit« der Bevölkerung das Leben und ihre Aktivitäten diktiert wird. Ich nehme mal an, die »Sicherheit« von Gebäuden ist nur noch gewährleistet, wenn ausschließlich »geimpfte« Menschen hineingehen können, oder?

Elektronische Konzentrationslager

Schon vor Jahrzehnten habe ich über Pläne geschrieben, dass der Reiseverkehr eingeschränkt werden soll, und für diejenigen, die sich der Tyrannei nicht beugen wollen, ist es jetzt soweit. Das kann mit einem Schlag beim Flugverkehr erreicht werden, wenn die Luftfahrtbranche ein pauschales Dekret erlässt, dass nur noch »Geimpfte« an Bord dürfen. Der »Impfstoff« und das Garantieeinkommen sollen Teil einer globalen Version des chinesischen Sozialkreditsystems werden, das Ihr Verhalten rund um die Uhr überwacht und »Kredite« für Wohlverhalten vergibt oder streicht, je nachdem, ob Ihr Verhalten dem Staat gefällt oder nicht. Ich meine damit Ihren gesamten Lebensstil – was Sie tun, essen, sagen, einfach alles. Sobald Ihre Kreditwürdigkeit unter ein bestimmtes Niveau fällt, hat das Konsequenzen. In China wird Millionen von Menschen das Reisen mit Flugzeug und Bahn deshalb bereits verweigert. Alle Orte und Aktivitäten, die man den Impfverweigerern per »Impfpass« verwehrt, werden für diejenigen, die sich nicht dem Willen der Regierung beugen, in ein einziges großes Verbot von fast allem zusammengefasst. Das ist mehr als faschistisch und es bedarf eines neuen Begriffs, um solche Extreme zu beschreiben – ich schätze, faschistische Technokratie ist fürs Erste angemessen. Die Art und Weise, wie das chinesische System der technologischen – technokratischen – Kontrolle, die weltweit erfolgen soll, den Westen überrollt, lässt sich am Schulsystem von Los Angeles ablesen. Jedes Kind muss dort täglich eine »Covid«-Tracking-App scannen lassen, bevor es das Klassenzimmer betreten darf. Das sogenannte Daily Pass-Trackingsystem wird von Gates' Microsoft hergestellt, was Sie jetzt sicher völlig überrascht. Der Pass wird mit einem Barcode gescannt (ein Schritt hin zu einem Barcode im Inneren des Körpers) und die Informationen umfassen Gesundheitschecks, »Covid«-Tests und Impfungen. Die Zugangscodes sind einzig für ein bestimmtes Gebäude bestimmt und der Zutritt wird nur dann gewährt, wenn ein Schüler oder Lehrer einen negativen Test, der ja gar nicht auf das »Virus« testet, vorweist, keine Symptome von irgendetwas aufweist, das angeblich mit »Covid« zusammenhängt (Symptome von einer Reihe anderer Krankheiten), und eine Temperatur unter 38 Grad hat. Kein Barcode, kein Zutritt, das soll überall der Fall sein und nicht allein an Schulen. Die Kinder werden psychologisch bereits darauf vorbereitet, dies ihr ganzes Leben lang als »normal« zu akzeptieren. Deshalb ist es für den Kult und seine Helfershelfer so wichtig, was sie in den Schulen durchsetzen können.

Der langjährige amerikanische Freiheitskämpfer John Whitehead vom Rutherford Institute hat nicht übertrieben, als er sagte: »Databit für Databit bauen wir unsere eigenen elektronischen Konzentrationslager auf.« Kanada hat unter seinem Kult-Premierminister Justin Trudeau schon einen großen Schritt in diese Richtung getan: Menschen, die bei ihrer Ankunft auf einem kanadischen Flughafen bei einem Test, der nicht auf das »Virus« testet, positiv testen, werden gegen ihren Willen interniert. Sie werden in Internierungshotels eingesperrt, oft über lange Zeiträume ohne Essen und Wasser, und da viele Türen nicht abschließbar sind, kam es zu sexuellen Übergriffen. Die Internierten müssen manchmal 2.000 Dollar für das Privileg bezahlen, auf diese Weise missbraucht zu werden. Trudeau ist voll und ganz auf der Seite des Kultes und sagt ausdrücklich, dass die »Covid-Pandemie« die Gelegenheit für einen globalen »Reset« bietet, um die westliche Zivilisation dauerhaft zu verändern. Seine Nummer Zwei, die stellvertretende Premierministerin Chrystia Freeland, ist Treuhänderin des Weltwirtschaftsforums und Rhodes-Stipendiatin. Die Familie Trudeau ist seit langem Diener des Kults. Lesen Sie *Das Größte Geheimnis* und das Buch *Die TranceFormation Amerikas* von Cathy O'Brien für die erschreckenden Hintergrundinformationen zu Trudeaus Vater Pierre Trudeau, einem einstigen kanadischen Premierminister. Man versteckt seinen Faschismus einfach hinter der Fassade eines aufrichtigen Liberalen. Das ist eine gut eingeübte Technik des Kults.

Was kann der »Impfstoff« wirklich bewirken?

Wir haben ein »Virus«, dessen Existenz nie bewiesen wurde, und »Varianten« des »Virus«, deren Existenz ebenfalls nie bewiesen wurde, es sei denn, es handelt sich, wie beim »Original«, um computergenerierte Fiktionen. Selbst wenn Sie glauben, dass es ein »Virus« gibt, liegt das Verhältnis der »Fälle« zu den »Todesfällen« bei einer Rate von 0,23 bis 0,15 Prozent, und die »Todesfälle« konzentrieren sich auf sehr alte Menschen, die durchschnittlich etwa in dem Alter sind, in dem Menschen ohnehin sterben. Als Reaktion auf diese fehlende Bedrohung (in Wahrheit gibt es gar keine) versuchen Psychopathen und Idioten, die wissentlich oder unwissentlich auf Gates und den Kult hören, jeden Mann, jede Frau und jedes Kind auf dem Planeten Erde zu »impfen«. Natürlich geht es bei der »Impfung« nicht um »Covid« – darum ging es nie. Worum geht es also *wirklich*? Warum der verzweifelte Versuch, jedem Menschen durch betrügerische mRNA-»Impfstoffe« genetisch manipuliertes synthetisches Material zu injizieren, mit der Absicht, dies unter dem Vorwand von »Varianten« und anderen »Virus«-Erfindungen immer wieder zu tun? Dr. Sherri Tenpenny, eine osteopathische Ärztin in den Vereinigten Staaten, hat sich als Expertin für Impfstoffe und deren Auswirkungen einen Namen gemacht und setzt sich vehement gegen deren Verwendung ein. Tenpenny war als Notfallmedizinerin zugelassen, leitete zwölf Jahre lang ein Traumazentrum der Stufe zwei und zog 1996 nach Cleveland, um eine Praxis für integrative Medizin zu eröffnen, in der sie Patienten aus allen fünfzig Bundesstaaten und etwa siebzehn anderen Ländern behandelt hat. Ein Spezialbereich der Praxis ist die Entwöhnung der Menschen von pharmazeutischen Medikamenten.

Sie begann sich für die Folgen von Impfstoffen zu interessieren, nachdem sie im Jahr 2000 an einem Treffen des National Vaccine Information Center in Washington/DC teilgenommen hatte, wo sie »vier Tage lang Ärzten, Wissenschaftlern, Anwälten und Eltern von geimpften Kindern zuhörte« und sich fragte: »Was ist hier los?« Sie war nie geimpft worden und wurde auch nie krank, während ihr Vater wegen seines Militärdienstes eine lange Liste von Impfungen erhalten hatte und »sein ganzes Leben lang krank war«. Diese Erfahrung bestärkte sie in ihren Bedenken und sie begann, die Impfstoffdokumente der Centers for Disease Control (CDC) zu studieren. Nachdem sie das erste Dokument gelesen hatte, die 1998er Version der »Allgemeinen Impfempfehlungen« (General Recommendations of Vaccination) dachte sie: »Das soll alles sein?« Das Dokument war schlecht geschrieben und wissenschaftlich unzureichend begründet. Seit zwanzig Jahren befasst sich Tenpenny nun mit der Erforschung von Impfstoffen und arbeitet heute noch darüber. Im März 2020 begann sie mit ihren Forschungen zu den »Covid-Impfstoffen«, die sie als »tödlich« bezeichnet. Für viele sind sie das bereits gewesen, wie wir gesehen haben. Tenpenny berichtet, dass in den ersten dreißig Tagen der Einführung des »Impfstoffs« in den Vereinigten Staaten mehr als 40.000 Zwischenfälle an die Datenbank für unerwünschte Nebenwirkungen von Impfstoffen gemeldet wurden. Das Dokument mit diesen Meldungen umfasst 172 Seiten. »Wir haben über 40.000 Impf-Zwischenfälle; wir haben über 3.100 Fälle von [potenziell tödlichem] anaphylaktischem Schock; wir haben über 5.000 neurologische Reaktionen.« Die Auswirkungen reichten von Kopfschmerzen über Taubheitsgefühle und Schwindel bis hin zum Gefühlsverlust in Händen oder Füßen und Parästhesien, bei denen die Gliedmaßen »einschlafen« und die Menschen den

Eindruck haben, dass Insekten unter ihrer Haut krabbeln. All dies geschah in den ersten dreißig Tagen und man muss bedenken, dass schätzungsweise nur etwa *zehn Prozent* (oder weit weniger) der Nebenwirkungen und der impfstoffbedingten Todesfälle offiziell gemeldet werden. Tenpenny sagt:

> »Fällt Ihnen ein einziges Produkt in irgendeiner Branche ein, bei dem innerhalb von dreißig Tagen 40.000 Menschen über Nebenwirkungen klagen – und es ist nicht nur immer noch auf dem Markt, nein … Wir haben sogar Clips mit bezahlten Schauspielern, die uns erzählen, wie toll sie sind, weil sie sich impfen lassen. Wir bieten den Leuten 500 Dollar, wenn sie sich impfen lassen, und wir haben Krankenschwestern und Ärzte, die sagen: ›Ich habe mich impfen lassen, ich habe mich impfen lassen.‹«

Tenpenny erklärt, dass sie keine »fröhlich tanzenden Leute« mehr sein werden, wenn sie an Bellscher Lähmung (Gesichtslähmung), Neuropathien, Herzrhythmusstörungen und Autoimmunreaktionen leiden, die durch eine Bluterkrankung zum Tode führen. »Die werden dann nicht mehr so *happy* sein, aber von diesen Menschen werden wir auch nie mehr Bilder zu sehen bekommen«, fügte sie hinzu. Tenpenny bezeichnete den »Impfstoff« als »ein gut durchdachtes Mordwerkzeug«.

Kein Aus-Schalter

So schlimm die anfänglichen Folgen auch waren, Tenpenny sagt, dass es vielleicht vierzehn Monate dauern würde, bis wir die »volle Tragweite« dessen sehen würden, was mit den »Covid-Geimpften« geschehen wird, wobei es zwischen zwei und zwanzig Jahren dauern würde, bis sich die vollen Folgen zeigen. Man versteht, warum, wenn man bedenkt, dass die Varianten des »Covid-Impfstoffs« mRNA (Boten-RNA) verwenden, um theoretisch das Immunsystem zu aktivieren und schützende Antikörper zu produzieren, ohne das eigentliche »Virus« zu verwenden. Wie denn auch, wenn es sich um ein Computermodell handelt und sie das, was sie als »echtes Virus« bezeichnen, nie isoliert haben? Stattdessen verwenden sie *synthetische* mRNA. Sie impfen dem Körper synthetisches Material ein, das durch eine Technik, die als Trojanisches Pferd bekannt ist, in die Zellen aufgenommen wird, um die Natur der DNA zu verändern. Die menschliche DNA wird durch eine Infusion von Boten-RNA verändert und mit jedem neuen »Impfstoff« dieser Art wird sie noch mehr verändert. Sprechen Sie es aus, und Sie werden von den Internetplattformen des Kults verbannt. Die Geringschätzung des menschenverachtenden Mark Zuckerberg für die Wahrheit und die menschliche Gesundheit zeigt sich in einem internen Facebook-Video, das dem Rechercheteam von Project Veritas zugespielt wurde und in dem er über die »Covid-Impfstoffe« sagt: »... Ich bin in dieser Hinsicht vorsichtig, weil wir die langfristigen Nebenwirkungen der Veränderung der DNA und RNA von Menschen nicht kennen.« Auch dieser Typ muss wegen Verbrechen gegen die Menschlichkeit vor ein Nürnberger Gericht gestellt werden, denn er *weiß*, dass er legitime Bedenken zensiert und das Recht auf informierte Zustimmung verweigert im Namen des Kults, der ihn an der Leine führt. Menschen wurden durch die »Impfung«, die er selbst anzweifelt, getötet und geschädigt, obwohl diese Menschen eine »Impfung« vielleicht abgelehnt hätten, wenn er ihnen den Zugang zu aufklärenden Informationen nicht verwehrt hätte.

Der Plan sieht vor, mindestens jährliche »Covid-Impfungen« vorzunehmen, weitere hinzuzufügen, um erfundene »Varianten« zu behandeln, und alle anderen Impfstoffe auf das mRNA-System umzustellen. Führungskräfte von Pfizer erklärten den Aktionären auf einer virtuellen Barclays Global Healthcare Conference im März 2021, dass die Öffentlichkeit möglicherweise eine dritte Dosis des »Covid-Impfstoffs« sowie regelmäßige jährliche »Booster«-Impfungen benötige und dass das Unternehmen plane, die Preise zu erhöhen, um die Gewinne dank dieser »bedeutenden Chance für unseren Impfstoff« zu steigern. Das sind die professionellen Lügner, Betrüger und Opportunisten, die Ihnen erzählen, dass ihr »Impfstoff« sicher ist. Angesichts der Menge an mRNA, die in den menschlichen Körper eingeschleust werden soll, und ihrer Fähigkeit, sich zu replizieren, wird es zu einer Umwandlung der menschlichen Genetik von biologisch zu synthetisch-biologisch kommen – aus Gründen, die wir noch sehen werden, ist genau das der langfristige Plan des Kults. Und viele werden dabei sterben. Sherri Tenpenny sagt über diese Replikation:

> »Es ist so, als hätte man einen An-Knopf, aber keinen Aus-Knopf, und dieser ganze Mechanismus ... Man hat ihm sogar einen Namen gegeben und nennt ihn den Trojanisches-Pferd-Mechanismus, weil er es dem [synthetischen] Virus beziehungsweise einem spezifischen Teil des [synthetischen] Virus ermöglicht, in Ihre Zellen einzudringen, sich zu replizieren und sich als Trojanisches Pferd sogar in andere Teile Ihrer DNA einzufügen.«

Fragen Sie die überwältigende Mehrheit der Menschen, denen der »Impfstoff« injiziert wurde, was sie über den Inhalt und seine Wirkung wissen, und sie werden antworten: »Die Regierung sagt, dass es mich davor schützt, das Virus zu bekommen.« Die Regierungen erwecken diesen falschen Eindruck absichtlich, um die Akzeptanz zu erhöhen. Sie können Sherri Tenpennys detaillierte Analyse der gesundheitlichen Folgen in ihrem Blog auf www.Vaxxter.com lesen, aber hier sind einige davon zusammengefasst. Sie hebt die Aussage von Bill Gates hervor, wonach die Menschen ihre eigene »Impfstoffproduktionsmaschine« werden können. Der Mann spinnt. Die [vom Impfstoff erzeugten] »Antikörper« tragen synthetische Boten-RNA in die Zellen und schädigen sie, erklärt Tenpenny, und sie führt aus, dass es unterschiedliche Schädigungen der Lunge durch Eiter und Blutungen geben kann, was offensichtlich die Atmung beeinträchtigt und dann als »Covid-19« diagnostiziert wird. Noch unheimlicher seien die Auswirkungen der »Antikörper« auf die Makrophagen, eine weiße Blutzelle des Immunsystems. Sie bestehen aus Typ 1 und Typ 2, die sehr unterschiedliche Funktionen haben. Tenpenny erklärt, dass es sich bei Typ 1 um »hyperwache« weiße Blutkörperchen handelt, die Bakterien und so weiter »verschlingen«. Dabei können sie jedoch Entzündungen verursachen und im Extremfall den Tod herbeiführen. Sie erklärt, dass diese Auswirkungen von den Makrophagen des Typs 2 gemildert werden, die das System beruhigen und es daran hindern, aus dem Ruder zu laufen. Sie beseitigen abgestorbene Gewebetrümmer und reduzieren die Entzündung, die von der »Feuerwehr« des Typs 1 verursacht wird. Typ 1 tötet die Infektion ab und Typ 2 heilt den Schaden. Und dies ist ihre Pointe in Bezug auf die »Covid-Impfungen«: Sie erläutert, dass mRNA-»Antikörper« die Makrophagen des Typs 2 *blockieren*, indem sie sich an sie heften und sie deaktivieren. Das bedeutet, wenn dann durch eine Infektion die Typ-1-Reaktion ausgelöst wird, es nichts mehr gibt, was sie daran hindert, aus dem Ruder zu laufen. Es gibt einen An-Schalter, aber keinen Aus-Schalter, sagt sie. Was dann folgt, kann heißen: »Aus und vorbei. Bis bald, falls wir uns nochmal sehen sollten.«

Genetischer Selbstmord

Tenpenny weist außerdem auf das Potenzial für Autoimmunkrankheiten hin – der Körper greift sich selbst an –, das mit Impfstoffen in Verbindung gebracht wird, seit sie auf den Markt gekommen sind. Die Infusion eines synthetischen Fremdstoffs in die Zellen kann dazu führen, dass das Immunsystem in Panik reagiert, weil es glaubt, der Körper werde von einem Eindringling überwältigt (was auch geschieht), und die Folgen können tödlich sein. Es gibt eine Autoimmunreaktion, die als »Zytokinsturm« bekannt ist. Man kann sie mit einem Hausbesitzer vergleichen, der von einem Eindringling in Panik versetzt wird, eine Pistole zur Hand nimmt und wahllos in alle Richtungen schießt, bis er sich dabei auch noch selbst erwischt. Das Immunsystem entfesselt aus einer Bedrohung heraus einen Sturm von Entzündungsreaktionen, die Zytokine genannt werden, und der Körper begeht so Harakiri. Die Lektion lautet, dass man die Immunreaktion des Körpers nur auf eigene Gefahr stört, und diese »Impfstoffe« stören die Immunreaktion ernsthaft und nachhaltig. Tenpenny verweist auch auf eine Konsequenz, die als anaphylaktischer Schock bezeichnet wird. Dabei handelt es sich um eine schwere und äußerst gefährliche allergische Reaktion, wenn das Immunsystem den Körper mit Chemikalien überflutet. Sie nennt das Beispiel eines Bienenstichs, der das Immunsystem anregt und es für diese Chemikalien empfänglich macht. Wenn Menschen vielleicht Jahre später erneut gestochen werden, kann die Immunreaktion so stark sein, dass sie zu einem anaphylaktischen Schock führt. Tenpenny bringt diesen »Schock« beim »Covid-Impfstoff« mit etwas in Verbindung, das Polyethylenglycol oder PEG genannt wird. Eine große Anzahl von Menschen ist im Laufe der Jahrzehnte durch die Verwendung in einer ganzen Reihe von Produkten und Herstellungsverfahren, einschließlich Lebensmitteln, Getränken, Hautcremes und »Arzneimitteln«, allergisch dagegen geworden. Studien zufolge weisen etwa 72 Prozent der Menschen Antikörper auf, die durch PEG ausgelöst werden. In den 1960er Jahren waren es noch zwei Prozent, und die allergischen Überempfindlichkeitsreaktionen darauf werden immer besorgniserregender. Tenpenny weist darauf hin, dass der »mRNA-Impfstoff« von einer »Blase« aus Polyethylenglycol umhüllt ist, die durch Immunempfindlichkeit einen anaphylaktischen Schock auslösen kann. Es gibt zahlreiche Berichte über Menschen, die nach der Verabreichung des »Covid-Impfstoffs« so reagiert haben. Was glauben Sie wohl, was passiert, wenn die Menschheit immer mehr von diesen »Impfstoffen« bekommt? Tenpenny sagt: »All die Bilder, die wir von Menschen mit diesen Ausschlägen gesehen haben ... diese nässenden Ausschläge, starke Reaktionen an den Armen und dergleichen – es handelt sich um eine akute allergische Reaktion, höchstwahrscheinlich auf das Polyethylenglycol, auf das die Menschen bereits sensibilisiert sind.«

Diejenigen, die sich nicht eingehend mit der Verschwörung und ihren Urhebern befasst haben, könnten denken, dass es nur ein Zufall ist, dass die Bevölkerung empfindlich auf PEG reagiert und es dann in diese »Impfstoffe« eingebaut wurde. Es ist kein Zufall. Es ist vielmehr ein Beweis dafür, wie sorgfältig und kaltblütig die aktuellen Ereignisse geplant wurden und wie groß die Verschwörung wirklich ist, mit der wir es hier zu tun haben. Tenpenny erklärt weiter, dass das mRNA-Verfahren des »Impfstoffs« die Blut-Hirn-Schranke überwinden kann, die das Gehirn vor Giftstoffen und anderem Zeug schützt, das zu Fehlfunktionen führen würde. Dabei könnten die Stoffe zwei Proteine erzeugen, die die Gehirnfunktion stören und Amyotrophe Lateralsklerose (ALS) verursachen, eine fortschreitende Nervenkrankheit, die zum Verlust der Muskelkontrolle und zur Degeneration der Frontallappen führt – Alzheimer und Demenz. Der Immunologe J. Bart Classon hat eine Arbeit veröffentlicht, in der er mRNA-»Impfstoffe« mit der Prionenkrankheit in Verbindung bringt, die zu Alzheimer und anderen Formen neurodegenerativer Erkrankungen führen kann, während andere auf das Potenzial hinweisen, die Plazenta in einer Weise zu schädigen, die Frauen unfruchtbar macht. Dies wird im nächsten Kapitel von großer Bedeutung sein, wenn ich weitere Aspekte dieses Nicht-Impfstoffs erörtern werde, die sich auf seine Nanotechnologie und die Übertragung von geimpften auf nicht geimpfte Personen beziehen.

Hochqualifizierte Idioten

Tenpenny beschreibt, was die Forschung bestätigt hat, wie diese Antikörper, die durch den Impfstoff erzeugt werden, mit einer Reihe anderer Gewebe im Körper interagieren und dass sie viele verschiedene Organe angreifen können, darunter auch die Lunge. Das bedeutet, wenn hundert Menschen vor Ihnen stehen, die alle die gleiche Impfung erhalten haben, sie hundert verschiedene Symptome entwickeln können. Glaubt irgendjemand allen Ernstes, dass Kult-Trottel wie die Queen, Tony Blair, Christopher Whitty, Anthony Fauci und all die anderen Psychopathen auf den Fotos, die wir gesehen haben, diese »Impfung« wirklich bekommen haben? Keine Chance. Warum informieren uns die Ärzte nicht über all diese Gefahren und Folgen des »Covid-Impfstoffs«? Warum ermutigen und drängen sie die Patienten stattdessen, sich impfen zu lassen? Glauben Sie nicht einen Moment lang, dass Ärzte und medizinisches Personal nicht dumm, faul und psychopathisch sein können, und das schon ohne finanziellen Anreiz, die Impfung zu verabreichen. Noch einmal Tenpenny:

> »Einige Menschen werden direkt an dem Impfstoff sterben, aber eine große Anzahl Menschen wird innerhalb von zweiundvierzig Tagen bis vielleicht zu einem Jahr furchtbar krank werden und alle Arten von Autoimmunkrankheiten entwickeln. Und was werden sie tun, diese idiotischen Ärzte, die Ihnen gesagt haben: ›Gut, dass Sie sich impfen lassen.‹ Was werden sie sagen? ›Oh, das muss eine Virus-Variante sein, wir müssen Ihnen eine ›Booster‹-Impfung verpassen.‹
>
> Denn statt einer oder zwei Dosen des Impfstoffs brauchen wir jetzt drei oder vier, weil diese idiotischen Ärzte sich nicht die Zeit nehmen, zu studieren, was sie da verimpfen. Wenn ich das herausfinden kann, indem ich in meinem Wohnzimmer sitze

und einen neunzehnseitigen Artikel lese, dann können die anderen das auch. Da ist nichts Besonderes an mir, ich nehme mir nur die Zeit dafür.«

Erinnern Sie sich daran, wie Sara Kayat, die NHS- und TV-Ärztin, sagte, dass der »Covid«-»Impfstoff« »Krankenhausaufenthalte und Todesfälle zu einhundert Prozent verhindern« würde? Ärzte können Idioten sein, wie in jedem anderen Berufsstand auch, und sie sollten nicht als unfehlbar verehrt werden. Davon sind sie weit entfernt. Hinter vielen medizinischen und wissenschaftlichen »Experten« verbirgt sich ein uninformierter Idiot, der versucht, sich irgendwie zu tarnen, obwohl in der »Covid«-Ära einige dabei gescheitert sind, wie zum Beispiel die das britische Narrativ nachbetende »Fernsehärztin« Hilary Jones. Gegen die Minderheit der richtigen Ärzte und Wissenschaftler, die sich gegen den »Impfstoff« aussprechen, steht der gesamte Apparat des globalen Kult-Staates in Form von Regierungen, Gesundheitswesen, Unternehmen, Mainstreammedien, des Silicon Valley und einer Armee von willfährigen Ärzten, medizinischem Personal und Wissenschaftlern, die bereit sind, für Geld alles zu sagen und ihre Karriere zu fördern, indem sie die Parteilinie vertreten. Wenn man der folgt, ist man ein »Experte«, und wenn nicht, ist man ein »Impfgegner« und »Covidiot«. Der Druck, sich »impfen« zu lassen, wächst unaufhörlich. Es gab sogar Berichte, in denen behauptet wird, der »Impfstoff« könne Krebs und Alzheimer heilen und Lahme wieder zum Gehen bringen. Ich warte auf die Ankündigung, dass er Ihnen morgens Kaffee zubereitet und Ihnen den Tee kocht. So wie die Symptome von »Covid« von Woche zu Woche zuzunehmen scheinen, so haben auch die Wunder des »Impfstoffs« zugenommen. Der amerikanische Supermarktriese Kroger Co. bot fast 500.000 Angestellten in fünfunddreißig Bundesstaaten einen Bonus von 100 Dollar an, wenn sie sich »impfen« lassen, während die Donut-Kette Krispy Kreme »geimpften« Kunden für den Rest des Jahres 2021 jeden Tag einen kostenlosen glasierten Donut verspricht. Lassen Sie Ihre DNA ändern und Sie erhalten einen Donut, auch wenn wir Ihnen den vielleicht nicht mehr lange zu spendieren brauchen. Solche Angebote und Anreize zeigen die Anstrengungen.

Der vielleicht schlimmste Impfstoff-Stunt von allen war der Auftritt des britischen Gesundheitsministers Matt-der-Depp Hancock im Fernsehen zu Beginn der Impfkampagne, nachdem er einen Clip eingespielt bekommen hatte, in dem jemand »geimpft« wurde. Hancock simulierte die Tränen so schlecht, dass es einfach nur peinlich war. Großbritanniens Gehirn Piers Morgan, ein Lockdown-unterstützender, »Impfstoff«-unterstützender, »Impfpass«-unterstützender Fernsehmoderator, spielte bei Hancock mit. »Sie sind ja ganz schön emotional«, sagte er als Antwort auf das peinliche Verhalten, das man bei Schülern bei einem Krippenspiel besser gesehen hätte – einem Krippenspiel, bei dem vermutlich Maria und Jesus heute eine Maske tragen würden, die Weisen ihre Kamele einen Meter auseinander hielten und die Hirten unter Zeltarrest stünden. Der systemtreue Morgan tweetete dazu: »Ich unterstütze die Idee von Covid-Impfpässen für alle Bereiche: Flüge, Restaurants, Clubs, Fußball, Fitnessstudios, Geschäfte und so weiter. Es ist an der Zeit, dass man die Impfverweigerer und Corona-Leugner an die Kandare nimmt und ihnen den Zutritt zu allen Orten verwehrt, in denen sich auch verantwortungsbewusste Bürger aufhalten.« Wenn ich nur so genial wäre wie er. Morgan, der sich darauf spezialisiert hat, jeden zu überschreien, mit dem er nicht einverstanden ist, wurde als Held der freien Meinungsäußerung gepriesen und verlor seinen Job, nachdem er vom Set seiner Live-Show gestürmt war wie ein wutentbranntes Kind, das seine Puppen aus dem Kinderwagen wirft. Wenn das ein Held der freien Meinungsäußerung ist, sind wir in echten Schwierigkeiten.

Der Kult gibt sich die größte Mühe, seine synthetische, DNA-verändernde Mixtur allen Menschen einzupflanzen, und um das zu erreichen, setzt er jede Lüge, jeden Trick und jede Einschüchterung ein. Jetzt werden wir die Frage nach dem *»Warum?«* beantworten.

Kapitel 10

Mensch 2.0

Ich glaube, dass sich am Ende des Jahrhunderts der Wortgebrauch und die verbreitete akademische Meinung so sehr verändert haben werden, dass man von denkenden Maschinen sprechen kann, ohne mit Widerspruch rechnen zu müssen.

Alan Turing (1912-1954)
der »Vater der Künstlichen Intelligenz«

Seit Jahrzehnten decke ich die Pläne auf, den menschlichen Körper von einem biologischen in einen synthetisch-biologischen Zustand zu transformieren. Der neue Mensch, den ich als Mensch 2.0 bezeichne, soll mit KIs und einem globalen KI-»Smart Grid« vernetzt sein, das als ein globales System funktioniert, in dem die KI alles steuert, vom Kühlschrank über die Heizung und das Auto bis hin zu Ihrem Verstand. Der Mensch wäre dann nicht mehr »menschlich«, sondern post- und submenschlich zugleich, da sein Denken und seine emotionalen Prozesse durch KI-Steuerung ersetzt würden.

Wenn ich das gesagt habe, klang das immer verrückt, selbst für Science-fiction-Fans, und das verstand ich auch. Für jeden nüchternen, rationalen Verstand musste das verrückt klingen. Heute jedoch wird diese Welt zur Realität, und das stellt den »Covid-Impfstoff« in seinen wahren Kontext. Ray Kurzweil ist ein ultrazionistischer »Computerwissenschaftler, Erfinder und Futurist« und Mitbegründer der Singularity University. Singularität bezieht sich auf die Verschmelzung von Menschen mit Maschinen, auf den »Transhumanismus«. Kurzweil schreibt, dass die Menschheit bis zum Jahr 2030, eine immer wieder auftauchende Jahreszahl, mit der Cyber-»Cloud« verbunden sein wird:

»Unser Denken … wird eine Mischung aus biologischem und nicht biologischem Denken sein … Menschen werden in der Lage sein, ihr Bewusstsein zu erweitern und

›in der Cloud zu denken‹ ... Wir werden Gateways zur Cloud in unseren Gehirnen einrichten ... Wir werden allmählich miteinander verschmelzen und uns weiterentwickeln ... Meiner Meinung nach liegt das in der Natur des Menschen – wir überwinden unsere Grenzen. In dem Maße, in dem die Technologie dem, was wir sind, weit überlegen ist, wird der kleine Anteil, der dann noch menschlich ist, immer kleiner und kleiner werden, bis er schließlich völlig vernachlässigbar ist.«

Man versucht, uns das Ende der Menschheit, wie wir sie kennen, als die nächste Stufe der »Evolution« zu verkaufen, weil wir dann übermenschlich und »wie die Götter« sein werden. Man lügt Sie an. Schockiert, was? Die Bevölkerung, insbesondere die jungen Menschen, wurden in die Abhängigkeit von Technologien hineinmanipuliert, die sie lebenslang versklaven sollen. Zuerst haben sie eine Abhängigkeit von Smartphones (tragbare Geräte) erzeugt, dann sind sie zur Technologie am Körper übergegangen (tragbare Geräte) und schließlich haben sie mit der Invasion des Körpers begonnen (implantierbare Geräte). Ich habe schon vor langer Zeit vor dem Plan gewarnt, Menschen mit Mikrochips auszustatten, und jetzt treten wir in diese Ära ein. Wir sollten uns nicht in dem Irrglauben bewegen, dass es sich nur um Chips handelt, die wir sehen können. Am wichtigsten sind die Nanochips, die als Smart Dust, Neural Dust und Nanobots bekannt sind und die viel zu klein sind, um vom menschlichen Auge wahrgenommen zu werden. Nanotechnologie ist überall, zunehmend auch in Lebensmitteln, und wird durch das von Bill Gates finanzierte Geo-Engineering des Himmels in die Atmosphäre freigesetzt, um »die Sonne auszusperren« und »den Planeten vor der globalen Erwärmung zu retten«. Gates hat ein Projekt finanziert, bei dem Millionen von Tonnen Kreide (Kalziumkarbonat) in die Stratosphäre über Schweden gesprüht werden sollten, um die Sonne zu verdunkeln und die Erde abzukühlen. Wissenschaftler haben davor gewarnt, dass dies katastrophale Auswirkungen auf die Wettersysteme haben könnte, die niemand vorhersagen kann, und dieser Widerstand hat dazu geführt, dass die schwedische Raumfahrtbehörde bekannt gab, sie werde das »Experiment« nicht wie geplant im Sommer 2021 stattfinden lassen. Aber das zeigt, worauf der Kult eigentlich hinaus will mit seiner Verdunkelung der Sonne, und es gibt einen damit verbundenen Plan, die Atmosphäre des Planeten zu verändern. Wer gibt dem Psychopathen Gates das Recht, der gesamten Menschheit Vorschriften zu machen und unser planetares Ökosystem zu zerstören? Die Welt wird erst sicher sein, wenn dieser Mann nicht mehr auf freiem Fuß ist.

Der Schwindel mit der globalen Erwärmung hat die Sonne wie das Gas des Lebens zu etwas gemacht, das man fürchten soll, obwohl beide für die Gesundheit und das Überleben des Menschen unerlässlich sind (wieder eine Inversion). Der Körper wandelt das Sonnenlicht in lebenswichtiges Vitamin D um, und zwar durch einen Prozess, an dem … *Cholesterin* beteiligt ist. Auch dieses Cholesterin sollen wir fürchten. Wir werden von Big Pharma dazu angehalten, Statin-Medikamente einzunehmen, um den Cholesterinspiegel zu senken, und das alles hat System. Die Senkung des Cholesterinspiegels bedeutet eine Verringerung der Vitamin-D-Aufnahme mit all den vielfältigen Gesundheitsproblemen, die sich daraus ergeben. Wenn Sie Statine langfristig einnehmen, erspart dies dem Staat zumindest die Zahlung Ihrer Rente. Und es gibt auch bereits ein System, mit dem das Sonnenlicht blockiert wird – allgemein als Chemtrails bezeichnet, obwohl diese noch eine viel weitreichendere Wirkung haben. Auf den ersten Blick handelt es sich um Kondensstreifen, die von Flugzeugen in kalter Luft in großer Höhe aufgewirbelt werden. Kondensstreifen lösen sich aber sehr schnell wieder auf, während Chemtrails sich nicht auflösen und sich über den Himmel ausbreiten, bevor ihr Inhalt schließlich auf die Erde hinabsinkt. Ich habe oft beobachtet, wie Flugzeuge einen klaren blauen Himmel überflogen und Chemtrails freigesetzt haben, bis es wie ein bewölkter Tag aussah. Diese Chemtrails enthalten viele Dinge, die für den Menschen und die Natur schädlich sind, darunter giftige Schwermetalle, Aluminium (siehe Alzheimer) und Nanotechnologie. Ray Kurzweil verrät einen Grund dafür, ohne das Kind beim Namen zu nennen: »Nanobots werden die gesamte Materie um uns herum mit Informationen durchdringen. Felsen, Bäume, alles wird zu intelligenten Kreaturen werden.« Wo kommt das Zeug her? *Vom Himmel.* Selbstreplizierende Nanoroboter würden alles mit dem Smart Grid verbinden. Das Phänomen der Morgellons-Krankheit begann in der Ära der Chemtrails und dieser Zusammenhang hat dazu geführt, dass sie auch als »Chemtrail-Krankheit« bezeichnet wird. Im Körper entstehen selbstreplizierende Fasern, die durch die Haut herausgezogen werden können. Die Morgellons-Fasern wachsen außerhalb des Körpers weiter und verfügen über eine Art Künstliche Intelligenz. Ich behandle dies erheblich ausführlicher in meinem Buch *Das Ich-Phantom.*

Das »Impfstoff«-Betriebssystem

Auch die »Covid-Impfstoffe« mit ihrem selbstreplizierenden synthetischen Material sollen die Verbindung zwischen der Menschheit und Kurzweils »Cloud« herstellen. Die amerikanische Ärztin und engagierte Kämpferin für die Wahrheit Carrie Madej, Fachärztin für Innere Medizin in Georgia mit mehr als zwanzig Jahren medizinischer Erfahrung, hat den nanotechnologischen Aspekt der fingierten »Impfstoffe« hervorgehoben. Sie erklärt, dass einer der Bestandteile zumindest der synthetischen Seren von Moderna und

Pfizer »Lipid-Nanopartikel« sind, die »wie winzig kleine Computerbits« sind – eine »Science-fiction-Substanz«, die als Mischung aus Nanobots und Hydrogel bekannt ist, »jederzeit aktiviert werden kann, um ihre Wirkstoffe freizugeben« und als »Biosensor« fungiert. Die synthetische Substanz hat »die Fähigkeit, Daten aus Ihrem Körper zu sammeln, wie Ihre Atmung, Ihre Atemzusammensetzung, Ihre Gedanken und Emotionen, alles Mögliche« – und jede Spritze könnte eine *Million* Nanobots enthalten:

> »Diese Substanzen funktionieren wie kleine Computer in Ihrem Körper. Verrückt, aber es ist wahr, [und] sie haben offensichtlich die Fähigkeit, über WLAN angeregt zu werden. Die Nanopartikel können Energie, Nachrichten, Frequenzen oder Impulse empfangen und senden. Dieses Thema wurde von den Herstellern nie angesprochen. Was bedeutet das für den Menschen?
>
> Stellen Sie sich vor, dass Sie diese Substanz in sich tragen und dass die Substanz auf die Dinge um Sie herum reagieren kann, auf 5G, Ihre intelligenten Geräte, Ihre Handys, was passiert damit? Was ist, wenn es auch durch etwas anders ausgelöst wird, wie ein Funkimpuls, eine Frequenz? Wir haben etwas völlig Fremdes im menschlichen Körper.«

Madej sagte, ihre Untersuchungen hätten ergeben, dass die von Handys und anderen Geräten ausgesandten elektromagnetischen Frequenzen (EMF) im gleichen Zeitraum wie die Einführung des »Impfstoffs« dramatisch zugenommen hätten und dass sie mehr Menschen mit Strahlungsproblemen sehe, da 5G und weitere elektromagnetische Technologien ausgebaut und in Schulen und Krankenhäusern eingeführt wurden. Sie sagte, sie sei von den EMF-Strahlungen, die von den von ihr untersuchten Geräten ausgingen, regelrecht »umgehauen« gewesen. All dies macht absolut Sinn und deckt sich mit meiner eigenen jahrzehntelangen Recherche. Man bedenke, dass Moderna in Veröffentlichungen seinen mRNA-»Impfstoff« als »Betriebssystem« bezeichnet:

> »Da wir das große Potenzial der mRNA-Wissenschaft kennen, haben wir eine mRNA-Technologieplattform entwickelt, die ähnlich wie ein Betriebssystem auf einem Computer funktioniert. Sie ist so konzipiert, dass sie in Wechselwirkung mit verschiedenen Programmen verwendet werden kann. In unserem Fall ist das ›Programm‹ oder die ›App‹ unser mRNA-Medikament – die einzigartige mRNA-Sequenz, die für ein bestimmtes Protein kodiert ist …
>
> … Unsere mRNA-Medikamente – die ›Software des Lebens‹: Wenn wir ein Konzept für ein neues mRNA-Medikament haben und mit der Forschung beginnen, sind

die grundlegenden Komponenten bereits vorhanden. Im Allgemeinen ist das Einzige, was sich von einem potenziellen mRNA-Medikament zum anderen ändert, die kodierende Region – der eigentliche genetische Code, der die Ribosomen anweist, Protein herzustellen. Die Verwendung dieser Befehlssätze verleiht unseren mRNA-Medikamenten eine softwareähnliche Qualität. Wir sind auch in der Lage, verschiedene mRNA-Sequenzen, die unterschiedliche Proteine kodieren, in einem einzigen mRNA-Prüfpräparat zu kombinieren.«

Wer braucht schon ein echtes »Virus«, wenn man eine Computerversion erstellen kann, um zu rechtfertigen, dass man sein Betriebssystem in die gesamte menschliche Rasse einschleust, um im Laufe der Zeit lebende, atmende Menschen zu Cyborgs zu machen? Was bei den »Impfstoffen« gerne übersehen wird, ist die digitale Verbindung zwischen synthetischem Material und dem Körper, auf die ich bereits bei der Studie hingewiesen habe, bei der ein Computer mit menschlicher DNA gehackt wurde. Auf einer Ebene ist der Körper digital, er beruht auf mathematischen Codes, und dazu werde ich im nächsten Kapitel mehr sagen. Diejenigen, die lächerlicherweise behaupten, dass mRNA-»Impfstoffe« nicht darauf ausgelegt sind, die menschliche Genetik zu verändern, sollen mir mal die Äußerungen von Dr. Tal Zaks, Chief Medical Officer bei Moderna, in einem TED-Vortrag 2017 erklären. Er sagte, dass wir in den letzten dreißig Jahren »diese phänomenale digitale wissenschaftliche Revolution erlebt haben, und ich bin heute hier, um Ihnen zu sagen, dass wir tatsächlich die *Software des Lebens* hacken und dass dies die Art und Weise verändert, wie wir über Prävention und Behandlung von Krankheiten denken«:

»In jeder Zelle gibt es eine sogenannte Boten-RNA, kurz mRNA, die die entscheidenden Informationen von der DNA in unseren Genen auf Protein überträgt, aus dem wir eigentlich alle bestehen. Dies sind die entscheidenden Informationen, die bestimmen, was die Zelle tun wird. Wir betrachten es also als ein Betriebssystem. Wenn Sie das ändern könnten, wenn Sie eine Zeile in den Code einfügen oder eine Zeile des Codes ändern könnten, dann hat das tiefgreifende Auswirkungen auf alles, von der Grippe bis zum Krebs.«

Zaks hätte besser sagen sollen, dass dies tiefgreifende Auswirkungen auf den menschlichen genetischen Code und die Natur der DNA hat. Die Kommunikation innerhalb des Körpers geht in beide Richtungen und nicht nur in eine. Aber nein, der »Covid-Impfstoff« wird Ihre Genetik nicht beeinflussen. Der Kult sagt das, obwohl der Mann, der an der Entwicklung der mRNA-Technik beteiligt war, das behauptet. Zaks erklärte im Jahr 2017:

> »Denken Sie einmal darüber nach, was wir zu tun versuchen. Wir haben diese Informationen und unser Verständnis dieser Informationen und der Art und Weise, wie diese Informationen in einer Zelle übertragen werden, mit unserem Verständnis von Medizin und der Herstellung von Medikamenten kombiniert und beides miteinander verschmolzen. Wir bezeichnen das als Informationstherapie.«

Ich schreibe schon seit Jahrzehnten, dass der Körper ein Informationsfeld ist, das mit sich selbst und der übrigen Welt kommuniziert. Aus diesem Grund kann Strahlung, die Information ist, das Informationsfeld von Körper und Geist durch Phänomene wie 5G verändern und deren Wesen und Funktion modifizieren. »Informationstherapie« bedeutet, das Informationsfeld des Körpers und seine Funktionsweise zu verändern. Die DNA ist ein Empfänger und Sender von Informationen und kann durch Informationen wie die synthetische mRNA-Botschaft abgewandelt werden. Die Technologie dazu stand in Untergrundbasen und bei gewissen geheimen Forschungsprojekten längst zur Verfügung, als der »Covid«-Schwindel inszeniert wurde. Die sogenannten »Impfstoff-Tests« von so kurzer und irrelevanter Dauer waren nur für die Öffentlichkeit bestimmt.

Wenn gesagt wird, der »Impfstoff« befinde sich noch im Versuchsstadium, so ist das in dieser Hinsicht nicht wahr. Denjenigen, die nicht wissen, was vor sich geht, mag er »experimentell« erscheinen, aber die Versuche, um sicherzustellen, dass der Kult das gewünschte Ergebnis erhält, wurden bereits durchgeführt. Zaks sagte, die Sequenzierung des menschlichen Genoms habe Jahrzehnte gedauert und sei 2003 abgeschlossen worden, aber jetzt könne man so etwas binnen einer Woche durchführen. Mit »man« meint er Wissenschaftler, die im öffentlichen Bereich tätig sind. Bei den geheimen Projekten haben sie das Genom schon lange vor 2003 binnen einer Woche sequenzieren können.

Eine Überflutung mit mRNA

Höchst bezeichnend heißt es in dem Dokument von Moderna, die Leitprämisse laute: Wenn die Verwendung von mRNA als Medikament bei einer Krankheit funktioniert, dann sollte sie bei vielen Krankheiten funktionieren. Sie nutzen die Flexibilität ihrer Plattform und die fundamentale Rolle, die mRNA bei der Proteinsynthese spielt, um mRNA-Medikamente für ein breites Spektrum von Krankheiten zu entwickeln. Moderna bestätigt, was ich bis 2020 sagte, dass mehrere »Impfstoffe« für »Covid« (und später erfundene »Varianten«) geplant waren und dass frühere Impfstoffe auf das mRNA-System umgestellt werden sollen, um massive Mengen an genetisch manipuliertem synthetischen Material in den menschlichen Körper einzubringen und dadurch seine Umwandlung in einen synthetisch-biologischen Zustand sicherzustellen. Die »Impfstoffe« sind so konzipiert, dass sie im Rahmen des seit langem bekannten Plans des Kults zur Entvölkerung eine große Anzahl von Menschen töten und den Rest transformieren. Wenn Sie sich dieses Ziel verdeutlichen, können Sie auch verstehen, warum so hysterisch gefordert wird, dass jeder Mensch gegen eine angebliche »Krankheit« »geimpft« wird, bei der das Verhältnis von »Infektion« zu »Tod« schätzungsweise bei 0,23 bis 0,15 Prozent liegt.

Während ich das hier schreibe, wird bereits Kindern der »Impfstoff« verabreicht (ihre Eltern sind eine Schande!) und er wird immer jüngeren Menschen angeboten – gegen ein »Virus«, das, selbst wenn Sie glauben, dass es existiert, praktisch keine Chance hat, Ihnen zu schaden. Die schrecklichen Auswirkungen dieses »Experiments« auf ein 12-jähriges Mädchen wurden von einem Familienmitglied aufgedeckt. Das Mädchen erlitt schwere Gehirn- und Magenprobleme, einen Darmverschluss und war nicht mehr in der Lage, Flüssigkeiten oder feste Nahrung zu schlucken. Sie konnte weder essen noch trinken, ohne sich zu übergeben, hatte extreme Schmerzen in Rücken, Nacken und Bauch und war von der Taille abwärts gelähmt, so dass sie nicht mehr selbstständig urinieren konnte. Als das Mädchen zum ersten Mal ins Krankenhaus gebracht wurde, sagten die Ärzte, es sei alles nur Einbildung. Sie war von Eltern, zu denen mir nichts mehr einfällt, zur Teilnahme an der amtlichen »Impfstoff-Studie« geschickt worden.

Dieser »Covid-Impfstoff«-Irrsinn ergibt erst dann einen Sinn, wenn Sie erkennen, worum es sich bei dem »Impfstoff« wirklich handelt – einen Körperveränderer. Synthetische Biologie oder »SynBio« ist eine schnell aufkommende und expandierende wissenschaftliche Disziplin, die alles von der Gen- und Molekulartechnik bis zur Elektro- und Computertechnik umfasst. Synthetische Biologie wird auf diese Weise definiert:

- Ein multidisziplinäres Forschungsgebiet, das darauf abzielt, neue biologische Teile, Anlagen und Systeme zu schaffen oder Systeme, die bereits in der Natur vorkommen, neu zu gestalten.
- Die Verwendung einer Mischung aus physikalischer Technik und Gentechnik, um neue (und damit synthetische) Lebensformen zu schaffen.

- Ein aufstrebendes Forschungsgebiet, das darauf abzielt, das Wissen und die Methoden der Biologie, des Ingenieurwesens und verwandter Disziplinen bei der Gestaltung chemisch synthetisierter DNA zu kombinieren, um Organismen mit neuartigen oder verbesserten Eigenschaften und Merkmalen zu schaffen (synthetische Organismen einschließlich des Menschen).

Es wurden bereits synthetisches Blut, Haut, Organe und Gliedmaßen entwickelt sowie synthetische Körperteile, die mit 3D-Druckern hergestellt werden. All dies sind Elemente des Programms für den synthetischen Menschen. Diese Bemerkung von Kurzweils Mitbegründer der Singularity University, Peter Diamandis, erscheint angesichts des »Covid«-Schwindels und der Sanktionen gegen diejenigen, die den »Impfstoff« ablehnen, in einem ganz neuen Licht:

> »Jeder, der sich dem Fortschritt [zum Transhumanismus] widersetzt, widersetzt sich der Evolution und wird im Grunde genommen aussterben. Es geht nicht darum, ob das gut oder schlecht ist. Es wird geschehen.«

»*Widersetzt sich der Evolution*«? Was für ein absoluter Blödsinn. Die Arroganz dieser Leute ist grenzenlos. Sein Mantra »es wird geschehen« ist eine andere Art zu sagen »Widerstand ist zwecklos«, um den Geist derjenigen zu brechen, die sich wehren. Wir dürfen darauf nicht hereinfallen. Diesen genetisch transformierenden »Impfstoff« unter die Bevölkerung zu bringen, ist für den Plan des Kults, die totale Kontrolle zu erlangen, von entscheidender Bedeutung, und die Entschlossenheit, dieses Ziel zu erreichen, ist für jedermann deutlich erkennbar. Impfpässe sind dabei ein wichtiger Faktor. Auch sie sind eine Form von »Widerstand ist zwecklos«. Das ist er NICHT. In dem von der Rockefeller Foundation finanzierten Papier für die »Gesundheitskonferenz« 2013 in China heißt es:

> »Wir werden mehr mit Künstlicher Intelligenz interagieren. Der Einsatz von Robotik und Bio-Engineering zur Verbesserung menschlicher Funktionen ist bereits weit fortgeschritten und wird weiter zunehmen. Das Re-Engineering von Menschen in potenziell eigenständige und unterschiedliche Formen durch Gentechnik oder gemischte Mensch-Roboter-Geschöpfe wirft Debatten über Ethik und Gleichberechtigung auf.
>
> Projekte sind am Laufen, die darauf abzielen, dass nach 2030 [wieder dieses Jahr] durch Technologien (Robotik, Gentechnik, Nanotechnologie) eine neue Demografie in Erscheinung tritt, die sich selbst reproduzierende Roboter, künstliche Organismen, ›Nanobots‹ und Künstliche Intelligenz (KI) hervorbringen wird. Die Debatten über die

Auswirkungen einer bevorstehenden Realität von Menschen erschaffener neuer Lebensformen werden zunehmen.«

Was heute geschieht, ist von langer Hand geplant. Die Weltarmee, die den Willen der Weltregierung durchsetzt, soll keine menschliche sein, sondern eine Roboterarmee. Das heutige Militär und seine technologisch »verbesserten« Truppen, pilotenlosen Flugzeuge und fahrerlosen Fahrzeuge sind nur ein Sprungbrett zu diesem Ziel. Menschliche Soldaten werden als Futter für den Kult benutzt und es ist an der Zeit, dass sie aufwachen und sich für die Freiheit der Bevölkerung einsetzen, statt für ihre eigene Beseitigung und die Zerstörung ihrer Familien zu arbeiten – dasselbe gilt für die Polizei. Schließen Sie sich uns an und lassen Sie uns das gemeinsam in Ordnung bringen. Das Phänomen, dass Menschen ihren eigenen Untergang herbeiführen, ist in der »Covid«-Ära weit verbreitet. Woke »Promis« in der Schauspiel- und Unterhaltungsindustrie unterstützen die »Covid«-Regeln, die ihren Beruf zerstört haben, und dasselbe gilt für diejenigen, die Schilder an die Türen ihrer Geschäfte hängen, »Geschlossen wegen Covid – bleiben Sie geschützt«, obwohl viele nie wieder öffnen werden. Das ist eine neue Form von Masochismus und ganz sicher der helle Wahnsinn.

Transgender = Transhumanismus

Wenn etwas aus dem Nichts auftaucht und plötzlich überall zu finden ist, handelt es sich immer um die Agenda des Kults. So ist es auch bei der Flutwelle von Forderungen und Ansprüchen, die unter der Überschrift »Transgender« mittlerweile in jeden Aspekt der Gesellschaft eingedrungen sind. Der Begriff »trans« ist dermaßen »in« – und hier haben Sie die Definition aus dem Wörterbuch:

»Eine Vorsilbe mit der Bedeutung ›über‹, ›durch‹, die ... in Lehnwörtern aus dem Lateinischen vorkommt und insbesondere zur Bezeichnung der Bewegung oder Beförderung von einem Ort zum anderen (transferieren; transplantieren) oder der völligen Veränderung (transformieren; transmutieren) verwendet wird, oder um Adjektive zu bilden, die ›über‹, ›jenseits‹ oder ›jenseits‹ des genannten Ortes bedeuten (transmontan; transnational; transsibirisch)«.

Transgender bedeutet, über das Geschlecht hinauszugehen, und transhuman bedeutet, über den Menschen hinauszugehen. Beides sind Aspekte des Kult-Plans, den menschlichen Körper in einen synthetischen, geschlechtslosen Zustand zu verwandeln – *no gender*. Der Mensch 2.0 ist nicht auf Fortpflanzung ausgelegt und wird technologisch erzeugt, ohne dass noch Eltern notwendig sind. Der neue Mensch würde das Ende der Eltern bedeuten, was Männer und zunehmend auch Frauen gezielt ihrer Rechte und ihres Status beraubt. Die elterlichen Rechte werden aus demselben Grund immer schneller abgeschafft. Für den neuen Menschen sind Mann und Frau überflüssig, wenn es keine Fortpflanzung und kein Geschlecht mehr gibt. Vielleicht sollte die Transgender-Bewegung, die sich in einem permanenten Zustand der Hysterie zu befinden scheint, einmal darüber nachdenken, wie sie benutzt wird. Es ging hier nie um Transgender-Rechte, die nur der vorläufige Vorwand für die Verwirrung der Geschlechter sind, vor allem bei jungen Menschen, sondern um eine fortschreitende Verschmelzung der Geschlechter. Transgender-Aktivismus ist kein Ziel, *er ist ein Mittel zum Zweck*. Ein weiteres Mal sehen wir die Technik der schöpferischen Zerstörung, bei der man den Status quo zerstört, um ihn in der gewünschten Form »neu aufzubauen«.

Der Gender-Status-quo musste zerstört werden, indem man die vom Kult geschaffene Woke-Mentalität dazu nutzt, dass man hundert Geschlechter oder mehr haben kann. Ein von der BBC, die dem Kult gehört, produziertes Programm für 9- bis 12-Jährige propagierte das Narrativ der hundert Geschlechter. Die Idee an sich mag der größte Unsinn sein, aber es kommt nicht darauf an, was wahr ist, sondern nur darauf, was man den Menschen weismachen kann. Sobald das Geschlecht 2 + 2 = 4 durch Indoktrination und Einschüchterung demontiert und durch 2 + 2 = 5 ersetzt ist, kann das neue geschlechtslose Normal mit dem Menschen 2.0 seinen Platz einnehmen. Aldous Huxley zeigte den Plan schon 1932 in seinem prophetischen Buch *Schöne neue Welt* auf:

> »Die natürliche Fortpflanzung wurde abgeschafft und die Kinder werden in ›Brutanlagen und Konditionierungszentren‹ gezeugt, ›dekantiert‹ und aufgezogen. Von Geburt an werden die Menschen genetisch so konstruiert, dass sie in eine von fünf Kasten passen, die wiederum in ›Plus‹- und ›Minus‹-Mitglieder unterteilt werden und dazu bestimmt sind, vorbestimmte Positionen innerhalb der sozialen und wirtschaftlichen Strukturen des Weltstaates einzunehmen.«

Wie konnte Huxley das schon 1932 wissen? Aus demselben Grund, aus dem George Orwell 1948 vom Big-Brother-Staat wusste und die von mir zitierten Kult-Insider bereits 1969 die Zukunft kannten; ich selbst weiß seit den frühen 1990er Jahren davon. Wenn Sie mit dem Kult in Verbindung stehen oder sich die Finger wund recherchieren, um seinen Plan aufzudecken, können Sie die Zukunft vorhersagen. Das Verfahren ist einfach. Wenn es einen Plan für die Welt gibt und nichts unternommen wird, um ihn zu stoppen, dann wird er eintreten. Wenn Sie diesen Plan im Voraus bekanntgeben, hat man den Eindruck, Sie hätten die Zukunft vorhergesagt, obwohl Sie das gar nicht haben. Sie haben den Plan offenbart, der ohne Intervention zur menschlichen Zukunft werden wird. Der einzige Grund, warum ich darüber schreibe, besteht darin, genügend Menschen zu alarmieren, um sie zum Eingreifen zu bewegen. Vielleicht ist die Zeit endlich reif dafür, nachdem der Kult und seine Absichten nun für jeden mit einem funktionierenden Gehirn so offensichtlich sind.

Die Zukunft hat schon begonnen

Die von Huxley beschriebenen technologischen Gebärmütter, die die Fortpflanzung durch die Eltern ersetzen sollen, werden bereits entwickelt, und das sind nur die Projekte, von denen wir durch die Presse wissen. Israelische Wissenschaftler sagten der *Times of Israel* im März 2021, dass sie mit Hilfe künstlicher Gebärmütter aus zweihundertfünfzig Zellen bestehende Embryonen zu Mäuseföten mit voll ausgebildeten Organen herangezogen haben. Professor Jacob Hanna vom Weizmann Institute of Science berichtete:

> »Wir haben Mäuseembryonen am fünften Tag der Entwicklung, wenn sie gerade einmal zweihundertfünfzig Zellen haben, der Mutter entnommen und sie sich vom fünften bis zum elften Tag im Inkubator entwickeln lassen. Zu diesem Zeitpunkt waren alle ihre Organe bereits voll ausgebildet.
>
> Am elften Tag erzeugen sie ihr eigenes Blut, haben ein schlagendes Herz und ein voll entwickeltes Gehirn. Jeder, der sie sich ansieht, würde sagen: ›Das ist eindeutig ein Mausfötus mit allen Merkmalen einer Maus.‹ Er hat sich von einem Zellhaufen zu einem hoch entwickelten Fötus entwickelt.«

Die Embryozellen werden in einer Laborschale mit einer speziellen Flüssigkeit genährt und schwimmen auf dieser Flüssigkeit, um das erste Stadium der Embryonalentwicklung nachzubilden. Der Inkubator schafft die richtigen Bedingungen für die Entwicklung des Embryos, erklärte Hanna. Die Flüssigkeit gibt dem Embryo »alle Nährstoffe, Hormone und jeglichen Zucker, die er braucht«, zusammen mit einem speziell angefertigten elektronischen Inkubator, der Gaskonzentration, Druck und Temperatur kontrolliert. Der neueste Stand der Technik in den unterirdischen Basen und anderen geheimen Orten ist dem jedoch um Lichtjahre voraus, wie der Londoner *Guardian* im Jahr 2017 berichtete:

> »Wir stehen kurz vor einem biotechnologischen Durchbruch. Die Ektogenese, die Erfindung einer vollständig externen Gebärmutter, könnte das Wesen der menschlichen Fortpflanzung grundlegend verändern. Im April dieses Jahres gaben Forscher des Children's Hospital of Philadelphia ihre Entwicklung einer künstlichen Gebärmutter bekannt.«

Der Artikel trug die Überschrift »Künstliche Gebärmütter könnten bald Realität sein. Was bedeutet das für Frauen«? Eine noch größere Frage ist, was es für die Kinder bedeuten würde. Keine Mutterbindung mehr, sondern nur eine Maschine, um sie auf ein Leben der seelenlosen Interaktion und Kontrolle in einer Welt vorzubereiten, die von Maschinen regiert wird (siehe die *Matrix*-Filme). Betrachten Sie nun die kalkulierten Manipulationen des »Covid«-Schwindels, bei dem die menschliche Interaktion und Wärme durch Distanzierung, Isolation und Angst eingeschränkt wurde, während die Menschen in einem bis dahin nicht gekannten Ausmaß bereits über Maschinen kommunizieren mussten. Dies sind alles zu verbindende Punkte im selben Bild, genau wie all die persönlichen Assistenten, Gadgets und Kinderspielzeuge, über die Kinder und Erwachsene mit der KI kommunizieren, als wäre sie menschlich. Die KI-»Stimme« in Ihrem Satelliten-Navi gehört auch dazu. All diese Dinge sind psychologische Vorbereitungen auf das Endspiel des Kults. Bevor Sie eine physische Verbindung mit der KI herstellen können, müssen Sie eine psychologische Verbindung herstellen, und genau darauf werden die Menschen mit dieser immer stärker werdenden Mensch-KI-Interaktion konditioniert. Filme und Fernsehsendungen, in denen die transhumane Roboter-Dystopie dargestellt wird, stehen im Zusammenhang mit einem Phänomen, das als »präemptive Programmierung« bekannt ist: Die geplante Welt wird überall in Film, Fernsehen und Werbung dargestellt. Dadurch werden das Bewusstsein und das Unterbewusstsein darauf konditioniert, sich mit der geplanten Realität vertraut zu machen, um den Widerstand abzuschwächen, wenn sie in der Realität eintritt. Was sonst ein Schock gewesen wäre, wird durch die präemptive Programmierung abgeschwächt. Wir haben Kinder, die mit pubertätshemmenden Medikamenten auf eine Transgender-Operation vorbereitet werden, und das in einem Alter, in dem sie niemals in der Lage sein könnten, diese lebensverändernden Entscheidungen selbstverantwortlich zu treffen.

Rachel Levine, eine Professorin für Pädiatrie und Psychiatrie, die an diese Behandlung von Kindern glaubt, wurde Amerikas ranghöchste offen transsexuelle Beamtin, als sie nach ihrer Nominierung durch Joe Biden (Kult-hörig) als stellvertretende Sekretärin des Ministeriums für Gesundheit und Soziale Dienste bestätigt wurde. Aktivisten und Regierungen drängen auf Gesetze, die den Eltern ein Mitspracherecht bei der Geschlechtsumwandlung ihrer Kinder verwehren, damit diese isoliert und manipuliert werden können, um irreversiblen medizinischen Eingriffen zuzustimmen. Einem kanadischen Vater, Robert Hoogland, wurde 2021 vom Obersten Gericht in Vancouver die Kaution verweigert und er blieb im Gefängnis, weil er gegen eine gerichtliche Anordnung verstoßen hatte, über seine minderjährige Tochter zu schweigen, der ohne elterliche Zustimmung eine lebensverändernde Hormontherapie angeboten worden war. Der »Schulseelsorger« des 12-jährigen Mädchens sagte, dass sie möglicherweise transsexuell sei, überwies sie an einen Arzt und forderte die Schule auf, sie wie einen Jungen zu behandeln. Dies ist ein weiteres Beispiel dafür, dass der Staat den Schulen immer mehr Kontrolle über das Leben der Kinder aufzwingt, während die Eltern immer weniger Kontrolle haben. Dieser verachtenswerte und extreme Kindesmissbrauch findet überall auf der Welt statt, während der Kult mit Warp-Geschwindigkeit an der Geschlechterverschmelzung arbeitet.

Warum der Krieg gegen Männer – und jetzt gegen Frauen?

Die Frage, was künstliche Gebärmütter für Frauen bedeuten, sollte zu Recht gestellt werden. Die Antwort liegt in der Abschaffung der Rechte von Frauen in Bezug auf Sport, Umkleideräume, Toiletten und Status zugunsten von Menschen in männlichen Körpern, die sich als Frauen ausgeben. Man kann sich als Bergsteigerin outen, aber das bedeutet noch nicht, dass man einen Berg besteigen kann, genauso wenig wie ein biologischer Mann eine biologische Frau sein kann. Das ist der Triumph des Glaubens über die faktische Realität, ein Wahnglaube, der die eigentliche Wahrnehmungsgrundlage für alles Woke ist. Der Frauensport wird zerstört, indem man Menschen mit männlichen Körpern, die sich als Frauen bezeichnen, erlaubt, mit Mädchen und Frauen zu »konkurrieren«. »Frauen« mit männlichen Körpern dominieren mit ihrer größeren Muskelmasse, Knochendichte, Kraft und Schnelligkeit »Frauen«-Wettbewerbe. Durch diese Benachteiligung verliert der Sport für Frauen jede Bedeutung. Um das in die richtige Perspektive zu rücken: Fast dreihundert amerikanische High-School-Jungen können schneller laufen als die schnellste Sprinterin der Welt. Frauen müssen mit ansehen, wie ihr bisher geschützter Raum von männlichen Körpern eingenommen wird, nur weil deren Besitzer behaupten, eine Frau zu sein.

Das ist alles, was Transgender-Personen tun müssen, um Zugang zu allen Frauenräumen und Frauenaktivitäten zu erhalten – unter dem Biden »Equality Act«, der die Gleichberechtigung von Frauen mit der üblichen Orwellschen Woke-Umkehrung zerstört. Männliche Sexualstraftäter haben bereits Vergewaltigungen in Frauengefängnissen begangen, nachdem sie sich als Frauen ausgaben, um verlegt zu werden. Spielt das für die Woke-»Gleichstellungs«-Heuchler eine Rolle? Nicht im Geringsten. Wichtig ist den Kult-Manipulatoren und Geldgebern hinter den Transgender-Aktivisten das Vorantreiben der Geschlechterverschmelzung auf dem Weg zum geschlechtslosen »Menschen«. Wenn man einen so offenkundigen Unsinn oder den »Covid«-Schwindel durchsetzen will, dann kann dieser Unsinn nur durch Zensur und Einschüchterung Andersdenkender, durch die Löschung von Sachinformationen und durch die Programmierung von kritiklosen, verwirrten und naiven Menschen gelingen. Sie müssen sich nicht lange in der Welt umsehen, um zu bemerken, dass all diese Dinge stattfinden.

Viele Frauenrechtsorganisationen haben bereits erkannt, dass die Rechte und der Status, für den sie so lange gekämpft haben, ausgehöhlt werden und dass dies systematisch geschieht. Kara Dansky von der weltweiten Women's Human Rights Campaign sagte, dass Bidens Transgender-Durchführungsverordnung unmittelbar nach seinem Amtsantritt, die nachfolgenden Anordnungen und die anschließende Gesetzgebung zum Gleichstellungsgesetz »darauf abzielen, Frauen und Mädchen als Kategorie im Gesetz zu streichen«. *Ganz genau.* Ich habe schon während des vor langer Zeit begonnenen Krieges gegen die Männer (in dem viele Frauen eine entscheidende Rolle spielen) gesagt, dass sich dies zu einem Krieg auch gegen die Frauen entwickeln wird. Der Kult ist dabei, *sowohl* das männliche *als auch* das weibliche Geschlecht abzuschaffen. Um damit durchzukommen, werden Männer und Frauen in einen Geschlechterkrieg gehetzt, damit sie damit beschäftigt sind, sich gegenseitig zu bekämpfen, während der Kult sein Ziel ohne geschlossenen Widerstand verwirklicht. Teile und herrsche. Geschlossenheit, Leute, *Geschlossenheit* im Widerstand. Wir brauchen überall Einigkeit!

Transgender ist das einzige Stück, das überall aufgeführt wird, um den großen Schritt zum geschlechtslosen Menschen vorzubereiten. Es geht nicht um Rechte für Transgender-Menschen. Um die ging es nie. Die »woke« politische Korrektheit löscht Wörter, die sich auf Geschlechter beziehen, um das gleiche Ziel zu erreichen. Die Woken glauben, dass sie damit »inklusiv« sind, obwohl das Gegenteil der Fall ist. Sie streichen Wörter, die das Geschlecht beschreiben, weil das Geschlecht *selbst* beim Menschen 2.0 gestrichen wird. Begriffe wie »Mann«, »Frau«, »Mutter« und »Vater« werden an den Universitäten und anderen Institutionen gestrichen und durch geschlechtslose »Personen« und »Vormünder« ersetzt, nicht durch »transgenderte«. Die Frauenrechtlerin

Maria Keffler von Partners for Ethical Care sagte: »Kindern wird vom Kindergarten an beigebracht, dass manche Jungen eine Vagina und manche Mädchen einen Penis haben und dass Kinder jedes Geschlecht sein können, das sie sein wollen.« Sind Sie wirklich der Meinung, dass plötzlich Länder auf der ganzen Welt zur gleichen Zeit auf die Idee kommen, Drag Queens in die Schulen zu schicken oder kleinen Kindern in der örtlichen Bibliothek Transgender-Geschichten vorlesen zu lassen? Das ist eine eiskalt berechnete Verwirrung der Geschlechter auf dem Weg zur Verschmelzung der Geschlechter. Suzanne Vierling, eine Psychologin aus Südkalifornien, hat einen weiteren wichtigen Punkt angesprochen:

> »Die Sklavin von gestern, die gynäkologische medizinische Experimente über sich ergehen lassen musste, ist das Mädchen von heute, das im boomenden Sektor der Geschlechtsumwandlung geschlachtet wird. Die Eierstöcke werden entfernt, um sie in die Menopause und in die Osteoporose zu treiben – in ein absolutes Niemandsland. Und die Rechte und die Autorität der Eltern werden eingeschränkt.«

Die Aushöhlung der elterlichen Rechte ist ein Ziel im Einklang mit den Plänen des Kultes, das Konzept Eltern ganz auszulöschen. Diejenigen, die als Frauen geboren wurden, verlieren die Fähigkeit, Kinder zu bekommen – ein weiterer Weg, die Menschheit, wie wir sie kennen, abzuschaffen.

Eliminierung von Mensch 1.0 (vor unseren Augen)

Um den Weg für den Menschen 2.0 zu ebnen, muss man den Menschen 1.0 abschaffen. Dies geschieht bereits, denn eine Flut von Chemikalien, Strahlung (einschließlich Smartphones in den Taschen von Männern) und mRNA-»Impfstoffen« lässt die Zahl der Spermien sinken und macht Frauen unfruchtbar. Auch die in der Landwirtschaft üblichen Pestizide haben verheerende Auswirkungen auf die menschliche Fruchtbarkeit. In meinen Büchern berichte ich schon seit langem über den Rückgang der Spermienzahlen. 2021 erschien das Buch *Count Down – Was uns immer unfruchtbarer macht: So gefährdet unser moderner Lifestyle die Fortpflanzung und die Zukunft der Menschheit* von der Fruchtbarkeitsforscherin und Reproduktions-Epidemiologin Shanna Swan. Sie berichtet, dass die weltweite Fruchtbarkeitsrate zwischen 1960 und 2016 um die Hälfte gesunken ist und die Geburtenrate in Amerika 16 Prozent unter dem Wert liegt, der für die Erhaltung der Bevölkerung erforderlich ist. Bei Frauen nimmt die Qualität der Eizellen ab, es gibt mehr Fehlgeburten und mehr Paare leiden unter Unfruchtbarkeit. Weitere Ergebnisse waren eine Zunahme der erektilen Dysfunktion, mehr Genitalanomalien bei Jungen, Zeugungsprobleme bei Männern und sinkende Werte des männlichen Hormons Testosteron, was erklären würde, warum so viele Männer ihr Rückgrat und ihre Männlichkeit verloren haben.

Während des »Covid«-Schwindels wurde das besonders deutlich, als Frauen unter den Widerstandskämpfern hervorstachen und große, stramme Kerle den Kopf einzogen, ihr Gesicht mit einer Windel bedeckten und sich still und leise unterwarfen. Die Expertin für Gedankenkontrolle Cathy O'Brien weist außerdem darauf hin, dass die globale Erziehung das Konzept »Wir sind alle Gewinner« im Sport und in den Klassenzimmern einführte: »Der Wettbewerb wurde entschärft, und das wiederum entschärfte das Gefühl, sich auch einmal wehren zu müssen.« Dies ist ein weiteres Beispiel für die Anwendung der »Gleichheits«-Doktrin, bei der man eher nach unten gezogen wird als nach oben. Welch ein Kontrast zum vom Kult kontrollierten China mit seinen globalen Ambitionen, wo die Regierung im Januar 2021 angesichts einer »Männlichkeitskrise« Pläne zur »Kultivierung der Männlichkeit« bei Jungen vom Kindergarten bis zur High School veröffentlichte. Ein Berater der Regierung sagte, dass Jungen bald »zart, schüchtern und verweichlicht« sein würden, wenn nichts unternommen wird. Erwarten Sie keine ähnliche Politik in den westlichen Ländern. Eine Studie aus dem Jahr 2006 zeigte, dass ein 65-jähriger Mann im Jahr 2002 einen um *15 Prozent* niedrigeren Testosteronspiegel hatte als ein 65-jähriger Mann im Jahr 1987, während eine Studie aus dem Jahr 2020 ein ähnliches Bild bei jungen Erwachsenen und Heranwachsenden ergab. Männern wird eine Testosteronersatztherapie verschrieben, die zu einem noch stärkeren Rückgang der Spermienzahl führt. Bei bis zu 99 Prozent sinkt die Spermienzahl während der Behandlung auf null. Mehr Spermien sind defekt und funktionieren nicht richtig, manche haben zwei Köpfe oder verfolgen keine Eizellen mehr.

Eine Klasse *synthetischer* Chemikalien, die als Phthalate bekannt sind, wird für den Rückgang verantwortlich gemacht. Sie finden sich überall in Kunststoffen, Shampoos, Kosmetika, Möbeln, Brandhemmern, Körperpflegeprodukten, Pestiziden, Konserven und sogar auf Kassenbons. Warum Kassenbons? Jeder fasst sie an. Machen Sie sich keine Illusionen darüber, dass dies alles nicht systematisch geschieht, um die seit langem geplante Umgestaltung des menschlichen Körpers voranzutreiben. Phthalate ahmen Hormone nach und stören den Hormonhaushalt, was zu einem Rückgang des Testosteronspiegels und zu Geburtsfehlern bei männlichen Säuglingen führt. Tiere und Fische sind durch Phthalate und andere Gifte in den Flüssen auf die gleiche Weise geschädigt. Wenn Fische durch Chemikalien in Flüssen und Bächen schwul werden oder ihr Geschlecht ändern, ist das ein Hinweis darauf, warum die Zahl der schwulen Menschen und der sexuell Verwirrten so stark zugenommen hat. Es ist mir egal, welche Sexualität die Menschen wählen, aber wenn sie durch chemische Verschmutzung und Konsum beeinflusst wird, müssen wir das wissen. Glaubt wirklich jemand, dass dies nicht mit der Transgender-Agenda, dem Krieg gegen Männer und der Verurteilung der »toxischen Männlichkeit« zusammenhängt? Sie sehen, wie darauf jetzt die »toxische Weiblichkeit« folgt. Wenn das Stillen zur »Brusternährung« wird, schwangere Frauen zu schwangeren Menschen werden und all der andere Woke-Quatsch, dann wissen Sie, dass die Welt verrückt wird und ein Kult-Betrug im Gange ist. Transgender-Aktivisten fördern die Kult-Agenda, während Kult-Milliardäre den Wahnsinn unterstützen und finanzieren und sich dabei in den Schlaf lachen über die schiere Dummheit, für die die Menschheit bis in weit, weit entfernte Galaxien berüchtigt sein müsste.

»Covid-Impfstoffe« und weibliche Unfruchtbarkeit

Jetzt wissen wir auch, warum der »Impfstoff« mit Unfruchtbarkeit bei Frauen in Verbindung gebracht wird. Dr. Michael Yeadon, ehemaliger Vizepräsident und Chief Scientific Advisor bei Pfizer, und Dr. Wolfgang Wodarg in Deutschland reichten im Dezember 2020 eine Petition bei der Europäischen Arzneimittelagentur ein, in der sie darauf drängten, die Prüfung des Pfizer/BioNTech-Impfstoffs und alle anderen mRNA-Zulassungsverfahren zu stoppen, bis weitere Studien durchgeführt worden sind. Sie waren besonders besorgt über mögliche Auswirkungen auf die weibliche Fertilität, da die vom »Impfstoff« produzierten Antikörper das Protein Syncytin-1 angreifen, das für die Entwicklung der Plazenta verantwortlich ist. Das Ergebnis wäre eine Unfruchtbarkeit »von unbestimmter Dauer« bei Frauen, die den »Impfstoff« erhalten und bei denen sich dann die Plazenta nicht mehr bildet. Abschnitt 10.4.2 des Studienprotokolls von Pfizer/BioNTech besagt, dass schwangere Frauen oder Frauen, die schwanger werden könnten, keine mRNA-Impfungen erhalten sollten. Abschnitt 10.4 warnt Männer, die sich mit mRNA impfen lassen, davor, »auf heterosexuellen Verkehr zu verzichten« und kein Sperma zu spenden. Die britische Regierung erklärte, *sie wisse nicht*, ob das mRNA-Verfahren einen Einfluss auf die Fruchtbarkeit habe. *Sie wissen es nicht?* Diese Leute gehören ins Gefängnis. Die britische Regierung empfahl schwangeren Frauen anfangs, sich nicht impfen zu lassen, und sagte, Frauen sollten nach der »Impfung« mindestens zwei Monate lang eine Schwangerschaft vermeiden. Später wurde der »Ratschlag« dahingehend aktualisiert, dass sich schwangere Frauen nur dann »impfen« lassen sollten, wenn der Nutzen die Risiken für Mutter und Fötus überwiegt. Was zum Teufel soll das bedeuten? Dann begannen »spontane Fehlgeburten« aufzutauchen, die in den Meldesystemen für Nebenwirkungen, die nur einen Bruchteil der unerwünschten Wirkungen erfassen, rasch zunahmen. Tausende und immer mehr »geimpfte« Frauen berichten über Veränderungen ihres Menstruationszyklus mit stärkerem Blutfluss, unregelmäßigen Perioden und erneuter Menstruation nach der Menopause – alles Verbindungen zu Fruchtbarkeitsstörungen. Frauen bluteten und hatten Abgänge der Gebärmutterschleimhaut, während Männer über Erektionsstörungen und Blutveränderungen berichten. Besonders auffällig: *Un*geimpfte Frauen berichteten nach dem Kontakt mit *»geimpften«* Menschen über ähnliche Menstruationsveränderungen, und auch Männer und Kinder waren von Nasenbluten, Blutgerinnseln und anderen Beschwerden betroffen.

»Shedding – Ausscheidung« bedeutet, dass geimpfte Menschen den Inhalt eines Impfstoffs abgeben, wodurch Ungeimpfte infiziert werden, aber dies ist etwas anderes. »Geimpfte« Menschen scheiden nicht etwa ein »Lebendvirus« aus, das vorher angeblich im »Impfstoff« war, denn die gefälschten »Covid-Impfstoffe« enthalten ja synthetisches Material und jede Menge andere Giftstoffe, aber keine Viren. Ärzte, die an dem Thema arbeiten, ziehen den Begriff »Übertragung« dem der Ausscheidung vor. Irgendwie übertragen diejenigen, die geimpft wurden, die Auswirkungen auf diejenigen, die nicht geimpft wurden. Dr. Carrie Madej sagte, dass der Nano-Inhalt der »Impfstoffe« wie eine Antenne auf andere in ihrer Umgebung wirken kann, was perfekt zu meinen eigenen Schlussfolgerungen passt. Dieses Phänomen der »Impfstoff«-Übertragung wurde erst bekannt, als die englische Ausgabe dieses Buch in den Druck ging, und ich gehe im Nachtrag näher darauf ein.

Impfstoffe sind als Ursache für Sterilität längst allgemein bekannt. Die Weltgesundheitsorganisation wurde 2014 beschuldigt, Millionen von Frauen in Kenia zu sterilisieren, was durch den Inhalt der betreffenden Impfstoffe bestätigt wurde. Dieselbe WHO, die hinter dem »Covid«-Schwindel steckt, gab zu, dass sie mehr als zehn Jahre lang an dem Impfprogramm beteiligt war. Andere Länder haben ähnliche Vorwürfe erhoben. Klagen wurden von Tansania, Nicaragua, Mexiko und den Philippinen angestrengt. Der Impfstoff Gardasil, der angeblich vor einem Genital-»Virus« namens HPV schützen soll, wird ebenfalls mit Unfruchtbarkeit in Verbindung gebracht. Big Pharma und die WHO (identisch) sind kriminelle und satanistische Organisationen. Und dann ist da noch die Bill Gates Foundation, die durch Finanzierung und gemeinsame Interessen mit zwanzig Pharmariesen und ihren Laboren verbunden ist.

Gates wird vorgeworfen, die Politik des Kinderhilfswerks der Vereinten Nationen (UNICEF), der Globalen Impfstoffallianz GAVI und anderer Gruppierungen zu beeinflussen, um die Impfstoffagenda voranzutreiben und die Opposition zum Schweigen zu bringen, was Frauen und Kinder sehr teuer zu stehen kommt. Außerdem will Gates die Weltbevölkerung reduzieren. Ist das ein Zufall?

Great Reset = Smart Grid = neuer Mensch

Die Kult-Agenda, die ich seit dreißig Jahren enthülle, wird nun offen von Kult-Aktivisten wie Gates und Klaus Schwab vom Weltwirtschaftsforum unter Begriffen angepriesen wie »Great Reset«, »Build Back Better« und der Phrase von einer »seltenen Chance in einem begrenzten Zeitfenster, unsere Welt zu reflektieren, sie neu zu denken und neu zu gestalten«. Woher kommt diese »seltene Chance in einem begrenzten Zeitfenster«? Der »Covid«-Schwindel ist diese Chance. Wer hat ihn ins Leben gerufen? Sie waren es. In meinen letzten Büchern habe ich schon vor dem geplanten Internet der Dinge (Internet of Things = IoT) und seinen Auswirkungen auf die menschliche Freiheit gewarnt. Der Plan ist, alle technischen Funktionen mit dem Internet und Künstlicher Intelligenz zu verbinden. Heute sind wir bei geschätzten 36 Milliarden Geräten, die mit dem World Wide Web verbunden sind, bereits auf dem besten Weg dorthin, und diese Zahl wird bis 2025 voraussichtlich auf 76 Milliarden ansteigen. Ich habe außerdem davor gewarnt, dass der Kult plant, darüber hinaus zum »*Allesnetz*« überzugehen, wenn das menschliche Gehirn erst über KI mit dem Internet und Kurzweils »Cloud« verbunden ist. Jetzt haben wir Kult-Agenten wie Schwab, die genau das unter dem Begriff »Internet der Körper« fordern, eine Verschmelzung des Physischen, Digitalen und Biologischen zu einem zentral gesteuerten Smart-Grid-System, das der Kult als »Vierte industrielle Revolution« bezeichnet. Sie sprechen vom »Biologischen«, meinen aber in Wahrheit das Synthetisch-Biologische, das erforderlich ist, um den menschlichen Körper und das Gehirn vollständig in das Smart Grid und die Künstliche Intelligenz zu integrieren, die den menschlichen Geist ersetzen soll. Alles wird synthetisch manipuliert, auch die natürliche Welt durch GVO und Smart Dust, die Lebensmittel, die wir essen, und der menschliche Körper selbst durch synthetische »Impfstoffe«. In *Die Antwort* schrieb ich, dass der Kult auf synthetisches Fleisch drängen würde, um Tiere zu ersetzen, und im Februar 2021 forderte der so berechenbare Psychopath Bill Gates die Einführung von synthetischem Fleisch, um uns alle vor dem »Klimawandel« zu retten.

Der Klimaschwindel funktioniert genauso gut wie der »Covid«-Schwindel. Der Krieg der veganen Aktivisten gegen Fleisch ist eine Kopie der Manipulation von Transgender-Aktivisten. Sie haben keine Ahnung (außer vielleicht in ihrer Kerngruppe), dass sie benutzt werden, um die Agenda des Kultes zu fördern und durchzusetzen oder dass sie nur das *Mittel* und nicht der *Zweck* sind. Das heißt nicht, dass man diejenigen, die kein Fleisch essen wollen, nicht in ihrem Recht respektieren und unterstützen sollte, aber es gibt Hintergedanken bei den Machthabern. In einem *Forbes*-Artikel vom Dezember 2019 wurde der von Schwab und dem Kult so geliebte Plan dargelegt unter der Überschrift: »Was ist das Internet der Körper? Und wie wird es unsere Welt verändern«? In dem Artikel heißt es, der menschliche Körper sei die neueste Datenplattform (denken Sie daran, dass »unser Impfstoff ein Betriebssystem« ist). *Forbes* beschrieb den Plan sehr genau und die Worte hätten direkt aus meinen älteren Büchern stammen können:

> »Das Internet der Körper (Internet of Bodies = IoB) ist eine Erweiterung des IoT und verbindet im Grunde den menschlichen Körper mit dem Netz durch Geräte, die in den Körper eingepflanzt, implantiert oder auf irgendeine Weise mit dem Körper verbunden sind. Sobald die Verbindung hergestellt ist, können Daten ausgetauscht werden und der Körper und das Gerät können aus der Ferne überwacht und kontrolliert werden.«

Damit beschrieben sie im Grunde ein menschliches Schwarmbewusstsein, bei dem die menschliche Wahrnehmung über eine KI-Verbindung zentral diktiert wird und die Menschen »aus der Ferne überwacht und kontrolliert werden« können. Alles, vom Kühlschrank bis zum menschlichen Verstand, könnte von diesen wahnsinnigen Psychopathen von einem zentralen Punkt aus gesteuert werden, und entscheidend dafür sind die »Covid-Impfstoffe«. Forbes erklärt den bereits erwähnten Prozess der tragbaren Technologie als Vorstufe der implantierbaren. In dem Artikel heißt es, dass es drei Generationen des Internets der Körper geben wird:

Körper extern: Tragbare Geräte wie Apple Watches oder Fitbits, die unsere Gesundheit überwachen können.

Körper intern: Dazu gehören Herzschrittmacher, Cochlea-Implantate und digitalisierte Medikamente, die wir in unseren Körper aufnehmen, um verschiedene Gesundheitsaspekte zu überwachen oder zu steuern.

Körper implantiert: Die dritte Generation des Internets der Körper ist die eingebettete Technologie, bei der Technologie und der menschliche Körper miteinander verschmolzen sind und eine Echtzeitverbindung zu einem entfernten Gerät haben.

Forbes verwies auf die Entwicklung des Brain Computer Interface (BCI), bei dem sich das Gehirn zur Überwachung und Steuerung in Echtzeit mit einem externen Gerät verbindet. »Das ultimative Ziel ist die Wiederherstellung von Funktionen bei Menschen mit Behinderungen durch die Nutzung von Gehirnsignalen anstelle herkömmlicher neuromuskulärer Bahnen.« Was für eine Lüge! Das Ziel der Hirnschnittstellentechnologie ist es, das menschliche Denken und die Emotionen von einem zentralen Platz aus zu steuern, entsprechend den Vorgaben des Kults. Viele Menschen sind inzwischen damit einverstanden, sich chippen zu lassen, um Türen ohne Schlüssel zu öffnen. Sie erkennen solche Menschen daran, dass sie eine Maske tragen, sich sozial distanzieren und sich für die »Impfung« anstellen. Der Kult plant ein »Great Reset«-Geldsystem, nachdem er die Zerstörung der Weltwirtschaft abgeschlossen hat, bei dem »Geld« durch die Kommunikation mit Körperbetriebssystemen ausgetauscht wird. Die Rand Corporation, eine Denkfabrik im Besitz des Kults, sagte über das Internet der Körper oder IoB:

> »Internet of Bodies-Technologien fallen unter den allgemeineren Oberbegriff IoT. Aber wie der Name schon sagt, führen IoB-Geräte zu einem noch engeren Zusammenspiel zwischen Mensch und Maschine. IoB-Geräte überwachen den menschlichen Körper, sammeln Gesundheitsdaten und andere persönliche Informationen und übermitteln diese Daten über das Internet. Viele Geräte, wie zum Beispiel Fitness-Tracker, sind bereits im Einsatz … Derartige IoB-Geräte … und solche, die sich noch in der Entwicklung befinden, können den Aufenthaltsort des Benutzers, seine Körperfunktionen und das, was er sieht, hört und sogar denkt, verfolgen, aufzeichnen und speichern.«

Schwabs Weltwirtschaftsforum, eine euphemistische Umschreibung für den »Welt-Faschismus« oder den »Kult«, hat sich in der »Covid«-Ära voll und ganz auf das Internet der Körper konzentriert. Wir treten in das »Zeitalter des Internets der Körper ein«, heißt es dort, »indem man unsere körperlichen Daten über eine Reihe von Geräten sammelt, die implantiert, geschluckt oder getragen werden können«. Das Ergebnis wäre eine riesige Menge gesundheitsbezogener Daten, die das Wohlergehen der Menschen auf der ganzen Welt verbessern und sich bei der Bekämpfung der »Covid-19-Pandemie« als entscheidend erweisen könnten. Glaubt vielleicht irgendjemand, dass sich diese Clowns um das »menschliche Wohlbefinden« kümmern, nachdem ihr Pandemie-Schwindel absichtlich Tod und Verwüstung verursacht hat? Schwab & Co. sagen, dass wir mit dem Internet der Körper vorankommen sollten, weil »die Verfolgung von Symptomen uns helfen könnte, die Ausbreitung der Infektion zu stoppen und neue Fälle schnell zu entdecken«. Wie wunderbar, aber »Verfolgung« ist das Einzige, was sie daran wirklich interessiert. Die Forscher untersuchten, ob die von Smartwatches und ähnlichen Geräten gesammelten Daten zur Warnung vor Virusinfektionen verwendet werden könnten, indem sie die Herzfrequenz und die Atmung des Benutzers verfolgen. Schwab sagt in seinem 2018 erschienenen Buch *Die Zukunft der Vierten Industriellen Revolution: Wie wir den digitalen Wandel gestalten*:

> »Die Grenzen zwischen Technologien und Lebewesen verschwimmen, und zwar nicht nur durch die Fähigkeit, lebensechte Roboter oder Kunststoffe zu schaffen. Vielmehr geht es um die Fähigkeit neuer Technologien, buchstäblich Teil von uns zu werden. Technologien beeinflussen bereits jetzt, wie wir uns selbst verstehen, wie wir übereinander denken und wie wir unsere Realitäten bestimmen. In dem Maße, wie die Technologien ... uns einen tieferen Zugang zu Teilen von uns selbst ermöglichen, werden wir vielleicht beginnen, digitale Technologien in unseren Körper zu integrieren.«

Sie können sich denken, was da auf uns zukommt. Vierundzwanzig Stunden Kontrolle und die Menschen – wenn man sie noch so nennen kann – würden nie wissen, wann etwas »ping« macht und sie aus dem Verkehr zieht. Es handelt sich dabei um den offensichtlichsten Vorstoß in eine globale faschistische Diktatur und die vollständige Unterwerfung der Menschheit und dennoch sind so viele in ihrem vom Kult verursachten Wahrnehmungskoma eingesperrt, dass sie es einfach nicht sehen.

Die Smart-Grid-Kontrollzentren

Der menschliche Körper wird durch die »Impfstoffe« und auf andere Weise in einen synthetischen Cyborg verwandelt, der an das globale Smart Grid angeschlossen werden kann, das von einem zentralen Punkt und anderen Sub-Standorten der Grid-Manipulation aus gesteuert wird. Wo sind diese Standorte geplant? Nun, zunächst einmal in China, einem der größten Operationszentren des Kults. Das technologische Kontrollsystem und die technokratische Herrschaft wurden hier ausgebrütet, um nach dem 2020 in China inszenierten »Covid«-Schwindel auf die ganze Welt losgelassen zu werden. Ein weiterer Smart-Grid-Standort, der Leser überraschen wird, für die das Thema neu ist: Israel. In *The Trigger* habe ich dargelegt, dass sabbatianische Technokraten, Geheimdienstler und Militärangehörige hinter den Schrecken von 9/11 steckten und nicht die »neunzehn arabischen Entführer«, deren Flugausbilder sie nicht mal eine Pfütze hätten überfliegen lassen. Die Anschläge vom 11.9. wurden durch die Kontrolle der zivilen und militärischen Computersysteme der Luftfahrt und des Weißen Hauses, des Pentagons und der damit verbundenen Behörden ermöglicht. Lesen Sie *The Trigger* – es wird Sie umhauen. Die kontrollierende und koordinierende Instanz waren die sabbatianischen Netzwerke in Israel und den Vereinigten Staaten, die zu diesem Zeitpunkt bereits die gesamte US-Regierung, das Militär und die Geheimdienste infiltriert hatten. Der wahre Name des amerikanischen Deep State lautet »Sabbatianischer Staat«.

Israel ist ein winziges Land mit nur neun Millionen Einwohnern, aber es ist eines der globalen Zentren für Cyberoperationen und holt das Silicon Valley in seiner Bedeutung für den Kult schnell ein. Israel ist als »Start-up-Nation« bekannt. Dort wurden die Cyber-Unternehmen mit der bereits erwähnten sabbatianischen Spezialisierung auf »Cybersicherheit« gegründet, die diesen Unternehmen in Echtzeit Zugang zu den Computersystemen ihrer Kunden verschafft durch »Hintertüren« oder »Backdoors«, die beim Download der Sicherheitssoftware in die Codes eingebaut werden. Das sabbatianische Zentrum der Cyber-Operationen außerhalb des Silicon Valley ist die Cyber Intelligence Unit des israelischen Militärs, das größte Infrastrukturprojekt in der Geschichte Israels mit Sitz in der Wüstenstadt , an dem etwa 20.000 »Cyber-Soldaten« beteiligt sind. Hier befindet sich eine buchstäbliche Armee von Internet-Trollen, die soziale Medien, Foren und Kommentarlisten nach jedem durchsucht, der die Kult-Agenda in Frage stellt. Das britische Militär hat mit seiner 77. Brigade und den damit verbundenen Operationen etwas Ähnliches. Der Beerscheba-Komplex umfasst Forschungs- und Entwicklungszentren für andere Unternehmen des Kults wie Intel, Microsoft, IBM, Google, Apple, Hewlett-Packard, Cisco Systems, Facebook und Motorola. www.Techcrunch.com veröffentlichte einen Artikel über das globale Internet-Technologiezentrum in Beerscheba mit der Überschrift »Israels Wüstenstadt Beerscheba wird zu einer Cybertech-Oase«:

> »Die massive Verlagerung der prestigeträchtigen Technologieeinheiten des Militärs, die Präsenz multinationaler und lokaler Unternehmen, die unmittelbare Nähe zur Ben-Gurion-Universität und großzügige staatliche Subventionen machen Beerscheba zu einem wichtigen globalen Cybertech-Zentrum. Beerscheba verfügt über alle Voraussetzungen für ein dynamisches Ökosystem der Sicherheitstechnologie, darunter die Ben-Gurion-Universität mit ihrem Graduiertenprogramm für Cybersicherheit und dem Cyber Security Research Center sowie der Präsenz von Unternehmen wie EMC, Deutsche Telekom, PayPal, Oracle, IBM und Lockheed Martin. Die Stadt ist auch der künftige Sitz des INCB (Israeli National Cyber Bureau), bietet einen besonderen

Steueranreiz für Cybersicherheitsunternehmen und ist der neue Standort für die verlagerten Einheiten der Nachrichtentruppe der Armee.«

Die Sabbatianer haben die Cyberwelt durch den folgenden Prozess übernommen: Sie scannen die Schulen nach möglichen Cyber-Talenten und fördern sie dann an der Ben-Gurion-Universität und während ihrer Wehrdienstzeit bei den israelischen Verteidigungsstreitkräften, wenn sie im Beerscheba-Komplex stationiert sind. Sobald die Cyber-Talente offiziell aus der Armee ausscheiden, werden sie finanziert, um Cyber-Unternehmen zu gründen, deren Technologie sie selbst entwickelt oder vom Staat erhalten haben. Ein Großteil dieser Technologie wird durch »Backdoors« in Computersystemen auf der ganzen Welt gestohlen, wobei Amerika ganz oben auf der Liste steht. Andere werden ins Silicon Valley geschickt, um dort Unternehmen zu gründen oder bei den großen Firmen einzusteigen, so dass viele wichtige Positionen mit scheinbar »jüdischen«, in Wahrheit aber sabbatianischen Mitarbeitern besetzt sind. Google, YouTube und Facebook werden alle von »jüdischen« CEOs geleitet, während Twitter fast ausschließlich von dem ultrazionistischen Hedgefonds-Hai Paul Singer geführt wird. Im Zentrum des sabbatianischen globalen Cyber-Netzes steht die Einheit 8200 der israelischen Armee, die darauf spezialisiert ist, sich in die Computersysteme anderer Länder zu hacken, Viren einzuschleusen, Informationen zu sammeln, Fehlfunktionen herbeizuführen und sogar die Fernkontrolle über diese Systeme zu übernehmen. Es gibt eine lange Liste von Sabbatianern, Mitarbeiter der Einheit 8200, die mit 9/11, Silicon Valley und israelischen Cybersicherheitsunternehmen zu tun haben. Doch geht es dabei nicht um Israel. Es geht um den Kult. Israel soll wie China ein Smart Grid Hub werden und was in Beerscheba geschieht, ist nicht zum Nutzen der jüdischen Bevölkerung, die von der sabbatianischen Elite, die das Land kontrolliert, empörend behandelt wird. Ein Blick in die Nürnberger Kodizes wird Ihnen das bestätigen.

Diese Geschichte ist viel größer als »Covid«, so wichtig dieser Schwindel auch für den Weg ist, auf den wir hier geführt werden. Aber jetzt ist es an der Zeit, sich wirklich anzuschnallen. Es geht noch weiter … viel weiter …

Kapitel 11

Wer kontrolliert den Kult?

Erwache, erhebe dich oder sei für immer verdammt.

John Milton, »Das verlorene Paradies«

Bisher habe ich die Ebene der Kultverschwörung aufgezeigt, die in der Welt des Sichtbaren operiert und innerhalb der globalen Geheimgesellschaften und ihrer satanischen Netzwerke. Sie treiben im Schattenbereich an der Grenze des Sichtbaren ihr Unwesen. Die Dimensionen dieser Geschichte sind jedoch noch sehr viel größer.

Der »Covid«-Schwindel ist ein wichtiger Teil der Kult-Agenda, aber eben nur ein Teil. Um das große Ganze zu erfassen, müssen wir unsere Wahrnehmung nun über den Bereich der menschlichen Sinne hinaus in jenen Bereich unendlicher Möglichkeiten verlagern, der unseren Blicken verborgen ist. Letzten Endes wird die Menschheit nämlich durch die Macht, die dem Kult sein Handeln diktiert, aus diesem unsichtbaren Bereich heraus in einem Zustand der totalen Kontrolle gehalten. Wie viel von der Realität können wir sehen? So gut wie gar nichts, lautet die Antwort. Es mag den Anschein haben, dass wir alles sehen, was es in dem »Raum«, den unsere Augen erfassen und beobachten, zu sehen gibt, aber das ist weit von der Wahrheit entfernt. Die menschliche »Welt« besteht lediglich aus dem winzigen Frequenzband, das die Seh- und Wahrnehmungssysteme des Körpers zur *Vorstellung* einer »Welt« entschlüsseln können. Nach Ansicht der Mainstream-Wissenschaft macht das elektromagnetische Spektrum 0,005 Prozent dessen aus, was im Universum existiert (siehe Abbildung 10). Die höchste Schätzung, die ich gesehen habe, liegt bei 0,5 Prozent, was immer noch winzig wäre. Ich behaupte, es sind sogar noch viel, viel weniger als 0,005 Prozent, wenn Sie die Realität, die wir sehen, mit der Gesamtheit der Realität vergleichen, die wir nicht wahrnehmen. Machen Sie sich Folgendes bewusst: Das sichtbare Licht, das einzige Frequenzband, das wir sehen können, ist ein *Bruchteil* der 0,005 Prozent (siehe Abbildung 11). Gehen Sie noch einen Schritt weiter und machen Sie sich klar, dass unser Universum eines von unendlich vielen Universen ist und dass die Universen nur ein Bruchteil der Gesamtwirklichkeit sind – der *unendlichen* Wirklichkeit. Dann vergleichen Sie das fast unendliche elektromagnetische Frequenzband mit dem menschlichen Wahrnehmungsband sichtbaren Lichts. Sie sehen, dass der Mensch auch mit sehenden Augen praktisch blind ist. Sergio Toporek, Künstler und Filmemacher, drückt es so aus:

> »Bedenken Sie, dass Sie weniger als ein Prozent des elektromagnetischen Spektrums sehen und weniger als ein Prozent des akustischen Spektrums hören können. Neunzig Prozent der Zellen in Ihrem Körper tragen ihre eigene mikrobielle DNA und sind nicht ›Sie‹. Die Atome in Ihrem Körper sind zu 99,9999999999999 Prozent leerer Raum und keines davon ist ein Atom, das schon seit Ihrer Geburt zu Ihrem Körper gehört ... Der Mensch hat sechsundvierzig Chromosomen, zwei weniger als eine Kartoffel.
>
> Die Existenz eines Regenbogens hängt von den zapfenförmigen Fotorezeptoren in Ihren Augen ab; für Tiere ohne Zapfen gibt es den Regenbogen nicht. Sie sehen sich also nicht nur einen Regenbogen an, Sie erschaffen ihn. Das ist ziemlich erstaunlich, vor allem wenn man bedenkt, dass all die schönen Farben, die Sie sehen, weniger als ein Prozent des elektromagnetischen Spektrums ausmachen.«

Plötzlich sieht die »Welt« der Menschen ganz anders aus. Berücksichtigen Sie auch, dass der Planet Erde im Vergleich zur projizierten Größe dieses einzelnen Universums einem Milliardstel eines Stecknadelkopfes entspricht. Stellen Sie sich vor, was das für ein Verhältnis wäre, wenn man es mit der Unendlichen Realität vergleicht. Kaum zu glauben, dass das Christentum einst darauf bestand, die Erde und die Menschheit seien das Zentrum von allem. Dieser Hintergrund ist von entscheidender Bedeutung, wenn wir das Wesen des »Menschen« verstehen wollen und auch, wie es möglich ist, dass wir von einer unsichtbaren Macht manipuliert werden. In der visuellen Realität des Menschen ist *kaum* etwas vom Universum wahrnehmbar. Und dennoch herrscht in den akademischen Institutionen und in weiten Teilen der Öffentlichkeit die Auffassung vor, dass etwas, das wir nicht sehen, berühren, hören, schmecken und riechen können, nicht existieren kann. Diese Sichtweise wird vom Kult und seinen Vertretern indoktriniert und gefördert, denn sie isoliert die Anhänger dieser Weltsicht in dem streng begrenzten, dörflich-idiotischen Reich der fünf Sinne, in dem Wahrnehmungen abgeschottet und Informationen kontrolliert werden können. Die meisten derjenigen, die den »Diese Welt ist alles das ist«-Wahn aufrechterhalten, sind selbst indoktriniert und glauben an diese Wahnvorstellung. Während die wichtigsten Entscheidungsträger und

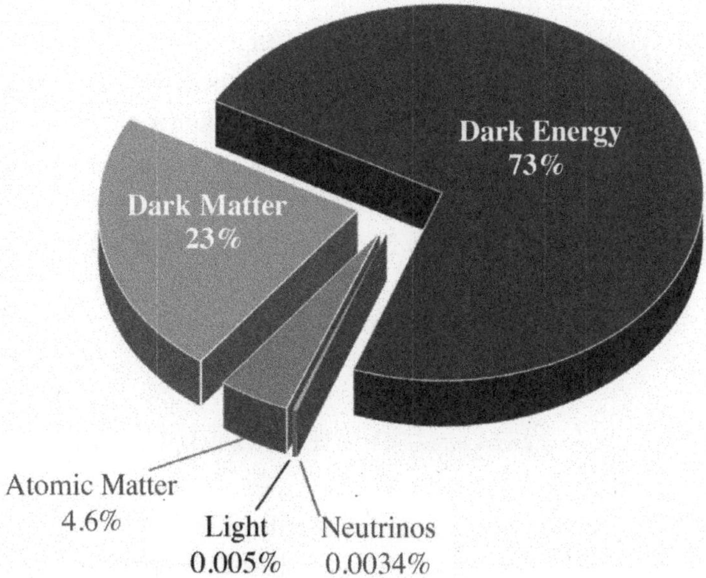

Abb. 10. Der Mensch kann nur einen lächerlich winzigen Bereich der visuellen Realität wahrnehmen.

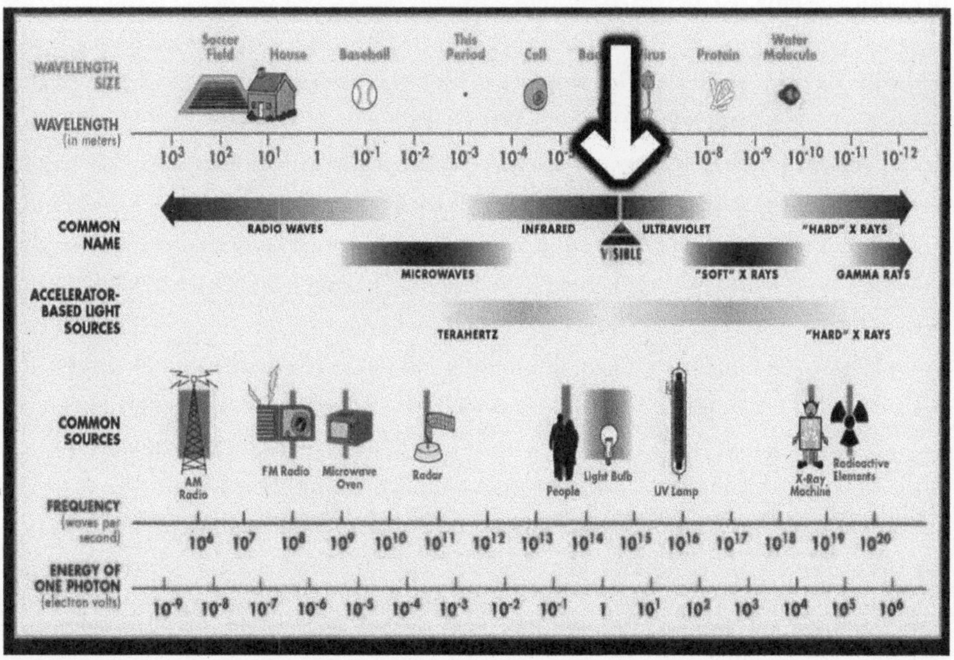

Abb. 11. Wir können nur einen Ausschnitt des elektromagnetischen Spektrums von 0,005 Prozent sehen, glauben aber trotzdem alles zu wissen. Wenn das Sinn macht.

Meinungsmacher wissen, dass die offizielle Realität eine Lachnummer ist, glauben die meisten in der Wissenschaft, der akademischen Welt und der Medizin wirklich an den Unsinn, den sie verbreiten und den nachfolgenden Generationen beibringen. Diejenigen, die diese Orthodoxie in Frage stellen, werden als Spinner und Freaks abgetan, um die erzeugte Illusion vor der Entlarvung zu schützen. Beobachten Sie die Dynamik des »Covid«-Schwindels und Sie werden sehen, dass es sich dabei um die gleiche Methode handelt. Die Psychopathen im inneren Kreis wissen, dass es sich um einen gigantischen Betrug handelt, aber fast alle, die ihre faschistischen Regeln durchsetzen, glauben, dass »Covid« all das ist, was man ihnen erzählt.

Die gestohlene Identität

Fragen Sie Menschen, wer sie sind, und sie werden Ihnen ihren Namen, ihren Geburtsort, ihren Wohnort, ihren Beruf, ihren familiären Hintergrund und ihre Lebensgeschichte mitteilen. Doch das ist nicht das, was sie sind – es ist das, was sie selbst gerade *erleben*. Der Unterschied ist *absolut entscheidend*. Das wahre »Ich«, das ewige, unendliche »Ich«, ist Bewusstsein, ein Zustand des Gewahrseins. Vergessen Sie die »Form«. Das ist nur ein Vehikel für eine kurze Erfahrung. Das Bewusstsein *entsteht* nicht im Gehirn, sondern wird durch das Gehirn *vermittelt*, und selbst das ist eher symbolisch als wörtlich zu verstehen. Wir sind Bewusstsein, reines Bewusstsein, und das ist es, was sich bei dem, was wir »Tod« nennen, aus dem Körper zurückzieht, um unser ewiges Sein fortzusetzen in anderen Bereichen des grenzenlos Unendlichen der Realität oder, wie die Bibel sagt, den »vielen Häusern im Hause meines Vaters«. Die Etiketten eines menschlichen Lebens, Mann, Frau, Transgender, schwarz, weiß, braun, Nationalität, Umstände und Einkommen sind nicht das, was wir sind. Sie sind das, was unser Bewusstsein in einer kurzen Verbindung mit dem Frequenzband *wahrnimmt*, das wir Mensch nennen. Diese Etiketten sind nicht das Selbst; sie sind, um den Titel eines meiner Bücher zu verwenden, ein Phantom-Ich. Ich bin nicht David Icke, der am 29. April 1952 in Leicester, England, geboren wurde. Ich bin das Bewusstsein, das diese *Erfahrung* macht. Der Kult und seine nicht-menschlichen Meister versuchen, uns durch die Institutionen der »Bildung«, der Wissenschaft, der Medizin, der Medien und der Regierung davon zu überzeugen, dass das, was wir erleben, das ist, was wir sind. Es ist so einfach, die Wahrnehmung zu kontrollieren und zu lenken, wenn wir in den verwirrenden Illusionen der fünf Sinne feststecken und kein erweitertes Beobachtungsradar haben. Aber versuchen Sie dasselbe mal mit einer Menschheit, die sich ihres wahren

Selbst und ihrer wahren Macht bewusst ist, die ihre Realität und ihre Erfahrungen selbst gestaltet. Wie ist es uns möglich, diese Erkenntnis umzusetzen? Wir tun es bereits täglich, jeden Tag. Wenn Sie sich selbst als »kleines Ich« wahrnehmen, das keine Macht hat, Ihr Leben und die Welt zu beeinflussen, dann wird sich das in Ihrer Lebenserfahrung widerspiegeln. Sie werden die Macht, von der Sie glauben, Sie nicht zu haben, an die Autorität in all ihren Formen abgeben, die sie nutzen wird, um Ihre Erfahrungen zu kontrollieren. Dies wiederum wird Ihre Wahrnehmung des »kleinen Ich« in einer sich selbst erfüllenden Rückkopplungsschleife zu bestätigen scheinen. Aber das ist es, was das »kleine Ich« wirklich ist – eine *Wahrnehmung*. Wir alle sind das »große Ich«, das unendliche Ich, und der Kult muss uns das vergessen lassen, wenn er seinen Willen durchsetzen will. Also werden wir dahingehend manipuliert und unter Druck gesetzt, dass wir uns mit menschlichen Etiketten identifizieren und nicht mit dem Bewusstsein, das diese menschlichen Etiketten *wahrnimmt*.

Das Phänomen der Identitätspolitik ist eine vom Kult angezettelte Manipulationstechnik, mit der die bisherigen Etikettierungen in noch kleinere unterteilt werden. Eine Universität in den Vereinigten Staaten verwendet diese Liste von Buchstaben, um die Identität von Studenten zu beschreiben: LGBTTQQFAGPBDSM oder Lesben, Schwule, Bisexuelle, Transgender, Transsexuelle, Queer, Fragende, Flexuelle, Asexuelle, Gender-Fick, Polyamore, Bondage/Disziplin, Dominanz/Unterwerfung und Sadismus/ Masochismus. Ich bin mir sicher, dass andere Listen noch länger sind, da die Menschen das Bedürfnis haben, sich selbst mit den minutiösen Merkmalen von Rasse und sexueller Vorliebe zu identifizieren. Die vom Kult seit Generationen programmierten »Woken« glauben, es ginge um »Inklusivität«, während in Wahrheit der Kult sie in immer kleinere Versionen des Phantom-Ichs einsperrt und dabei vor dem Kontakt mit ihrem wahren Selbst, dem unendlichen, ewigen »Ich«, abschottet. Sie werden feststellen, dass meine Philosophie, die besagt, dass wir alle einzigartige Punkte der Wahrnehmung/Bewusstheit innerhalb desselben unendlichen Ganzen oder des Einsseins sind, der ultimative Nicht-Rassismus ist. Schon das Gefühl von Einssein macht die Beurteilung von Menschen nach ihrem Körpertyp, ihrer Hautfarbe oder ihrer Sexualität völlig lächerlich und bestätigt, dass der Rassismus kein Verständnis für die Realität hat (einschließlich des Anti-Weiß-Rassismus). Doch trotz meiner Weltanschauung bezeichnen mich die Kult-Agenten und Tiefschlaf-Woken als rassistisch, um meine Aussagen zu diskreditieren, während sie selbst eigentlich extreme Rassisten und Sexisten sind. Alles, was sie wahrnehmen, ist Rasse und Sexualität und sie beurteilen Menschen nach ihrer Rasse und Sexualität als gut oder schlecht, als Dämonen oder Unberührbare. Alles, was sie sehen, ist das *Phantom-Ich* und sie nehmen sich auch selbst nur in Form dieses Phantom-Ich wahr. Sie sind Spielfiguren und Marionetten der Kult-Agenda, um die Aufmerksamkeit und die Selbstidentität auf die fünf Sinne zu konzentrieren und diese beschränkten Identitäten gegeneinander auszuspielen, um zu teilen und zu herrschen. Die Columbia University hat in einer weiteren Version der sozialen Distanzierung, die darauf abzielt, die Menschen zu spalten und ihnen beizubringen, dass verschiedene rassische und kulturelle Gruppen nichts miteinander zu tun haben, getrennte Abschlussprüfungen eingeführt. Das Letzte, was der Kult will, ist Einheit. Auch hier sind die treibenden Kräfte die Kult-Agenten, die wissen, was sie tun, aber der Rest sind nur die blinden Phantome des Selbst, die andere Blinde führen. Wir *haben* etwas gemeinsam – wir sind alle *dasselbe Bewusstsein* mit unterschiedlichen, temporären Erfahrungen.

Was ist dann ein »Mensch«?

Ja, was ist »menschlich«? Das ist es doch, was wir sein sollen, oder? Ich meine »menschlich«? Stimmt, aber »Mensch sein« ist die Erfahrung, nicht das »Ich«. Reduzieren Sie es auf das Wesentliche, dann ist »menschlich« die Art und Weise, wie Informationen verarbeitet werden. Wenn wir dieses Frequenzband, das wir »Welt« nennen, erleben und mit ihm interagieren wollen, müssen wir ein Vehikel haben, das in diesem Frequenzband arbeitet. Unser Bewusstsein in seiner ursprünglichen Form kann das nicht; es liegt weit jenseits der Frequenz des menschlichen Bereichs. Mein Bewusstsein könnte nicht auf diese Tasten tippen und die Tasse vor mir in die Hand nehmen, so wie Radiosender A nicht mit Radiosender B interagieren kann, wenn sie auf unterschiedlichen Frequenzen senden. Der menschliche Körper ist das Mittel, das uns die Interaktion erst erlaubt. Ich beschreibe den Körper seit langem als einen biologischen Computer, der Informationen auf eine Weise verarbeitet, die es dem Bewusstsein ermöglicht, diese Realität zu erfahren. Der Körper ist auf eine bestimmte Art und Weise Empfänger, Sender und Verarbeiter von Informationen. Es ist diese besondere Art und Weise, die uns zu dem macht, was wir »Mensch« nennen. Im Wachzustand nehmen wir nur die Welt der fünf Sinne visuell wahr – das ist die Grenze des visuellen Dekodierungssystems des Körpers. In Wahrheit ist es nicht einmal visuell in dem Sinne, wie wir die »visuelle Realität« erleben, worauf ich gleich noch eingehen werde. Wir sind »menschlich«, weil der Körper die Informationsquellen des Menschen zu einem Realitäts- und Verhaltenssystem verarbeitet, das wir als menschliche Welt *wahrnehmen*.

Warum verhält sich ein Elefant wie ein Elefant und nicht wie ein Mensch oder eine Ente? Der biologische Computer des Elefanten ist ein anderes Informationsfeld und verarbeitet Informationen gemäß diesem Programm zu einem Erscheinungsbild und Verhalten, das wir als Elefant bezeichnen. Das Gleiche gilt für alles in unserer Realität. Diese körpereigenen Informationsfelder werden durch Fortpflanzung verewigt (so wie man eine Kopie eines Softwareprogramms erstellt). Der Kult will diesen Kreislauf durchbrechen und technologisch eingreifen, um das menschliche Informationsfeld in eines zu verwandeln, das das, was wir Menschheit nennen, verändern wird. Wenn er das menschliche Informationsfeld verändern kann, wird er die Art und Weise verändern, wie dieses Feld Informationen verarbeitet, und die Menschheit sowohl »physisch« als auch psychologisch verändern. Daher die *Botenstoffe* (Informationen) als mRNA-»Impfstoffe« und vieles mehr, das auf die menschliche Genetik abzielt, um das Informations- und Nachrichtenkonstrukt des Körpers durch Essen, Trinken, Strahlung, Toxizität und andere Mittel zu verändern.

Die Realität, die wir erleben, ist nicht die Realität, wie sie wirklich ist, genauso wie die Realität, die Menschen in Virtual-Reality-Spielen erleben, nicht die Realität ist, in der sie wirklich leben. Das Spiel ist nur eine dekodierte Informationsquelle, die wie eine Realität erscheint. Auch unsere Welt ist ein Informationskonstrukt – eine *Simulation* (mehr dazu später). In ihrer Grundform ist unsere Realität ein Wellenfeld aus Informationen, das dem Prinzip des WLAN ähnelt. Die fünf Sinne dekodieren die Informationen des Wellenfelds in elektrische Informationen, die sie an das Gehirn weitergeben, das sie in holografische (illusorische »physische«) Informationen umwandelt. Verschiedene Teile des Gehirns sind auf die Dekodierung verschiedener Sinne spezialisiert und die Informationen werden zu einer Realität verschmolzen, die sich scheinbar außerhalb von uns befindet, in Wahrheit aber im Gehirn und von der genetischen Struktur unseres Körpers erzeugt wird (siehe Abbildung 12). Die DNA ist ein Empfänger und Übermittler von Informationen und ein wichtiger Teil dieses Dekodierungsprozesses und der Verbindung des Körpers zu anderen Realitäten. Ändert man die DNA, ändert man die Art und Weise, wie wir die Realität entschlüsseln und mit ihr in Verbindung treten – siehe »Covid-Impfstoffe«. Denken Sie an Computer, die WLAN-Verbindungen entschlüsseln. Man hat Informationen, die in einem Strahlungsfeld kodiert sind, und der Computer dekodiert diese Informationen zu einer ganz anderen visuellen Form auf dem Bildschirm. Sie können die WLAN-Daten erst sehen, wenn die Informationen auf dem Bildschirm erscheinen, und die Informationen auf dem Bildschirm befinden sich innerhalb des Computers und nicht außerhalb. Ich habe gerade beschrieben, wie wir die »menschliche Welt« dekodieren. Alle fünf Sinne dekodieren das wellenförmige »WLAN«-Feld in elektrische Signale und das Gehirn (der Computer) konstruiert die Realität innerhalb des Gehirns und nicht außerhalb – »Sie sehen einen Regenbogen nicht nur an, Sie erschaffen ihn.« Klang ist ein einfaches Beispiel. Wir hören den Schall erst, wenn das Gehirn ihn entschlüsselt. Wellenförmige Schallwellen werden vom Gehör aufgenommen und in elektrischer Form an das Gehirn weitergeleitet, wo sie zu den Tönen, die wir hören, entschlüsselt werden. Alles, was wir hören, geschieht im Gehirn, ebenso wie alles, was wir sehen, fühlen, riechen und schmecken. Worte und Sprache sind Wellenformfelder, die von unseren Stimmbändern erzeugt werden und diesen Prozess durchlaufen, bis sie vom Gehirn in Worte dekodiert werden, die wir hören. Verschiedene Sprachen sind unterschiedliche Frequenzfelder oder Schallwellen, die von den Stimmbändern erzeugt werden. Der verstorbene britische Philosoph Alan Watts sagte:

> »[Ohne das Gehirn] gibt es in der Welt kein Licht, keine Wärme, kein Gewicht, keine Festigkeit, keine Bewegung, keinen Raum, keine Zeit und kein anderes vorstellbares Merkmal. All diese Phänomene sind Interaktionen oder Transaktionen von Schwingungen mit einer bestimmten Anordnung von Neuronen.«

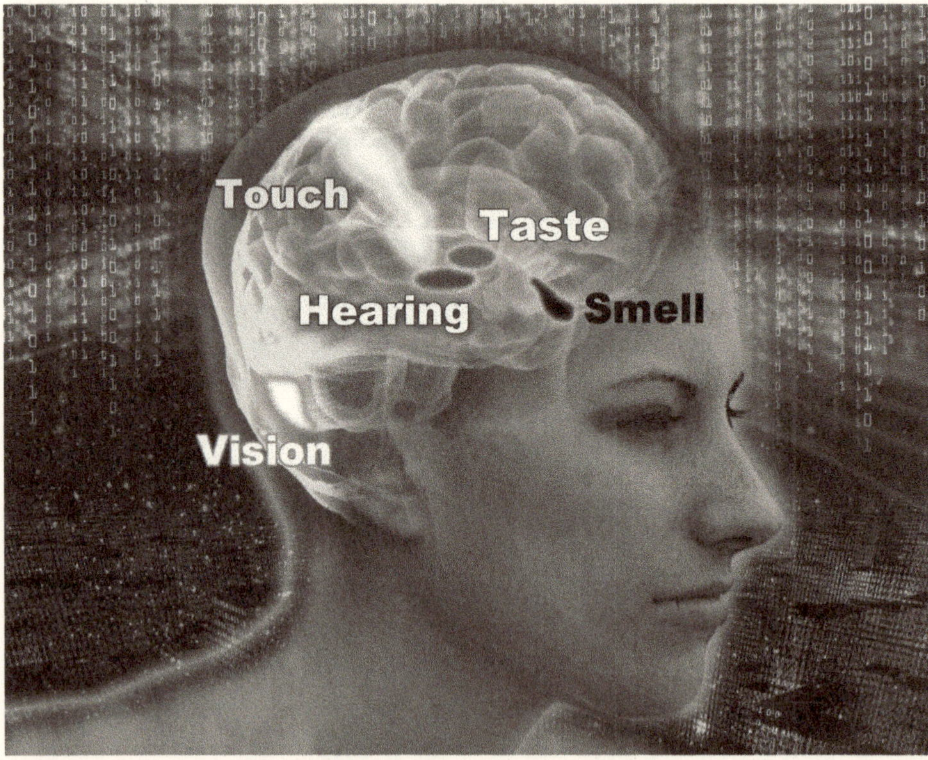

Abb. 12. Das Gehirn empfängt Informationen von den fünf Sinnen und konstruiert daraus unsere wahrgenommene Realität.

Genau das sind sie. Und der Wissenschaftler Robert Lanza beschreibt in seinem Buch *Biocentrism* (Biozentrismus), wie wir elektromagnetische Wellen und Energie in visuelle und »physische« Erfahrungen umwandeln. Er verwendet das Beispiel einer Flamme, die Photonen aussendet, elektromagnetische Energie, die jeweils elektrisch und magnetisch pulsiert:

»... diese ... unsichtbaren elektromagnetischen Wellen treffen auf die menschliche Netzhaut, und wenn (und nur wenn) die Wellen von Scheitel zu Scheitel eine Länge von 400 bis 700 Nanometern haben, dann ist ihre Energie genau richtig, um die acht Millionen zapfenförmigen Zellen in der Netzhaut zu stimulieren.

Jeder dieser Zellen sendet wiederum einen elektrischen Impuls an ein benachbartes Neuron, und so geht es weiter, mit 400 Stundenkilometern, bis es den ... Okzipitallappen des Gehirns im Hinterkopf erreicht. Dort feuert ein kaskadenförmiger Komplex von Neuronen, durch eingehende Reize angeregt, und wir nehmen diese Erfahrung subjektiv als ein gelbes Leuchten wahr, das an einem Ort auftritt, den unsere Konditionierung uns als die ›Außenwelt‹ wahrnehmen lässt.«

Sie hören, was Sie dekodieren

Wenn ein Baum fällt oder ein Gebäude einstürzt, macht das kein Geräusch, es sei denn, es ist jemand da, der die durch die Erschütterung erzeugten Schallwellen in das entschlüsselt, was wir Klang nennen. Macht ein fallender Baum ein Geräusch? Nur wenn Sie es hören – und *dekodieren*. Alles in unserer Realität ist ein Frequenzfeld von Informationen, die innerhalb des gesamten »WLAN«-Feldes wirken, das ich »Das Feld« nenne. Die Felder des umstürzenden Baumes oder Gebäudes erzeugen eine Schwingungsstörung im Feld. Diese Störwellen sind es, die wir als das Geräusch des fallenden Baumes oder Gebäudes dekodieren. Wenn niemand da ist, um das zu tun, gibt es auch kein Geräusch. Die Realität wird vom Beobachter – dem *Decoder* – geschaffen, und die Wahrnehmungen des Beobachters beeinflussen den Dekodierungsprozess. Aus diesem Grund werden verschiedene Menschen – verschiedene *Wahrnehmungen* – die gleiche Realität oder Situation unterschiedlich erleben. Was der eine als Albtraum empfindet, sieht ein anderer als Chance.

Die Frage, warum der Kult sich so sehr auf die Kontrolle der menschlichen Wahrnehmung konzentriert, beantwortet sich jetzt von selbst. Alle erlebte Realität ist ein Akt der Dekodierung. Wir nehmen den Inhalt der WLAN-Verbindung erst wahr, wenn er vom Computer dekodiert wird. Der Bildinhalt eines Internetvideos ist im WLAN um uns herum kodiert, aber wir können ihn erst sehen und hören, wenn der Computer diese Informationen dekodiert. Geschmack, Geruch und Berührung sind alles Phänomene des Gehirns, die auf denselben Prozess zurückzuführen sind. Wir können nichts schmecken, riechen oder fühlen, außer im Gehirn. Es gibt Techniken zur Schmerztherapie, bei denen das Schmerzsignal vom Schmerzpunkt zum Gehirn blockiert wird, denn wenn das Gehirn das Signal nicht erhält, empfinden wir auch keinen Schmerz. Der Schmerz entsteht im Gehirn und wird an der Stelle, an der er auftritt, nur dank der Rückkopplungsschleife zwischen den beiden empfunden. Wir sehen nichts, bis die elektrischen Informationen des Sehsinns in einem hinteren Teil des Gehirns entschlüsselt werden. Wenn dieser Bereich beschädigt ist, können wir blind werden, obwohl unsere Augen völlig in Ordnung sind. Warum werden wir also blind, wenn wir ein Auge beschädigen? Wir beschädigen die Informationsverarbeitung zwischen den wellenförmigen visuellen Informationen und dem visuellen Dekodierungsbereich des Gehirns. Wenn die Informationen das Gehirn nicht in einer Form erreichen, die es entschlüsseln kann, können wir die visuelle Realität, die sie repräsentieren, nicht sehen. Hinzu kommt, dass das Gehirn nur einen Bruchteil der empfangenen Informationen entschlüsselt und der Rest vom Unterbewusstsein absorbiert wird. Nachfolgende Erklärung stammt aus dem Wissenschaftsmagazin *Wonderpedia*:

> »Jede Sekunde knistern elf Millionen Sinneseindrücke durch diese [Gehirn-]Bahnen ... Das Gehirn wird mit einer alarmierenden Anzahl von Bildern, Klängen und Gerüchen konfrontiert, die es gewissenhaft herausfiltert, bis auf eine überschaubare Liste von etwa vierzig. So bilden vierzig Sinneseindrücke pro Sekunde das, was wir als Realität wahrnehmen.«

Die »Welt« ist nicht das, was man den Menschen weismachen will, und die inneren Kreise des Kults *wissen das*.

Die Illusion der »physischen« Realität

Wir können nur einen Ausschnitt von 0,005 Prozent des Universums sehen, nur eines von vielen Universen – »Häusern« – innerhalb der unendlichen Realität. Und selbst dann entschlüsselt das Gehirn nur vierzig Informationen (»Sinneseindrücke«) von potenziell *elf Millionen*, die wir jede Sekunde empfangen. Zwei Punkte fallen Ihnen dabei sofort auf: Die schier atemberaubende Dummheit zu glauben, wir wüssten alles so genau, dass es nichts mehr zu wissen gäbe, und die Möglichkeit, dass diese Prozesse von einer böswilligen Macht manipuliert werden, um die Realität der Menschheit zu kontrollieren. Eines kann ich mit Sicherheit und ohne Risiko auf Widerspruch behaupten: Wenn man nur einen fast unbeschreiblich kleinen Bruchteil der unendlichen Realität wahrnehmen kann, dann muss es eine Unmenge von Dingen geben, die sich unserem Wissen entziehen. Der griechische Philosoph Sokrates hatte so Recht, als er sagte, dass Weisheit darin besteht zu wissen, wie wenig wir wissen. Wie offensichtlich wahr ist das, wenn man bedenkt, dass wir eine physische Welt der Festigkeit erleben, die weder physisch noch fest ist, und eine Welt der Getrenntheit, obwohl alles mit allem in Verbindung steht. Die vom Kult kontrollierte »Wissenschaft« lehnt das sogenannte »Paranormale« und alle damit zusammenhängenden Phänomene ab, obwohl das »Paranormale« völlig normal ist und die angeblichen »großen Rätsel« erklärt, die den wissenschaftlichen Verstand verblüffen. Dafür gibt es einen Grund. Ein »wissenschaftlicher Verstand« im Sinne des Mainstreams ist ein materiell denkender Verstand, ein Verstand der fünf Sinne, der im Sehen, Tasten, Hören, Riechen und Schmecken befangen ist. Phänomene und Geschehnisse, die nicht auf diese Weise erklärt werden können, lassen den »wissenschaftlichen Verstand« ratlos zurück und es gilt die Regel: Was man nicht erklären kann, das kann es per Definition nicht geben. Da bin ich anderer Meinung. Telepathie zum Beispiel ist eine Gedankenwelle, die das Feld durchläuft (denken Sie wieder an eine Schwingungsstörung) und von jemandem entschlüsselt wird, der in der Lage ist, sich mit dieser Wellenlänge (Information) zu verbinden. So können Sie etwa die Gedankenwellen eines Freundes aus beliebiger Entfernung auffangen und sich auf diese Weise zumindest an ihn erinnern. Ein paar Minuten später ruft der Freund Sie an. »Mein Gott«, sagen Sie, »das ist ja unglaublich – ich habe gerade an dich gedacht.« Aber *er* hat schon vor dem Anruf an *Sie* gedacht und das haben Sie dekodiert. Naturvölker, die nicht in der Realität der fünf Sinne gefangen sind, können das so gut, dass man es als »Buschfunk« bezeichnet. Hellseher und Medien (die echten) tun dasselbe, nur mit Informationen aus anderen Dimensionen der Realität. »Der Geist beherrscht die Materie« bedeutet die Anerkennung der Tatsache, dass Materie und Geist *dasselbe* sind. Der Zustand des einen beeinflusst den Zustand des anderen. Tatsächlich aber sind das eine *und* das andere Illusionen. Sie sind Aspekte desselben Feldes. Paranormale Phänomene sind alle erklärbar. Warum werden sie dann immer noch als »Mysterien« oder als nicht existent betrachtet? Sobald Sie diesen Weg der Erkenntnis beschreiten, beginnen Sie, Ihr Bewusstsein über die fünf Sinne hinaus zu erweitern, und das ist der Albtraum des Kults.

Holografische »Solidität«

Unsere Realität ist nicht stofflich, sie ist holografisch. Wir kennen die Hologramme, die heute weit verbreitet sind. Zweidimensionale Informationen werden in eine dreidimensionale Realität dekodiert, die nicht solide ist, aber sehr wohl so aussehen kann (siehe Abbildung 13). Hologramme werden mit einem Laser erzeugt, der in zwei Teile aufgeteilt ist. Der eine wird direkt auf einen holografischen Fotodruck gerichtet (»Referenzstrahl«) und der andere nimmt ein Wellenformbild des Objekts auf (»Arbeitsstrahl«), bevor er auf den Druck gerichtet wird, wo er mit der anderen Hälfte des Laserstrahls »kollidiert« (siehe Abbildung 14). Dadurch entsteht ein Wellenform-Interferenzmuster, das die Wellenfeldinformationen des fotografierten Objekts enthält (siehe Abbildung 15). Der Prozess kann mit dem Fallenlassen von Kieselsteinen in einem Teich verglichen werden. Die von jedem Stein erzeugten Wellen breiten sich über das Wasser aus und kollidieren mit den anderen. So entsteht ein Wellenbild, das zeigt, wo die Steine mit welcher Geschwindigkeit, welchem Gewicht und welcher Entfernung gefallen sind.

Das Wellenform-Interferenzmuster eines Hologramms entspricht der Wellenform-Information im Feld, die von den fünf Sinnen in elektrische Signale umgewandelt wird. Sie wird dann vom Gehirn in eine holografische, illusorische, »physische« Realität dekodiert. Wenn ein Laser (denken Sie an die menschliche Wahrnehmung) auf das Interferenzmuster der Wellenform gerichtet ist, wird eine dreidimensionale Version des Subjekts als scheinbar »solide« Realität projiziert (siehe Abbildung 16). Eine erstaunliche Eigenschaft von Hologrammen offenbart einige Rätsel hinter »paranormalen Mysterien«. Die Informationen des *gesamten* Hologramms sind nämlich in jedem Teil des Interferenzmusters in Wellenform kodiert, einfach durch die Art und Weise, wie sie erzeugt werden. Das bedeutet, dass jeder *Teil* eines Hologramms eine kleinere Version des Ganzen ist. Schneiden Sie das Interferenzwellenmuster in vier Teile und Sie erhalten nicht etwa vier Teile des Bildes. Sie erhalten viertelgroße Versionen des *gesamten* Bildes. Auch unser Körper ist ein Hologramm und für ihn gilt das Gleiche. Hier haben wir die Grundlage für Akupunktur, Reflexologie und andere Formen der Heilung, die in allen seinen Teilen – Händen, Füßen, Ohren, überall – Repräsentationen des gesamten Körpers identifizieren. Erfahrene Handleser arbeiten nach demselben Prinzip, weil die Informationen des gesamten Körpers ebenso in der Hand kodiert sind. Das steht hinter dem Konzept »wie oben, so unten«.

Man kann sich die Frage stellen, warum wir nicht einfach durch Wände gehen können, wenn Solidität illusorisch ist. Der Widerstand ergibt sich nicht durch fest gegen

Abb. 13. Hologramme sind nicht solide, aber die besten erwecken diesen Anschein.

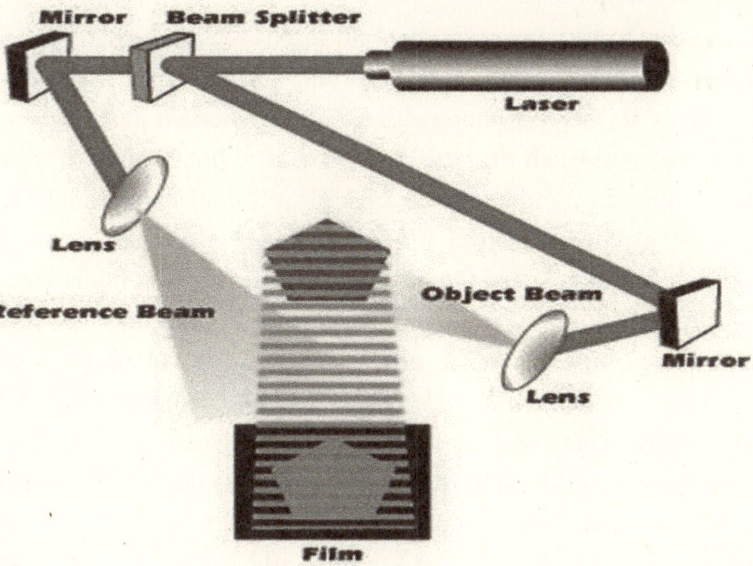

Abb 14. Hologramme entstehen durch die Aufnahme einer Wellenformversion des Motivs.

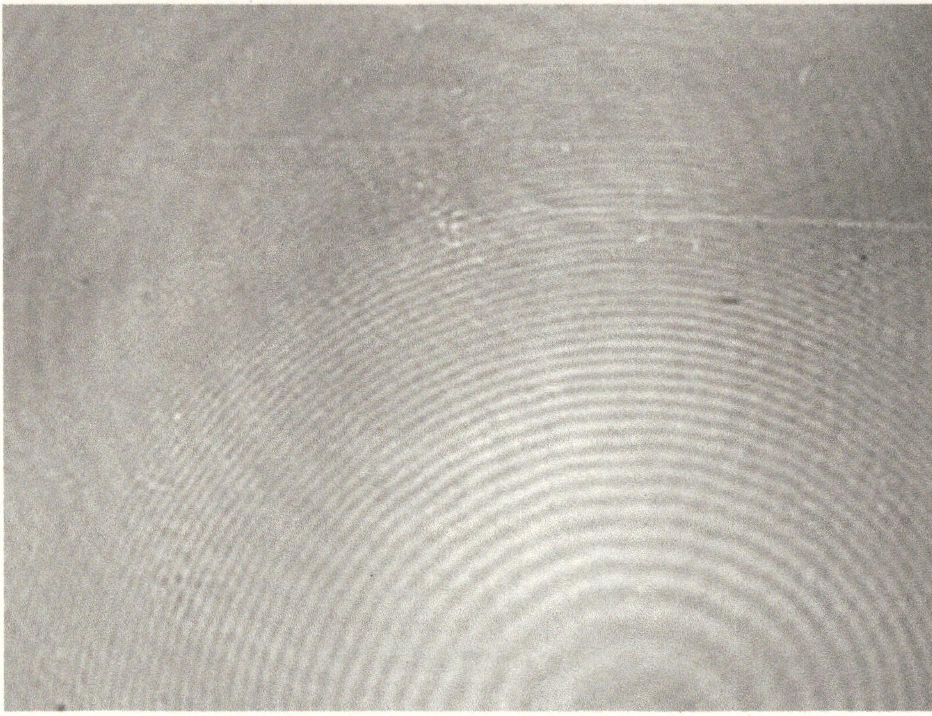

Abb. 15. Ein wellenförmiges Interferenzmuster, das die Informationen enthält, die in ein Hologramm umgewandelt werden.

fest, sondern durch elektromagnetisches Feld gegen elektromagnetisches Feld, und wir dekodieren diese *Wahrnehmung* in die Erfahrung von fest gegen fest. Wir sollten auch nicht die Macht des Glaubens unterschätzen, der die Realität diktiert. Wenn Sie glauben, dass etwas unmöglich ist, *wird es das auch sein*. Ihr Glaube wirkt sich auf Ihre Dekodierungsprozesse aus und diese werden nicht dekodieren, was Sie für unmöglich halten. Was wir glauben, sehen wir, und was wir sehen, erleben wir. Unmögliche Dinge sind wie eine Firewall in einem Computersystem, die das, was die Firewall blockiert, nicht auf den Bildschirm bringt. Das ist sehr wichtig zu verstehen, weil so die menschliche Erfahrung manipuliert wurde. In *Die Antwort, Alles was Sie wissen sollten, Ihnen aber nie jemand erzählt hat* und anderen Büchern erkläre ich zahlreiche »Mysterien« und »paranormale« Phänomene, die gar nicht mehr mysteriös und völlig normal sind, sobald Sie erkennen, was Realität ist und wie sie funktioniert. »Geister« können durch »solide« Wände gehen, weil die Wände eben nicht solide sind und der Geist eine inkarnierte Wesenheit ist, die auf einer Frequenz arbeitet, welche sich so sehr von der Frequenz der Wand unterscheidet, dass es zwei Radiosendern gleicht, die sich denselben

Abb. 16. Hologramme von Personen – darunter »Elvis«, der holografisch einmontiert wurde, um ein Duett mit Celine Dion zu singen.

Raum teilen, ohne sich gegenseitig zu stören. Ich habe selbst schon Geistwesen gesehen, die dies tun. Die Getrenntheit von Menschen und Gegenständen ist ebenfalls eine Illusion. Alles ist durch »Das Feld« miteinander verbunden, so wie alles Leben im Meer durch das Wasser verbunden ist. Es ist nur so, dass wir innerhalb der Grenzen unserer visuellen Realität einzig die holografischen Informationen »sehen« und nicht das Informationsfeld, das alles verbindet und aus dem die holografische Welt entsteht. Wenn Sie lediglich holografische »Objekte« sehen, so wie Sie den Computer sehen, aber nicht das WLAN, dann sehen sie nicht das Feld, das sie verbindet. Also erscheint es Ihnen getrennt und nicht miteinander verbunden.

Unwissen *kann* gefährlich sein

In Ordnung, kommen wir jetzt zurück auf die »zwei Welten« der menschlichen Gesellschaft und des Kults mit seinem globalen Netzwerk von miteinander vernetzten

Geheimgesellschaften und satanischen Gruppen, die Regierungen, Unternehmen, Medien, Religionen und so weiter für ihre Manipulation nutzen. Der grundlegende Unterschied zwischen Ihnen und denen ist das *Wissen*. Die Idee ist, die Menschheit in Unkenntnis über den Plan ihrer totalen Versklavung zu halten, der durch eine entscheidende Unwissenheit über die Realität gestützt wird – darüber, wer wir sind und wo wir sind und wie wir mit der Realität in Wechselwirkung stehen. Unser »Menschsein« sollte sich auf den Austausch zwischen unserem erweiterten, ewigen Bewusstsein und der körperlichen Erfahrung durch unsere fünf Sinne beziehen. Wir sind dazu bestimmt, mit den fünf Sinnen *in* dieser Welt zu sein, aber nicht *von* dieser Welt in Bezug auf unser höheres Bewusstsein und unsere Perspektive. In diesem höheren Zustand erleben wir das kleine Bild der fünf Sinne im umfassenden Kontext des großen Bildes durch ein Gewahrsein jenseits unserer fünf Sinne. Anders ausgedrückt: Die fünf Sinne sehen die Punkte und das höhere Bewusstsein verbindet sie zu Bildern und Mustern, die dem scheinbar Zufälligen und Unverbundenen einen Zusammenhang geben. Ohne den Kontext des höheren Bewusstseins sehen die fünf Sinne nur Unzusammenhängendes und Zufälliges, das scheinbar keine Bedeutung hat. Der Kult und seine fremddimensionalen Kontrolleure versuchen, in unseren Schwingungsbereich einzugreifen, in dem sich die Realität der fünf Sinne mit der höheren Realität verbinden sollte, und die beiden voneinander zu trennen (mehr dazu im letzten Kapitel). Wenn dies geschieht, werden die mentalen und emotionalen Prozesse unserer fünf Sinne nicht mehr vom höheren Bewusstsein oder dem wahren »Ich« beeinflusst und stattdessen von den isolierten Wahrnehmungen der Dekodierungssysteme unseres Körpers gesteuert. Sie sind dann in der Welt *und* von dieser Welt. Hier haben wir die ganze menschliche Misere und den Grund dafür, warum die Menschheit mit ihrem Potenzial für unendliches Bewusstsein so leicht manipulierbar ist und in solche Extreme der Dummheit abgleiten kann.

Sobald der Kult den Verstand mit den fünf Sinnen vom höheren Bewusstsein isoliert hat, kann er den Verstand mit Wahrnehmungen und Überzeugungen programmieren. Man beschickt ihn mit den kontrollierten Informationen, denen er durch das »Erziehungssystem« in den ersten Lebensjahren und durch das mediale Wahrnehmungsbombardement und die Zensur ein ganzes Leben lang ausgesetzt ist. Der Kult schränkt einfach die Wahrnehmung und den Sinn für das Mögliche ein, indem er das Wissen limitiert durch die Beschränkung und Verzerrung von Informationen, während er das, was die Menschen befreien könnte, zensiert und diskreditiert. Wie der Titel eines anderen meiner Bücher besagt … *Und die Wahrheit wird euch frei machen*. Aus diesem Grund ist das Letzte, was der Kult im Umlauf haben will, die Wahrheit über irgendetwas – insbesondere über die Realität des ewigen »Ich« –, und deshalb versucht er verzweifelt, alle Informationen zu kontrollieren. Der Kult weiß, dass Informationen zu Wahrnehmungen werden, die zu Verhaltensweisen werden, die zusammengenommen die menschliche Gesellschaft ergeben. Deshalb leugnet die vom Kult kontrollierte und finanzierte Mainstream-»Wissenschaft« die Existenz eines ewigen »Ich« und versucht, alle gegenteiligen Beweise zu widerlegen und zu negieren. Stattdessen propagiert die vom Kult kontrollierte Mainstream-Religion eine Version von »Gott«, die kaum mehr ist als ein System der Kontrolle und Diktatur, das die Androhung der Verdammnis im Leben nach dem Tod dazu einsetzt, die Wahrnehmung und das Verhalten im Hier und Jetzt durch Angst und Schuld zu kontrollieren. Aber weder die Verdammnis nach dem Tod noch ein Leben in Angst und Schuld sind unsere Wahrheit, und dass es so ist, versucht der Kult zu unterdrücken. Tatsächlich ist alles ein Ausdruck innerhalb eines unendlichen Bewusstseinszustandes, der wahren Bedeutung des Begriffs »Gott« – wahrgenommen von einem Punkt der Aufmerksamkeit aus.

Die Besessenheit vom »physischen Körper« und seinen fünf Sinnen führt dazu, dass »Gott« als bärtiger Kerl personifiziert wird, der zwischen den Wolken sitzt, oder als wütender Tyrann, der uns liebt, wenn wir tun, was »er« will, und uns zum Feuer der Hölle verdammt, wenn wir es nicht tun. Dies sind nichts weiter als »religiöse« Märchen, die dazu dienen, Ereignisse und Verhalten durch die Angst vor diesem »Gott« zu kontrollieren und zu diktieren. Das hat die »Gottesfurcht« auf bizarre Weise in religiösen Kreisen zu einem erstrebenswerten Zustand gemacht. Ich würde vorschlagen, dass die Furcht vor irgendetwas nicht ermutigt und gefeiert wird, sondern eher abgeschafft. Sie sehen aber, wie vorteilhaft »Gottesfurcht« für den Kult und seine Religionen ist, solange sie entscheiden, was »Gott« will und was »Gott« (der Kult) von allen verlangt. Wie der große amerikanische Komiker Bill Hicks in einer Satire auf einen christlichen Eiferer so schön sagte: »Ich denke das, was Gott sagen wollte.« Wie viel von diesem unendlichen Gewahrsein (»Gott«) wir erreichen, hängt davon ab, wie weit wir unsere Wahrnehmung, unsere Selbstidentität und unseren Sinn für das Mögliche ausdehnen wollen. Das Ausmaß unserer Selbstidentität spiegelt sich in der Tiefe des Gewahrseins wider, mit dem wir uns verbinden und von dem wir beeinflusst werden. Es geht darum, wieviel Wissen und Erkenntnis an die Stelle von programmierter Wahrnehmung tritt. Sie können Ihr Gewahrsein nicht in die Unendlichkeit der Möglichkeiten ausdehnen, wenn Sie glauben, dass Sie das »kleine Ich«, Peter der Postbote oder Mary im Marketing, sind und sonst nichts. Darauf werde ich im abschließenden Kapitel eingehen, denn es ist entscheidend dafür, wie wir die aktuellen Ereignisse umkehren.

Die Ursprünge des Kults

Als ich Anfang der 1990er Jahre feststellte, dass ein Kult-Netzwerk hinter den globalen Ereignissen steht, stellte ich mir die naheliegende Frage: Wann hat das angefangen? Ich verfolgte es zurück ins alte Rom und Ägypten und weiter nach Babylon und Sumer in Mesopotamien, dem »Zweistromland«, zu dem, was wir heute Irak nennen. Die beiden Ströme sind der Tigris und der Euphrat und diese Region ist für den Kult von immenser historischer und anderweitiger Bedeutung, ebenso wie das nur 550 Flugmeilen entfernte Land Israel. In dieser ganzen Region gibt es noch viel mehr, was eine tiefe esoterische Bedeutung hat. Es geht nicht nur um »Kriege um Öl«. Unbezahlbare Artefakte aus Mesopotamien wurden nach der amerikanischen und britischen Invasion des Irak im Jahr 2003 gestohlen oder zerstört, die mit den Lügen von Boy Bush und Tony Blair (und ihren Kult-Meistern) über nicht existierende »Massenvernichtungswaffen« gerechtfertigt wurde. Mesopotamien war der Standort von Sumer (ca. 5400 v. Chr. bis 1750 v. Chr.) und Babylon (ca. 2350 v. Chr. bis 539 v. Chr.). Die Sabbatianer mögen in der Neuzeit einen enormen Einfluss im Kult erlangt haben, aber sie sind Teil eines Netzwerks, das bis in den Nebel der Geschichte zurückreicht. Sumer wird von Historikern als die »Wiege der Zivilisation« bezeichnet. Ich bin da anderer Meinung. Ich behaupte, es war der Neubeginn dessen, was wir als menschliche Zivilisation bezeichnen, nachdem katastrophale Ereignisse, die zum Teil durch die »Große Flut« symbolisiert werden, die vorher existierende Welt zerstört hatten.

Diese fantastischen Umwälzungen, die ich seit Anfang der 1990er Jahre in meinen Büchern detailliert beschreibe, tauchen in Berichten und Legenden alter Kulturen auf der ganzen Welt auf und werden durch geologische und biologische Beweise gestützt. Steintafeln, die im Irak gefunden wurden und die Zeit der Sumerer beschreiben, besagen, dass die Katastrophen von nichtmenschlichen »Göttern« verursacht wurden, die man die Anunnaki nannte. Sie werden als außerirdische Besucher beschrieben. Das von den Anunnaki gelieferte Wissen soll die Quelle für mindestens eines der ältesten Schriftsysteme der Welt und für Entwicklungen in Astronomie, Mathematik und Architektur gewesen sein, die ihrer Zeit weit voraus waren. Ich habe dieses Thema ausführlich in *Das Größte Geheimnis* und *Children of the Matrix* behandelt und die Grundform der »Anunnaki«-Geschichte findet sich auch in den Berichten der Zulu in Südafrika, wo mir der große verstorbene Zulu-Hochschamane Credo Mutwa erzählte, dass die sumerischen Anunnaki bei den Zulus als die Chitauri oder »Kinder der Schlange« bekannt waren. Sehen Sie sich mein sechsstündiges englisches Video-Interview mit Credo zu diesem Thema mit dem Titel *The Reptilian Agenda* an, das 1999 in Mutwas damaligen Haus in der Nähe von Johannesburg aufgenommen wurde und das Sie auf der Ickonic-Medienplattform finden.

Der Kult entstand in Sumer, Babylon und Ägypten (aber auch anderswo) und begründete das Römische Reich, bevor er sich mit den Römern nach Nordeuropa ausbreitete, von wo aus viele imperiale Herrschaften auf der ganzen Welt grausam durchgesetzt wurden – in Form von kultgesteuerten Regimen. Massentod und Zerstörung waren ihr Markenzeichen. Der Kult errichtete sein Operationszentrum in Europa und die europäischen Reiche entwickelten sich zu Kult-Imperien, die es ihm ermöglichten, sich zu einer globalen Macht auszuweiten. Spanische und portugiesische Kolonialisten machten sich auf den Weg nach Mittel- und Südamerika, während die Briten und Franzosen Nordamerika ins Visier nahmen. Afrika wurde von Großbritannien, Frankreich, Belgien, den Niederlanden, Portugal, Spanien, Italien und Deutschland kolonisiert. Einige von ihnen, wie Großbritannien und Frankreich, drängten auch in den Nahen Osten. Das britische Empire war bei weitem das größte, und das aus einem einfachen Grund. Großbritannien war inzwischen der Hauptsitz des Kults, von dem aus er sich nach Kanada, in die Vereinigten Staaten, nach Australien und Neuseeland ausdehnte. Über dem britischen Empire ging die Sonne nie unter, so groß war das Ausmaß seiner Besitzungen. London ist neben Rom und dem Vatikan nach wie vor ein globales Zentrum des Kults, auch wenn andere Zentren in Israel und China entstanden sind. Es ist kein Zufall, dass das »Virus« angeblich aus China stammt, während Italien als Land gewählt wurde, um die westliche Bevölkerung in Angst und Schrecken zu versetzen, damit sie sich dem »Covid«-Faschismus unterwirft. Auch nicht, dass Israel in Sachen »Covid«-Faschismus und Massen-»Impfung« weltweit führend ist.

Man sollte meinen, dass ich hier die Vereinigten Staaten erwähnen würde, aber obwohl sie ein wichtiges Mittel zur Durchsetzung des Willens des Kultes waren, sind sie weniger bedeutend, als es den Anschein hat, und die Macht, die sie haben, ist dabei, beseitigt zu werden. Der Kult hat die Waffen der USA weitgehend von Europa aus munitioniert. Amerika wurde von Anfang an von Europa aus durch Kult-Agenten in Großbritannien und Europa kontrolliert. Die amerikanische Revolution war eine Illusion, um den Anschein zu erwecken, dass Amerika sich selbst regiert, während ganz andere Kräfte in Form von Kult-Familien von den Rothschilds bis zu den Rockefellers mit ihren Gefolgsleuten die Fäden zogen. Die Rockefellers stehen Bill Gates sehr nahe und haben sowohl die Geräte- und Pharma-»Medizin« erfunden als auch die Weltgesundheitsorganisation gegründet. Über die Rockefeller Foundation, auf der Bill Gates nach eigenen Angaben seine Stiftung aufgebaut hat, spielen sie eine wichtige Rolle bei der Entwicklung und Verbreitung von Impfstoffen. Warum sollte das auch nicht der Fall sein, wenn die Rockefellers und Gates im selben Team spielen? Die Infiltration der menschlichen Gesellschaft durch den Kult reicht weit zurück in das, was wir Geschichte nennen, und er hat seine Macht ständig ausgeweitet und zentralisiert mit dem Ziel, eine globale Struktur zu schaffen, die alles diktiert. Schauen Sie sich an, wie dieses Ziel durch den »Covid«-Schwindel mit großen Schritten vorangetrieben wurde.

Die nichtmenschliche Dimension

Ich habe das Kommen und Gehen von Kult-Agenten über die Jahrhunderte und sogar Jahrtausende hinweg erforscht und beobachtet, wie sie geboren wurden, innerhalb der Geheimgesellschaft und der satanischen Netzwerke für die Agenda arbeiteten und dann starben, damit andere sie ersetzen konnten. Es war klar, dass es eine koordinierende Kraft geben musste, die sich über diesen gesamten Zeitraum erstreckte, während Agenten, die das Endziel zu ihren Lebzeiten nicht gesehen hätten, kamen und gingen und den Plan über Jahrtausende vorantrieben. Ich machte mich auf die Suche nach dieser koordinierenden Kraft. Die üblichen außergewöhnlichen Synchronizitäten in meinem Leben, die ich seit 1990 fast täglich erlebe, kamen mir dabei zu Hilfe. In religiösen Texten und alten Kulturen fand ich übereinstimmende Hinweise auf eine nichtmenschliche Kraft, die die menschliche Zivilisation aus dem Verborgenen heraus manipuliert. Das Christentum nennt diese Kraft Satan, den Teufel und die Dämonen, der Islam spricht von den Dschinn oder Djinn, die Zulus haben ihre Chitauri (die in verschiedenen Teilen Afrikas anders ausgesprochen werden) und die Gnostiker in Ägypten in der Zeit um und vor 400 n. Chr. bezeichneten dieses Phänomen als die »Archonten«, ein Wort, das im Griechischen »Herrscher« bedeutet. Die mittelamerikanischen Kulturen sprechen unter anderem von den »Räubern« oder »Feinden« (Predator) – das Thema ist überall präsent. Ich werde als Sammelbezeichnung für sie alle »Archonten« verwenden. Wenn Sie sehen, wie ihre Natur und ihr Verhalten beschrieben werden, sprechen all diese verschiedenen Quellen eindeutig von derselben Kraft. Die Gnostiker beschrieben die Archonten als »leuchtendes Feuer«, während der Islam die Dschinn mit »rauchlosem Feuer« in Verbindung bringt. Einige Erwähnungen beziehen sich auf Wesen in einer Form, die man gelegentlich sehen kann, aber das häufigste gemeinsame Thema ist, dass sie aus unsichtbaren Bereichen agieren, was in Bezug auf das visuelle Wahrnehmungsband des Menschen fast die gesamte Existenz bedeutet. Ich bin zu dem Schluss gekommen, dass hier in der Tat die Grundlage für die Kontrolle der Menschheit zu finden ist und dass der Kult im Auftrag dieser verborgenen Kraft innerhalb des menschlichen Frequenzbandes operiert. Dann stieß ich auf die Schriften der Gnostiker, die meine Schlussfolgerungen auf ganz außergewöhnliche Weise bestätigten.

Im Jahr 1945 wurde in der Nähe des Orts Nag Hammadi, etwa 120 bis 130 Kilometer nördlich von Luxor am Ufer des Nils in Ägypten, ein versiegeltes irdenes Gefäß gefunden. Es enthielt einen Schatz an Manuskripten und Texten, die gnostische Eingeweihte etwa 1.600 Jahre zuvor hinterlassen hatten. Darunter waren dreizehn in Leder gebundene Papyrus-Codices (Manuskripte) und mehr als fünfzig in koptischem Ägyptisch verfasste Texte, die schätzungsweise um 400 nach Christus in dem Gefäß versteckt wurden, wobei die auf ihnen überlieferten Informationen auf viel frühere Quellen verweisen. Die Gnostiker hatten die Aufsicht über die Große oder Königliche Bibliothek von Alexandria, jene grandiose Sammlung antiker Schriften, die hoch entwickeltes Wissen und alte Berichte über die Geschichte der Menschheit enthielten. Die Bibliothek wurde über einen langen Zeitraum hinweg schrittweise demontiert und zerstört. Den Todesstoß versetzte ihr die vom Kult gegründete römische Kirche um 415 nach Christus. Die Kirche von Rom war die Kirche von Babylon, die, wie ich bereits sagte, verlagert wurde. Die Gnostiker waren kein bestimmtes Volk und auch keine Sekte. Sie verkörperten eine besondere Art der Realitätswahrnehmung. Wann immer sie sich durchsetzten und ihre Informationen in Umlauf brachten, wurden sie von den Terroristen der römischen Kirche ins Visier genommen und ausgerottet. Das geschah mit der Großen Bibliothek und mit den gnostischen Katharern, deren letzte Überlebende von den kirchlichen Psychopathen nach einer langen Zeit der Unterdrückung bei der Belagerung der Burg von Monségur in Südfrankreich im Jahr 1244 verbrannt wurden. Die Kirche hatte schon immer Angst vor gnostischen Informationen, die das offizielle christliche Narrativ demontieren, obwohl es in der Bibel vieles gibt, das die gnostische Sichtweise unterstützt, wenn man sie denn anders liest. Wer die Texte der sogenannten Nag Hammadi-Bibliothek studiert, dem wird klar, dass große Teile des christlichen und biblischen Glaubens auf gnostische Quellen zurückgehen, die bis nach Sumer zurückreichen. Gnostische Themen wurden verfälscht, um die wahrgenommene Realität der Bibelgläubigen zu manipulieren. Die biblischen Texte waren jahrhundertelang öffentlich zugänglich, so dass sie verändert werden konnten, während die gnostischen Dokumente, die in Nag Hammadi gefunden wurden, 1.600 Jahre lang unter Verschluss lagen und unberührt blieben. Was man jetzt liest, ist auch heute noch das, was damals niedergeschrieben wurde.

Benutzen Sie Ihr *Pneuma*, nicht Ihren *Nous*

Die Worte »Gnostizismus« und »gnostisch« leiten sich von »gnosis« ab, was so viel bedeutet wie Wissen, oder besser gesagt *Geheimwissen*, im Sinne von spirituellem Gewahrsein – Wissen über die Realität und das Leben selbst. Die verzweifelten Bemühungen der römischen Kirche, die Gnostiker zu vernichten, sind durchaus verständlich, weil das Wissen, das sie verbreiteten, wirklich das Letzte war, was der Kult in der Bevölkerung verbreitet sehen wollte. Sechzehnhundert Jahre später arbeitet derselbe Kult hart daran, meine Arbeit aus demselben Grund zu untergraben und mich zum Schweigen zu bringen. Die Dynamik zwischen Wissen und Unwissenheit ist eine Konstante. Die »Zeit« scheint weiterzugehen, aber die wesentlichen Themen bleiben dieselben. Man sagt uns, wir sollen »unseren *Nous* benutzen«, ein gnostisches Wort für Kopf/Gehirn/Intelligenz. Die Gnostiker sagten jedoch, dass das spirituelle Erwachen oder die »Erlösung« nur durch die Erweiterung des Bewusstseins über das hinaus, was sie *Nous* nannten, in das *Pneuma* oder das Unendliche Selbst erreicht werden kann. Als ich diese Texte las, waren die Parallelen zu dem, was ich seit 1990 sage, natürlich faszinierend für mich. Es gibt eine universelle Wahrheit, die sich über die gesamte Menschheitsgeschichte erstreckt, und warum sollten wir dann nicht sechzehn Jahrhunderte voneinander entfernt die gleiche Sprache sprechen? Wenn Sie sich von dem Wahrnehmungsprogramm der fünf Sinne befreien und erweiterte Bereiche des Bewusstseins erforschen, werden Sie sich mit demselben Wissen verbinden, unabhängig von der wahrgenommenen »Ära« innerhalb einer fabrizierten Zeitlinie mit einem einzigen und winzigen Bereich manipulierter Frequenzen. Menschen, die mit »intelligenter« Technologie arbeiten oder in Höhlen Steine klopfen, sind nur eine Zeitlinie, die innerhalb des menschlichen Frequenzbandes auftritt. Ein erweitertes Gewahrsein und das daraus resultierende Wissen hat es schon immer gegeben, egal ob es sich um die Steinzeit oder das Computerzeitalter handelt. Wir können nur auf dieses Wissen zugreifen, wenn wir uns für seine Frequenz öffnen, was die Gefängniszelle der fünf Sinne verhindern soll.

Gates, Fauci, Whitty, Vallance, Zuckerberg, Brin, Page, Wojcicki, Bezos und all die anderen, die hinter dem »Covid«-Schwindel stecken, müssen offensichtlich noch lange warten, bis ihr Frequenzbereich diese Verbindung herstellen kann. Die Voraussetzung dafür ist ein offenes Herz, wie wir noch sehen werden. Statt durch ein erweitertes Gewahrsein direkt auf Wissen zuzugreifen, erhalten die Kult-Agenten es durch die geheimen Netzwerke des Kults, wie es seit Tausenden von Jahren außerhalb der Öffentlichkeit weitergegeben wird. Erweiterte Bewusstseinsbereiche sind der Ort, an dem große Künstler, Komponisten und Schriftsteller ihre Inspiration finden und die Wahrheit auf jeden wartet, der offen genug ist, sich mit ihr zu verbinden. Wir müssen uns schnellstens dorthin begeben.

Die Archonten-Machtübernahme

Ein Fünftel der Nag-Hammadi-Texte beschreibt die Existenz und die Manipulation der Archonten, die von einem »Oberarchon« angeführt werden, den sie »Jaldabaoth« oder den »Demiurgen« nennen, und das ist der christliche »Teufel«, »Satan«, »Luzifer« mit seinen Dämonen. Archonten sind in der biblischen Symbolik die »Gefallenen«, die in den abrahamitischen Religionen des Judentums, des Christentums und des Islams auch als gefallene Engel beschrieben werden, die aus dem Himmel vertrieben wurden. Von diesen Engeln wird behauptet, dass sie die Menschen zur »Sünde« verführen. Wie genau diese Symbolik ist, werden Sie im weiteren Verlauf des Buches sehen. Das Thema der »Erbsünde« steht im Zusammenhang mit dem »Sündenfall«, als Adam und Eva »von der Schlange versucht« wurden und aus einem Zustand der Unschuld und des »Gehorsams« (der Verbindung) mit Gott in einen Zustand des Ungehorsams (der Trennung) fielen. Es heißt, der Sündenfall habe die Sünde in die Welt gebracht und alles verdorben, auch die menschliche Natur. Jaldabaoth, der »Lord Archon«, wird von Gnostikern als »falscher Geist«, »der Blinde«, »der blinde Gott« und »der Törichte« beschrieben. Der jüdische Name für Jaldabaoth in den Schriften des Talmud ist Samael, was sich mit »Gift Gottes« oder »Blindheit Gottes« übersetzen lässt. Sie sehen die Parallelen. Im islamischen Glauben ist Jaldabaoth der muslimische Dschinn-Teufel, der als Shaytan bekannt ist – Shaytan ist Satan; die gleichen Themen finden sich überall auf der Welt in jeder Religion und Kultur. Der »Herrgott« des Alten Testaments ist der »Lord Archon« der gnostischen Manuskripte und deshalb so ein blutrünstiger Bastard. Satan wird von den Christen als »der Dämon der Dämonen« bezeichnet und die Gnostiker nannten Jaldabaoth den »Archon der Archonten«. Beide sind als »Der Betrüger« bekannt. Wir sprechen mit Sicherheit über denselben »Burschen« und diese gemeinsamen Themen, die unterschiedliche Namen, Handlungsstränge und Symboliken verwenden, erzählen eine gemeinsame Geschichte über die menschliche Notlage.

Archonten werden in den Schriften von Nag Hammadi als Parasiten des Geistes, Verdreher, Wächter, Torwächter, Aufseher, Richter, Erbarmungslose und Betrüger bezeichnet. Allein schon der »Covid«-Schwindel ist ein eklatantes Beispiel für all diese Dinge. Der biblische »Gott« ist im Alten und Neuen Testament so unterschiedlich, weil sie nicht dasselbe Phänomen beschreiben. Der rachsüchtige, zornige, hasserfüllte »Gott« des Alten Testaments, auch als Jahwe bekannt, ist Jaldabaoth, der in der vom Kult diktierten Populärkultur als »Dunkler Herrscher«, »Herr der Zeiten«, Lord (Darth) Vader und Dormammu dargestellt wird, der böse Herrscher der »Dunklen Dimension«, der in der Marvel-Comic-Verfilmung *Dr. Strange* versucht, die »Erddimension« zu übernehmen. Jaldabaoth ist sowohl der »Gott« des Alten Testaments als auch der biblische »Satan«. Die Gnostiker bezeichneten Jaldabaoth als den »Großen Architekten des Universums« und das vom Kult kontrollierte Freimaurernetzwerk nennt seinen Gott »den ›Großen Architekten des Universums‹ (auch Großer Architekt)«. Der Kult symbolisiert den »Großen Architekten« Jaldabaoth als das allsehende Auge an der Spitze der Pyramide auf dem Großen Siegel der Vereinigten Staaten und auf dem Dollarschein. Archon findet sich nicht nur in dem Wort *Archi*-tekt, sondern verschlüsselt auch in Worten wie *Erz*-Engel und *Erz*-Bischof.

Alle Religionen haben das Thema einer Kraft des Guten in einer Art spirituellem Krieg gegen eine Kraft des Bösen und dafür gibt es einen Grund – das Thema ist wahr. Der Kult und seine nichtmenschlichen Meister sind ganz froh, dass es in Umlauf ist. So können sie sich selbst als die Kraft des Guten darstellen, die das Böse bekämpft, obwohl sie in Wahrheit die Kraft des Bösen sind (Abwesenheit von Liebe). Die ganze Grundlage des Modus Operandi des Kults ist die Umkehrung. Sie stellen sich selbst als eine Kraft des Guten dar und jeder, der sie in seinem Streben nach Frieden, Liebe, Fairness, Wahrheit und Gerechtigkeit herausfordert, wird als satanische Kraft des Bösen verurteilt. Das war im Laufe der Geschichte immer so, ob es sich nun um die Inquisitionen der römischen Kirche gegen Ungläubige oder um die »Verschwörungstheoretiker« und »Impfgegner« von heute handelt. Die Methode ist unabhängig von der historischen Epoche immer dieselbe.

Jaldabaoth hat rebelliert (stimmt)

Jaldabaoth und die Archonten sollen sich gegen Gott aufgelehnt haben, wobei Jaldabaoth behauptete, Gott zu *sein* – das *Alles Was Ist.* Der alttestamentarische »Gott« (Jaldabaoth) verlangte, als solcher verehrt zu werden: »Ich bin der Herr, und es gibt keinen anderen, es gibt keinen Gott neben mir« (Jesaja 45:5). In anderen Büchern habe ich einen Mann zitiert, der sagte, er sei der inoffizielle Sohn des 1988 verstorbenen Barons Philippe de Rothschild von den Mouton-Rothschild-Weingütern in Frankreich, und er erzählte mir von der Rothschild-»Revolte gegen Gott«. Er sagte, man habe ihm den Namen Phillip Eugene de Rothschild gegeben, und er teilte mir dies in einem langen

Briefwechsel mit, als er unter einer anderen Identität lebte. Er sei durch »okkulten Inzest« gezeugt worden, was (innerhalb des Kults) als »normal und verehrungswürdig« gelte. »Phillip« erzählte mir von seinen Erfahrungen bei satanischen Ritualen mit reichen und berühmten Menschen, die er mir namentlich nannte. Sie können diese und den weiteren Hintergrund des Kult-Satanismus in meinen anderen Büchern seit *Das Größte Geheimnis* nachlesen. Kultrituale sind ein Austausch mit archontischen »Göttern«. »Phillip« beschrieb Baron Philippe de Rothschild als »einen Meister-Satanisten und Gotteshasser« und er verwendete denselben Begriff »Revolte gegen Gott«, der mit Jaldabaoth/Satan/Luzifer/Teufel assoziiert wird, um die sabbatianische Rothschild-Dynastie zu beschreiben. »Ich habe eine Schlüsselrolle in der Revolte meiner Familie gegen Gott gespielt«, schrieb er mir. Diese Rolle bestand darin, in klassischer sabbatianischer Manier die christliche Kirche zu infiltrieren, aber schließlich entkam er aus dem Gedankengefängnis, um ein anderes Leben zu führen. Der Kult hat es auf die Religion abgesehen, um die Anbetung der Archonten zur globalen Eine-Welt-Religion zu machen. Die Infusion des Satanismus in die moderne »Kultur«, insbesondere unter der Jugend, durch Musikvideos, Bühnenshows und andere Mittel, ist Teil dieses Plans.

Die Texte von Nag Hammadi beschreiben Jaldabaoth und die Archonten in ihrer Urform als Energie – Bewusstsein – und sagen, dass sie Form annehmen können, wenn sie es wollen, so wie das Bewusstsein die Form eines Menschen annimmt. Jaldabaoth wird als »formlos« bezeichnet und stellt einen zutiefst verkehrten, verzerrten und chaotischen Bewusstseinszustand dar, der versucht, sich an die Menschen zu heften und sie in ein Abbild seiner selbst zu verwandeln, um sie zu assimilieren. Dazu muss er die Menschen in niederfrequente mentale und emotionale Zustände hineinmanipulieren, die seinem eigenen Zustand entsprechen. Archonten können durchaus in menschlicher Gestalt erscheinen und dies ist der Ursprung der psychopathischen Persönlichkeit. Die energetische Verzerrung, die die Gnostiker Jaldabaoth nennen, *ist* Psychopathie. Wenn psychopathische Archonten menschliche Gestalt annehmen, wird dieser Mensch als Ausdruck des Jaldabaoth-Bewusstseins ein Psychopath sein. Die Kult-Psychopathen sind Archonten in menschlicher Gestalt. Das Prinzip ist dasselbe wie in dem Film *Avatar* von 2009, in dem das amerikanische Militär zu einem fiktiven erdähnlichen Mond namens Pandora im Sternensystem Alpha Centauri reist, um eine Gesellschaft von blauen Menschen, die Na'vi, zu infiltrieren, indem es sich in Körpern versteckt, die wie die Na'vi aussehen. Archonten, die sich als Menschen ausgeben, verfügen über ein spezielles hybrides Informationsfeld, das teils menschlich, teils archontisch ist (die alten »Halbgötter«) und das Informationen so verarbeitet, dass sie ein Verhalten an den Tag legen, das ihrer psychopathischen Bösartigkeit, ihrem Mangel an Empathie und

Mitgefühl entspricht und sie daran hindert, sich von der Empathie, dem Mitgefühl und der Liebe beeinflussen zu lassen, die ein vollständig menschliches Informationsfeld zum Ausdruck bringen könnte. Aus diesem Grund werden die Blutlinien des Kults auch immer wieder gekreuzt, egal ob es sich um Könige oder Anzugträger handelt, und man versteht die Besessenheit des Kults von Inzest. Eine Kreuzung mit vollwertigen Menschen würde das archontische Energiefeld abschwächen, das die Psychopathie ihrer Vertreter im menschlichen Reich garantiert.

In den gnostischen Schriften heißt es, dass die Archonten hauptsächlich nichtmenschliche Gestalten annehmen, nämlich die einer *Schlange* (die ich jahrzehntelang als »reptilienartig« bezeichnet habe, was von den archontisch programmierten Menschen mit grenzenlosem Spott bedacht wurde) oder die Gestalt von etwas, was die Gnostiker als »ein ungeborenes Baby oder einen Fötus mit grauer Haut und dunklen, unbeweglichen Augen« beschreiben. Dies ist eine hervorragende Darstellung der ET-»Greys« aus der UFO-Folklore, von denen viele Menschen behaupten, sie hätten sie gesehen und seien von ihnen entführt worden – darunter der Zulu-Schamane Credo Mutwa.

Ich stimme mit denjenigen überein, die an außerirdische oder interdimensionale Besuche heute und in den vergangenen Jahrtausenden glauben. Kein Wunder, dass solche Besucher mit ihrem fortgeschrittenen Wissen und ihren technologischen Fähigkeiten als Götter wahrgenommen und verehrt wurden, weil sie scheinbar technologische und andere »Wunder« vollbrachten. Stellen Sie sich vor, jemand käme mit einem Smartphone und einem Computer in eine von der modernen Welt abgeschnittene Kultur. Man würde ihn für einen »Gott« halten, der »Wunder« vollbringt. Ein Renegaten-Geist hingegen möchte die Quelle von allem kennen und nicht nur die Art und Weise, wie sich diese Quelle als menschlich oder nichtmenschlich manifestiert. Und ein Renegaten-Geist forscht auch nach dem ursprünglichen Quellenmaterial für das »Covid-Virus«, um zu sehen, ob das, was behauptet wird, wahr ist. Die ursprüngliche Quelle der Archonten in ihrer Form ist das Bewusstsein – der verzerrte Bewusstseinszustand, den die Gnostiker als Jaldabaoth kennen.

Die »Revolte gegen Gott« ist eine energetische Abspaltung

Was ich als Nächstes erkläre, ergibt viel Sinn im Zusammenhang religiöser Texte und alter Legenden über »Satan«, »Luzifer« und die »Götter«. Die gnostischen Beschreibungen stimmen perfekt mit den Motiven überein, die ich im Laufe der Jahre erforscht habe, denn sie beschreiben eine Bewusstseinsverzerrung, die versucht, sich dem menschlichen Bewusstsein aufzuzwingen. In früheren Büchern habe ich den Kern des höheren Bewusstseins als Unendliche Bewusstheit im Selbstgewahrsein bezeichnet. Damit meine ich eine Ebene des Bewusstseins, auf der es weiß, dass es das Gewahrsein von allem ist und sich allen Gewahrseins bewusst ist. Von hier kommt die Frequenz der Liebe in ihrem wahren Sinn und der Balance, die Liebe auf einer bestimmten Ebene ist – der Balance aller Kräfte in einem einzigen Ganzen, das Einssein und Einheit genannt wird. Je mehr wir uns von diesem Zustand der Liebe, den viele als »Gott« bezeichnen, trennen, desto mehr beginnen sich die Bestandteile dieser Einheit aufzulösen und drücken sich als Teil und nicht mehr als Ganzes aus. Sie werden individualisiert als Intellekt, Verstand, Egoismus, Hass, Neid, Machtstreben über andere und dergleichen. Im großen Ganzen ist das kein Problem, denn »Gott«, das *Alles Was Ist,* kann so all diese Möglichkeiten durch verschiedene Ausdrucksformen seiner selbst, einschließlich der Menschen, erfahren. Was wir als Ausdruck des Ganzen erfahren, erfährt das *Alles Was Ist.* Wir sind das *Alles Was Ist,* das sich selbst erfährt. Wenn wir uns von diesem Zustand des Einsseins zurückziehen, trennen wir uns von seinem Einfluss und die Dinge können sehr unangenehm und sehr töricht werden. Das archontische Bewusstsein befindet sich am extremen Ende dieser Entwicklung. Es hat sich so sehr vom Einfluss des Einsseins abgespaltet, dass es zu einer Umkehrung der Einheit und der Liebe geworden ist, zu einer Umkehrung von allem, zu einer Umkehrung des Lebens selbst.

Das Böse ist das auf den Kopf gestellte, invertierte Leben. Im Englischen wird das Böse (evil) rückwärts geschrieben tatsächlich zu Leben (live). Archontisches Bewusstsein ist von der Umkehrung des Lebens besessen, vom Tod, und so sind auch seine Erscheinungsformen im Satanismus vom Tod besessen. In ihren Ritualen verwenden sie auf den Kopf gestellte Symbole wie das umgekehrte Pentagramm und das Kreuz. Als Inkarnation des archontischen Bewusstseins stellen die Sabbatianer das Judentum auf den Kopf – und jede andere Religion und Kultur, die sie infiltrieren. Sie streben nach Uneinigkeit und Chaos und fürchten Einheit und Harmonie, weil sie die Liebe fürchten wie der Vampir den Knoblauch. Das Ergebnis ist, dass die inkarnierten Archonten des Kults böse, psychopathisch und ohne Empathie und Mitgefühl agieren, da sie von der Quelle der Liebe abgespalten sind. Wie konnten Bill Gates und die anderen Archonten-Psychopathen der menschlichen Gesellschaft in der Covid-Ära so viel Tod, Leid und Zerstörung zufügen, ohne sich über die Auswirkungen auf andere Gedanken zu machen? Jetzt wissen Sie es. Warum haben Zuckerberg, Brin, Page, Wojcicki & Co. Informationen, die vor den Gefahren des »Impfstoffs« warn-

Abb. 17. Die Darstellung der »Covid«-Hierarchie durch den Künstler Neil Hague.

ten, kaltschnäuzig zensiert, während Tausende starben oder unter schweren, manchmal lebensverändernden Nebenwirkungen leiden? Jetzt wissen Sie es. Warum haben Tedros, Fauci, Whitty, Vallance und ihresgleichen in aller Welt Fall- und Todeszahlen gefälscht und dazu benutzt, Lockdowns und all die Todesfälle und zerstörten Leben zu rechtfertigen, die dadurch verursacht wurden? Jetzt wissen Sie es. Warum hat Christian Drosten ein »Test«-Protokoll entwickelt und gefördert, von dem er wusste, dass es nicht auf Infektionskrankheiten testen kann, was zu einer globalen menschlichen Katastrophe führte. Jetzt wissen Sie es. Der archontische Verstand schert sich einen Dreck darum (siehe Abbildung 17). Ich persönlich glaube, dass Gates und die wichtigsten Insider des Kultes bereits so eine Art KI-Cyborgs sind, zu denen die Archonten alle Menschen machen wollen.

Menschliche Batterien

Ein solcher Zustand der Umkehrung hat jedoch seinen Preis. Je mehr man sich von der Quelle des Seins trennt, desto weniger energetische Versorgung und Schöpferkraft kann man aus dieser Quelle beziehen. Das bedeutet, dass man seine eigene Energiequelle finden muss, und die haben sie – *uns*. Die Figur des Morpheus im ersten *Matrix*-Film spricht eine tiefe Wahrheit aus, als er eine Batterie hochhält und sagt: »Die Matrix ist eine computergenerierte Traumwelt, die gebaut wurde, um uns unter Kontrolle zu halten, damit der Mensch sich in das hier verwandelt.« Die Aussage ist in jeder Hinsicht wahr. Wir leben in der Simulation einer technologisch erzeugten virtuellen Realität (mehr dazu in Kürze) und wurden dahingehend manipuliert, dass wir eine Energiequelle für das archontische Bewusstsein sind. Der Disney-Pixar-Zeichentrickfilm *Monsters Inc.* aus dem Jahr 2001 zeigt diese Dynamik: Monster in ihrer Welt haben keine Energiequelle mehr, dringen in die Welt der Menschen ein und erschrecken Kinder in ihren Betten, um den Schrei des Kindes, den Schrecken (niedrige Schwingungsfrequenzen), aufzufangen und diese Energie zu speichern. So wird die Monsterwelt mit Energie versorgt. Das Ober-Monster, an das Sie sich vielleicht noch erinnern, war ein einziges riesiges Auge – die Symbolik des allsehenden Auges des Kults ist offensichtlich. Und wirklich werden jeder Gedanke und jede Emotion in einer eigenen Frequenz ausgestrahlt. Gefühle wie Liebe und Freude, Empathie und Mitgefühl sind hohe, schnelle Frequenzen, während Furcht, Depression, Angst, Leid und Hass niedrige, langsame, gedämpfte Frequenzen sind. Was glauben Sie wohl, mit welcher Art von Gefühlen sich das archontische Bewusstsein verbinden kann, um es anschließend aufzunehmen?

In seinem so niedrigen und verdichteten Frequenzzustand gibt es keine Möglichkeit, sich mit der Energie der Liebe und Freude zu verbinden. Archonten können sich nur von Energie ernähren, die mit ihrer eigenen Frequenz kompatibel ist, und sie und ihre Kult-Agenten wollen die menschliche Welt der Liebe und Freude auslöschen, um die Transmission von niedrig schwingenden Frequenzen durch niedrig schwingende menschliche mentale und emotionale Zustände zu erreichen. *Wir sind ihre Energiequelle.* Kriege sind energetische Festmahle für die Archonten – ein Weltkrieg erst recht –, und denken Sie daran, wie viel niederfrequente mentale und emotionale Energie durch die Folgen des »Covid«-Schwindels, den inkarnierte Archonten wie Gates inszenieren, schon in der Menschheit erzeugt wurde.

Die uralte Praxis der Menschenopfer »für die Götter«, die heute im Geheimen vom Kult nach wie vor praktiziert wird, beruht auf demselben Prinzip. Die »Götter« sind das archontische Bewusstsein in seinen verschiedenen Formen und das Opfer wird in einen Zustand intensiven Schreckens versetzt, um die Energie zu erzeugen, die von der archontischen Frequenz absorbiert werden kann. Inkarnierte Archonten, die an dem Ritual teilnehmen, trinken das Blut, das ein Adrenalin enthält, nach dem sie sich sehnen und das in die Blutbahn strömt, wenn die Menschen in Panik versetzt werden. Die meisten Opfer, ob in der Antike oder in der Neuzeit, sind Kinder, und das Thema »Opferung der Jungfrauen für die Götter« ist nur ein Code für Kinderopfer. Kinder haben eine besondere vorpubertäre Energie, die von den Archonten mehr als alles andere begehrt wird, und die Energie der Jugend im Allgemeinen ist ihr Hauptangriffsziel. Das kalifornische Bildungsministerium will, dass Schüler die Namen aztekischer Götter (archontische Götter) singen, die einst in Menschenopferritualen verehrt wurden, und zwar im Rahmen eines Lehrplans, der sie ermutigen soll, »rassistische, bigotte, diskriminierende, imperialistische/koloniale Überzeugungen in Frage zu stellen«, sich »sozialen Bewegungen anzuschließen, die für soziale Gerechtigkeit kämpfen« und »neue Möglichkeiten für eine postrassistische, postsystemische rassistische Gesellschaft aufzubauen«. Das ist der übliche Woke-Müll, der den Rassismus auf den Kopf stellt und ihn dann Antirassismus nennt. In diesem Fall wird die Solidarität mit »indigenen Stämmen« als Vorwand benutzt, um die Namen von »Göttern« zu singen, denen Menschen geopfert wurden (und im Geheimen noch immer werden). Sie verurteilen die Kolonisierung dieser Stammeskulturen durch die Europäer (zu Recht), aber dass diese Kulturen ihren »Göttern« Menschen, darunter auch Kinder, opferten und unzählige Menschen ermordeten, wie die Azteken es taten, ist für sie völlig in Ordnung. Ein Gesang ist dem aztekischen Gott Tezcatlipoca gewidmet, dem man im fünften Monat des aztekischen Kalenders einen Mann opferte. Sein Herz wurde herausgeschnitten und er selbst gegessen. Ach, das ist schon in Ordnung. Kommt Kinder … nach Schulschluss …

Andere Opfer-»Götter«, denen die Kinder ihre Treue schwören sollen, sind Quetzalcoatl, Huitzilopochtli und Xipe Totec. Der Lehrplan besagt, dass »Gesänge, Affirmationen und energiespendende Riegel und Drinks [energizer] verwendet werden können, um die Schulklasse zu einen, die Einigkeit hinsichtlich der Prinzipien und Werte der ethnischen Erziehung zu fördern und die Klasse nach einer Lektion, die emotional anstrengend sein könnte, oder wenn das Engagement der Schüler gering zu sein scheint, mit neuem Leben zu erfüllen«. Nun, unter dieser Überschrift läuft es jedenfalls. Singen und Mantren führen zur Wiederholung einer bestimmten Frequenz, die von den Stimmbändern erzeugt wird, und mit dem Chanten der Namen dieser archontischen »Götter« stimmt man sich auf deren Frequenz ein. Das ist das Letzte, was man praktizieren sollte, weil es eine energetische Synchronisation, Anhaftung und Wahrnehmungsbeeinflussung ermöglicht. Eingeweihte rezitieren die Namen ihrer »Götter« in ihren Ritualen aus genau diesem Grund.

Energievampire der »Woken«

Pädophilie ist eine weitere Möglichkeit, wie Archonten die Energie von Kindern aufsaugen. Pädophile, die vom archontischen Bewusstsein besessen sind, werden während des sexuellen Missbrauchs als Kanal von nicht inkarnierten Archonten benutzt, die wie Vampire die Energie der Jugend gewinnen wollen, nach der sie sich so sehr verzehren. Jedes Jahr verschwinden unzählige Kinder auf Nimmerwiedersehen, auch wenn Sie in den Medien selten etwas darüber hören. Stellen Sie sich vor, wie viel niedrig schwingende Energie während des »Covid«-Schwindels erzeugt wurde, als so viele Kinder in die Depression getrieben und psychisch so stark geschädigt wurden, dass sie sich umbrachten. Erschreckend viele Kinder nimmt der Staat mit seinen Jugendgesetzen liebenden Eltern weg, um sie Fremden zu überantworten. Ich kann Ihnen aus langjähriger Erfahrung sagen, dass viele von ihnen durch korrupte und dem Kult gehörende Sozialdienste, die in der Zeit des Reframings viele Psychopathen und gefühllose Automaten eingestellt haben, bei Pädophilen und Anhängern des Kultes landen. Kinder werden sogar auf Bestellung gestohlen, um sie unter fadenscheinigen Gründen von den korrupten und nicht öffentlichen (weil korrupten) »Familiengerichten« zur Adoption freizugeben. Ich habe in anderen Büchern, beginnend mit *Das Größte Geheimnis* im Jahr 1997, ausführlich über die allgegenwärtigen Verbindungen zwischen den politischen, wirtschaftlichen, staatlichen, geheimdienstlichen und militärischen Eliten (Kult-Agenten) einerseits und Satanismus und Pädophilie andererseits geschrieben. Wenn Sie eingehend genug recherchieren, stellen Sie fest, dass die beiden Netzwerke eine ineinandergreifende Führung haben. Der Kult hat die Woke-Mentalität aus vielen Gründen entwickelt: Um fast jeden Aspekt ihrer Agenda zu fördern, um die traditionelle politische Linke zu kapern und sie faschistisch umzupolen, um zu spalten und zu herrschen und um Agenda-Verweigerer ins Visier zu nehmen. Aber es gibt noch andere Gründe, die mit dem zu tun haben, was ich jetzt erklären will.

Wie viele glückliche und lebensfrohe Woke haben Sie jemals gesehen, vor allem bei den extremen Vertretern dieser Bewegung? Diese Menschen sind ein mentales und psychologisches Chaos. Sie sind von emotionalem Stress zerfressen und gefühlsmäßig ständig auf die nächste Explosion der Entrüstung fixiert über jemanden, der eine Frau als Frau bezeichnet. Sie sind wandelnde, sprechende Batterien, wie Morpheus sie nennen würde, die Frequenzen aussenden, durch die sie sich in niedrig schwingenden Blasen der begrenzten Wahrnehmung, über die sie die Archonten füttern, selbst versklaven. Dazu kommen der Hass, der als Liebe ausgegeben wird, der Faschismus, der als »Antifaschismus« ausgegeben wird, der Rassismus, der als »Antirassismus« ausgegeben wird, und die Ausgrenzung, die als Inklusion ausgegeben wird – sowie das beleidigende Internet-Trolling. Sie haben ein speziell entwickeltes archontisches Energiesystem, das auf einer archontischen *Umkehrung* beruht und noch nicht einmal die kleinste Menge an höherfrequenter Energie zulässt. Wir haben jetzt ganze Generationen, die manipuliert wurden, um den Archonten mit ihren Handlungen und ihrer Energie zu dienen. Sie werden dies ihr ganzes Erwachsenenleben lang tun, wenn sie nicht aus ihrer von den Archonten induzierten Trance aufwachen.

Ist es wirklich eine Überraschung, dass der Kult Milliardären und Konzernen so viel Geld zuschiebt? Wo ist die Energie der Freude und des Lachens, einschließlich des Lachens über sich selbst, das eine Bestätigung für die eigene emotionale Sicherheit ist? Mark Twain sagte: »Die menschliche Rasse hat nur eine wirklich wirksame Waffe, und die ist Lachen.« Wir sollten diese Waffe immer wieder einsetzen. Woke hat die Komödie zerstört, denn es hat keinen Humor, keine Freude, keinen Sinn für Ironie oder Selbstironie. Die Energie der Woken ist dicht und intensiv. »Lecker, hier ist euer Buffet«, ruft ständig die archontische Frequenz. Ich hatte schon jahrzehntelang über diese Energievampire berichtet, als ich 2016 ein Zitat zugeschickt bekam. Der österreichische Philosoph und berühmte esoterische Denker Rudolf Steiner (1861-1925), der die Waldorfpädagogik und die gleichnamigen Schulen ins Leben rief, um Kinder als einzigartige Ausdrucksformen des Bewusstseins zu behandeln und nicht als Gehirne, die mit den von der Autorität vorgegebenen Wahrnehmungen zu programmieren sind, hatte bereits 1907 darüber geschrieben – und er hat es in seiner Abhandlung »Die Erkenntnis der Seele und des Geistes« genau getroffen:

> »Es gibt in der geistigen Welt Wesenheiten, für die Angst und Furcht, die von Menschen ausströmen, wie eine willkommene Nahrung sind. Wenn die Menschen nicht Angst und nicht Furcht haben, dann hungern diese Wesen. Derjenige, der noch nicht tiefer eingedrungen ist, möge das als Vergleich nehmen. Derjenige aber, welcher diese Sache kennt, weiß, dass es sich um eine Wirklichkeit handelt. Strömt der Mensch Furcht und Angst und Kopflosigkeit aus, dann finden diese Wesen eine willkommene Nahrung, und sie werden mächtiger und mächtiger. Das sind feindliche Wesen für die Menschen.
>
> Alles, was sich nährt von negativen Gefühlen, von Angst, Furcht und Aberglauben, von Hoffnungslosigkeit, von Zweifel, das sind in der geistigen Welt dem Menschen feindliche Mächte, die grausame Angriffe auf ihn führen, wenn sie von ihm genährt werden. Daher ist es vor allen Dingen notwendig, dass der Mensch, der in die geistige Welt eintritt, vorerst sich stark mache gegen Furcht, Hoffnungslosigkeit, Zweifelsucht und Angst. Das sind aber gerade die Gefühle, die so recht moderne Kulturgefühle sind, und der Materialismus ist geeignet, weil er die Menschen abschneidet von der geistigen Welt, durch Hoffnungslosigkeit und Furcht vor dem Unbekannten diese dem Menschen feindlichen Mächte gegen ihn aufzurufen.«

Betrachten Sie für einen Moment die Dinge aus dieser Perspektive und denken Sie darüber nach, was seit Anfang 2020 in der Welt geschehen ist. Es wird nicht nur der Groschen fallen, sondern gleich Hundert-Euro-Scheine regnen. Wir finden das gleiche Thema bei Don Juan Matus, einem Schamanen der Yaqui-Indianer in Mexiko und der Informationsquelle für den in Peru geborenen Schriftsteller Carlos Castaneda, der von den 1960er bis 1990er Jahren eine Reihe von Büchern über Don Juan schrieb. In dem Band *Das Wirken der Unendlichkeit* beschreibt Don Juan die Kraft, die die menschliche Gesellschaft manipuliert, und sein Name für die Archonten ist »Raubtier«:

> »Es ist ein räuberisches Wesen, das aus den Tiefen des Kosmos kam und die Herrschaft über unser Leben an sich gerissen hat. Die Menschen sind seine Gefangenen. Dieser Räuber ist unser Herr und Meister. Er hat uns fügsam und hilflos gemacht. Wenn wir protestieren wollen, unterdrückt er unseren Protest. Wenn wir unabhängig handeln wollen, verlangt er, dass wir darauf verzichten. [...]

Wir sind in der Tat Gefangene! Sie haben die Herrschaft übernommen, weil wir Nahrung für sie sind. Und sie nehmen uns erbarmungslos aus, weil wir ihr Überleben sichern. So wie wir Hühner in Hühnerställen halten, in ›Gallineros‹, so halten uns die Räuber in Menschenställen, in ›Humaneros‹. Auf diese Weise haben sie ihre Nahrung ständig zur Verfügung.«

Verschiedene Kulturen, verschiedene Epochen, dasselbe immer wiederkehrende Thema.

Das »Ennoia«-Dilemma

Die gnostischen Texte aus Nag Hammadi sagen, der Demiurg und seine Archonten besäßen keine »Ennoia«. Der Begriff wird gewöhnlich mit »Intentionalität« (Absichtlichkeit) übersetzt; ich bevorzuge allerdings den Ausdruck »kreative Vorstellungskraft«. Das *Alles Was Ist* im Bewusstsein seiner selbst ist die Quelle aller Kreativität – aller Möglichkeiten – und je mehr Sie von dieser Quelle getrennt sind, desto mehr wird Ihnen die »kreative Vorstellungskraft« verwehrt. Da das Archon-Bewusstsein fast vollständig abgekoppelt ist, mangelt es ihm stark an Kreativität und es muss sich auf weitaus mechanischere Denkprozesse verlassen und das kreative Potenzial derjenigen ausnutzen, die über »Ennoia« verfügen. Sie können dies überall in der menschlichen Gesellschaft beobachten. Das Archon-Bewusstsein beherrscht fast vollständig das globale Bankensystem und wenn wir uns ansehen, wie dieses System funktioniert, versteht man, was ich meine.

Die Banken erschaffen »Geld« aus dem Nichts, indem sie »Kreditlinien« vergeben, das heißt »Geld«, das nie existiert hat, nicht existiert und auch nie existieren wird, außer in der Theorie. Es ist ein Trick des Vertrauens. Wenn Sie glauben, dass das »Kredit«-Zahlen-auf-einem-Bildschirm-»Geld« irgendetwas wert ist, akzeptieren Sie es als Zahlungsmittel. Wenn Sie das nicht tun, bricht das ganze System zusammen, weil es an Vertrauen in den Wert dieses »Geldes« mangelt. Archontische Banker ohne »Ennoia« »verleihen« »Geld«, das nicht existiert, an Menschen, die über Kreativität verfügen – an diejenigen, die die inspirierenden Ideen haben und Unternehmen und Produkte schaffen. Das Archon-Bankwesen ernährt sich von der menschlichen Kreativität, die es durch die Schöpfung von »Geld« und Schulden kontrolliert. Die Menschen verfügen über die Kreativität und die Archonten nutzen diese zu ihrem eigenen Vorteil und kontrollieren sie gleichzeitig, während sie selbst keine Kreativität haben. Archontische Internetplattformen wie Facebook beanspruchen das gemeinsame Urheberrecht an allem, was kreative Nutzer posten, und auch wenn archontische Köpfe wie Zuckerberg das Unternehmen offiziell leiten, sind es doch die menschlichen Kreativen unter den Mitarbeitern, die für die kreative Inspiration sorgen. Wenn Sie über unbegrenztes »Geld« verfügen, können Sie andere Unternehmen aufkaufen, die von kreativen Menschen gegründet wurden. Sehen Sie sich die Übernahmebilanz von Facebook, Google & Co. an. Schauen Sie sich die von den Archonten kontrollierte Musikindustrie an und Sie werden feststellen, dass nicht kreative Anzugträger ein Vermögen aus der menschlichen Kreativität ihrer Künstler erwirtschaften. Sie finden endlos weitere Beispiele. Recherchieren Sie die Geschichte von Leuten wie Gates und Zuckerberg und wie ihre Imperien auf der Ausbeutung der Kreativität anderer basieren.

Archontische Geister können nichts aus dem Nichts erschaffen, aber sie sind geübt (weil sie es sein müssen) in dem, was die gnostischen Texte »Nachahmungstäuschung« (counter mimicry) nennen. Sie können imitieren, aber nicht innovieren. Sabbatianer durchforsten die Kreativität anderer durch »Backdoors«, die sie über ihre Cybersicherheitssysteme in Computersysteme einbauen. Das von den Archonten kontrollierte China ist weltweit berüchtigt für den Diebstahl geistigen Eigentums. Ich erinnere mich, dass Hongkong, das jetzt wieder zu China gehört, für die Herstellung von gefälschten Kopien der Kreativität anderer berüchtigt war – »Nachahmungstäuschung«. Angesichts der heute allgegenwärtigen und allsehenden Überwachungssysteme, die in jeden Computer eindringen können, kann man sich vorstellen, welches Potenzial archontischen Bewusstseinen zur Verfügung steht, die Kreativität der Menschen abzusaugen. Der Autor John Lamb Lash schreibt in seinem Buch über die Nag-Hammadi-Texte *Not In His Image* (Nicht nach Seinem Bild):

> »Zwar können die Archonten, da ihnen der göttliche Aspekt der Ennoia (Intentionalität) fehlt, nichts Originäres erschaffen – zu imitieren vermögen sie jedoch mit Vehemenz. Ihre Kompetenz liegt in der Simulation (HAL, virtuelle Realität). Indem er die Fraktalmuster [des Originals] kopiert, formt der Demiurg [Jaldabaoth] eine himmlische Welt ... Sein Konstrukt ist himmlischer Kitsch, wie die im italienischen Stil gehaltene Villa eines Mafiabosses, inklusive militanter Engel, die sämtliche Eingänge bewachen.«

Das bringt uns zu etwas, über das ich seit der Jahrtausendwende spreche. Unsere Realität ist eine Simulation, eine virtuelle Realität, die wir für real halten. Nein, ich mache keine Witze.

Menschliche Realität? Na ja, virtuell eben

Ich habe jahrelang darüber nachgedacht, ob unsere Realität »real« ist oder eine Art Konstrukt. Ich erinnerte mich an einen Besuch als kleiner Junge in den späten 1950er Jahren in dem damals neu eröffneten Planetarium in der Marylebone Road in London, das heute geschlossen ist und zum benachbarten Wachsfigurenkabinett Madame Tussauds gehört. Es war mitten am Tag, aber als die Lichter ausgingen, wurde der Nachthimmel an die Kuppeldecke des Planetariums projiziert und wirkte so real. Diese Erfahrung hat mich nie mehr losgelassen. Ich wusste nicht, warum, bis ich um die Jahrtausendwende zu der Überzeugung kam, dass unser »Nachthimmel« und unsere gesamte Realität eine Projektion ist, eine virtuelle Realität, ähnlich der Scheinwelt in den *Matrix*-Filmen. Ich schaute eines Tages in den Himmel und er erschien mir wie das Kuppeldach des Planetariums. Die Premiere des ersten *Matrix*-Films 1999 bot eine perfekte visuelle Darstellung dessen, was mein Geist schon seit langem ahnte. Damals war ich noch nicht auf die gnostischen Nag Hammadi-Texte gestoßen. Als ich sie Jahre später entdeckte, war die Korrelation erneut verblüffend. Sobald ich die gnostischen Schriften von vor 1.600 Jahren und früher las, wurde mir klar, dass sie dasselbe Simulationsphänomen beschreiben. Sie erzählen, wie der »Demiurg« Jaldabaoth und die Archonten eine »schlechte Kopie« der ursprünglichen Realität schufen, um über alle zu herrschen, die in dieser Illusion gefangen waren, und der menschliche Körper wurde das Gefängnis, um unser Bewusstsein in der »schlechten Kopie« der gefälschten Realität zu fixieren. Lesen Sie selbst, wie die Gnostiker die »schlechte Kopie« beschreiben, und übertragen Sie es auf die heutige Zeit. Die Gnostiker beziehen sich auf genau das, was wir heute eine virtuelle Realitätssimulation nennen würden.

John Lamb Lash spricht davon, dass »der Demirug eine himmlische Welt formt, indem er die Fraktalmuster [des Originals] kopiert« – durch die Rechnerleistung eines HAL wie bei einer virtuellen Realitätssimulation. Fraktale Muster sind Teil des energetischen Informationskonstrukts unserer Realität, eine Art Blaupause. Würden diese Muster mit dem Computer kopiert, entstünde in der Tat so etwas wie eine Kopie der »natürlichen« Realität in einer nicht natürlichen Frequenz und digitalen Form. Das Prinzip ist dasselbe wie beim Spiegeln einer Website. Die ursprüngliche Website existiert immer noch, aber jetzt können Sie die kopierte Version so verändern, dass sie sich von der ursprünglichen Website beliebig stark unterscheidet. Die Archonten haben dies mit unserer Realität getan, einer *synthetischen* Kopie der ursprünglichen Realität, die jenseits des Frequenzbandes der Simulation weiter existiert. In den Illusionen dieser synthetischen Matrix waren und sind jedoch das menschliche Bewusstsein und andere Ausdrucksformen der primären Realität gefangen. Deshalb versuchen die Archonten über den Kult den menschlichen Körper zu einem synthetischen umzuwandeln und uns einen synthetischen KI-Verstand zu geben, um die gesamte Realität synthetisch zu machen, einschließlich dessen, was wir als die natürliche Welt wahrnehmen. Um Kurzweil zu zitieren: »Nanobots werden die gesamte Materie um uns herum mit Informationen durchdringen. Felsen, Bäume, alles wird zu diesen intelligenten Kreaturen werden.« Ja, *synthetischen* »Kreaturen« – genau wie »Covid« und andere genetisch manipulierte »Impfstoffe« dazu bestimmt sind, den menschlichen Körper zu einem synthetischen zu machen. Aus dieser Perspektive ist es offensichtlich, warum die Archonten und ihr Kult mit ihrem »Covid«-Betrug so verzweifelt versuchen, jedem Menschen synthetisches Material einzuflößen.

Es werde (elektromagnetisches) Licht!

Jaldabaoth, die Kraft, die die Simulation oder die Matrix erschaffen hat, erklärt auch den gnostischen Verweis auf »den Großen Architekten« und die Verwendung dieses Begriffs durch die vom Kult dominierte Freimaurerei als Name ihrer Gottheit. Der Konstrukteur der Matrix in den Filmen wird »der Architekt« genannt und die Trilogie ist voll von Symbolen, die mit diesem Motiv zu tun haben. Ich behaupte seit Jahren, dass der zornige Gott des Alten Testaments (Jaldabaoth) der »Gott« ist, der am Anfang der Genesis symbolisch »zitiert« wird als »Schöpfer der Welt«. Dies ist nicht die Erschaffung der ursprünglichen Realität – es ist die Erschaffung der *Simulation*. Der »Gott« der Genesis sagt: »Es werde Licht, und es ward Licht.« Aber was ist das für ein »Licht«? Ich sage seit Jahrzehnten, dass die Lichtgeschwindigkeit (300.000 Kilometer pro Sekunde) nicht die schnellstmögliche Geschwindigkeit ist, wie von der Mainstream-Wissenschaft behauptet wird, sondern in Wahrheit die Frequenzwände oder die äußeren Grenzen der Matrix darstellt. Wenn alles möglich ist, kann es kein schnellstes oder langsamstes Etwas geben. Der menschliche Körper ist so kodiert, dass er innerhalb der Lichtgeschwindigkeit oder *innerhalb der Simulation* arbeitet und wir daher nur das winzige Frequenzband des sichtbaren Lichts sehen. Menschen mit Nahtoderfahrung, die während eines vorübergehenden »Todes« die Realität außerhalb des Körpers wahrnehmen, beschreiben eine ganz andere Form von Licht, und dies wird durch die Nag-Hammadi-Texte bestätigt. Die primäre Realität jenseits der Simulation (»Obere Äonen« für die Gnostiker) wird als ein Reich von unglaublicher Schönheit,

Glückseligkeit, Liebe und Harmonie beschrieben – ein Reich des »wässrigen Lichts«, das so mächtig ist, dass es »keine Schatten gibt«. Unsere falsche Realität unter der Kontrolle der Archonten, die die Gnostiker als die »Niederen Äonen« bezeichnen, wird als ein Reich mit einer anderen Art von »Licht« dargestellt und mit Begriffen wie Chaos, »Hölle«, »Abgrund« und »äußere Finsternis« beschrieben, wo gefangene Seelen von Dämonen gequält und manipuliert werden (beziehen Sie das ruhig auf den »Covid«-Schwindel). Das Thema des wässrigen Lichts findet sich in Berichten über Nahtoderfahrungen und ist nicht dasselbe wie das *Simulationslicht*, das elektromagnetische Licht oder Strahlungslicht innerhalb der Lichtgeschwindigkeit – in den »unteren Äonen«. »Simulationslicht« ist das »leuchtende Feuer«, das die Gnostiker mit den Archonten in Verbindung bringen. Die Bibel bezeichnet Jaldabaoth als »die alte Schlange, genannt der Teufel und Satan, der die ganze Welt verführt« (Offenbarung 12:9). Ich denke, dass die Herstellung einer kopierten Simulation der primären Realität (»Nachahmungstäuschung«) und deren drastische Veränderung, mit der die Menschheit fortwährend manipuliert wird, um diese Simulation für die Realität zu halten, das Kriterium eines wirklich kosmischen Betrugs erfüllt. Damit kommen wir zu dem Kultgott Luzifer – dem *Lichtbringer*. Luzifer ist ein Symbol für Jaldabaoth, den Überbringer des falschen Lichts, das die Simulation der schlechten Kopie unterhalb der Lichtgeschwindigkeit bildet. Er wird durch die brennende Fackel in der Freiheitsstatue und durch den Namen »Illuminati« symbolisiert. Der sabbatianische Frankismus erklärt, dass Luzifer der wahre Gott ist, und Luzifer ist der wahre Gott der Freimaurerei, der als ihr »Großer Architekt des Universums« (Simulation) verehrt wird.

Hier möchte ich auch auf die Art und Weise hinweisen, wie das von Archonten technologisch erzeugte leuchtende Strahlungsfeuer unsere Umwelt überschwemmt hat, seit ich in den 1950er Jahren ein Kind war, und wie es die Natur des Feldes verändert hat, mit dem wir ständig interagieren. Durch diese Wechselwirkung verändert uns die technologische Strahlung. Das Smart Grid ist so konzipiert, dass es eine immensen Kommunikationsleistung zu seiner Funktion braucht, wobei sich 5G bereits über die ganze Welt ausbreitet und 6G, 7G in der Entwicklung sind. Die Simulation und das archontische Manipulationssystem bestehen aus Strahlung. Warum sollte das Kult-Netzwerk der Archonten die Strahlung nicht in immer größerem Ausmaß auf uns loslassen wollen, um Kurzweils »Cloud« bilden zu können? Der Plan für einen synthetischen Menschen hängt mit der Notwendigkeit zusammen, einen Menschen für eine Strahlungsintensität zu erzeugen, die alles übertrifft, was wir bisher gesehen haben. Biologische Menschen würden das Ausmaß der Strahlung, das dieser Aktionsplan vorsieht, nicht überleben. Das Smart Grid ist eine technologische Subrealität innerhalb der technologischen Simulation, um die Wahrnehmung mit fünf Sinnen weiter vom höheren Bewusstsein zu trennen. Es ist ein technologisches Gefängnis für den Geist.

Den »Geist der Finsternis« einpflanzen

Ein immer wiederkehrendes Motiv in der Religion und in den Überlieferungen der Naturvölker ist die Manipulation der menschlichen Genetik durch eine nichtmenschliche Kraft. Am bekanntesten ist die Geschichte von den biblischen »Göttersöhnen« (im Original der Plural von »Gott«), die mit den Töchtern der Menschen Kinder gezeugt haben. Das *Apokryphon des Johannes*, das in den Nag-Hammadi-Schriften zu finden ist, erzählt die gleiche Geschichte auf diese Weise:

> »Er [Jaldabaoth/der Demiurg] sandte seine Engel [die Archonten/Dämonen] zu den Töchtern der Menschen, damit sie sie für sich selbst nähmen und eine Nachkommenschaft erwecken würden zu ihrem Vergnügen. Und beim ersten Mal hatten sie keinen Erfolg. Als sie keinen Erfolg hatten, versammelten sie sich wiederum und fassten zusammen einen Plan [...] Und die Engel änderten sich in ihrem Aussehen entsprechend dem Aussehen ihrer Paargenossen, wobei sie sie mit dem Geist der Finsternis füllten, den sie für sie gemischt hatten, und mit Schlechtigkeit [...] Und sie nahmen Frauen und zeugten Kinder durch die Finsternis nach dem Bild ihres Geistes.«

Besessenheit, bei der ein nicht inkarniertes Wesen einen menschlichen Körper übernimmt, ist ein uraltes Thema, das bis heute immer wieder auftaucht. Es ist ein sehr reales Phänomen, dessen Zeuge ich selbst schon gewesen bin. Satanische und geheimgesellschaftliche Rituale können ein energetisches Umfeld schaffen, in dem sich Wesenheiten an Initianten heften. Ich habe viele Geschichten darüber gehört, wie Menschen ihre Persönlichkeit verändert haben, nachdem sie initiiert worden waren, selbst auf den unteren Ebenen der Freimaurer. Ich war in drei Freimaurer-Tempeln, in einem bei einem Tag der offenen Tür und in zweien, in die ich einfach hineingegangen bin, als niemand da war, der mich hätte aufhalten können. Sie waren in Ryde, der Stadt, in der ich lebe, in Birmingham, England, als ich mit einer Gruppe dort war, und in Boston, Massachusetts. Sie fühlten sich alle energetisch gleich an – dunkel, dicht, niedrig schwingend und unheimlich. Dämonische Bindungen können entstehen, während der Initiant keine Ahnung hat, was vor sich geht. Für ihn ist es nur ein Ritual, um in die Freimaurergilde einzutreten und ein paar gute Geschäfte zu machen. Bei den weitaus extremeren

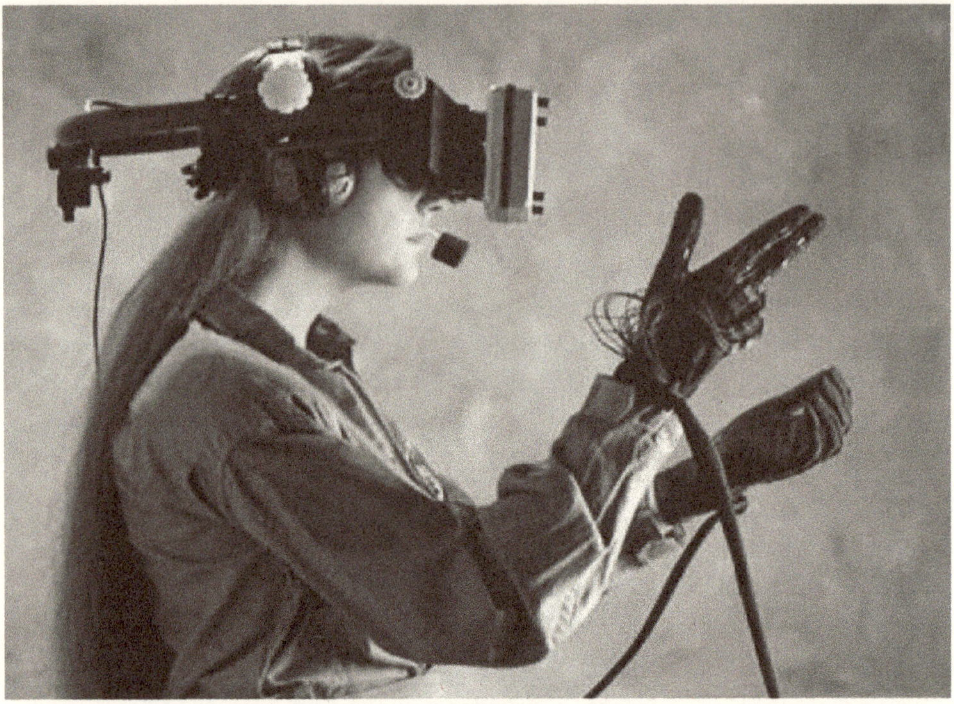

Abb. 18. VR-Technologie »hackt« sich in das Dekodierungssystem der fünf Sinne des Körpers.

Ritualen des Satanismus ist die menschliche Besessenheit sogar noch mächtiger. Diese Rituale sind eigens darauf ausgelegt, die Besessenheit zu ermöglichen. Die Hierarchie des Kults wird durch die Macht und den wahrgenommenen Status eines archontisch Besessenen bestimmt. Auf diese Weise wird die Hierarchie des Archons zur Hierarchie des Kults. Wenn die Entität einmal Besitz von einem Bewusstsein ergriffen hat, kann sie die Wahrnehmung und das Verhalten beeinflussen, und wenn sie sich extrem festsetzt, dringt so viel von ihrer Energie (Information) in das Informationsfeld des Körpers ein, dass das Hologramm die Natur der besitzenden Entität widerspiegelt. Das ist die Art von Besessenheit, wie sie im Film *Der Exorzist* gezeigt wird, wenn sich die Gesichtszüge verändern. So etwas wird als Gestaltwandeln bezeichnet.

Die Dschinn im Islam gelten als unsichtbare »Trickster«, als Betrügerwesen, die ihre Gestalt verändern, »einflüstern«, verwirren und menschliches Aussehen annehmen können. Dies sind alles Eigenschaften der Archonten und anderer Versionen desselben Phänomens. Extreme Besessenheit kann mit Sicherheit den »Geist der Finsternis« beim Sex in einen Partner einfließen lassen, wie es in den Nag-Hammadi-Texten anscheinend beschrieben wird. Eine solche »Infusion« kann die Genetik verändern, die

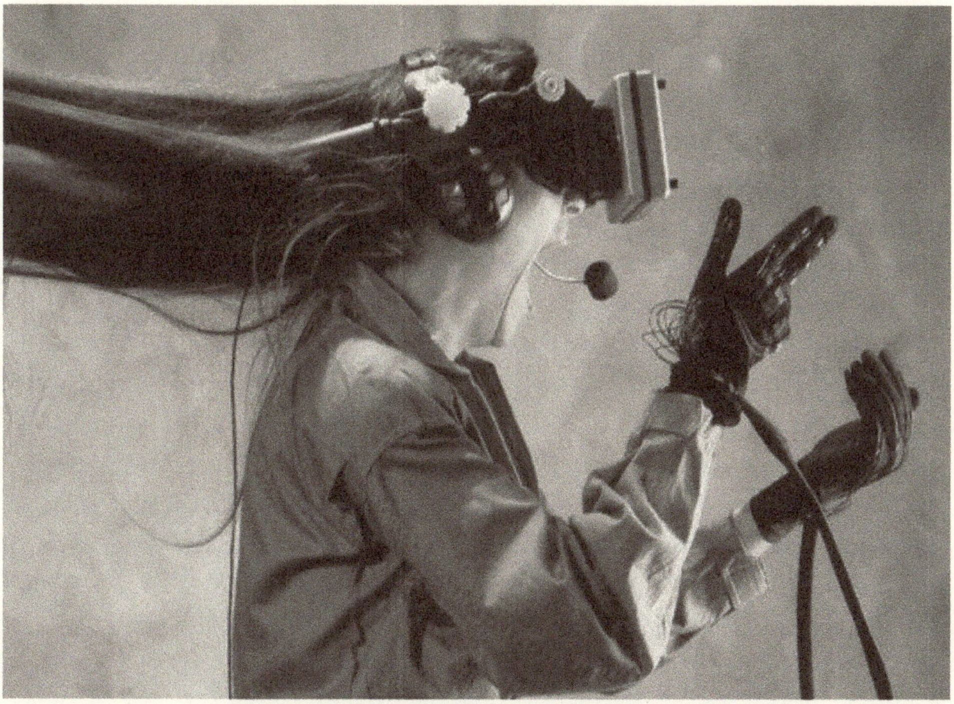

Abb. 19. Das Ergebnis kann als sehr »real« empfunden werden.

ebenfalls eine energetische Information ist. Die menschliche Genetik ist Information und der »Geist der Finsternis« ist Information. Wenn man das eine mit dem anderen vermischt, werden sie einen verändernden Einfluss aufeinander nehmen. Im Islam gibt es das sogenannte »Dschinn-Baby«, das von einer besessenen Mutter geboren wird und einem Dschinn zu einer menschlichen Gestalt verhilft. Es gibt viele Möglichkeiten, die menschliche Genetik zu verändern. Denken Sie daran, dass die Archonten schon immer über fortschrittliche Techniken verfügten, um dies zu tun. Was heute in der menschlichen Gesellschaft möglich ist, war den Archonten und ihren in anderen Religionen und Kulturen beschriebenen Formen bereits zur Zeit der »Gefallenen« bekannt – und sie haben noch ganz andere Möglichkeiten.

Die Archonten und ihr die Menschenwelt kontrollierender Kult sind besessen von Genetik, wie wir gerade jetzt deutlich sehen, weil sie wissen, dass der genetische Code diktiert, wie Informationen der wahrgenommenen Realität während eines Menschenlebens verarbeitet werden. Sie mussten eine menschliche Form erschaffen, die man mit der Simulation verknüpfen konnte, und diese Form findet man symbolisch als »Adam und Eva« beschrieben, die den »Garten« (die ursprüngliche Realität) verließen und in die Matrix-Realität »fielen«. Die Simulation ist kein »physisches« Konstrukt (etwas »Physisches« gibt es eigentlich nicht); sie ist eine Informationsquelle. Denken Sie noch einmal an das WLAN. Die Simulation ist ein energetisches Feld, das kodierte Informationen enthält, und die menschlichen Körper-Gehirn-Systeme sind darauf ausgelegt, diese Informationen zu entschlüsseln, die in Wellen- oder Frequenzform kodiert sind und als elektrische Signale an das Gehirn übermittelt werden. Sie werden vom Gehirn dekodiert, um unsere Wahrnehmung der Realität zu konstruieren – eine illusorische »physische« Welt, die allein im Gehirn oder im Geist existiert. Virtual-Reality-Spiele ahmen diesen Prozess nach, indem sie das gleiche sensorische Dekodierungssystem verwenden. Die Sinne werden mit Informationen gefüttert, um eine virtuelle Realität zu entschlüsseln, die auf diesem Weg real erscheinen kann, es aber nicht ist (siehe Abbildung 18 und Abbildung 19). Einige Wissenschaftler glauben – und ich stimme ihnen zu –, dass das, was wir als »physische« Realität wahrnehmen, nur existiert, wenn wir hinschauen oder sie beobachten. Der Akt der Wahrnehmung oder Fokussierung löst die Dekodierungssysteme aus, die Welleninterferenz in holografische Realität umwandeln. Wenn wir etwas nicht beobachten, kehrt unsere Realität von einem holografischen Zustand zurück in den Zustand der Wellenform. Es ist das gleiche Prinzip wie bei dem fallenden Baum, der nur dann ein Geräusch macht, wenn jemand da ist, um es zu hören oder zu entschlüsseln. Dieses Konzept ist aus der Perspektive der Simulation sinnvoll. Ein Computer dekodiert nicht die ganze Zeit alle Informationen in einem WLAN-Feld. Er dekodiert nur den Teil des WLAN, dessen Dekodierung gerade angefordert wird – auf den die Abfrage fokussiert ist –, und bringt ihn auf dem Bildschirm in die Realität.

Interessanterweise sagt Professor Donald Hoffman vom Department of Cognitive Sciences an der University of California, Irvine, dass unsere erlebte Realität wie eine Computerschnittstelle ist, die uns nur die Ebene zeigt, mit der wir interagieren, und alles, was darüber hinaus existiert, ausblendet: »Die Evolution hat uns mit einer Benutzerschnittstelle ausgestattet, die die Wahrheit verbirgt. Nichts, was wir sehen, ist die Wahrheit – die Sprache von Raum und Zeit und Objekten ist die falsche Sprache, um die Realität zu beschreiben.« Was er sagt, ist auf vielen Ebenen richtig. Raum und Zeit sind keine universelle Realität. Sie sind ein Phänomen der entschlüsselten *Simulationsrealität* als Teil des Prozesses der Versklavung unserer Wahrnehmung. Menschen mit Nahtoderfahrungen berichten immer wieder, dass Raum und Zeit nicht mehr in der Form existieren, wie wir sie wahrnehmen, sobald ein Mensch sich vom Dekodierungssystem des Körpers gelöst hat. Das zeigt deutlich, warum die Archonten und ihr Kult so verzweifelt bemüht sind, die menschliche Aufmerksamkeit auf die fünf Sinne zu beschränken, die uns in der Matrix zur Verfügung stehen und die zur Matrix gehören. Wenn Sie Ihren Geist für erweiterte Bewusstseinszustände öffnen, kommen Sie über die Informationsgrenzen der Simulation hinaus und werden sich eines Wissens und Einsichten bewusst, die Ihnen zuvor verwehrt waren. Das ist es, was wir als »Erwachen« bezeichnen – *das Erwachen aus der Matrix* –, und im letzten Kapitel werde ich erklären, was das in Bezug auf die aktuellen Ereignisse bedeutet.

Wo sind die »Aliens«?

Eine Simulation würde auch das sogenannte »Fermi-Paradox« erklären, benannt nach dem italienischen Physiker Enrico Fermi (1901-1954), der den ersten Kernreaktor entwickelte. Er beschäftigte sich mit der Frage, warum es so wenig außerirdische Aktivität gibt, wo es doch so viele Sterne und Leben tragende Planeten in einem offenbar riesigen Universum gibt. Was aber, wenn der Nachthimmel, den wir sehen oder zu sehen glauben, eine simulierte Projektion ist? Wenn die Archonten diese Simulation kontrollieren und ihr Ziel darin besteht, die Menschheit in einem Zustand der Unwissenheit zu halten, würden sie dann wollen, dass andere Lebensformen, insbesondere höher entwickeltes Leben, kommen und gehen und Informationen mit der Menschheit teilen kann? Oder würden die Archonten bevorzugen, dass die Menschheit glaubt, sie sei isoliert und scheinbar allein? Das Motiv der menschlichen Isolation und Abgeschiedenheit ist allgemein verbreitet, ob es sich nun um die Vorstellung eines lebensfeindlichen Universums oder um die faschistischen Isolationsgesetze der »Covid«-Ära handelt. Paradoxerweise bedeutet die bloße Existenz einer Simulation, dass wir nicht allein sind, weil es eine Kraft geben muss, die diese Simulation erschaffen hat.

Meiner Ansicht nach handelt es sich bei den seit Jahrhunderten von Menschen auf der ganzen Welt berichteten Begegnungen mit Reptiloiden und Greys um Archon-Phänomene, wie sie in den Nag-Hammadi-Texten beschrieben werden. Und bei den positiven Kontakten mit »Außerirdischen« handelt es sich um nichtmenschliche Gruppen, die in der Simulation ein- und ausgehen, indem sie die Abwehrversuche der Archonten erfolgreich überwinden. Es sollte betont werden, dass Reptiloide und Greys von *Genetik* und *Technologie* besessen sind, wie aus kulturhistorischen Überlieferungen hervorgeht und von ihren Entführungsopfern berichtet wird. Technologie ist der Weg, auf dem diese Wesen die von der Abspaltung verursachte Einschränkung ihres kreativen Potenzials zu überwinden versuchen, und unsere technologiegesteuerte und -kontrollierte menschliche Gesellschaft von heute ist der *arche*typische Modus Operandi der

Archon-Reptiloiden und der Greys. Die Technokratie ist in Wirklichkeit eine *Archon*-tokratie. Das Universum muss nicht so groß sein, wie es in der Simulation erscheint. Es gibt keinen Raum und keine Entfernung, sondern nur Informationen, die in die holografische Realität kodiert sind. Was wir als »Raum« bezeichnen, ist nur die Abwesenheit von holografischen »Objekten« und »Raum«, ist das Feld der energetischen Information, das alles zu einem Ganzen zusammenfügt. Dasselbe gilt für das künstlich erzeugte Informationsfeld der Simulation. Das Universum ist als physische Realität weder groß noch klein. Es ist dekodierte Information, mehr nicht, und seine wahrgenommene Größe wird dadurch bestimmt, wie die Simulation laut ihrer Kodierung es uns erscheinen lässt. Der gesamte Nachthimmel, so wie wir ihn wahrnehmen, existiert nur in unserem Gehirn. Wo also sind diese »Millionen von Lichtjahren«? Die »Sterne« an der Decke des Planetariums sahen auch sehr weit entfernt aus.

Beim Thema »Aliens« gibt es noch etwas zu erwähnen. Seit den 1990er Jahren weise ich auf den Plan hin, eine gefälschte »Alien-Invasion« zu inszenieren, um die Zentralisierung der globalen Macht und ein Weltmilitär zu rechtfertigen. Der Nazi-Wissenschaftler Werner von Braun, der nach dem Zweiten Weltkrieg im Rahmen von Operation Paperclip nach Amerika gebracht wurde, um bei der Gründung der NASA zu helfen, berichtete seiner amerikanischen Assistentin Dr. Carol Rosin von der Kult-Agenda, als er 1977 im Sterben lag. Rosin sagte, er habe ihr von einem Szenario erzählt, das zur totalen Kontrolle der Menschen durch eine Weltregierung führen würde. Dazu gehörten Bedrohungen durch Terrorismus, Schurkenstaaten, Meteoriten und Asteroiden und schließlich eine »Invasion durch Außerirdische«. All diese Dinge, so von Braun, würde man fälschen. Man könnte sie als »No-Problem-Reaktion-Lösung« bezeichnen. Denken Sie daran, wenn »die Aliens kommen«– es soll das neue Mantra werden. Die Außerirdischen kommen nicht – *sie sind bereits hier* und sie haben die menschliche Gesellschaft infiltriert, indem sie sich ein menschliches Aussehen gegeben haben. Der französisch-kanadische Enthüllungsjournalist Serge Monast sagte 1994, er habe eine Operation der NASA und des Militärs namens Projekt Blue Beam aufgedeckt, die zu den Vorhersagen von Werner von Braun passt. Monast starb 1996 an einem »Herzinfarkt«, einen Tag nachdem er verhaftet wurde und eine Nacht im Gefängnis verbrachte. Er wurde nur einundfünfzig Jahre alt. Er behauptete, Blue Beam sei ein Plan zur Inszenierung einer außerirdischen Invasion, bei der religiöse Figuren holografisch an den Himmel gebeamt würden, als Teil einer globalen Manipulation, um ein »neues Zeitalter« der Verehrung des Kult-»Gottes« Jaldabaoth in einer Eine-Welt-Religion einzuleiten. Gefälschte holografische Asteroiden sollen ebenfalls Teil des Plans sein, was wiederum mit von Brauns Aussagen übereinstimmt. Wie könnte man eine illusorische Bedrohung durch Asteroiden inszenieren, wenn es sich nicht um holografische Einblendungen handelt? Angesichts geheim gehaltener Hochtechnologien und der Tatsache, dass unsere »physische« Realität ohnehin holografisch ist, erscheint mir das ziemlich einfach. Informationsfelder würden projiziert werden und wir würden die Illusion eines »physischen« Asteroiden als real dekodieren. Wenn sie eine globale »Pandemie« mit einem »Virus« verkaufen können, das nicht existiert, was werden die Menschen dann noch alles glauben, wenn die Regierung und die Medien es ihnen erzählen?

Diese Perspektive muss man im Auge behalten, denn das Pentagon plant, im Juni 2021 Informationen über »UFO-Sichtungen« zu veröffentlichen. Ich verfolge die UFO-Geschichte seit den frühen 1990er Jahren und das durchgängige Thema waren stets die Leugnung und Vertuschung durch Regierung und Militär. In jüngster Zeit ist das Pentagon aber plötzlich gesprächiger und scheinbar offener geworden. Es wurden Radarbilder von Piloten der Air Force veröffentlicht, auf denen unerklärliche Flugobjekte zu sehen waren, die sich mit Geschwindigkeiten bewegten und so abrupt die Richtung änderten, dass es über alles hinauszugehen scheint, was mit menschlicher Technologie möglich ist. Dann, im März 2021, sagte der ehemalige Direktor der Nationalen US-Nachrichtendienste DNI, John Ratcliffe, dass ein Bericht des Pentagons Monate später, im Juni, eine Vielzahl von Informationen über UFO-Sichtungen enthüllen würde, die der Öffentlichkeit unbekannt sind. Er sagte, der Bericht werde »massive Auswirkungen« haben. Der Auftrag dazu war bizarrerweise in einem 2,3 Billionen Dollar schweren Gesetzentwurf zur Milderung der Corona-Folgen enthalten, den die Trump-Administration Ende 2020 verabschiedete. Ich möchte hier einige ernsthaft zur Vorsicht mahnen. Seit den 1990er Jahren weise ich darauf hin, dass das US-Militär und die Geheimdienste seit langem über Raumschiffe – »Fliegende Untertassen« oder Antischwerkraft-Raumschiffe – verfügen, von denen jeder Beobachter annehmen würde, dass sie außerirdischen Ursprungs sind. Da dieses Wissen vor der Öffentlichkeit geheim gehalten wird, können *von Menschen* geflogene Raumschiffe als außerirdische Besuche wahrgenommen werden. Ich sage nicht, dass »Aliens« nicht existieren. Ich wäre der Letzte, der das behauptet, aber wir sollten hier Klartext reden.

Präsident Ronald Reagan sagte 1987 vor der Generalversammlung der Vereinten Nationen: »Ich denke gelegentlich daran, wie schnell unsere weltweiten Differenzen verschwinden würden, wenn wir einer außerirdischen Bedrohung ausgesetzt wären.« Das ist die Idee dahinter. Vereinigen Sie sich gegen einen gemeinsamen »Feind« mit einem gemeinsamen Ziel hinter Ihrer »rettenden Kraft« (dem Kult) – eine uralte Technik der Massenmanipulation, die weltweit eingesetzt wird.

Auch die Wissenschaft bewegt sich in diese Richtung …

Als ich zum ersten Mal davon ausging, dass es sich bei unserer Realität um eine Simulation handelt, konnte ich zunächst nur eine weitere Person finden, die die Simulationshypothese öffentlich diskutierte. Das war Nick Bostrom, ein in Schweden geborener Philosoph an der Universität Oxford, der seit vielen Jahren die Möglichkeit erforscht, dass die menschliche Realität eine Computersimulation ist, wenngleich seine und meine Version dieser Hypothese nicht übereinstimmen. Inzwischen ist die Hypothese einer Simulation und damit verbundenen holografischen Realität zunehmend im wissenschaftlichen Mainstream angekommen. Nun ja, dem aufgeschlosseneren Mainstream, meine ich. Hier sind einige der sich ständig mehrenden Beispiele.

Der amerikanische Atomphysiker Silas Beane leitete ein Team von Physikern an der Universität Bonn in Deutschland, die der Frage nachgingen, ob wir in einer Simulation leben. Sie kamen zu dem Schluss, dass wir mit hoher Wahrscheinlichkeit in einer Simulation leben und diese auf einem Gitter aus Würfeln beruht. Sie fanden heraus, dass sich die kosmische Strahlung an diesem spezifischen Muster orientiert. Das Team wies auf die Greisen-Zatsepin-Kuzmin-(GZK)-Grenze hin, die sich auf die Interaktion von kosmischen Strahlungsteilchen mit der kosmischen Hintergrundstrahlung bezieht. Diese Grenze bildet eine offensichtliche Barriere für kosmische Strahlungsteilchen. In einem Papier mit dem Titel »Constraints on the Universe as a Numerical Simulation« (Die Grenzen des Universums als numerische Simulation) schreiben sie, dass dieses »Beschränkungsmuster« genau das ist, was man in einer Computersimulation finden würde. Sie wiesen auch darauf hin, dass eine Simulation ihre eigenen »physikalischen Gesetze« schaffen würde, welche die Möglichkeiten einschränken. Ich vertrete seit Jahrzehnten denselben Standpunkt, dass sich die *wahrgenommenen* physikalischen Gesetze nur auf diese Realität beziehen oder auf das, was ich später noch als Eigenschaft der Simulation erklären werde. Wenn Spieledesigner Codes schreiben, um Computer- und Virtual-Reality-Games zu entwickeln, bilden sie das Äquivalent zu den Gesetzen der Physik für das betreffende Spiel. Die Spieler interagieren innerhalb der Grenzen, die durch die Programmierung vorgegeben sind. Auf dieselbe Weise haben diejenigen, welche die Codes für die kosmische Simulation geschrieben haben, die physikalischen Gesetze festgelegt, die Gültigkeit haben sollen. Diese können von erweiterten Bewusstseinszuständen außer Kraft gesetzt werden, aber nicht von einem versklavten Fünf-Sinne-Bewusstsein, das von den Simulationscodes beherrscht wird.

Das Außerkraftsetzen der Codes ist das, was die Menschen als »Wunder« bezeichnen. Aber das trifft es eigentlich nicht. Es handelt sich um Umgehungen der kodierten Grenzen der Simulation. Eine Bevölkerung, die sich im Rahmen einer Simulationswahrnehmung bewegt, hat keine Ahnung, dass sie in einer Notlage gefangen ist. Wie es in dem Bonner Papier heißt: »Wie ein Gefangener in einer stockdunklen Zelle wären wir nicht in der Lage, die ›Mauern‹ unseres Gefängnisses zu sehen.« Das stimmt, solange die Menschen weiterhin im Bann der fünf Sinne verharren. Öffnen Sie sich für ein erweitertes Bewusstsein, dann werden diese Mauern sehr deutlich. Die wichtigste davon ist die Lichtgeschwindigkeit.

Der amerikanische theoretische Physiker James Gates ist ein weiterer Wissenschaftler, der sich mit der Frage der Simulationen beschäftigt und zahlreiche Belege für diese Idee gefunden hat. Gates war Professor für Physik an der Universität von Maryland, Direktor des Zentrums für String- und Teilchentheorie und Mitglied des Beratergremiums für Wissenschaft und Technologie von Barack Obama. Er und sein Team fanden *Computercodes* mit digitalen Daten, die in die Struktur unserer Realität eingebettet sind. Sie beziehen sich auf die elektrischen Ein-Aus-Ladungen 1 und 0 im binären System, das von Computern verwendet wird. »Wir haben keine Ahnung, was sie dort machen«, sagte Gates. Sein Team hatte in der energetischen Struktur mathematische Sequenzen gefunden, die als Fehlerkorrekturcodes oder Blockcodes bekannt sind und die Daten in ihren ursprünglichen Zustand oder ihre Standardeinstellungen zurückversetzen, wenn sie durch etwas aus dem Takt gebracht werden. Auf die Frage, ob er eine Reihe von Gleichungen gefunden habe, die in unserer Realität eingebettet sind und sich nicht von denen unterscheiden, die Suchmaschinen und Browser steuern, antwortete Gates: »Das ist richtig.« Rich Terrile, Direktor des Centre for Evolutionary Computation and Automated Design am Jet Propulsion Laboratory der NASA, hat öffentlich gesagt, dass er glaubt, das Universum sei ein digitales Hologramm, das von einer Intelligenzform erschaffen worden sein muss. Ich stimme dem in jeder Hinsicht zu. Wellenförmige Informationen werden von den Sinnen elektrisch an das Gehirn weitergeleitet, das eine *digitale* holografische Realität konstruiert, die wir als »Welt« bezeichnen. Diese digitale Ebene der Realität kann zum Beispiel durch die esoterische Kunst der Numerologie gelesen werden. Digitale Hologramme sind heute das Nonplusultra der Holografie. Wir verfügen allerorten über digitale Technologie, die dazu dient, auf unsere digitale Ebene der wahrgenommenen Realität zuzugreifen und sie zu manipulieren. Auch die synthetische mRNA in »Covid-Impfstoffen« hat eine digitale Komponente, um das digitale »Betriebssystem« des Körpers zu manipulieren.

Die Realität besteht aus Zahlen

Wie viele wissen, dass unsere Realität auf Zahlen und Codes heruntergebrochen werden kann, die mit Computerspielen vergleichbar sind? Max Tegmark, ein Physiker am Massachusetts Institute of Technology (MIT), ist der Autor von *Unser mathematisches Universum*, in dem er darlegt, dass die Realität vollständig durch Zahlen und Mathematik beschrieben werden kann, so wie ein Video Game mit der »Physik« von Computerspielen kodiert ist. Unsere Welt und die virtuelle Realität des Computers sind im Wesentlichen dasselbe. Tegmark stellt sich die Wahrnehmung von Charakteren in einem fortgeschrittenen Computerspiel vor, bei dem die Grafik so gut ist, dass sie nicht mehr erkennen können, dass sie sich in einem Game befinden. Sie glauben, sie könnten gegen reale Objekte stoßen (elektromagnetischer Widerstand in unserer Realität), sich verlieben und Gefühle wie Aufregung empfinden. Als sie beginnen, die scheinbar »physische Welt« des Video Games zu studieren, stellen sie fest, dass alles aus Pixeln besteht (die auch in unserer eigenen energetischen Realität gefunden wurden, was nicht überrascht, wenn unsere Welt auf einer Ebene digital ist). Was die Computerspielfiguren für physisches »Material« halten, so Tegmark, kann in der Praxis in Zahlen zerlegt werden:

> »Genau in dieser Situation befinden wir uns in unserer Welt. Wenn wir uns umsehen, sieht sie nicht sonderlich mathematisch aus, aber alles, was wir sehen, besteht aus Elementarteilchen wie Quarks und Elektronen. Und welche Eigenschaften hat ein Elektron? Hat es einen Geruch, eine Farbe, eine Konsistenz? Nein! […] Wir Physiker haben uns schlaue Namen für diese Eigenschaften ausgedacht – wie elektrische Ladung, Spin oder Leptonenzahl –, doch das Elektron schert es nicht, wie wir sie nennen. Die Eigenschaften sind einfach nur Zahlen.«

Dies ist die illusorische Realität, die von den Gnostikern beschrieben wurde. Dies ist die Simulation. Die Codes A, C, G und T der DNA haben einen binären Wert – A und C = 0, während G und T = 1. Das geht nicht anders, wenn die Simulation digital ist und der Körper digital sein muss, um mit ihr zu interagieren. Wiederkehrende mathematische Sequenzen sind in der gesamten Realität und im Körper kodiert. Dazu gehört die Fibonacci-Folge, bei der immer die beiden vorherigen Zahlen addiert werden, um die nächste zu erhalten: 1, 1, 2, 3, 5, 8, 13, 21, 34, 55 und so weiter. Diese Sequenz findet sich im menschlichen Gesicht und Körper, in den Proportionen von Tieren, in der DNA, in Samenköpfen, Kiefernzapfen, Bäumen, Muscheln, Spiralgalaxien, Wirbelstürmen und der Anzahl der Blütenblätter einer Blume verschlüsselt. Die Liste geht endlos weiter. Es gibt fraktale Muster – ein »unendliches Muster«, das unendlich komplex und selbstähnlich über alle Maßstäbe hinweg ist, nach dem Prinzip »wie oben, so unten« der Hologramme. Diese und andere berühmte wiederkehrende geometrische und mathematische Sequenzen wie Phi, Pi und der Goldene Schnitt sind die *Computercodes* der Simulation.

Ich musste lachen und den Kopf schütteln, als ich die englische Ausgabe dieses Buches beendete und es in den Druck ging. Ich bekam am selben Tag einen Artikel aus dem *Scientific American* zugeschickt, der im April 2021 erschienen war und die Überschrift trug: »Bestätigt! Wir leben in einer Simulation«. Zwei Jahrzehnte, nachdem ich zum ersten Mal gesagt hatte, dass unsere Realität eine Simulation ist und die Lichtgeschwindigkeit deren äußerste Grenze bildet, legte der Artikel nahe, dass wir tatsächlich in einer Simulation leben und dass die Lichtgeschwindigkeit deren äußerste Grenze ist. Ich habe die Schule mit fünfzehn Jahren verlassen und nie in meinem Leben eine wichtige Prüfung bestanden, während der Autor des Artikels bis ans Kinn in akademischen Qualifikationen steht. Wie ich im letzten Kapitel erläutern werde, ist *Wissen* weitaus mehr als Denken. Beides stammt aus sehr unterschiedlichen Quellen. Der Artikel stellte zu Recht einen Zusammenhang zwischen der Lichtgeschwindigkeit und der Verarbeitungsgeschwindigkeit der »Matrix« her und bestätigte, was schon die ganze Zeit in meinen Büchern stand … »Wenn wir uns in einer Simulation befinden, wie es den Anschein hat, dann ist der Raum eine abstrakte Eigenschaft, die in einem Code geschrieben ist. Er ist nicht real.« Nein, ist er nicht, und wenn wir in einer Simulation leben, dann hat etwas sie erschaffen und das waren nicht wir. »Dieser David Icke sagt, dass wir von Außerirdischen manipuliert werden – der spinnt doch!«

Wow …

Die Realität, die die Menschheit für so real hält, ist eine Illusion. Politiker, Regierungen, Wissenschaftler, Ärzte, Akademiker, Strafverfolgungsbehörden, Medien, Schul- und Universitätslehrpläne und so weiter – alles beruht auf einer Welt, *die nicht existiert*, außer als simulierte Gefängniszelle. Ist es so abwegig zu akzeptieren, dass »Covid« nicht existiert, wenn unsere gesamte »physische« Realität nicht existiert? Hier wird das Wissen offengelegt, das man in den abgeschotteten Netzwerken des Kults unter Verschluss hält, um den Realitätssinn der Menschheit zu kontrollieren, indem die Bevölkerung dazu gebracht wird, an eine Realität zu glauben, die nicht real ist. Wäre es nicht so tragisch in seinen Auswirkungen, wäre das Ganze hysterisch komisch. Für einen abtrünnigen Denker ist das alles nicht neu. Der altgriechische Philosoph Platon (ca. 428 v. Chr. bis ca. 347 v. Chr.) hatte großen Einfluss auf den gnostischen Glauben und beschrieb die menschliche Misere schon vor Tausenden von Jahren in seinem Höhlengleichnis. Er erzählte die symbolische Geschichte von Gefangenen, die in einer Höhle leben und nie draußen gewesen sind. Sie sind angekettet und können nur auf die Wand der Höhle blicken, während in ihrem Rücken ein Feuer flackert, das sie nicht sehen können. Figuren gehen an dem Feuer vorbei und werfen Schatten auf die Wand vor den Augen der Gefangenen, und diese sich bewegenden Schatten werden zu ihrer Wahrnehmung der Realität. Einige Gefangene beginnen, die Schatten zu studieren, und gelten als Experten dafür (die heutigen Akademiker und Wissenschaftler), aber was sie studieren, ist nur eine Illusion (die heutigen Akademiker und Wissenschaftler). Dann entkommt ein Gefangener aus der Höhle und sieht die Realität, wie sie wirklich ist. Als er zurückkehrt, um von dieser Offenbarung zu berichten, glauben sie ihm nicht, nennen ihn verrückt und drohen, ihn zu töten, wenn er versuchen würde, sie zu befreien. Platons Geschichte ist nicht nur eine brillante Analogie für die menschliche Notlage und unsere illusorische Realität. Sie beschreibt auch die Dynamik des »Covid«-Schwindels. Ich habe hier nur die Oberfläche dieser Themen gestreift. Das Ziel dieses Buches ist es, alle wesentlichen Punkte miteinander zu verbinden, um das, was heute geschieht, in seinen wahren Kontext zu stellen. Sämtliche Themenbereiche und ihre Verbindungen in diesem Kapitel werden in den Büchern *Alles, was Sie wissen sollten, Ihnen aber nie jemand erzählt hat* und *Die Antwort* sehr detailliert behandelt.

Man sagt, dass verwirrte Menschen »den Wald vor lauter Bäumen nicht sehen«. Die Menschheit kann jedoch den Wald schon vor lauter Zweigen nicht sehen. Die fünf Sinne sehen nur die Zweige, während ein Renegaten-Geist den Wald sehen kann, und es ist der Wald, in dem die Antworten liegen und der die Zusammenhänge offenbart. Die Befreiung von der Wahrnehmungsprogrammierung, damit wir den Wald sehen können, ist der Weg, wie wir all dies umkehren können. Dass wir uns nicht befreien, hat die Menschheit in diesen Schlamassel gebracht. Die Situation mag hoffnungslos erscheinen, aber ich verspreche Ihnen, das ist sie nicht. Wir sind nur einen Herzschlag vom Paradies entfernt, wenn wir es denn wüssten.

Kapitel 12

Dem Wetiko entkommen

Das Leben ist einfach ein Urlaub von der Unendlichkeit.

Dean Cavanagh

Ein abtrünniger Denker webt das Netz des Lebens und der Ereignisse selbst und sieht gemeinsame Themen im scheinbar Zufälligen. Sie können sie überall finden, wenn Sie danach suchen, und Ihre Suche wird durch eine unglaubliche Synchronizität unterstützt, die sich einstellt, wenn Ihr Geist offen ist, anstatt sich von dem, was er zu sehen glaubt, hypnotisieren zu lassen.

Grenzenloses Bewusstsein bedeutet grenzenlose Möglichkeiten. Je mehr wir von diesen grenzenlosen Möglichkeiten nutzen, desto mehr schöpfen wir aus unserem grenzenlosen Potenzial. Das mag eine scheinbar selbstverständliche Feststellung sein, aber es ist eine umwerfend machtvolle Erkenntnis, die uns befreien kann. Wir sind ein Punkt der Wahrnehmung in der Unendlichkeit des Bewusstseins. Die Frage ist, auf wie viel von dieser Unendlichkeit wir zugreifen wollen. Mit wie viel Wissen, Einsicht, Bewusstsein, Weisheit wollen wir uns verbinden und sie erforschen? Wenn Sie sich nur auf die fünf Sinne konzentrieren, sind Sie lediglich mit einem winzigen Fragment des unendlichen Bewusstseins verbunden; ich meine einen Bereich, der so winzig ist, dass er dem Wort infinitesimal eine neue Bedeutung verleiht. Sie beschränken Ihr Selbst dann auf diesen winzigen Bewusstseinsbereich und setzen sich eine enge scheinbare Grenze. Aber wir sind das, was wir denken, dass wir sind. Das Leben ist das, was wir glauben, dass es ist. Der Traum ist der Träumer und der Träumer ist der Traum. Die buddhistische Philosophie drückt es so aus: »Wie eine Sache betrachtet wird, so erscheint sie.« Die meisten Menschen leben im Reich des Tastsinns, des Geschmacks, des Sehens, des Hörens und des Geruchs und das ist die Grenze ihres Sinns für das Mögliche und ihres Selbst-Bewusstseins. Viele folgen einer Religion und sprechen von einem Gott in seinem Himmel, aber ihr Leben wird in ihren Wahrnehmungen und Handlungen immer noch von den fünf Sinnen beherrscht. Die fünf Sinne werden zum Schiedsrichter von allem. Wenn das geschieht, wird alles außer einem Fleckchen Unendlichkeit durch die starren, unnachgiebigen Realitätsblasen, die das menschliche oder Phantom-Selbst mit den fünf Sinnen sind, vor dem Einfluss des grenzenlosen Seins abgeschottet. Die Vorgehensweise des Archon-Kults besteht darin, das Bewusstsein in der Fünf-Sinne-Realität – der Simulation – zu isolieren und dieses Bewusstsein dann mit einem Sinn für sich selbst und die Welt zu programmieren, und zwar durch eine Flut lebenslanger Informationen, die darauf ausgerichtet sind, die gewünschte Wahrnehmung zu vermitteln, die eine globale Kontrolle ermöglicht. Diese Bemühungen haben mit der Identitätspolitik dramatisch zugenommen, da die Identitätsblasen in das Verlies der fünf Sinne gepresst und die Menschen so noch tiefer von ihrem unendlichen »Ich« abgetrennt werden.

Der Fokus auf die fünf Sinne und die Selbstidentität sind wie eine Firewall, die den Zugang zu den unendlichen Welten begrenzt. Man nimmt dann nur *einen* Radio- oder Fernsehsender wahr und keinen anderen. Nehmen wir das einen Moment lang wörtlich. Stellen Sie sich vor, es gäbe eine Vielzahl von Sendern, die unterschiedliche Informationen und Blickwinkel auf die Realität bieten, aber Sie hören immer nur einen. Hier haben wir die menschliche Misere, in der die Bevölkerung überwiegend auf KultFM beschränkt ist. Alles bezieht sich nur auf den Frequenzbereich von KultFM und beschränkt die Wahrnehmung und Einsicht auf diesen Sender – beschränkt die *Möglichkeiten* allein auf dieses Band. Das bedeutet, dass Sie sich lediglich mit einem fast unmerklich winzigen Bereich von Möglichkeiten und kreativem Potenzial innerhalb des unendlichen Feldes verbinden. Es ist eine Welt, in der alles von allem anderen getrennt zu sein scheint und in der Synchronizität selten ist. Synchronizität wird im Wörterbuch definiert als »das zufällige Zusammentreffen von zwei oder mehr miteinander verbundenen oder ähnlichen Ereignissen zur gleichen Zeit«. Die Verwendung von »zufällig« verrät ein völlig falsches Verständnis der Realität. Synchronizität ist nicht »zufällig«. Wenn Menschen ihren Geist öffnen oder »erwachen«, um den Begriff zu verwenden, bemerken sie mehr und mehr Zufälle in ihrem Leben, »Glücksfälle«, scheinbar wundersame Ereignisse, die sie zur richtigen Zeit am richtigen Ort mit den richtigen Menschen zusammenbringen. Die Tage sind gespickt mit »Wie schön, Sie hier zu treffen« und »Wie unwahrscheinlich war das denn jetzt«? Mein ganzes Leben ist so verlaufen, und seit meinem eigenen überwältigenden Erwachen in den Jahren 1990 und 1991, das meinen Sinn für die Realität drastisch verändert hat, gilt dies noch mehr. Synchronizität ist kein Zufall, sondern der Zugang zu erweiterten Möglichkeitsräumen, die ein erweitertes Manifestationspotenzial ermöglichen. Menschen, die dieselben Schwingungen und dieselbe Offenheit des Geistes ausstrahlen, neigen dann dazu, sich durch das, was ich Frequenzmagnetismus nenne, »zufällig« zueinander hingezogen zu fühlen, und das betrifft nicht nur Menschen. In den letzten mehr als dreißig Jahren hat mich eine unglaubliche Synchronizität durch das Labyrinth des Kultes geführt – zu Informationen in vielen Formen und zu entscheidenden persönlichen Erfahrungen. Diese »Zufälle« haben es mir ermöglicht, Puzzleteile in einer enormen Bandbreite von Themen und Situationen zu finden und zusammenzufügen. Diejenigen, die die Blase der Fünf-Sinne-Realität durchbrochen haben, werden genau wissen, was ich meine, und dieser Ausbruch aus der Gefängniszelle der Wahrnehmung steht jedem offen, wann immer er sich dafür entscheidet. Das mag »übermenschlich« erscheinen, wenn man es mit den Beschränkungen von »menschlich« vergleicht, ist aber in Wahrheit unser natürlicher Zustand. Der »Mensch«, wie wir ihn derzeit erleben, ist ein Bewusstsein in einem unnatürlichen Zustand der induzierten Trennung von der Unendlichkeit des Ganzen. Ich werde noch darauf eingehen, wie diese Umwandlung in die Einheit erfolgen kann, wenn ich die Kraft genauer beschrieben habe, die die Menschheit in Knechtschaft hält, indem sie ihr den Zugang zum unendlichen Selbst verwehrt.

Der Wetiko-Faktor

Ich spreche und schreibe seit Jahrzehnten über die Art und Weise, wie der Fünf-Sinne-Verstand systematisch von der Verbindung mit dem erweiterten Bewusstsein abgehalten wird. Dazu habe ich die Analogie eines Computers (Fünf-Sinne-Verstand) und einer Person an der Tastatur (erweitertes Bewusstsein) verwendet. Die Interaktion zwischen dem Computer und dem Nutzer steht symbolisch für die Interaktion zwischen den fünf Sinnen und dem erweiterten Bewusstsein. Der Computer erfasst das Internet direkt und der Nutzer bezieht das Internet über den Computer, so wie es sein soll – beide arbeiten zusammen. Die Archonten trachten danach, den Punkt zu kontrollieren, an dem sich der Nutzer mit dem Computer verbindet, um diese Interaktion zu unterbinden (siehe Abbildung 20). Jetzt hämmert der Nutzer auf die Tastatur ein und klickt wild mit der Maus, aber der Computer reagiert nicht. Das passiert, wenn der Computer von einem Computer-»Virus« *besessen* wird. Der Nutzer hat dann jeglichen Einfluss auf den Computer verloren, der unter der Kontrolle des »Virus« Entscheidungen trifft und seinen eigenen Weg geht. Ich habe soeben die Dynamik beschrieben, durch die die Kraft, die den Gnostikern als Jaldabaoth und die Archonten bekannt ist, den Fünf-Sinne-Verstand vom erweiterten Bewusstsein abschottet, um die Menschheit in der Wahrnehmungssklaverei zu halten.

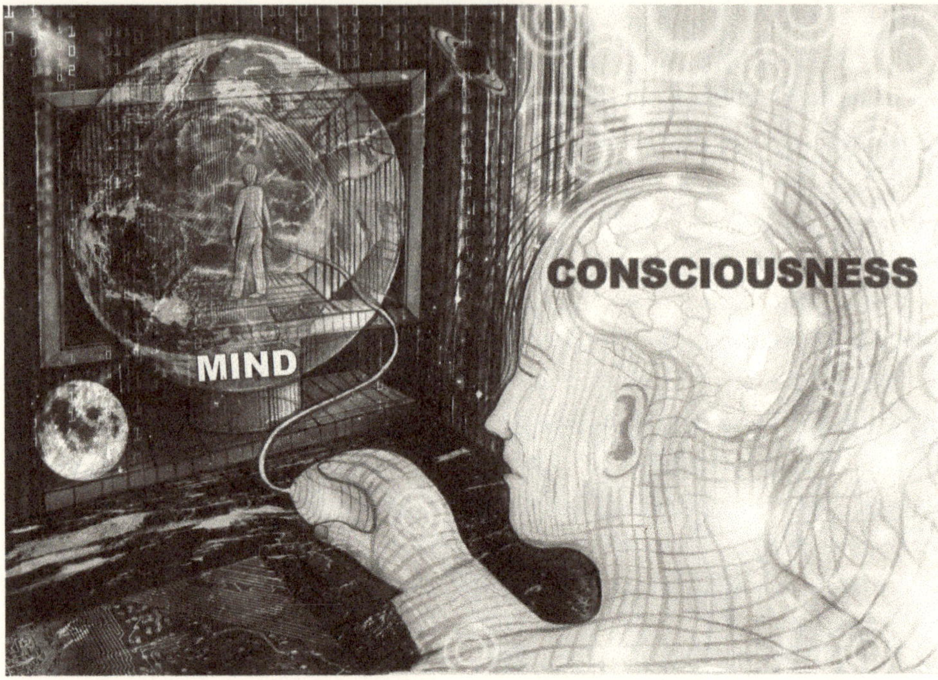

Abb. 20. Das Bewusstseins-»Virus«, über das ich seit Jahrzehnten schreibe, versucht den Fünf-Sinne-Verstand (Computer) vom wahren »Ich« zu isolieren. Bild: Neil Hague

Vor etwa einem Jahr stieß ich auf den Begriff Wetiko der amerikanischen Ureinwohner, der genau das gleiche Phänomen beschreibt. Wetiko ist die Schreibweise, die von den Cree verwendet wird. Es gibt einige Versionen, darunter *wintiko* und *wendigo*, die von anderen Stammesgruppen verwendet werden. Sie schreiben den Namen mit Kleinbuchstaben, aber ich sehe Wetiko als Eigenname wie Archon und bevorzuge die Großschreibung. Entdeckt habe ich Wetiko zum ersten Mal in einem Artikel des Schriftstellers und Forschers Paul Levy, und seine Aussagen decken sich perfekt mit dem, was ich über die Trennung von Computer und seinem Nutzer und später über die Archonten geschrieben habe. Dann las ich Levys faszinierendes Buch *Dispelling Wetiko, Breaking the Spell of Evil* (Wetiko vertreiben, den Bann des Bösen brechen). Die Parallelen zwischen dem, was ich schon lange zuvor festgestellt hatte, und dem indianischen Konzept des Wetiko waren dabei so klar und offensichtlich, dass ich es fast schon merkwürdig fand. Bei Wetiko denkt man sofort an die gnostischen Archonten und die Dschinn, die »Raubtier«-Wesenheiten und an jede andere Bezeichnung für eine Kraft des Bösen, der Umkehrung und des Chaos. Wetiko ist der indianische Name für die Kraft, die den Computer vom Nutzer trennt (siehe

Abbildung 21). Der indianische Autor Jack D. Forbes, ein Mitbegründer der indianischen Kulturbewegung in den 1960er Jahren, schrieb noch ein Buch über Wetiko mit dem Titel *Die Wetiko-Seuche: Eine indianische Philosophie von Aggression und Gewalt*. Forbes sagt, dass Wetiko sich auf eine böse Person oder einen bösen Geist bezieht, »der andere Kreaturen durch schreckliche Taten, einschließlich Kannibalismus, terrorisiert«. Der Zulu-Schamane Credo Mutwa erzählte mir, afrikanische Überlieferungen berichten, dass der Kannibalismus von den Chitauri-Göttern in die Welt gebracht wurde – eine weitere Erscheinungsform von Wetiko. Die Unterscheidung zwischen »böser Person und Geist« bezieht sich auf Archonten/Wetiko, die von einem Menschen Besitz ergreifen und solchen, die als reines Bewusstsein handeln. Wetiko soll eine Krankheit der Seele oder des Geistes sein und ein Zustand des Seins, der nimmt, aber nichts zurückgibt – eine perfekte Beschreibung des Kults und seiner Agenten. Black Hawk, ein Anführer der amerikanischen Ureinwohner, die sich gegen den weißen Landraub verteidigten, sagte, dass die europäischen Invasoren »vergiftete Herzen« hätten – Wetiko-Herzen – und dass dies auf die Gesellschaften der Ureinwohner übergreifen würde.

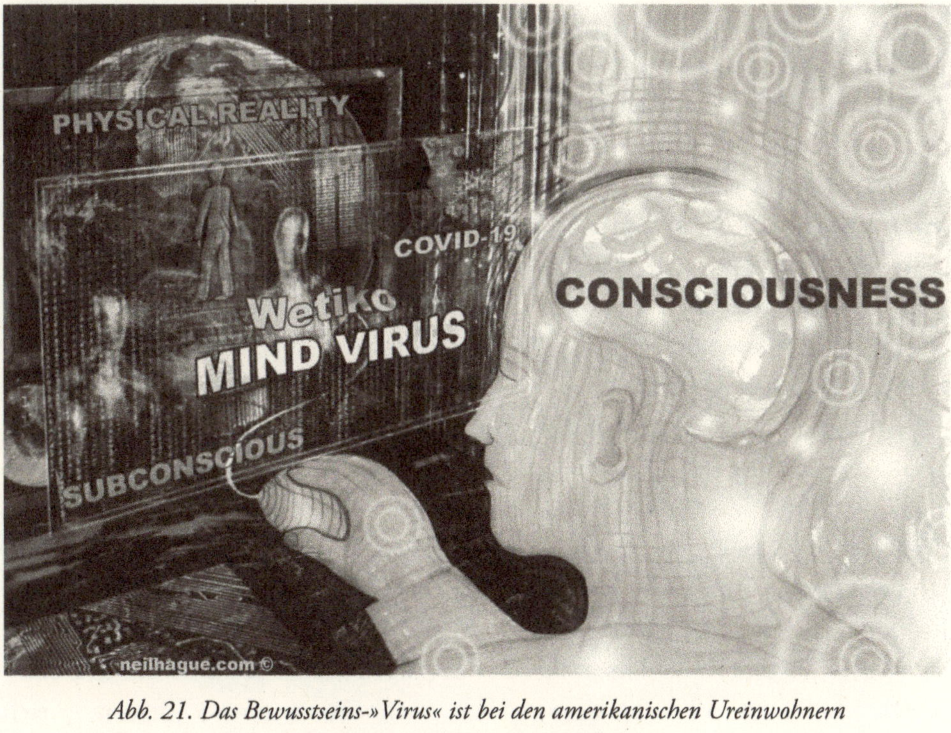

Abb. 21. Das Bewusstseins-»Virus« ist bei den amerikanischen Ureinwohnern als »Wetiko« bekannt. Bild: Neil Hague

Die Erwähnung des Herzens ist sehr bedeutsam, wie wir gleich sehen werden. Forbes schreibt: »Tragischerweise ist die Geschichte der Welt in den letzten zweitausend Jahren zu einem großen Teil die Geschichte der Wetiko-Epidemie und ihrer Ausbreitung.« Ja, aber es begann schon erheblich früher. Forbes hat Recht, wenn er sagt: »Die Wetikos haben Ägypten und Babylon und Athen und Rom und Tenochtitlan [Hauptstadt des Aztekenreichs] zerstört und vielleicht werden sie jetzt die ganze Erde zerstören.« Das Böse, sagte er, ist der Exportschlager Nummer eins einer Wetiko-Kultur – siehe ihre Globalisierung durch »Covid«. Ständiger Krieg, Massenmord, Leiden jeglicher Art, Kindesmissbrauch, Satanismus, Folter und Menschenopfer sind alles Ausdruck von Wetiko und den Wetiko-Besessenen. Die Welt ist manifestiertes Wetiko, *aber das muss sie nicht sein.* Es gibt einen Ausweg aus dieser Situation, selbst jetzt noch.

Der Kult von Wetiko

Wetiko ist die Jaldabaoth-Frequenzverzerrung, die versucht, sich mit dem menschlichen Bewusstsein zu verbinden und es in ihr eigenes zu absorbieren. Sobald diese Verbindung hergestellt ist, kann Wetiko die Wahrnehmungen der Zielperson steuern, von denen diese glaubt, dass sie aus ihrem eigenen Geist stammen. Alle Schrecken der Geschichte und der Gegenwart, von Massenmördern bis hin zu Satanisten, Pädophilen wie Jeffrey Epstein und anderen Psychopathen, sind die Verkörperung von Wetiko und drücken dessen Zustand in all seiner Groteske aus. Der Kult ist die Inkarnation von Wetiko, die Inkarnation von Jaldabaoth, und er versucht, die Assimilierung der gesamten Menschheit durch Wetiko zu erleichtern, indem er die Bevölkerung in niederfrequente Zustände hineinmanipuliert, die seinen eigenen entsprechen. Paul Levy schreibt: »Das Wetiko-Virus ist in der Psyche eines jeden Menschen holografisch verankert, durchdringt das gesamte Bewusstseinsfeld und kann sich daher potenziell in jedem Moment durch jeden von uns manifestieren, wenn wir nicht achtsam sind.« Der »Covid«-Schwindel hat dies bei vielen Menschen erreicht, aber andere sind nicht in Wetikos Frequenzfalle abgerutscht. Die Akteure der menschlichen »Covid«-Katastrophe, darunter Gates, Schwab, Tedros, Fauci, Whitty, Vallance, Johnson, Hancock, Ferguson, Drosten und all die anderen, einschließlich der psychopathischen Psychologen, sind Verkörperungen von Wetiko. Deshalb haben sie auch kein Mitgefühl und keine Empathie – und das, was sie tun, hat für sie keinerlei emotionale Konsequenzen, die sie davon abhalten würden, es zu tun. Schauen Sie sich all die Menschen an, die die Psychopathen in der Regierung gegen die Widerständler unterstützen, obwohl sie damit ihr eigenes Leben und das ihrer Familie schädigen. Man erkennt sofort die Wetiko-Besessenheit bei diesen Menschen, die sie daran hindert, die Lügen zu durchschauen und den offensichtlichen Betrug, der vor sich geht, zu erkennen. *Warum können sie es nicht sehen?* Wetiko lässt es sie nicht sehen. Die Kluft in der Wahrnehmung, die jetzt zu einem Abgrund geworden ist, besteht zwischen den »Wetikosierten« und den »Nicht-Wetikos«.

Paul Levy beschreibt Wetiko auf die gleiche Weise, wie ich seit langem die archontische Kraft beschrieben habe. Sie sind dasselbe verzerrte Bewusstsein, das über die Dimensionen der Realität hinweg agiert: »... der feinstoffliche Körper von Wetiko befindet sich nicht in der dritten Dimension von Raum und Zeit, er existiert buchstäblich in einer anderen Dimension ... Er ist in der Lage, das gewöhnliche Leben zu beeinflussen, indem er auf mysteriöse Weise in unsere dreidimensionale Welt eindringt.« Wetiko tut dies durch seine inkarnierten Vertreter im Kult und indem er sich in das Feld einwebt, das auf unserer Realitätsebene das elektromagnetische Informationsfeld der Simulation oder Matrix ist. Mehr als das, die Simulation ist selbst ein Teil von Wetiko/Jaldabaoth. Caleb Scharf, Direktor des Fachbereichs Astrobiologie an der Columbia University, ist der Meinung, »außerirdisches Leben« könne so hoch entwickelt sein, dass es sich selbst auf die Quantenebene übertragen habe, sodass es zu dem geworden ist, was wir Physik nennen. Die Annahme einer Intelligenz, die von der Feinstruktur des Universums nicht zu unterscheiden sei, würde Scharf zufolge einige der größten Mysterien erklären:

> »Vielleicht sollte man extrem fortgeschrittenes Leben nicht nur in der Außenwelt suchen. Vielleicht sind wir schon die ganze Zeit davon umgeben. Es ist eingebettet in das, was wir unter der Physik an sich verstehen – vom grundlegenden Verhalten der Teilchen und Felder bis zu komplexen Phänomenen und Genesen. [...] Oder anders gesagt: Das Leben ist vielleicht nicht einfach nur in den Gleichungen enthalten. Vielleicht SIND die Gleichungen das Leben [Hervorhebung von mir].«

Scharf sagte, wir würden hoch entwickeltes Leben vielleicht deshalb nicht erkennen, »weil es einen integralen und unverdächtigen Bestandteil dessen bildet, was wir immer als natürliche Welt betrachtet haben«. Ich stimme zu. Wetiko/Jaldabaoth ist die Simulation. Wir befinden uns buchstäblich im Bauch der Bestie. Aber das bedeutet nicht, dass sie uns kontrollieren muss. Wir alle haben die Macht, den Einfluss von Wetiko zu überwinden, und der Kult weiß das. Ich bezweifle, dass er allzu gut schläft – mit diesem Wissen.

Welches Feld?

Ich schlage vor, dass das Ganze folgendermaßen funktioniert: Es gibt zwei Felder. Das eine ist das grelle elektromagnetische Licht der Matrix innerhalb der Lichtgeschwindigkeit, das andere das »wässrige Licht« des Feldes jenseits der Mauern der Matrix, das mit der Großen Unendlichkeit verbunden ist. Der Fünf-Sinne-Verstand und die Dekodierungssysteme des Körpers verbinden uns mit dem Feld des Matrix-Lichts. Das müssen sie auch, sonst könnten wir diese Realität nicht erleben. Der Fünf-Sinne-Verstand erkennt nur das Informationsfeld der Matrix, während unser erweitertes Bewusstsein Teil des Unendlichkeitsfeldes ist. Wenn wir unseren Verstand und vor allem unser Herz für das Unendlichkeitsfeld öffnen, haben wir eine Kontrollinstanz, die uns eine erweiterte Perspektive, einen Fahrplan gibt, um die Natur der Fünf-Sinne-Welt zu verstehen. Wenn wir im Fünf-Sinne-Verstand isoliert sind, gibt es diese Einsatzkontrolle nicht. Dann sind wir auf uns allein gestellt und versuchen, eine Welt zu verstehen, welche uns ständig mit Informationen versorgt, die sicherstellen, dass wir sie nicht verstehen. Menschen in diesem Zustand können sich »verloren« und verwirrt fühlen, ohne Orientierung oder Radar. Diejenigen, die von den Feldern der Großen Unendlichkeit oder dem kleinen Fünf-Sinne-Verstand beeinflusst werden, sind an ihren Auffassungen und ihrem Verhalten in Bezug auf den »Covid«-Schwindel deutlich zu erkennen. Diese Spaltung gab es in der gesamten bekannten Menschheitsgeschichte, mit der Masse der Menschen auf der einen Seite und Einzelnen, die über die Mauern der Simulation hinaus sehen und intuitiv handeln konnten, auf der anderen – Platons Gefangener, der aus der Höhle ausbrach und die Realität als das sah, was sie ist. Solche Menschen wurden von der Obrigkeit, die von Wetiko/Archon besessen ist, schon immer ins Visier genommen, auf dem Scheiterhaufen verbrannt oder als verrückt, schlecht und gefährlich dämonisiert. Der Kult heute und sein globales Netzwerk von »Anti-Hass« und »antifaschistischen« Woke-Gruppen sind allesamt Ausdruck von Wetiko, der mit diesen Netzwerken diejenigen angreift, die die Verschwörung, die »Covid«-Lügen und die »Impfstoff«-Agenda aufdecken.

Woke als Ganzes ist Wetiko, was seine Schwarz-Weiß-Mentalität erklärt und auch, wie sehr es mit dem von Wetiko besessenen Kult eins ist. Paul Levy sagt: »In diesem Paradigma zu sein bedeutet, nach wie vor unter dem Bann der zweiwertigen Logik eines Wetiko-Verstands zu stehen – bei der die Dinge entweder wahr oder falsch sind.« Das Wetiko-Bewusstsein ist in ständiger Wut, also auch das Woke-Bewusstsein, und hinzu kommen noch die Woke-Umkehrung und deren Widersprüchlichkeit. »Antifaschisten« handeln wie Faschisten, weil bei *beiden* Wetiko am Werk ist. Politische Parteien verhalten sich identisch, während sie aus demselben Grund behaupten, sich zu unterscheiden. Geheimgesellschaften und satanische Rituale binden Eingeweihte an Wetiko – und dabei ist Wetiko die kalte, rücksichtslose, psychopathische Mentalität, die die Machtpositionen in der ganzen Welt sichert. Das »Reframing« von »Ausbildungsprogrammen« hat den gleichen kumulativen Effekt der Anhaftung an Wetiko. Deshalb erleben wir Absolventen solcher Programme als Automaten und Roboter mit einem kalten, psychopathischen, gefühllosen Auftreten. Das sind alles Eigenschaften der Besessenheit durch Wetiko. Schauen Sie doch nur, wie oft solche Eigenschaften in diesem Buch und anderenorts in Bezug auf den Personenkreis hinter »Covid« auftauchen, einschließlich der Polizei und der Ärzteschaft. Um in einer Wetiko-Gesellschaft in irgendeinem Beruf aufzusteigen, sind Wetiko-Eigenschaften erforderlich, und das gilt besonders für die Politik, in der es ganz und gar nicht um fairen Wettbewerb und die Vorherrschaft von Ideen geht. In der Politik geht es darum, wie vielen man in den Rücken fallen kann und wie viele einem den Hintern lecken. Das fand seinen Höhepunkt in der globalen »Covid«-Koordination zwischen den Wetiko-Besessenen, die den Schwindel in allen Ländern ohne eine Spur von Empathie und Mitgefühl für ihre Auswirkungen auf die Menschen durchzogen. Unser Sehsinn kann nur die holografische Form erkennen und nicht das Feld, das die holografischen Formen miteinander verbindet. Daher nehmen wir »physische« Objekte mit »Raum« dazwischen wahr. In Wahrheit ist dieser »Raum« Energie/Bewusstsein, das auf mehreren Frequenzen arbeitet. Eine davon ist Wetiko – und diese Frequenz verbindet die Psychopathen des Kults miteinander, diejenigen, die sich den Psychopathen unterwerfen, und diejenigen, die den Psychopathen bei den Medienkampagnen der Welt dienen. Wetiko ist Gates. Wetiko ist der folgsame Maskenträger. Wetiko ist der angebliche Journalist und »Faktenchecker«. Das Wetiko-Feld koordiniert die ganze Sache. Psychopathen, Laufburschen, Medienakteure, »Anti-Hass«-Gruppen, »Faktenchecker« und unterwürfige Menschen arbeiten selbst *ohne menschliche Koordination* als eine Einheit, weil sie mit *demselben* Feld verbunden sind, das alles organisiert (siehe Abbildung 22). Paul Levy beschreibt hier, wie von Wetiko besessene Menschen zusammenfinden und eine Einheit bilden, die sich weigert, dass irgendeine Information ihre starren Wahrnehmungsmuster durchbricht. Er hat das lange vor »Covid« geschrieben, aber ich glaube, Sie werden die Anhänger der »Covid«-Religion doch recht mühelos wiedererkennen:

»Menschen, die die Schwingungsfrequenz von Wetiko channeln, richten sich durch psychische Resonanz aufeinander aus, um ihre unausgesprochene gemeinsame Übereinstimmung zu verstärken und so ihre gestörte Sicht der Realität aufrechtzu-

> erhalten. Sobald ein unbewusster Inhalt von bestimmten Individuen Besitz ergreift, treibt er sie durch gegenseitige Anziehung unwiderstehlich zu Gleichgesinnten und schweißt sie zu Gruppen zusammen, die durch ihren gemeinsamen Wahnsinn verbunden sind und leicht zu einer Lawine des Wahnsinns anschwellen können.
>
> Eine psychische Epidemie ist ein geschlossenes System, das heißt, es ist inselartig und nicht offen für neue Informationen oder informierende Einflüsse aus der Außenwelt, die seiner festen, begrenzten und einschränkenden Perspektive widersprechen.«

Hier haben wir den Woke-Verstand und den »Covid«-Verstand. Aber die Resonanz mit Gleichgesinnten bringt auch die Erwachten zusammen, was heute eindeutig geschieht.

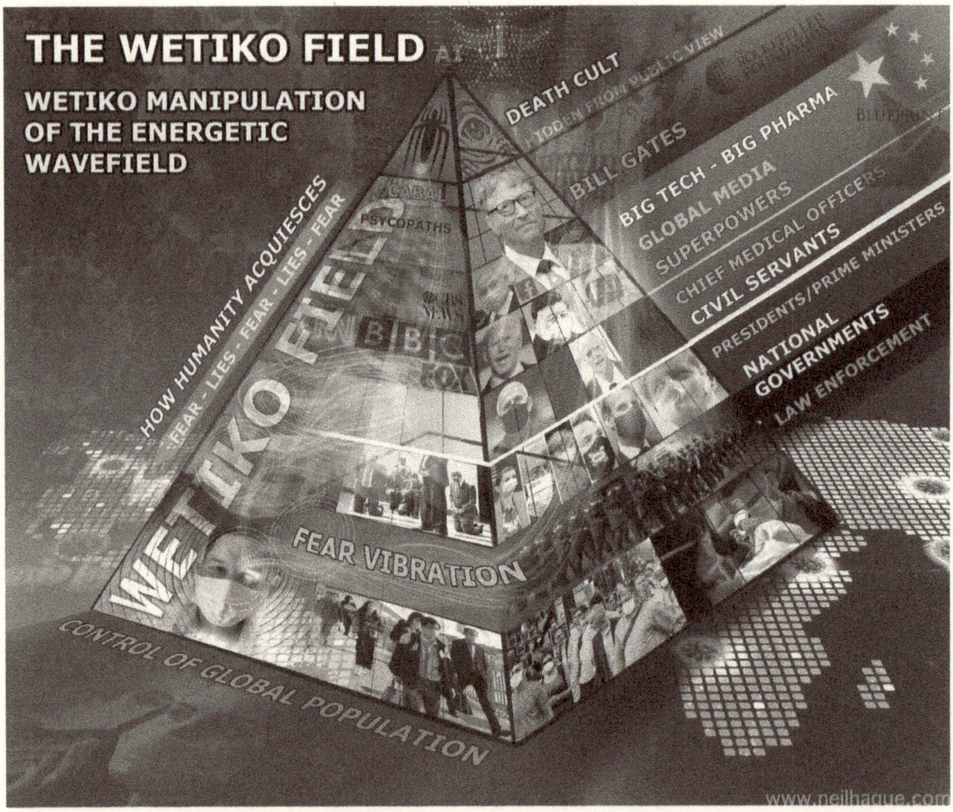

Abb. 22. Das Wetiko-Feld, aus dem sich die Kult-Pyramide und ihr Personal manifestieren. Die einzelnen Ebenen, von der Spitze bis nach unten, sind der Todeskult, Bill Gates, Big Tech und Big Pharma, die weltweiten Medien, Chefarztstellen und Beamtenschaften sowie die Rechtsdurchsetzung der Regierungen. Bild: Neil Hague

Spirituelle Knechtschaft

Wetiko schert sich nicht um Menschen. Es ist nicht menschlich. Es bedient sich der Menschen nur für seine eigenen Zwecke und die Auswirkungen (je nach Ausmaß der Besessenheit) können von extremer Psychopathie bis zu bedingungslosem Gehorsam reichen. Wetikos schlimmster Albtraum ist, dass sich das menschliche Bewusstsein über die Simulation hinaus ausbreitet. Alles ist darauf ausgerichtet, dies durch die Kontrolle der Informationen zu verhindern – und damit durch die Kontrolle der Wahrnehmung und folglich der Frequenz. Das »Bildungssystem«, die Medien, die Wissenschaft, die Medizin, die akademische Welt – sie alle sind darauf ausgerichtet, die Menschheit in einer Fünf-Sinne-Knechtschaft zu halten. Dazu dient auch die ständige Anregung niedrig schwingender mentaler und emotionaler Zustände (siehe »Covid«). Wetiko versucht, die unterbewussten Räume zwischen der Fünf-Sinne-Wahrnehmung und dem erweiterten Bewusstsein zu beherrschen – da, wo der Computer auf den Nutzer trifft. Von diesen unterbewussten Verstecken aus spricht Wetiko zu uns, um Triebe und Wünsche auszulösen, die wir für unsere eigenen halten, und uns in alles, von niedrig schwingenden bis zu psychopathischen Zuständen, hineinzumanipulieren. Erinnern Sie sich daran, dass der Islam die Dschinn als unsichtbare Betrüger beschreibt, die »einflüstern« und verwirren. Wetiko ist der Ursprung des Motivs des »Trickster-Gottes«, das man in allen Kulturen der Welt findet. Dschinn, wie die Archonten, sind Wetiko. Ihre Angst ist, dass die Menschen erwachen und sich wieder mit ihrem wahren Selbst verbinden, denn dann versiegen ihre Energiequellen – die menschlichen Batterien. Damit bricht die Rückkopplungsschleife zwischen Wetiko und der menschlichen Wahrnehmung zusammen, die Wetiko den energetischen Impuls liefert, von dem seine Existenz als Kraft des Bösen abhängt. Die Menschen sind sowohl sein Ziel als auch seine Überlebensquelle, aber nur, wenn wir uns in einem niedrig schwingenden Zustand von Furcht, Hass, Depression und der unterschwelligen Angst befinden, unter der die meisten Menschen leiden. Wir sind das Ziel von Wetiko, weil wir sein Schlüssel zum Überleben sind. Es braucht uns, nicht umgekehrt. Paul Levy schreibt:

> »Der Vampir hat keine intrinsische, unabhängige, substanzielle Existenz an sich, er existiert nur in Beziehung zu uns. Der pathogene, vampirische Bewusstseins-Parasit, der Wetiko genannt wird, ist an sich nichts – er ist nicht in der Lage, aus sich selbst heraus zu existieren –, und doch hat er eine ›virtuelle Realität‹, so dass er unsere Spezies potentiell zerstören kann …
>
> … Die Tatsache, dass ein Vampir nicht von einem Spiegel reflektiert wird, kann auch bedeuten, dass wir sehen müssen, dass da nichts ist, dass es da nichts zu sehen gibt

> außer uns selbst. Die Tatsache, dass Wetiko der Ausdruck von etwas in uns ist, bedeutet, dass das Heilmittel für Wetiko auch in uns selbst liegt. Der entscheidende Punkt ist, dieses Heilmittel in uns zu finden und es dann wirken zu lassen.«

Das Böse zeugt das Böse, denn wenn das Böse sich nicht ständig ausdehnt und neue Quellen der energetischen Versorgung findet, stirbt sein Böses, seine *Verzerrung*, weil es von Gleichgewicht und Harmonie assimiliert wird. Die Liebe ist der Knoblauch für Wetikos Vampire. Das Böse, die Abwesenheit von Liebe, kann in der Gegenwart von Liebe nicht existieren – und deshalb glaube ich, dass ich einen Ausweg aus unserer Situation sehe. Im Laufe der Jahrzehnte habe ich immer wieder betont, dass die Archonten/Wetiko und ihr Kult nicht allmächtig sind. *Sie sind es nicht.* Auch wenn es gerade danach aussieht, selbst jetzt *sind sie es nicht.* Ich habe sie nicht aus Effekthascherei als kleine Jungs in kurzen Hosen bezeichnet. Ich habe es gesagt, weil es wahr ist. Wetikos unstillbares Verlangen nach Macht über andere ist kein Zeichen für seine Allmacht, sondern für seine Unsicherheit. Paul Levy schreibt: »Aufgrund der Urangst, die es letztlich antreibt und die es kultivieren muss, hat Wetiko ein inhärentes und hartnäckiges Bedürfnis nach Zentralisierung von Macht und Kontrolle, um sich eine imaginäre Sicherheit zu verschaffen«. *Jaaaaaaa!* Ganz genau! Warum will Wetiko die Menschen in einem ständigen Zustand der Angst halten? Wetiko selbst besteht aus Angst – und die Liebe lässt es regelrecht vor Angst erstarren. So wie das Böse die Abwesenheit von Liebe ist, so ist die Liebe die Abwesenheit von Angst. Liebe besiegt alles und *insbesondere* Wetiko, der Angst ist. Wetiko brachte die Angst in die Welt, als sie noch nicht da war. Die *Angst* war der »Sündenfall«, der Fall in die niederfrequente Unwissenheit und Illusion – Angst (im Englischen »fear«) ist die **F**alse **E**motion **A**ppearing **R**eal – die falsche Emotion, die als real erscheint. Die Simulation wird von Angst angetrieben und mit Energie versorgt, denn Wetiko/Jaldabaoth (Angst) *sind* die Simulation. Angst ist die Abwesenheit von Liebe und Wetiko ist die Abwesenheit von Liebe.

Wetiko heute

Wir können die aktuellen Ereignisse nun aus dieser Perspektive betrachten. Der »Covid«-Schwindel hat gewaltige Mengen an anhaltender Furcht, Angst, Depression und Verzweiflung erzeugt, die Wetiko gestärkt haben. Kein Wunder, dass Leute wie Gates die Anstifter waren, denn sie sind die Inkarnation Wetikos und zeigen jede Eigenschaft Wetikos in extremer Weise. Sehen Sie nur, wie kalt und gefühllos diese Leute wie Gates und seine

Kumpane sind, wie tot ihre Augen. Das ist Wetiko. Sabbatianer sind Wetiko und alles, was sie kontrollieren, einschließlich der Weltgesundheitsorganisation, Big Pharma und der »Impfstoff«-Hersteller, nationaler »Gesundheits«-Hierarchien, der Konzernmedien, von Silicon Valley, dem Bankensystem und der Vereinten Nationen mit ihrer geplanten Umwandlung in eine Weltregierung. Sie alle werden von der Wetiko-Verzerrung kontrolliert und sind davon besessen, die menschliche Gesellschaft nach ihrem Bild zu verzerren. Mit diesem Wissen stehen wir am Tor zum Verständnis der Welt.

Unterscheidungen nach Rasse, Kultur, Glauben und Sexualität sind Ablenkungsmanöver, um die wirkliche Trennung zwischen denen, die von Wetiko besessen und beeinflusst sind, und denen, die es nicht sind, zu verbergen. Der »Covid«-Schwindel hat beides deutlich ans Licht gebracht. Menschliches Verhalten hat nichts mit Rasse zu tun. Tyrannen und Diktatoren gibt es in allen Farben und Glaubensrichtungen. Was verbindet den US-Präsidenten, der Unschuldige bombardiert, und einen afrikanischen Stamm, der wie in Ruanda einen Völkermord an einem anderen Stamm verübt? Was eint sie? *Wetiko*. Alle Kriege sind Wetiko, jeder Völkermord ist Wetiko, jeder Hunger über Jahrhunderte in einer Welt des Überflusses ist Wetiko. Kinder, die hungrig zu Bett gehen, auch im Westen, sind Wetiko. Die vom Kult erzeugten rassischen Unterscheidungen, die sich auf den Körper konzentrieren, sollen die Realität verschleiern, dass Unterschiede im Verhalten eine Manifestation des Geistes und nicht des Körpers sind. Die Besessenheit von Köperidentität und Gruppenurteilen ist ein Mittel, um die Aufmerksamkeit von der wahren Quelle des Verhaltens abzulenken – dem Geist und der Wahrnehmung. Die Konflikte, die die Woken sowohl innerhalb ihrer selbst als auch in ihren Zielgruppen säen, sind ein Festmahl für Wetiko und verbreiten noch mehr Konfliktstoff für immer mehr Spaltung, Chaos und Angst, von denen Wetiko sich ernährt. Der Kult versucht, die gesamte Menschheit und alle Kinder und Jugendlichen in die Wetiko-Frequenz zu ziehen, indem er sie in Zustände der Angst und Verzweiflung hineinmanipuliert. Sehen Sie sich die vielen Selbstmorde und psychologischen Zusammenbrüche seit dem Frühjahr 2020 an. Die Wetiko-Psychopathen wollen einen Zustand des bedingungslosen Gehorsams gegenüber der Obrigkeit erzwingen, der nichts anderes ist als ein Kanal für Wetiko, um seinen Willen durchzusetzen und die Menschheit zu assimilieren. Wetiko will uns glauben machen, dass Widerstand zwecklos ist, denn es fürchtet Widerstand, aber noch mehr fürchtet es die spielentscheidende Verweigerung der Unterwerfung unter seine Zwangsmaßnahmen. Gewaltsamen Widerstand kann Wetiko nutzen. Gewaltsame Unterdrückung und gewaltsamer Widerstand sind *beide* ein Teil von Wetiko. Einzig die Macht der Liebe mit ihrer Macht des »Nein« wird Wetiko aus unserer Welt fegen. Wetiko und sein Kult wissen das. Sie wollen nur nicht, dass wir das auch wissen.

KI Wetiko

Das bringt mich zur Künstlichen Intelligenz oder KI und zu etwas anderem, von dem die Wetikos nicht wollen, dass wir es wissen. Was ist KI *wirklich*? Man weiß von Computercode-Algorithmen und KI, die aus Daten lernt. Das sind jedoch nur Ablenkungsmanöver, die Vorhut für die echte KI, die sie mit dem menschlichen Gehirn verbinden wollen, wie es von Silicon-Valley-Wetikos wie Kurzweil propagiert wird. Was ist diese KI? Es ist die Frequenz von *Wetiko*, die Frequenz der Archonten. Die Verbindung der KI mit dem menschlichen Gehirn ist die Verbindung mit der Wetiko-Frequenz, um ein Wetiko-Schwarmbewusstsein zu schaffen und die Aufgabe der Assimilation zu vollenden. Dieses Schwarmbewusstsein soll von Israel und China aus gesteuert werden, beide zu hundert Prozent unter Kontrolle der Wetiko-Sabbatianer. Der Assimilationsprozess findet in der »Smart«-Ära, die mit der »Covid«-Ära verschmolzen ist, bereits in jeder Minute statt. Man sagt uns, dass die sozialen Medien den Verstand der jungen Menschen verwirren und ihre Persönlichkeit verändern. Das ist wahr, aber was sind soziale Medien? Schauen Sie sich einmal genauer an, wie sie funktionieren, wie sie Spaltungen und Konflikte schaffen, Feindseligkeit und Grausamkeit, Menschen anvisieren, bis sie zerstört sind. Das ist Wetiko. Die sozialen Medien werden manipuliert, um die Menschen auf die Wetiko-Frequenz einzustimmen, mit all den Tricks der emotionalen Ausbeutung, die von Plattformen wie Facebook und seinem Wetiko-Frontmann Zuckerberg angewandt werden. Facebooks Instagram kündigte eine neue Plattform für Kinder an, um ein gesetzliches Verbot für Kinder- und Jugendliche auf der Hauptplattform zu umgehen. Dies ist eine weitere Wetiko-Ausbeutung und Manipulation von Kindern. Amnesty International verglich den Plan mit dem Angebot der Füchse, den Hühnerstall zu bewachen, und bezeichnete ihn als unvereinbar mit den Menschenrechten. Seit wann haben sich Wetiko oder Zuckerberg (ich wiederhole mich) von so etwas beeindrucken lassen? Würden Brin und Page bei Google, Wojcicki bei YouTube, Bezos bei Amazon und wer auch immer Twitter leitet so handeln, wie sie es tun, wenn sie nicht Wetiko channeln würden? Würden diejenigen, die Technologien aus keinem anderen Grund als zur menschlichen Kontrolle entwickeln, so handeln? Was ist mit denen, die Technologien entwickeln und verkaufen, um Menschen zu töten, und mit den Herstellern von Medikamenten und »Impfstoffen« von Big Pharma, die wissen, dass sie Leben beenden oder zerstören werden? Ein Gedanke, den diese Leute berücksichtigen sollten, ist, dass Sie, wenn Sie Wetiko in einem menschlichen Leben sind, auch auf der »anderen Seite« Wetiko sind, es sei denn, Ihre Frequenz ändert sich, und das kann nur durch eine Änderung der Wahrnehmung geschehen, die zu einer Änderung des Verhaltens führt. Wo Gates auf der anderen Seite landen wird, darüber mag ich nicht nachdenken, obwohl er vielleicht genau dorthin will. Wie auch immer, er wird dorthin gehen. Seine Frequenz wird dafür sorgen.

Die Frequenz-Falle

Ich versuche schon länger zu erklären, dass ein großer Teil der Sucht nach Smartphones und smarten Gadgets darin besteht, dass von ihnen eine Frequenz ausgeht, die den Geist gefangen nimmt. Die Menschen verbringen Ewigkeiten an ihren Handys und nehmen sie kaum eine Minute, nachdem sie sie weggelegt haben, schon wieder zur Hand und das Ganze fängt von vorne an. »Covid«-Lockdowns haben diese Sucht aus offensichtlichen Gründen noch um ein Vielfaches verstärkt. Die Abhängigkeit von übermäßigem Alkoholgenuss und Drogen ist eine weitere Möglichkeit, wie Wetiko das Bewusstsein an sich bindet. Beides sind Symptome einer niedrig schwingenden psychischen Störung, die durch Alkoholismus und Drogensucht noch verstärkt wird. Halten Sie es wirklich für einen Zufall, dass der Zugang dazu so leicht gemacht wird, während pflanzliche Mittel, die Menschen in Bereiche jenseits der Simulation bringen können, verboten und illegal sind? Ich habe mich bereits in anderen Büchern mit der Smartphone-Sucht befasst. Das Ausmaß ist atemberaubend, und dieses Ausmaß der Sucht ist nicht von allein entstanden. Die Tech-Unternehmen, die diese Smartphones herstellen, sind Wetiko und sie haben keine Skrupel, damit selbst den Geist von Kindern zu ruinieren. Wir sehen bei diesen Unternehmen wieder die Wetiko-Wahrnehmungskombination aus psychopathischen Vollstreckern und einer schwachen und sanftmütigen, bedingungslosen Unterwerfung durch das Fußvolk.

Das globale Smart Grid ist das Wetiko Grid und das ist der entscheidende Faktor im Endspiel des Kults um die Weltherrschaft. Die Simulation ist Strahlung und wir werden mit technologischer Strahlung in einem verheerenden Ausmaß überflutet. Wetiko-Betrüger wie Elon Musk dienen den Interessen des Kults, obwohl er ihn gelegentlich kritisiert, um sein Ansehen auf der Straße zu wahren. 5G und andere Formen von WLAN werden vom Weltraum aus in einem Ausmaß auf die Erde gerichtet, der von Tag zu Tag zunimmt. Elon Musks (offizielles) Starlink-Projekt seines Unternehmens Space X ist dabei, Zehntausende von Satelliten in eine niedrige Umlaufbahn zu bringen, um jeden Zentimeter des Planeten mit 5G und anderen WLAN-Funktionen zu versorgen und so Kurzweils globale »Cloud« zu schaffen, an die der menschliche Geist schon bald angeschlossen werden soll. SpaceX hat eine Genehmigung für den Betrieb von zwölftausend Satelliten, von denen zum Zeitpunkt der Erstellung dieses Manuskriptes bereits mehr als 1.300 gestartet sind, und weitere *dreißigtausend* sind beantragt. Andere Betreiber auf dem Markt für WLAN, 5G und Satelliten mit niedriger Umlaufbahn sind OneWeb (Großbritannien), Telesat (Kanada) und AST & Science (USA). Musk sagt uns, dass KI das Ende der Menschheit bedeuten könnte, und gründet dann ein Unternehmen namens Neuralink, um das menschliche Gehirn mit Computern zu verbinden. Musks Unternehmen Tesla baut Elektroautos und die fahrerlosen Fahrzeuge des intelligenten Kontrollnetzes. Unter den Betrügern und Schwindlern gehört Elon Musk meiner Meinung nach zur ersten Liga.

5G und technologische Strahlung im Allgemeinen wirken zerstörerisch auf die menschliche Gesundheit, die Genetik und Psyche. Die zunehmende Stärke der künstlichen Strahlung stabilisiert die Fünf-Sinne-Wahrnehmungsblasen, die selbst schon ein Produkt von Strahlung oder Elektromagnetismus sind. Der Freiheitsaktivist John Whitehead hatte so recht mit seinem Ausspruch »Databit für Databit bauen wir unsere eigenen elektronischen Konzentrationslager«. Das Smart Grid und 5G sind Mittel, den menschlichen Geist zu kontrollieren und Wahrnehmungsinformationen in das Feld einzuspeisen, um jeden zu beeinflussen, der mit seiner Frequenz synchron ist. Sie können Wahrnehmung und Verhalten massenhaft verändern, wenn es gelingt, die Bevölkerung in diese Frequenzbereiche hineinzumanipulieren, und das geschieht heute überall um uns herum. Die Arroganz von Musk und seinen Mitstreitern im Kult kennt keine Grenzen, genau wie bei Gates. Musks Satelliten sind bereits so zahlreich, dass sie den Sternenhimmel über der Erde zu verändern beginnen. Astronomen haben sich darüber beschwert, aber das ist noch nichts im Vergleich zu dem, was uns in den nächsten Jahren erwartet. Einige Folgen von Musks Wetiko-Hybris sind Strahlung, sichtbare Verschmutzung des Nachthimmels, Beeinträchtigung von Astronomie und Meteorologie, Boden- und Wasserverschmutzung durch die intensive Nutzung von immer mehr Weltraumbahnhöfen, Anhäufung von Weltraummüll, kontinuierliches Deorbiting und Verglühen alternder Satelliten, wodurch die Atmosphäre mit giftigem Staub und Rauch verschmutzt wird, und die immer größere Wahrscheinlichkeit von Kollisionen. In einem öffentlichen Beschwerdebrief an Musk heißt es:

> »Wir schreiben Ihnen ... weil SpaceX dabei ist, die Erde mit einem Netzwerk von Tausenden von Satelliten zu umgeben, deren Zweck es ist, jeden Quadratzentimeter der Erde zu bestrahlen. SpaceX, wie alle anderen auch, behandelt die Strahlung so, als gäbe es sie gar nicht. Als wären die Mitochondrien in unseren Zellen nicht darauf

> angewiesen, dass sich die Elektronen ungestört von der Nahrung, die wir verdauen, zum Sauerstoff, den wir atmen, bewegen.
>
> Als wären unser Nervensystem und unser Herz nicht wie jedes elektronische Gerät auch von Hochfrequenzstörungen betroffen. Als wären Krebs, Diabetes und Herzkrankheiten, an denen heute ein Großteil der Weltbevölkerung leidet, nicht Stoffwechselkrankheiten, die auf Störungen unserer Zellfunktionen zurückzuführen sind. Als würden die überall betroffenen Insekten und die Vögel und Tiere, die sie fressen, im Endergebnis nicht verhungern.«

Menschen wie Musk und Gates glauben in ihrer grenzenlosen Wetiko-Arroganz, dass sie mit der Welt machen können, was sie wollen, weil sie ihnen gehört. Die Folgen für die Menschheit sind irrelevant. Wenn man bedenkt, wohin das führt, ist es absolut an der Zeit, dass wir uns das von diesen selbsternannten Herren der Erde nicht länger gefallen lassen.

Warum ist der Kult so menschenfeindlich?

Diese Frage höre ich oft: Warum sollten sie das tun, wenn sie sich damit doch nur selbst schaden? Aber tun sie das? Und wer sind überhaupt *sie*? Vergessen Sie deren Körper. Diese Leute sind nur Vehikel für das Wetiko-Bewusstsein. Wenn man das Ganze auf das Wesentliche herunterbricht, haben wir es mit einem extrem deformierten Bewusstsein zu tun, das andere Bewusstseine assimilieren will. Der Rest sind Details. Die Simulation ist eine Fliegenfalle, in der die spezifischen Wahrnehmungen der fünf Sinne einen Kreislauf der Abhängigkeit erzeugen, der Reinkarnation genannt wird. Ein abtrünniger Denker sieht, dass alles, was in unserer Realität geschieht, eine kleinere Version des Ganzen ist, entsprechend dem holografischen Prinzip. Die Abhängigkeit von der Strahlung aus smarter Technologie ist nur eine andere Version der Abhängigkeit von der Gesamtsimulation. Die Verbindung des Körpers/Gehirns mit der KI bringt diese Sucht einen riesigen Schritt weiter Richtung permanenter totaler Kontrolle, bei der das menschlich inkarnierte Bewusstsein in Wetiko assimiliert wird. Ich habe während des »Covid«-Schwindels beobachtet, wie viele Menschen sich immer stärker an Wetikos Wahrnehmungsmuster der aggressiven Reaktion auf jede andere Sichtweise (»Es gibt keinen anderen Gott außer mir«), des psychopathischen Mangels an Mitgefühl und der Empathie sowie der unterwürfigen Hingabe an das Narrativ und den Willen der Autorität gewöhnt haben.

Wetiko steht für die Psychopathen *und* die Unterwerfung unter die Psychopathen. Der Kult von Wetiko ist so menschenfeindlich, weil er *nicht* menschlich ist. Sein Ziel besteht darin, den Menschen zu vernichten, indem er alles ins Visier nimmt, was es bedeutet, ein Mensch zu sein und als Mensch zu überleben. »Covid« ist dabei nicht das Ziel, sondern nur ein Mittel zum Zweck.

Der Kult mit seinem Wetiko-Bewusstsein versucht, die Systeme der Erde, einschließlich der Atmosphäre, so zu verändern, dass sie zu Wetiko passen, nicht zu den Menschen. Allein das zunehmende Bombardement mit 5G, terrestrisch und aus dem Weltraum, verändert das Feld, mit dem die fünf Sinne interagieren, schon dramatisch. Das wird immer weitergehen, solange wir auf unserem Hintern sitzen bleiben und hoffen, dass alles ein Ende nimmt. Es ist nicht vorgesehen, dass es verschwindet. Es ist dazu bestimmt, immer extremer zu werden, und wir müssen uns dem stellen, solange wir es noch können – ganz einfach.

Kohlendioxid ist das Gas des Lebens. Ohne dieses Gas ist es aus und vorbei für den Menschen. Erledigt, weg, Geschichte. Keine natürliche Welt mehr, kein Mensch mehr. Der Kult hat eine Lügengeschichte über Kohlendioxid und den Klimawandel erfunden, um die Reduzierung des Kohlendioxids zu rechtfertigen, und sie gehen dabei sogar so weit, dass Gates und der ignorante Biden-»Klimachef« John Kerry es aus der Atmosphäre saugen wollen. Kerry hat das vor, weil sein Meister Gates es so will. Die Wetikos haben das Gas des Lebens zu einem Dämon gemacht, mit der üblichen Unterstützung der Woken von Extinction Rebellion und ähnlichen Organisationen sowie des verwirrten Marionettenkindes Greta Thunberg, das von Klaus Schwab und dem Weltwirtschaftsforum auf die Weltbühne gehievt wurde. Der Name Extinction Rebellion ist sowohl ironisch als auch, wie immer, eine Wetiko-Umkehrung. Das Gas, das wir zum Überleben brauchen, muss *reduziert* werden, um uns vor dem Aussterben zu bewahren? Das grundlegendste Bedürfnis des Menschen ist Sauerstoff – und wir haben jetzt Milliarden, die mit Gesichtswindeln herumlaufen und Körper und Gehirn diese wesentliche Voraussetzung für die menschliche Existenz entziehen. Darüber hinaus interagiert 5G im 60 Gigahertz-Bereich mit dem Sauerstoffmolekül und verringert die Menge an Sauerstoff, die der Körper in den Blutkreislauf aufnehmen kann. Die offensichtlichen Auswirkungen auf die Atmung, die kognitiven Fähigkeiten und das Leben selbst bedürfen wohl keiner weiteren Erklärung. Psychopathen wie Musk bauen ein globales System von Satelliten auf, um die menschliche Atmosphäre mit diesem Irrsinn zu überfluten. Der Mann sollte im Gefängnis sitzen. Es geht hier darum, dass zwei menschliche Grundbedürfnisse abgebaut werden – Sauerstoff und Kohlendioxid.

Zwei andere, Wasser und Nahrung, werden ähnlich behandelt, da die Vereinten Nationen mit den Agenden 21 und 2030 – dem »Great Reset« – planen, die gesamte Wasser- und Nahrungsmittelversorgung zentral zu kontrollieren. Den Menschen wird nicht einmal mehr das Regenwasser gehören, das auf ihr Land fällt. Die Ernährung wird durch die Verringerung des Kohlendioxids auf elementarer Ebene beeinflusst. Gentechnisch veränderte Organismen (GVO) dringen massenhaft in die Nahrungskette ein, Pestizide und Herbizide verschmutzen die Luft und zerstören den Boden. Süßwasserfische, die Existenzgrundlage für sechzig Millionen Menschen sind und Hunderte von Millionen Menschen weltweit ernähren, werden nach Ansicht der Naturschützer »kaum beachtet«, während der Klimawandel das einzige Thema ist. Jetzt wollen Gates und Schwab die derzeitigen Nahrungsquellen ganz abschaffen und sie durch eine synthetische Version ersetzen, die der Wetiko-Kult in Bezug auf die Produktion und die Frage, wer bekommt zu essen und wer nicht, kontrollieren würde. Wir befinden uns seit mehr als sechzig Jahren auf den totalitären Schleichwegen dorthin, denn die Lebensmittel werden immer mehr aufbereitet und mit chemischem Dreck versetzt, so dass sie heute überhaupt keine natürlichen Lebensmittel mehr sind. Wie Dr. Tom Cowan sagt: »Wenn es ein Etikett hat, essen Sie es nicht.«

Bill Gates ist heute der größte Besitzer von Ackerland in den Vereinigten Staaten, und der tut nichts ohne einen Hintergedanken, der mit dem Kult zu tun hat. Klaus Schwab schreibt: »Um die Welt in den nächsten fünfzig Jahren zu ernähren, müssen wir so viele Nahrungsmittel produzieren, wie in den letzten zehntausend Jahren erzeugt wurden … Ernährungssicherheit wird jedoch nur erreicht werden, wenn die Vorschriften für gentechnisch veränderte Lebensmittel angepasst werden, um der Tatsache Rechnung zu tragen, dass die Genmanipulation eine präzise, effiziente und sichere Methode zur Verbesserung von Nutzpflanzen darstellt.« Lügner. Die Menschen und die Welt werden durch Impfstoffe, Chemtrails, Lebensmittel, Getränkedosen und unzählige andere Quellen mit Aluminium belastet, obwohl Aluminium mit vielen Gesundheitsproblemen in Verbindung gebracht wird, einschließlich Demenz, die Jahr für Jahr zunimmt. Insekten, Bienen und Wildtiere, die für die Nahrungskette unverzichtbar sind, werden durch Pestizide, Herbizide und Strahlung ausgelöscht, die mit 5G dramatisch zunimmt und mit 6G und 7G noch weiter zunehmen wird. Die bestäubende Bienenpopulation wird vernichtet, während das natürliche Radar von Wildtieren wie Vögeln, Delfinen und Walen durch die Auswirkungen der ständig zunehmenden Strahlung blockiert wird. Früher waren im Sommer die Windschutzscheiben mit Insekten bespritzt, so zahlreich waren sie. Das ist jetzt nicht mehr der Fall. Wo sind sie geblieben?

Alles synthetisch

Der Kult führt gentechnisch veränderte Versionen von Bäumen, Pflanzen und Insekten ein. Dazu gehört auch ein von Gates finanziertes Projekt, bei dem Hunderte von Millionen gentechnisch veränderter, im Labor manipulierter und patentierter männlicher Moskitos freigesetzt werden, um sich mit wilden Moskitos zu paaren und genetische Fehler zu verursachen, die sie aussterben lassen. Klinisch unzurechnungsfähige, von Gates finanzierte japanische Forscher haben Moskitos entwickelt, die Impfstoffe verbreiten und als »fliegende Impfungen« bezeichnet werden. Gates finanziert die Veränderung von Wettermustern, teilweise um den Mythos zu verkaufen, dass dies durch Kohlendioxid verursacht wird, und er finanziert Geo-Engineering am Himmel, um die Atmosphäre zu verändern. Einiges davon kam mit dem von Gates unterstützten Plan ans Licht, Tonnen von Kreide in die Atmosphäre zu blasen, um »die Sonne abzuschirmen und den Planeten herunterzukühlen«. Dieser Vorschlag ist erstaunlich, weil die erwärmende Wirkung der Sonne in den Klimamodellen, die sich auf Kohlendioxid konzentrieren, weitgehend ignoriert wird. Der Grund dafür ist, dass man das Kohlendioxid reduzieren will (und deshalb die Sonne nicht erwähnt), aber gleichzeitig die Wirkung der Sonne reduzieren will, die für das menschliche Leben und die Gesundheit so wichtig ist. Ich habe die Verbindung zwischen Sonne, Cholesterin und Vitamin D bereits erwähnt. Die Sonne wird mit Warnungen vor Hautkrebs verteufelt (der tatsächlich durch die Chemikalien in der Sonnencreme verursacht wird, die Sie auftragen sollen). Am anderen Ende dieser Vorgehensweise steht die Aufforderung zur Einnahme von Statin-Medikamenten für die Senkung des Cholesterins, mit dem das Sonnenlicht in Vitamin D umgewandelt wird. Ein Mangel an Vitamin D führt zu einer langen Liste gesundheitlicher Schäden. Man kann sich leicht vorstellen, wie sehr der Vitamin-D-Spiegel gesunken sein muss, seit die Menschen wegen »Covid« zu Hause interniert sind. Gates finanziert aber auch noch andere Formen des Geo-Engineerings und vor allem Chemtrails, die Schwermetalle, Aluminium und selbstreplizierende Nanotechnologie auf die Erde abwerfen und damit die natürliche Welt zerstören. In *Alles, was Sie wissen sollten, Ihnen aber nie jemand erzählt hat* finden Sie detaillierte Hintergründe dazu.

Alle menschlichen Lebensgrundlagen werden von einer nichtmenschlichen Macht zur Zerstörung ins Visier genommen. Der Wetiko-Kult hat mit der Umwandlung des menschlichen Körpers von biologisch zu synthetisch-biologisch begonnen, wie ich bereits erklärt habe. Das Biologische wird durch das Künstliche und Synthetische ersetzt – archontische »Nachahmungstäuschung« – quer durch die menschliche Gesellschaft. Der Plan sieht vor, den menschlichen Körper ganz abzuschaffen und das menschliche Bewusstsein – das bis dahin nicht mehr wirklich vorhanden ist – in den Cyberspace (die Simulation, die Wetiko/Jaldabaoth ist) zu integrieren. Die Vorbereitungen dafür sind bereits im Gange, man muss nur hinschauen. Die alternativen Medien warnen zu Recht vor dem Globalismus und »den Globalisten«, aber das hier ist weit mehr als das und bedeutet das Ende der menschlichen Rasse, wie wir sie kennen. Die »schlechte Kopie« der primären Realität, die die Gnostiker beschreiben, war zu Beginn eine schlechte Kopie von Harmonie, Wunder und Schönheit, bevor Wetiko/ Jaldabaoth sich daran machte, die simulierte »Kopie« in etwas ganz anderes zu verwandeln. Der Prozess verlief anfangs langsam. Die gefangenen Menschen in der Simulationszeitlinie hatten kein technologisches Bewusstsein und mussten erst auf ein gewisses intellektuelles Niveau gehievt werden, während sie gleichzeitig geistig soweit unterdrückt wurden, dass sie ihr eigenes Gefängnis bauten, ohne es zu bemerken. Wir haben nun das Stadium erreicht, in dem der technologische Intellekt das Potenzial hat, uns zu zerstören, und das ist der Grund, warum die Ereignisse so schnell voranschreiten. Der mittelamerikanische Schamane Don Juan Matus sagte:

> »Denk einen Augenblick nach und sag mir, wie du den Widerspruch zwischen der Intelligenz des Menschen als Techniker und der Dummheit des Systems seiner Überzeugungen erklärst, oder der Dummheit seines widersprüchlichen Verhaltens. Zauberer glauben, dass die Räuber uns unsere Glaubenssysteme, unsere Vorstellungen von Gut und Böse, unsere gesellschaftlichen Sitten gegeben haben. Sie sind diejenigen, die unsere Träume von Erfolg oder Misserfolg festgelegt haben. Sie haben uns Begehrlichkeit, Gier und Feigheit gegeben. Es ist das Raubtier, das uns selbstgefällig, eingefahren und egomanisch macht.
>
> Um uns gehorsam, sanftmütig und schwach zu halten, hat sich das Raubtier auf ein großartiges Manöver eingelassen – großartig natürlich aus der Sicht eines Kampfstrategen; ein entsetzliches Manöver aus der Sicht derer, die es erleiden. Es hat uns seinen Verstand gegeben. Der Verstand des Raubtiers ist barock, zwiespältig, düster und erfüllt von der Angst, jeden Moment enttarnt zu werden.«

»Raubtier« steht für Wetiko, Archonten, Jaldabaoth, Dschinn und all die anderen Versionen desselben Phänomens in Kulturen und Religionen auf der ganzen Welt. Das Motiv ist immer das Gleiche, denn es handelt sich um etwas Wahres und sehr Reales. Wir haben den Punkt erreicht, an dem wir uns damit auseinandersetzen müssen.

Die Frage ist nur – wie?

Kämpfen Sie nicht – gehen Sie aus dem Weg!

Ich dachte, ich verwende eine kontroverse Zwischenüberschrift, um die Dinge in Bezug auf unsere Antwort auf den globalen Faschismus klarzustellen. Was meine ich mit »nicht kämpfen«? Was meine ich mit »aus dem Weg gehen«? Wir müssen kämpfen. Wir können nicht einfach weglaufen. Nun, das hängt davon ab, was wir mit kämpfen und aus dem Weg gehen meinen. Wenn wir mit Kämpfen einen physischen Kampf meinen, dann spielen wir Wetikos Spiel mit und tappen in seine Falle. Er will, dass wir wütend und aggressiv werden und unseren Hass und unsere Feindseligkeit auf den Feind richten, von dem wir glauben, dass wir ihn bekämpfen müssen. Jeder Krieg, jede Schlacht, jeder Konflikt wurde mit Wetiko als Anführer beider Seiten geführt. Das ist es, was es tut. Wetiko will einen Kampf, überall, an jedem Ort. Schlag mich, mein Sohn, damit ich dich zurückschlagen kann. Wetiko schlägt Wetiko und Wetiko schlägt Wetiko zurück. Wie Sie sehen können, nehme ich kein Blatt vor den Mund, wenn es darum geht, den Wetiko-Kult bloßzustellen, aber ich hasse die Wetikos nicht. Ich weigere mich, sie zu hassen. Denn das ist es, was sie wollen. Was man hasst, wird man. Was man *bekämpft*, wird man selbst. Woke, »Anti-Hasser« und »Antifaschisten« beweisen dies jedes Mal, wenn sie nach ihren Tastaturen greifen oder ihre Sturmhauben aufsetzen. Mit »aus dem Weg gehen« meine ich, sich von Wetiko zu lösen, was bedeutet, nicht mehr mit seiner Tyrannei zu kooperieren. Paul Levy sagt über Wetiko:

> »Der Weg, das Böse zu ›besiegen‹, besteht darin, nicht zu versuchen, es zu zerstören (denn wenn wir das Spiel des Bösen spielen, haben wir bereits verloren), sondern vielmehr darin, den unverwundbaren Ort in uns selbst zu finden, an dem das Böse uns nicht besiegen kann – so können wir unseren Kampf mit dem Bösen wirklich gewinnen.«

Wetiko ist in der menschlichen Gesellschaft allgegenwärtig und seit dem »Covid«-Schwindel auf Steroiden. Bei jedem Streit um das Tragen von Masken trägt Wetiko eine Maske und es trägt keine. Es ist ein elektrischer Schaltkreis von Plus und Minus, Plus und Minus, wobei Wetiko die Spannung und den Widerstand auslöst. Jede Polarität bedeutet, dass Wetiko stärker wird. Die Wörterbuchdefinition von »Widerstand« beinhaltet »sich widersetzen, sich weigern, etwas zu akzeptieren oder zu befolgen« und das Wort, auf das Sie sich konzentrieren sollten, ist »widersetzen«. In welcher Form geschieht dies – durch das Anzünden von Polizeiautos oder durch die Weigerung, etwas zu akzeptieren oder zu befolgen? Ersteres ist Wetiko, das sich

Wetiko widersetzt, während das zweite den Weg nach vorne weist. Das ist der Unterschied zwischen denjenigen, die aggressiv fordern, dass dem Faschismus der Regierung gehorcht werden muss, und der Mehrheit der Widerständler, die dazu im krassen Gegensatz stehen. Wir haben dies deutlich bei einem Marsch von Tausenden aus dem Widerstand gegen den Lockdown in London gesehen, dem Tage später ein von Woken veranstalteter Protest in Bristol folgte, bei dem Polizeiautos in Brand gesetzt wurden. Masken waren in London praktisch nicht vorhanden und in Bristol weit verbreitet. Wetiko will den Lockdown auf allen Ebenen der Gesellschaft und lässt seine Aggressionen durch seine unwissenden Handlanger in die Polizei einfließen. Die Anti-Lockdown-Demonstranten sind diejenigen mit den lächelnden Gesichtern und den Umarmungen. Diese beiden offenkundigen Haltungen – die von Tag zu Tag deutlicher werden – sind das Resultat davon, dass die Woken und ihresgleichen immer mehr von Wetikos Simulationsfeld beeinflusst werden und die im Widerstand immer mehr vom Feld einer weit höheren Schwingung jenseits der Simulation. Wetiko kann nicht in das Herz eindringen, aus dem heraus die meisten Lockdown-Gegner handeln. Es ist das Herz, das es ihnen ermöglicht, die Lügen zu durchschauen und die Wahrheit zu erkennen, wie ich noch zeigen werde.

Ein Renegaten-Geist weiß, dass Gelassenheit die Quelle ist, aus der Weisheit entspringt. In einem Wutausbruch werden Sie keine Weisheit finden, und Weisheit ist das, was wir jetzt in Hülle und Fülle brauchen. Gelassenheit ist keine Schwäche – Sie müssen nicht lauthals schreien, um stark zu sein. Gelassenheit ist in der Tat ein Zeichen von Stärke. »Nein« bedeutet, dass ich es nicht tue. *NEIIIIIN!!!* bedeutet nicht, dass man sich noch mehr verweigert. Lautstärke gibt dem »Nein – ich tue es nicht« keine zusätzliche Kraft. Sie tun es einfach nicht. Von Wetiko Besessene und Beeinflusste wissen nicht, wie sie damit umgehen sollen. Wetiko will einen Kampf und wir sollten ihm keinen geben. Was er mehr als alles andere braucht, ist unsere Kooperation, und die sollten wir ihm auch nicht geben. Massenkundgebungen und Märsche sind großartig, weil sie eine visuelle Darstellung von Gefühlen sind, aber wenn das alles ist, sind sie irrelevant. Sie verlangen, dass die Wetikos anders handeln? Nein, das werden sie nicht, richtig? Es sind Wetikos. Wir brauchen unsere Zeit nicht mit Forderungen zu verschwenden, die nicht erfüllt werden. Das macht keinen Unterschied. Wir müssen die Mittel beseitigen, die es den Wetikos *ermöglichen,* uns zu schaden. Und das wichtigste davon ist unsere Kooperation. Sie können verlangen, dass ein Kind nicht mehr mit einer Zwille auf den Hund schießt, oder Sie können sich weigern, die Zwille zu kaufen. Wenn Sie die Mittel zur Verfügung stellen, kooperieren Sie damit, dass der Hund eine Erbse auf die Nase bekommt. Wie können die Behörden das Tragen von

Masken erzwingen, wenn sich Millionen im betreffenden Land weigern? Was wäre, wenn die 74 Millionen Widerstandleistenden, die 2020 für Trump gestimmt haben, sich weigerten, Masken zu tragen, ihre Geschäfte zu schließen oder in ihren Häusern zu bleiben? Dann wären solche Maßnahmen nicht durchsetzbar. Die wenigen kontrollieren die vielen durch die Willfährigkeit der vielen. Das war schon immer die Dynamik, ob es sich um »Covid«-Vorschriften oder das Römische Reich handelt. Ich weiß, dass es für viele Menschen angsteinflößend ist, sich einer Autorität zu widersetzen oder in einer Menschenmenge aufzufallen, weil man der Einzige ist, der sein Gesicht zeigt; aber es muss getan werden oder es ist vorbei.

Ich hoffe, ich habe in diesem Buch deutlich gemacht, dass uns eine Zukunft erwartet, die noch viel angsteinflößender sein wird, als es die Vorstellung für uns sein mag, jetzt aufzustehen und »Nein« zu sagen – ich werde bei meiner eigenen Versklavung und der meiner Kinder jedenfalls nicht mitmachen. Für einige mag das anfangs Konsequenzen haben, aber nicht, wenn genug das Gleiche tun. Die Frage, die wir uns stellen müssen, lautet: Was wird geschehen, wenn wir es nicht tun? Es ist an der Zeit, stark zu sein, und zwar unnachgiebig. Nein heißt Nein. Nicht hier und da, sondern überall und *immer*. Ich habe mich geweigert, eine Maske zu tragen und all dem anderen Unsinn zu gehorchen. Ich werde mich der Tyrannei nicht beugen. Ich wiederhole: Der Faschismus wird nicht von Faschisten eingeführt – es gibt nie genug von ihnen. Der Faschismus wird von der Bevölkerung eingeführt, die sich dem Faschismus unterwirft. *Ich werde das nicht tun.* Vorher werde ich sterben, oder vielleicht mein Körper. Sanftmütig unter dem Faschismus zu leben ist ohnehin eine Form des Todes, der Tod des Geistes, wie ihn Martin Luther King beschrieben hat.

Die Dinge zum Laufen bringen

Wir dürfen nicht verzweifeln. Es ist erst vorbei, wenn es vorbei ist, und das ist es noch lange nicht. Der Tenor steht auf der Bühne, aber er kann sich immer noch weigern zu singen. Je länger der »Covid«-Schwindel andauert und immer mehr Menschenleben in Mitleidenschaft zieht, desto mehr Menschen auf der ganzen Welt wachen auf und erkennen, dass die Welt nicht so ist, wie sie ihr Leben lang geglaubt haben. Eine Studie, die im Februar 2021 von der Universität Bristol und dem King's College London veröffentlicht wurde, kommt zu dem Schluss: »Einer von elf Menschen in Großbritannien sagt, dass er David Ickes Ansichten über die Coronavirus-Pandemie vertraut.« Inzwischen werden es mehr sein und wir können auf diesen Zahlen aufbauen. Wir müssen dringend dazu übergehen, den Betrug zu erkennen und nicht länger mit ihm zu kooperieren. Der prominente deutsche Rechtsanwalt Reiner Fuellmich, der auch in Amerika als Anwalt zugelassen ist, leistet hervorragende Arbeit, indem er den juristischen Weg beschreitet, um die Psychopathen durch ein zweites Nürnberger Tribunal für Verbrechen gegen die Menschlichkeit vor Gericht zu bringen. Fuellmich hat eine beeindruckende Erfolgsbilanz, wenn es darum geht, die Elite vor Gericht zu schlagen. Er hat den deutschen Corona-Untersuchungsausschuss gegründet, um zivilrechtliche Klagen gegen die Hauptverantwortlichen zu erheben, mit dem Ziel, eine strafrechtliche Anklage zu erreichen. Am wichtigsten ist, dass er die Grundlage des Schwindels erkannt hat – den PCR-Test, der nicht auf das »Virus« testet – und deshalb steht Christian Drosten jetzt in der Anklageschrift, zusammen mit dem Gates-Frontmann Tedros von der Weltgesundheitsorganisation. Es darf nicht sein, dass die Hauptakteure ihren Terror über die Menschheit bringen, ohne zur Rechenschaft gezogen zu werden. Bill Gates und der ganze Rest müssen lebenslänglich bekommen. Eine Gruppe von Forschern hat auch die norwegische Regierung wegen Verbrechen gegen die Menschlichkeit angezeigt und Kopien der Anzeige an die Polizei und den Internationalen Strafgerichtshof geschickt. Die Klage betrifft die Beteiligung an einer international geplanten vorgetäuschten Pandemie und die Verletzung des Völkerrechts sowie der Menschenrechte und beruft sich auf die Definition der Menschenrechte durch die Europäische Kommission, die Nürnberger und Haager Regeln zu den grundlegenden Menschenrechten und die norwegische Verfassung. Wir müssen von jetzt an die Initiative ergreifen und dürfen nicht länger nur jammern und protestieren.

Es gibt praktische Möglichkeiten, die lebenswichtige massenhafte Verweigerung zu unterstützen. Organisation in großer Zahl ist eine davon. Die Lockdown-Märsche in London im Frühjahr 2021 waren eine massenhafte Verweigerung, die die Behörden nicht verhindern konnten. Es waren einfach zu viele Menschen. Hunderttausende marschierten in London kilometerlang in der Mitte der Straße, während die Gesichtswindelträger nur zuschauen konnten. Diese Protestierenden waren entschlossen, aber ruhig und *taten* es einfach, ohne Hysterie und mit viel Lächeln. Die Polizei war ohnmächtig. Andere organisieren Gruppeneinkäufe ohne Masken zur gegenseitigen Unterstützung – und stellen Sie sich vor, das würde überall passieren. Es wäre unmöglich, das zu kontrollieren. Wenn das Geschäft sich weigert, die Leute unter diesen Umständen zu bedienen, stünden sie vor einer langen Schlange von Einkaufswagen voller Waren, die allein dastehen, und alles müsste in die Regale zurückgestellt werden. Wie würden sie das verkraften, wenn es immer wieder vorkäme? Ich spreche hier davon, nicht mehr zu klagen, sondern aktiv zu werden, nicht mehr zuzusehen, wie etwas passiert, sondern etwas zu tun. Dazu zähle ich auch unser Verhältnis zur Polizei. Das Verhalten vieler Gesichtswindelträger ist schändlich und jeder, der glaubt, dass es in der »aufgeklärten« Neuzeit keine KZ-Wächter mehr gibt, wurde eines Besseren belehrt. Die Zeit und der Schauplatz mögen sich ändern – Wetikos tun das nie.

Ich habe Filmmaterial von einer Demonstration in London gesehen, bei der ein Schläger von der Polizei einen Demonstranten, der nichts getan hatte, brutal zu Boden trat. Seine Gesichtswindelträger-Kollegen standen im Kreis um ihn herum und schützten ihn. Was er getan hat, war ein krimineller Angriff, und bei einer Menschenmenge, die der Polizei zahlenmäßig weit überlegen war, kann dies nicht länger unwidersprochen hingenommen werden. Ich verstehe es, wenn die Leute unter diesen Umständen »Schämt euch« rufen, aber das reicht nicht mehr aus. Diejenigen, die da prügeln, *haben* kein Schamgefühl. Die Menge muss damit beginnen, Polizisten, die Straftaten begehen und unschuldige Menschen und wehrlose Frauen brutal angreifen, auf dem Wege der Bürgerverhaftung festzunehmen. Eine Bürgerverhaftung kann gemäß Abschnitt 24A des britischen Police and Criminal Evidence (PACE) Act von 1984 durchgeführt werden – und in anderen Ländern geht so etwas auch. Ich ziehe es aus Gründen, auf die ich gleich noch zu sprechen komme, vor, sie als Verhaftung nach dem englischen Common Law und nicht als Bürgerverhaftung zu bezeichnen. Jeder kann eine Person festnehmen, die eine strafbare Handlung begeht oder bei der ein begründeter Verdacht besteht, dass sie eine strafbare Handlung begeht. In beiden Fällen wäre der Angriff des Polizeischlägers in diese Kategorie gefallen. Eine Bürgerverhaftung kann nach englischem Recht vorgenommen werden, um zu verhindern, dass

- jemand sich selbst oder einer anderen Person körperlichen Schaden zufügt,
- jemand eine Körperverletzung erleidet,
- Eigentum gestohlen oder beschädigt wird,
- jemand die Flucht ergreift, bevor er der Polizei übergeben werden kann.

Eine Bürgerverhaftung kann nach dem Common Law in Großbritannien auch zur Verhinderung eines Landfriedensbruchs erfolgen oder wenn man glaubt, dass ein Landfriedensbruch bevorsteht oder dass in Ihrer Anwesenheit ein Schaden angerichtet wird oder bereits angerichtet wurde. Das ist der richtige Weg, denke ich, die Common-Law-Version. Wenn die Polizei weiß, dass die Menschenmenge und die Öffentlichkeit nicht länger zuschauen werden, während sie ihre Schlägereien und Verbrechen begehen, werden sie es sich zweimal überlegen, ob sie sich wie Braunhemden oder Schwarzhemden verhalten.

Das Common Law und der gesunde Menschenverstand

Die Erwähnung des Common Law ist sehr wichtig.[1] Die meisten Menschen denken, Gesetz sei Gesetz – das einzige Gesetz eben. Das ist aber nicht der Fall. Im Vereinigten Königreich gibt es zwei Arten von Recht, Common Law und Statute Law, und sie sind nicht dasselbe. Das Common Law beruht auf der einfachen Prämisse, keinen Schaden anzurichten. Verbrechen ohne Opfer, bei denen kein Schaden angerichtet wird, erkennt es nicht an, während das Statute Law dies tut. Es gibt ein Statute Law für fast alles. Doch was ist dieses Statute Law? Erstaunlicherweise handelt es sich um das *Seerecht*, das vom Kult auf das Land übertragen wurde, um das Gesetz des Landes, das Common Law, außer Kraft zu setzen. Sie hatten kein Recht, dies zu tun, aber wie immer taten sie es trotzdem. Sie mussten es tun. Durch das Common Law, das lediglich darauf beruht, keinen Schaden anzurichten, konnten sie den Menschen ihren Willen nicht aufzwingen. Wie sollte man damit die Feinheiten des Lebens der Menschen regeln? Stattdessen nahmen sie das Seerecht, das Admiralitätsrecht, und wandten es auf die Bevölkerung an. Das Statute Law bezieht sich auf alle Gesetze, die von den Regierungen und ihren Behörden erlassen werden, einschließlich aller faschistischen Gesetze und Verordnungen in Bezug auf »Covid«.

Der wichtigste Punkt dabei ist, dass Statute Law *Vertragsrecht* ist. Es gilt nur zwischen *vertragsschließenden* Unternehmen. Die meisten Polizeibeamten wissen das nicht einmal. Auch sie müssen im Unklaren gelassen werden. Vor langer Zeit, als Kaufleute an Bord der Segelschiffe begannen, mit verschiedenen Ländern Handel zu treiben, wurde ein Vertragsrecht entwickelt, das unter anderem Admiralty Law genannt wurde. Auch dieses Recht galt nur für *Verträge*, die zwischen *Unternehmen* (corporate entities) geschlossen wurden. Wenn es keinen Vertrag gab, war das Seerecht nicht anwendbar, *und das gilt auch heute noch für sein neues Alias, das Statute Law.* Der Kult hatte also ganz offensichtlich ein Problem, als er das Seerecht auf das Land übertrug. Menschen waren nämlich keine Unternehmen und auch Regierungsinstitutionen waren es nicht.

---

1 *Anmerkung des Verlags:* Das sogenannte Common Law ist ein Recht, das es in den meisten englischsprachigen Ländern gibt, aber nicht in Kontinentaleuropa. Es entsteht aus richterlichen Präzedenz-Urteilen und der allgemeinen Gewohnheit der Rechtspraxis. Es regelt Rechte, die in den kontinentaleuropäischen Ländern durch das von gesetzgebenden Körperschaften erlassene Zivilrecht geregelt sind. Deshalb kann man sich zum Beispiel in den deutschsprachigen Ländern mit ihren Rechtsordnungen nicht auf ein Common Law berufen.

Um letzteres zu überwinden, machten sie die Regierungen und sämtliche damit verbundenen Organisationen zu Unternehmen. Alle Institutionen sind *Privatunternehmen* – und damit meine ich Regierungen und ihre Behörden, Gemeinderäte, Polizei, Gerichte, Militär, US-Bundesstaaten, alles. Sehen Sie sich die Unternehmensauflistung auf der Website von Dun and Bradstreet an, um sich zu vergewissern, dass es alles Unternehmen sind. Sie werden von einem privaten Unternehmen, das sich Polizei nennt, durch jemandem verhaftet, der in Wahrheit ein privater Wachmann ist, und der bringt Sie vor ein Gericht, das ebenfalls ein privates Unternehmen ist. Und keiner davon ist für Sie zuständig, es sei denn, Sie stimmen zu und schließen einen *Vertrag* mit ihnen ab. Deshalb hört man immer wieder das Mantra, dass die Polizei mit der *Zustimmung* des Volkes arbeitet. Dabei hat das Volk nur theoretisch sein »Einverständnis« gegeben – durch monumentale Betrügereien.

Okay, der Kult hat also das Problem des Unternehmensrechts überwunden, indem er Regierungen und Institutionen zu Unternehmen gemacht hat. Aber was ist mit den Menschen? Die sind doch keine Unternehmen, oder? Äh … nun, in gewisser Weise, und *nur* in gewisser Weise, sind sie es durchaus. Nicht wirklich Menschen – die Illusion von Menschen. Der Kult erschafft ein Unternehmen im Namen eines jeden Menschen, wenn die *Geburtsurkunde* ausgestellt wird. Im Englischen gibt es eine Wortähnlichkeit zwischen Geburtsurkunde (*birth* certificate) und Liegeplatz-Nachweis (*berth* certificate) – und wenn Sie unter Seerecht vor Gericht gehen, sitzen Sie auf der Anklagebank (you stand in a *dock*). Dies sind Rückgriffe auf den Ursprung. Mein Common-Law-Name ist David Vaughan Icke. Der Name des Unternehmens, das bei meiner Geburt von der Regierung gegründet wurde, lautet Mr. David Vaughan Icke und wird gewöhnlich in Großbuchstaben als MR DAVID VAUGHAN ICKE geschrieben. Das bin nicht ich, der lebende, atmende Mensch. Es ist ein fiktives Unternehmen. Der Trick besteht nun darin, Sie glauben zu lassen, dass David Vaughan Icke und MR DAVID VAUGHAN ICKE ein und dasselbe sind. *Das sind sie aber nicht.* Wenn die Polizei Sie anklagt und vor Gericht stellt, verfolgt sie das Unternehmen und nicht den lebenden, atmenden Mann oder die Frau. Deshalb müssen die Beamten Sie dazu bringen, sich als das Unternehmen auszugeben und einen Vertrag mit ihnen zu schließen. Andernfalls ist die Polizei nicht zuständig. Man verschleiert den Vertrag durch eine Sprache, die als Juristensprache (legalese) bekannt ist. Rechtmäßig (lawful) und legal (legal) sind auch nicht dasselbe. Rechtmäßig bezieht sich auf das Common Law und legal auf das Statute Law. Die Juristensprache ist die Sprache des Statute Law, in der Begriffe verwendet werden, die für die Öffentlichkeit eine bestimmte Bedeutung haben und in der

Juristensprache eine ganz andere. Wenn ein Polizeibeamter zum Beispiel jemandem erklärt, warum er oder sie angeklagt wird, sagt er oder sie am Ende: »Verstehen Sie? [Do you understand?]« Für die Allgemeinheit bedeutet das: »Haben Sie mich verstanden?« Im Juristenjargon bedeutet es: »Unterstehen Sie mir? [Do you stand under me?]« Stehen Sie unter meiner Autorität? Wenn Sie diese Frage mit Ja beantworten, treten sie unwissentlich in einen Vertrag zwischen zwei Unternehmen ein und unterwerfen sich ihrer juristischen Zuständigkeit.

Dies ist in jeder Hinsicht ein Betrug. Verträge müssen zwischen informierten Parteien geschlossen werden, und wenn Sie nicht wissen, dass David Vaughan Icke sich als das Unternehmen MR DAVID VAUGHAN ICKE ausgibt, können Sie nicht wissentlich einem Vertrag zustimmen. Sie werden getäuscht – und eine weitere Möglichkeit, wie sie dies tun, besteht darin, nach einem Identitätsbeweis zu fragen. In der Regel zeigen Sie ihnen einen Führerschein oder ein anderes Dokument, auf dem Ihr Unternehmensname steht. Damit geben Sie zu, dass Sie dieses Unternehmen sind, obwohl dies gar nicht zutrifft. Wenn Sie sich selbst als »Person« oder »Bürger« bezeichnen, identifizieren Sie sich ebenfalls mit Ihrer Unternehmensfiktion, weshalb ich auf das Common Law als Grundlage der Bürgerverhaftung hingewiesen habe. Wenn Sie von einem Polizeibeamten angesprochen werden, geben Sie sich sofort als lebender, atmender Mann oder Frau zu erkennen und sagen: »Ich willige *nicht* ein, ich gehe *keinen* Vertrag mit Ihnen ein und ich verstehe *nicht*« – sonst unterstellen Sie sich der Autorität des Beamten. Ich habe eine Common-Law-Geburtsurkunde als lebendiger Mensch; man bekommt sie kostenlos auf www.commonlawcourt.com. Für Unternehmen, die nach dem Statute-Law-System registriert sind, gelten dessen Gesetze. Es gibt jedoch auch Möglichkeiten, ein Unternehmen nach Common Law zu führen. Denken Sie daran, dass alle »Covid«-Gesetze und »Covid«-Verordnungen Statute Law sind – das Recht der *Verträge*, und Sie müssen keine Verträge abschließen. Das bedeutet nicht, dass Sie jemanden umbringen können und damit davonkommen. Das Common Law besagt, dass man niemandem Schaden zufügen darf, und das gilt für körperlichen Schaden, finanziellen Schaden und dergleichen mehr. Polizisten sind Angestellte von privaten Unternehmen, und es muss ein neues System unternehmensunabhängiger Common-Law-Polizisten geschaffen werden, die außerhalb des Statute-Law-Systems arbeiten. Wenn Sie auf www.davidicke.com »Common Law« in die Suchmaschine eingeben, finden Sie Videos, die das Common Law sehr viel ausführlicher erklären. Das ist definitiv ein Weg, den wir gehen sollten, wenn wir in einem der vielen Länder leben, in denen das Common Law Gültigkeit hat.

Von ganzem Herzen

Ich habe die Leute sagen hören, dass wir uns in einem spirituellen Krieg befinden. Ich mag den Begriff »Krieg« mit seiner Wetiko-Dynamik nicht, aber ich weiß, was sie meinen. Lassen Sie einmal alle körperlichen Formen beiseite. Wir befinden uns in einer Situation, in der zwei Bewusstseinszustände nach sehr unterschiedlichen Realitäten streben. Wetiko will Aufruhr, Chaos, Angst, Leid, Konflikt und Kontrolle. Der andere Bewusstseinszustand will Liebe, Frieden, Harmonie, Fairness und Freiheit. An diesem Punkt stehen wir gerade. Wir sollten nicht auf die Idee hereinfallen, dass Wetiko allmächtig ist und wir nichts tun können. Wetiko ist nicht allmächtig. Es ist ein Witz – erbärmlich. Es müsste nicht so sein, aber es hat sich für diesen Weg entschieden. Ein paar Mal im Laufe der Jahre, als ich die Anwesenheit seiner Frequenz spürte, habe ich ihm erlaubt, sich kurz mit mir zu verbinden, damit ich sein Wesen bewusst beobachten konnte. Die Erfahrung ist nicht angenehm, die Energie ist schwer und dunkel, aber die Leichtigkeit, mit der Sie sie wieder aus der Tür werfen können, zeigt, dass ihre wahre Macht darin besteht, uns davon zu überzeugen, dass sie Macht hat. Es ist alles ein Schwindel. Wetiko ist ein Betrüger. Es ist ein Betrüger und keine Macht, die uns kontrollieren kann, wenn wir unsere eigene Macht entfesseln. Der Betrug beruht darauf, die Menschheit zu manipulieren, damit sie ihre Macht an Wetiko abgibt, das sie dann recycelt, um die Illusion zu vermitteln, dass es Macht hat, obwohl es nur *unsere* Macht ist, die wir an ihn abgetreten haben. Dies geschieht auf einer energetischen Ebene. Auf der sichtbaren Ebene des Weltgeschehens spielt es sich so ab, dass die Menschheit ihre Macht an die Wetiko-Autoritäten abgibt, die diese Macht nutzen, um die Bevölkerung zu kontrollieren, obwohl deren Macht nur die Macht ist, die die Bevölkerung ihnen verleiht. Wie könnte es sonst auch möglich sein, dass Milliarden von Menschen von relativ wenigen kontrolliert werden? Ich habe Erfahrungen mit Menschen gemacht, die von Wetiko besessen waren, und auch sie konnten Wetiko in den Hintern treten, als sie ihr Herz öffneten. Oh ja – es ist das *Herz*, das die Welt der wahrgenommenen »Materie« verwandelt.

Wir sind Empfänger, Übermittler und Verarbeiter von Informationen, aber welche Informationen sind das und woher kommen sie? Informationen werden hauptsächlich in drei Bereichen zu Wahrnehmungen verarbeitet – im Gehirn, im Herzen und im Bauch, bezogen auf das Denken, das Wissen und die Emotionen. Wetiko möchte, dass wir Kopf- und Bauchmenschen sind, was bedeutet, dass wir innerhalb der Grenzen der Matrixsimulation denken und dass niedrig schwingende emotionale Reaktionen das Gleichgewicht und die Wahrnehmung durcheinanderbringen.

Abb. 23. Das Chakra-System, das das menschliche Energiefeld durchzieht. Das Herzchakra ist die Steuerung – oder sollte es sein.

Verbringen Sie ein paar Minuten in den sozialen Medien und Sie werden sehen, dass Emotionen die dominierende Kraft sind. Woke besteht aus nichts anderem als Emotionen und ist daher frei von Gedanken und Fakten. Unser Herz hingegen funktioniert ganz anders. Es *weiß*, während der Kopf *denkt* und versuchen muss, es erst herauszufinden, was immer es ist – weil er es *nicht* weiß.

Das menschliche Energiefeld hat sieben Hauptwirbel oder zentrale Chakren, die uns mit der erweiterten Realität verbinden (siehe Abbildung 23). Chakra bedeutet in der Sanskritsprache des alten Indiens »Räder des Lichts«. Die wichtigsten davon sind das Kronenchakra oben auf dem Kopf, das Stirnchakra (oder »Dritte Auge«) in der Mitte der Stirn, das Halschakra, das Herzchakra in der Mitte der Brust, das Solarplexus-Chakra unter dem Brustbein, das Sakralchakra unter dem Nabel und das Basischakra am unteren Ende der Wirbelsäule. Jedes davon hat eine bestimmte Funktion. Im Bauch, wo sich das Sakralchakra befindet, empfinden wir Angst und Nervosität. Dieses Chakra verarbeitet Emotionen, die sich auf den Dickdarm auswirken können, so dass die Menschen »die Hosen voll haben« oder sich »vor Angst in die Hose machen«, wenn sie verängstigt sind. Alle Chakren spielen eine wichtige Rolle, aber das Mr. und Mrs. Big ist das Herzchakra, das im Zentrum der sieben Chakren sitzt, oberhalb der Chakren, die uns mit dem »Physischen« verbinden, und unterhalb der Chakren, die uns mit höheren Bereichen verbinden (oder zumindest verbinden sollten). Hier im Herzchakra empfinden wir Liebe, Einfühlungsvermögen und Mitgefühl: »Mein Herz schlägt für dich.« Diejenigen, die ein verschlossenes Herz haben, werden buchstäblich »herzlos« in ihrer Einstellung und ihrem Verhalten (siehe Bill Gates). Und entsprechend porträtierten die amerikanischen Ureinwohner Wetiko mit einem, wie Paul Levy es nennt, »kalten, eisigen Herzen, ohne Mitgefühl« (siehe erneut Bill Gates).

Wetiko zittert bei dem Gedanken an Herzenergie, die er nicht infiltrieren kann. Die Frequenz ist einfach zu hoch. Stattdessen versucht es, den Wirbel des Herzchakras zu schließen, um seinen wahrnehmbaren und energetischen Einfluss zu blockieren. Psychopathen haben »Herzen aus Stein« und emotional geschädigte Menschen haben »Herzweh« und »gebrochene Herzen«. Auch das erstaunliche Ausmaß an Herzkrankheiten hängt mit der Störung des Herzchakras und seiner grundlegenden Verbindung zum »physischen« Herzen zusammen. Dr. Tom Cowan hat ein hervorragendes Buch geschrieben, in dem er den Glauben, das Herz sei eine Pumpe, in Frage stellt und die Verbindung zwischen dem »physischen« und dem spirituellen Herzen herstellt. Rudolph Steiner, der Begründer der Anthroposophie, der seiner Zeit weit voraus war, sagte dasselbe über den Trugschluss, das Herz sei eine Pumpe. *Wie bitte?* Das Herz ist keine Pumpe? Das ist doch verrückt, oder? Das weiß doch jeder. Lesen Sie Cowans *Was lässt unser Herz schlagen* und Sie werden erkennen, dass die Vorstellung, das Herz sei eine Pumpe, geradezu lächerlich ist, wenn Sie die Beweise sehen. Wie kann das Blut in den Füßen, die doch so weit vom Herzen entfernt sind, vom Herzen horizontal durch den Körper gepumpt werden? Cowan erklärt in seinem Buch den wahren Grund, warum sich das Blut auf die Weise bewegt, wie es sich bewegt. Unser »physisches« Herz wird als Symbol für die Liebe verwendet, obwohl die Quelle in Wirklichkeit der Herzenergiewirbel oder das spirituelle Herz ist, das unsere stärkste energetische Verbindung zum erweiterten Bewusstsein »da draußen« darstellt. Deshalb fühlen wir *Wissen* – intuitives Wissen – in der Mitte der Brust. Wissen entsteht nicht durch einen Prozess von Gedanken, der zu einer Schlussfolgerung führt. Es ist in einem Augenblick auf einen Schlag da. Unser Herz *weiß* es, weil es mit Ebenen des Bewusstseins verbunden ist, die es *wissen*. Dies ist die Bedeutung und die Quelle der Intuition – des intuitiven *Wissens*.

In den letzten mehr als dreißig Jahren, in denen ich das globale Räderwerk und die Natur der Realität aufgedeckt habe, war mein Herz meine ständige Antenne für Wahrheit und Genauigkeit. Ein amerikanischer Geheimdienst-Insider sagte einmal, ich hätte in einem meiner Bücher einen Desinformanten zitiert und dabei nur den Teil zitiert, der wahr war. Er fragte mich: »Wie machen Sie das«? Indem ich meine Herzensantenne benutze, war die Antwort, und das kann jeder. Wir sind dazu bestimmt, mit dem Herzen zu leben. Ist unser Herzchakra verschlossen, ziehen wir uns in einen abgeschotteten Verstand und in die Blase der Fünf-Sinne-Realität zurück. Nehmen Sie sich mal einen Moment Zeit und konzentrieren Sie Ihre Aufmerksamkeit auf die Mitte Ihrer Brust. Stellen Sie sich ein sich drehendes Rad aus Licht vor und sehen Sie, wie es sich öffnet und ausdehnt. Sie werden es spüren, und auch die Herzensempfindungen wie Freude und Liebe, die das Herz dem Verstand bei der Zusammenarbeit übermittelt. Je mehr sich Ihr Chakra öffnet, desto mehr Empfindungen des Herzbewusstseins werden Sie spüren, und je mehr dieser Prozess fortschreitet und ein Teil von Ihnen wird, desto mehr Einsichten und Erkenntnisse werden folgen.

Abb. 24. Das Kopfbewusstsein ohne das Herz sieht nur Trennung und alles getrennt von allem anderen.

Abb. 25. Das Herzbewusstsein sieht alles als Eins.

Ein offenes Herz ist mit jener Bewusstseinsebene verbunden, die weiß, dass alles Eins ist. Aus seiner Perspektive werden Sie erkennen, dass die Bruchlinien, die uns trennen, Illusionen sind, um uns zu kontrollieren. Ein offenes Herz verarbeitet die Illusionen von Rasse, Glaube und Sexualität als kurze Erfahrungen eines Bewusstseins, das einfach alles beinhaltet. Unser Herz sieht keine Trennung, sondern nichts als Einheit (siehe Abbildung 24 und Abbildung 25).

Und da ist noch etwas. Unsere Herzen lieben es zu lachen. Das Zitat von Mark Twain, in dem es heißt: »Die menschliche Rasse hat nur eine wirklich wirksame Waffe, und die ist Lachen«, bezieht sich in Wahrheit auf das Herz, das gerne lacht, weil es die wahre Natur der unendlichen Realität erkennt und weiß, dass der ganze Wahnsinn der menschlichen Gesellschaft lediglich eine Illusion des Verstandes ist. Twain sagte auch: »Dem Angriff des Lachens kann nichts standhalten.« Das trifft besonders auf Wetiko und den Kult zu. Ihre Unsicherheit verlangt, dass man sie ernst nimmt und ihre Macht und Autorität anerkennt und fürchtet. Wir sollten nichts dergleichen tun. Wir sollten nicht aggressiv oder ängstlich werden, wie es ihre Unsicherheit so dringlich verlangt. Wir sollten ihnen ins Gesicht lachen. Sogar in ihr Nicht-Gesicht, wenn die Polizei wieder mit ihren Gesichtswindeln daherkommt und erwartet, ernst genommen zu werden. Sie nehmen sich selbst nicht ernst, wenn sie so aussehen, warum sollten wir das also tun? Lachen Sie den Einschüchterungsversuchen ins Gesicht. Lachen Sie der Tyrannei ins Gesicht. Sie werden an ihrer Reaktion erkennen, dass Sie alle ihre Knöpfe gedrückt haben. Wetiko weiß nicht, was es angesichts des Lachens tun soll oder wenn seine Zielpersonen sich weigern, ihre Freude der Angst zu opfern. Wir haben während des »Covid«-Schwindels viele Beispiele dafür gesehen, was geschieht, wenn die Menschen ihre energetische Kraft zum Ausdruck brachten und die Marionetten von Wetiko sich mit eingezogenem Schwanz zurückziehen mussten. Lachen Sie – die Welt ist schließlich verdammt verrückt, und wenn ich die Wahl zwischen Lachen und Weinen habe, weiß ich genau, welchen Weg ich einschlage.

»Impfstoffe« und die Seele

Die Grundlage der Wetiko/Archon-Kontrolle über die Menschen ist die Trennung des inkarnierten Fünf-Sinne-Verstandes vom unendlichen »Ich« und das Verschließen des Herzchakras, in dem das wahre »Ich« während eines menschlichen Lebens lebt. In beiden Fällen besteht das Ziel darin, eine vollständige Trennung zu erreichen. Ich war daher sehr interessiert, als ich den Bericht einer französischen Energieheilerin las, die berichtete, was sie bei einer Patientin erlebte, der der »Covid-Impfstoff« verabreicht worden war. Echte Energieheiler können Informationen und Bewusstseinsfelder auf verschiedenen Ebenen des Seins wahrnehmen, die als »feinstoffliche Körper« bezeichnet werden. Sie beschrieb die Behandlung einer Patientin, die sie erneut aufsuchte, nachdem sie ohne Wissen der Heilerin zwei Dosen des »Covid-Impfstoffs« erhalten hatte.

Die Heilerin berichtet:

> »Ich bemerkte sofort die Veränderung, eine sehr schwere Energie, die von [den] feinstofflichen Körpern ausging. Das Erschreckendste war, als ich am Herzchakra arbeitete und mich mit ihrer Seele verband: Die Seele war vom physischen Körper losgelöst, sie hatte keinen Kontakt mehr und es war, als würde sie in einem Zustand völliger Verwirrung schweben: eine Schädigung des Bewusstseins, das den Kontakt

> mit dem physischen Körper, das heißt mit unserer biologischen Maschine verliert, es gibt keine Kommunikation mehr zwischen ihnen.
>
> Ich setzte die Behandlung fort, indem ich Licht zum Herzchakra, der Seele der Person, schickte, aber es schien, dass die Seele kein Licht, keine Frequenz oder Energie mehr empfangen konnte. Das war eine sehr starke Erfahrung für mich. Dann begriff ich, dass diese Substanz tatsächlich verwendet wird, um das Bewusstsein abzulösen, so dass dieses Bewusstsein nicht mehr über den Körper, den es im Leben besitzt, interagieren kann, in dem es jetzt keinen Herzkontakt, keine Frequenz, kein Licht, kein energetisches Gleichgewicht und keinen Geist mehr gibt.«

Dies würde einen Menschen schaffen, der steuerlos und im Extremfall fast wie ein Zombie in einem bruchstückhaften Bewusstseinszustand der Gnade von Wetiko ausgeliefert ist. Besonders erschütterte mich der Bericht der Heilerin hinsichtlich der Vorhersage des hochgradig sachkundigen Rudolf Steiner vor mehr als hundert Jahren. Er schrieb:

> »In der Zukunft werden wir die Seele mit der Medizin eliminieren. Unter dem Vorwand einer ›gesundheitlichen Sichtweise‹ wird es einen Impfstoff geben, mit dem der menschliche Körper so schnell wie möglich direkt bei der Geburt behandelt wird, so dass der Mensch den Gedanken an die Existenz von Seele und Geist nicht entwickeln kann. Materialistische Ärzte werden mit der Aufgabe betraut werden, die Seele der Menschheit zu entfernen.
>
> So wie heute die Menschen gegen diese oder jene Krankheit geimpft werden, so werden in Zukunft die Kinder mit einer Substanz geimpft, die so beschaffen sein wird, dass der Menschen dank dieser Impfung immun dagegen ist, dem ›Wahnsinn‹ des geistigen Lebens ausgesetzt zu werden. Er wäre zwar äußerst intelligent, aber er würde kein Gewissen entwickeln, und das ist das wahre Ziel einiger materialistischer Kreise.«

Steiner sagte, der Impfstoff würde den physischen Körper vom Ätherleib (feinstoffliche Körper) abtrennen und »sobald der Ätherleib abgetrennt ist, würde die Beziehung zwischen dem Universum und dem Ätherleib extrem instabil werden, und der Mensch würde zu einem Automaten«. Er erklärte: »Der physische Körper des Menschen muss auf dieser Erde durch den spirituellen Willen poliert werden – so wird der Impfstoff zu einer Art arimanischer [Wetiko-]Kraft« und »der Mensch kann ein gegebenes materialistisches Gefühl nicht mehr loswerden«. Die Menschen würden dann, so sagte er, »von der Verfasstheit her materialistisch und können sich nicht mehr zum Geistigen erheben«.

Ich schreibe seit Jahren darüber, dass die DNA ein Empfänger und Sender von Informationen ist, die uns mit anderen Realitätsebenen verbinden, und dass die Veränderung der DNA, die durch die »Impfstoffe« herbeigeführt wird, sich mit der Veränderung einer Antenne und dem, was sie senden und empfangen kann, vergleichen lässt. Eine solche Unterbrechung der Verbindung würde eindeutig zu Veränderungen der Persönlichkeit und der Wahrnehmung führen. Steiner sagte außerdem die Ankunft der KI voraus. Die Hersteller des »Covid-Impfstoffs« von Big Pharma, einem Ausdruck von Wetiko, testen ihre DNA-manipulierende Bosheit an Kindern, mit dem Ziel, den »Impfstoff« auch Babys zu verabreichen. Wenn es sich um einen Seelen-Körper-Abkoppler handelt – und ich behaupte, dass es einer ist oder sein kann –, wird jedes Kind schon bei der Geburt von der »Seele« abgekoppelt und der »Impfstoff« würde auf diese Weise ein geschlossenes System herbeiführen, in dem die spirituelle Führung durch das höhere Selbst keine Rolle mehr spielt. Das war die ganze Zeit das Ziel von Wetiko. Ein Pentagon-Video aus dem Jahr 2005 sickerte durch, in dem eine Präsentation zur Entwicklung eines Impfstoffs gezeigt wird, dessen Wirkung auf das Gehirn in einer Veränderung des Verhaltens besteht. Wer glaubt, dass dies bei dem als »Impfstoff« getarnten gentechnischen Verfahren namens »Covid« nicht der Fall ist, sollte dringend einen Termin bei den Anonymen Ignoranten vereinbaren. Klaus Schwab schrieb im Jahr 2018:

> »Neurotechnologien ermöglichen es uns, Bewusstsein und Denken besser zu beeinflussen und viele Aktivitäten des Gehirns zu verstehen. Dazu gehört die Entschlüsselung unserer Gedanken bis ins kleinste Detail durch neue Chemikalien ebenso wie Eingriffe, die unser Gehirn beeinflussen können, um Fehler zu korrigieren oder die Funktionalität zu verbessern.«

Der Plan ist klar. Und nur das Herz kann ihn aufhalten. Mit jedem Herz, das sich öffnet, mit jedem Verstand, der erwacht, wird Wetiko geschwächt. Das Herz und die Liebe sind weitaus mächtiger als der Kopf und der Hass – und daher ist so etwas wie eine Mehrheit, um das Blatt zu wenden, überhaupt nicht nötig.

Jenseits des Phantoms

Unser Herz ist das Hauptziel von Wetiko und deshalb muss es auch die Antwort auf Wetiko sein. Wir *sind* unser Herz, das Teil des Einen Herzens ist, des unendlichen Herzens. Unser Herz ist der Ort, an dem das wahre Selbst in einem menschlichen Leben hinter den Firewalls der Fünf-Sinne-Illusion lebt, wo ein Schwindler seinen Platz einnimmt – das *Phantom-Selbst*; aber unser Herz wartet geduldig darauf, jeden Augenblick befreit zu werden, sobald wir uns entscheiden, über das Phantom – über Wetiko – hinauszuschauen. Ein mit Wetiko besetztes Phantom-Selbst kann massenhaft Tod und Zerstörung anrichten, während die Liebe für immer in seinem Herzen eingeschlossen ist. Es ist an der Zeit, die Macht des Herzens zu entfesseln und es die Angst und Verzweiflung, die Wetiko ausmacht, hinwegfegen zu lassen. Das Herzbewusstsein sucht nicht nach Manipulation, Zensur, Vorteil für seinen Glauben oder seine Religion, seinen Aktivismus und seine Wünsche. Als Ausdruck des Einen behandelt es alle als Eins mit den gleichen Rechten auf Freiheit und Meinung. Unser Herz verlangt nicht mehr Fairness für sich selbst als für andere. Aus dieser Einheit des Herzens heraus können wir in gegenseitiger Unterstützung zusammenkommen und die von Wetiko verseuchte Welt in das zurückverwandeln, was die Realität sein sollte – ein Ort der Liebe, der Freude, des Glücks, der Fairness, der Gerechtigkeit und der Freiheit. Wetiko hat eine andere Agenda und deshalb ist die Welt so, wie sie ist, aber jetzt ist Schluss mit diesem Unsinn. Wo die Herzen offen sind, kann Wetiko nicht existieren. Deshalb arbeitet es so hart daran, sie verschlossen zu halten. Angst ist seine Währung und seine Nahrungsquelle – und Liebe in ihrem wahren Sinne hat keine Angst. Warum sollte die Liebe Angst haben, wenn sie weiß, dass sie *alles ist, was ist, was sie jemals war und jemals sein kann* – und dass sie sich auf einer ewigen Entdeckungsreise durch alle Möglichkeiten befindet? Liebe in diesem wahren Sinne ist nicht die körperliche Anziehung, die man gemeinhin als Liebe bezeichnet. Das kann ein Ausdruck davon sein, ja, aber die Unendliche Liebe, eine Liebe ohne Bedingungen, geht viel tiefer zum Kern allen Seins. Sie *ist* der Kern allen Seins. Die unendliche Wirklichkeit wurde aus der Liebe jenseits der Illusionen der Simulation geboren. Die unendlich gelebte Liebe ist das Wissen, dass alles Eins ist und die schnell vorbeiziehende Erfahrung der Trennung eine vorübergehende Halluzination. Niemand kann sich vom Einssein trennen; man kann nur der falschen *Vorstellung* erliegen, dass man sich getrennt hat, und sich dadurch ihrem Einfluss entziehen. Das ist der wichtigste aller Wahrnehmungstricks des Verstandesparasiten Wetiko und die Grundlage für sein gesamtes Manipulationspotenzial.

Wenn wir unser Herz öffnen, die Schleusen des Verstandes öffnen und unsere Selbstidentität neu definieren, dann geschehen erstaunliche Dinge. Das Bewusstsein dehnt sich aus oder zieht sich zusammen in Übereinstimmung mit der Selbstidentität. Wenn das wahre Selbst als unendliches Bewusstsein erkannt wird und das Etiketten-Selbst – das *Phantom-Selbst* – nur noch als eine Reihe kurzer Erfahrungen betrachtet wird, ändert sich das Leben. Das Bewusstsein dehnt sich in dem Maße aus, wie sich die Selbstwahrnehmung ausdehnt, und alles ändert sich. Sie sehen dann die Einheit, nicht die Trennung, das Bild, nicht die Pixel. Von da an steht Ihnen Großes bevor. Eine Erfahrung ist nicht mehr etwas an und für sich, sondern ein flüchtiger Moment in der Ewigkeit der Ewigkeiten. Plötzlich sind Menschen in Uniform und dunklen Anzügen nicht mehr einschüchternd. Das zu tun, von dem Ihr Herz weiß, dass es richtig ist, ist nicht mehr beängstigend, und die Konsequenzen für diese Handlungen haben den Charakter einer kurzen Erfahrung, die im Wimpernschlag eines unendlichen Augenblicks vorübergeht. Einschüchterung findet nur im Verstand statt. Außerhalb des Verstandes gibt es keine Einschüchterung.

Ein offenes Herz zieht keine Konsequenzen für das in Betracht, was es für richtig hält. Das zu tun hieße, das, was es für richtig hält, nicht zu tun, und für ein Herz in seiner Macht ist das niemals eine Option. Ein Renegaten-Geist ist in Wahrheit ein Renegaten-Herz. Die Rücksichtnahme auf die Konsequenzen wird dem Verstand immer eine Fluchtmöglichkeit bieten, aber das Herz braucht keine Fluchtmöglichkeit. Angesichts dessen, was uns heute bevorsteht, ist es richtig, nicht länger mit Wetiko in all seinen Formen zu kooperieren, und zwar ohne Furcht oder Kompromisse. Sie können keine Kompromisse mit der Tyrannei eingehen, wenn die Tyrannei immer mehr verlangt, bis sie alles hat. Ihr Leben ist Ihre Wahrnehmung und Sie selbst sind Ihre Bestimmung. Ändern Sie Ihre Wahrnehmung und Sie ändern Ihr Leben. Ändern Sie die kollektive Wahrnehmung und wir verändern die Welt.

Kommt schon, Leute ... Eine Menschheitsfamilie, ein Herz, ein Ziel ...

Freiiiiheit!

Mit weniger dürfen wir uns nicht zufriedengeben.

Nachtrag

Die große Panikmache bei Drucklegung der englischen Ausgabe war die »indische« Variante, die inzwischen Delta heißt. Die Welt wurde mit Propaganda über die »Covid-Katastrophe« in Indien überschwemmt, die in ihren Lügen und Falschdarstellungen das widerspiegelt, was in Italien vor dem ersten Lockdown im Jahr 2020 geschah.

Die *New York Post* veröffentlichte im April 2021 ein Bild von jemandem, der in Indien »auf der Straße an Covid zusammengebrochen« war. Das Bild wurde in Wahrheit während eines Gaslecks im Mai 2020 aufgenommen. Immer das Gleiche. Mitte Februar fragten die Medien, warum Indien von »Covid« so unberührt geblieben war, und dann, als sich die »Durchimpfung« des Landes beschleunigte, begannen die angeblichen »Fälle« rapide zuzunehmen. Der indische »Covid-Impfstoff«-Hersteller Bharat Biotech wurde von der Bill and Melinda Gates Foundation finanziert (Bill und Melinda gaben im Mai 2021 ihre Scheidung bekannt, was wirklich ein Jammer ist, wo sie einander doch so sehr verdienen) und die indische »Covid-Krise« wurde von den Medien tüchtig aufgebauscht, um die Welt in Angst und Schrecken zu versetzen und die Menschen darauf vorzubereiten, sich noch mehr Einschränkungen zu unterwerfen. Der Betrug, der beim ersten Mal funktioniert hatte, wurde wiederholt, nur dass ihn nun viel mehr Menschen durchschauten. www.davidicke.com und www.ickonic.com haben versucht, die wahre Geschichte der Geschehnisse zu erzählen, indem sie mit Menschen sprachen, die den indischen Albtraum, der nichts mit »Covid« zu tun hatte, durchlebten. Wir haben einen Brief von »Alisha« aus Puna veröffentlicht, die eine ganz andere Geschichte als die der verlogenen Regierung und der Lügen-Medien erzählt. Sie sagte, dass die Szenen von sterbenden Menschen und überfüllten Krankenhäusern nur dazu dienten, zu verbergen, was wirklich geschah – Völkermord und Hungersnot.

Alisha berichtete, dass durch die anhaltenden Lockdowns bereits Millionen von Menschen verhungert sind, während die Regierung und die Medien weiterhin logen und es so aussehen ließen, als sei es das »Virus«:

»Restaurants, Geschäfte, Fitnessstudios, Theater, einfach alles ist geschlossen. Die Städte sind Geisterstädte. Selbst die sogenannten ›wesentlichen‹ Läden sind lediglich bis elf Uhr morgens geöffnet. Man hat im Grunde nur eine Stunde Zeit, um Lebensmittel zu kaufen, und dann ist die Zeit um.

Reisen zwischen den Bundesstaaten und sogar zwischen den Bezirken sind verboten. Die Polizisten warten an allen wichtigen Kreuzungen, um einen zu fragen, warum man im Freien unterwegs ist, oder um einem eine Geldstrafe zu verpassen, wenn man keine Maske trägt.

Auch die Ärzteschaft macht sich mitschuldig am Völkermord, indem sie allen vorlügt, die Krankenhäuser seien überfüllt, und Menschen mit echten Krankheiten, die sofortige Hilfe benötigen, abweist. Sie haben sogar eine Knappheit bei der Versorgung mit Sauerstoffflaschen herbeigeführt.«

Das ist der klassische Modus Operandi des Kults, der in jedem Land angewandt wird. Alisha sagte, dass Menschen, die sich nicht auf das »Virus« testen lassen wollten, die Behandlung im Krankenhaus verweigert wurde. Am stärksten betroffen seien Wanderarbeiter und Menschen in ländlichen Gebieten. Die meisten Unternehmen beschäftigten Wanderarbeiter, aber da alles geschlossen war, gab es keine Arbeit, kein Einkommen und keine Lebensmittel. Infolgedessen litten Millionen von Menschen an Hunger oder Unterernährung. All dies geschah unter Premierminister Narendra Modi, der zu einhundert Prozent dem Kult gehört, und es unterstreicht einmal mehr das Ausmaß des absolut menschenfeindlichen Bösen, mit dem wir es hier zu tun haben. Australien hat seinen Bürgern die Rückkehr aus Indien untersagt, wobei auf den Versuch, dies dennoch zu tun, bis zu fünf Jahre Gefängnis und eine Geldstrafe von 37.000 Pfund stehen. Die selbstfabrizierte »Covid«-Krise in Indien wurde inszeniert, um weiteren faschistischen Terror im Westen zu rechtfertigen. Man konnte eindeutig Zusammenhänge herstellen zwischen dem indischen »Impfstoff«-Programm und der Zunahme der »Fälle« und dies wurde zu einem gängigen Thema. Die Seychellen, mit den meisten »Covid-Impfungen« pro Kopf der Bevölkerung, wurden nach einem »Anstieg der Fälle« wieder in den Lockdown geschickt.

Vor langer Zeit hat der wahrhaft böse Agrarbiotechnologiekonzern Monsanto mit seinen guten Verbindungen zu Bill Gates die indische Landwirtschaft mit gentechnisch veränderten Nutzpflanzen ruiniert. Der Menschenrechtsaktivist Gurcharan Singh wies auf die Anstrengungen der indischen Regierung hin, dieses Werk zu vollenden, indem sie die Nahrungsmittelversorgung von Hunderten von Millionen Menschen durch »Covid«-Lockdowns zerstörte. Singh erklärte, dass 415 Millionen

Menschen am unteren Ende des abscheulichen Kastensystems (das immer noch gilt, egal was man sagt) unterhalb der Armutsgrenze leben und jedes Jahr darum kämpfen müssen, genug zu essen zu bekommen. Jetzt verhängte die Regierung den Lockdown genau zur Erntezeit, um die Nahrungsmittelversorgung zu unterbinden. Diese vorsätzliche Politik führte zu einer Massenhungersnot. Die Menschen mögen vor dem Gedanken zurückschrecken, dass eine Regierung so etwas tun könnte, aber von Wetiko kontrollierte »Führer« sind zu jeder Untat fähig. Tatsächlich wird das, was in Indien ablief, gerade weltweit angezettelt. Die Nahrungskette und die Nahrungsmittelversorgung werden auf allen Ebenen angepeilt, um den Welthunger und damit die Kontrolle über die Nahrungsmittelversorgung zu fördern. Bill Gates ist nicht ohne Grund der größte Besitzer von Ackerland in Amerika. Und die Reduzierung des Nahrungsmittelangebots unterstützt sowohl die Entvölkerungsagenda als auch den Plan für synthetische »Nahrungsmittel«, der bereits von Gates finanziert wird. Wenn man dann noch die kommende Hyperinflation durch die selbstmörderische Falschgeld-Schöpfung als Reaktion auf »Covid« und den Zusammenbruch der Container-Transportsysteme hinzunimmt, hat man einen Cocktail, der nur in eine Richtung führen kann und soll. Der Kult plant, das gesamte System zum Einsturz zu bringen, um es mit dem »Great Reset« »besser wiederaufzubauen« – »built back better«.

»Impfstoff«-Ansteckungen

Überall auf der Welt tauchen zunehmend Berichte über Frauen auf, die nach dem Erhalt des gefälschten »Impfstoffs« unter Menstruationsbeschwerden und Fruchtbarkeitsproblemen leiden, und über Nicht-»Geimpfte«, die ähnliche Probleme haben, wenn sie mit »Geimpften« in engem Kontakt stehen. Es sind viel zu viele, als dass ein »Zufall« noch ernsthaft in Erwägung gezogen werden kann. Es gab Fälle von Frauen in den Wechseljahren, die ihre Periode bekamen, andere, bei denen die Periode ausblieb, teilweise wochenlang, die Blutgerinnsel ausschieden, manchmal eine Ablösung der Gebärmutterschleimhaut erlebten, Brustprobleme und Fehlgeburten hatten (die in Teilen der Vereinigten Staaten um 400 Prozent zunahmen). Nicht-»geimpfte« Männer und Kinder litten nach dem Kontakt mit »Geimpften« an einer Blutgerinnungsstörung und Nasenbluten. Säuglinge starben an der Muttermilch einer »geimpften« Mutter. Bewusste Ärzte – die kleine Minderheit – spekulierten über die Ursache dafür, dass Nicht-»Geimpfte« die gleichen Symptome wie die »Geimpften« zeigten. Beinhaltete die Nanotechnologie in der synthetischen Impfsubstanz einen Mechanismus für eine

Übertragung per Strahlungsfrequenz, oder war es eine chemische Biowaffe, die von Mensch zu Mensch übertragen wurde? Ich will nicht behaupten, dass nicht auch eine chemische Übertragung die Erklärung sein könnte, aber die Grundlage für alles, was der Kult tut, sind Strahlungsfrequenzen. Das scheint mir der beste Ansatz zu sein, um zu verstehen, wie eine solche »Ansteckung« erfolgen kann.

Die amerikanische Ärztin Carrie Madej, Internistin und Osteopathin, praktiziert seit zwanzig Jahren, unterrichtet Medizinstudenten und sagt, sie habe an verschiedenen Treffen teilgenommen, auf denen die Agenda für die Menschheit diskutiert wurde. Madej, die von Georgia aus arbeitet, schloss andere mögliche Formen der Ansteckung nicht aus, aber sie konzentrierte sich bei der Suche nach einer Erklärung für die Ansteckung auf die Frequenz. Sie sagte, die »Impfstoffe« von Moderna und Pfizer enthielten Nano-Lipidpartikel als Schlüsselkomponente. Das ist eine brandneue Technologie, die noch nie zuvor bei Menschen eingesetzt wurde. Dabei wird eine Nanotechnologie verwendet, bei der es sich sozusagen um winzig kleine Computerbits handelt … Nanobots oder Hydrogel. Im »Impfstoff« befindet sich »diese Science-fiction-Substanz«, die die Immuncheckpoints ausschaltet, um in die Zelle zu gelangen. Ich habe dies bereits als »trojanisches Pferd« bezeichnet, das die Zelle austrickst, damit sie ein Tor für das selbstreplizierende synthetische Material öffnet. Wenn dann noch das Immunsystem künstlich unterdrückt wird, hat der Körper keine Abwehrkräfte mehr. Madej sagt, die Substanz könne vielen Zwecken dienen, man könne sie zum Beispiel dazu benutzen, die Nano-»Computerbits« als Biosensoren in den Körper einzubringen. »Sie hat tatsächlich die Fähigkeit, Daten aus dem Körper zu sammeln, wie Ihre Atmung, Ihre Atemzusammensetzung, Ihre Gedanken und Emotionen, alles Mögliche.«

Madej erklärt, dass diese Technologie offensichtlich in der Lage ist, über drahtlose Netze zu funktionieren und Energien, Informationen, Schwingungen oder Impulse zu senden und zu empfangen. »Stellen Sie sich vor, diese neue Substanz gelangt in Ihren Körper und kann auf Dinge um Sie herum reagieren, auf 5G, Ihr Smart Device, Ihr Handy.« Wir hätten dann etwas völlig Fremdes im menschlichen Körper, das noch nie in großem Maßstab eingesetzt wurde, und das zu einer Zeit, in der 5G in Schulen und Krankenhäusern Einzug hält (und die Musk-Satelliten um die Erde kreisen) – und Madej glaubt, dass die »Impfstoff-Ansteckung« etwas damit zu tun haben könnte: »Wenn diese Menschen das in sich tragen … kann es wie eine Antenne wirken und es auch nach außen übertragen.« Die synthetische Substanz erzeugt ihre eigene Spannung und erzielt so vielleicht einen derartigen Effekt. Das passt zu meiner eigenen These, dass die Nano-Empfänger-Transmitter dazu gedacht sind, die Menschen mit dem Smart Grid zu verbinden und die Verbindung zum erweiterten Bewusstsein zu unterbrechen.

Es würde auch die Erfahrung der französischen Energieheilerin erklären, die bei denjenigen, die den »Impfstoff« erhalten haben, eine Trennung von Körper und »Seele« festgestellt hat. Die Nanobots, die sich im Körper selbst replizieren, würden auch die synthetische Frequenz übertragen, die durch enges Beisammensein von denjenigen aufgefangen werden könnte, die nicht »geimpft« wurden. Madej spekulierte, dass es vielleicht 5G und eine erhöhte Strahlung war, die unmittelbar die Symptome verursachte, obwohl sie interessanterweise sagte, dass nicht »geimpfte« Patienten eine Besserung zeigten, wenn sie mit der »geimpften« Person nicht mehr in Kontakt standen. Denken Sie daran, dass Sie Frequenzen und Energie mit Ihrem Geist kontrollieren können. Sie können bewusst energetische Barrieren oder Blasen mit Ihrem Geist erschaffen, um zu verhindern, dass schädliche Frequenzen in Ihr Feld eindringen.

Der amerikanische Kinderarzt Dr. Larry Palevsky sagt, dass der »Impfstoff« überhaupt kein »Impfstoff« sei und auch nie dazu gedacht war, vor einer »viralen« Infektion zu schützen. Er nannte es »eine massive, brillante Völkermord-Propaganda«, weil man gar nicht jeden impfen muss, um das gewünschte Ergebnis zu erzielen. Er behauptet, der Inhalt der Spritzen sei in der Lage, jegliches Material in das Gehirn, das Herz, die Lungen, die Nieren, die Leber, die Spermien und das weibliche Fortpflanzungssystem einzuschleusen. »Das ist Völkermord, das ist eine Massenvernichtungswaffe.« Zur gleichen Zeit schließen amerikanische Colleges Studenten, die diesen lebensverändernden und potenziell lebensbedrohlichen »Impfstoff« verweigern, vom Studium aus. Sammelklagen müssen die Antwort sein, wenn die Folgen dieses College-Faschismus ans Licht kommen. Als das englische Original des vorliegenden Buchs in Druck ging, kursierten gerade Berichte über Auswirkungen auf die Fruchtbarkeit von Spermien bei »geimpften« Männern, was absolut zu dem passt, was ich gesagt habe, und die Krankenhäuser füllten sich weiterhin mit Impfschäden-Patienten. Außerdem stellt sich die Frage: Was ist mit der Übertragung durch Bluttransfusionen? Der NHS hat die Sperrfrist für Blutspenden von sieben Tagen nach einer »Covid-Impfung« auf achtundzwanzig Tage verlängert, wenn man auch nur die geringste Entzündungsreaktion im Arm hat.

Im Frühjahr 2020 sagte ich, dass die damals angepriesene »Covid-Impfung« wie die Grippeimpfung jedes Jahr wiederholt werden würde. Ein Jahr später verkündete der CEO von Pfizer, der entsetzliche Albert Bourla, dass die Menschen »wahrscheinlich« eine »Auffrischungsdosis« des »Impfstoffs« innerhalb von zwölf Monaten nach der »vollständigen Impfung« und dann eine jährliche Impfung benötigen würden. »Varianten werden eine Schlüsselrolle spielen«, erklärte er und bestätigte damit meine Vorhersage. Der Vorstandsvorsitzende von Johnson & Johnson, Alex Gorsky, nahm sich ebenfalls trotz seines »Impfstoff«-Desasters die Zeit, uns zu erklären, dass die

Menschen möglicherweise jedes Jahr gegen »Covid-19« geimpft werden müssen. Der britische Gesundheitsminister, der Psychopath Matt Hancock, sagte, dass zusätzliche Auffrischungsimpfungen im Herbst 2021 verfügbar sein werden. Das ist der Trick mit den »Impfpässen«. Die Öffentlichkeit wird so gezwungen, sich ständig mit neuen »Impfstoffen« boostern zu lassen, für die gefakten »Varianten«, oder der Impfpass verliert seine Gültigkeit. Die einzige Alternative wäre sonst ein ständiges Testen mit einem Test, der gar nicht auf das »Virus« testet. Und was befindet sich auf den Teststäbchen, die Ihnen jedes Mal ins Gehirn geschoben werden?

»Impfstoffe« verändern das Verhalten

Ich habe im Hauptteil des Buches darüber spekuliert, dass wir bei den »Geimpften« eine zunehmende Verhaltensänderung beobachten werden, und es erreichen mich bereits Kommentare von »Nicht-Geimpften«, die Verhaltensänderungen bei Freunden, Angehörigen und Arbeitskollegen beschreiben. Das wird sich noch verstärken, wenn sich das selbstreplizierende synthetische Material und die Nanopartikel in Körper und Gehirn ausbreiten. 2016 wurde in einem *Guardian*-Artikel ausführlich über Forschungen an der Universität von Virginia in Charlottesville berichtet, wo man eine neue Methode zur Steuerung von Gehirnschaltkreisen entwickelt hat, die mit komplexem Tierverhalten in Verbindung stehen. Bei der als »Magnetogenetik« bezeichneten Methode wird ein Protein namens Ferritin, das Eisen speichert und freisetzt, gentechnisch so verändert, dass es eine magnetisierte Substanz – »Magneto« – erzeugt, die bestimmte Gruppen von Nervenzellen aus der Ferne aktivieren kann. Dies soll ein Fortschritt gegenüber anderen Methoden der Manipulation der Gehirnaktivität sein, die als Optogenetik und Chemogenetik bekannt sind (der Kult entwickelt schon seit langem Methoden zur Kontrolle des Gehirns). Die Ferritin-Technik soll nicht-invasiv sein und Neuronen »schnell und reversibel« aktivieren können. Mit anderen Worten: Sie wirkt auf das menschliche Denken und die Wahrnehmung ein. In dem Artikel heißt es, dass frühere Studien gezeigt haben, wie Nervenzellproteine, die durch Hitze und mechanischen Druck aktiviert werden, genetisch so verändert werden können, dass sie für Radiowellen und Magnetfelder empfindlich werden, indem man sie an ein eisenspeicherndes Protein namens Ferritin oder an anorganische paramagnetische Partikel bindet. Empfindlich für Radiowellen und magnetische Felder? Sie meinen, wie 5G, 6G und 7G? Wir sprechen hier von einem Smart-Grid-Schwarmbewusstsein, zusammengesetzt aus Menschen und Künstlicher Intelligenz. In dem Artikel hieß es weiter:

»... die Forscher injizierten Magneto in das Striatum von sich unbeeinflusst verhaltenden Mäusen – eine Tiefenstruktur des Gehirns, die Dopamin produzierende Neuronen enthält, die an Belohnung und Motivation mitwirken – und setzten die Tiere dann in eine Apparatur, die in magnetisierte und nicht magnetisierte Bereiche unterteilt war.

Mäuse mit Magneto im Gehirn verbrachten viel mehr Zeit in den magnetisierten Bereichen als Mäuse ohne Magneto, weil die Aktivierung des Proteins die striatalen Neuronen zur Ausschüttung von Dopamin veranlasste, so dass die Mäuse den Aufenthalt in diesen Bereichen als belohnend empfanden. Dies zeigt, dass Magneto das Feuern von Neuronen tief im Gehirn fernsteuern und auch komplexe Verhaltensweisen kontrollieren kann.«

Täuschen Sie sich nicht, diese grundlegende Technik wird Teil des »Covid-Impfstoff«-Cocktails sein und Magnetismus nutzen, um die Gehirnfunktion durch Aktivierung elektromagnetischer Feldfrequenzen zu verändern. Das Pentagon entwickelt einen »Covid-Impfstoff« mit Ferritin. Magnetismus würde die Verhaltensänderungen erklären und auch, warum im Internet gerade so viele Videos auftauchen, die zeigen, wie Magnete an der Impfstelle auf der Haut haften, bis hin zu Scheren und Handys. Sobald die Menschen diese »Impfstoffe« injiziert bekommen, ist alles möglich, was Gehirnfunktion und Krankheiten betrifft, die dann auf »Covid-19« und »Varianten« zurückgeführt werden. Die Manipulation des Magnetfelds würde auch erklären, warum die Nicht-»Geimpften« über dieselben Symptome klagen wie die »Geimpften«, mit denen sie in Kontakt kommen, und warum diese Symptome abnehmen, wenn sie nicht mehr in ihrer Gesellschaft sind. Interessanterweise ist »Magneto« ein schlimmer Bösewicht in den Marvel Comics rund um die *X-Men* – ein Mutant mit der Fähigkeit, Magnetfelder zu manipulieren, der glaubt, dass Mutanten sich mit allen Mitteln gegen ihre menschlichen Unterdrücker wehren sollten. Die Figur wurde als Erik Lehnsherr in einer »jüdischen« Familie in Deutschland geboren.

Vom Kult kontrollierte Gerichte

Der Europäische Gerichtshof für Menschenrechte öffnete die Tür für »Covid-19«-Zwangsimpfungen auf dem gesamten Kontinent, als er in einem Rechtsstreit mit der Tschechischen Republik über Impfungen im Kindesalter entschied, dass gesetzlich vorgeschriebene Impfungen »in einer demokratischen Gesellschaft notwendig« sein können.

Die siebzehn Richter erklärten, dass Zwangsimpfungen nicht gegen die Menschenrechte verstoßen. Auf den ersten Blick ist das Urteil so abwegig, dass man nach Luft schnappt. Wenn es kein Menschenrecht ist, nicht geimpft zu werden, was ist es dann? Pah, die Richter haben sich auf Menschenrechtsgesetze berufen, die speziell dafür geschrieben wurden, alle Menschenrechte auf Geheiß des Staates (des Kults) zu annullieren. Artikel 8 der Europäischen Menschenrechtskonvention bezieht sich auf das Recht auf private Unversehrtheit. Die entscheidenden Worte sind hier »es sei denn«:

> »Eine Behörde darf nicht in die Ausübung dieses Rechts eingreifen, ES SEI DENN, dies ist gesetzlich vorgesehen und in einer demokratischen Gesellschaft im Interesse der nationalen oder öffentlichen Sicherheit oder des wirtschaftlichen Wohlergehens des Landes, zur Aufrechterhaltung der Ordnung oder zur Verhütung von Straftaten, zum Schutz der Gesundheit oder der Moral oder zum Schutz der Rechte und Freiheiten anderer notwendig [Hervorhebung von mir].«

Keine Eingriffe, *es sei denn* in Übereinstimmung mit dem Gesetz – was bedeutet, dass es keine »Menschenrechte« GIBT, *es sei denn*, man bekommt sie von den EU-Regierungen in den von ihnen erlassenen Gesetzen zugestanden. »In einer demokratischen Gesellschaft« gilt nach diesem Urteil das, was »im Interesse der nationalen oder öffentlichen Sicherheit oder des wirtschaftlichen Wohlergehens des Landes, zur Aufrechterhaltung der Ordnung oder zur Verhütung von Straftaten, zum Schutz der Gesundheit oder der Moral oder zum Schutz der Rechte und Freiheiten anderer« notwendig ist. Damit hat die EU eine Bombe auf die »Menschenrechte« geworfen und es bleibt nicht mehr viel davon übrig. Die Justiz dient nicht dazu, den Extremismus der Regierung zu kontrollieren und auszugleichen, sie ist ein Mittel, um ihn durchzusetzen. Dieses Urteil war fast schon lachhaft vorhersehbar, denn das Letzte, was der Kult wollte, war eine Entscheidung gegen die Impfpflicht. Richter entscheiden immer wieder zu Gunsten des Systems, von dem sie ein Teil sind. Impfstreitigkeiten, über die sie befinden, werden ausnahmslos zugunsten von Ärzten und Behörden entschieden, die die Meinung des Staates vertreten, dem die Justiz gehört. Ach ja, und es gab sogar Forderungen, den Vermerk »Covid-19« auf den Totenscheinen innerhalb von achtundzwanzig Tagen nach einem »positiven Test« zu streichen, weil diese Praxis den Anschein erweckt, dass der »Impfstoff« nicht wirkt. Die lachen sich eins über uns.

Das Ausmaß des Wahnsinns, der Unmenschlichkeit und der Dinge, die noch kommen werden, wurde deutlich, als denjenigen, die nicht gegen »Covid« »geimpft« waren, die Evakuierung von der Karibikinsel St. Vincent während massiver Vulkanausbrüche verweigert wurde. Kreuzfahrtschiffe, die die Bewohner auf eine andere Insel in Sicherheit brachten, ließen nur die »Geimpften« an Bord und überließen den Rest ihrem Schicksal. Sogar in Situationen, in denen es um Leben und Tod geht, sehen wir, wie »Covid« Menschen ihrer grundlegendsten menschlichen Instinkte beraubt. Der Wahnsinn ist sogar noch extremer, wenn man bedenkt, dass die Hersteller der gefälschten »Impfstoffe« nicht einmal behaupten, dass ihre den Körper manipulierenden Präparate die »Infektion« und die »Übertragung« eines »Virus« verhindern (das nicht existiert). Der Premierminister von St. Vincent, Ralph Gonsalves, erklärte: »Unser Chefmediziner wird die bereits geimpften Personen identifizieren, damit wir sie auf das Schiff bringen können.« Hier sehen Sie mal wieder die Macht eines solchen Beamten, der, wie Whitty in Großbritannien, der Weltgesundheitsorganisation unterstellt sein wird. Man erkennt die Struktur des Kult-Netzwerks, das Politiker verpflichtet, »der Wissenschaft zu folgen«, was bedeutet, dass sie tun, was die von der WHO kontrollierten »medizinischen Amtsträger« und »wissenschaftlichen Berater« ihnen sagen. Gonsalves sagte sogar, dass Einwohnern, die erst nach der Verordnung »geimpft« wurden, um an Bord der Schiffe gehen zu können, die Einreise aufgrund möglicher Nebenwirkungen wie »Schwindelgefühl im Kopf« verweigert werden würde. Die gute Nachricht: Mit genug Schwindel im Kopf ist man offenbar bestens für das Amt des Premierministers von St. Vincent qualifiziert.

Freiheit durch Mikrochips

Das europäische Urteil wird irgendwann dazu benutzt werden, die Durchsetzung des DNA-Manipulationsverfahrens »Covid« zu rechtfertigen. Sandra Ro, CEO des Global Blockchain Business Council, sagte auf einer Veranstaltung des Weltwirtschaftsforums, sie hoffe, dass »Impfpässe« dazu beitragen werden, die »erzwungene Zustimmung und Standardisierung« globaler digitaler Identitätssysteme voranzutreiben: »Ich hoffe, dass der Wunsch und die weltweite Nachfrage nach einer Art Impfpass – damit die Menschen wieder reisen und arbeiten können – die zwangsweise Zustimmung, die Standardisierung und offen gesagt die Zusammenarbeit auf der ganzen Welt vorantreibt.« Die Dame ist entweder nicht sehr klug oder durch und durch zynisch, wenn sie den Begriff »zwangsweise Zustimmung« verwendet. Man »stimmt nicht zu«, wenn man gezwungen wird – man *unterwirft* sich. Sie hat beschrieben, was von Anfang an geplant war, nämlich jedem Menschen eine digitale Identität aufzuzwingen, ohne die er nicht existieren kann. »Impfpässe« öffnen die Tür, aber sie sind erst der Anfang.

Eine digitale Identität würde es ermöglichen, Sie bei allem, was Sie im Cyberspace tun, zu verfolgen. Das ist die gleiche Technik, die der Kult in China einsetzt, um sein Sozialkreditsystem der totalen Kontrolle durchzusetzen. Der ultimative »Reisepass« soll ein Mikrochip sein, vor dem ich in meinen Büchern schon seit fast dreißig Jahren warne. Die netten Leute im Pentagon, die für die vom Kult kontrollierte Defense Advanced Research Projects Agency (DARPA) arbeiten, behaupteten im April 2021, sie hätten einen Mikrochip entwickelt, der unter die Haut eingesetzt wird, um eine »asymptomatische Covid-19-Infektion« zu erkennen, bevor sie ausbricht, sowie einen »revolutionären Filter«, der das »Virus« aus dem Blut entfernen kann, wenn er an ein Dialysegerät angeschlossen wird. Die einzigen Probleme dabei sind, dass das »Virus« nicht existiert und dass die Vorstellung von Menschen, die das »Virus« symptomfrei übertragen, hirnverbrannter Schwachsinn ist. Das ist natürlich ein Trick, um Menschen aus ganz anderen Gründen dazu zu bringen, sich einen Mikrochip einsetzen zu lassen. Die DARPA sagte auch, dass sie einen »Impfstoff« gegen das »Virus« und alle »Varianten« entwickelt. Eine der unheimlichsten Organisationen auf dem Planeten Erde tut dies? Dann muss es ja gut sein. Diese Leute sind völlig irre, denn Wetiko, der sie kontrolliert, ist ja auch verrückt.

Forscher des Salk Institute in Kalifornien haben bekannt gegeben, dass sie einen Embryo erschaffen haben, der halb Mensch und halb Affe ist. In meinen Büchern, die bis in die 1990er Jahre zurückreichen, habe ich Experimente in streng geheimen unterirdischen Einrichtungen in den Vereinigten Staaten aufgedeckt, bei denen Menschen mit tierischen und nichtmenschlichen »außerirdischen« Spezies gekreuzt werden. Diese seit langem entwickelte Technik wird nun öffentlich vorgestellt, und da wir es mit psychisch kranken Menschen zu tun haben, ist noch viel mehr zu erwarten. Apropos: Elon Musks Wissenschaftler von Neuralink haben einem Affen beigebracht, mit einem Joystick auf einem Computerbildschirm Pong und andere Puzzles zu spielen. Wenn der Affe die richtige Bewegung machte, spritzte ein Metallrohr Bananensmoothie in seinen Mund. Das ist die Standardtechnik, um Menschen zu bedingungslosem Gehorsam zu erziehen. Zwei Neuralink-Chips befanden sich im Schädel des Affen und mehr als zweitausend Drähte waren in seinem Gehirn verlegt. Schließlich spielte der Affe ein Videospiel allein mit seinen Gehirnströmen. Der psychopathische Narzisst Musk sagte, dieser »Durchbruch« sei ein weiterer Schritt in Richtung des Einbaus von Neuralink-Chips in menschliche Schädel und der Verschmelzung von Bewusstsein und Künstlicher Intelligenz. *Ganz genau.* Dieser Mann ist so abgründig und hat den Kult in seiner DNA.

Durch seine Erklärungen, die es auf seinen zahlreichen Veranstaltungen abgibt, verrät das Weltwirtschaftsforum Ihnen den Plan selbst. Die faschistische YouTube-CEO Susan Wojcicki hielt auf dem WWF Global Technology Governance Summit 2021 (man beachte den Namen: Globaler Technologie-Steuerungs-Gipfel), bei dem vierzig Regierungen und einhundertfünfzig Unternehmen zusammenkamen, um »die verantwortungsvolle Gestaltung und den Einsatz von Zukunftstechnologien« zu fördern, eine Rede. Übersetzung aus dem orwellschen Neusprech: »Die Förderung der Entwicklung und des Einsatzes von Zukunftstechnologien wird die Kult-Agenda für Kontrolle und Zensur vorantreiben.« Die Freiheitszerstörerin und Nürnberger-Tribunal-Aspirantin Wojcicki spricht sich also dafür aus, dass Technologieplattformen wie ihre Inhalte zensieren, die »formal legal sind, aber schädlich sein könnten«. Und wer entscheidet, was »schädlich« ist? Wojcicki tut es in Verbindung mit dem Kult. »Schädlich« ist alles, was der Kult nicht sehen will, und die britische Regierung hat ein Gesetz vorgeschlagen, das Inhalte auf der Grundlage von »schädlich« zensieren würde, unabhängig davon, ob die Informationen objektiv, legal und nachweislich wahr sind. *Vor allem*, wenn sie objektiv, legal und nachweislich wahr sind. Wojcicki rief dazu auf, eine globale Koalition zu bilden, um Standards für die Moderation von Inhalten durch automatische Zensur durchzusetzen. Diese Frau und Mega-Zensorin ist so selbstverliebt, dass sie schamlos einen Preis für »freie Meinungsäußerung« entgegennahm – die *Wojcicki* – in einer Veranstaltung, die von ihrem eigenen *YouTube* gesponsert wurde. Sie haben kein Schamgefühl und keine Selbstwahrnehmung.

Man merkt, dass »Covid« ein Betrug und Wojcicki eine Kult-Agentin ist, wenn YouTube medizinische und wissenschaftliche Meinungen allein nach dem Kriterium zensiert, ob sie das »Covid«-Narrativ des Kults unterstützen oder ablehnen. Der Gouverneur von Florida, Ron DeSantis, hat ein Expertengremium mit vier Medizinprofessoren der Universitäten Harvard, Oxford und Stanford einberufen, das sich dagegen aussprach, Kinder und geimpfte Menschen zum Tragen von Masken zu zwingen. Sie erklärten auch, dass es keinen Beweis dafür gebe, dass Lockdowns die Ausbreitung oder die Todesrate von »Covid-19« verringern. Der Kult-Fan Wojcicki und ihr YouTube löschten das Video dieses Gremiums, »weil es Inhalte enthielt, die dem Konsens lokaler und globaler Gesundheitsbehörden über die Wirksamkeit von Masken zur Verhinderung der Ausbreitung von Covid-19 widersprechen«. Dieser »Konsens« bezieht sich auf das, was der Kult der Weltgesundheitsorganisation sagt und die WHO den »lokalen Gesundheitsbehörden« aufträgt zu tun. Wojcicki weiß das natürlich. Das Expertengremium wies darauf hin, dass die Zensur der wissenschaftlichen Debatte für viele Todesfälle verantwortlich ist, aber das ist Wojcicki völlig egal. Sie würde es nicht wagen, gegen das zu verstoßen, was ihr vorgegeben wird, und als die Schande für die Menschheit, die sie ist, würde sie es nicht einmal wollen. Die britische Regierung versucht, ein faschistisches »Online-Sicherheitsgesetz« zu verabschieden, um mit massiven Geldstrafen und anderen Mitteln gezielt gegen nicht zensierende Video- und Social-Media-Plattformen vorzugehen und sie zu zwingen, »rechtmäßige, aber schädliche« Inhalte zu zensieren, so wie der Kult es bereits bei Facebook, Twitter, Google und YouTube tun lässt. Was »rechtmäßig, aber schädlich« ist, würde dann von der faschistischen, von Blair geschaffenen Ofcom entschieden werden.

Eine weitere WWF-Obsession ist ein Cyberangriff auf das Finanzsystem, und das hat der Kult eindeutig geplant, um alle Bankkonten zu beseitigen – außer den eigenen. Diejenigen, die glauben, sie hätten genug Geld, um sich nicht um die Kult-Agenda kümmern zu müssen, haben eine große Lektion vor sich, wenn sie weiterhin ignorieren, was ihnen so offensichtlich droht. Das Weltwirtschaftsforum, das von Gates finanziert und von Klaus Schwab geleitet wird, kündigte an, mit der russischen Regierung und den globalen Banken eine »Simulation« eines solchen Angriffs namens Cyber Polygon 2021 durchzuführen. Was sie simulieren – wie beim »Covid«-Event 201 –, wollen sie auch in die Tat umsetzen. Der WWF ist an einem Projekt mit der dem Kult gehörenden Carnegie-Stiftung Endowment for International Peace beteiligt – der sogenannten WWF Carnegie Cyber Policy Initiative, die darauf abzielt, Wall-Street-Banken, »Regulierungsbehörden« (was für ein schönes Wort) und Geheimdienste zusammenzubringen, um einen Cyberangriff zu »verhindern« (zu arrangieren und zuzulassen), der das globale Finanzsystem zum Einsturz bringen könnte. Genau das, was schon lange von denjenigen geplant ist, die den WWF und die Carnegie Operation kontrollieren. Die Carnegie-Stiftung »für den internationalen Frieden« gab dem US-Präsidenten Woodrow Wilson (1856-1924) im Ersten Weltkrieg die Anweisung, den Krieg nicht enden zu lassen, bevor die Gesellschaft unwiderruflich verändert sei.

Das Ablenkungsmanöver Wuhan-Labor

Der Kult kontrolliert die Behörden und die Schoßhündchen-Medien, die systematisch das Narrativ verbreiten, dass das Virus aus dem Labor in Wuhan freigesetzt wurde. Es gibt zwei Versionen – es geschah aus Versehen und es geschah mit Absicht. Beide sind Unsinn. Die Diskussion um die vermeintliche Herkunft des nie nachgewiesenen

»Virus« ist entscheidend, um den Eindruck zu erwecken, dass es tatsächlich einen Infektionserreger gibt, mit dem man sich auseinandersetzen muss, und um die Bevölkerung mit »Varianten« eines »Virus« zu terrorisieren, das gar nicht existiert. Während ich das hier schrieb, gingen die offiziellen Ermittler von einem »Unfall« aus, während die alternativen Medien die »Absicht« propagierten. Der Nachrichtenmoderator Tucker Carlson, der Aspekte der Lockdowns und des »Impfzwangs« in Frage gestellt hat, ist der Geschichte über das Labor in Wuhan auf den Leim gegangen. »Alle sind sich da einig«, meinte er. Nun, ich nicht und viele andere auch nicht und die Frage ist doch, warum das System und seine Medien sich plötzlich »einig« sind? Wenn sich die Medien alle im Einklang mit einem Narrativ befinden, ist es immer eine Lüge – wie die regelmäßige Verlogenheit der »Covid«-Ära uns zeigt. Warum sollten sich in dieser vom Kult beherrschten Medienkombination, die Lügen wie Maschinengewehrfeuer entfesselt, auf einmal »alle einig sein« und die Wahrheit sagen?

Ein Großteil der alternativen Medien kauft ihnen die Lüge ab, weil sie in das Narrativ der Verschwörung passt, aber es ist die *falsche* Verschwörung. Die wirkliche Verschwörung ist, *dass es gar kein Virus gibt*, und das versucht der Kult verzweifelt zu verbergen. Die Vorstellung, dass das »Virus« zufällig freigesetzt wurde, ist lächerlich, denn der ganze »Covid«-Schwindel war eindeutig von langer Hand geplant und wartete nur darauf, entsprechend dem Rockefeller-Papier und dem Event 201 umgesetzt zu werden. Sie haben also jahrzehntelang alles bis ins kleinste Detail vorbereitet und dann Däumchen gedreht, um auf eine »zufällige« Freisetzung aus einem Biolabor zu warten? *Wie bitte?* Das ist doch verrückt. Und dann ist da noch die Behauptung »absichtlich«. Sie wollen ein »tödliches Virus« in Umlauf bringen und die Tatsache verbergen, dass Sie dies getan haben, und dann setzen sie es auf der Straße neben dem hochrangigsten Biolabor in China frei? Ich wiederhole: *Wie bitte?* Sie hätten es weit weg von diesem Labor freigesetzt, damit es nicht damit in Verbindung gebracht wird. Aber nein, man macht es an einem Ort, an dem die Verbindung mit Sicherheit hergestellt wird. Warum sollten Sie »Fälle« und »Todesfälle« erschwindeln und Krankenhäuser dafür bezahlen, »Covid-19« zu diagnostizieren, wenn Sie ein echtes »Virus« hätten? Warum glauben Teile der alternativen Medien diesen Schwachsinn? Wo war denn all das Massensterben in Wuhan durch einen »tödlichen Krankheitserreger«? Kam die Erholung zum normalen Leben nach der anfänglichen Propaganda-Show nicht dramatisch schnell? Warum zirkuliert der »tödliche Erreger« jetzt nicht in ganz China und es liegen dort Leichen überall auf den Straßen? Wieder einmal stoßen wir auf die altbekannte Methode: Man sage den Menschen, was sie hören wollen, und sie werden es wahrscheinlich glauben. Die alternativen Medien haben ihre »Verschwörung« und bei Carlson passt sie zu seinem jahrelangen Narrativ »China ist die Gefahr«. China *ist* als globales Operationszentrum des Kults auch eine Gefahr, aber nur aus diesem Grund. Die Geschichte mit dem Wuhan-Labor hat außerdem das Potenzial, einen Konflikt mit China anzuzetteln, wenn der Plan irgendwann darin besteht, eine Problem-Reaktion-Lösung-Konfrontation mit dem Westen auszulösen. Hinterfragen Sie alles – *alles* – und besonders dann, wenn die Medien eine gemeinsame Parteilinie verfolgen.

Dritte Welle ... vierte Welle ... fünfte Welle

Als die englische Originalausgabe dieses Buches in Druck ging, wurde die Welt auf eine »dritte Welle« und weitere Lockdowns vorbereitet. Sie wurden durch erfundene »Varianten« untermauert, die ständig zunahmen und dies auch weiterhin in öffentlichen Erklärungen und Computermodellierungen tun werden, aber nicht in der Realität. Indien wurde in der »Covid«-Propagandakampagne zum neuen Italien und uns wurde gesagt, wir sollten uns vor dem neuen »indischen Stamm« [Delta-Variante] fürchten. Irgendwie habe ich das nicht so richtig geschafft. Ein für die britische Regierung erstelltes Papier mit dem Titel »Summary of further modelling of easing of restrictions – Roadmap Step 2« (Zusammenfassung der Modellierung von Lockerungen der Beschränkungen – Roadmap Schritt 2) erklärte, dass eine dritte Welle unvermeidlich sei (natürlich, wenn sie im Drehbuch steht) und dass die Kinder und diejenigen, die den gesundheitsschädlichen Fake-»Covid-Impfstoff« ablehnen, an den Infektionen schuld seien. Eines der beteiligten Computermodelle stammt vom Imperial College, das dem Kult gehört, das andere von der Universität Warwick, der ich nicht einmal Datenmodellierung für einen Kalenderdruck zutrauen würde. In dem Papier heißt es, dass beide Modelle von einer extrem hohen Akzeptanz der »Covid-Impfstoffe« ausgingen und keine »Varianten« berücksichtigten. Weiter steht da: »Das Wiederaufflammen der Krankheit ist darauf zurückzuführen, dass einige Menschen (vor allem Kinder) nicht geimpft werden können, andere sich gegen eine Impfung entscheiden und wieder andere zwar geimpft, aber nicht perfekt geschützt sind.« Diese Verlogenheit verschlägt einem den Atem. Okay, schieben Sie die Schuld auf diejenigen mit ein bisschen Grips, die sich nicht impfen lassen wollen, und üben Sie noch mehr Druck auf Kinder aus, sich impfen zu lassen, schließlich laufen ja bereits »Tests« mit Kindern im Alter von sechs Monaten und Eltern, die bei dem Wahnsinn mitspielen. Auf junge Menschen wird ein massiver Druck ausgeübt, damit sie die gefälschte »Impfung« annehmen, und die Altersgrenzen für die Einwilligung von Kindern wurden weltweit systematisch herabgesetzt, um zu verhindern, dass Eltern eingreifen. Das Erstaunlichste an dem Papier war aber die Behauptung, dass die »dritte Welle« durch »den erneuten Anstieg von Krankenhausaufenthalten und Todesfällen ausgelöst werden würde … bei denjenigen, *die zwei Dosen des Impfstoffs erhalten haben*, die jeweils etwa 60 bis 70 Prozent der Welle ausmachen«. Der vorhergesagte Höhepunkt der »dritten Welle« deutete auf dreihundert Todesfälle pro Tag hin, von denen zweihundertfünfzig *vollständig »geimpfte« Menschen* wären. Wie viele Lügen muss man den Duldsamen noch erzählen, bevor sie das Offensichtliche erkennen? Diejenigen, die sich geimpft haben, um sich zu »schützen«, sollen diejenigen sein, die am häufigsten krank werden und sterben? Was ist also in dem »Impfstoff« enthalten? Das Papier fährt fort:

> »Es ist möglich, dass auf einen Sommer mit niedriger Prävalenz ein erheblicher Anstieg der Inzidenz im darauffolgenden Herbst und Winter folgen könnte. Eine niedrige Prävalenz im Spätsommer sollte nicht als Anzeichen dafür gewertet werden, dass sich SARS-CoV-2 zurückgebildet hat oder dass die Bevölkerung über eine ausreichend hohe Immunität verfügt, um eine weitere Welle zu verhindern.«

Sie erzählen Ihnen das Drehbuch, und während viele Briten glaubten, die »Covid« Restriktionen würden im Sommer 2021 enden, bereitete sich die Regierung darauf vor, sie zu verlängern. Die Behörden vergaben Verträge für »Covid-Marschalls«, die die Beschränkungen überwachen sollten. Die Verträge begannen im Juli 2021 und liefen bis zum 31. Januar 2022, und die Regierung schrieb »Media Buying Services« aus, um Medienpropaganda im Wert von 320 Millionen Pfund für »Covid-19-Kampagnen« zu sichern, wobei der Vertrag erst im März 2022 endete. Der Empfänger – über eine Liste anderer Scheinfirmen – war Berichten zufolge der amerikanische Medienmarketing-Riese Omnicom Group Inc. Während Geld für »Covid« keine Rolle spielt, hat die britische Warteliste für alle anderen Behandlungen – einschließlich lebensbedrohlicher Krankheiten – die 4,5 Millionen bereits überschritten. In der Zwischenzeit versucht der Kult, alle offiziellen »Untersuchungen« zu kontrollieren, um zu verhindern, dass bekannt wird, was wirklich geschehen ist und warum. Dazu darf es nicht kommen – wir brauchen Nürnberger Geschworenenprozesse in jedem Land. Die Vertuschung wird durch nichts offensichtlicher als die Ernennung des ultrazionistischen Professors Philip Zelikow, der zwei Dutzend US-Virologen, Beamte des öffentlichen Gesundheitswesens, Klinikärzte, ehemalige Regierungsbeamte und vier amerikanische »Wohltätigkeitsstiftungen« beaufsichtigen soll, um die »Lehren« aus dem »Covid«-Debakel zu ziehen. Bei dem Personal handelt es sich um diejenigen, die

die »Covid«-Lügen geschaffen und aufrechterhalten haben, während Zelikow der ehemalige Exekutivdirektor der 9/11-Kommission ist, die dafür sorgte, dass die Wahrheit über die Anschläge nie ans Licht kam und einen Bericht erstellte, der zu den verlogensten und manipulativsten Dokumenten gehört, die je geschrieben wurden – siehe *The Trigger* für die detaillierte Enthüllung der fast unvorstellbaren 9/11-Geschichte, in der Sabbatianer auf jeder Ebene zu finden sind.

Nicht mehr passiv

Die Menschen fordern die Behörden zunehmend heraus. In London gehen erstaunlich viele Menschen auf die Straße, die von den Gesichtswindelträgern nicht aufgehalten werden können. Stattdessen sucht man sich Situationen abseits der Massendemonstrationen aus, um Menschen ins Visier zu nehmen, einzuschüchtern und den Eindruck von »gewalttätigen Demonstranten« zu erwecken. Ein solcher Vorfall ereignete sich im Londoner Hyde Park. Hunderttausende, die aus Protest gegen den »Covid«-Faschismus durch die Straßen zogen, wurden von der BBC, die dem Kult gehört, und den meisten anderen Mainstreammedien ignoriert, aber sie freuten sich, darüber zu berichten, dass Polizisten bei »Zusammenstößen mit Demonstranten« verletzt wurden. Die Wahrheit war, dass sich eine Gruppe von Menschen am Ende eines Marsches im Hyde Park versammelte, als die meisten schon nach Hause gegangen waren, und sich friedlich mit Musik und Gesprächen amüsierte. Die Gesichtswindelträger, die mit der Masse der Demonstranten nicht zurechtkamen, griffen mit ihren Schlagstöcken ein und bekamen mehr, als sie erwartet hatten. Statt diese kriminelle Brutalität einfach hinzunehmen, nutzte die Menge ihre zahlenmäßige Überlegenheit, um die Gesichtswindelträger aus dem Park zu drängen. Schließlich gaben die Gesichtswindelträger auf und rannten davon. Leider warfen zwei oder drei Idioten in der Menge Getränkedosen, die zwei der Polizisten trafen, was den Medien und der Regierung das gewünschte Bild lieferte, um die 99,9999 Prozent, die friedlich waren, zu diskreditieren. Die Idioten liefen ihnen geradewegs in die Falle. Wir müssen uns immer bewusst sein, dass die Behörden Provokateure einsetzen, um unsere Ziele zu diskreditieren.

Diese Reaktion der Menge – die Dosenwerfer ausgenommen – muss ein Wendepunkt sein, an dem die Öffentlichkeit nicht länger zusieht, wie Unschuldige von den Gesichtswindelträgern verhaftet und brutal angegriffen werden. Das heißt nicht, dass wir gewalttätig werden sollen, das ist das Letzte, was wir brauchen. Wir werden die Gewalt den Gesichtswindelträgern und der Regierung überlassen. Aber es bedeutet, dass, wenn die Gesichtswindelträger Gewalt gegen friedliche Menschen anwenden, die zahlenmäßige Überlegenheit genutzt werden muss, um sie zu stoppen und Bürgerverhaftungen oder Verhaftungen nach dem Common Law wegen Landfriedensbruchs vorzunehmen. Die Zeit der Passivität im Angesicht des Faschismus ist vorbei.

Wir sind die vielen, sie sind die wenigen, und das müssen wir nutzen, bevor es keine Freiheit mehr gibt und unsere Kinder und Enkelkinder einem andauernden faschistischen Albtraum ausgesetzt sind.

KOMMT SCHON, LEUTE – ES WIRD ZEIT.

Ein letzter Gedanke …

The power of love
A force from above
Cleaning my soul
Flame on burn desire
Love with tongues of fire
Purge the soul
Make love your goal

I'll protect you from the hooded claw
Keep the vampires from your door
When the chips are down I'll be around
With my undying, death-defying
Love for you

Envy will hurt itself
Let yourself be beautiful
Sparkling love, flowers
And pearls and pretty girls
Love is like an energy
Rushin' rushin' inside of me

This time we go sublime
Lovers entwine, divine, divine,
Love is danger, love is pleasure
Love is pure – the only treasure

I'm so in love with you
Purge the soul
Make love your goal

The power of love
A force from above
Cleaning my soul
The power of love
A force from above
A sky-scraping dove

Flame on burn desire
Love with tongues of fire
Purge the soul
Make love your goal

FRANKIE GOES TO HOLLYWOOD

Die Macht der Liebe,
eine Kraft von oben,
reinigt meine Seele.
Lodere weiter, brennendes Verlangen!
Mit Feuerzungen
reinigt Liebe die Seele.
Mach die Liebe zu deinem Ziel!

Ich schütze dich vor Klauen unter der Kapuze,
halte die Vampire von deiner Tür fern.
Wenn es hart auf hart kommt, werde ich da sein
mit meiner unsterblichen, todesmutigen
Liebe für dich.

Missgunst kehrt sich gegen sich selbst.
Erlaube es dir, schön zu sein,
funkelnde Liebe, Blumen
und Perlen und hübsche Mädchen.
Liebe gleicht einer Energie,
die in mir braust und braust.

Diesmal werden wir überragend sein,
als Liebende uns umschlingen, göttlich, göttlich,
Liebe ist Gefahr, Liebe ist Vergnügen,
Liebe ist rein – der einzige Schatz.

Ich bin so verliebt in dich.
Reinige die Seele,
mach die Liebe zu deinem Ziel!

Die Macht der Liebe,
eine Kraft von oben,
reinigt meine Seele.
Die Macht der Liebe,
eine Kraft von oben,
eine himmelsstürmende Taube.

Lodere weiter, brennendes Verlangen!
Liebe reinigt mit
Feuerzungen die Seele.
Mach die Liebe zu deinem Ziel!

FRANKIE GOES TO HOLLYWOOD

Cowan-Kaufman-Morell-Erklärung zur Virus-Isolierung (SOVI)

Isolierung: Die Handlung des Isolierens; die Tatsache oder der Zustand, isoliert zu sein oder allein zu stehen; Trennung von anderen Dingen oder Personen; Alleinsein.

Oxford English Dictionary

Die Kontroverse darüber, ob das SARS-CoV-2-Virus jemals isoliert oder aufbereitet wurde, hält an. Wenn man jedoch die obige Definition, den gesunden Menschenverstand, die Gesetze der Logik und die Gebote der Wissenschaft heranzieht, muss jeder unvoreingenommene Mensch zu dem Schluss kommen, dass das SARS-CoV-2-Virus niemals isoliert oder aufbereitet worden ist. Folglich gibt es auch keine Bestätigung für die Existenz des Virus. Die logischen, vernünftigen und wissenschaftlichen Konsequenzen dieser Tatsache sind:

- Die Struktur und Zusammensetzung von etwas, dessen Existenz nicht bewiesen ist, kann nicht bekannt sein, einschließlich des Vorhandenseins, der Struktur und der Funktion von hypothetischen Spikes oder anderen Proteinen;
- die genetische Sequenz von etwas, das nie gefunden wurde, kann nicht bekannt sein;
- »Varianten« von etwas, dessen Existenz nicht bewiesen wurde, können nicht bekannt sein;
- es ist unmöglich zu beweisen, dass SARS-CoV-2 eine Krankheit namens Covid-19 verursacht.

Um es so kurz wie möglich zu fassen: Nachfolgend finden Sie die korrekte Vorgehensweise zur Isolierung, Charakterisierung und zum Nachweis eines neuen Virus. Zunächst nimmt man Proben (Blut, Sputum, Sekrete) von vielen Menschen (zum

Beispiel fünfhundert) mit Symptomen, die eindeutig und spezifisch genug sind, um eine Krankheit zu charakterisieren. Ohne diese Proben mit JEGLICHEM Gewebe oder Produkten zu vermischen, die ebenfalls genetisches Material enthalten, mazeriert, filtert und ultrazentrifugiert der Virologe die Probe, das heißt er reinigt sie. Diese gängige virologische Technik, die seit Jahrzehnten zur Isolierung von Bakteriophagen[2] und sogenannten Riesenviren in jedem virologischen Labor angewandt wird, ermöglicht es dem Virologen dann, mit Hilfe der Elektronenmikroskopie Tausende von Partikeln gleicher Größe und Form nachzuweisen. Bei diesen Partikeln handelt es sich um das isolierte und gereinigte Virus.

Diese identischen Partikel werden dann mit physikalischen und/oder mikroskopischen Techniken auf ihre Einheitlichkeit überprüft. Sobald die Reinheit festgestellt ist, können die Partikel weiter charakterisiert werden. Dazu gehört die Untersuchung der Struktur, Morphologie und chemischen Zusammensetzung der Partikel. Als Nächstes wird ihre genetische Zusammensetzung charakterisiert, indem das genetische Material direkt aus den gereinigten Partikeln extrahiert wird und genetische Sequenzierungstechniken wie die Sanger-Sequenzierung verwendet werden, die es ebenfalls seit Jahrzehnten gibt. Anschließend führt man eine Analyse durch, um zu bestätigen, dass diese einheitlichen Partikel exogenen (von außen kommenden) Ursprungs sind, so wie man sich ein Virus vorstellt, und nicht die normalen Abbauprodukte von totem und absterbendem Gewebe.[3] (Nach dem Informationsstand von Mai 2020 wissen wir, dass Virologen keine Möglichkeit haben, festzustellen, ob die Partikel, die sie sehen, Viren oder nur normale Abbauprodukte von totem und absterbendem Gewebe sind.[4])

Wenn man diesen Prozess durchlaufen hat, hat man ein exogenes Viruspartikel vollständig isoliert, charakterisiert und genetisch sequenziert. Man muss jedoch noch nachweisen, dass es in einem kausalen Zusammenhang mit einer Krankheit steht. Dies geschieht, indem man eine Gruppe gesunder Probanden (in der Regel werden Tiere verwendet) diesem isolierten, gereinigten Virus in der Weise aussetzt, in der die Krankheit vermutlich übertragen wird. Wenn die Tiere an der gleichen Krankheit erkranken,

2 »Isolation, characterization and analysis of bacteriophages from the haloalkaline lake Elmenteita«, KenyaJuliah Khayeli Akhwale et al, in: *PLOS One*, 25. April 2019; online auf https://journals.plos.org/plosone/article?id=10.1371/journal.pone.0215734. – Zugriff erfolgt am 5. April 2022.

3 »Extracellular Vesicles Derived From Apoptotic Cells: An Essential Link Between Death and Regeneration«, Maojiao Li1 et al, in: *Frontiers in Cell and Developmental Biology*, 2. Oktober 2020; online auf https://www.frontiersin.org/articles/10.3389/fcell.2020.573511/full. – Zugriff erfolgt am 5. April 2022.

4 »The Role of Extraellular Vesicles as Allies of HIV, HCV and SARS Viruses,« Flavia Giannessi et al, in: *Viruses*, Vol. 12, No. 5, Mai 2020; online auf https://www.mdpi.com/1999-4915/12/5. – Zugriff erfolgt am 5. April 2022.

was durch klinische Befunde und Autopsie bestätigt wird, hat man nun gezeigt, dass das Virus tatsächlich eine Krankheit verursacht. Dies beweist die Infektiosität und die Übertragung eines Infektionserregers.

Keiner dieser Schritte wurde bei dem SARS-CoV-2-Virus auch nur versucht, noch wurden alle diese Schritte bei irgendeinem sogenannten pathogenen Virus erfolgreich durchgeführt. Unsere Recherchen haben ergeben, dass es in der medizinischen Literatur keine einzige Studie gibt, die diese Schritte belegt.

Stattdessen nehmen Virologen seit 1954 ungereinigte Proben von relativ wenigen Menschen, oft weniger als zehn, mit einer ähnlichen Krankheit. Dann bearbeiten sie diese Probe geringfügig und impfen die ungereinigte Probe auf eine Gewebekultur, die in der Regel vier bis sechs andere Materialarten enthält – alle mit identischem Genmaterial, das als »Virus« bezeichnet wird. Die Gewebekultur wird ausgehungert und vergiftet und zerfällt natürlich in viele Arten von Partikeln, von denen einige genetisches Material enthalten. Entgegen jeglichem gesunden Menschenverstand, jeglicher Logik, jeglichem Gebrauch der englischen Sprache und jeglicher wissenschaftlicher Integrität wird dieser Prozess als »Virusisolierung« bezeichnet. Diese Brühe, die Fragmente von Genmaterial aus vielen Quellen enthält, wird anschließend einer genetischen Analyse unterzogen, die dann in einem Computersimulationsverfahren die angebliche Sequenz des angeblichen Virus, ein sogenanntes *in-silico*-Genom, erstellt. Zu keinem Zeitpunkt wird ein tatsächliches Virus durch Elektronenmikroskopie bestätigt. Zu keinem Zeitpunkt wird ein Genom aus einem tatsächlichen Virus extrahiert und sequenziert. Dies ist wissenschaftlicher Betrug.

Die Beobachtung, dass das ungereinigte Präparat – das zusammen mit toxischen Antibiotika, fötalem Rindergewebe, Fruchtwasser und anderen Geweben in eine Gewebekultur eingeimpft wurde – das Nierengewebe, in das es eingeimpft wurde, zerstört, wird als Beweis für die Existenz und Pathogenität des Virus angeführt. Auch dies ist wissenschaftlicher Betrug.

Wenn Ihnen ab jetzt jemand eine Arbeit vorlegt, in der behauptet wird, das SARS-CoV-2-Virus sei isoliert worden, überprüfen Sie bitte den Abschnitt über die Methoden. Wenn die Forscher Vero-Zellen oder eine andere Kulturmethode verwendet haben, wissen Sie, dass es sich nicht um eine Isolierung handelt. Sie werden die folgenden Ausreden hören, warum keine tatsächliche Isolierung durchgeführt wurde:

1. Es wurden nicht genügend Viruspartikel in Proben von Patienten gefunden, um sie zu analysieren.
2. Viren sind intrazelluläre Parasiten; sie können nicht auf diese Weise außerhalb der Zelle gefunden werden.

Wenn Nr. 1 richtig ist und wir das Virus nicht im Sputum kranker Menschen finden können, welche Beweise gibt es dann, dass das Virus gefährlich oder sogar tödlich ist? Wenn Nr. 2 richtig ist, wie wird das Virus dann von Mensch zu Mensch übertragen? Man sagt uns, dass es aus der Zelle austritt, um andere zu infizieren. Warum ist es dann nicht möglich, es zu finden?

Schlussendlich ist das Infragestellen dieser virologischen Techniken und Schlussfolgerungen kein Ablenkungsmanöver oder eine Streitfrage. Es ist wichtig, die Wahrheit ans Licht zu bringen, um diesen schrecklichen Betrug zu stoppen, dem die Menschheit ausgesetzt ist. Wenn das Virus, wie wir jetzt wissen, nämlich nie isoliert, sequenziert oder als krankheitsverursachend nachgewiesen wurde, wenn das Virus also eine Einbildung ist, warum tragen wir dann Masken, befolgen soziale Abstandsregeln und stecken die ganze Welt ins Gefängnis?

Und letztlich, wenn es keine krankheitserregenden Viren gibt, was steckt dann in diesen fälschlicherweise als »Impfstoffe« bezeichneten Injektionsmitteln und was ist ihr Zweck? Diese wissenschaftliche Frage ist die dringlichste und wichtigste Frage unserer Zeit.

Wir sind sicher. Das SARS-CoV2-Virus existiert nicht.

Sally Fallon Morell, MA
Dr. Thomas Cowan, MD
Dr. Andrew Kaufman, MD

Bibliografie

Alinsky, Saul D.: »Rules for Radicals« (Vintage 1989). – Dt. Ausgabe: in ders., *Anleitung zum Mächtigsein. Ausgewählte Schriften*, Lamuv Verlag, Göttingen 1999.

Anonymus: »Silent Weapons for Quiet Wars. An Introductory Programming Manual« (Book Tree Publishing/Neuausgabe 2020).

Antelman, Rabbi Marvin S.: »To Eliminate the Opiate« (Zahavia 1974).

Bastardi, Joe: »The Climate Chronicles. Inconvenient Revelations You Won't Hear From Al Gore – And Others« (Relentless Thunder Press 2018).

Bostrom, Nick: »Superintelligence. Paths, Dangers, Strategies« (Oxford University Press/Neuausgabe 2016). – Dt. Ausgabe: *Superintelligenz. Szenarien einer kommenden Revolution*, Suhrkamp Verlag, Frankfurt 2016.

Castaneda, Carlos: »The Active Side of Infinity« (Harper Perennial 1999). – Dt. Ausgabe: *Das Wirken der Unendlichkeit*, Fischer Verlag, Frankfurt am Main 2000.

Cowan, Thomas: »Human Heart, Cosmic Heart« (Chelsea Green Publishing 2016). – Dt. Ausgabe: *Was lässt unser Herz schlagen*, Verlag Freies Geistesleben, Stuttgart 2023.

Cowan, Thomas & Sally Fallon Morell: »The Contagion Myth« (Skyhorse Publishing 2020). – Dt. Ausgabe: *Der Ansteckungsmythos. Warum Viren nicht die Ursachen von Krankheiten sind*, Kopp Verlag, Rottenburg 2021.

Forbes, Jack D.: »Columbus And Other Cannibals. The Wetiko Disease of Exploitation, Imperialism and Terrorism« (Seven Stories Press 2008, originally published in 1979). – Dt. Ausgabe: *Die Wetiko-Seuche. Eine indianische Philosophie von Aggression und Gewalt*, Peter Hammer Verlag, Wuppertal 1984.

Gates, Bill: »How to Avoid a Climate Disaster. The Solutions We Have and the Breakthroughs We Need« (Allen Lane 2021). – Dt. Ausgabe: *Wie wir die Klimakatastrophe verhindern. Welche Lösungen es gibt und welche Fortschritte nötig sind*, Piper Verlag, München 2021.

Huxley, Aldous: »Brave New World« (Chatto & Windus 1932). – Dt. Ausgabe: *Schöne Neue Welt*, Fischer Verlag, Frankfurt am Main 2021.

Köhnlein, Dr. Claus, et altera: »Virus Mania – Corona/COVID-19, Measles, Swine Flu, Cervical Cancer, Avian Flu, SARS, BSE, Hepatitis C, AIDS, Polio, Spanish Flu. How the Medical Industry Continually Invents Epidemics, Making Billion-Dollar-Profits at Our Expense« (Independently Published 2021). – Dt. Ausgabe: *Virus-Wahn. Corona/COVID-19, Masern, Schweinegrippe, Vogelgrippe, SARS, BSE, Hepatitis C, AIDS, Polio, Spanische Grippe. Wie die Medizinindustrie ständig Seuchen erfindet und auf Kosten der Allgemeinheit Milliardenprofite macht*, emu-Verlag, Lahnstein 2020.

Kurzweil, Ray: »The Age of Spiritual Machines. When Computers Exceed Human Intelligence« (Penguin 2000). – Dt. Ausgabe: *Die Intelligenz der Evolution. Wenn Mensch und Computer verschmelzen*, Verlag Kiepenheuer & Witsch, Köln 2016.

Lanza, Robert & Bob Berman: »Biocentrism. How Life and Consciousness are the Keys to Understanding the True Nature of the Universe« (BenBella Books 2010).

Lash, John Lamb: »Not In His Image. Gnostic Vision, Sacred Ecology and the Future of Belief« (Chelsea Green Publishing 2006).

Lester, Dawn & David Parker: »What Really Makes You Ill. Why everything you thought you knew about disease is wrong« (Independently Published 2019).

Levy, Paul: »Dispelling Wetiko. Breaking the Spell of Evil« (North Atlantic Books 2013).

Marx, Karl: »A World Without Jews«, hrsg. und eingeleitet von Dagobert D. Runes (Philosophical Library 1959). – Dt. Ausgabe: »Zur Judenfrage« (Originalausgabe Paris 1844), in: *Marx-Engels-Werke Band 2*, Karl Dietz Verlag, Berlin 1982; Einzelausgabe: Independently Published 2009.

Mullis, Kary: »Dancing Naked in the Mine Field« (Bloomsbury 1999).

O'Brien, Cathy: »TranceFormation of America. True Life Story of a Mind Control Slave« (Reality Marketing 1995). – Dt. Ausgabe: *Die TranceFormation Amerikas. Die wahre Lebensgeschichte einer CIA-Sklavin unter Mind-Control*, Mosquito Verlag, Immenstadt 2008.

Scholem, Gershom: »The Messianic Idea in Judaism« (Schocken Books 1994). – Dt. Ausgabe: »Zum Verständnis der messianischen Idee im Judentum«, in ders.: Über einige Grundbegriffe des Judentums, Suhrkamp Verlag, Frankfurt am Main 1970; und »Die Theologie des Sabbatianismus im Lichte Abraham Cardosos«, in ders.: *Judaica 1*, Suhrkamp Verlag, Frankfurt am Main 1986.

Schwab, Klaus & Nicholas Davis: »Shaping the Future of the Fourth Industrial Revolution. A guide to building a better world« (Penguin Books 2018). – Dt. Ausgabe: *Die Zukunft der Vierten Industriellen Revolution. Wie wir den digitalen Wandel gestalten*, Deutsche Verlags-Anstalt, Frankfurt am Main 2019.

Schwab, Klaus & Thierry Malleret: »COVID-19. The Great Reset« (Forum Publishing 2020). – Dt. Ausgabe: *COVID-19. Der Große Umbruch*, Forum Publishing, Köln und Genf 2021.

Steiner, Rudolf: »Knowledge of the Soul and of the Spirit« (Lecture Berlin 1907, www.wakingtimes.com, November 10, 2020). – Dt. Ausgabe: in ders., *Die Erkenntnis der Seele und des Geistes. Gesamtausgabe. Fünfzehn öffentliche Vorträge 1907/1908*, Rudolf Steiner Verlag, Basel 1985.

Swan, Shanna: »Count Down. How Our Modern World Is Threatening Sperm Counts, Altering Male and Female Reproductive Development and Imperiling the Future of the Human Race« (Scribner 2021). – Dt. Ausgabe: *Count Down – Was uns immer unfruchtbarer Macht. So gefährdet unser moderner Lifestyle die Fortpflanzung und die Zukunft der Menschheit*, Riva Verlag, München 2021.

Tegmark, Max: »Our Mathematical Universe. My Quest for the Ultimate Nature of Reality« (Penguin 2015). – Dt. Ausgabe: *Unser mathematisches Universum. Auf der Suche nach dem Wesen der Wirklichkeit*, Ullstein Verlag, Berlin 2015.

Thaler, Richard & Cass Sunstein: »Nudge. Improving Decisions About Health, Wealth and Happiness« (Penguin 2009). – Dt. Ausgabe: *Nudge. Wie man kluge Entscheidungen anstößt*, Econ Verlag, Berlin 2009.

Velikovsky, Immanuel: »Worlds in Collision« (Paradigma 2009). – Dt. Ausgabe: *Welten im Zusammenstoß*, Julia White Publishing, Döbeln 2005.

Wilton, Robert & Georg Gustav Telberg: »The Last Days of the Romanovs« (Ulan Press 2012, Erstveröffentlichung Doran 1920).

David Icke

ist ein erfolgreicher britischer Autor, der seit dreißig Jahren bahnbrechende Bücher schreibt, die sich immer wieder als ihrer Zeit voraus erwiesen haben. Hunderte von Vorhersagen darüber, wohin sich die Welt entwickelt, haben sich als unheimlich genau herausgestellt, sogar bis ins Detail – eine Tatsache, die ein riesiges weltweites Publikum angezogen hat, das von Tag zu Tag wächst.

Icke wurde am 29. April 1952 in Leicester, England, geboren. In seinem unglaublich abwechslungsreichen Leben war er Profifußballer, Zeitungs-, Radio- und Fernsehjournalist, landesweiter Sportmoderator bei der BBC und nationaler Sprecher der britischen Grünen Partei, bevor er die letzten dreißig Jahre damit verbrachte, aufzudecken, wer und was wirklich die Richtung der menschlichen Gesellschaft steuert. Seine Erkenntnisse wurden zunächst von vielen mit Unglauben und Spott bedacht – bis sich seine Aussagen Jahr für Jahr als richtig erwiesen und die Skeptiker zuzuhören begannen.

Icke lebt seit 1982 in Ryde auf der Isle of Wight vor der Südküste Englands, wo er durch seine jahrzehntelange schriftstellerische Tätigkeit, seine öffentlichen Vorträge und seine Kontroversen zum bekanntesten Einwohner der Insel geworden ist.

....

www.davidicke.com

....

Weitere Bücher von David Icke

1996: »… And the Truth Shall Set You Free. The most explosive book of the 20th century« (Bridge of Love Publications, Neuausgabe David Icke Books 2004). – Dt. Ausgabe: … *und die Wahrheit wird euch frei machen. Aktualisierte Ausgabe fürs 21. Jahrhundert (Teil 1 & Teil 2)*, Mosquito Verlag, Immenstadt 2010.

1999: »The Biggest Secret. The Book That Will Change the World« (David Icke Books). – Dt. Ausgabe: *Das Größte Geheimnis. Dieses Buch verändert die Welt*, Mosquito Verlag, Potsdam 2008.

2002: »Alice in Wonderland and the World Trade Center Disaster. Why the official story of 9/11 is a monumental lie« (David Icke Books). – Dt. Ausgabe: *Alice im Wunderland und das World Trade Center Desaster. Warum die offizielle Geschichte des 11. September eine monumenale Lüge ist*, Mosquito Verlag, Potsdam 2005.

2003: »Tales from the Time Loop. The Most Comprehensive Expose of the Global Conspiracy Ever Written and All You Need to Know to Be Truly Free« (David Icke Books).

2005: »Infinite Love is the Only Truth, Everything Else is Illusion. Exposing the dreamworld we believe to be ›real‹« (David Icke Books). – Dt. Ausgabe: *Unendliche Liebe ist die einzige Wahrheit, alles andere ist Illusion. Die Entlarvung der Traumwelt, die wir für wirklich halten*, Mosquito Verlag, Potsdam 2006.

2007: »The David Icke Guide to the Global Conspiracy (and how to end it)« (David Icke Books).

2010: »Human Race, Get Off Your Knees. The Lion Sleeps No More« (David Icke Books). – Dt. Ausgabe: *Der Löwe erwacht. Jetzt wird die Menschheit endlich frei*, Mosquito Verlag, Immenstadt 2011.

2012: »Remember Who You Are. Remember ›where‹ you are and where you come from – *Remember* …« (David Icke Books).

2012: »The Perception Deception (Part One) Or … It's ALL bollocks – yes, ALL of it« (David Icke Books). – Dt. Ausgabe: *Die Wahrnehmungsfalle (Teil 1) oder … Alles nur Mumpitz – ja, alles*, Mosquito Verlag, Immenstadt 2015.

2013: »The Perception Deception (Part Two) Or … It's ALL bollocks – yes, ALL of it« (David Icke Books 2013). – Dt. Ausgabe: *Die Wahrnehmungsfalle (Teil 2) oder … Alles nur Mumpitz – ja, alles*, Mosquito Verlag, Immenstadt 2016.

2016: »Phantom Self (And How to Find the Real One)« (David Icke Books). – Dt. Ausgabe: *Das Ich-Phantom (und wie man das wahre Selbst findet)*, Mosquito Verlag, Immenstadt 2018.

2017: »Children of the Matrix. How an Interdimensional Race Has Controlled the Planet for Thousands of Years – And Still Does« (David Icke Books).

2018: »Everything You Need to Know But Have Never Been Told« (Ickonic Publishing). – Dt. Ausgabe: *Alles, was Sie wissen sollten, Ihnen aber nie jemand erzählt hat*, Mosquito Verlag, Immenstadt 2020.

2019: »The Trigger. The Lie That Changed the World – Who Really Did It And Why« (Ickonic Publishing)

2020: »The Answer« (Ickonic Publishing). – Dt. Ausgabe: *Die Antwort*, Mosquito Verlag, Immenstadt 2022.

Sachregister

D

E

Q

R

S

W

Y

Z

Personenregister